陈云纪事

1905-1995

上

张远航　刘晴◎主编

中央文献出版社

图书在版编目（CIP）数据

陈云纪事 / 张远航, 刘晴主编. — 北京：中央文献出版社, 2011.8 (2021.8重印)
（开国领袖纪事）

ISBN 978-7-5073-3360-2

Ⅰ.①陈… Ⅱ.①张… ②刘… Ⅲ.①陈云（1905～1995）－生平事迹 Ⅳ.①K827=7

中国版本图书馆CIP数据核字(2011)第161341号

陈云纪事

主　　编 / 张远航　刘　晴
责任编辑 / 李庆田

出版发行 / 中央文献出版社
地　　址 / 北京市西四北大街前毛家湾1号
邮　　编 / 100017
网　　址 / www.zywxpress.com
销售热线 / 65924216　63097018
经　　销 / 新华书店
封面设计 / 映象视觉
排　　版 / 王　睿　吕　辉
印　　刷 / 天津兴湘印务有限公司

780mm × 1030mm　16开　59印张　650千字
2011年11月第1版　2021年8月第6次印刷

ISBN 978-7-5073-3360-2　定价：98.00元（上下册）

※ 抗日战争时期，陈云在延安。

※ 1948年9月，陈云在吉林省陶赖昭松花江大桥通车典礼上讲话。

※ 1950年9月22日，陈云在北京火车站致词欢迎全国战斗英雄和劳动模范代表。

※ 1951年10月25日，陈云在全国政协一届三次会议上作关于经济工作和财政工作的报告。

※ 1952年10月1日，陈云同董必武在天安门城楼上。

※ 1952年，陈云同邓小平在颐和园。

※ 1953年9月15日，陈云在北京。

CONTENTS / **目 录**

★★★★★

上册

第一编 01

读书自强　投身革命

一方水土养一方人 / 002

陈云出生的地方在青浦练塘镇下塘街的闵家小屋。对于养育了自己的这片土地和人民，陈云有着无限的爱。

多难的童年 / 008

陈云童年时，父母双亡，他和姐姐只好寄养在外婆家里。外婆亡故，陈云跟着舅舅和舅母艰难度日。

舅舅廖文光 / 011

陈云曾对一位身边工作人员说："我出生在上海，从小失去父母，是舅父把我养大的。"

寄情评弹与丝竹 / 014

孤独的陈云为了寻求心灵的寄托，迷上了评弹和丝竹。评弹向他打开了一扇了解世界的窗口，从这里，他可以了解社会、了解人生，从而产生了新的向往和追求。陈云也常常通过二胡和箫来表达自己对人生的思考和探索。

读书自强 / 017

陈云是个品学兼优的好学生，凭借自己的天资和刻苦精神，各科成绩都名列前茅。他不仅能写一手漂亮的毛笔字，而且能背诵一些名篇、名著。

吃水不忘挖井人 / 021

陈云不忘故人。1952年在上海，他向顾复生介绍张子宏说："这位张先生就是我进商务印书馆当学徒的介绍人。"

商务印书馆的学徒 / 024

陈云说："商务印书馆是我在那里当过学徒、店员，也进行过阶级斗争的地方。"

奋发有为的青年 / 028

在上海商务印书馆时，陈云对伙伴们说：

“一个青年人，生活态度和生活方式是否得当，对他的前途很有关系。”

时代的召唤 / 030

陈云积极投身于五卅运动之中。他除了参加罢工和示威游行活动外，还参加卖报、募捐活动。陈云在这场斗争中得到了锻炼，并开始向党组织靠拢。

从店员到工运领导人 / 034

为抗议商务印书馆当局裁减职员，陈云和商务印书馆党组织决定组织工人罢工。陈云被选为罢工临时委员会委员长。

“必须要改造社会，才能解放人类” / 038

陈云在谈到入党动机时说：“那时的确了解了必须要改造社会，才能解放人类。这个思想对于我影响很大。”

走上职业革命家之路 / 039

陈云在五卅运动、商务印书馆工人罢工运动和上海工人武装起义中，经受了血与火的洗礼。蒋介石背叛革命，他结束了在商务印书馆的职工生活，走上职业革命家之路。

第二编 02

血雨腥风　不辱使命

相识岂在长久 / 046

陈云会见苏联著名汉学家斯拉特阔夫斯基时介绍说：“我们是二十多年的老战友了。那还是国民党时期，蒋介石叛变革命，到处是白色恐怖。我受到追捕，就住在他那里，住在他的房子里，我们算是老交情了！”

“到民间去” / 050

江苏省委派陈云“到民间去”，组织农民运动。临别，他深情地对工友们说：“我此去一不做官，二不要钱，三不妥协，只为了要跟反动派坚决斗争到底，求工人阶级的彻底解放。”

播撒革命火种 / 052

陈云在庙会上发表演说，向群众历数地主剥削农民的罪行，阐明了农民养活地主，而农民却世代受苦，只有打倒地主豪绅，实行耕者有其田，才能有饭吃、有衣穿的道理，号召广大农民团结起来进行抗租斗争。

领导农民暴动 / 054

枫泾暴动失利，陈云勉励同志们说：吃官司是到外婆家走亲戚，枪毙是告老还乡，有何怕呢？要革命就要有不怕牺牲的精神。

中央特科负责人 / 059

顾顺章叛变，陈云协助周恩来工作，表现出的坚定、沉着、勇敢和果断给大家留下深刻印象。此后，中央机关进行工作调整，成立中央特别工作委员会，由陈云负总责。

巧妙地与敌人周旋 / 062

陈云有丰富的地下工作经验，他特别善于利用敌人的弱点巧妙地与敌人周旋。

《一个深晚》/ 063

鲁迅病逝，陈云以《一个深晚》为题，发表文章，记叙他唯一一次与鲁迅会面的不寻常的夜晚。

批评“左”的经济政策 / 068

陈云撰文批评中央苏区“左”的经济政策，他指出：现在苏区工人的经济斗争中，存在着极端危险的“左”的错误倾向。这种倾向，表现在只看到行业的狭小经济利益，妨碍了发展苏区经济、巩固苏维埃政权的根本利益。

主持制定劳动合同 / 071

陈云视察汀州并帮助这里的工会制定劳动合同。由于合同符合实际，富有弹性，便于操作和修改，工人满意，业主也能接受。

调查细致，奖惩分明 / 074

陈云视察了岗面、寨上红军兵工厂，根据两个厂的不同情况，作了两种根本不同的处理：一个是鼓励，一个是处分。工人们向陈云投去敬佩的目光——他是哪里派来的“神仙”、“包公”呀？！

“这顿饭非吃不可” / 079

陈云热情地挽留谢良吃饭，谢良一再推托。陈云真切地说：“这顿饭非吃不可，长征路上你不是还请我吃过鸡汤煮挂面吗？”

遵义会议传达提纲手稿 / 081

陈云作为中央政治局委员，出席了遵义会议，并与毛泽东、张闻天共同被会议指定为遵义会议精神的传达者。他写的传达提纲，成为研究遵义会议极为珍贵的历史资料。

随军转战 / 086

遵义会议后，陈云随部队四渡赤水，攻克娄山关，再占遵义城，南渡乌江，威逼昆明，日夜转战不息。

特殊使命 / 091

长征队伍中突然不见了陈云，许多人以为他牺牲了。其实，此时的陈云正在完成中央交给的一项特殊使命——到上海恢复白区的党组织，重建与共产国际的联络。

是他！的确是他！ / 094

陈云注视着四川省委组织部送来的材料和照片，记忆深处浮现出来患难之友的熟悉面容：是他！的确是他！他满怀深情地指出：可以断定，席懋昭同志就是当年护送我从灵关殿到成都、重庆的那位同志。

在莫斯科 / 098

陈云在莫斯科，除了参加中共驻共产国际代表团的工作之外，还在东方大学八分校任教，在列宁学校特别班学习。此时，国内抗日烽火愈燃愈旺，陈云以“史平”署名，发表文章，宣传抗日。

《随军西行见闻录》/ 101

陈云署名“廉臣”的《随军西行见闻录》，是最早宣传红军长征的文章。更可贵的是，《见闻录》以极恳切的语言宣传了中国共产党的国共合作抗日主张。

在朝夕相处的日子里 / 105

陈云接应西路军时，和代表团的同志朝夕相处，工作、吃住、旅途生活，都在一起。他想办法改善伙食，教大家学习、练字，使枯燥的生活充满乐趣。

迎接西路军 / 107

陈云在星星峡与西路军指战员相见，他们像虎口余生的孩子回到母亲的怀抱，惊喜地拥上前去。陈云强忍着心中巨大的感情波澜，逐一与西路军指战员握手。他称赞西路军“是好样的，是好共产党员”。

组建“新兵营” / 111

为适应国内外和新疆政治形势的要求，西路军进行整编，组建“新兵营”。陈云说，整编后，红军的本质与宗旨完全同过去一样，没有变！经过调理身体和整顿思想，部队恢复了虎虎生气。

号召“向文化进军” / 114

陈云说，文化知识是学习其他知识的基础，没有文化就像盲人。他号召大家“要像在战场上冲锋陷阵一样向文化进军”。

“新兵营”学习军事技术 / 117

陈云说：“我们要战胜日本帝国主义，固然要发动全民抗战，但也要不断改善武器装备。”他向部队发出组织现代化军事技术学习的号召。

新疆八路军办事处 / 119

1937年10月，在迪化正式设立八路军驻新疆办事处。陈云任办事处党代表，滕代远任主任。这是中共、八路军在新疆的第一个落脚点，标志着新疆抗日民族统一战线的正式形成。

创建我军第一支航空队 / 122

陈云讲办航空队的重大意义：“我们在中央根据地、长征途中，吃了敌人空军多少苦头啊……如果我们党有一支自己的空军，就能从空中打击敌人，革命的胜利就会早日来到。”

第三编 03

延安七年 呕心沥血

中央组织部长的情怀 / 128

“用父母爱儿女之心来爱护干部。”这是陈云的口头禅，也是他对待干部的行动准则。他常说：“爱护人很重要。凡是提拔干部，得全面估计他的德和才；既提拔起来，就得多方面帮助他，不使他垮台。”

“写得可以，就照这样去讲” / 136

陈云看过徐明清给抗大女生大队讲妇女运动课的讲稿，夸奖说：“写得可以，就照这样去讲。”徐明清讲完课后，奖给了她五块钱。

“他可以爱你，你也可以爱他” / 138

陈赓写纸条向姑娘示爱，姑娘报告了陈云。陈云说：“他可以爱你，你也可以爱他。他爱你是他的自由，你爱他是你的自由，这就叫自由恋爱。”

亲切的交谈 / 141

1939年6月1日，刘培植长途跋涉到达延安，住在中央组织部招待所。第二天，陈云约他谈话。他们白天没有谈完，晚上接着谈。

对陈云的六个印象 / 145

1941年，袁宝华调到中共中央组织部工作，开始与陈云接触。经过那段时间的接触，袁宝华对陈云有很深的印象。

“看人一定要看他的主流” / 147

傅连暲要求入党，没人肯当他的入党介绍人。陈云说：“看人一定要看他的主流，傅连暲在政治上愿为共产主义奋斗，跟共产党走，态度是比较诚恳的，我们不能将他拒之门外。”

“首先是党员，其次才是作家” / 151

陈云坚定地指出：“一个党员作家，首先是党员，其次才是作家。”这一警世之言，一直铭刻在刘白羽的心上。

“组织部是党员之家” / 154

组织部非常关心延安的干部，一位从国统区到延安的同志说：组织部真是党员之家。陈云听后重复了一句：“组织部是党员之家呵！”

“老实人跟老实人在一起能够合得来” / 155

陈云对于若木说：“我是个老实人，做事情从来老老实实。你也是一个老实人。老实人跟老实人在一起，能够合得来。”

“新三年，旧三年” / 162

战争年代的延安，生活艰苦，工作繁忙。陈云身体不好，但生活十分简朴。他常说：“现在是战争年代，应该节约！新三年，旧三年，补补纳纳又三年嘛！”

自觉遵守纪律的第一课 / 167

刘家栋刚到中组部工作，就向陈云提出调动要求。陈云说：“为什么刚来就要求走呢？好吧！你回去想一个礼拜再说。”刘家栋想通了，决定安心在中组部工作。

临别前夕的宝贵赠言 / 172

刘家栋调离中组部时，陈云找他谈话。他问陈云：“党内为什么那么复杂呀？”陈云开出了一剂该怎么对待的“良方”：就是坚持党的原则。陈云说：不管是什么情况，你都要按照党的原则办事，该怎么办就怎么办，就会适应事物发展的规律，复杂也就不复杂了，问题就能得到解决。

两封信 / 175

刘家栋在陕甘宁边区的富县当了三年的县委组织部部长。他给陈云写了三封信，反映情况。陈云不仅将他的信转给毛泽东看，而且亲自研究他反映的问题，还给他回了两封信。

制定干部政策 / 180

为了做好干部工作，陈云制定了一整套培养、使用干部的方针和制度。1938年陈云在抗大作的《干部政策》的报告和1940年8月中央组织部《关于审查干部经验的初步总结》，是当时中组部进行工作的实实在在的依据。

“要有大的气量,善用各种人才” / 185

陈云说：“要有大的气量，善用各种人才。单枪匹马，革命到底是干不成的……只要这个人有一技之长，就要用。只有这样，才能成大事业。”

在党内搞霸道主义不行 / 190

针对王明无视党的纪律的行为，陈云说：“无论是谁，在党内不按党的原则办事，搞霸道主义绝对不行！”

“道不同不可与谋” / 192

陈云与康生可算是“道不同不可与谋”。陈云一生都十分重视个人的品质和道德修养，他说：“德才相比，我们要更注重于德。就是说，要确实提拔那些党性强、作风正派、敢于坚持原则的人。”而这方面他所厌恶、所鄙视的，“正巧”在康生身上都具备。

“老老实实做小学生” / 198

陈云说：“像我们这样没有什么底子，各种知识都很缺乏的人，要老老实实做小学生。”

“学好哲学，终生受用” / 202

陈云说：“毛泽东同志亲自给我讲过三次要学哲学。在延安的时候，有一段我身体不大好，把毛泽东同志的主要著作和他起草的重要电报认真读了一遍，受益很大。”

一贯不搞特殊 / 208

陈云对干部要求很严格，对自己也毫不例外。在他看来，大家都是共产党员，都应当严格要求，谁也不能特殊。一贯不搞特殊，是陈云的一个明显特点。

“吃饭要照镜子” / 212

陈云有一句名言：“吃饭要照镜子。”就是不仅把饭菜吃完，还要用馒头擦干净盘底的油迹。面对干净明亮的瓷盘子，不正像用镜子照脸吗？

热情关心他人 / 214

陈云关心别的同志胜过关心自己。他热情关心他人，既关心他人的身体好坏，更关心他人的政治生命。

最讲实事求是 / 218

陈云说："如果我们的同志都把心摆得非常正，非常实事求是，毫无个人主义，可以抵得十万军队、一百万军队，这是无穷的力量。"

"没有知识分子，革命就不能胜利" / 223

陈云说："知识分子是革命力量，而且是重要的力量。我们要把这个力量吸收进来，在抗战工作中，在我们共产党革命事业中，充分发挥他们的作用。没有知识分子，革命就不能胜利。"

主持西北财经办事处 / 227

陈云到西北财经办事处主持工作，认真贯彻"发展生产、保障供给"的财经工作总方针，全面深入开展大生产运动。他要求粮食耕三余一两年完成，工业必需品生产基本自给，节约储蓄，稳定金融，积蓄力量，备战备荒，迎接反攻形势的到来。

第四编 04

转战东北　功勋卓著

挺进东北 / 238

1945年9月，受中共中央委托，陈云等到达沈阳，筹组中共中央东北局领导班子。9月19日开始，在沈阳召开了东北局第一次工作会议。

与张闻天同在东北 / 246

陈云和张闻天意气投和，非常要好。东北解放后，陈云是财经委员会主任，张闻天是副主任。他们配合得很好，都主张按经济规律办事。

相识在东北战场 / 249

抗日战争胜利后，洪学智开始在北宁线、沈长线上率部抗击蒋介石部队北进，后又到黑龙江剿匪。剿匪告一段落后，洪学智又到六纵队任司令员，一直在陈云的领导下工作、战斗。

对大连工作的指示 / 253

1945年10月，韩光赴大连任市委书记时，陈云指示，要充分认识苏军对大连实行军事管制这一实际情况，放手开展工作，努力支援解放战争前线。

出任北满分局书记 / 257

为组建中共北满分局，陈云从沈阳前往哈尔滨。途经长春时，他抓紧时间了解情况，处理了一些重要事情。

提出《对满洲工作的几点意见》/ 261

陈云提出了关于党在东北工作战略方针的建议即《对满洲工作的几点意见》，中央完全同意，并发出关于《建立巩固的东北根据地的指示》，明确指出："我党现时在东北的任务，是建立根据地，是在东满、北满、西满建立巩固的军事、政治的根据地。"

视察三五九旅 / 264

陈云鼓励部队说："东北的斗争，对于全国有着特别重大的意义。东北是工业比较集中和发达的地区，我们夺取了东北，就可以利用东北的工业支援全国的解放战争。"

"大官做小事" / 266

陈云把干部下乡叫做"大官做小事"。他号召广大干部下乡开辟工作，集中使用干部，组织群众工作队，注意发现与培养积极分子，一片一片地发动群众，建立农村根据地，并概括出"经济——武装——再经济"的公式。

给农民以看得见的利益 / 269

在谈到下乡发动群众进行土地改革时，陈云说：我们下乡的同志要煮熟饭，不要煮夹生饭，摧毁封建地主的堡垒，让广大受压迫的农民真正翻身。

赴南满任职途中 / 271

陈云、萧劲光乘坐的列车夜晚停在斗沟子车站，一列货车从坡上滑下来，眼看就要与这辆列车相撞。在关键时刻，一名扳道工奋力扳开道岔，使那列货车翻在离陈云、萧劲光所乘列车仅两米远的地方。

关键时刻决定性的一板 / 273

是否在南满坚持斗争？对此大家有分歧。萧劲光请陈云作最后决定。陈云说："你们是让我来拍板的，那我拍板就是要坚持南满！一个人都不能走。坚持就是胜利。"这是关系到南满乃至整个东北战局的一板。

四保临江与三下江南 / 277

"四保临江"与"三下江南"是关系东北战场全局的关键。这一战役的胜利，巩固和扩大了南满根据地，使北满根据地能够顺利地进行土地改革，彻底粉碎了敌人"南攻北守，先南后北"的战略方针，迫使东北敌军由战略进攻转入战略防御。

"我感谢你们这些'榔头兵'" / 280

陈云和大家一起庆祝"四保临江"的胜利。他与搞无线电侦听工作的"榔头兵"一一握手，并亲切地说："我感谢你们这些'榔头兵'！我军四保临江的伟大胜利，与你们提供的准确而可靠的情报是分不开的。"

"先小人后君子" / 282

陈云十分重视发展生产和物资交流，强调在与兄弟解放区之间开展经济协作时，要讲信誉，做到"先小人后君子"。

怎样才能少犯错误 / 285

陈云说："要少犯错误，就要避免认识上的片面性。其方法，我概括为三条：一交换，二比较，三反复。"

健全党内生活 / 288

陈云提出了健全党内生活的三条意见：（一）正面地坦率地辨明是非；（二）党内严格执行民主集中制；（三）每个党员都有在党内发表意见、讨论问题的权利，但又必须有服从决定、积极工作的义务。

辽东土地改革工作中的教训 / 289

对于辽东土地改革工作中出现的一些“左”倾错误，陈云在给中共中央写的一份报告中这样写道：“土改工作中的错误，主要由我负责，因我是负责指导土改的。”

一个沙发垫子 / 291

沈阳刚刚解放，陈云命令：接管后的一切财物、家具都要留在原处。他身边工作人员为了陈云的健康，把宾馆的沙发垫搬回陈云的住处，陈云发火了。

“沈阳经验” / 295

针对沈阳的实际，以陈云为主任的军管会创造性地提出了“各分系统，自上而下，原封不动，先接后分”的接收原则，并围绕此原则制定了恢复并巩固社会秩序的政策和措施。

视察工厂 / 299

陈云亲自视察了许多工厂。经过视察和调查，他指出：当时沈阳有八大战略性工厂，首先应重视这些战略性工厂的恢复与发展。

沈阳工人代表大会 / 301

陈云出席沈阳工人代表大会并讲话，他号召“大家忍受暂时困难，支援前线，彻底消灭反动派，建设幸福的将来”。

把接管的房屋分配好 / 302

陈云亲自率领有关人员，冒着严寒，连续三天到各系统主要单位察看主要建筑、位置、规模、各种设施、原隶属单位等情况，确定主要房屋的分配方案。

西柏坡之行 / 306

在西柏坡，陈云向毛泽东、刘少奇、周恩来、朱德等汇报了东北的情况和东北局的工作，并同他们彻夜长谈。毛泽东握着陈云的手高兴地说：“四保临江啊！”

在东北的调查研究 / 310

在接管沈阳期间及以后，陈云分四次到各地视察。在沈阳解放以前，陈云到过锦州、沈阳、长春、哈尔滨、齐齐哈尔、佳木斯、牡丹江以及一些市县村屯，如宾县、通河县、临江县、通化市等。加上这四次调查所到之处，陈云在东北解放的过程中，足迹遍及东北各地。

“马火车” / 316

所谓“马火车”，就是把马分在铁轨两边，套上绳索，车安在铁轨上放好，人都坐在车上，然后让马拉着车跑。陈云就是坐着这样的车，去考察磐石铜矿的。

第五编（上） 05

建国伊始 经济主帅

平息银元风波 / 320

为平息银元风波，陈云命令采取强硬手段，查封证券大楼，严惩银元贩子，同时还采取了一系列的经济措施。事后宋时轮说，当时，他住在证券大楼七天七夜没有睡一次好觉。

上海财经会议 / 329

解决上海问题，陈云决定先从打击投机、平抑物价、抑制恶性通货膨胀入手。事后，他风趣地说：我们与投机商打了三个回合“阵地战”，扔了“三批手榴弹”，取得了这场商战的胜利，在经济上完全占领了上海市场。

妙趣横生话形势 / 336

陈云看望上海工会干部，他风趣地说，工人的生活是会一年比一年好的，在已经解放的东北工人们的生活就是如此。你们也同样，要不然，你们可以杀了我的头。

抓住“两白一黑” / 341

“两白一黑”即大米、纱布、煤炭。陈云说：粮食和纱布，一个是吃，一个是穿，是市场的主要物资，我掌握多少，即是控制市场力量的大小。人心乱不乱，在城市中心是粮食，在农村主要靠纱布。

与章乃器的交往 / 349

陈云与章乃器有半个世纪的真诚友谊。一次，陈云对章乃器说，听说你在香港的企业搞得不错。章乃器说不过是打打经济算盘而已。陈云说，今后要请你给我们的新国家打算盘，打更大的算盘。

“马寅初的问题，应该平反” / 358

陈云为《马寅初传》题写了书名，又亲笔在该书的扉页上题词：坚持真理，严谨治学。高度赞扬了马寅初的一生。

“三边”财经方针 / 365

抗美援朝开始后，陈云提出了“战争第一，稳定市场第二，其他第三”的财政经济方针。在此基础上，毛泽东提出了“边抗、边稳、边建”的方针，后来被称做“三边”财经方针。

善于抓大事 / 371

陈云说：“我一年只抓一个字。1950年，抓了个‘统’字……1951年，我抓了个‘调’字。”

和薄一波共打“经济仗” / 372

建国初期，陈云和薄一波具体领导了平抑物价、统一财经、调整工商业、统购统销等一个又一个“战役”，取得了重大胜利，共同铸就了历史上辉煌的一页。

特殊的春节礼物 / 382

陈云说：“我建议大家春节不要拜年……很好地总结一下。不总结没有交代，做了若干年的工作老是糊里糊涂，死了也不好见马克思，后代的人也要责怪我们。”

“你上飞机，我准备上马” / 384

何长工赴苏参加苏联援助中国建设航空工业的谈判，临上机场前，陈云诙谐地说：“你上飞机，我准备上马。”

与苏联专家打交道 / 386

陈云与苏联专家打交道时有一个原则，那就是重视学习，对外国同志的意见充分尊重，但决不生搬硬套。他曾语重心长地对中国同志们说：“同志们，外行的事多了，要下决心学习。不学习，经济建设一窍不通，那就搞不成。”

不要只想做官，忘记了革命 / 392

陈云要求干部不要只想做官，忘记了革命。他说：“大家是为革命来的，还是为做官来的？回答这个问题也很容易。起初是干革命来的，以后是革命加做官，既革命又做官。后来官越做越大，味道也越来越大，有人就只想做官、不想革命，把革命忘光了。”

不拘一格，选用人才 / 395

陈云的用人原则是：在德才兼备的前提下，搞“五湖四海”、“就地取材”。他说：“我们要有大的气量，善用各种人才。单枪匹马，革命到底是干不成功的。”

一担“炸药”，八种选择 / 401

陈云把严峻的粮食问题比做挑着一担炸药，把解决的办法概括为八种方案，最后决定在农村实行征购、在城市实行配售的办法。毛泽东觉得征购和配售的名称不好听，于是征购定名为“计划收购”，配售称为“计划供应”。两者简称“统购统销”。

“三定”、“四定”和统购统销的完善 / 408

陈云在青浦调查后，向中央提出了农村粮食统购统销中的“三定”政策，即定产、定购、定销。在确定实行“三定”政策时，毛泽东提出：粮食定产要低于实产，要使农民多留一点，多吃一点，多喂一点，多自由一点，做到“人不叫，猪不叫，牲口不叫”。

编制“一五”计划 / 412

陈云负责编制的“一五”计划，是我国第一个大规模经济建设计划，它的总投资额在中国经济发展史上是史无前例的。这一计划贯彻了优先发展重工业的方针，集中体现在苏联帮助设计的156个大项目。陈云对邓力群说：“第一个五年计划的156项，那确实是援助，表现了苏联工人阶级和苏联人民对我们的情谊。”

同高岗分裂党的阴谋的斗争 / 423

在召开高岗、饶漱石问题的座谈会上，陈云发言说：我把高岗和我讲的话向党说出来，高岗可能觉得我不够朋友。但我讲出来，是党的原则；不讲出来，是“哥老会”的原则。

“要让私营工商业发展” / 428

陈云针对过早限制资本主义工商业发展的想法，告诫说：“中华人民共和国万岁，时间长着呢，何必急急忙忙去限制他们。”“要让私营工商业发展，发展起来以后还在中华人民共和国，跑不到外国去。”

让有能力的资本家当经理 / 430

陈云说：工商业者的绝大部分是懂技术的、有业务经验的……他们的技术和业务经验，对人民、对国家、对社会主义建设是很有用的。国家需要这些懂技术懂业务的人员。

“财富”和“包袱” / 434

陈云分析了把资本家当作“财富”，吸收资本家工作的可能和好处；陈云还对资本家参加工作的不利一面作了分析。利弊相比，“吸收资本家参加工作是财富大、包袱小，好处多、坏处少。”因此，陈云作出结论：应当吸收资本家参加工作。

关怀商务印书馆 / 435

陈云接见商务印书馆工会主席石敏良时说：“我们这一代人，还要苦一苦。所谓前人种树，后人乘凉；前人不种树，后人难乘凉。革命的目的，就是为了子孙万代……”

CONTENTS / 目 录 ★★★★★

下册

第五编（下） 05

建国伊始　经济主帅

三次视察鞍钢 /440

陈云视察鞍钢，鼓励鞍钢职工要抓紧生产和修复设备，多生产钢铁，为抗美援朝做贡献，为国家财政经济好转做贡献。

关注三门峡工程 /445

陈云对修建三门峡工程、根治黄河水害、开发黄河水利很重视，只有我们的政权才能够搞这样大的事业，铲除黄河泛滥这样大的灾害。

从政治上看待治淮 /450

陈云说，治淮这件事证明了人民政府和人民结合起来，是可以克服任何困难的，今后还要这样继续去做。这种意义远超过治好淮河本身之上。

荆江分洪和江水北调 /452

陈云曾多次研究开发长江、南水北调战略。他说，要解决北方缺水问题，第一是取天然之水，第二是取地下之水，第三是取外来之水。

“泄水防涝，蓄水防旱” /453

陈云说：“泄水防涝，蓄水防旱，这两件事都是大事。在我们进行经济建设时，每一年都要有很大一批钱用在这方面。水利建设是治本的工作，是百年大计。”

关键问题是一个“水” /456

在谈到农业提高单位面积产量时，陈云说：从全国四百、五百、八百斤来看，我以为无论在南方、北方，关键问题是一个“水”。

“这是人民的大事” /458

陈云说：“商业工作天天同人民群众打交道，管吃、穿、用，管油、盐、柴、米。不要看不起这些，这是人民的大事。我们共产党必须天天关心人民群众的切身利益。”

涮羊肉风波 /463

毛泽东请陈云调查为什么“东来顺”的涮羊肉现在不好吃了。陈云说：“东来顺”涮羊肉出现质量滑坡问题的主要原因是“我们轻易地改变了它的规矩”。

简朴的衣食 / 469

陈云常开玩笑说：“过去革命战争年代想吃，没有东西吃；现在革命胜利了，有东西吃了，又不能吃，自己真是没有口福啊！”

“约法三章” / 470

陈云对家人“约法三章”：不准随便进出他的办公室；不准翻看、接触只供他阅读的文件、材料；不准搭乘他使用的小汽车。

克己奉公 / 472

陈云对自己克勤克俭，对同志慷慨相助，他经常接济部下的生活，他总是说：“如果生活有困难，孩子上学有困难，我会帮忙。如果孩子出了事找我，你找上门来，我不但不帮，我还会批评你。”

不收礼 / 474

陈云向身边工作人员交代：“不收任何人的礼品，外宾送的礼品都要上交。”

运动和休息 / 477

陈云说，要胜任繁重的工作，就要舍得花时间运动和休息。

“多做就是少做,少做就是多做” / 478

陈云强调一定要把握好繁忙的工作与必要的休息之间“度”的问题。他说：“多做就是少做，少做就是多做。”因此，“注意劳逸结合，细水长流，就能多做工作；不顾劳逸结合，伤了身体，就不能多做。”

第六编 06

十年探索 艰难行进

“三个主体，三个补充” / 484

陈云在中共八大上提出的“三个主体，三个补充”的构想，是陈云在社会主义改造基本完成后指导中国经济工作继续前进的一个总纲，它代表了党在这个时期探索的正确方向。

“反冒进”与“反反冒进” / 489

陈云说：“现在马跑得很危险。这样骑下去，后年、大后年更危险。”“有些问题，没有把握宁可慢些，多考虑一下，其缺点是慢，但如果做错了，那就是失败。慢和失比较起来，慢比失要好。”

“全力支持你，支持到底” / 493

中央决定恢复中央财经小组，由陈云当组长。陈云一再谦让，刘少奇说，大家都同意你当，你就当。就我个人而言，全力支持你，支持到底。

救民于死亡线上 / 497

“大跃进”和“反右倾”引发的灾难，首先是粮食生产受到严重破坏，饥荒严重。陈云冲破禁区，提出进口粮食，渡过难关。他还提出每人每月供应三斤大豆、半斤鱼、半斤肉。他告诫大家：目前，这样的问题，是国家大事。

2000万城市人口下乡 / 500

解决粮食紧张问题，陈云提出了四条措施，其中特别强调说，动员城市人口下乡这一条是必不可少的，非采取不可。

调整建设规模要“伤筋动骨” / 505

陈云主张对1962年计划要做相当大的调整，要准备对重工业、基本建设的指标“伤筋动骨”。重点是“伤筋动骨”这四个字。

不忘自力更生 / 509

党的八大二次会议期间，沈鸿给毛泽东写了封信，提出我国应当自己建造三台万吨水压机。毛泽东、党中央批准了他的建议，并责成他主持上海这一台的制造工作。陈云到上海视察时把沈鸿找去，关切地问他到底有没有把握。

为子孙后代做好事 / 515

陈云说：“血吸虫病是旧中国遗留下来的一大祸害，对人民群众的危害很严重。我们共产党要关心群众疾苦，消灭血吸虫病，为子孙后代做好事。”

除洪涝之害，兴灌溉之利 / 516

陈云说：“在农业的灾情中，水灾多于旱灾，涝灾又多于洪灾。”又说：“灌溉是农业增产最可靠的办法之一。”他强调：治涝不是简单地把水导入海，而是要同扩大灌溉面积结合起来，除洪涝之害，兴灌溉之利。

关心重工业基地建设 / 518

陈云两次到齐齐哈尔重工业基地视察，他说：“过去齐钢为国家的建设立过功，今后还要多做新贡献。我们国家要想工业大发展，赶上世界先进水平，不仅要搞好钢铁工业，还必须抓好电子工业。”

视察武钢 / 523

陈云视察武钢，叮嘱武钢人：你们要把武钢建设好，武钢是我们国家156项重点工程中的重点，因为钢铁工业是一个国家建设的脊梁，脊梁啊……

“百年大计，质量第一” / 531

杭钢合金钢车间厂房倒塌事故使中央震惊。为扭转只要速度不讲质量的偏向，陈云来到杭钢发表重要讲话。中央批转了陈云的讲话，强调指出：“提高工程质量，这是一件必须引起全党严重注意的大事。”

真理往往在一个人手里 / 538

针对干部不敢讲真话的情况，毛泽东说他就赏识陈云，他这个人是很勇敢的，犯错误勇敢，坚持真理也勇敢……他这个同志还是经验比较多一点。真理往往在一个人手里。

国难思良将，家贫思贤妻 / 539

毛泽东同王任重谈话，说道：国难思良将，家贫思贤妻。陈云同志对经济工作是比较有研究的，让陈云同志来主管计划工作、财经工作比较好。

视察抚顺 / 540

陈云在调查研究的基础上，提出了抚顺矿

务局总体改造的基本指导思想：合理利用地下资源，发展地面重工业，搞好综合利用。

视察宣化 / 543

陈云视察了烟筒山矿、四方台矿、庞家堡矿后说："你们这是大洋吃小洋啊！现在的基本矛盾是大洋钢厂建立在小洋铁厂的基础上，高度机械化的钢铁厂和手工业的矿山有矛盾。要提高质量、提高产量，不在冶炼那一头，而是在矿山那一头，搞机械化的矿山、选矿、洗煤、炼焦。"

两条好建议 / 547

困难时期，陈云有两点建议：一是给干部增加点保健营养品，以便保证工作；二是清仓，有些物品能拍卖可拍卖，将所得用于急需。

要自力更生发展化肥工业 / 549

陈云说："真正增产粮食还要靠化肥和水，因此，中央一致意见是多搞、快搞化肥。"

主持召开煤炭工业座谈会 / 555

由陈云主持的煤炭工业座谈会于1961年10月14日在北京香山召开，共开了21天。陈云在听了六个矿务局及有关同志的汇报后，经过深思熟虑，提出了18个专题。

"农民有了自留地，我就放心了" / 558

陈云很带感情地说：农民有了自留地，我就放心了，不会饿死人了。农民没有粮食吃呀。中国的农民真好，饿死人也不想起来造反。中国历来农民造反，都是在粮食问题上造反。有自留地，农民就安定了。自留地要留足！

"你是好人" / 563

在小燕乡，陈云风趣地问大家："我是好人，还是坏人？"群众说："你是好人。"他接着说："我虽是好人，结果办了错事情。"陈云在座谈会讲话时，都先说这么几句：我是国务院副总理，现在把你们搞得没有饭吃，犯了错误，对不起老乡们。

"没收不对，发还才是对的" / 565

陈云问老农："把你们的猪没收对，还是发还对？"一个老农作了一个很有意思的回答："上面说没收、发还都是对的。"陈云又问："你们现在敢不敢养猪？"老农回答："还不大敢，说不定哪一天又是没收对了。"陈云说："没收不对，发还才是对的，以后再不会没收了。"

为什么市场上看不到活鱼？ / 568

青浦县渔民的鱼不准在上海卖，必须卖给县水产公司，再由县水产公司运到上海去完成供应任务。多次来回运输，把活鱼运成死鱼。陈云叹息：现在商品流通是按行政区划来管理的，不合理，可是又改不过来。他说："我一个党中央副主席，连这样一个小问题都解决不了，实在对不起人民。"

"我看陈云同志行" / 570

毛泽东对陈云很器重，称陈云是理财能手，"比较公道"，"比较稳当"。

"有钱难买反对自己意见的人" / 574

陈云说："我们的干部，特别是高中级领导干部，能够交一点敢于反映真实情况的知心朋友，多听到些真话，是很有些好处的……用通信、谈话的形式，多向知心朋友了解情况，好处是'真、快、广'。"

"陈云同志真会过日子" / 579

周恩来对邓颖超说："陈云同志真会过日子，我们应该向他学习……"

对领导和群众都一视同仁 / 580

陈云说：中央、国务院文件的规定，对中

央领导和普通群众都一视同仁，不能有任何特殊化，不能在执行中任意打折扣。

“开门七件事——柴米油盐酱醋茶” / 582

陈云常说两句话，一句是“民以食为天，食以粮为主”；另一句是“开门七件事——柴米油盐酱醋茶”。

淡泊名利 / 588

陈云常写的一个条幅是：“个人名利淡如水，党的事业重如山。”

“淡泊以明志，宁静以致远” / 590

于若木说：在陈云身上，既集中了我们党的优良作风，又继承了我们民族的传统美德。“淡泊以明志，宁静以致远”，作为他一生的写照是恰当的。

从业余爱好者到专门家 / 592

吴宗锡说，陈云对评弹的整个历史和现状，对评弹的艺术规律，对从事评弹工作的干部、群众都有着深切的理解……陈云同志实际上已从一个业余爱好者变成一位专门家了。

“新书三分好就鼓掌” / 600

陈云说：“对老书，有七分好才鼓掌；对新书，有三分好就鼓掌。”

亲朋故旧的来信 / 602

陈云亲朋故旧的来信中，要求解决的问题有公事，也有私事。对于公事，根据党的政策、原则，该怎么办就怎么办；对于私事，陈云指示，不要因为是他的亲朋故旧就特殊照顾，应当按处理人民来信一样，一视同仁。

第七编 07

“文革”遭难 不忘忧国

“黑帮这个词可不能随便用啊” / 606

学生污蔑袁血卒是“反革命黑帮”，陈云说：“黑帮这个词可不能随便用啊！”

“文革”中被抄家 / 609

陈云被抄家，周恩来派秘书赶到现场说：陈云是中央常委，他的档案不是一般的档案，是党和国家的机密，任何人不许动。至于评弹，是苏州一带的文化艺术，不能作“四旧”破。

“钱由我出，就这样定了” / 611

陈云下放，购置了一些生活用具，按制度规定是可以报销的，可陈云说：“不用到机关报销了，我看买这些东西也用不了多少钱，我还出得起，就由我来出吧。”

“书是精神食粮，好东西” / 612

陈云说：“书是精神食粮，好东西。我从北京到江西什么东西也没有带，只带了三箱书，读书就是我的工作。”

“我是来向江西人民学习的” / 613

陈云谦虚地说：“江西是革命老区呀！我多次到过这里，这次是奉令来蹲点搞调查研究的，是来向江西人民学习的。”

班组里的中央首长 / 618

陈云深入车间、班组，参加学习，现场看工人操作，了解生产情况，和工人促膝谈心。

宝贵财富 / 622

陈云和工人们的谈话，给人们留下了一份宝贵财富。他说：“不研究生产不是马克思主义。马克思认为，一个民族不能一天停止生产。工厂就是要搞生产，如果只谈革命，不搞生产，那我们吃什么？”

车间里的笑声 / 623

陈云和一位工人老师傅互致“拱手礼”后，笑着说：“现在年轻人虽然文化程度高，但他们不懂得这种旧时的拱手礼节啊！”大家听了，都笑了起来。

“要理直气壮地抓生产” / 626

陈云在江西化工石油机械厂“蹲点”期间，十分关心生产。他说：“要理直气壮地抓生产，把生产抓上去。”并对抓好生产作了一系列重要指示。

情意浓浓拉家常 / 633

陈云平时言语不多，但他一有空就主动与身边人员拉家常。有一次，他与沈玉贵谈起了生活哲学。

惊人的记忆力 / 634

陈云见过一次的人，就能叫上名字。他说：“我年轻时能一口气背出几百人的名字。”

企业管理是一门科学 / 639

对工厂实行军事建制，陈云说，企业管理是一门科学，内容包括很多，简单地把军队那一套搬到工厂是行不通的。工厂的生产组织，要适应生产力的发展，各个工种要互相配合。

“你们是工人阶级家庭” / 642

陈云到龚火生家里去看望，跟他聊家常。陈云听说龚火生的爱人也是工人，而且同在一个车间工作，幽默地说：“好呀！你们是工人阶级家庭。”

两只折叠凳子 / 645

工人为陈云做了两只折叠凳子，他把一只送给了老表，把一只带回了北京。他说：“我要把这只凳子带到北京去，给毛主席看看，告诉他这是工人师傅为我做的……”

一顶草绿色军帽 / 647

陈云戴上草绿色军帽说：“过去，在毛主席的领导下，我们戴着这个帽子，武装夺取政权成功了；现在，戴上这种帽子，心里觉得很舒服。”

除夕会餐 / 648

陈云草草吃过饭，来到除夕会餐的大厅，双手抱拳连连摇动：“大家请我没有来，对不起、对不起！新年来了，祝同志们春节好！身体好！”

考察南昌县农村 / 650

陈云考察南昌县农村，对大队干部说：“农村主要靠发展生产来提高社员生活水平。要发展生产，关键是你们这些在座的人要带好头。”

秧歌与教学 / 654

陈云说：“教书应该像扭秧歌。秧歌舞向前走两步，然后退一步，扭起来很好看；教书要形象生动，你花了大量时间向学生讲课，也要给时间让学生消化所学的知识，这退一步，就是让学生自己复习，巩固课堂上所学的知识。”

钢城之行 / 655

陈云到新渝考察，用他自己的话说：“没有什么事，下来走一走、看一看。”

视察萍乡、安源 / 664

陈云视察萍乡、安源，接待的人感慨万分地说：“陈云同志生活俭朴，和普通老百姓一样，没有半点特殊，可以说是中国共产党最优秀的代表，是一尘不染、为政清廉的楷模。”

给女儿发工资 / 669

陈云对女儿说：“我们都是共产党员，没有去上班，没有工作，就不能白拿工资。”

告别 / 670

1972年4月22日，陈云与工人们一一握手：“谢谢工人师傅们，我要回北京了，再见了。”

“这是国民党的阴谋” / 670

江青等人利用国民党伪造的“伍豪启事”攻击周恩来，陈云指出：“这件事我完全记得，这是国民党的阴谋。”

父亲的两封信 / 671

陈云于1970年和1973年给女儿陈伟华写了两封信，谆谆教诲女儿说：“哲学是马列主义根本中的根本”，“马克思、恩格斯、列宁的著作很多，但我看来，只要10本到15本就可以了。”

对资本主义要很好地研究 / 678

陈云说：和资本主义打交道是大势已定了，我们对资本主义要很好地研究。列宁讲过：到共产主义时代，会用金子修一些公共厕所。现在离那个时候还远。不研究资本主义，我们就要吃亏；不研究资本主义，就不要想在世界市场中占有我们应占的地位。

对外贸易的新思路 / 681

陈云说：我看要定产品，在京广、陇海、浙赣、胶济等铁路沿线选好工厂，专门生产。这要作为一个方针提出来，从创造外汇的全局着眼来搞。外贸这样做，方向是对的。

“金窝，银窝，不如草窝” / 689

机关行政部门要给陈云拆掉旧房，另建新房。陈云说：“我一进北京就住在这里，到现在已有20多年了。俗话说：‘金窝，银窝，不如草窝’，我还舍不得离开这里呢！”

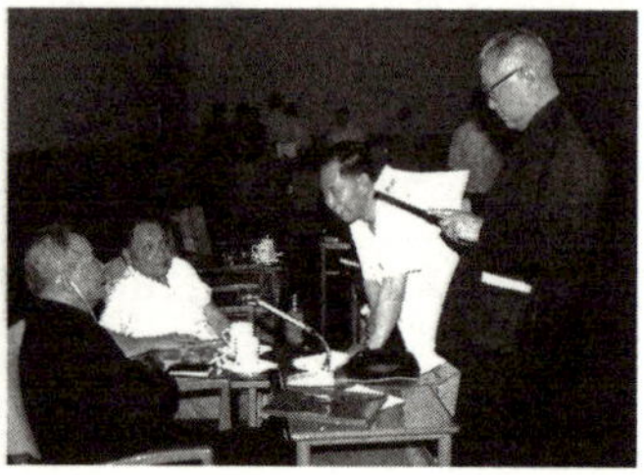

第八编 08

改革开放 砥柱中流

拨乱反正 / 694

粉碎“四人帮”之后，陈云率先公开提出邓小平复出问题，积极争取平反冤假错案和解放老干部。同时，他还为在经济领域中冲破“左”的束缚献计献策。

再次出掌经济工作 / 708

陈云同李先念联名上书：国民经济比例失调严重，必须进行调整！邓小平和李先念请陈云再次出掌经济工作。

探索计划与市场的关系 / 724

陈云预言：今后经济调整和体制改革，计划经济和市场调节两种经济的比例调整将占重要地位。

“这是我的第一任秘书” / 731

刘家栋去看望陈云，向陈云诉说满肚子的委屈。临别时，陈云说，有什么问题，或者遇到什么困难，可以来找我。

“唯实是求，珠落还起” / 734

浙江的一个刊物上，刊登了陈云打算盘的照片，还配发了赵朴初的诗。

“要充分重视陈云的意见” / 736

在1979年4月召开的中央工作会议上，陈云和李先念有关经济调整的意见被概括为“调整、改革、整顿、提高”八字方针。邓小平对这些意见非常赞成，他强调：“要充分重视陈云的意见。”

潘汉年案件需要复查 / 741

陈云要做结肠癌手术。手术前，姚依林问陈云有什么事需要交代。陈云只谈了一件事：潘汉年案件需要复查。

“出人、出书、走正路” / 748

陈云提出了“出人、出书、走正路”这句振兴评弹事业的名言。他说：“出人，就是要热心积极培养年轻优秀的创作人员和演员，使他们尽快跟上甚至超过老的；出书，就是要一手整理传统的书目，一手编写反映新时代、新社会、新事物的书目，特别是要多写多编新书；走正路，就是要在书目和表演上，既讲娱乐性，又讲思想性，不搞低级趣味和歪门邪道。”

支持编新书、说新书 / 756

陈云对评弹演员汪雄飞说：“《林海雪

原》小说现在再版了。你的《林海雪原》为什么不说？可以拿出来再演呀！”

谈毛泽东 / 757

陈云就起草《关于建国以来党的若干历史问题的决议》和邓力群谈话时说：“从遵义会议到抗日战争胜利，毛泽东同志的一个无可比拟的功绩，是培养了一代人，包括我们在内的以及‘三八式’的一大批干部。”

关于整理古籍的指示 / 760

陈云说：“整理古籍是一件大事，得搞上百年。”陈云关于整理古籍的指示的确发挥着百年大计的作用，意义深远，功在千秋。一位教授由衷地说：“要向陈云同志行九叩之礼。”

心中有群众 / 767

陈云看到反映中年知识分子生活、工作负担重，工资收入低，很多人健康水平下降的报告后，当即致信中央常委，指出：“这是国家的一个大问题，确实要下大决心，在今明两年内解决，不能再按部就班地搞。”

“鸟”与“笼子”的比喻 / 768

在听取宋平、柴树藩关于全国计划会议和当前经济情况的汇报时，陈云说：搞活经济是对的，但必须在计划的指导下搞活。这就像鸟一样，捏在手里会死，要让它飞。但只能让它在合适的笼子里飞，没有笼子，它就飞跑了。“笼子”大小要适当，但总要有个笼子。

整顿党风 / 774

陈云说：“执政党的党风问题是有关党的生死存亡的问题，因此，党风问题必须抓紧搞、永远搞。”

成千上万地提拔中青年干部 / 777

陈云提出了要建立党的第三梯队的思想。他说，老同志要真心诚意地帮助、培养年轻干部，主动地给他们让位，“把他们扶上马，再送一程”。

与烈士子女一起过春节 / 781

陈云亲切地对大家说：“中国有句老话：‘每逢佳节倍思亲’。你们的父亲就是我们党的亲人，是我们民族的亲人。今天把你们请来，共度春节。”

“夏令营是一种有益的活动” / 784

陈云说：“夏令营是一种有益的活动，对于提高我们民族的素质很有好处，值得提倡。”

“你是全国有名的教授了” / 789

陈云称赞侯宝林：“你是全国有名的教授了。”侯宝林笑着回答：“我是党培养出来的教授。”

关怀中国北方曲艺学校 / 790

陈云非常赞成中国北方曲艺学校的建立，他亲自为中国北方曲艺学校题写了校名，还把《陈云同志关于评弹的谈话和通信》一书的稿费全部捐赠给了曲校。

“我们合作得很好” / 792

陈云会见了苏联部长会议第一副主席阿尔希波夫，他感慨地说：“在我们制订和实施第一个五年计划的过程中，你作出了积极的贡献，我们合作得很好。”

云栖竹径杭州情 / 794

陈云曾多次讲，不到云栖就等于没到杭州。有一年，他一连去了云栖九次。陈云还亲笔题写了“云栖竹径”四个大字，并在云栖亲手栽下了三棵香樟树。

治理污染，保护环境 / 797

陈云致信李鹏、姚依林说：“治理污染，保护环境，是我国的一项大的国策，要当作一件非常重要的事情来抓。”

怎样才能做到实事求是 / 801

陈云把“不唯上、不唯书、只唯实，交换、比较、反复”的条幅赠送给李泽民。他说，这十五个字，前九个字是唯物论，后六个字是辩证法，总起来就是唯物辩证法。

悼念李先念 / 804

李先念常常对人说：“我一生有两个教师，一个是徐帅，教会我打仗；一个是陈云，教会我管经济。”而陈云也对李先念非常敬佩。李先念逝世后，陈云发表悼念文章，表达自己对老战友的深情。

对警卫员的关怀 / 806

“峨眉山月半轮秋，影入平羌江水流，夜发清溪向三峡，思君不见下渝州。书赠赵天元，陈云八十八”。

情系故乡 / 812

陈云接见家乡代表，一再嘱咐县镇领导，一定要重视农业的基础地位，把农业抓好。他说：“有粮吃与要粮吃味道不一样，有粮吃主动权在自己手里。”

为“剪刀博物馆”题写馆名 / 814

“剪刀博物馆”，展示了中国剪刀的发展史，反映张小泉剪刀厂的厂史。陈云应邀为杭州张小泉剪刀厂建立的“剪刀博物馆”题写馆名。

“睡眠第一，吃饭第二” / 815

医生对陈云说：“您以前说‘睡眠第一，吃饭第二’是对的，不过，现在您患肺炎，为了您早日康复，能不能改一下说法？把它改成‘咳嗽排痰第一，睡眠第二’这样行不行？”

在上海华东医院 / 820

陈云对医务人员说：“不管是什么人，哪一种疾病，你们的治疗计划不要做得太长。有长计划当然很好，但还要根据病情的不断变化做短安排，随时改进，稳步进行，才能收到良好的治疗效果。”

“现在的字有飘逸感了” / 823

陈云从80岁开始，一直到90岁，十年如一日练习书法。世上无难事，日久见功夫，陈云的书法日臻进步。他看着写出的字感觉比较满意，高兴地说：“现在的字有飘逸感了。”陈云的晚年是充实的。

对全党的嘱托 / 829

在以邓小平为核心的第二代中央领导集体向以江泽民为核心的第三代中央领导集体的过渡中，陈云发挥了重要作用。

最后的日子 / 836

陈云于1994年5月25日因肺炎住进北京医院，到1995年4月10日去世，他在医院里度过了一生最后的321天。

附录 / 845

风采 / 851

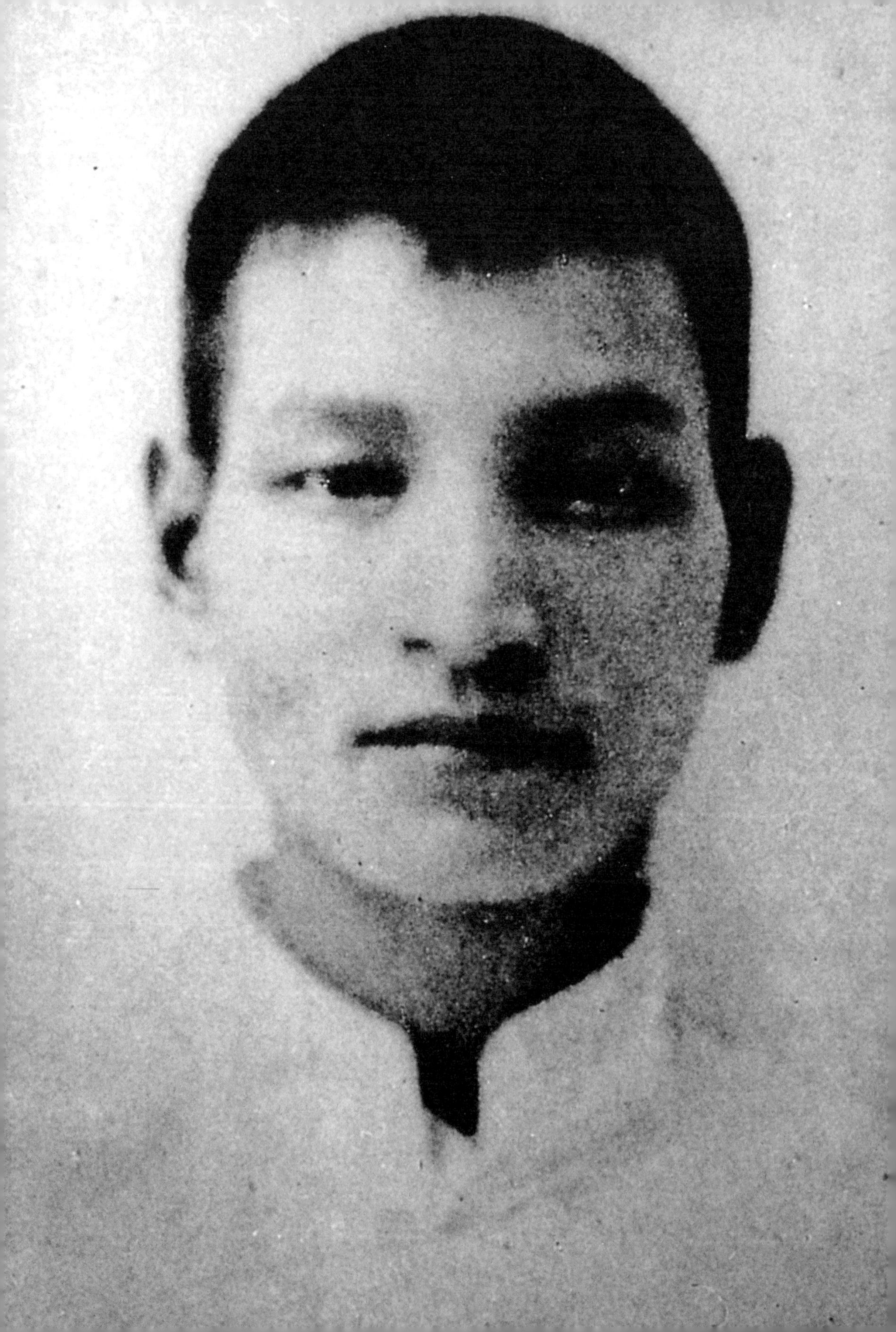

★ ★ ★ **第一编** ★ ★ ★

读书自强　投身革命

第一编 01

读书自强 投身革命

一方水土养一方人

陈云出生的地方在青浦练塘镇下塘街的闵家小屋。对于养育了自己的这片土地和人民，陈云有着无限的爱。

2011年是陈云同志诞辰106周年。伟人虽逝，他的风范、他的追求、他对中国社会的发展和进步作出的贡献，仍将长久地留在人们的记忆之中。为了纪念这位伟人，全面反映他的生平、思想、业绩和风范，我们决定沿着伟人走过的道路，追寻这位伟人的足迹。

青浦练塘是陈云出生的地方，也是我们这次追寻伟人足迹第一站的目的地。

练塘地处上海市西南，是一个典型的水乡小镇，一条市河穿镇而过，将小镇一分为二。当地人又把这条市河称为“三里塘”。“三里塘”不止三里，它向东流入泖河，而后汇入黄浦江，再经长江最后归入东海。练塘离上海市区约50公里，离长江入海口就更远，然而，这里的人们每天都能感受到大海的起伏。受潮汐的影响，“三里塘”每天都会有两次潮起潮落的现象。不是当地人的指点，我曾几次以为自己搞错了方向。这一奇特的自然景观使人感慨良多。这条市河将小镇与大海连在了一起，也将小镇与外面的世界连在了一起。当年，14岁的陈云就是沿着这条市河出发来到上海，并实现了他人生的重大转折。

※ 陈云的故乡——上海市青浦县练塘镇。

青浦县原属江苏管辖，直到20世纪的50年代末才划归上海。实际上近代以来，无论从地缘，还是经济文化的联系上，青浦早已“归属”上海。这里的人们都以自己是上海人为荣，似乎并不在意这里曾是江苏的一个县。上海对陈云一生的影响太大了，陈云一直自认是上海人。据知情人回忆，陈云经常表示“阿拉上海人”，并把上海人当作自己的同乡。

上海人对于自己的同乡中有这样一位伟人也颇为自得。练塘镇边公路旁“陈云故里人民欢迎您”的巨幅标牌，透着自豪和热情，似乎生怕人们不知道这里是陈云同志的故乡。镇中“陈云故居暨青浦革命历史纪念馆”外表不事张扬，但其中匠心独具的设计和内容丰富的陈展，更是处处可以感受到人们对这位伟人的崇敬和怀念。为了工作方便，到达练塘后我们径直住进了陈云纪念馆。尽管已近周末，纪念馆的同志还是热情地接待了我们，并帮我们制定了寻访计划。

现在的陈云故居实际上是陈云舅父的家。陈云两岁丧父，四岁丧母，此后即被舅父收养，一直住在舅父家中。当地人还记得，陈云出生的地方在练塘镇下塘街的闵家小屋。几经周折，我们总算找到了这间小屋的所在地，但一百年过去了，当时就已破烂不堪的小

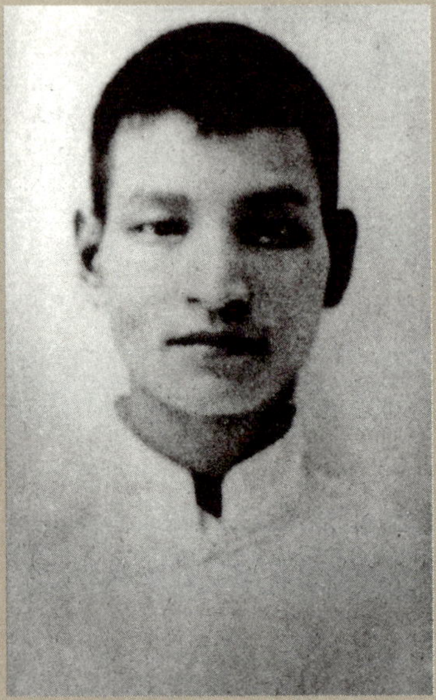

※ 青年时期的陈云。

屋如今早已荡然无存，甚至连小屋是什么模样人们也已记不清了。与闵家小屋同样难以寻觅的，是陈云家族的历史。按照过去的传统，一代伟人似乎总有一段与众不同的家族史，但在这里，我们却始终没能发现。陈云的父亲陈梅堂显然并非出身大户人家，没有留下可供追溯的家谱，由于去世过早，也没有给人留下太深的印象。陈云的外祖父倒像是有些来历，据当地人传说，陈云的外祖父是从广东辗转来到此地的，去世时灵柩也曾运回广东。但由于年代久远，具体细节也已不可考订。

陈云家族的历史似乎有些朦胧、有些苍白，但这丝毫也没有影响人们对这位伟人的兴趣。人们更关注的不是他家族的历史，而是他本人不平凡的经历。

从陈云故居往东不到两华里，即是陈云同志曾经就读过的颜安小学。在党的第一代中央领导集体的主要成员中，陈云同志的“学历”是最低的，在各种履历表中，陈云同志一直把自己的学历填为高小。我们迫切希望知道，是怎样一所高小培养、造就了这样一位令无数政治学家、经济学家，甚至军事家、哲学家研究不尽的伟人？

从故居到小学只有几百米，这中间我们却有了意外的收获。当我们路过一所旧式的二层小楼时，有人告诉我们，这里过去曾经是一户袁姓米店老板的住宅。解放后，陈云同志回家乡做调查时曾在这里住过。如今，这里已经改为老干部活动室。信步走进宅内，一对老者，楚河汉界杀得正酣。我们本不想惊扰，但当他们得知我们是从北京专程来寻访陈云同志足迹的，立即收拾“战场”，泡上绿茶，请我们坐了下来。原来，其中的一位老者恰巧是当年的公社干部，陈云回家乡搞调查时曾接待过陈云，也有一肚子关于陈云的故事。这一巧遇使我们增添了许多期待。也许这个镇上，稍上年纪的人都有一些关于陈云的故事。

从袁家老宅出来，到颜安小学已是黄昏。本来就是周末，孩子们都已放学回家了，校长和老师也都不在，空荡荡的校园给人足够的想像空间。但若非校园中保留了陈云曾经上过课的教室以及陈云和同学们为他的一位老师修建的一个纪念塔，你还是无法想像，一代伟人就毕业于这样一个学校。因为它太普通了，几乎与其他的学校没有太大的区别。看来，要了解陈云成长的道路，只到这里是不够的，还要继续追寻。不过我们也有收获，在校门口，我们碰到了一位年纪不算太大的校工。这位校工也是颜安小学的毕业生，热情胜过江南的夏天，一定要为我们讲述陈云的故事。他没有接触过陈云，故事也都是建国后他上学的时候听老师和老人们讲的。这些故事我们早已耳熟能详，但看着他认真的样子，他的那份真挚的感情，我们不忍打断，完整地听完了他的讲述。故事虽然不新，但他流露出的家乡人民对于陈云的那份真情，令人感动。

这位校工的热情颇具代表意义。在练塘、在上海市区，我们采访了很多人，有一般群众，也有级别不低的干部；有在职的，也有离退休的；有的已近百岁，有的甚至躺在医院的病床上，所有这些人都有一个共同的特点，一听说要谈关于陈云的事情、谈与陈云同志的接触，都非常爽快、热情，谈起来则生怕不细、不全。有许多次，预定的谈话时间不得不一延再延。即使如此，许多人仍感意犹未尽，希望能够安排更多的时间，以便畅谈。

在我的印象中，似乎没有什么政治上的事情能够引起上海人如此的兴趣，但这一次，我的印象大大改变。不过，说实话，听上海人说话是一件苦差事，上了岁数的上海人大都不会说普通话，地道的上海话又是出奇地难懂。开始的时候，他们说一句，我们就请纪念馆的同志帮我们“翻译”一句，由于缺乏直接的沟通和交流，被采访者往往难以尽兴。后来，为了不打断他们的激情和兴致，我们只好频频点头，表示已经领会。其实，他们说得眉飞色舞，我们则是一句都没有听懂。好在有录音，事后纪念馆的同志帮我们整理成了文字稿，不然，他们尽兴了，我们可就惨了！

上海人对于陈云的热爱和景仰出人意料。但随着采访的深入，我们对此也就完全能够理解了。这种感情是相互的。对于养育了自己的这片土地和人民，陈云也有着无限的爱。陈云是个不苟言笑的人，在他留下的照片中我们很难看到笑容，仅有的几张开怀大

※上海市青浦练塘，陈云的故乡。

笑的照片，差不多都是与家乡的人们在一起时拍摄的。陈云对家乡和家乡人民的喜爱由此可见一斑。

建国前，由于特殊的环境，陈云很难也很少与家乡联系。全国解放后，陈云即迅速与家乡取得了联系，他与家乡的人们经常有通信来往，至今许多人手里还保留着陈云写来的信。不仅如此，他还与家乡建立了定期联系制度，在家乡确定了固定的联系人，这些联系人经常向陈云汇报家乡的情况。这次采访中，我们幸运地找到了其中一位联系人——吴福林。几十年过去了，谈起当年与陈云同志的联系，吴福林仍然感慨不已。

最令人们难忘的是陈云的四次家乡调查：1955年关于粮食统购统销的调查；关于发展农业问题的调查；1957年关于防治血吸虫病的调查；1961年“大跃进”后关于恢复和发展农业生产的调查。陈云有自己的一套特殊的调查研究方法，他认为，找自己熟悉的人调查最能了解真实情况，这些人没有乌纱帽的问题，敢讲真话。实践证明，他的方法是正确的。这四次调查，使他掌握了大量的第一手材料，同时也为当地解决了实际问题。由于每次都是出现问题后陈云同志来调查，而每次调查之后问题都得到了解决，外地的人都非常羡慕青浦。而当时的青浦人似乎也形成了这样的思维定式，只要出现了问题，陈云同志就快来了，陈云同志来了问题就快解决了。四次调查给人们留下的印象太深了。采访中，许多农民甚至提出，现在陈云纪念馆中关于四次家乡调查的内容太少，应该增加，或者索性专门办一个关于陈云同志四次家乡调查的展览。

陈云与家乡的联系一直保持到晚年。据当地人介绍，20世纪90年代初，陈云还专门约请练塘镇和青浦县的领导同志到自己的住处，请他们谈家乡的变化情况。自己行动不便，他就委托家属和身边工作人员回家乡了解情况，回来向他报告。这还不够，有时想起什么，他就随时请秘书打电话询问。他希望了解家乡的一切，甚至是一些生活的细节。原练塘镇党委书记吕健康记得很清楚，有一次，老人家刚听完他们对家乡情况的汇报，又让秘书打电话来询问，家乡的人们现在是不是还在用过去的马桶，马桶用完后是不是还在河里清洗。当听说家乡的人们现在大都已经用上了抽水马桶时，他就非常高兴。

在家乡，陈云还有许多“草鞋亲”，有的是他儿时的亲朋好友，有的是革命战争年代曾经帮他死里逃生的战友、同志。陈云始终没有忘记他们。采访中我们注意到这样一个细节，解放后，在他们困难的时候，陈云都曾经按月给他们资助，从五元、十元到几十元甚至上百元不等。我们没有做过精确的统计，但这些数目加起来，对于当时只有几百元工资的陈云来说肯定也是一个不小的数字。不过采访中，人们大都是顺便提及，并没有把钱放在一个特别的位置。因为在他们看来，陈云对他们的关心和帮助远不是这五元、十元和几十元钱所能表达的。

需要说明的是，陈云的这些“草鞋亲”至今仍然是草民百姓，陈云从没有利用自己的职权和影响为他们当中的任何人谋取特殊利益，他们当中也没有任何人因为与陈云有这样一种特殊关系而提出非分的要求。陈云的家乡也是如此。建国后，陈云同志长期主管全国经济工作，按说他完全可以利用自己的影响为家乡提供一些便利，但他没有这样做。青浦县（现已改区）至今在上海还是比较落后的区县，练塘镇在青浦也不算发达。但在当地，我们却从未听到人们哪怕是一句抱怨的话。公道正派，一心为公，这是陈云为家乡人民留下的宝贵精神财富。中国人佩服的是一个“公”字。如果公道，即使我没有从中得到特殊利益，我也不会抱怨；如果存私，即使我从中得到了暂时的好处，我也不会说你好。这就是中国老百姓的美德。

一方水土养一方人。这次陈云故里之行，实事求是地说，在挖掘史料方面，收获没有预期的丰厚，但几天的切身感受，使我们对于陈云这个人物、对于他的性格特点有了更深的理解。练塘离上海的“距离”越来越近，如今，从上海市中心驶上高速公路，不到一个小时就能到达练塘，上海对练塘的影响之大可想而知。但练塘这个小镇还是保留了它独有的特色，这些特色使我们依稀看到了从前，看到这方水土是如何造就了一个人的性格。

练塘的经济文化也像沿海其他地区一样在迅速地发展，但在这里，你却没有那种躁动不安的感觉。街面上没有其他地方随处可见的雄心勃勃的计划、标语，也找不到几处热火朝天的工地，更很少见往来穿梭的人群。一切都在有条不紊地进行，给人一种谋定而后动的感觉。这里的人们依然沿袭着几千年来的生活和休闲方式，不管是白天还是夜晚，你都不会找到扎堆聊天、高谈阔论的人群，甚至连串门的人都很少，人们更多的是在独自享受闲暇。走进小镇的弄堂，你随处可见眯着双眼、摇着芭蕉扇、靠在躺椅上的人们。你用不着担心会打扰他们，你从他们身边走过，如果不是故意相问，他们甚至连眼睛都不会睁一下。你不要误会他们思想懒惰，也许你不清楚他们是在回忆过去，还是在憧憬未来，但他们的思想肯定没有停止。因为他们一旦开口，语言非常简练，且都很有见地。由此，我们想起了毛泽东对陈云的评价：他这个人稳当。不要看他平和得很，他看问题尖锐，能抓住要点。

（孙业礼）

多难的童年

陈云童年时，父母双亡，他和姐姐只好寄养在外婆家里。外婆亡故，陈云跟着舅舅和舅母艰难度日。

1905年6月13日（农历五月十一日），陈云降生在江苏省青浦县的练塘镇，从此开始了他九十年坎坷的人生旅途。人生的起点对一个人来说是极其重要的，幸福的童年不仅可以给人留下美好的回忆，对人一生的事业也有着很大的影响。但陈云并没有这么幸运，他出生不久即开始过早地领略人间的悲苦。

陈云出生的年代，正是中国社会半殖民地、半封建化不断加深的时候，整个中国都在痛苦中呻吟，陈云的家乡当然也不可能逃脱厄运。

据老人们回忆，陈云的父亲陈梅堂并非练塘本乡人，练塘虽也有姓陈的，但陈梅堂却不是这里陈姓的一支，而是不知何年流落至此的。因为流落至此，也就谈不上什么积蓄，因此，陈梅堂既无田产、又无房屋，婚后一直借居在练塘镇下塘街西首靠河的闵家小屋里，靠给人家打短工为生。

陈云的母亲出生于练塘，但祖籍也非本地。据当地学者考证，陈云的外祖父是广东

※ 青浦县练塘镇陈云旧居。陈云在这里度过了童年和少年。

人，早年参加太平天国运动，以后随军转战在江南一带，太平军失败以后，才在练塘落户。

陈云出生的时候，陈家已经有了一个女孩，名叫陈星，长陈云八岁。按说，陈云的出生对陈家来说是一件大喜事，但实际上却并非如此。对陈梅堂来说，陈云的到来给他带来的更多的是忧虑。本来只能勉强维持的生活，现在更加艰难了。为了养活全家，陈梅堂不得不更加拼命地干活，空闲时还要捉鱼摸蟹或帮人家宰猪以增加一点微薄的收入。

也许是生活的重担过于沉重，不久，陈梅堂即积劳成疾，一病不起。那时，穷人是生不起病的，由于无钱医治，陈梅堂的病越来越重。1907年，年仅38岁的陈梅堂终于抛下妻儿而去。

陈梅堂的去世对陈家来说无疑是一场灾难，本就极为艰难的生活更加无以为继。为了使两个孩子能够填饱肚子，陈云的母亲廖顺妹不分昼夜地劳作，靠给人家帮佣及缝衣勉强支撑着。这样的日子又过了两年，这期间虽有陈云的外婆和廖顺妹的结拜姐妹万氏的接济，但陈云一家的生活仍然是越来越艰难。这时，幼小的陈云已开始体验到人生的艰难，但他还不知道，更大的灾难正在等着他。

1909年，贫病交加的廖顺妹再也支撑不住了，怀着对两个孩子的无限眷恋永远离开了人世。这时，陈云只有4岁。

12岁的陈星带着弟弟在乡亲们的帮助下草草送走了母亲，望着破陋的小屋茫然不知所措。从此，母爱对于姐弟俩成了永远的回忆。4岁的陈云什么事都不懂，只想要自己的母亲，那撕肝裂肺的哭声令乡亲们无不为之泪下。然而，那个年代，这样的悲剧又何止发生在陈云一家。人们不知道这是为什么，只能怨老天不公。

陈云和陈星在练塘没有更多的亲属，只好依赖外婆。善良的外婆不愿看到自己的外孙流落街头，廖顺妹死后，外婆把孤苦伶仃的姐弟俩接到自己家里亲自照料。

外婆廖陈氏是练塘柳东农民出身，为人朴实勤劳，性格开朗，处事果断。陈云的外公去世后，家中大小事务都由外婆做主。廖家的日子比陈家要好过些，陈云的外公在练塘落户后，曾在下塘街买下了一个门面房，做裁缝生意，生意不大，但也略有进项。外公去世后，舅舅继承父业继续维持裁缝生意。外婆对陈云非常疼爱，想尽一切办法希望陈云能生活得快乐些。在外婆家里，陈云重新得到了温暖，心灵上的创伤受到了抚慰。

一晃又是两年，1911年，陈云的外婆染上了重病，虽多方求医，但毫无起色。外婆放心不下陈云，临终前叮嘱儿子廖文光，要将陈云作为廖家的立嗣儿子，并抚养好陈星。廖文光很孝顺母亲，遂把陈云作为自己的养子，改名廖陈云，陈云仍叫廖文光舅舅。从此，陈云和陈星由舅舅和舅母抚养。

陈云的舅舅廖文光，人称龙相、龙公子，是廖家两个子女中的老大。1903年结婚后，一直与母亲住在一起。由于继承了父亲的裁缝生意，生活还算过得去。廖文光性情温和，心地善良，喜欢孩子。他婚后多年膝下仍然无子，因此，三十多岁的廖文光对两个孩子格外疼爱，有好吃的总是先留给孩子们。逢年过节，也给孩子们打扮得干干净净，让他们和邻居的小朋友一样欢欢乐乐地过节，空闲的时候还给外甥讲讲故事。陈云也非常喜欢舅舅。

光阴荏苒，陈云慢慢长大，但廖家的生活却一天不如一天。受经济萧条的影响，廖文光的裁缝生意越来越清淡。廖文光夫妇没有田产，为了维持生活，经过再三考虑，他们决定利用原来的铺面房开个小酒店，靠酒店生意的收入养家糊口。

小酒店有四张桌子，几条长凳，虽不宽敞，倒也清静。酒店的菜由陈云的舅母亲自烹饪，烧得别有风味。酒店的小菜中给人印象最深的是“敲扁豆”，就是将大白蚕豆放在水中泡涨后，用榔头慢慢敲扁，成铜板大小，然后放在热油中氽，氽至豆片稍黄捞起，撒上作料装盘。豆片香脆可口，色味俱佳。陈云小时候常常帮舅母做“敲扁豆”，他敲的扁豆既薄又圆，深受大家赞许。这件事在陈云的记忆中留下了深刻的印象。晚年，他作为国家领导人到杭州休养，当地的厨师提出要给他做几样名菜尝尝，他都拒绝了，但却提出请厨师帮他做一次小时候常吃的“敲扁豆”。这时他吃的已不再是“敲扁豆”的味道，更多的是对童年生活的回忆。

（孙业礼、熊亮华）

舅舅廖文光

陈云曾对一位身边工作人员说：“我出生在上海，从小失去父母，是舅父把我养大的。”

廖文光对陈云的成长极为关心，先是将他送到本镇油车场大源宅基刘敏安办的私塾里受启蒙教育。私塾学生不满十人，念一些传统的《三字经》、《百家姓》等书，每天要写毛笔字。当时，陈云年龄虽小，却很听老师的话，认真地读书，用心地写字，毛笔字写得很端正。刘敏安老先生很器重陈云，有时还专门深入浅出地给他讲授一些处世做人的道理。陈云在私塾里念了近两年，师生之间的感情很深厚。后来，陈云常去看望刘老师，长大后和刘敏安的儿子刘国桢（人称刘聋子）结成了莫逆之交。

辛亥革命后，北洋政府教育部推行初小义务教育。1914年夏，廖文光将陈云送入贻善国民学校读书。该校创办于1906年，资金由本镇金用霖每年捐金百元资助，不足部分由漕税补助。校址设在城隍庙。当时学生三十多人，年龄有大有小，程度有高有低，教师把学生分成四个年级。根据陈云的文化程度，校方将他分在三年级。陈云在贻善小学读书时，对学校设置的语文、国文、算术、体育等课程都感到新奇，喜欢学。他求知欲强，每堂课都能认真仔细地听讲；他记性好，教师讲的课文都能牢牢地记住；他勤奋认真，学校布置的作业都能一丝不苟地完成。他每天早晨起得很早，点了油灯，便在店堂里读书、写字。有的孩子要和他玩，他从不迁就，坚持学习。邻居们常以陈云勤奋学习的精神教育子女，要他们以陈云为榜样，有志气，努力学习。陈云还肯帮助同学温课，常常受到教师的赞扬。陈云在贻善小学读了两年，到初小毕业。

1916年10月，陈云的舅母生了一个男孩，名叫廖霓云。舅母生产后，双手风湿病越来越严重，非常疼痛，而且情绪烦躁不安，廖霓云也整天啼哭不止。为此，廖文光四处求医，花了不少钱，家庭经济更加困难，房屋也不够住。于是，陈星夫妇搬了出去，在城隍庙西堂里借了一间房子住下。1919年4月，陈星生下一女，取名王定金，后来搬到小白场，开一间茶馆度日。廖文光原想让陈云升学读高小，可是力不从心，只得让陈云辍学在家，帮助干活。陈云从小懂事，不贪玩，爱劳动，看到舅母、表弟病痛很同情，看到舅父忧愁很难过，在家担当了许多杂务事。陈云干起活来干净利索，无论烧火、洗菜、打扫卫生、帮舅母搓洗霓云的尿布等等，样样都干。

半年过去，陈云舅母和表弟病情稍有好转，廖文光实在舍不得陈云在家做杂事，怕耽误他的前程，便千方百计托人让他学点谋生技术。这一决定得到了陈云舅母的弟弟刘福和的赞许和资助。1917年夏，廖文光托人送陈云到青浦县立乙种商业学校（现青浦第二中学）读书，希望他将来能在商店里做做账房等事。这商校前身是县立乙种实业学校，创建于1912年3月，初设农科，后增商科。1916年取消农科，改名为县立乙种商业学校。当时，廖文光将陈云寄住在青浦码头衔8号裕丰客栈楼上职工宿舍里。陈云在乙种商校里除学习一般高小课程外，还要学习珠算、簿记等。陈云懂得舅父用心良苦，很珍惜这次学习机会，在学校里勤奋学习，很短时间里便学到一手好珠算，还初步学会写账册，进步很快，但可惜只读了一个多月，他又因经济原因而辍学回家，继续在舅父店里做小伙计。这时，廖文光收留一个16岁的女孩为养女，取名廖顺宝，帮助做做家务。

廖文光小酒店的常客杜衡伯是位比较进步的教育家，家住本县小赵屯桥。民国初，新学制兴，他受聘任首届公立颜安国民小学校长。为适应时代需要，他废读经，加珠算、手工等学科，定“勤”、“诚”两字为颜安小学的校训，办学成绩卓著。有一次，杜校长看到陈云在灶前烧火，就和陈云交谈。在交谈中，杜校长发现陈云口齿伶俐，记忆力强，初小学的知识对答如流。杜校长向廖文光询问了陈云辍学的缘故，觉得让这样一个聪明孩子辍学在家烧火十分可惜，当场答应让陈云到颜安小学的高小部学习，并且免收学费。杜先生的慷慨举动感动了廖文光全家，遂了廖文光的心愿。于是，他送陈云到颜安小学读高小。

陈云进颜安小学后，凭着他天资聪颖，刻苦好学，各科成绩一直名列前茅，每个学期都获得品学兼优的奖状，同学们都很敬佩他，这也使舅父感到欣慰。在学校里，陈云最爱听张老师的课。张老师名叫张子谦（又名张行恭），世居松江城内。他讲课不仅语言生动

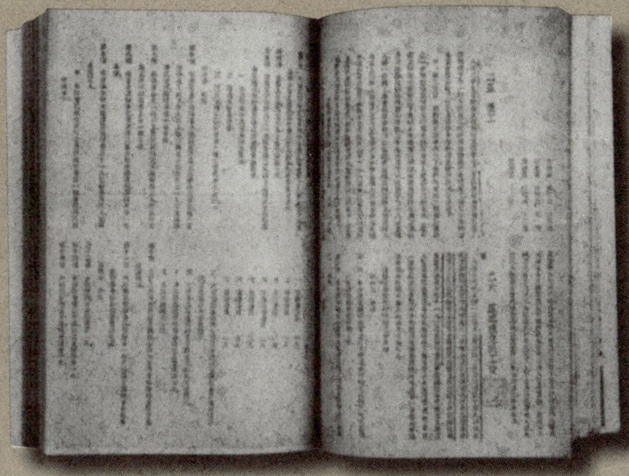

※商务印书馆年鉴。这是1930年底出版的上海商务印书馆发行所职工会《职工年刊》，其中有陈云当选为执行委员的记录。

流畅，还常讲康有为、孙中山、鸦片战争、辛亥革命等故事，激发学生的爱国思想。1919年5月11日，青浦县全县学校停课三天，支持北京五四爱国运动。陈云和同学们在教师的带领下，组织救国十人团，在练塘附近的小蒸、泖口、网埭等村镇进行演讲宣传，表演短剧，激起广大群众爱国热情，声讨卖国贼曹汝霖等罪行。陈云还和同学、教师向社会募捐，组成救国储金会，声势非常浩大。颜安小学在这场反帝反封建的浪潮中获得了新的生命，陈云对生活更是充满信心，经常以“有志者事竟成”这句格言勉励自己、勉励别人。

在颜安小学毕业的前夕，陈云又面临着生活的选择，毕业后怎么办？学校里的教师都很关心陈云，杜校长要求老师们一起设法安置陈云。张老师是了解陈云家境的，很同情陈云的不幸遭遇，又很欣赏他的才干，准备通过在上海商务印书馆工作的弟弟张子宏介绍陈云进商务印书馆当学徒。张老师把这意见和陈云讲了，并说：你去上海商务印书馆当学徒既可解决生活问题，又有机会多看些书，多接触新事物。陈云听了张老师的话，非常高兴，回家马上告诉舅父、舅母，还和姐姐陈星商量，大家都认为很好，对张老师关心陈云也非常感激。

1919年12月初，陈云由张老师陪同去上海商务印书馆总发行所当学徒。他先在排字房工作，后来在门市部中书部当店员，名字仍是廖陈云。陈云初进店时，个子很小，与店里柜台一样高，经常垫只小凳子在柜台上做生意。他在店里待人和气诚恳，对顾客热情周到。当时书店有“同仁折扣”（九折）的规定，所以青浦同乡孔繁熙、万阿莱等经常到书店找陈云买九折书。

陈云在商务印书馆当学徒后，有机会接触进步知识分子，学习科学文化。他有空就去读夜书、学外文，不断吸取新的革命思想。逢节假日回到练塘休息时，他便和刘国桢、万秉璋等一起谈论社会、国家大事，十分投机。他也懂得锻炼身体的重要，常和陆志鸿“盘杠子”、“举石担”，练手劲。

陈云当学徒后，廖顺宝出嫁到叶厍村与陶书堂结婚，离开廖家。1920年，廖文光又从泖东亲戚家领了一个5岁的女孩为养女，取名廖桂宝。陈云对舅父全家仍十分关心，领到工资后总是如数交给舅父，补贴家用，自己生活却十分俭朴，从不乱花一分钱。他见舅母表弟身体不大好，就动员他们去杭州散心，并为舅父全家四人买了去杭州的火车票。舅父、舅母从杭州回来，还到上海商务印书馆看望了陈云。这次杭州之行，对舅母、表弟恢复健康大有帮助。

在商务印书馆，陈云逐渐走上了革命道路，并在以后漫长的革命生涯中，成长为一位伟大的无产阶级革命家。

少年时代与舅父在一起的生活让陈云难以忘怀。离开家乡后，陈云曾多次与战友、同事谈及童年的往事。每当回忆起与舅父一家结下的深厚感情，他总是心潮起伏、思绪万千。建国初期，他对当时在中央直属机关工作的一位同志曾经这样讲：“我出身上海，从小失去父母，是舅父把我养大的。”

（朱习理等）

寄情评弹与丝竹

孤独的陈云为了寻求心灵的寄托，迷上了评弹和丝竹。评弹向他打开了一扇了解世界的窗口，从这里，他可以了解社会、了解人生，从而产生了新的向往和追求。陈云也常常通过二胡和箫来表达自己对人生的思考和探索。

幼年时期经历的种种不幸和打击，对陈云的性格产生了很大的影响。据老人们回忆，陈云小的时候性格沉静、内向，很少与别的孩子一起玩耍，同龄的孩子在一起做游戏，他从不参与，只是在一旁默默地观看。独特的经历使他与别的孩子之间缺少共同语言，很难沟通，孤独感驱使陈云寻求心灵的寄托。这一时期，他迷上了评弹和丝竹。艺术的魅力是无穷的，丝竹声中，他的那种“更堪与何人说”的不幸、苦闷和孤独感似乎得到了一种无言的表述。评弹则向他打开了一扇了解世界的窗口，从这里，他可以了解社会、了解人生，从而产生了新的向往和追求。

评弹俗称“说书”，是发源于苏州、广泛流行于江浙和上海一带的一种民间说表艺术。评弹艺术经过上百年的发展，积累了大量的书目，其中不乏优秀之作。

清末民初，评弹在江南一带非常受欢迎，各地都有一些大大小小的书场。练塘镇上离陈云舅舅家不远的地方就有这样一个书场，名叫“长春园”，书场共有二百多个座位。为了招揽听众，每天上午书场都要派一个伙计掮着一块写有当天书目及艺人姓名的木牌，敲着小锣在全镇主要街道上兜一圈，有些孩子就兴致勃勃地跟着伙计走。有时，陈云也兴高采烈地跟在人群后面。书场一般开日夜两场，听书的人花三个铜板买一个竹筹，然后就

※ 评弹艺人正在表演节目。

可以进场选座位坐下，泡上一壶茶，等待开场。小时候，陈云经常随舅舅一起去听评弹，并对评弹产生了浓厚的兴趣。那时，能进场坐下听一场评弹对陈云来说就是一种莫大的享受。然而，这样的享受对陈云来说却不常有，舅舅有时生意忙，去不了书场，陈云自己又没有钱，买不了竹筹，这时，他就只好听“阴立”了。所谓“阴立”，就是指在角落里立着听书的意思。晚年，陈云曾向浙江省曲艺家协会的主席施振眉同志讲起过自己小时候听“阴立”的故事：小时候他常跟娘舅去听书，当时的书场大都设在茶馆里，听书的要付三个铜板买一根竹筹，才好在场子里听。书好听就天天去听，有时大人不去，就自己去了。没有那么多的钱买竹筹，只好站在书台对面墙角边上，老远地听先生说书。因为是在光线较暗淡的阴角里，又是站着听，所以对那些听白书的谑称为“阴立”。

对于听“阴立”，陈云也乐此不疲，只要有时间就去听。从听书中，陈云获得了大量的知识。陈云小时候并没有系统地学过中国的历史，但说起来历史上的一些事却如数家珍。后来，在谈到评弹的作用时，他曾带着感情说道：他的姐姐、他的舅舅虽然不识字，但了解历史、熟悉历史故事，这都是听书听来的。1962年，在谈到传统书的整理问题时，他又一次指出：传统书中“用了很多典故，用得很好，这对提高听众的文化水平有好处。过去听书的人，大都为劳动群众、文化不高的人多。有的人目不识丁，但讲起《三国演义》来，头头是道，都是听书听来的”。

听书也使陈云的口才得到了锻炼。评弹艺人经过严格的训练，都有极好的口才，善于表达。陈云的记性好，每次听完书后，回到家里，他基本上都能将故事原原本本地讲给舅舅、舅妈、姐姐听，有时还模仿艺人的口气，这在无形中也锻炼了他的演说能力。后来，人们都感到陈云的报告和演讲非常有感染力，风趣、幽默，应该说，这与他少年时代的这一经历是不无关系的。

评弹清脆、悦耳的伴奏对陈云的性情也是一种陶冶，这也是陈云喜欢评弹的一个重要原因。陈云对评弹的爱好一直保持到晚年。在医院的病床上，他还要求反复播放自己喜欢的评弹曲目。其实，这些曲目中的内容他都可以倒背如流了，这时他欣赏的已不再是其中的内容了，而是那优美的曲调。

除了评弹之外，陈云还特别喜欢江南的丝竹。丝竹早在清代中叶就开始在青浦一带流行。所谓丝竹，主要是指二胡、琵琶、三弦、笛子、箫、笙等丝弦竹管乐器，这些乐器奏出的乐曲音色清丽柔美，音质细腻典雅。陈云之所以喜欢丝竹，与他少年时期的经历也不无关系。陈云小的时候朋友极少，最要好的朋友是一个比他大八岁的道士，叫万秉璋，又名万隆泰。万秉璋是陈云母亲结拜姐妹的儿子，与陈云有着相似的经历。小时候万秉璋家里很穷，万秉璋的母亲生下他后，不得不把他寄养在亲戚家里，自己到上海给人家做奶妈为生。亲戚为了摆脱这个负担，把万秉璋卖给了道院做道士。道士在给人家做道场念经时需要有乐器伴奏，因此，这里的道士们除了会念经外，还要会些乐器。万秉璋无心修炼道法，倒是对丝竹很感兴趣，因此，念经之余练就了一手娴熟的丝竹本领。

万秉璋所在道院就在练塘镇城隍庙的西侧，离陈云舅舅家不远，小时候陈云经常到道院去找他玩，两人很谈得来。有时候，想起各自不幸的身世，两人相对无言，万秉璋就拿出二胡或箫奏上一曲，以表达共同的心情。在万秉璋的影响下，陈云也开始喜欢上了这些丝竹乐器。陈云既聪明、又勤奋，很快就从万秉璋那里学会了拉二胡和吹奏箫管的一些基本技巧。在中国传统的乐器中，二胡和箫似乎特别适合表达人们那种悲伤、无奈和迷茫的情感。少年时代，陈云常常通过二胡和箫来表达自己对人生的思考和探索。尽管他的技巧并不娴熟，但荡气回肠的二胡声和呜呜咽咽的箫声却给练塘人留下了难以抹去的印象。

二胡和箫伴随了陈云很长一段时间。走上革命道路以后，他开始懂得，单靠乐器表述自己的命运是不够的，不幸的命运必须改变，而且穷苦人的命运在共产党的领导下是完全可以改变的。于是，陈云开始不再迷恋这些乐器。紧张的革命斗争，也使他不可能有时间再去迷恋这些乐器。因此，后来很少有人知道陈云会拉二胡和吹箫。

尽管后来陈云已不再拉二胡和吹箫，但他对在那个年代曾给予自己安慰并教会自己拉二胡和吹箫的万秉璋却始终不曾忘记。解放后，他曾多次到练塘看望过万秉璋的家人，并在他们困难的时候寄钱给他们。

（孙业礼、熊亮华）

读书自强

陈云是个品学兼优的好学生，凭借自己的天资和刻苦精神，各科成绩都名列前茅。他不仅能写一手漂亮的毛笔字，而且能背诵一些名篇、名著。

童年的生活是很艰难的，但困难并没有把幼小的陈云压倒，相反，却使他从小养成了坚毅的性格。人们很少看到陈云放声大笑，但也很少看到长大后的陈云哭，给人印象最深的是他的沉默寡言。他在默默地观察社会、思考人生。

舅舅对陈云的成长极为关心。1913年，陈云8岁，同龄的孩子开始到私塾读书，廖文

※ 原练塘颜安小学（现为练塘中心小学），陈云曾在这里就读。

光夫妇舍不得这个酒店的小帮手，但总希望陈云日后能有所出息，于是决定送陈云去读私塾。私塾的学生不满十人，念的是传统的《三字经》、《百家姓》之类的书。也练习写毛笔字。陈云虽然家境贫寒，但读书用功，也很听老师的话。私塾的老师刘敏安对他非常器重，有时还单独给他讲些为人处世的道理。陈云在私塾读了近两年书，师生之间结下了深厚的感情。后来，陈云还经常去看这位启蒙老师，并和他的儿子刘国桢成了很好的朋友。

1914年，陈云离开私塾，来到本镇的贻善小学读书。贻善小学创办于1906年，辛亥革命后推行新式教育，贻善小学改名为贻善国民小学。学校设置了国文、算术、手工、体育等新课程。陈云天资聪颖，求知欲强，对所有这些课程他都非常感兴趣。他的刻苦、勤奋在当地也是很有名的。陈云不但课堂上听讲认真，对学校布置的作业也总是一丝不苟地完成。每天早上，他很早就起床，点着油灯在店堂里读书。邻居们经常以陈云的勤奋精神教育自己的孩子，要他们也能像陈云那样刻苦学习。

陈云在贻善国民小学读了两年，1916年初小毕业。这时，舅舅家的生活发生了一些变化。舅母在结婚多年后生下了一个男孩，名叫廖霓云。舅母生产后，身体不好，得了严重的风湿病，双手疼痛，小饭铺的生意受到一定的影响。而这时，姐姐陈星已经结婚，并搬出了舅家。廖文光本想让陈云继续升学读高小，但力不从心。小饭铺的生意需要人手，小孩也需要有人照看。无奈，只好让陈云辍学在家帮助干活。像其他孩子一样，陈云也希望能够继续求学，但他从小懂事，对舅母的病情很同情，对舅舅的忧愁和无奈也很理解，于是，他把自己求学的愿望深深地埋藏在心里，默默地承担起了在他这个年纪还不应该承担的一些家务。劈柴、烧火、洗菜、洗尿布、打扫卫生，他样样都干。

半年过去，舅母病情有所好转，舅舅实在舍不得让陈云在家做杂务，怕耽误他的前程，有负姐姐和母亲的重托。他找来经济情况比自己好些的内弟刘福和商量，希望能让陈云学些谋生的技术，将来能够在社会上立足。这个设想，得到了刘福和的赞成。1917年初，在刘福和的资助下，廖文光托人将陈云送到了青浦县立乙种商业学校，希望他能够学些算账的技巧，学成后在商店做做账房什么的。青浦县立乙种商业学校，前身是县立乙种实业学校，创立于1912年，开始只设农科，后来增设商科，1916年取消农科，成为商业学校。在这里，陈云除了学习一般的高小课程外，还要着重学习珠算、簿记等。陈云很懂得舅舅的良苦用心，对这次来之不易的学习机会倍加珍惜。由于离家较远，没有固定住处，他只好寄住在一所客栈的职工宿舍里，对这些陈云都毫不在意，他所想的就是利用这次机会多学点东西。然而，求学的道路对他来说竟是如此的艰难，这次机会很快就失去了。大概只过了一个多月，由于经济上的原因，陈云不得不再次辍学。他失望地回到家里，继续做起了饭铺的小伙计。

正当陈云对前途感到渺茫的时候，一位好心人的帮助，再次改变了他的命运。一天，小饭铺来了一位举止文雅的客人，他叫杜衡伯，是本镇颜安国民小学的校长，更是位进步的教育家。吃饭的时候，他看到这位正值学龄的儿童在灶前烧火，闲谈中他得知了陈云的情况，对陈云的不幸遭遇感到非常同情，于是有意与陈云交谈起来。他发现陈云不但对初小所学的知识对答如流，而且头脑清楚，记忆力极强，是一个难得的可造之才。这位校长当即决定，免费收陈云进颜安国民小学读书。这样，陈云再次背起了心爱的书包。

颜安小学的前身是一所创立于光绪年间的旧式的书院，主要目的是为朝廷培养治国安邦的人才，教师大都是饱读经书的学究，向学生传授的是经史子集之类的儒家经典。辛亥革命后，学校进行了改制，开设了一些新式课程，还在学生中建立了童子军等组织。学校的校长杜衡伯是位颇具进步思想的教育家，他受聘为首任公立颜安小学的校长后，适应时代变化，对学校进行了一些改革，废除了过去一些必读的经书课程，增添了珠算、手工等学科，并定“勤”、“诚”二字为颜安小学的校训，办学成绩卓著。

陈云进入颜安小学后，凭借自己的天资和刻苦精神，各科成绩一直名列前茅，几乎每个学期都要获得品学兼优的奖状。他对学校教授的传统文化课程非常感兴趣，不仅能写一手漂亮的毛笔字，对《古文观止》中的名篇和其他一些名著也能熟练地背诵。

在颜安小学，陈云不仅受到了传统文化的熏陶，也开始接触新的思想。在学校里，陈云最爱听的就是张行恭老师的课。张老师学识渊博，他讲课不仅语言流畅，生动活泼，而且旁征博引，不时介绍些当时重大的社会变革，如康有为、梁启超等人发起的维新运动、八国联军入侵中国、孙中山领导的辛亥革命等。这些知识大大开阔了陈云的视野，激发了他的爱国热情。从张老师讲的知识中，陈云和同学们开始懂得青浦的洋教堂、练塘的日本货都是帝国主义经济和文化侵略的产物，在他们这里，也存在着帝国主义和封建主义的压迫。

1919年五四运动爆发，在新的思想文化和爱国热情的驱使下，陈云和颜安小学的同学们也勇敢地投入了这场爱国运动的洪流之中。当时，陈云已是高年级学生，他品学兼优，在同学中有较高的威望，是学校组织的声援北京学生爱国运动活动的核心人物之一。他和同学们自发地组成宣传队，深入小镇的街头巷尾，发表演讲，表演短剧，向群众进行宣传，揭露日本帝国主义和北洋政府的罪行，号召大家抵制日货，不吃日本来的干贝，不穿东洋纱织的洋布，不玩日本制作的玩具。他们的宣传受到群众的称赞，许多人情不自禁地跟着他们高呼“打倒袁世凯卖国贼”、“收回青岛”、“废除二十一条”等口号。五四运动对陈云的思想产生了深刻的影响。从此，他开始懂得，自己的前途、命运与国家和民族的前途、命运是联系在一起的。

1919年5月底，陈云从颜安小学毕业，开始了人生的另一段旅途，但他对杜衡伯先生的帮助和颜安小学的培养，始终难以忘怀。两年以后，他和部分同学集资，为杜衡伯校长立了一块石碑，并在石碑上刻下了自己的名字。1955年5月，已是国务院副总理的陈云在去南方调查的过程中，特地回乡探访了母校。1986年，已经八十多岁的陈云已很少为别人题词，但当他得知颜安小学希望他题写校名时，立即答应下来，并欣然命笔。现在人们看到的颜安小学的校名就是陈云同志题写的。

（孙业礼、熊亮华）

吃水不忘挖井人

陈云不忘故人。1952年在上海，他向顾复生介绍张子宏说：“这位张先生就是我进商务印书馆当学徒的介绍人。”

陈云在颜安小学高小部上学的时候，有一位老师名叫张行恭，为人正直，乐于助人，思想也比较进步。他经常在课堂上通过讲解中国近代历史故事，像林则徐“虎门销烟”、谭嗣同舍生取义、广州黄花岗起义等，来对同学们进行爱国主义教育，帮助他们树立起振兴中华、还我河山的远大志向。每当这时，陈云总是听得特别认真，笔记记得一丝不苟，有时还提出问题请老师解答。张老师也格外喜欢班上这位出身贫苦、聪明而又勤奋刻苦的好学生，有时在课余还与陈云谈心，交流思想，共同讨论。

1919年5月11日，颜安小学组织声援北京五四运动的活动，在小镇上影响很大。陈云在这次行动中表现十分突出，尽管他的年龄还不到14岁，但已是组织整个活动的核心人物之一。对此，张老师看在眼里、喜在心头，更加坚定了帮助陈云成长为国家有用之才的想法。

很快，陈云便从高小部毕业了，何去何从成为摆在陈云面前的一大问题。当然，回家去帮舅父料理店务是最容易想到的一条路。但从小把陈云当自己孩子抚养的廖文光不愿如此，担心会耽误陈云的前程。熟悉了解陈云的老师和同学们也对此表示非常惋惜，张老师也很着急。

恰在这时，张老师的弟弟张子宏回家来探亲，他在商务印书馆工作。张行恭灵机一动，就将陈云的情况向弟弟作了详细介绍，请他帮助想想办法。张子宏听了哥哥的介绍之后，也很热心此事，提议不妨让陈云随他回到商务印书馆去，先当学徒工，待慢慢适应后再图发展。这样一来，一则可以解决经济自立问题；二则可以利用在印书馆工作的方便，使陈云能继续学习，多看些书；三则在市区工作，发展的机会可能多一些。

张行恭兄弟俩商量好，就到廖文光家里将上述考虑详细讲了。廖文光和陈云听后，都非常感激，出去可能很苦，但对穷家孩子而言，还能有什么别的更好的办法？这总不失为一条出路吧。

1919年12月，刚刚满14岁、从没有远离过故乡的陈云与亲人依依惜别，只身来到了商务印书馆。

老一辈的人都知道，解放前的学徒工，无论是在百货店、药店，还是在印书馆、饭馆，都是非常辛苦的。起早摸黑、忙里忙外姑且不说，还几乎没有人身自由，干得再好、跑得再勤，一旦稍有闪失，上至老板、店主，下至管家、师兄，常常是劈头盖脸，不问青红皂白地一顿训斥甚至暴打，自己还只能忍气吞声，埋头苦干，不得解释半句。

陈云当年学徒生活的具体细节，现在已无从了解，但这并不妨碍我们去想像一二。我们从后来陈云为党的事业不辞辛苦、坚毅顽强、注重实干的品质、意志和作风中，可以推测，那与陈云青少年时代的生活包括学徒生活中艰苦劳务的磨砺有一定关系。

当时的商务印书馆下辖编译所、印刷所、发行所、总务处等部门。由于家庭困难，从小帮助舅舅维持店铺而营养又跟不上，陈云长得很瘦小，此时只与柜台一般高。为此，许多部门都拒绝接收他。张子宏就将陈云留在身边负责印刷所的仪器文具柜，并给陈云专门制作了一个小柜台。后来，陈云又到了总发行所，印刷、排字，脏活累活样样干，从不吭声。管事和同事见他能吃苦又好学，待人和气，都十分喜欢他，尽可能给了陈云不少照

※印刷机。

顾，还推荐他到门市部书店当了一名小店员。到那里以后，陈云很快以热情周到的服务赢得了顾客的高度赞许。

尽管每天的劳动量很大，但在人剥削人的社会，干得再好，学徒就是学徒，第一年的薪金每年只有24元，第二年增加到48元，第三年也才72元。陈云生活十分简朴，除维持日常生活之外，从不乱花一分钱。

当略有积蓄的时候，陈云首先想的是如何报答舅父、舅母的养育之恩。后来，他将辛辛苦苦攒下的钱全部拿出来替舅舅一家四口买了去杭州旅游的火车票，让他们出来见见外面锦绣的河山，更是为了让长期在乡下劳作、身体不大好的亲人能休息一下，在一年四季的操劳中能喘上一口气。

在商务印书馆的学徒生活是艰苦的，但对一个有志青年而言也是很有收获的。陈云把自己的业余时间作了精心安排，重点放在两件事上：一是锻炼身体。为彻底改变以往身体偏瘦偏小的状况，陈云坚持跑步、练俯卧撑、掰腕子、举重物等，一段时间下来，身体状况提高很快。红军长征时期，陈云担任殿后的红五军团政委一职，打了不少恶仗，走了不少险路、远路，陈云都没有打一点闪板就是明证。

更重要的是，陈云养成了坚持锻炼的习惯，以后参加革命，无论何时何地，只要有可能，陈云都要活动活动。

陈云锻炼完毕回到宿舍，就是看书和练习毛笔字，此外还参加夜校学习，以巩固提高自身的文化知识水平，包括学习英语等。在这一阶段，陈云生平第一次接触到了马列主义思想。他把《共产党宣言》、《辩证唯物论》和《唯物史观》等书如饥似渴地反复读、反复琢磨，并结合自己以前参加家乡声援五四运动活动的经历，以及到城市后眼中见到、耳中听到和报上看到的社会现实状况进行深入思考。在商务印书馆共产党员董亦湘、恽雨棠的帮助下，陈云的思想进步很快。为进一步研究苏联革命，他又开始学习俄文。1925年，在董、恽两人的介绍下，陈云在党旗前庄严宣誓，光荣地加入中国共产党。

陈云便将自己的一生、自己的一切交给了党、交给了人民。他义无反顾地投入到了中国人民解放的伟大事业之中，走上了为共产主义奋斗终生的革命道路。

参加革命后，陈云始终没有忘记那些曾经帮助过自己，特别是自己阅历尚不够丰富、生活尚不能完全自立、思想尚不够成熟时，那些无私地关心、培养过自己，在人生的关键时候扶助过自己的人们。

1949年8月，上海刚解放不久，陈云乘来沪之便，亲自到河南中路商务印书馆上海总发行所，看望老同事老战友。他首先问起了张子宏先生的情况，对张先生长期为商务印书馆作奉献的精神深表敬重。此后，张子宏先生常代表商务印书馆向陈云请示汇报、反映情况。陈云在百忙中，均给予热情接待。他们之间一直保持联系。

1952年，陈云有一次正在上海考察工作，当时任江苏省农业科学院院长的顾复生同志前去看望他，看见张子宏先生、赵祖康先生当时正好在座，陈云特地给他介绍说："这位张先生就是我进商务印书馆当学徒的介绍人。"陈云不忘故人，对张先生的感谢之意，溢于言表。

（李梦汶）

商务印书馆的学徒

陈云说："商务印书馆是我在那里当过学徒、店员，也进行过阶级斗争的地方。"

1919年是陈云人生道路上的一个重要转折点。这一年，陈云完成了高小的全部课程，从颜安小学毕业了。高小毕业对其他同学来说也许是一个机遇，但陈云却再次陷入了困境，他又一次面临生活的抉择。陈云内心非常希望能够继续求学，但家庭条件不允许他这样做。想起苦苦支撑全家生活的舅舅，体弱多病的舅母，年纪尚小的表弟，陈云觉得他应该更多地为这个家庭承担一些义务。但是，回到家中，做小饭铺的帮手，碌碌无为地度过一生又非自己心中所愿。此时的陈云陷入极度的苦闷之中。

学校的老师都非常关心陈云，对陈云的处境感到着急，杜校长要求老师们一起想法安置陈云。张行恭老师了解陈云的家境，很同情陈云的不幸遭遇，同时又很欣赏他的才干，于是他决定通过在上海商务印书馆工作的弟弟张子宏介绍陈云进商务印书馆当学徒。就这样，在好心人的帮助之下，陈云的生活再次出现了转机。

1919年底，一条小船满载着陈云对家乡亲人的依恋和对未来生活的无限憧憬离开练塘，前往上海。这一年，陈云14岁。

陈云初到商务印书馆被分配到发行所文具柜当练习生，当时一些老工人看到陈云年纪小，个子矮，怕他干不了这一行，不愿意要他，张子宏做了好多工作，人们才勉强同意让他试试看。

学徒的生活是很苦的，当时商务印书馆仍沿用旧制培训人员，学徒要尊称柜长为师傅，学徒期间不仅要做正常的业务工作，还要做些上排门、下排门、扫店堂、擦柜台、倒痰盂、洗水烟袋等杂活。学徒不仅不能迟到早退，而且必须比一般店员早来晚走。

学徒生活虽苦，但对陈云来说，这确实是一个很好的出路。首先，可以解决生活问题。学徒期间，馆方除供应食宿外，每月还发给零用钱，第一年3元，第二年5元，第三年7元，年终还可以与高级职工享受同等比例的分红（每年按营业赢利多少分配，一般相当于两三个月的工资）。陈云生活非常节俭，从不乱花钱，经常将节省下来的钱寄给家中，补贴家用，因此，也解决了舅舅家的一些问题。另外，商务印书馆是一个文人荟萃的地方，文化氛围非常浓厚，各种图书也非常多，从而为陈云看书学习、接触新思想提供了很好的机会。

陈云非常珍惜这个机会，工作非常努力。当时，店铺的柜台很高，陈云站在柜台后面，顾客几乎看不到他，为了卖货方便，陈云便在柜台后面放个小长凳子，站在凳子上为顾客服务。后来，许多老人仍能回忆起当年陈云站在凳子上卖货的情景。由于陈云悟性高，又肯于钻研，很快就熟悉了业务，文具柜内的事情样样他都能拿得起、放得下。

※ 上海市河南中路商务印书馆旧址。陈云曾在这里当过学徒。

※ 上海市四川北路商务印书馆虹口分店旧址。陈云曾在这里当过店员。

陈云待人态度谦虚、诚恳，对那些比自己年龄大一些的人他一律尊称先生，不懂的地方就主动向他们请教，因此，老店员们都非常喜欢他，顾客也都非常喜欢这个热情周到又和气的学徒。当时商务印书馆有“同仁九折”的规定，所以青浦的同乡经常到书店找陈云买九折书。

除了努力工作之外，陈云还抓紧一切时间学习，提高自己的文化水平。商务印书馆的营业时间很长，一般是早晨8点钟开门，晚上8点钟才关门，加上路上往返的时间，陈云一天实际工作的时间往往超过十四五个小时。一天下来，已是疲惫不堪，其他工友回到宿舍就早早休息了，但陈云却总是最后一个休息，而且每天也是第一个起床，抓紧一切时间看书、习字，有时还学习一些外文。利用这段时间，陈云积累了大量的知识。在党的主要领导人中，陈云的学历是最低的，但他的知识面却非常广，这与他学徒期间的勤奋学习是很有关系的。

由于陈云的出色表现，五年学徒期满后，陈云由学徒转为商务印书馆的正式店员。

五年的学徒生涯对陈云的一生产生了深远的影响。商务印书馆是我国近代有名的企业，有一整套经营管理的方法，这些都给陈云留下了很深的印象。如商务印书馆特别重视质量和品牌问题，由此赢得了顾客的信赖，在竞争中立于不败之地。多少年之后，陈云对此仍深有感触。1952年，他作为主管全国经济工作的政务院副总理，谈到名牌货问题时曾指出：名牌货我们要提倡，不要名牌货不好。买货的人，都希望买名牌货，“我也亲身碰到过这样的事情。早先在上海的时候，世界书局、中华书局、商务印书馆几家共同组织了一个书店，我是被派去的一个。有一个人要买小孩用的书包，问多少钱，我说一块钱。他说，有一块钱还不如到商务印书馆去买哩。实际上是一样的东西，只是用了另一个牌子，但是他就认为商务印书馆的好。老百姓要名牌货，这个要求是合理的，取消名牌货不好。”

商务印书馆是创始者们以少量的资本，经过惨淡经营逐渐发展起来的，因此在经营管理中特别注意精打细算。陈云在商务印书馆做学徒时，商务印书馆的主要管理人是张元济。张虽出身翰林，在清朝做过京官，但极为俭朴，没有丝毫官僚习气。他平时写张条子，都用裁下来的废纸，一个信封也常常反复使用四次以上。据说，当年，王云五由编辑所长升任总经理后，何相丞继任所长，他每天向张元济报告所务，都套在新的信封里送去。过了两三个星期，送信人带回一叠他送去的信封，附着一张字条，请他以后可用这些旧信封，使何相丞十分尴尬。商务印书馆这种俭朴作风对陈云有很大的影响，他主管全国经济时，特别注意精打细算。他自己也是以身作则，他的一件棉坎肩曾穿了几十年，他办公过程中一个信封反复用几次也是常有的事。

商务印书馆是以整理出版古籍著名的，这对陈云也产生了一定的影响。陈云学历不高，对古籍没有很深的研究，但对整理出版古籍却很重视。20世纪80年代初，当我国古籍整理出版事业面临经费缺乏、后继乏人的困境时，陈云曾对这个问题做过重要指示，解决了我国古籍整理出版中的一系列重要问题。应该说，这与商务印书馆对他的影响也是分不开的。

陈云对商务印书馆有着很深的感情，对商务印书馆的发展也一直非常关注。1982年2月7日，陈云为商务印书馆建立85周年题词：商务印书馆是我在那里当过学徒、店员，也进行过阶级斗争的地方。应该说，商务印书馆在解放前是中国的一个很重要的文化教育事业单位。

（孙业礼、熊亮华）

奋发有为的青年

在上海商务印书馆时，陈云对伙伴们说：“一个青年人，生活态度和生活方式是否得当，对他的前途很有关系。”

陈云在商务印书馆当学徒，心中仍牢记着高小张老师送别时对他说的一句话：在上海要好好地去读夜校，那对提高自己是很有帮助的。在上海，陈云不但很快熟悉了书刊发行的业务，而且抓紧一切时间自修。他每天早晨8点到发行所上班，一直到晚上8点才下班，加上路上往返的时间，提前吃早饭等，合起来要花去十四五个小时。这样，一天下来，身体感到很疲乏。同事们回到宿舍，不是马上睡觉，就是聊聊天。但陈云与别人不同，他每天班前班后都要坚持学习几个小时。在集体宿舍里，他是起得最早睡得最晚的一个。每天一大早他就起床读书，练习毛笔字，下班后，还要去文化补习班学习中文和英语，上完课回到宿舍，继续读书直到深夜，一年四季，从不间断。

陈云在商务印书馆做学徒时，发生过这样一件事：有一个同事过去比陈云多读了几年书，便有了一种莫名其妙的优越感，总觉得他比别人高明。有一天，这个人外出办事，留了一张便条给陈云，拜托陈云帮助他办件事。不料，这个人回来时，陈云却把那张便条原封不动地还给了他。那个人仔细一看，上面写了几句话：“你的字，真是所谓‘以子之矛，攻子之盾’。”原来，那张条子的字写得太潦草，陈云看不清要他办什么事，就没有去办。那位同事想托人办事，又没有把要办的事情写清楚，使人无法帮助，这不是“矛盾”吗？那位同事看过条后，觉得陈云说得有道理，他本来总以为自己比陈云文化水平高，从那以后再不敢小瞧陈云了。

陈云虽然只是高小毕业，但他离开学校后一直坚持自学，在商务印书馆的青年中，他是一个学习刻苦、有志气、有远大理想的青年。

1925年，上海爆发了反帝反封建的五卅爱国运动，这次运动持续了一个多月，商务印书馆的工人也参加了大罢工。陈云积极投入到轰轰烈烈的反帝爱国斗争中，他在斗争中不辞劳苦，日夜奔走，深得工人的拥护，被推举为罢工委员会委员长。五卅运动最后取得了胜利。在这场全国规模的反帝斗争中，陈云受到了斗争的洗礼，进步很快，使他认识到了人民群众、特别是工人阶级的伟大力量，认识到必须以马列主义作指导，行动才有方向。

五卅运动后，在党的直接教育下，陈云发奋地学习俄文，研读马列主义和介绍苏联革命的进步书籍，如《共产党宣言》、《唯物史观》、《辩证唯物主义》等，并且研究苏联

※ 1925年“五卅”运动爆发。图为上海总工会、上海各界群众的游行队伍。陈云参加了“五卅”运动。

革命的经验。一些革命书刊不便于在公开场所阅读，他就躲到厕所里偷偷地读，常常读得困乏不堪时，才去睡觉。

当时，上海是一个大染缸，资产阶级腐朽的生活方式对刚从乡下来的青年影响很深。有的人手头有了一点钱之后，便整天吃喝玩乐；有的人虽然眼前尚未堕落，肯学习肯用功，但其目的也只是为了自己的私利；还有的人则抱着消极的人生态度，糊糊涂涂地过日子。生活在这样环境中的陈云，不但自己丝毫不受那些消极思想的影响，而且常常勉励伙伴们说：“青年人应奋发有为，做些对民众有益的事情，这样生活才有意义。”他还说：“一个青年人，生活态度和生活方式是否得当，对他的前途很有关系。”他劝别人不要被不正当的生活陶醉，销蚀自己的意志，戕害自己的身心，而应当多看些有益的书。陈云不仅是这样说的，也是这样做的。

（郑惠）

时代的召唤

陈云积极投身于五卅运动之中。他除了参加罢工和示威游行活动外，还参加卖报、募捐活动。陈云在这场斗争中得到了锻炼，并开始向党组织靠拢。

1919年五四运动中，中国的工人阶级作为一支独立的政治力量开始登上历史舞台并充分显示了其力量。在此基础上，1921年，中国共产党在上海成立了。从此，中国的工人阶级和工人运动从自发走向自觉。

中国共产党从成立起，就非常重视商务印书馆这个重要的文化阵地。中国共产党的早期党员沈雁冰、杨贤江等很早就在这里开展活动，传播马克思主义思想。当时杨贤江参与编辑的《学生杂志》就是一本非常著名的宣传进步思想的刊物，杨贤江经常通过这个刊物向青年推荐《唯物史观与马克思主义》、《马克思经济学原理》、《唯物史观解说》等著作。商务印书馆的这个杂志在当时影响非常大，据李一氓回忆："当时比较进步的中学生和大学生，大体上都受《学生杂志》的影响。"

商务印书馆在中国共产党成立初期还曾是各地和中央的一个秘密联络站，负责联络工作的就是后来著名的作家沈雁冰。沈雁冰，笔名茅盾，从北京大学预科毕业后经商务印书馆北京分馆经理孙伯恒介绍给商务印书馆总经理张元济，入商务编译所，先在函授部做学生作业批改员，后在《小说月报》当编辑、主编。中国共产党成立之前，沈雁冰就参加了1920年5月成立的马克思主义研究会和1920年8月成立的共产主义小组。1921年，经李汉俊介绍，他参加了中国共产党。李汉俊是代表上海的中国共产党一大代表，沈雁冰为一大的筹备做了不少工作。鉴于沈雁冰在商务工作上的方便条件，1921年底，党中央委托他担任党中央秘密联络员。外地党的活动的函件，大多寄到上海宝山路45号商务印书馆编译所，信封上写沈雁冰收，内封写"钟某"或"沈雁冰转钟英小姐玉展"，"钟英"就是"中央"的谐音。也有写"沈雁冰转陈仲甫先生台启"，"陈仲甫"是中国共产党中央局书记陈独秀的别名。有时外地来人找中央联系工作，一般都先找沈雁冰，由他报告中央，再由他转达中央意见。中国共产党也非常重视商务印书馆工人的组织发动工作。

陈云就是在这样的环境中逐步走上革命道路的。

陈云来到商务印书馆之初是一个非常老实的学徒，那时他年龄较小，思想单纯，为自己有这样一份能够养活自己的工作而感到幸运。但随着年龄的增长和工作的不断展开，他的眼界也不断开阔，开始接触和接受新的思想。作为一个有志青年，他不再仅仅为自己的

※ 陈云（后排右五）同上海商务印书馆虹口分店暨中国商务广告公司同人合影。

前途和命运担忧，在各种爱国进步思想的影响下，他开始认识到自己的命运和前途与整个国家的命运和前途是联系在一起的，个人要获得自由和幸福，必须首先求得国家的独立和富强。于是，像其他有志青年一样，他开始思考国家的问题。这期间，他也有过迷惘，他曾信奉过国家主义，也信奉过三民主义，但朴素的阶级感情和中国共产党的影响，最终使他走上了无产阶级革命的道路。

中国共产党成立以后，曾发动和组织了多次工人运动，这些工人运动特别是上海地区的工人运动对陈云产生了极大的影响。

上海是中国最大的工业城市，那时有工人80万人，占全国工人总数的近三分之一。上海也是帝国主义列强侵略中国的重要基地，这里有主要由英国控制的“公共租界”和法国的租界，日、英等国在这里开设了许多工厂，残酷地榨取中国工人的血汗，民族矛盾一直非常尖锐。

中国共产党在上海工人中开展工作较早，基础较好。那时，中共中央就在上海。共产党人以上海大学为重要据点，深入到工人中去工作，先后在七个地区创办了工人夜校。1924年夏，在邓中夏、项英等领导下，成立了沪西工友俱乐部，会员发展到近2000人，是推动上海工人运动走向高涨的群众性团体。在中国共产党的积极推动下，1925年上海工人运动开始出现高潮。

1925年2月爆发了日本纱厂工人的总罢工。当时，日本利用不平等条约，在中国开设各种工厂，其中纺织厂共41所，在上海即有37个厂，其中属于“内外棉株式会社”的11个。在日本纺织业，“内外棉”资本最为雄厚，剥削也最严重。工人分日夜二班，每班工作12小时，女工和童工每天平均工资不过一毛多钱，食宿条件极坏。这些日本纱厂也是中国共产党组织工运的重点。

1925年2月2日清晨，内外棉第八厂发生日本领班毒打一个女童工的事，引起男工的不平，据理同日本领班力争，并自动罢工。日本厂方不但不承认错误，反而开除了带头罢工的50名男工。罢工进一步扩大。

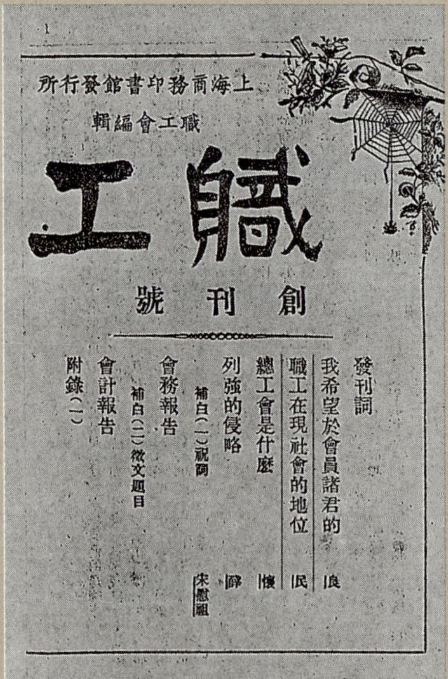
上海商務印書館發行所
職工會編輯
職工
創刊號
發刊詞
我希望於會員諸君的 良
職工在現社會的地位 民
總工會是什麼 懷
列強的侵略 辟
補白(一)祝詞 宋慰祖
會務報告
補白(二)徵文題目
會計報告
附錄(一)

※ 1925年10月，上海商务印书馆发行所职工会编辑的《职工》创刊。陈云曾用『怀』、『民』、『怀民』等笔名在这个刊物上发表了不少文章。

2月9日，内外棉第八厂全厂工人开始罢工，接着，第五厂、七十二厂的工人也跟着罢工。此后，罢工进一步蔓延到上海22个的日本纱厂，罢工人数达三万五千余人，并以沪西工友俱乐部为核心，组成罢工委员会。罢工使日本工厂遭受严重的经济损失，三个星期之后，日本资本家不得不答应罢工委员会提出的复工条件。罢工取得了胜利。

陈云没有直接参与这场罢工，但这次罢工使他看到了工人阶级的力量所在。不久，他即积极投身于五卅运动之中。

1925年5月15日，上海内外棉七厂的日本资本家枪杀工人顾正红（共产党员）。5月28日，中共中央决定发动学生和工人在30日到租界内举行大规模的反帝示威活动。30日那天，上海工人和学生举行援助纱厂工人的街头宣传讲演和示威游行，租界的英国巡捕在南京路上突然开枪，向密集的群众射击，打死学生、工人等16人，伤者不计其数。以后几天，在上海和其他地方又连续发生英、日等国军警枪杀中国民众的事件。

这些事件，激起了全上海以至全中国人民的极大愤怒。多少年来深埋在中国人心里的对帝国主义的怒火一下子喷发出来。工人罢工，学生罢课，商人罢市。6月11日，上海举行群众大会，到会的有20多万人，全国各地约有1700万人直接参加了运动。从通商都市到偏僻乡镇，到处响起"打倒帝国主义"、"废除不平等条约"的怒吼。反对帝国主义的民族浪潮，以不可遏止的浩大声势迅速席卷全国。

陈云和商务印书馆的职工也以对帝国主义的无比愤慨，从五卅运动一开始就积极投身于这场运动之中。陈云和商务青年工人除了参加罢工和示威游行活动外，还积极参加了发行《公理日报》的活动。《公理日报》是五卅运动爆发后，商务印书馆同仁创办的一张临时性报纸。《公理日报》站在抗议帝国主义暴行的立场上，登其他各报不敢登的消息，说其他各报不敢说的话，并不断发表文章敦促各大报纸采取鲜明立场，拒绝登载英商广告，还陆续列表刊出英货的商标、英国公司的名称，号召大家抵制英货。这张报纸受到上海各阶层爱国人士的普遍欢迎。为了进一步扩大《公理日报》在群众中的影响，更快更好地满足社会需求，商务印书馆的许多青年工人自动承担了卖报任务。陈云也积极参加了这一活动。他和伙伴们一起，每天一早领取报纸，沿着上海的大街小巷叫卖。《公理日报》从6月2日创刊，到6月24日停刊，共出了22期，陈云和伙伴们一直坚持卖到最后一期。

除参加卖报的工作外，陈云还积极参加商务印书馆组织的募捐活动，他不仅把自己平时省吃俭用积攒的工资捐献出来，还组织一些青年工人上街动员和宣传募捐。

陈云在这场斗争中得到了锻炼，同时，这场运动也迫使他思考一些问题。五卅运动中，中国民族资产阶级的软弱性得到了充分暴露，商务印书馆《公理日报》的出版就是一

※ 五卅运动中陈云上街义卖过揭露五卅惨案真相的上海《公理日报》。这是1925年6月3日出版的《公理日报》。

个很好的例子。当时商务印书馆厂方受爱国运动的影响，不公开反对出版这个报纸，而且还动用公款暗中给以支持，厂方一些主要领导人张元济、高梦旦、王云五还每个人捐助了100元。但商务印书馆却不敢承印这张报纸。后来，由于经费、印刷等方面的原因，报纸被迫停办。而中国共产党及其领导的工人阶级却成为中国民族运动的坚定的主力。现实情况使陈云对他原来信奉的国家主义和三民主义产生了怀疑，并开始向中共党组织靠拢。

（孙业礼、熊亮华）

从店员到工运领导人

为抗议商务印书馆当局裁减职员，陈云和商务印书馆党组织决定组织工人罢工。陈云被选为罢工临时委员会委员长。

五卅运动有力地推动了中国革命的发展，此后，中国共产党开始在工人中大量发展党员。由于陈云在五卅运动中的勇敢表现，商务印书馆的党组织开始注意到这个意志坚定的青年人。在商务印书馆进步同事的引导下，陈云来到了中国共产党的一个外围组织——上海通讯图书馆。

上海通讯图书馆是进步青年应修人、楼适夷在20年代初创办的一个友人读书团体。图书馆通过向青年推荐进步图书，请进步人士作报告等形式，引导青年树立正确的政治方向，使一大批青年走上革命道路。当时这个图书馆经常向青年人推荐共产党的书刊，还请党的一些领导同志和青年工作的指导者给青年作报告。赵世炎、恽代英、杨贤江、沈雁冰

※ 1925年9月，陈云（前排左三）同上海商务印书馆发行所职工会执行委员合影。他当时任该职工会委员长。

等都在此作过报告。它实际上是党联系进步青年的一座桥梁。许多青年读者正是通过这个图书馆走上革命道路的。

在上海通讯图书馆，陈云有机会接触了大量进步书刊，并开始系统地研读马列主义和苏联革命的有关书籍，如《马克思主义浅说》、《资本制度浅说》、《辩证唯物论》、《唯物史观》等。这些书刊给陈云以深刻的启迪，使他的阶级觉悟有了很大的提高。他开始彻底抛弃国家主义和三民主义，并逐步树立起对马克思主义的信仰。此后，他满怀激情地主动投入到中国共产党领导的工人运动中。

五卅运动后，上海工人运动有转向低潮的趋势，党中央准备再次掀起罢工高潮，以推动中国革命形势的发展。鉴于商务印书馆职工的革命觉悟较高，1925年6、7月间，中共上海区委派徐海坤到商务印书馆组织临时党团，党团成员有沈雁冰、杨贤江等十多人。陈云因平时在发行所青年工人中较有影响，五卅运动中又表现得比较突出，也被党组织指定为临时党团的成员。

尽管商务印书馆是一个民族企业，但也存在着严重的剥削。商务印书馆的老板也想尽办法对职工进行压榨，如规定编辑每天要写多少字，写不足就扣薪水；画图，先是要量尺

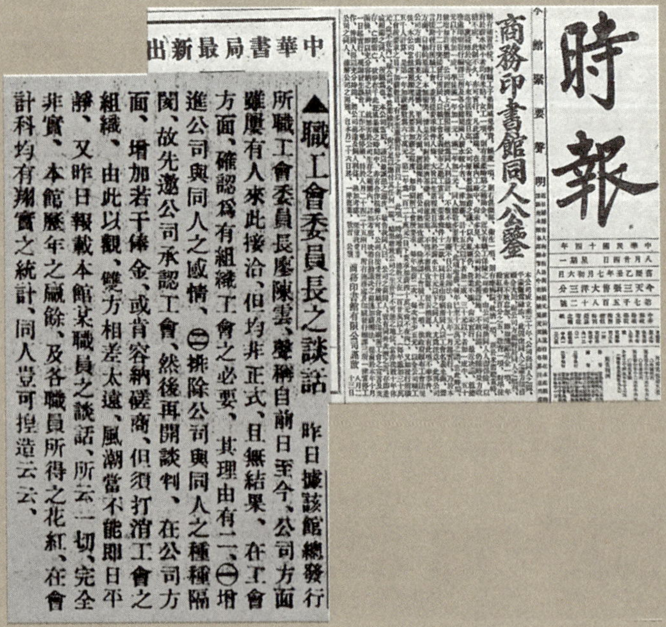
時報

商務印書館同人公鑒

中華書局最新出

▲職工會委員長之談話　昨日據該館總發行所職工會委員長陳雲、聲稱自前日至今、公司方面雖屢有人來此接洽、但均非正式、且無結果、在工會方面、確認爲有組織工會之必要、其理由有二、㈠增進公司與同人之感情、㈡排除公司與同人之種種隔閡、故先邀公司承認工會、然後再開談判、在公司方面、增加若干俸金、或肯容納磋商、但須打消工會之組織、由此以觀、雙方相差太遠、風潮當不能即日平靜、又昨日報載本館某職員之談話、所云一切、完全非實、本館歷年之贏餘、及各職員所得之花紅、在會計科均有翔實之統計、同人豈可捏造云云、

※ 1925年8月24日，上海《时报》刊载的陈云在商务印书馆大罢工第二天发表关于争取组织工会自由作为取得这次罢工斗争胜利的最基本条件的谈话。

寸，因而有人就尽量画大，后来又提出图中空白地方要扣除不计尺寸，也就是不计报酬；校对上如果发现一个错字，就要扣多少薪水等等。职工对此是很有意见的。也就是说，商务印书馆存在着罢工的条件。

1925年8月，商务印书馆当局者决定裁减一些职员。消息传出后，在工人中引起很大的不满情绪，陈云和商务印书馆党组织决定抓住这一时机组织工人罢工。陈云对当时的形势作了分析，他认为：五卅惨案以后，民族主义革命思想蓬勃发展，上海邮务工会罢工刚胜利，给职工群众很大的启发；而8月下旬学校又将准备秋季开学，全国大、中、小学大都要使用商务印书馆的课本，就是说，正是资本家猎取最大利润的前夕。在这个时期罢工，老板必然会考虑到生意被中华书局夺去的危险。只要工友们团结一致，坚持斗争，罢工胜利的可能性是很大的。在对形势作了正确的分析之后，陈云和临时党团的成员开始串联商务印书馆的一些低薪职工，部署罢工事宜。

不出陈云所料，馆方得知工人即将罢工的消息后，极为担心。8月21日，由发行所出面贴出一个安民告示，说：本年内因种种影响，本馆所受损失甚大，现当秋季开学，正是各书店营业旺盛之时，请职工勤勉从公，公司同人应同舟共济。同时，由发行所副所长出面召集发行所各部主任谈话，口头允许每年酌提10万元作为加薪之用（约加薪一成）。由于事先做了周密的安排，职工对此未予理睬。当晚，陈云和商务临时党团成员组织以发行所为主的职工在上海大学附属中学开会，会议决定举行罢工，提出复工条件12项、职工会章程草案、罢工宣言等，并选出由15人组成的罢工临时委员会，陈云被选为委员长。罢工从此开始。

8月22日，罢工委员会写信给商务印书馆在全国各地的30多个分馆，要求声援，采取一致行动。同时，陈云等人还前往宝山路印刷所活动，协商相互配合行动等问题。上午12时，印刷所职工响应罢工。接着，总务处职工也参加了罢工。

由于各所具体情况不同，罢工时提出的复工条件也不尽一样，这种状况不利于统一行动。23日，4000多罢工职工在商务印书馆东方图书馆广场上举行大会，协商统一行动问题，陈云被推为大会主席。会上，陈云当场决定对两所一处（发行所、印刷所、总务处）提出的复工条件进行归并，列出了其中一些最重要的条件，如：馆方应承认工会有代表全体职工之权，增加工资，缩短工作时间，废除包工制，优待女工等等。

针对工人的罢工，商务印书馆资方想尽各种办法进行破坏，恫吓不行，就分化、瓦解，但由于党组织做了大量的工作，资方的各种阴谋都没有得逞。8月27日，资方被迫答应了工人的复工条件，罢工取得了胜利。

陈云在罢工斗争中表现出的坚定的革命意志和出色的组织才能，引起了商务印书馆党组织的高度重视。罢工胜利后，经商务印书馆的两位老党员董亦湘和恽雨棠介绍，陈云光荣地加入了中国共产党，编入商务印书馆编译所、总务处、发行所联合支部。

（孙业礼、熊亮华）

“必须要改造社会，才能解放人类”

陈云在谈到入党动机时说：“那时的确了解了必须要改造社会，才能解放人类。这个思想对于我影响很大。”

1925年8、9月间陈云由董亦湘、恽雨棠介绍加入中国共产党，被编入商务印书馆编译所、总务处、发行所联合支部。

董亦湘当时在商务印书馆编译所任编辑，1922年加入中国共产党，是商务印书馆第一任党支部书记。恽雨棠当时在商务印书馆发行所通讯现购处工作，1924年加入中国共产党。恽雨棠1931年2月被敌人杀害；董亦湘1925年10月由党组织派往苏联学习，1939年牺牲。1986年8月，中共江苏省常州市委批准在董亦湘家乡建立董亦湘纪念碑。陈云题写了碑名，以示怀念。

陈云后来在自传中说到入党经过时写道：“入党动机显然由于罢工运动和阶级斗争之影响。此时看了《马克思主义浅说》、《资本制度浅说》，至于《共产主义ABC》还看不懂。这些书看来它的道理比三民主义更好。罢工斗争和看了两本书就加入了党，但是我自觉入党时经过考虑，而且入党以后，自己觉得此身已非昔比，今后不是做成家立业的一套，而是要干革命。这个人生观的改革，对我以后有极大的帮助。”“那时的确了解了必须要改造社会，才能解放人类。这个思想对于我影响很大。做店员的人，有家庭负担的人，常常在每个重要关头，个人利益与党的利益有冲突时，要不止一次地在脑筋中思想上发生矛盾。而这种矛盾的克服，必须赖于革命理论与思想，去克服个人利益的思想。比如，当我在参加革命后，资本家威胁我时，我想到吃饭问题会发生危害，但立即又想到：怕什么？手足健全的人到处去得，可以到黄埔军校，可以卖大饼油条，只要立志革命，不怕没饭吃。归根结底，只有推翻现在社会制度以后，才大家有饭吃。”

（朱佳木）

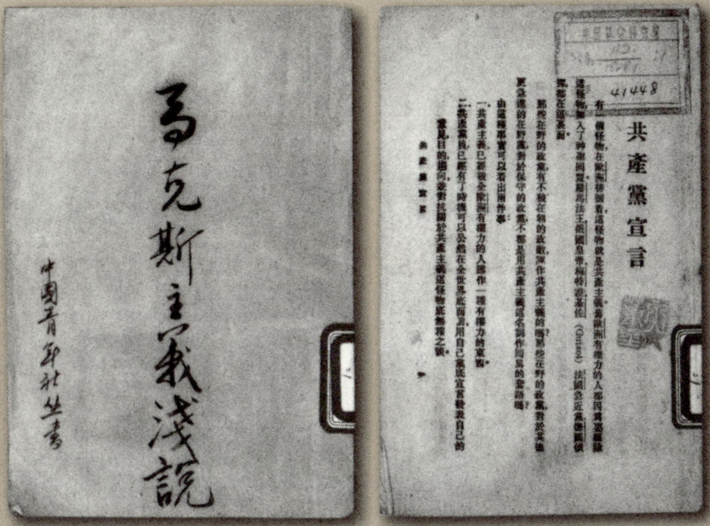

※大革命期间陈云阅读了《马克思主义浅说》、《共产党宣言》、《国家与革命》等马克思主义理论书籍。这是当时出版的宣传马克思主义理论的书籍。

走上职业革命家之路

陈云在五卅运动、商务印书馆工人罢工运动和上海工人武装起义中，经受了血与火的洗礼。蒋介石背叛革命，他结束了在商务印书馆的职工生活，走上职业革命家之路。

加入中国共产党是陈云一生中的一个重大转折点，从此，他走上了为无产阶级解放事业奋斗终生的道路。

对于陈云在工人中的活动，商务印书馆资方也有所觉察。为了限制他的活动，8月大罢工以后，资方将他调出了商务印书馆发行所，派他到仅有三四名职工的虹口分店工作。但这并未能阻止陈云的革命活动，几个月以后，他又一次领导了商务印书馆的大罢工。

1925年底，工运风潮已过，商务印书馆的业务也处于淡季，商务印书馆资方开始对罢工积极分子进行报复。这年12月，资方突然违反几个月前签订的复工条件，无理解雇近百名职工，其中不少是工会的积极分子。资方的背信弃义，引起极大公愤。于是，在陈云和商务印书馆党组织的领导下，发行所和印刷所的工人们举行了一次罢工。

12月22日，陈云作为罢工委员会的实际负责人代表工人向资方提出了八项复工条件：

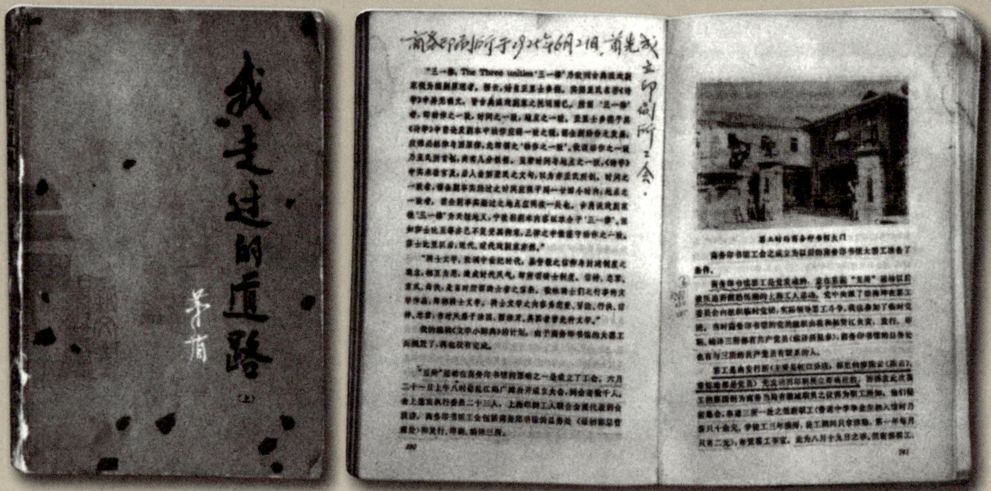

※ 1981年10月，人民文学出版社出版的茅盾所著《我走过的道路》上册。其中第281页茅盾回忆了当年陈云参加领导商务印书馆罢工的情况。

一、恢复被裁职工职务，以后无重大过失，不得借故开除，并须另订保障条件。二、履行前次复工条件：甲、疾病扶助金，月薪在50元以下者不扣薪水，并不得有期限；乙、同人俱乐部照现在情形可无条件全部开放；丙、实行发行所同人服务时间减少个小时之条件。三、惩戒二所各部长，并撤换印刷所副所长职务。四、实行大小便及说话自由。五、反对夜班工作增加时间，并要求加点心费两角。六、女工、勤杂工、短工与职工一样待遇。七、退俸金无论自辞或被辞及有故开除者，均一律发给。八、罢工期内工资一律照发。

对于这次罢工，资方早有准备，在谈判陷入僵局之后，他们请来了军警。在劳资双方谈判会上，军警威胁工人代表迅速与资方达成协议，不然就枪毙他们。但是，由于有了上次罢工的成功经验，工人们团结一致，宁死不屈。作为罢工的领导人，陈云更是表现出了大无畏的气概。面对军警和资方的威胁，他严正指出：我们代表的是工人的利益，枪毙我们几个人没关系，我们背后还有几千工人。商务印书馆资方也心虚了，他们也怕僵持下去，军警住在厂里不走，并趁机进行勒索，使事态无法收拾。最后，他们不得不与工人妥

▲職工會委員長之談話 昨日[illegible]
所職工會委員長[illegible]日至今、公司方面
屢屢有人來此接洽、但均非正式、且無結果、在工會
方面、確認為有組織工會之必要、其理由有二、㈠增
進公司與同人之感情、㈡[illegible]公司與同人之[illegible]
閡、故先遣公司承認工會、然後[illegible]、在公司方
面、增加若干條件、或負[illegible]、但須[illegible]工會之
組織、由此以觀、雙方相差太[illegible]、[illegible]日平
靜、又昨日報載本館[illegible]之談話、所云一切、完全
非實、本館歷年之[illegible]、及各[illegible]所[illegible]、在會
計科[illegible]有[illegible]之統計、同人[illegible]云云、

※ 1925年8月24日，上海《时报》登载的陈云在商务印书馆罢工第二发天表的谈话。

协，基本同意了罢工委员会提出的复工条件。罢工委员会考虑到大部分被开除的工人已找到职业，将同意被开除工人复工这一条改为由资本家出1.5万元给这些工人作为退职金。罢工再次取得了胜利。

第二次罢工胜利后，商务印书馆成立了党总支，陈云被任命为发行所分支部书记、发行所职工会党团书记兼商务印书馆总支部干事。

在经历了五卅运动和商务印书馆的两次罢工之后，陈云已经成长为一名优秀的工人运动领导者，他已不仅局限于为商务印书馆的职工谋利益，而是站在更高高度上，从整个中国工人阶级的利益出发，为中华民族的命运而斗争。作为一个共产党员，他的意志也更加坚定，个人的利益和生死早已置之度外。

1927年2月7日，陈云出席中共上海区委召开的上海第二次武装起义准备会议。次日，他又出席了上海总工会召开的各工会负责人联席会。会议被英巡捕房发现，陈云和64名党和工会的积极分子被当场抓走，一起被押往提篮桥捕房。事发之后，中共上海区委组织部

※ 为迎接北伐军，中国共产党于1926年9月至1927年3月领导上海工人举行三次武装起义。图为起义工人在操练。

部长兼上海总工会党团书记赵世炎，立即组织营救。于是，由英电、老怡和工会出面，向捕房提出，这些工人是他们请来开庆祝会的客人，被无理抓去，如不立即释放，翌日将举行全市总罢工。在广大工人群众的压力下，加上陈云等积极分子均未暴露共产党员身份，当晚10时，陈云等人全部被释放。这次被捕对陈云的思想未产生丝毫的影响，出狱后，他立即投入了第二次武装起义的准备工作。第二次武装起义失败后，他又勇敢地参加了上海工人的第三次武装起义。

上海工人第三次武装起义时，周恩来的战斗指挥部就设在商务印书馆。商务在闸北，闸北火车站一带驻有军阀直鲁联军的大队人马，是作战的重点。周恩来有好几次到商务察看地形，陈云和赵世炎、徐梅坤、章郁庵等陪同周恩来。周恩来指示商务印书馆党组织：你们除了在上层职员中发展党员外，还要注意吸收商务中下层的职工入党。此时，商务在上海的4000名职工中，中共党员和共青团员已发展到200多人，是上海三个人数最多的党支部之一。周恩来与党支部、工会骨干座谈，指示大家首先要树立起军阀必倒、工人阶级必胜的信心，要组织强有力的战斗组织——工人武装纠察队。并指出，商务资方不是也组织了一个保卫辅助团了吗？不要以为保卫团是资本家的，不去参加。没有参加的可以争取参加，取得合法地位，进行公开的军事训练。周恩来还派黄埔军校毕业生胡公冕负责商务纠察队的军事训练，并运送两箱短枪到宝山路商务总厂。

陈云和商务印书馆党组织的其他负责人遵照周恩来的指示，组织部分纠察队员参加商务资方组织的保卫辅助团，以此获取枪支，取得合法地位，进行公开的军事训练。另外，他们还派出一批纠察队骨干去上海总工会纠察队军事训练班轮流接受军事训练，受训的同志后来分别担任了工人纠察队的大、中、小队长，大部分纠察队员则在厂内接受胡公冕的军事训练指导。经过多种训练，商务印书馆工人纠察队员普遍掌握了使用武器及城市起义的基本战术，成为第三次武装起义中的一支骨干力量。

第三次武装起义时间定在1927年3月21日中午，以钟声为号。那天正午12点，宝山路商务总厂钟楼上警钟首先响起，接着汽笛声、警号声响彻全市。工人走出工厂，商店职工关门上街，学生离开了学校，交通运输停止，人们涌上街头，高呼“打倒军阀！”“打倒列强！”各路纠察队按部署向预定的驻军据点发起进攻。

上海工人武装起义前，白崇禧率领的北伐军东路军已抵达上海郊区龙华。起义开始一小时后，陈云接到上海总工会的命令，要他同其他代表一起到龙华与白崇禧的东路军进行谈判，希望他们能配合工人的行动。但白崇禧执行蒋介石的命令，在离上海不远的地方停了下来，企图待上海工人与军阀两败俱伤时进兵上海，坐收渔人之利。陈云等人在遭到白崇禧的无理拒绝后，愤然返回上海。

陈云回到上海市区后，立即投入了战斗。尽管没有北伐军的帮助，但工人们顽强战斗，不怕牺牲，起义进展非常迅速。七个暴动区中有六个很快完成了战斗任务，最后只剩下闸北区的敌人没有解决。闸北区是敌人力量集中之地，有据点二十余处，工人们经过一天的激烈战斗，仍有北火车站、东方图书馆等敌人重要据点没有拿下。22日，在周恩来的领导下，上海工人武装集中力量向这几处据点发起攻击，陈云也参加了这最后的战斗。经过浴血奋战，工人们终于在22日晚6时占领了最后一个据点——北火车站。至此，上海工人第三次武装起义取得了最后胜利。

上海工人武装起义是第一次国内革命战争期间工人运动最大的也是最后一次高潮。在这次起义中，陈云经受了血与火的洗礼。不久，由于蒋介石背叛革命，中国工人运动再次转入低潮。随之，陈云也不得不结束他在商务印书馆的职工生活，走上职业革命家之路。

（孙业礼、熊亮华）

★ ★ ★ 第二编 ★ ★ ★

血雨腥风　不辱使命

第二编 02

血雨腥风　不辱使命

相识岂在长久

陈云会见苏联著名汉学家斯拉特阔夫斯基时介绍说：“我们是二十多年的老战友了。那还是国民党时期，蒋介石叛变革命，到处是白色恐怖。我受到追捕，就住在他那里，住在他的房子里，我们算是老交情了！”

除了因工作关系陈云和外国友人有接触之外，有时，他也会接待一些特殊的客人。

有一次，工作人员发现一向内向、沉静的陈云今天却显得分外激动，还点上了一支烟。大家都感到非常纳闷，因为陈云很早就已经不吸烟了。直到相互一打听才了解到，待一会儿，有一位苏联客人要前来。但谁又能让陈云如此激动呢？前来拜访的重要客人不少，但类似情况还不曾发生过。

随着时间的推移，人们心中的好奇越发严重了。

“来了！”不知是谁突然轻轻地叫了一声。顿时，视线集中到了一个人身上。

来人高鼻梁，身材高大，两眼炯炯有神，脸上络腮胡须有些发白，估计已在花甲之年。单单从外表看，似乎还有些学者气质。不太可能吧？因为从来没有人听陈云提及过有这样的一位苏联学者朋友。

但大家确实猜得不错。

客人跨进门，一眼就看见了早已等候的陈云。只见陈云快步上前，紧紧握住来客的手说："你还是那么精神，身体还好吗？"尽管陈云努力压制心中的激动之情，但身边的同志仍从语调中能明显地感觉出来。还有细心人发现，在首长的眼圈中不知什么时候已经泛着晶莹的泪花，尽管早已有心理准备，此情此景仍然太意外了。

干革命、搞建设，艰难险阻再大，绝不会有一滴眼泪；见患难故友，任真情自流。这便是一位无产阶级革命家的风采！

通过谈话，大家终于明白了事情的来龙去脉。

来客是苏联的一位著名汉学家，名叫斯拉特阔夫斯基。1927年蒋介石发动"四一二"大屠杀时，上海滩一片腥风血雨。而年纪轻轻就在国内有"中国通"之称的斯拉特阔夫斯基此时正在这里，担任苏联驻上海商务代表。

※ 1927年4月12日，蒋介石在上海发动反革命政变，上海工人纠察队总指挥部所在地商务印书馆遭到袭击，大楼上弹痕斑斑。

尽管白色恐怖笼罩大地，但此时与斯拉特阔夫斯基年龄相仿、22岁还不到的陈云没有被反动派一时的嚣张气焰吓住，而是仍然留在上海坚持地下工作，以公开身份——商务印书馆的排字工做掩护。

一次深夜，由于叛徒出卖，大批特务前来搜捕陈云。在敌人眼中，陈云是一名“非抓不可的”重要人物，他曾是商务印书馆罢工临时委员会委员长，不仅参加了“四一二”之前中共领导的三次上海工人武装起义，而且组织领导的千余名工人纠察队是闸北区工人纠察队的主力。在取得成功的最后一次也就是第三次起义中，中共领导人周恩来就是在陈云所在的商务印书馆职工医院内指挥全市战斗的。起义胜利后，陈云还是上海特别市政府筹备工作组的成员。

当天深夜陈云正在召开会议，布置恢复基层组织事宜，突然听到窗外有异常声音，长期的地下斗争生活使陈云的警觉性非常高。他立即吹灭油灯，到窗前一看，立即明白有敌情。转过身来，陈云一边组织同志们马上从后门穿小巷转移，一边商定好下次开会联络的办法。

就这样，陈云再次虎口脱险。商务印书馆暂时是不能回去了，但又不能整天只顾东躲西藏，必须重新找一个可靠的安身之处，以便继续领导开展地下工作。

这在当时谈何容易！经过国民党反动派的几次大搜捕，原有的几个联络站已经不复存在，可靠的同志有的牺牲，有的不知下落，再加上内部的个别叛徒败类活动非常猖獗，有的地方貌似没有什么变化，其实正是一个虎口。熟人那里在未重新摸清情况之前也不能贸然前往，有的在目前革命处于暂时低潮的局面下，可能已经不愿再引“麻烦”上身；更有甚者表面安排、虚以接待，暗地里却去告密出卖。

就在这时，组织上给陈云安排了一个地点，这便是斯拉特阔夫斯基所在的苏联驻上海商务代表处。

陈云没有想到要暂时隐身于蓝眼睛、黄头发的外国人之中。尽管有些惴惴不安，他还是服从决定，将随身物品搬了过去。但很快，陈云心中的疑惑便烟消云散了。

斯拉特阔夫斯基一眼就喜欢上了面前这位双眸炯炯有神、精干、略有些瘦削的年轻中国人。他将陈云安排到一个比较隐蔽的宽敞房间，买来水果和生活用品，让陈云将多日奔波的仆仆风尘洗去，对客人的日常饮食作了妥善安排，并特别指示承办者注意多为陈云加强营养。此外，斯拉特阔夫斯基还详细讲解周围的环境和商务处的基本情况，以使陈云能尽快适应下来。

在斯拉特阔夫斯基的言谈举止中，陈云没有感到一丝一毫的不情愿、不耐烦，而只有

※ 1927年3月21日，上海工人举行第三次武装起义。图为起义胜利后的上海工人纠察队。

同志般无微不至的关心之意。陈云躺在松软、暖和的被子里，不知不觉中，这么长时间以来第一次美美地进入了梦乡。

斯拉特阔夫斯基不仅在生活上给予陈云细心周到的照顾，而且还利用自己特殊的身份巧妙应付敌特不时前来的骚扰盘查，自始至终保证了陈云在此期间的人身安全。

曾经有一次，一伙人自称前来作例行检查，要进入陈云所在的后院，而当时陈云正好在屋内，情况十分紧急。斯拉特阔夫斯基闻知消息，立即赶到现场，措辞严厉地向来人表示，这是外交人员生活区，未经两国有关部门协商，不得擅自进入，否则，由此引起的一切后果你们要承担完全责任。看到“洋大人”亲自当关，这帮平时习惯于在中国人民头上作威作福，到了外国人面前便自矮三分的反动派走狗灰溜溜而去了。

想起几十年前的历历往事，仿佛犹在昨日，记忆犹新。陈云与斯拉特阔夫斯基各自向对方介绍了上海分手后的情况。谈起世事的变迁，两人感慨不已，对革命在中国终于取得成功也都感到非常欣慰。当提及斯拉特阔夫斯基当年神勇退敌的经过时，双方更是愉快地笑了起来。

陈云今天交谈的兴致特别高，他还不时向身边的同志介绍说："我们是二十多年的老战友了。那还是国民党时期，蒋介石叛变革命，到处是白色恐怖。我受到追捕，就住在他那里，住在他的房子里，我们算是老交情了！"

两位老朋友从过去又谈到了现在，当客人说到中国革命这么多年、牺牲了这么多同志，今天终于迎来了收获季节，并向陈云表示祝贺时，陈云略一低头，语气一变，沉思着说："这不能说是收获季节。收获什么？胜利果实？不错，我们建立了新中国，可敌人留给我们的是一个烂摊子，是战争后的废墟。我们现在还不能享受胜利果实，恰恰相反，新的奋斗才刚刚开始。我们现在是要平整土地，是要播种，而不是收获。我们面前的困难一点也不比过去少，需要比过去更长久地艰苦奋斗。"在陈云讲话的过程中，斯拉特阔夫斯基频频点头表示十分赞许。

月亮悄悄地爬上了树梢。风，不知什么时候也开始轻轻地吹拂。

相识岂在长久，患难自铸真情。

（李梦汶）

"到民间去"

江苏省委派陈云"到民间去"，组织农民运动。临别，他深情地对工友们说："我此去一不做官，二不要钱，三不妥协，只为了要跟反动派坚决斗争到底，求工人阶级的彻底解放。"

继蒋介石悍然发动"四一二"反革命政变以后，江苏、浙江、安徽、福建、广西和广东等省，也以"清党"名义，对共产党人和革命人民进行大屠杀。仅广东一地，被捕杀者即达2100余人。与此同时，北方的奉系军阀也在北京逮捕大批共产党员及其他革命者。中华大地顿时陷于白色恐怖的腥风血雨之中。

陈云在上海从事工运已有几年，很多敌人认识他，因此遭到反动政府的通缉后，处境十分艰难，不得不转入地下活动。为了躲避敌人的搜捕，他常常住在工友家里，睡在地板上，有时吃饭都成问题。面对困难，陈云没有退缩，他常对身边的同志说起这样一首打油诗：

铁窗风味，家常便饭。

杀头枪毙，告老还乡。

由于斗争环境日益恶劣，陈云不得不离开商务印书馆。临别，他深情地对工友们说：“我此去一不做官，二不要钱，三不妥协，只为了要跟反动派坚决斗争到底，求工人阶级的彻底解放。”

1927年8月7日，中共中央在湖北汉口召开紧急会议（即八七会议），会议通过了《中国共产党中央执行委员会告全党党员书》等重要文件，要求坚决纠正党在过去的错误，确定实行土地革命和武装起义的总方针，号召党和人民继续革命的战斗。

根据八七会议精神，1927年9月，中共江苏省委作出了《江苏农民运动计划》。计划指出：农民革命既是现时中国革命的中心问题，江苏的农民暴动现时又有实现之可能，因

※ 八七会议会址。1927年8月7日，中共中央在汉口召开紧急会议，纠正陈独秀右倾投降主义，确定实行土地革命和武装反抗国民党反动派的总方针。

此党应当在经济上人力上抽调最大的一部分力量来执行此项工作。

在这种形势下，1927年10月，陈云根据江苏省委的指示回家乡青浦组织农民运动。

对于中国革命中的农民问题，陈云很早就有自己的分析。1926年7月，他在商务印书馆职工会编辑的《职工》杂志上发表了《中国民族运动之过去与将来》一文。文章认为：在以农立国的中国，占全国人口百分之八十强的农民，是民族运动中唯一大主力。农民不参加运动，中国革命鲜有希望。现在虽然在很少的几处有了农民协会等组织，不过还没有出现急进的趋势。但是，中国农民不是柔弱的，是富有革命性的。

陈云在他的这篇文章中还指出：农民是中国民族运动的主力，但是如何把成千上万的农民组织起来，又如何训练已组织起来的农民，把他们引上正轨，使之和全国工人、学生、小商人及一切革命分子同在反帝国主义的旗帜下面去做民族运动的工作，这是很急迫需要解决的重要问题。五四、五卅过去了，但帝国主义在中国的统治并未推翻，全国民众应时时预备着未来的五四、五卅。怎样扑救以往的失败和准备应付将来的策略，这是每个中国人的切身问题，尤其是已经觉悟的青年，应该担负起这种责任。“到民间去”，这是今后中国民族运动中的重要口号。

尽管当时陈云已经提出了“到民间去”的口号，但由于种种原因，他未能实践自己的这一愿望。这次江苏省委派他到青浦组织农民运动，使他有机会实践自己的设想，陈云非常高兴。接受任务后，他很快就离开上海，来到了自己的家乡青浦。

（孙业礼、熊亮华）

播撒革命火种

陈云在庙会上发表演说，向群众历数地主剥削农民的罪行，阐明了农民养活地主，而农民却世代受苦，只有打倒地主豪绅，实行耕者有其田，才能有饭吃、有衣穿的道理，号召广大农民团结起来进行抗租斗争。

陈云回到了青浦县西乡的小蒸、练塘地区，与吴志喜、陆铨生以及在枫泾地区开展革命斗争的中共松江县委书记袁世钊及陆龙飞等取得了联系。陈云和吴志喜根据小蒸地区的实际情况，决定首先恢复和整顿农民协会，积极培养农会骨干，建立党的农村基层组织。他们把“四一二”反革命政变以前的农协骨干召集起来，向他们宣传了党的八七会议精神，分析了当前的革命形势，指出发动秋收暴动的意义，鼓励他们团结广大农民群众起来进行抗租斗争。为了工作上的方便，陈云、吴志喜等经常吃住在贫苦农民家里，他们日以山芋杂粮充饥，晚上到处串联。经过一段时间的艰苦工作，在小蒸、练塘地区几十个村子里恢复和发展了农会组织，并从农会积极分子中吸收了曹象波、曹兴达、徐秋松等12名农会骨干参加了共产党，并建立了青浦县西乡第一个农村党支部，为小蒸地区农民暴动作了组织上的准备。

每逢农历十月初一，小蒸地区有举行“十月潮”迎神祭坛庙会的习俗。陈云、吴志喜和陆铨生认为这是对农民进行宣传的好时机。这年的农历十月初一（1927年10月25日），天刚亮，练塘、石湖荡、枫泾等地三四十个村庄的农民抬着偶像拥向小蒸，庙场上挤满了人群。祭神刚结束，陈云、吴志喜、陆铨生立即跑到小蒸庙后的高地上，向近三千农民作了生动的演说。他们向群众历数了地主剥削农民的罪行，阐明了农民养活地主，而农民却世代受苦，只有打倒地主豪绅，实行耕者有其田，才能有饭吃、有衣穿的道理，号召广大农民团结起来进行抗租斗争。这次演讲吸引了广大农民群众，启发了他们的阶级觉悟，增强了进行抗租斗争的勇气和决心，为小蒸、枫泾地区的农民暴动作了思想上的发动。

陈云又在中共黄渡特别支部书记夏采曦家中召开了东乡党员会议。出席这次会议的党员代表有顾复生、姜有方等七人。会上，陈云传达了八七会议精神和江苏省委的指示。会议着重分析和讨论了青浦地区开展秋收暴动的有利条件和斗争策略。陈云在会上指出，青浦地处苏州、嘉兴、上海三角地带的中心，地理位置十分重要。青浦东乡与昆山、嘉定相接，东乡农民的抗租斗争如能和嘉定的外岗地区农民“五抗”斗争联成一气，则可切断沪宁铁路，支援苏州、无锡地区的农民暴动；青浦西乡的小蒸紧靠沪杭铁路一侧，是松江、金山、青浦三县交界处，如能和松江、金山农民斗争连成一片，就可切断沪杭铁路，支援浙江及浦东地区的秋收暴动，并可以配合上海的工人运动。因此，在青浦地区发动秋收暴动的意义十分重大。这个地区农民运动发展得比较早，农民的阶级斗争觉悟比较高，这是有利条件；不利的条件是：靠近上海，国民党反动派的基础较强，要铲除这些恶势力比较艰苦，我们必须下把劲。会议最后决定，根据青东地区的特点，坚决实行“二五减租”，如果地主不肯减租，就坚决抗租。如果国民党反动派武力镇压，就组织革命武装开展武装斗争。会议结束时，陈云再次讲话，鼓励大家努力工作。

黄渡会议后，青浦东乡建立了区农民协会，并围绕“二五减租”问题提出了十大要求：

（一）遵照北伐军出发时的政治主张，坚决实行“二五减租”。

（二）废除扳租制，改为花租制。根据每年农作物收成情况，决定租额数量。

（三）退还农民的押租金。佃租契上原来没有押租金，是后来地主强加给农民的。实际上是先预交一年租金后种田，这是非法的，必须收回。

（四）取消历年的尾欠陈租。

（五）按照佃契规定，交实物，不交现金。

（六）农民远道送租要给足工资。

（七）不许用大的衡器和量器及大口径的量器收租。青浦的土地，根据惯例，要用青浦量器收租，不许用别的量器收租。

（八）取消限租制。地主规定“三限交租”，头限正当农忙紧张季节，实际农民来不及交租，二、三限交租地主就要加码，应予取消。

（九）取消一切陋规。

（十）对不遵守十大要求、破坏减租运动的，严厉惩罚。

由于这些要求反映了农民的愿望，解决农民迫切需要解决的问题，因此受到农民的普遍欢迎，东乡地区的农民运动轰轰烈烈地开展起来了。

（孙业礼、熊亮华）

领导农民暴动

枫泾暴动失利，陈云勉励同志们说：吃官司是到外婆家走亲戚，枪毙是告老还乡，有何怕呢？要革命就要有不怕牺牲的精神。

农民发动起来以后拒绝交租，地主们非常着急，他们说：“土地是地主的，农民能做主吗？”反动的县政府害怕地主收不到租不肯缴纳田赋，也着了慌，于是狼狈为奸，一面发限单催地主缴纳田赋，一面派遣衙役官吏，压迫各乡地保，逼催威吓农民交租。地主又唆使其走狗，威吓欺骗农民说：“减租是共产党干的，是要杀头的。他们可以逃跑，你们有家有眷，有老有少，跑不开的。不要跟共产党走，快去交租，或者可以得些便宜，否则地主和县长老爷发起火来，那可不得了啊！”有些老实的农民在地主和反动政府的威胁下，思想上有些动摇，害怕明年被地主割佃，没有田种。

面对日益严峻的斗争形势，陈云认为，必须成立一支农民武装，以在必要时反抗反革命武装。1927年11月，陈云担任中共青浦县委书记。接着在陈云领导下，小蒸地区成立了

※ 1928年1月，青浦县小蒸、金山县枫泾等地农民举行武装暴动。图为当年小蒸农民武装暴动指挥所旧址。陈云在这里经常同农民谈话，并在这里住过。当时他任中共青浦县委委员，后任中共淞浦特委组织部部长。

一支近三十人的农民革命军组织，由吴志喜担任总指挥。

1927年冬，秋收刚结束，练塘地区的催租局一次次地发出催租限单，但无人上门交租。小蒸镇上的大地主勾结了练塘水警队长袁伯祥，派了一支枪船催租。船上有水警八人，一个巡长，配有驳壳枪两支，步枪六支，并在三官塘桥堍摆起收租账台，向农民武装逼租。为了打击敌人，坚定农民抗租的决心，1928年1月2日夜，陈云在小蒸河南头村徐秋松家召开了松青县委扩大会议，决定次日把这条催租船干掉。

由于消息走漏，3日晨，停在三官塘桥堍的催租船悄悄向练塘方向逃跑。陈云和吴志喜等商量决定立即行动，一面派人到小蒸附近曹家浜、姚渡浜等村庄发动群众，造成抗租的巨大声势；一面由陈云、吴志喜率领农民军在小蒸西北埋伏阻击枪船。枪船进入埋伏地段后，农民军开枪射击，这时，各村示威的群众好几百人也迅速汇集到这里，顿时枪声大作，口号声四起。袁伯祥一看大事不好，跳水逃跑。但在激烈的战斗中，农民军有几支枪发生了故障，剩下的两支枪也不好使，而敌人的火力却仍很猛烈。为了保存有生力量，减少损失，陈云决定撤出战斗。农民军在掩护群众撤退后，也向塘南转移，与枫泾地区的农民军会合。

小蒸地区农民军转移后，小蒸镇上的地主认为共产党、农民协会被打垮，于是又猖狂

※ 上海市金山县枫泾镇。

起来。他们勾结水警队到处抓人，这更加激起了广大农民群众和农民军的气愤。陈云决定抓住时机，扫奸除霸，为民除害。

1928年1月5日晚，农民军由吴志喜带领，从西河山浜出发，越过沪杭铁路直奔小蒸。晚10时许，农民军首先包围了地主汪倾千家，砸开大门后，汪倾千被一枪击毙。汪妻看到汪被击毙，拦在门口耍赖，被农民军一刀砍翻；汪倾千的哥哥汪士君，也被搜出进行了处置。之后，农民军又赶到地保胡祖文家，把胡镇压了。初战胜利后，农民军还按照陈云的指示，把事先拟好的镇压地主的布告贴到了街上。

农民军在小蒸地区镇压地主恶霸的革命行动，有力地支持了农民群众的抗租抗息斗争，农民群众无不拍手称快。当时曾流传着“共产党，扒平王，一夜打死七只狼，财主人家泪汪汪”的歌谣，广大农民抗租抗息的决心更大了。

惩办恶霸地主固然痛快，但陈云并不以此为满足，他知道，要真正保护农民利益，就必须不断扩大农民武装。打枪船的战斗使他认识到，扩大农民武装，只有人还是不够的，还必须有武器。经过反复考虑，陈云决定夺取敌人的枪支，武装自己。

1928年1月9日晚，农民军三四十人手执武器，臂缠红布，在吴志喜带领下，分坐两只船，来到范浜新镇。按预定计划，悄悄地包围了团防局。经施加压力，交代政策，迫使团防局局长吴章书把六支枪全部交了出来。

接着，农民军又以范浜新镇团防局缴枪不杀为例，扩大宣传，警告敌人只要不反对农民军，向农民革命军缴枪，就有活路。同时，写信给各地的团防局，展开声势浩大的政治攻势。很快，除枫泾、练塘两个重镇的反动军警未动外，其余的都把枪交出来了。这样，农民革命军先后从自卫团和地主那里缴获的枪支有三四十支，农民革命军得到了很大的发展。在这前后，陈云还通过各种方法从上海秘密运回了不少枪支。有了这些枪支以后，农民军已经颇具规模了。

农民军的活动极大地激发了广大农民参加农民协会的积极性。东从松江石湖荡，西至枫泾，南至朱泾，北到练塘，方圆30里的六七十个村庄，五六万农民参加了农民协会。当年没有向地主交一粒谷子，农民们过了一个从未有过的不交租年。农民革命军的队伍也进一步壮大，他们经常把枫泾和新浜之间的大方庵作为活动中心，学习军事、研究工作，准备新的斗争。

1928年1月15日，陈云在新浜何明金茶馆前，召开有500多农民会员参加的动员大会，号召会员团结起来与地主豪绅作坚决斗争，并决定于1月22日（农历十二月三十日）乘逃亡在外的豪绅地主回家过年之机，出其不意地将其一网打尽。

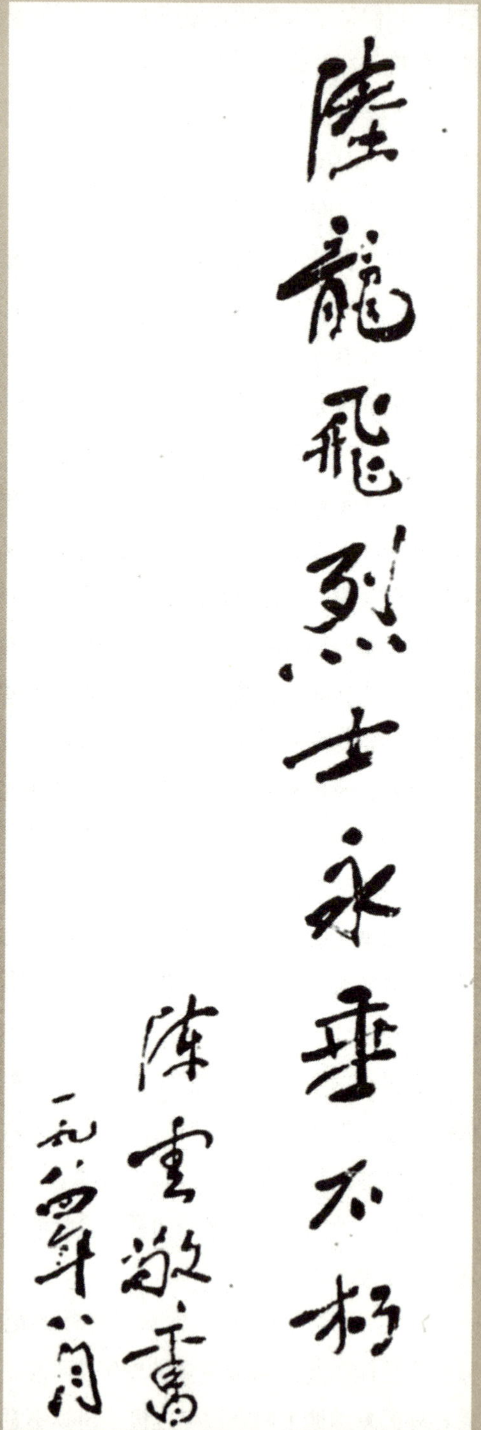

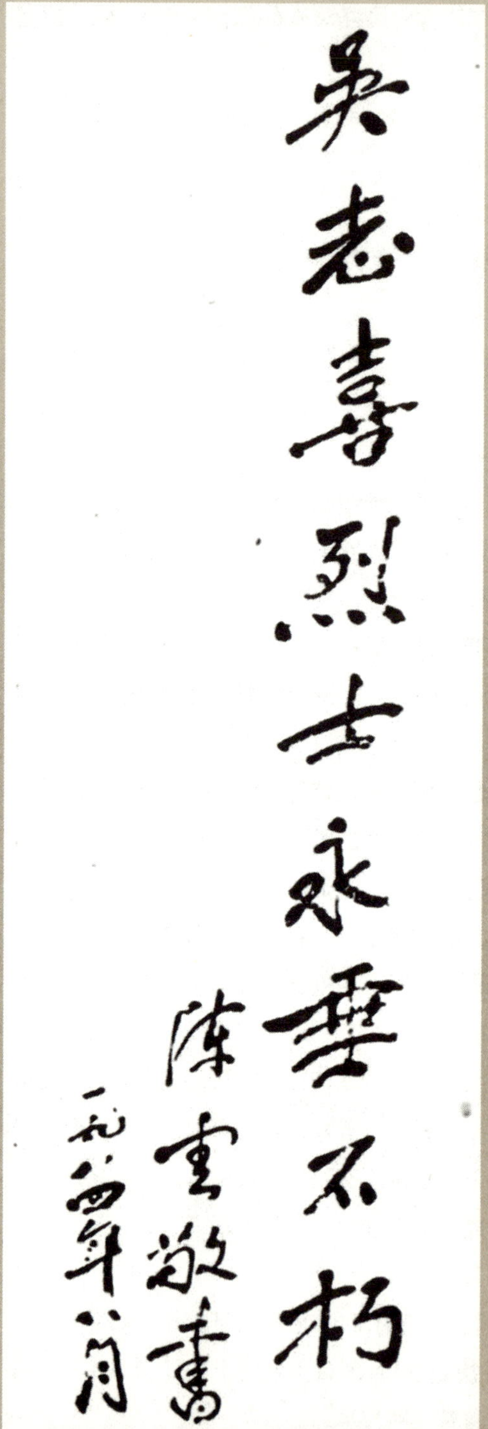

※ 陈云为在枫泾暴动中英勇牺牲的烈士题词。

枫泾镇上的自卫团得知农民军要攻打枫泾的消息，向江苏省政府和松江县政府急速密报，并联合请求浙江嘉兴驻防的二十六军驰援，向农民军进攻。

19日凌晨4时，千余名敌人分水陆两路包围农民革命军活动地区，一路沿沪杭铁路搜捕，一路从水路直扑林家浜、蒋家浜。当时大雾迷漫，农民军被数倍于自己的国民党军队包围。在突围时，吴志喜和陆龙飞主动开枪吸引敌人火力，掩护大家撤退。后来子弹打尽，不幸被捕。当天下午3时，正在上海开会的陈云不顾被敌人逮捕的危险，赶到了枫泾了解情况，商量对策后又火速返回上海，把被捕人员情况向江苏省委报告。省委派王若飞、陈云、夏采曦到松江设法营救，后经多方努力没有成功。1月26日，吴志喜、陆龙飞英勇就义。

陈云领导的小蒸、枫泾暴动虽然遭到了失利，但在敌人统治力量比较强大的上海、江苏地区高举起暴动的义旗，对封建恶霸地主和国民党反动军阀是一个有力的打击，同时，也教育锻炼了广大农民群众，扩大了我党在上海、江苏农村的影响。当时，敌我双方对这一地区的农民暴动都作了记载。

枫泾暴动失利后，青浦、松江两县国民党反动政府先后进行七次大规模武装搜捕，松江驻军团部和松江县政府贴出布告，通缉枫泾区“案犯”陈云等24人。陈云临危不惧，于1月下旬从容布置暴露身份的共产党员和农会骨干转移到上海，并给被捕同志送药、送钱。他勉励同志们说：吃官司是到外婆家走亲戚，枪毙是告老还乡，有何怕呢？要革命就要有不怕牺牲的精神。此后，他隐蔽在舅父的朋友家中，继续联络指导各地的农民斗争。

（孙业礼、熊亮华）

中央特科负责人

顾顺章叛变，陈云协助周恩来工作，表现出的坚定、沉着、勇敢和果断给大家留下深刻印象。此后，中央机关进行工作调整，成立中央特别工作委员会，由陈云负总责。

枫泾暴动失利后，陈云在江苏省委的领导下继续从事农运和工运工作，先后担任江苏省农委委员、农委书记，江南省委常委兼组织部长等职。1930年9月，在党的六届三中全会上，他被补选为中央候补委员，从此开始进入中央领导层。这一时期，由于李立三和王明“左”倾错误的影响，白区工作形势日益严峻，党的地下组织遭到严重的破坏，在上海的中央机关处境日益艰难。

1931年4月，顾顺章叛变革命，使上海的中央机关险遭灭顶之灾。

由于顾顺章长期负责党中央的保卫工作，掌握党的许多重要机密，了解只有极少数人才知道的中共中央机关和许多中央领导人的住址，也熟悉党的各种秘密工作方法，因此他的叛变对中央机关的威胁特别严重。因此，国民党反动派对顾顺章叛变这件事极为重视，阴谋用他提供的线索对我党发动突然袭击，将我党中央机关一举破获。

顾顺章叛变的消息被我党安插在国民党中央组织部调查科的共产党员钱壮飞获知。顾顺章4月24日被捕。25日，钱壮飞即将顾叛变的消息火速派人告知了周恩来。面对形势险恶、时间紧迫的情况，陈云协助周恩来抢在敌人前面，同敌人展开了一场惊心动魄的搏斗。

中央主要负责人周恩来得知这一消息后，马上找来时任江苏省委组织部长的陈云商量对策。陈云和周恩来对可能发生的问题进行了周密的分析，然后召集特科的聂荣臻、陈赓、李克农等人举行紧急会议。会议决定采取一系列紧急措施，全力粉碎敌人破坏我党的企图：

第一，对党的主要负责人做周密的保卫和转移，把顾顺章所能侦察到的或熟悉的负责同志的秘书迅速调换新手。

第二，对一切可以成为顾顺章侦察目标的干部，尽快有计划地转移到安全地带或调离上海。

第三，审慎而又果断地处置了顾顺章在上海所能利用的重要关系。

第四，废止顾顺章所知道的一切秘密工作方法，由各部门负责实现紧急改变。

当天夜里，党中央和江苏省委以及国际机关全部安全转移。同时由陈赓负责从各方面进行调查，以便及时采取措施，准备反击。经过几天几夜的紧张战斗，在这千钧一发的紧要时刻，特科终于抢在敌人的前面，迅速妥善地保卫了党中央和江苏省委机关的安全，粉碎了敌人妄图一网打尽我党领导同志的阴谋，使党避免了一场大灾难。

4月27日，顾顺章才被敌人用兵舰解到南京。蒋介石立即召见他。顾顺章在这里出卖党的机密，把知道的事情全部招供。他还勾结敌人，布置了一个将上海我党一网打尽的大阴谋。大批特务连夜赶到上海，会同英法捕房执行这个阴谋计划。4月28日早上，在上海的大搜捕开始了。敌人虽然行动很快，到底还是来迟一步，上海党的机关早已转移，中央

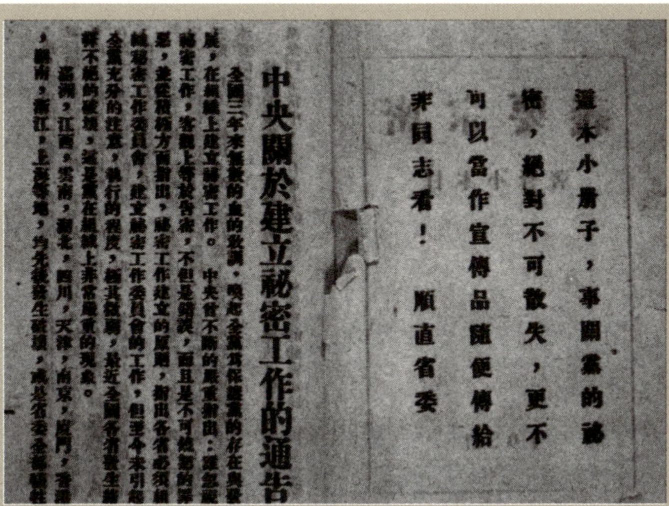

※ 1930年，伪装封面印发的《中央关于建立秘密工作的通告》。

领导同志都已经无影无踪，敌人的阴谋破产了。

在处理这场危机的过程中，由于党的其他一些主要领导人和特科的一些主要成员都已暴露，不宜公开活动，许多事情都是由陈云协助周恩来办理的。陈云在这场斗争中表现出的坚定、沉着、勇敢和果断给大家留下了深刻的印象。

尽管由于处置果断，敌人的阴谋没有得逞，但顾顺章的叛变还是给我们党造成了严重的威胁。从此，在上海的党中央机关活动更加困难。中央特科的一些主要工作人员如陈赓、李克农、钱壮飞等由于身份已暴露，不得不离开上海。

此后，中共中央对在上海的中央机关的工作作了调整，决定成立中央特别工作委员会，由周恩来、康生、陈云、潘汉年、邝惠安五人主持中央特科的工作，由陈云负总责。

于是，在这样一个危急时刻，陈云承担起了领导中央特科这样一个特殊的使命。

中央特科成立于1927年11月，此后适应工作的需要，组织机构日臻健全，逐渐建立了四个科：第一科（总务科）专做总务事项，第二科（情报科）专做情报工作，第三科（行动科）专做保护工作，第四科（交通科）专负秘密交通责任。

陈云接手特科时，由于白色恐怖越来越严重，加之顾顺章的叛变，特科的工作已受到很大的限制，但特科还是在陈云同志领导下，冲破重重阻力，做了大量的工作。

（孙业礼、熊亮华）

巧妙地与敌人周旋

陈云有丰富的地下工作经验，他特别善于利用敌人的弱点巧妙地与敌人周旋。

陈云负责特科工作期间，除了注重特科原有四个科的建设外，还特别注意特科外围组织的建设，以掩护特科的工作。当时建立了两个掩护机构，一个叫新生印刷所，一个叫裕大南货店。新生印刷所既负责秘密印刷党内机密文件，又是上海党的一个秘密联络中心。有一次，党的负责人要召开重要会议，这时的上海已难以找到一个非常安全的地方，陈云决定把会议地点放在新生印刷所。为了不引起敌人注意，保证会议万无一失，陈云先派人在印刷所门口贴了张出租房屋的广告，参加会议的人都以看房子为名来到印刷所，等人到齐了，再把广告撕下来。结果会议开得很安全。裕大南货店主要负责党的地下活动经费的收入和支出。这个店在当时经营得很好，许多人对此都有很深的印象。共产国际的同志对我们党内有陈云这样能做地下工作又有经营头脑的人很是赞赏。

陈云担任特科领导人时只有26岁，但长期的地下工作，使他积累了丰富的经验，他特别善于利用敌人的弱点巧妙地与敌人周旋。这样的例子很多：

裕大南货店开张时，陈云估计到会有一批流氓来讨所谓的“喜钱”（开门钱），如果不打发他们，那么在开张的头三天里，大小流氓就会强赊硬买，买下东西不付钱。于是，陈云花了40元钱，买通了捕房的包打听，结果开张那天，使得大小流氓都以为这家老板有“后台”，一个也没敢上门。陈云花了40元钱，不仅使南货店顺利开张，而且对以后开展工作也提供了一定的便利。

有一次，一位重要的同志被关进捕房，但身份未暴露。当时，党组织有要紧的工作与他联系，陈云决定亲自去捕房与那位同志接头。特科的其他同志都为他的安全担忧，陈云却胸有成竹。他巧作安排，用钱打通了捕房的关系，顺利见到了那位同志，完成了任务。

当时上海是中外反动势力集中盘踞的反共基地，敌人的力量特别强大，白色恐怖严重，陈云和党的秘密工作人员岂能这样随意活动？中外反动营垒中的一些人岂能为我所用？其实并不奇怪。在一切形态的剥削社会里，“有钱能使鬼推磨”可以说是一条普遍适用的规律。特别是在被人称作“冒险家的乐园”的上海，“金钱万能”的特点无时无刻不在表露出来。敌人的致命弱点，正是不分中外，一个个惟利是图、见钱眼开。这些形形色色的“冒险家”，来到上海就是为了大大捞上一把。陈云对此看得特别透彻，当时他曾深刻地对同志们说："在资本主义社会中，钱的作用不可小觑，应该善于利用资本主义社会的弊病……只要把钱花得恰当，我们在敌人堡垒里进出是完全可能的。"

就这样，陈云凭着自己的胆量和智慧，凭着对党、对无产阶级解放事业的赤胆忠心，在严重的白色恐怖下与敌人顽强、巧妙地周旋着。

（孙业礼、熊亮华）

《一个深晚》

鲁迅病逝，陈云以《一个深晚》为题，发表文章，记叙他唯一一次与鲁迅会面的不寻常的夜晚。

1932年5月，国民党中统特务总部派大特务史济美（化名马绍武）到上海活动，筹备建立上海行动区。史济美到上海后，先在新闸路斯文里建立了接头处，由赵伯谦负责。不久，斯文里接头处就被陈云负责的中央特科给"端掉"了。史济美又安排叛徒陈蔚如在老西门电车站旁西阂里另建接头处。1932年11月，在南京沿马路（职华路）东侧的石库门内正式成立了国民党中统局上海行动区总部。上海行动区总部以侦破中共中央在上海的秘密机关为行动目标，疯狂地破坏上海的中共组织。在这种恶劣的形势下，设在上海的中共临时中央的行动日趋艰难，临时中央不得不把一些党的重要领导人转移出上海。

1932年底，陈云受党组织的委托，秘密到上海北四川路鲁迅先生的寓所，去接应曾主持过中央工作的瞿秋白及其夫人杨之华。

自1932年党内接连出现叛徒后，瞿秋白一直受到敌侦探的追踪。当时他病得很重，不能远离上海，党组织把他安置在鲁迅家中隐蔽。虽然鲁迅也为暗探跟踪，但他还是尽全力把瞿秋白夫妇保护了几个月。随着上海特务组织活动的日益猖獗，中统特务对鲁迅的监视越来越严密，一个名叫刘翰荪的特务经常出入内山书店，监视鲁迅的活动以及与鲁迅交往的人员的动向。在这种情况下，为了保证瞿秋白的安全，也为了保护鲁迅先生，党组织决定把瞿秋白转移到其他地方。

这是1932年阴历十一月的一个夜晚。

陈云坐在一辆黄包车上，头上戴的铜盆帽压得很低，盖住了前额，身上的旧西装大衣的领子全部翻起，掩住了两颊。黄包车夫拉着车子经过市区纵横交错的小路后，在北四川

※ 1932年底，陈云会见鲁迅、并将瞿秋白夫妇接出安全转移的旧址——上海市北四川路拉摩斯公寓（现为北川公寓）。当年鲁迅住在该公寓三楼四室。

路口1路电车掉头处停了下来。陈云付了钱，看看四周没有人盯梢，便迅速走进沿街的一座三层楼住宅的大门。这是一座分间出租的住宅，走进大门就是楼梯。陈云上了三层楼，按照同志事先告诉他的门上记号，找到了鲁迅先生的家。陈云轻轻地叩了两下房门，里面出来一位妇女。

“周先生在家吗？我是×先生要我来，与×先生会面的。”陈云问。

女主人听罢，很客气地把陈云请了进去。

这时，瞿秋白的东西已经全部准备好了。

瞿秋白的几篇稿子和几本书放在杨之华的包袱里，另有一个小包袱装着他们夫妇的几件换洗衣服。

“还有别的东西吗？”陈云问。

“没有了。”

“为什么提箱也没有一只？”

瞿秋白安然地说：“我的一生财产尽在于此了。”他又问陈云：“远不远？”

“很远，我去叫一辆黄包车。”说罢，陈云就要下楼去叫车。

神态庄重地站在一旁的鲁迅先生见此情景，急忙上前十分关切地对陈云说：“不用你去，我叫别人去叫黄包车。”说完，他就叫女主人叫黄包车。

乘这段间隙，瞿秋白把鲁迅和陈云相互作了介绍。这是陈云第一次见到鲁迅先生，听罢秋白的介绍，他上前尊敬地说了一声：“久仰得很！”

鲁迅身着一件旧的灰布棉袍子，庄重而略带忧愁的面容，流露出为瞿秋白夫妇和陈云的安全而忧虑的神情。他担忧地问陈云：“深晚路上方便吗？”

“正好天已下雨，我们把黄包车的篷子撑起，路上不碍事的。”陈云用安慰的口气回答他。

一会儿，女主人回来说：“车子已经停在门口。”

“走吧。”陈云边说边去帮助杨之华提包袱。

瞿秋白走到门口对鲁迅先生说：“我要的那两本书，请你以后就交给××带给我。”他又指着陈云说：“或者再请这位同志到你这里来拿一下。”

陈云随即说：“隔几天我来拿。”

说完，他欲开门下楼，但回头见杨之华仍在与女主人话别，便又稍候了一下。

趁此机会鲁迅又叮嘱瞿秋白：“今晚上你平安到达那里后，明天叫××来告诉我一声，免得我担心。”

※ 1932年，瞿秋白在上海。

※ 1933年，鲁迅在上海。

陈云一行三人走出了房门，往楼下走去。鲁迅和女主人在门口连声说："好走，不送了。"

走到楼梯拐弯处，陈云回头望去，见鲁迅和女主人还在门口目送着他们，鲁迅仍是那副庄严而略带忧愁的面容，令陈云久久难忘。

瞿秋白也回过头来，深情地对鲁迅先生说："你们进去吧。"

鲁迅先生没有作声，只是默默地点了点头。

陈云他们走完第三层楼梯，到了第二层楼梯的时候，才听到三楼上"啪"的一声关上了房门。

此后，陈云再未去过鲁宅，这是他第一次会见鲁迅，也是他最后一次会见鲁迅。

1936年，正在苏联列宁学院学习的陈云得知鲁迅病逝的噩耗，鲁迅先生身穿灰布棉袍、庄严而略带忧虑的形象立刻在他脑子里浮现。于是，陈云提起笔来，记叙了那个与鲁迅先生唯一一次会面的不寻常的夜晚。文章以《一个深晚》为题，以史平为笔名，发表在中国共产党在巴黎办的《救国日报》上，文中写道：

鲁迅虽然死了，但鲁迅的思想却深印在中国百万青年的脑子里。鲁迅的"坚决、不妥协的反抗"的精神，永远遗留在我们中国青年的思想里，将领着他们走上解放中国民族与

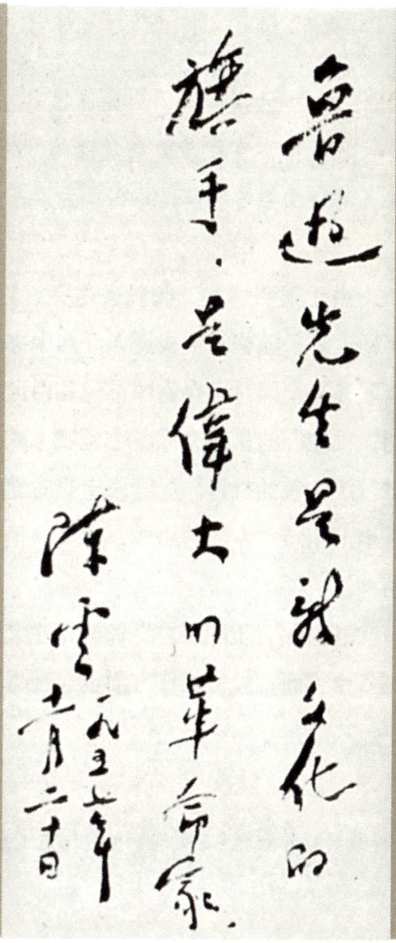

※ 陈云为上海鲁迅纪念馆题词。

解放劳苦大众的光明大道。鲁迅虽死，鲁迅的精神不死。

陈云对鲁迅的感情格外深切，他由衷地钦佩鲁迅“坚决、不妥协的反抗”精神和“横眉冷对千夫指，俯首甘为孺子牛”的品格。陈云在延安利用病中休息时间阅读了鲁迅的著作，他特别喜欢鲁迅的杂文，一读起来就茶饭不思，不忍释手。鲁迅的著作伴随了陈云的一生，在陈云的办公室兼书房里，至今保存着他不知阅读过多少遍的《鲁迅全集》。陈云曾多次叮嘱他的孩子们：要读鲁迅的文章，这些文章是千古不朽之作，一定要熟读才行。

（迟爱萍）

批评“左”的经济政策

陈云撰文批评中央苏区“左”的经济政策，他指出：现在苏区工人的经济斗争中，存在着极端危险的“左”的错误倾向。这种倾向，表现在只看到行业的狭小经济利益，妨碍了发展苏区经济、巩固苏维埃政权的根本利益。

由于王明“左”倾教条主义、冒险主义的错误，使中共中央在上海无法立足。1933年初，陈云随临时中央迁入江西中央革命根据地。在中央苏区近两年的时间里，陈云的主要职务是全国总工会党团书记和白区工作部长。这期间正是中央苏区教条主义最盛行的时期，“左”的东西充斥各个领域。陈云在调查研究的基础上，对经济领域中“左”的政策进行了尖锐的批评。尽管由于当时党内的特殊情况和陈云所处的地位，他的批评并没有从根本上扭转“左”的路线，但从这里也可以看出陈云作为一个政治家的勇气和实事求是的精神。

1931年，王明“左”倾教条主义统治中央以后，其“左”的一套方针、政策陆续贯彻到各个方面，经济工作方面也表现得非常突出。

※ 瑞金县沙洲坝乡胡岭背村的全国总工会旧址。当年陈云同刘少奇在这里办公、居住。

1931年11月，中华苏维埃第一次全国代表大会通过了《中国苏维埃共和国劳动法》。这个《劳动法》是在上海的中共中央政治局和共产国际远东局共同商议起草制定的，体现了保障工人阶级的权益和工会组织的权利。1932年1月1日《劳动法》在苏区生效以后，苏区工会组织在贯彻《劳动法》、改善工人劳动条件、改善生活待遇等方面做了许多工作，在一定程度上激发了工人生产和革命的积极性，支援了革命战争。但是，这个《劳动法》是照抄了苏联的劳动法，没有从中国当时的农村革命根据地的实际出发，当时的革命根据地多是在山区或几省交界的边陲地区，处于经济落后的农村，基本上没有现代工业，只有规模不大的手工业和家庭工业，劳动时间很难作固定的规定。有的部门，如军工、农业、航运等部门，还需允许工作时间长一些。但劳动法不是根据当地具体情况，而是机械地规定成年工人一律每日工作8小时，青工6小时，童工4小时。按此规定，如果一个贫农雇用每日只做工4小时的牧童，需雇用两个以至三个牧童来放牛，显然这个贫农负担不起工钱。其结果，农民不再雇用牧童，而使牧童失业。《劳动法》不切实际是十分明显的。

《劳动法》还规定了过多的休息时间，如规定“工人每周经常需有继续不断的42小时连续休息（即星期六工作半天，停止夜工，星期日整日休息）”，“在任何企业内的工人继续工作到六个月以上者至少需有两个星期的例假，工资照发”。还规定每年除地方性的纪念节日外，还有全苏区性的八个纪念日都要全天休息。这些都是脱离中国实际、照搬苏联劳动法的做法。中央照搬苏联，各地又照搬中央，执行的结果，汀州、瑞金、会昌等地有不少企业倒闭，工人失业。

陈云进入中央苏区后，很快发现了这些情况。1933年4月，他在苏区中央局机关报《斗争》上发表了题为《苏区工人的经济斗争》的文章，对这些“左”的做法进行了批评。他在文章中指出：现在苏区工人的经济斗争中，存在着极端危险的“左”的错误倾向。这种倾向，表现在只看到行业的狭小经济利益，妨碍了发展苏区经济、巩固苏维埃政权的根本利益。他认为，这种“左”的错误非但不能提高工人阶级的觉悟和积极性，相反的，只能发展一部分工人不正确的浪漫生活。而且，这种“左”的错误使许多企业和作坊倒闭，资本家乘机提高物价，并欺骗工人，使工人脱离党和工会的领导。所以，这种“左”的错误领导，是破坏苏区经济发展、破坏工农联盟、破坏苏维埃政权、破坏工人阶级的彻底解放的。

为了克服这种“左”的倾向，陈云提出了几条具体措施：

（一）党和工会必须在工人群众中进行详细的解释：工人阶级一方面要争取改善自己的生活，另一方面必须把发展苏区的经济、巩固工农联盟、巩固苏维埃政权看成是自己解放的根本任务。（二）党和工会对经济斗争的领导，必须纠正官僚主义，要重新审查各业集体合同的具体条文，审慎地了解各业的每个商店、作坊的经济能力，依照实际情形，规定适合于每个企业的经济要求，不能千篇一律地抄录《劳动法》。（三）要审慎地考察资本家怠工与否，分别各种情形执行不同的策略，领导工人坚决地反对故意停止营业、破坏苏维埃经济的资本家，监督店铺、作坊的生产和经营。（四）在斗争方式上，要克服不发动群众、命令群众的错误。在苏维埃政权之下，经济斗争中举行总同盟罢工，不但妨碍商品流通，妨碍红军的作战行动，而且会被资本家利用来反对工人的斗争，对苏维埃政权实行经济怠工。（五）在斗争的战术上，必须分裂资本家的团结，因此，每个商店、作坊的工人斗争，应该依据本店的资本家的经济状况来进行。同时，工会应该组织同业的和各业的工人，用开会、慰问、示威、包围等各种同情援助的方式，来提高阶级团结的情绪，组织阶级团结的力量。

当时，“左”的倾向不仅表现在一些大的方针政策上，也突出地表现在一些领导干部的工作方式和领导方式上。对此，陈云也进行了详细的剖析和批评。

他认为，这种“左”的官僚主义的领导方式主要存在以下错误：第一，出席会议以前毫无准备。第二，在支部会议上提出一大批工作。这是工作中的大忌。如果在支部会议上，也像对上级领导机关的干部一样，提出七八件工作，不分轻重、不分先后，这会使支部同志感觉头痛，不知做哪件工作好、从哪件做起好。第三，没有从工人最高兴的工作做起。召开会议，应该事前了解工人当时的要求，提出工人迫切要解决的问题。假使已经作了报告，而工人感觉没有兴趣，他们提出了自己的两大问题——没饭吃，要求免土地税，这时，领导同志应该“见风转舵”，先发动大家讨论这两个问题。只要能做到这个程度，那就可以再向工人提出，应该联系完成上级提出的好几个任务。同时向群众说明，只有苏维埃政权巩固和发展了，才能根本解放工农。第四，缺少具体的方法，把握不住群众的情绪。

陈云对经济领域“左”的倾向的批评，在当时起到了一定的作用。继陈云之后，张闻天、刘少奇也纷纷撰文，批评苏区工运中“左”的错误。他们的正确主张，对苏区经济工作的健康发展起到了正确的引导作用。后来，全总区执行局召开了中国农业工人和店员手工艺工人代表大会，检讨了千篇一律地照抄和机械地执行《劳动法》的错误。1933年10月，临时中央政府又颁布了经过修改的《中华苏维埃共和国劳动法》。修改后的《劳动法》虽然仍有一些“左”的倾向，但比以前切合实际了。

（孙业礼、熊亮华）

主持制定劳动合同

陈云视察汀州并帮助这里的工会制定劳动合同。由于合同符合实际，富有弹性，便于操作和修改，工人满意，业主也能接受。

陈云反对“左”的倾向和教条主义并不仅仅停留在口头上或简单地写写文章，而是从实际出发，亲自动手为反对教条主义作表率。当时苏区工人运动中教条主义最明显的表现是制定的劳动合同不切实际，陈云决定从这一问题入手，引导大家培养一切从实际出发的作风。

1933年6月，陈云到汀州视察并帮助这里的工会制定劳动合同。

汀州当时是中央苏区的经济中心，被称为“红色小上海”。在巡视中陈云发现，这

※ 1933年7月15日，中共苏区中央局机关报《斗争》第十八期，刊载陈云为指导苏区工人运动而写的《怎样订立劳动合同》和《这个巡视员的领导方式好不好？》两篇文章。

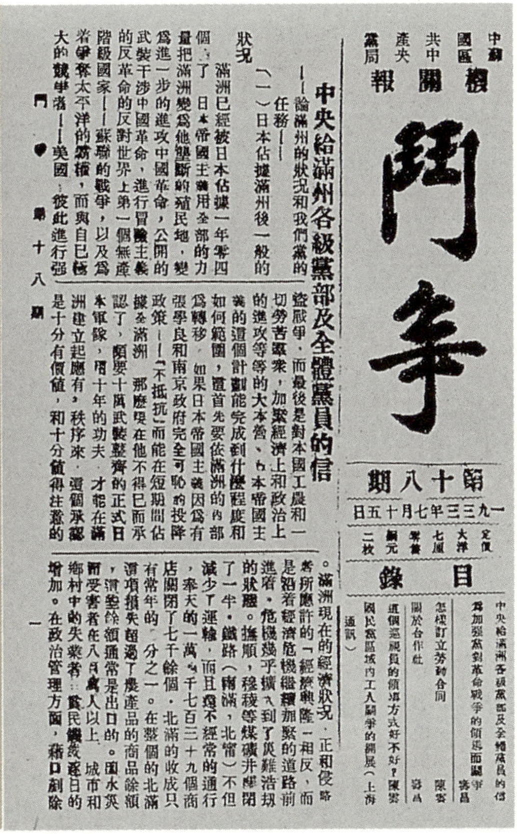

中國共產黨蘇區中央局機關報

鬥爭

第十八期

一九三三年七月十五日

定價 大洋七厘 零售銅元二枚

目錄

中央給滿洲各級黨部及全體黨員的信

為加強黨對革命戰爭的領導而鬥爭

怎樣訂立勞動合同 陳雲

關於合作社

這個巡視員的領導方式好不好？ 陳雲

國民黨區域內工人鬥爭的開展（上海通訊）

中央給滿洲各級黨部及全體黨員的信

——論滿洲的狀況和我們黨的任務——

（一）日本佔據滿洲後一般的狀況

滿洲已經被日本佔據一年零四個月了，日本帝國主義用全部的力量把滿洲變為他壟斷的殖民地，變為進一步的進攻中國革命，公開的武裝干涉中國革命，進行冒險主義的反革命的反對世界上第一個無產階級國家——蘇聯的戰爭，以及為着爭奪太平洋的霸權，而與自已極大的競爭者——美國，彼此進行強盜戰爭，而最後是對本國工農和一切勞苦羣衆，加緊經濟上和政治上的進攻等等的大本營。日本帝國主義的這個計劃能完成到什麼程度和如何範圍，還首先要依滿洲的內部為轉移。如果日本帝國主義因為有張學良和南京政府完全可恥的投降政策——「不抵抗」而能在短期間佔據全滿洲，那麼現在他不得已而承認了，須要十萬武裝整齊的正式日本軍隊，用十年的功夫，才能在滿洲建立起應有的秩序來，這個承認是十分有價值，和十分值得注意的。滿洲現在的經濟狀況，正和侵略者所應許的「經濟興隆」相反，而是沿着經濟危機繼續加緊的道路前進着。危機幾乎擴大到了與難浩劫的狀態。撫順，穆稜等煤礦井都閉了一半。鐵路（南滿，北滿）不但減少了運輸，而且還不經常的通行，奉天的一萬六千七百三十九個商店關閉了七千餘個。北滿的收成只有常年的三分之一。在整個的北滿這項損失超過了農產品的商品餘額，這些餘額通常是出口的。因水災而受害者在八百萬人以上。城市和鄉村中的失業者，貧民饑餓逐日的增加。在政治管理方面，藉口剷除

鬥爭 第十八期 一

里的职工会过去虽然领导工人与雇主订立了许多合同，但是很多合同的条文都是照抄《劳动法》和江西、福建两省工会所发的斗争纲领，所以大半是千篇一律，没有地方性，没有企业的特殊性，没有时间性。合同的条文所以如此呆板，或者不能适合当时企业的实际情形。这是由于在签订合同时，工会领导机关没有发动群众积极讨论，虚心听取群众的意见，没有清楚地估计到合同上的每一条文必须是群众最迫切的要求。工会领导机关常常拿了自己起草的合同条文，交到群众会上去讨论，就是这样的“讨论”，也常常变成简单的“赞成的举手”，马马虎虎“通过”，因此这些合同好些都没有实行。其原因一是资本家的怠工破坏，二是有些合同的条文就连工人也感觉到难于实行。如店员和木船工人都机械规定八小时工作制和星期日休息，这就不能动员工人积极地为自己合同的每一条文的实现而斗争。这是过去签订合同中普遍存在的毛病。

针对上述情况，陈云亲自参与了汀州京果业重签合同的全过程，用新的方法指导京果

※ 当年称为“红色小上海”的福建省长汀县城。1933年6月，陈云到这里考察过工人运动。

业工会与企业签订了全新合同。

首先，陈云深入企业，了解企业的实际情形，考察已订合同实行与否，了解工人的要求。在汀州京果业签订合同之前，他先找到两个党员详细问了现在京果业的营业情形，生意的利润；问了上半年所订的合同是否每一条文都实行；问了工人对于五一代表大会的态度，对于企业在现在情形下订立合同的意见和要求。国民党对于苏区的经济流通加紧封锁，许多货物因为不能从上杭运来，汀州店铺只好从宁化等地远道买进，或者仅向上杭来的挑贩买货。在成本提高、营业减少的情形下，有些资本家借口封锁故意不进货。许多工人觉得，工资等等的要求，现在企业是不能担负了。按照企业现在的情形，即使工人不吃老板饭，不拿工资，给老板无代价地工作，老板仍要亏本。他还了解到4、5、6月是该业生意清淡的时期，加上上杭完全封锁的特殊情形，更增加了经营的困难。经过这个考察，陈云对于企业情形和工人情绪有了大概的了解，心里有了底。

其次，以党的支部为中心去动员群众，加强支部对工人签订合同的领导。在京果业党的第一次党支部会议上，陈云详细地说明了五一代表大会关于纠正“左”倾的决议及新起草的《劳动法》草案的几个主要条文，诚恳地要求大家把每个细小的怀疑都提出来讨论。经过两个半钟头的讨论，全体到会的同志都承认没有怀疑了。

在第二次党的支部会议上，由党员报告各店上半年签订的合同的执行程度。听取了对于工资、工作时间、星期日休息、例假、社会保险等条文的具体意见和改订合同的主张，要求大家把问题归纳为六七个主要条文，让每个党员到各店去向工人宣传，并征求意见。

在第三次党的支部会议上，由每个同志报告向京果业各店店员宣传的结果。工人提出了两条要求：每星期日应有双倍的工资；每月6元的伙食钱除外。这样，陈云就根据支部提出的意见，并考虑了群众的要求，主持拟定了这次合同的条文，并由每个同志负责到各店去召集工人，征求意见。然后经过京果业工会支部的全体大会讨论，通过了合同的条文，选举了签订合同的五人委员会，领导工人同每家店铺的老板去签订合同。

由于采取了上述措施，陈云领导签订的京果业合同非常适合于汀州京果业当时的情形，而且富有弹性，便于操作和修改，工人满意，业主也能接受。由于汀州京果业的劳动合同符合实际情况，受到劳资双方的欢迎和认可，因而很快成为中央苏区私营企业劳动合同的范例和样本，被苏区各业普遍仿效、推广。陈云的这一做法，对于当时苏区盛行的教条主义起到了一定的抵制作用。

（孙业礼、熊亮华）

调查细致，奖惩分明

陈云视察了岗面、寨上红军兵工厂，根据两个厂的不同情况，作了两种根本不同的处理：一个是鼓励，一个是处分。工人们向陈云投去敬佩的目光——他是哪里派来的“神仙”、“包公”呀？！

1930年12月至1933年3月，在这短短两年零四个月的时期里，蒋介石共纠集了110万兵力，分四次向中央革命根据地进行“围剿”。在毛主席、朱总司令、周副主席指挥下，红军粉碎了敌人四次“围剿”，共歼敌7万余人，缴枪5.4万多支，取得了反“围剿”的重大胜利。

但在1933年9月，蒋介石又重新纠集了100万兵力，向革命根据地发动了新的“围剿”，其中以50万兵力向中央革命根据地第五次“围剿”，并采取持久战和堡垒主义的新战略。我红军在博古、李德的错误指挥下，先是实行进攻中的冒险主义，继而又犯了防御中的保守主义错误，使中央红军和中央苏区受到了严重的损失。

陈云就在上述战争形势与环境下，于1933年9月视察了我党领导和创办的第一个兵工厂——中央苏区岗面红军兵工厂。他决定去视察的时候，给我打了一个电话，准备在三天以后，让我同他一道去红军兵工厂一趟。我当即表示：遵命奉陪。三天以后的一个早晨，我到了瑞金下洲坝村和陈云见了面。我们随即一道骑马前往，随身只带了日常用品。从瑞金城西经过七堡、九堡，途中住了一宿，第二天中午到达目的地——岗面红军兵工厂。我原来是在这个红军兵工厂工作，后来调到全国总工会工作的，所以陈云特地要我陪他到这里视察，我自然不愿意错过这么个难得的机会。

陈云这次到红军兵工厂视察，主要是到基层去找人个别谈话，了解情况。有时几个人在一起谈，谈的题目是他自己想知道的。一个题目谈完了，又出一个题目。在这个厂有一个多星期，调查由厂部到车间和科室，主要调查了枪炮科和弹药科，找了几十个人谈话，白天和晚上都在进行。谈的时候，他总是集中精力听别人讲，讲得越细越好，他自己决不轻易插话。如果他有感觉不清楚的地方，就反复提出，一直到问清楚为止。他有时也做一点笔记，但并不是什么都记。兵工厂的职工虽然是第一次和陈云见面，但都毫不拘束，谈得很自然、很热忱。别人也不知道他的职务，只知道是上级机关去的干部。陈云的态度，是要先当学生的，他的谈吐和表情很客气，别人也就愿意和他多谈厂里面的事。他并没有责成书记、厂长、工会委员长、青年团书记等，以开会的形式向他作全盘的汇报，或者听他作指示，他不愿给厂领导增加任何形式的负担。厂领导有什么困难或意见，他都在个别谈话时谈及了。兵工厂也没有因为上级机关去了人，表示一些招待，一切都表现得很平等。凡接触过陈云的人，都有好感，说他与别人的作风不同。实际上，陈云采取的这种做法，很使他们满意。作为调查者，他只花很短的一个多星期，就取得了全厂全面的第一手资料。陈云这种深入实际、深入群众的调查研究的作风，始终贯穿在他的全部革命实践中。这正是他始终能站在正确的立场上正确地指导工作的基点，也是他始终受到尊敬、爱戴的地方。据我回忆，陈云在兵工厂的一个多星期里，我们还参观了全厂的各个部门，作过如下几个问题的调查：每月各种产品多少？各种产品的质量怎样？支援第五次反“围剿”能再贡献多少？各种设备与工具情况、行政管理有什么问题？党政工团协调动作怎样？工人的团结教育与生活福利情况以及供给制可否改为经济核算制？等等。

这个红军兵工厂的创立和发展，是与红军的创立和发展相一致的。它经过艰难困苦的奋斗，于1931年10月成立于江西兴国县官田村。1933年又随着战争形势的发展，才搬来瑞金岗面的。它的设备和技术显然还是落后的，但它的影响和对革命战争贡献的力量，在中央苏区和中国革命发展史上都是最早的、独一无二的。毛主席、朱总司令、叶参谋长对这个厂的创立和发展都很关切。第一任厂长吴汉杰，就是毛主席亲自派去的。1931年9月，朱总司令在瑞金叶坪中国工农红军总司令部驻地曾亲自对广东一批兵工厂工人参加红军，表示过热烈欢迎。他说，红军缴了敌人几万支枪，但缴枪时被损坏了很多，不经过修理就不能用。现在好了，你们参加，如同“旱禾见水”，很快把红军兵工厂成立和扩大起来，

※ 某兵工厂瓷瓶地雷组装。

※ 边区兵工厂浇铸手榴弹壳体。

把这几万支枪修好，就等于扩大了几万名红军战士。叶参谋长对红军兵工厂的困难尽量帮助解决，每逢过年过节，都派人携带礼物慰劳红军兵工厂工人。高自立、杨立三、杨志诚、叶季壮先后直接领导过红军兵工厂的工作。江西省委和江西省苏维埃政府，都给过这个厂很大的支持和帮助。

岗面红军兵工厂先后集中了江西和福建各地方与红军各部队的许多修械处所的工人，对于缺少的各类技术工人，如车床、翻砂等，又通过上海和沈阳地下党组织选派此类工人党员参加，或以高工薪聘请，通过秘密交通线，不远千里护送到中央苏区。这样的技术工人，据我知道的就有11名。从红军前方也选择一批有一技之长的人才，如蒋师傅、高师傅等。兵工厂的男女学徒规定有一定的条件，许多是从江西兴国县直接介绍来的。

这个厂的发展也并不是一帆风顺的，在官田时，曾侵犯过本地的利益，闹过纠纷；ＡＢ团问题也牵连过厂的领导人；闽粤赣三省有的工人，也闹过地方界限；在银坑时，有过一堆地雷爆炸事件等。这些问题和事故都经过上级的关怀和帮助比较及时地解决了。红军总政治部郭化若和全国总工会冯新，还有共青团中央也派一人，到银坑解决处理这个地雷爆炸事件。刘少奇还派我去处理过闽粤赣三省工人闹地方界限的问题。

陈云在岗面红军兵工厂时，给了厂方应有的鼓励，期望他们继续努力，为支援第五次反“围剿”做出更大的贡献！

在这里视察结束后，我们又一道到寨上兵工机械厂进行了几天视察。这个厂是从1932年冬至1933年上半年才成立的，实际是岗面红军兵工厂的一个分厂。陈云在对这个厂视察中，发现职工们普遍对该厂厂长不满意，意见很大。这个厂长姓李，大家不满的主要是他作风不民主，甚至打人、骂人，有的被罚刑。在个别谈话中，职工们纷纷要求陈云及时处理这个厂长的问题。陈云与有关部门商议后，认为这个厂长有严重的军阀残余，他不仅不能发挥职工的积极性和创造性，事实上成了阻碍工人生产积极性的绊脚石。因此，必须及时地加以处理。

我还清楚地记得，陈云在大会上讲话时，对情况了如指掌，把他了解到的存在的严重问题如实地端了出来，并严肃地指出了纠正的办法，当场宣布李厂长的错误，必须撤职查办处分。职工们好像在他们头上搬走了一块石头一样，当即长时间雷鸣般地鼓掌，表示十分拥护。职工们都高兴地跳跃起来，一个个向陈云投去了敬佩的目光——他是哪里派来的“神仙”、“包公”呀？！

陈云及时果断地处理阻碍职工积极性发挥的李厂长的事，很快传遍了连岗面在内的整个兵工厂，广大职工亲自感受到了中国共产党光明磊落的品格。职工们从此更积极地增加生产，支援红军与敌人作坚决的斗争，争取第五次反“围剿”的胜利！

经过这一次从岗面到寨上的视察，我常常感到陈云的工作作风是扎扎实实的、是实事求是的。首先，他的思想方法是建立在唯物主义的基础上——先有存在，后有思维；先有物质，后有精神。例如，寨上兵工厂的情况他很不满意，不仅开了一次大会，他讲了话，还亲自宣布该厂厂长错误严重，必须处分。在岗面兵工厂的时候，他对该厂的情况比较满意，因此，他只采取个别谈话，并鼓励他们继续努力奋斗。这两个厂的情况根本不同，处理的方法也根本不同，作了明显的区别对待。

陈云不仅平易近人，深入现场调查，注重了解第一手情况，在生活方面则是以身作则、艰苦朴素的表率。当我们近中午时分到达岗面兵工厂时，我和厂部总务科长打了招呼，请他们安排陈云的食宿，随后我就到基层生产单位找韩日升厂长去了。当我返回厂部时，已过午饭时间，发现陈云还没有吃午饭，桌上放着一个香烟罐头盒子，我以为是进口的香烟，他说，里面装的是辣椒粉。为此，我感到不安和过意不去，怪我疏忽，没有完全尽到责任，使他仍饿着肚子，但陈云对此却毫无怨言，我立即再与总务科联系，才炒了一盘白菜端上来，他和我一同进了午餐。

（迟爱萍）

※ 位于瑞金县沙洲坝的中华苏维埃共和国临时中央政府旧址。第二次全国苏维埃代表大会在这里召开。

※ 第二次全国苏维埃代表大会主席团成员合影。后排左二为陈云，左四为刘少奇。前排右四为毛泽东。

“这顿饭非吃不可”

陈云热情地挽留谢良吃饭，谢良一再推托。陈云真切地说：“这顿饭非吃不可，长征路上你不是还请我吃过鸡汤煮挂面吗？”

1934年10月18日，陈云随红五军团从曲利出发，踏上了长征之路。红五军团担负的全军后卫任务是极其艰巨的，但当时整个军团只有红十三师和红三十四师两师六团人马。陈云协同董振堂、李卓然以及被把持中央领导权的“左”倾教条主义者贬到五军团兼任参谋长的红军总参谋长刘伯承，边组织行军转移，边深入连队进行政治教育和战斗动员。

部队出发的第三日，陈云便来到第十三师，向师干部们传达了当时的形势及第十三师的任务，并就西征行军中的几项中心工作作了具体的指示，要求第十三师的干部做好各项工作，以完成中央交给的重任。针对离开根据地后苏区籍战士开小差严重的现象，从11月4日起，陈云干脆与十三师官兵一起行军。行军中，他与战士们谈心，了解战士的思想状况。经过调查研究，陈云召开了政治工作干部会议，分析指出发生严重的战士开小差现象的原因主要是：第一，政治动员不够；第二，特派员工作及政治机关的领导能力差；第三，连队支部工作不健全。在陈云的指导和帮助下，红十三师制定了具体的措施，做了认真的政治思想工作，使部队的开小差现象逐渐减少。直到11月15日随十三师最后冲破敌人第三道封锁线进入湘南地区后，陈云才离开十三师回到红五军团总部。

这时，一场更惨烈的恶战正在酝酿之中。从江西苏维埃区域过来的中央红军，在桂林以北的湘江边受到敌人阻击。在此以前，他们已经冲破了三道封锁线，转战了1150余公里。不消说崇山峻岭间的崎岖山路、林莽荆榛，早已把他们的草鞋磨穿，军衣刮得破破烂烂，而且连续的转战奔波，敌军的穷追不舍，也难免使具有钢铁般意志的人感到疲惫。蒋介石认准这是消灭红军的极好机会，于是调集了40万人的兵力，企图把8万红军消灭在湘江之滨。

然而，红军却必须拼死过湘江。这不仅因为他们的战略意图是要进入湖南，与红二、六军团会合，以求新的发展，而且在此时此刻，任何的后退甚至犹豫都意味着死亡。于是，中革军委将一、三军团置于两翼，以五军团殿后阻击追击之敌，决心掩护中央纵队和军委纵队迅速渡江。但是由于中央及军委纵队负载甚重，行动迟缓，所以，红五军团的殿后战斗异常艰苦，无数指战员英勇牺牲。陈云和军团首长为了组织和指挥战斗，曾连续几天几夜没有睡觉。

※ 江西省于都县罗坳村于都河石尾渡口。1934年10月20日夜，陈云率陈伯钧领导的中央红军后卫部队五军团十三师从这里渡河开始长征。

12月1日，红一、三、八、九军团和中央、军委两纵队终于冲破敌人重兵堵截，渡过湘江。此时，两侧敌人已开始急速沿湘江合拢，而五军团的部分部队仍滞留于江岸与敌人激战，如再不迅速渡过湘江，将有被敌军隔离包围的危险。为此，陈云写急信派人送给陈伯钧等，催促部队迅速撤离战场，克服一切困难，冲破敌人包围圈，抢渡湘江。红十三师接到命令后，连夜急行军45公里，抢在敌人合拢之前渡过湘江。而担任五军团后卫的红三十四师却没有来得及渡江，师长陈树湘以下大多壮烈牺牲。

在五军团日复一日的激战中，陈云始终与部队同甘共苦，和干部战士们结下了深厚的友谊。官兵们十分热爱这位和蔼、沉着、年轻的党代表。由于五军团阻击任务紧迫，部队常常是吃不上饭，睡不了觉，陈云等军团首长更是如此。一次，陈云来到十三师三十七团，19岁的团政治委员谢良想尽办法搞来了鸡汤，煮了一点挂面，使陈云在多日的困乏中终于吃了一顿像样的饭。在艰难困苦中结下的战斗情谊，给陈云留下了特别深的印象，他一直记得这件事情。1936年，在西路军山丹战役中，谢良身负重伤，被迫锯掉左腿。到延安后，组织上安排他赴苏安装假肢，他去组织部办介绍信时，遇到陈云。陈云热情地挽留他吃饭。谢良怕麻烦老首长，一再推托，陈云坚持挽留，并真切地说："这顿饭非吃不可，长征路上你不是还请我吃过鸡汤煮挂面吗？"结果，陈云硬是把谢良留下，请他吃了一顿从苏联带回的马肠。

将近半个世纪之后，谢良拿着自己写的几本革命回忆录，到中南海陈云家中看望老首长。陈云让他把裤管卷起来，深情地察看了他安装好的假肢，也把自己刚出版的文选送给这位已是作家协会会员的将军。

（迟爱萍）

遵义会议传达提纲手稿

陈云作为中央政治局委员，出席了遵义会议，并与毛泽东、张闻天共同被会议指定为遵义会议精神的传达者。他写的传达提纲，成为研究遵义会议极为珍贵的历史资料。

湘江战役后，部队继续向西北移动，进入了越城岭山区。越城岭当地称之为老山界，是南岭山脉的一部分。南岭山脉从云南东去，沿广西、贵州两省之间延伸与湖南、广东两省交界，入江西、福建，在广西、贵州、湖南边境这一带叫越城岭。这一带山峦重叠，树林茂密，东西长二百公里，南北宽一百多公里，是苗民聚居的山区，所以又叫大苗山。

老山界是很难爬的。这是陈云以往从未见过的高山。他随红五军团抵达老山界的山脚时，已是太阳西斜之际。吃过晚饭后，部队开始上山。夜黑天冷风大，队伍走得很慢，加之山路狭窄，大家走几步停一下。连续行军人极疲倦，便常有失足跌入山沟之事发生。夹在行军队伍中的陈云，不停地提醒前后的战士们走路小心。队伍越走越慢，预备的火把也一个个燃尽了，午夜过后，部队只好就地休息。大家不管地面是湿是干，横七竖八地倒地就睡。陈云与大家一样，脚步一停，顿觉困倦无比，也立刻进入了睡乡。

在红军过老山界之际，蒋介石及其参谋团觉察中央红军主力欲与红二、六军团会合的战略意图，命令何键在湖南洪江、芷江，贵州松桃、铜仁、石阡一带，集结近20万军队，设了四道防线，并很快布好了一个口袋阵。如果中央红军继续北上，将钻进敌人布下的口袋。

中央领导内部从过老山界起即就红军行军路线问题发生了争论。12月12日，中共中央负责人在湖南通道举行紧急会议，讨论红军行动方向问题。李德坚持红军主力北上湘西与红二、六军团会合的原定计划。毛泽东从敌军重兵阻拦红军主力北上这一情况出发，力主西进，向敌人兵力薄弱的贵州进军。王稼祥、张闻天和周恩来等多数人赞成毛泽东的主张，博古和李德仍主张北上与红二、六军团会合。在两项对立意见中，会议以多数通过一项决议，即红军继续西进，至于战略转移的大方向，留待中央政治局会议讨论决定。

通道会议后，中央红军向贵州黎平进发。12月15日，红一军团攻占黎平，随即红军其他部队陆续抵达黎平。黎平县城位于山顶上，周围群山环抱，看不到一块平地。18日，中央政治局在此举行会议，继续讨论红军行动方针问题。这次会议由周恩来主持。经过激烈争论，会议采纳了毛泽东提出的中央红军去黔北的建议，正式决定放弃原定去湘西与红二、六军团会合的计划，通过了中央政治局关于在川黔边建立根据地的决议。这次会议改变了红军前进的方向，是红军战略转变的开始。

此时，红五军团仍担负全军行动的后卫任务，陈云因随五军团行动，距离中央和军委有几天的路程，未能参加通道会议和黎平会议。会后，应博古之约，陈云与刘伯承在洪州司与博古会面。博古向他们传达了黎平会议的决定，告诉他们中央红军放弃去湘西的计划而向黔北进军。陈云得知红军这一战略方向转变的消息，心中甚是欣慰。去湘西显然是自投罗网，而黔北地区敌人统治力量薄弱，利于红军立足。他对毛泽东的建议极表赞同，因为这一转变将使中央红军避免全军覆灭的危险。后来，他在《随军西行见闻录》中写道："赤军由湘南转入贵州，此时确缴获不少。侯之担部至少一师人被缴械，并连失黎平、黄平、镇远三府城，尤其镇远为通湘西之商业重镇，赤军将各城市所存布匹购买一空。连战连进，此时赤军士气极旺，服装整洁，部队中都穿上新军装。在湘南之疲劳状态，已一扫而空矣。"

在黎平，中革军委为执行党中央新的战略方针，于当日决定紧缩机关，充实战斗部队，撤销红八军团，原红八军团部队并入红五军团；军委第一、二纵队合并为军委纵队，由刘伯承任司令员，叶剑英任副司令员，陈云担任政治委员。12月21日，陈云与刘伯承根据中央的命令，离开了红五军团，加入军委纵队行动，这无疑加强了中央的集体领导。

1934年底，军委纵队经过瓮安县的老坟嘴到达猴场（今草塘）。这时，"左"倾领导者又提出两个主张：一是主张不过乌江，二是回过头来与二、六军团会合。为了确定红军进入黔北地区以后的行动方针，中央又于1935年1月1日在猴场举行政治局会议。陈云出席了这次会议。会议重申由毛泽东提出并经中央政治局黎平会议同意的在川黔边地区建立新根据地的主张，作出《关于渡江后新的行动方针的决定》，指出：首先向以遵义为中心的黔北地区、然后向川南发展，是目前最中心的任务。

翌日，陈云同刘伯承率军委纵队渡过贵州省最大的一条河流——乌江，随即进入遵义城。遵义是贵州北部的一个重镇，它北靠娄山，南临乌江，是贵阳到重庆的交通要道，全城居住3万多人，是黔北各种土产的集散地，也是汉、苗、布依、回、彝等各族商旅云集的场所，市面十分繁华，既有新城，又有老城，一条河流从中间通过，是红军长征以来所经过的第一座繁华城市。在遵义，陈云与刘伯承分别被任命为遵义警备司令部政治委员和司令员，负责遵义城的防卫事务。

1935年1月15日至17日，中共中央在遵义召开政治局扩大会议。历史掀开了具有永久纪念意义的一页。

陈云作为中央政治局委员，出席了遵义会议。

会议开始由博古主持。他在会上作了关于第五次反“围剿”总结的报告，为导致第五次反“围剿”失败的错误军事领导进行辩护，把失败的原因归咎于敌人的强大。周恩来作了军事领导问题的副报告，实事求是地从主观上检查了原因，就军事指挥的错误进行了自

※ 1935年1月，陈云出席中共中央政治局在遵义召开的扩大会议。图为遵义会议会场。悬挂在墙上的照片为出席这次会议的中共中央政治局委员和候补委员。左起：陈云、朱德、周恩来、毛泽东、张闻天、王稼祥、博古、刘少奇（其中缺邓发、何克全）。

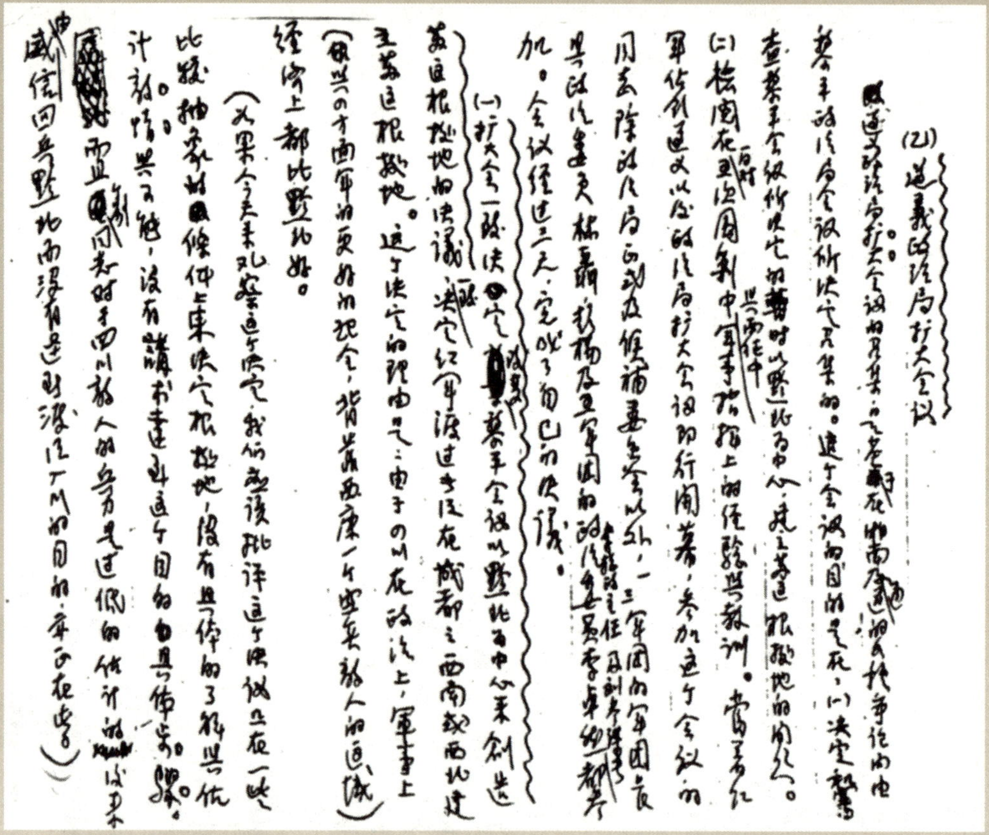

※ 1935年，陈云从云南省威信县到贵州省仁怀县鸭溪镇的行军途中写的遵义会议传达提纲手稿。

我批评，主动承担了责任。毛泽东作了长篇重要发言，他指出，博古、李德等在军事领导上的错误，是犯了进攻中的冒险主义、防御中的保守主义和转移中的逃跑主义。在指挥作战上是纸上谈兵，只是按照地图制定作战方案，不考虑实际情况。在发言中，毛泽东正确阐述了中国革命战争的战略战术问题和此后在军事上应该采取的方针。

遵义会议结束了王明“左”倾冒险主义在中央的统治地位，确立了以毛泽东为代表的新的中央的正确领导。陈云为开好这次会议作出了努力，并与毛泽东、张闻天共同被会议指定为遵义会议精神的传达者。

2月中旬后，在红军从威信至泸定桥的行军途中，陈云向部队传达了遵义政治局扩大会议精神。陈云在传达中指出：

这个会议的目的是在：（一）决定和审查黎平会议所决定的暂时以黔北为中心建立苏区根据地的问题。（二）检阅在反对五次“围剿”中与西征中军事指挥上的经验与教训……

……扩大会一致决定改变黎平会议以黔北为中心来创造苏区根据地的决议，一致决定红军渡过长江在成都之西南或西北建立苏区根据地。

……

扩大会议认为我们没有胜利地保卫中区来粉碎五次“围剿”的原因，除了许多客观的而且重要的原因以外，最主要的原因，由于我们在军事指挥上战略战术上基本上是错误的。

陈云分四个时期详细解剖了军事指挥中存在的问题，明确指出，从第五次反“围剿”至长征初期的军事指挥基本上是错误的。当时所采取的基本战略是单纯防御，以赤色堡垒来对抗敌人的堡垒主义，分兵抵御，使红军完全处于被动地位。

这种错误的军事上的指挥，是经过了一个很长的时期的。在这一时期中，党内军委内部不是没有争论的。毛张王（指毛泽东、张闻天、王稼祥）曾经提出过许多意见，就是恩来同志也曾有些个别战役上的不同意见，但是没有胜利地克服这种错误。至于各军团——尤其是一、三军团的首长不知有多少次的建议和电报，以及每个战役的“战斗详报”，提出他们的作战意见，可惜完全没有被采纳。

陈云这份传达提纲被保存了下来，成为人们研究遵义会议的一份极为珍贵的历史资料。

这里还有一段为史学者们所重视的小故事。

遵义会议在中国共产党的历史上占有极其重要的位置，但由于当时条件困难，未能留下完整的资料，以致一些重要情节在党史研究和宣传中说法不一。1981年底开始，中共中央党史资料征集委员会会同中央有关部门，对遵义会议的有关情况进行了专题调查。开始只发现两份文件：一是《中央关于反对敌人五次“围剿”的总结决议（遵义会议）》（1935年1月8日政治局通过），二是《中央政治局扩大会议总结粉碎五次“围剿”战争中经验教训决议大纲》（1935年2月8日）。后来中央档案馆提供了一份珍贵的遵义会议传达手稿《（乙）、遵义政治局扩大会议》。调查人员虽经多方核实，仍无法确定这份手稿是哪位同志写的。1982年4月，这份手稿送到陈云办公室。陈云仔细看了手稿后说：这份东西是我的笔迹，是我在遵义会议后为向中央纵队传达会议情况而写的传达提纲，时间大约是在威信到泸定桥的路上……

这份珍贵的传达手稿的发现，为弄清楚遵义会议的一些情况提供了可靠的依据，因而引起了党史界的高度重视。这是陈云当年预想不到的。

（迟爱萍）

随军转战

遵义会议后，陈云随部队四渡赤水，攻克娄山关，再占遵义城，南渡乌江，威逼昆明，日夜转战不息。

遵义会议后，陈云和刘伯承率军委纵队由泗渡经板桥，翻越娄山关至桐梓、九坝。途中，中革军委发布《关于渡江的作战计划》。

此时，蒋介石已察觉中央红军可能北渡长江，急令川军刘湘集中兵力在赤水、古蔺、叙永地区堵击，又令薛岳部和黔军王家烈部渡乌江尾追。当红军到达土城时，川军两个旅已先于红军到达赤水城，挡住红军北进的去路，尾追的川军也进至土城以东地区。

在前往土城途中，陈云同毛泽东、朱德、周恩来、刘伯承一起察看了地形，决心在土城以东青杠坡地区围歼尾追的川军郭勋祺部。但战斗打响后，发现参战川军的人数和战斗力远较预先估计的要强，双方形成拉锯状态。更为严重的是，川军后续部队两个旅已迅速增援上来，位于旺隆场的川军两个旅也从侧翼攻击中央红军。

毛泽东当机立断，召集中央政治局主要领导人开会，决定立即撤出战斗，改变原定从泸州至宜宾之间渡长江的计划，作战部队和军委纵队迅速从土城、猿猴场轻装渡赤水河向古蔺、叙永方向西进。朱德、刘伯承仍留在前线指挥，周恩来负责在赤水河上架设浮桥，陈云负责安置伤员和处理军委纵队的笨重物资。

开完会已是傍晚6时，毛泽东、朱德、周恩来又将陈云留下，当面交代任务：重伤员既没有担架抬走随军行动，又不能丢在阵地上不管，必须到火线上逐个抬运下来，安置到老百姓家中，付以必要的治伤费用；军委纵队笨重物资，应销毁、抛弃到赤水河中不落入敌手，但不允许把保证作战通讯、联络需要的电台处理掉。

接受任务后，陈云立即召集贺诚、杨至成、叶季壮、杨立三、宋裕和等人开会布置工作：集中大部分卫生、运输部门的担架，赶赴前沿阵地把伤员抢运下来，安置在镇内和附近村庄的老百姓家中，付给一定的医食费用；把所有修理枪支的机器和X光机等笨重物资销毁并投入赤水河中，但无线电台一台也不能丢弃。任务下达后，陈云亲临前线各点巡视，检查落实情况，彻夜未眠。到第二天早晨4时，他们已全部完成中央交给的任务。

此后，陈云随部队四渡赤水，攻克娄山关，再占遵义城，南渡乌江，威逼昆明，日夜转战不息。

作为军委纵队政委，陈云同刘伯承、叶剑英一道，既要保证党中央、中革军委的军令、政令、指示的贯彻执行，又要严格要求统帅机关工作人员模范遵守纪律，做好本职工

※ 云南省禄劝县金沙江皎平渡口。1935年5月，红军在这里北渡金沙江。

作。陈云深知在险恶的战争环境下，统帅机关严格和迅速地履行职责，是保证不失战机赢得胜利的重要条件。而要使统帅机关的工作人员有革命必胜的信念、饱满的思想情绪和一丝不苟的工作态度，必须有较强的思想政治工作。所以，不管战斗多么紧张，工作怎样繁忙，陈云总要挤出时间去做思想政治工作。当时首长没有秘书，许多重大问题均由一局的作战参谋具体办理。另外，二局、三局的情报、通讯联络工作也至关重要。因此，陈云把工作的重点放在总司令部的一、二、三局上，经常找干部谈话，了解情况，解决问题，以保证部队作战、情报、通讯联络工作的顺利进行，出色地完成了中央和军委首长交办的各项任务。

超负荷的工作和艰苦的生活环境使原本就很瘦弱的陈云更加消瘦。一次，陈云去四军团办事，随四军团行动的邓颖超、蔡畅、康克清、刘英、刘群先、廖施光、杨厚增等八位大姐见陈云如此疲惫和消瘦，都很关切，问寒问暖。邓大姐还把一个吃饭用的小勺送给陈云。一把小勺微不足道，但在战火纷飞的岁月里，其中蕴含的战友之情却是无限深厚的，以至几十年以后，陈云仍对这件小事念念不忘。

4月下旬，中央红军主力以神速的动作分两路向西挺进，乘滇军主力东调入黔，云南后方空虚，在昆明附近虚晃一枪，即向西北方向前进，直奔金沙江畔。4月29日，中革军委在寻甸县哨口村发出了关于中央红军速渡金沙江、在川西建立苏区根据地的指示。

金沙江是长江上游的一部分，发源于青海。它从青海的玉树奔腾南下，经巴塘至石鼓突然来了个一百多度的急转弯，甩开了和它并行的澜沧江和怒江，独自掉头北上，形成了有名的长江第一弯。奔流的金沙江水，冲入海拔5000多米的哈巴大雪山和玉龙雪山之间，削出了3000多米深的大峡谷。这便是举世闻名的虎跳峡。咆哮的江水冲出峡谷，流到云南元谋、禄劝一带，这里江面渐宽。元谋县的龙街渡口历来是川滇间的一个重要渡口，禄劝县的皎平渡也是一个较大的渡口。金沙江因江底盛产金沙而得名。江边贫民多淘取金沙出售，以此糊口。金沙江流经四川、云南交界处的部分称金沙江，流入四川省宜宾县以下称长江。金沙江的两岸都是高山峻岭，除几个渡口外，均为悬崖绝壁。从云南省境内由南向北走向金沙江边，离江30公里处即开始下坡，连下20公里至皎平渡，从皎平渡至江边还有10公里，山势更陡，下山必须用手杖，否则就有滚下山沟的危险。

不管金沙江如何险恶，中央红军要摆脱敌人的围追堵截，取得战略转移的决定性胜利，必须抢时间渡过金沙江。按原计划，部队欲分三路过江。不料，一军团到上游的龙街渡口时，渡船被敌人先我一步烧毁了；三军团在下游占领洪门渡口时，只缴获了两只小渡船，每次只能渡十余人，耗时太长。上述两个渡口均因江面宽、流速急，无法架设浮桥。只有中路刘伯承、宋任穷率领干部团一个营，昼夜兼程80余公里，于5月3日深夜抢占皎平渡口，缴获了两只大木船，偷渡北岸成功。然后，他们又在上下游收集了五只木船，大的一次能乘三十多人，小的能载十余人。如果昼夜不停地摆渡，全军用五天多时间就能渡完。

为了组织红军全部人马顺利渡江，中央和中革军委特组织渡江指挥部。毛泽东、朱德、周恩来、刘伯承直接指挥全军的渡江工作。陈云自长征以来对部队有条不紊的指挥才能已受到毛泽东的重视，毛泽东认为他很有组织能力，即任命他为渡江指挥部政治委员，与毛、朱、周、刘共同组织部队过江。

自5月3日晚部队开始渡江后，陈云便与周恩来夜以继日地轮流到江边，具体指挥七只木船昼夜往返南北摆渡。在他们的指挥下，到5月9日，全军井然有序地从皎平渡渡过了金沙江。

※ 刘伯承、陈云分别担任渡河司令部的司令员和政治委员。

两天后，敌人赶到金沙江南岸时，红军已达会理，敌人只得隔江兴叹。从此，红军跳出了几十万敌人围追堵截的包围圈，取得了战略转移中具有决定性意义的胜利。

在部队渡金沙江的过程中，同志们再次目睹了陈云沉着冷静、有条不紊的指挥风度和组织才能，很是佩服，毛泽东也十分尊重他。因而渡江之后，陈云经常奉中央之命来往于各军团之间，传达中央及军委的命令。官兵们很信服他，把他看作是中央的代表。

过江后，红军绕过西昌城，于5月21日占领冕宁城。

遵义会议后，陈云除担任军委纵队政委之职外，还兼任中央地方工作部部长。所以，红军所到之处，只要有机会，陈云便积极与地方组织联系，开展工作。

红军到达冕宁县的次日晨，陈云便以中央地方工作部部长的身份，在红军总政治部驻地冕宁县政府招待所接见了中共西昌特支成员陈野苹，向他了解西昌和冕宁地下党的情况，商量建立冕宁县革命委员会和组织抗捐军的事。随后，陈云又在总政治部召开有红军干部和当地干部参加的会议，决定成立冕宁县革命委员会。周恩来也参加了这次会议。会后，陈云还起草了革命委员会的布告，主持了几位地方积极分子入党的仪式，并给他们上了党课。

到达冕宁，红军已经接近了大凉山西

※ 陈云为红军渡江纪念碑题写的碑名。

部的彝民区。这个区域面积较大，南至宁南县，北至大渡河，西起安宁河，东至金沙江畔的屏山。冕宁西北，直至康定以南，均属彝族区域。彝家均有武装，共有数千支快枪并有少量手提机关枪，均缴自汉军。沿安宁河两岸土地，本为彝家土司所有，但自国民党刘文辉部入雅州之后，即驱逐彝家土司而据其土地为己有，因此，彝家与刘文辉部结仇甚深。

为了使部队顺利通过彝民区，陈云和刘伯承率军委纵队带头宣传和执行党的民族政策，提出各民族一律平等、反对汉人军阀压迫彝民等口号。刘伯承还与沽鸡部落首领小叶丹歃血为盟结为兄弟。后来陈云在《随军西行见闻录》中写道：

经过歃血为盟后，“沽鸡”一部落彝民非但不打赤军，而反被赤军收编作“红军游击队”，而与赤军引路及招抚“阿越”、“罗洪”等十余部落。此后赤军全部过此彝民山时，彝民则牵牛送羊欢迎赤军于道旁。赤军则以皮衣、旧枪、盐、布送彝民。故当时我等日夜恐惧之彝民山地，如此竟安然地通过。

过彝族区后，陈云随部队通过大渡河上的铁索桥，于5月31日到达泸定县。这时，他接受了一项艰巨的特殊使命。

（迟爱萍）

特殊使命

长征队伍中突然不见了陈云，许多人以为他牺牲了。其实，此时的陈云正在完成中央交给的一项特殊使命——到上海恢复白区的党组织，重建与共产国际的联络。

红军到达泸定县的当晚，陈云出席了在县城附近召开的中共中央负责人会议。会议决定：中央红军向北走雪山草地一线，避开人烟稠密地区；陈云去上海恢复白区党组织，并取道上海去莫斯科，向共产国际报告中国共产党、红军及遵义会议情况。关于后一点，中央在红军长征出发后不久就有所考虑。

1934年10月，红军开始长征后，蒋介石一面大量调集反动军队围堵红军，一面在白区疯狂破坏中国共产党地下组织。当时，中国共产党最重要的活动阵地上海的党组织遭到严重破坏，致使长征中的党中央和中国工农红军失去了白区党组织的有力配合。在湘江之战中，中央100瓦大功率电台又销毁在湘江，从此完全失去了同中共中央上海局及共产国际的联系。危急之际，中央曾派一名经验丰富的地下工作者去上海。但到上海后，他没有找到地下党，被迫返回长征队伍向中央再次告急。

尽管正处于长征的艰难历程之中，中央还是考虑应尽快与白区党组织取得联系。红军二渡赤水之后，张闻天代表党中央通知潘汉年，要他随陈云到白区，主要任务是：在上海附近长期埋伏，恢复党的秘密工作；设法打听上海方面有无国际关系，以恢复党因长征而与共产国际中断了的联系；向共产国际报告遵义会议和红军长征的情况。张闻天还嘱咐潘汉年先行一步。潘汉年与陈云约定的白区联络地址，是与陈云相识的潘汉年的表妹吕鉴莹的住处。吕的丈夫潘渭年是潘汉年的堂弟，也是中共党员。

潘汉年接受任务后，即从遵义启程赴贵阳，途中改名杨涛，化装成商贩，与邓发为他找的一个广东商贩为伴。到了贵阳，他找到了贵州工委的秦天真，秦派蓝运城（女）同行掩护，约3、4月间抵香港。到港后，潘汉年即写信给吕鉴莹，得到潘渭年的回信，知道他们安全，才赴上海。其时，中共中央上海局已在1934年6月、10月和1935年2月三次遭到大破坏。1935年3月，成立了临时中央上海局，以维持白区工作及与各方的联系。而同年5月，共产国际远东情报局负责人华尔敦（又名劳伦斯）又被捕。

抵沪后，潘汉年通过临时中央上海宣传部负责人董维健找到了临时中央上海局负责人浦化人。浦化人告诉潘汉年：国际负责代表已不在上海。并认为白色恐怖严重，潘在上海不安全，主张潘暂返香港，等待时机活动。

于是，潘汉年重返香港。在香港，潘汉年获悉共产国际预备在当年下半年于莫斯科召开代表大会，便产生了去莫斯科找中国共产党驻共产国际代表团，以恢复与共产国际的联系的想法。经梅龚彬介绍，潘汉年会见了陈铭枢、蒋光鼐等人，托他们疏通两广关系以办理出国护照。同时，潘汉年也等待着陈云与他联系。

赴白区工作，是一项极其艰巨的任务。因行前要做一些准备，泸定会议后，陈云并未马上离开，而是随军委纵队继续前进，并在中央决定他去上海到他走前的短暂时间里，撰写了《游击队如何去组织群众运动》一文。

陈云为什么要在如此仓促的情况下留下这样一篇文章呢？

这还得从中央在会理召开的政治局扩大会议说起。四渡赤水后，中央认为形势有了转机，于是速渡金沙江，转入川西，于5月12日在会理召开政治局扩大会议，明确指出战略目标是夺取西昌北上，与四方面军会合，在川西创立新苏区。陈云出席了这次会议。

作为中央地方工作部部长，陈云感到对在川西创立新苏区有着义不容辞的责任。在冕宁时，陈云曾向中共西昌特支成员陈野苹详细了解了西昌和冕宁地下党的情况以及群众工作情况。根据掌握的情况，他对如何把党中央在川西建立根据地的战略方针付诸实施作了深入思考。《游击队如何去组织群众运动》一文，便是他思考的结晶。

文章指出："党中央正确规定，目前野战军的战略方针是以大规模的游击战争来创造新的苏区根据地。同时着重指出，要完成这个任务，除了必须在战略战术上正确指挥红军去争取胜利的战斗以外，还必须有广泛发动群众的游击战争。因此，我们对于发展四川的游击战争的问题，应该提到创造苏区的高度上来。"

陈云从总结以往苏区工作的经验教训出发，着重指出，游击战争必须有广大群众参加而成为群众的游击战争，这是游击战争胜败的关键。

陈云把党的群众工作的一般原则与川西实际情况结合起来，有针对性地提出了一系列组织群众斗争的策略方针：首先，要用关系群众切身利益的具体口号来动员群众。为此，地方党与游击队必须细心了解每一地区群众的不同的最迫切的要求。只有这样，才能使党提出的口号成为群众自己的口号，才能使群众充分相信这个口号是他们必需而且可以胜利的，才能动员群众为着这个口号而坚决斗争。其次，要通过扩大党的统一战线和保证统一战线内部党的领导，去掌握群众革命运动的领导权。在四川群众运动的开始阶段，可能而且必然有一些流氓、富农甚至破产的小地主，以及思想不正的知识分子，或者为着维护本阶级的利益，或者为着投机，混入到革命运动中来，有的还会暂时占据运动的领导地位。因此，统一战线是"在四川发动群众的策略上的中心"。只要是反对反动统治的斗争，不管是由谁领导的，党都应去主动把它组织成更大范围的斗争，并设法将它掌握于党的领导之下。

另外，要根据群众政治觉悟的程度来选择斗争的组织形式。依据四川群众运动的经验与群众要求，可以大大地发展抗捐军的组织。而在组织抗捐军时，必须纠正关门主义的错误。

为了使上述策略方针得到实际运用，陈云认为，必须对游击队领导干部加以培养和教育，使他们具有独立工作的各种才能。文章最后指出："游击队内党支部的建立和健全，领导干部的坚决勇敢，处事以身作则，与战斗员共甘苦，这是使游击队坚强巩固的必要条件。"

这篇文章虽然是在非常仓促和紧急的情况下写成的，但文中对党在川西建立根据地的战略部署的思考是深刻和严密的。而且，文章较早地开始了对当时党中央政治路线的思考，批评了以往“左”倾关门主义错误。所以，这篇文章是陈云在长征途中继《遵义政治局扩大会议传达提纲》以后，留给人们的又一篇珍贵的历史文献。

1935年6月7日，红军占领了四川天全县。在这里，陈云按预定计划，离开长征队伍，赶赴上海。

陈云所担负的使命是绝对保密的，只有少数领导人和核心机要参谋知道。为了严守组织机密，陈云未把自己接受特殊任务的事情向也在长征队伍中的亲人透露。临行前，他把自己随身携带的全部机要文件交付组织处理，把一个蚊帐送给了自己的好友张闻天，同时委托张闻天的爱人刘英大姐把一条毛毯和几件衣服转交给自己的亲人。陈云是一位有着超人自制力、感情极其深沉的人。离别的一切都是在平静之中进行的，但其中却蕴含着对组织、对战友、对亲人极其强烈的责任心和感情。留给亲人的几件物品看似平常，但它可以寄托思念，这里所包含的感情分量是不能用物的价值来衡量的。

有一位名人曾经说过：“每个人在他生活中都经历过不幸和痛苦。有些人在苦难中只想到自己，他就悲观、消极，发出绝望的哀号；有些人在苦难中还想到别人、想到集体、想到祖先和子孙、想到祖国和全人类，他就得到乐观和自信。”陈云正是有着后一种品格的人。他怀着革命必胜的坚定信念，带着对战友们不断取胜的衷心祝福，饱含着对亲人深切的思念，悄悄地离开了长征队伍，踏上了赴上海的征程。

（迟爱萍）

是他！的确是他！

陈云注视着四川省委组织部送来的材料和照片，记忆深处浮现出来患难之友的熟悉面容：是他！的确是他！他满怀深情地指出：可以断定，席懋昭同志就是当年护送我从灵关殿到成都、重庆的那位同志。

在四川天全县灵关殿，陈云离开了长征队伍。

此行对陈云来说是异常艰险的。在四川，他人地生疏，而此时又正值蒋介石坐镇成都指挥“围剿”红军，四川境内遍布军警宪特。为了确保陈云的安全，党组织在灵关殿选了一名既熟悉四川情况，又机智勇敢、对党忠诚的地下党员，护送他出川。

此人姓席，名懋昭，1933年入党，他的公开身份是灵关殿小学校长。

※ 四川省天全县灵关殿镇。1935年6月，陈云奉命从这里离开长征队伍，到上海恢复和开展党的秘密工作。

从灵关殿到上海，远隔数千里，仅出川就要经过国民党军警戒备森严的雅安、成都、重庆等险地。席懋昭知道此行责任重大，艰险异常，但他仍毫不犹豫地接受了任务。

陈云与席懋昭见面后，立即商量行程。为了避开追击红军的敌军，他们决定绕道荥经县，转向雅安，再直奔成都、重庆。商定后，他们便启程上路了。

这天，细雨蒙蒙，原本就艰险莫测的旅途更加难行了。陈云化装成小学教员，与席懋昭冒雨沿着田间的泥泞小道高一脚低一脚地向前走着。

没走多久，从后面路上来了一个人。只见他浑身是泥，慌里慌张，跑得上气不接下气。原来，这是中央为了确保陈云的安全，事先作出的一个安排。此人原是荥经的一个地主，时任国民党天全县教育局局长，在准备逃往荥经时被红军抓获。中央决定派陈云去上海后，认为可以利用这个教育局长帮陈云他们安全经过荥经。于是，红军便把他押往灵关殿，待陈云与席懋昭离开灵关殿后，有意让他逃跑。这时见这个教育局长已赶上前来，席懋昭就主动与他搭话，说他和陈云是为了躲避红军而外逃的，这个教育局长信以为真，便讲了自己的实情。于是，他们三人结伴同行去荥经。

从灵关殿至荥经全是山路，他们翻山越岭，多次避开了敌人追击部队。这个教育局长同这一路上的民团很熟，因此，有他的同行，所到之处，民团都客客气气地放行。第二天，陈云他们便顺利地到达荥经。

到了荥经，在这个教育局长的再三邀请下，陈云与席懋昭在他家里住了一个晚上。翌日，陈云又化装成为国民党军队购买器材的商人，与席懋昭一同前往雅安。

过了雅安，他们又昼夜兼程。因陈云是外地口音，为了避免暴露身份，途中不便开口，主要靠席懋昭应酬。陈云有着丰富的地下斗争经验，加之席懋昭的机智，他们一次又一次地应付过了敌人岗哨的盘查，五六天后，终于平安地进入成都。

坐镇在成都的蒋介石，唯恐红军深入到四川腹地活动，在成都一带到处增岗加哨，戒备森严。警车一辆接一辆地呼啸而过，过往行人都要受到搜身盘查，稍不遂特务之意，就会惹来杀身之祸，真是风声鹤唳，草木皆兵。在席懋昭的巧妙应酬下，两人顺利地入了城。为了不引起敌人的注意，陈云决定与席分头活动。

陈云持刘伯承的一封亲笔信，找到刘伯承的好友、美丰银行的董事胡公著先生。胡先生一见陈云，十分惊奇，急忙把陈云让进屋里，告诉他外面风声很紧，催促他尽快离开。这样，陈云决定在此仅逗留一夜。

第二天一早，陈云托人去成都春熙路中段31号《新新新闻》报馆，刊登一则《廖家骏启事》，内容为："家骏此次来省，路上遗失牙质图章一个，文为廖家骏印，特此登报，声明作废。"这个启事是陈云事先与周恩来商量好的，是向中央发回的暗号。

然后，陈云辞别了胡公著先生，在约定的地方与席懋昭会合。席懋昭想劝陈云休息几天再走，但迫于成都的紧张形势，考虑到陈云的安全，只得同意一起立即去重庆。他们先乘汽车，然后步行到达重庆。陈云持刘伯承的又一封亲笔信，几经寻访，终于在一家药铺里找到了刘的弟弟，在他家中住了下来。几天之后，陈云乘船沿江而下，直赴上海。

赴沪的那天清晨，席懋昭特地赶到朝天门码头为陈云送行。陈云十分感激这位冒险护送他的四川同志，他紧紧地握住席懋昭的手，热情地鼓励他一定要坚持斗争，将革命进行到底。席懋昭此时的心情也很不平静。十多天来，他护送陈云在蒋介石亲自督战的敌占区，历尽艰险行程700多公里，今天终于顺利地完成了党中央交给自己的这一光荣而又艰巨的任务，内心里怎能不欣喜呢？但想到要与陈云分别，他心里又感到很难过。陈云沉着机智的应变能力，缜密周到、果敢决断的处事风格和丰富的斗争经验，使席懋昭十分钦佩，他多么想继续跟随陈云赴上海，去经风雨，见世面啊！

长长的汽笛声，惊醒了两位正在依依惜别的战友。陈云用力握了握席懋昭的双手，转身健步登上了轮船。轮船慢慢地驶离码头，席懋昭目送远去的轮船，视线渐渐地模糊了……

席懋昭完成了护送陈云出川的任务后，返回雅安，没料到敌人正在捉拿他。席懋昭闻讯后马上折回成都，寻找组织，但未能找到。因为四川已不能立足，他决定投奔川陕甘边区。他昼伏夜行，来到仪陇老家，不幸在阆中县小黄沟被国民党别动队特务逮捕。无论敌人怎样拷打他，他都咬紧牙关，矢口否认曾经开城迎接中央红军；对护送陈云出川一事，更是守口如瓶。敌人对他毫无办法。西安事变后，局势起了变化，经家人花钱保释，席懋昭终于脱离了虎口。

1937年11月，席懋昭来到了延安，进入党校学习。在欢迎刚从苏联归来的陈云等中央领导人的盛大集会上，席懋昭在人群中一眼看见了陈云。眼前的陈云虽然不再是小学教员打扮，而是作为党的领导人正在接受延安军民的热烈欢迎，但在席的记忆里，他还是那位在长途奔波中与自己有饭同吃、有水共喝的患难之友。席懋昭抑制不住自己的感情，穿过人群，奔向陈云。两人相见，格外亲热。当陈云知道席懋昭送走自己后被捕入狱，历尽艰辛的经历后，紧紧握住他的手，深深感谢这位忠诚的四川地下党员，并鼓励他努力学习和工作，争取为党作出更大的贡献。

席懋昭在延安学习三个月后，又返回四川，先后在仪陇、天全、雅安、泸定、懋功、芦山等许多地方从事革命活动。1948年3月18日，席懋昭在雅安县进行革命工作时，不幸再次被特务逮捕，很快就被押往重庆渣滓洞。山城重庆临解放之际，席懋昭与200多名难友被残暴的国民党特务枪杀在牢狱之中。

四川解放后，陈云曾多次了解席懋昭的情况，但一直没有打听到他的下落。

1983年4月，陈云得知席懋昭在解放前夕被害于“中美合作所”以后，便立即向中共仪陇县委和中共四川省委询问席懋昭的情况，并为复查他的问题提供材料和调查线索。虽然陈云的工作非常繁忙，但他心中始终惦记着这件事。经过中共四川省委组织部和中共仪陇县委的周密调查，终于查清了席懋昭的情况和革命斗争历史。12月，中共四川省委组织部把复查席懋昭的情况和他的革命斗争事迹以及照片报送陈云。

陈云的目光久久停留在四川省委组织部送来的那张已经发黄的遗照上。是他！的确是他！陈云记忆深处保存的患难之友的熟悉面容，与这帧照片上的青年的形象完全吻合。陈云满怀深情地注视着烈士的遗像，心里既充满痛楚、钦敬之情，又为党培养了一大批这样的忠勇之士而感到自豪。他抑制不住百感交集的心情，为这位他寻觅了几十年的革命功臣提供了最详实而又珍贵的证明材料：

……最近，四川省委组织部送来材料，证实席懋昭同志确曾担任过灵关殿小学的校长，他的爱人也在该校当过教员。另外，还送来一张他的照片。这些情况以及照片，和我的记忆完全吻合，因此可以断定，席懋昭同志就是当年护送我从灵关殿到成都、重庆的那位同志。

根据席懋昭一生的革命活动和对党作出的重要贡献，陈云指出：

……我认为，应当肯定席懋昭同志为革命烈士，并记下他在完成护送我出川这一党的重要任务中的功绩。

1984年5月28日，四川省人民政府决定，追认席懋昭为革命烈士，并追记大功一次。

（迟爱萍）

在莫斯科

陈云在莫斯科，除了参加中共驻共产国际代表团的工作之外，还在东方大学八分校任教，在列宁学校特别班学习。此时，国内抗日烽火愈燃愈旺，陈云以“史平”署名，发表文章，宣传抗日。

1935年8月5日前后，陈云与陈潭秋、杨之华等乘坐苏联货船到海参崴，经西伯利亚铁路，于8月20日到达莫斯科。此时，共产国际七大已临近闭幕，陈云参加了大会。

共产国际七大是共产国际正式实行世界革命战略转变的一次代表大会。大会提出了在资本主义各国建立工人阶级反法西斯的统一战线和各民主阶层反法西斯的人民阵线，以及在殖民地和半殖民地国家建立反帝国主义侵略的民族统一战线的任务。大会详细地审议了中国民族解放斗争的问题，批准了中国共产党提出的在中国建立反对日本帝国主义及其在中国的代理人的广泛统一战线的策略方针。

21日大会闭幕后，联共中央斯大林、莫洛托夫、伏罗希洛夫、卡冈诺维奇等亲切接见了中共代表团的王明、陈云和滕代远。斯大林勉励他们要注意党的团结，争取对敌斗争的胜利。

不久，陈云代表中共中央重新接上了与共产国际的联系，完成了中央交付的特殊使命。陈云向共产国际领导人详细地报告了中共中央和中央红军主力部队向西北转移及遵义会议的情形。通过陈云的汇报，共产国际了解了中国共产党和中国革命的实际情况，增加了对中国共产党的领导人毛泽东、朱德、周恩来等人的了解，尤其是对毛泽东的了解。事实表明，在陈云到莫斯科后，共产国际很快转变了态度，表示支持毛泽东在中国共产党内的领袖地位。1936年，共产国际机关刊物《共产国际》第1、2期合刊上发表了《中国人民领袖毛泽东》一文，文章概述了毛泽东从中国共产党一大以来的革命历程，称赞毛泽东有“铁的意志，布尔塞维克的决心，英勇无畏的精神，革命名将和政治领袖底无限天才”。可以说，共产国际开始明确地支持毛泽东在中国共产党内的领袖地位，是与陈云的莫斯科之行密切相关的。

在莫斯科，陈云参加了中共驻共产国际代表团的工作，任监察委员会委员，化名“史平”。

除了参加中共驻共产国际代表团的工作之外，陈云还在东方大学八分校任教。

东方大学八分校在离莫斯科几十公里的地方，那里环境十分幽静。一座米黄色的三层楼矗立在树林之中，楼的四周点缀着花坛，后面有操场，左侧有两栋小楼，一栋是职工办公楼，一栋是托儿所。高高的院墙环绕着这座优美的园林。

据说这所校园是共产国际赠给中华苏维埃共和国的礼物。

在八分校学习的学员，都有着较高的政治水平。他们主要是东北的干部，如韩光、钟子云等，另外也有一些因病去苏联治疗的干部在那里学习。到1935年时，学校已有两三百名学员。在那里授课的教员中，有苏联教员，也有中国教员。中方教员都是中国共产党一些著名的活动家，如李立三、吴玉章等都在那里讲过课，讲课的内容都是有关中国革命的基本问题。陈云授课的主要内容是党的建设问题。他深入浅出、平和细致的讲解，给学员们留下了深刻的印象。因工作繁忙，陈云每次授完课之后，便急匆匆地赶回莫斯科。

当时，在苏联还有一所十分著名的国际学校，这就是列宁学校。

列宁学校位于列宁山上，原是共产国际创办的，专门为各国党培养干部的学校。中共早期理论家、曾担任中共驻共产国际代表的蔡和森，从1926年起曾在这里学习过几年。那时，校址在城内，规模还不大。30年代，列宁学校搬到列宁山新建的规模很大的四层楼大厦。除中国党的干部外，还有西欧国家党的负责人也在那里学习。中国班的学生范围也大大扩大，包括高、中、低级干部，教室占了校舍底层的全部。共产国际把中共参加共产国际七大的代表们组织了一个特别班。这个班设在四层楼上，与外界隔离，学习环境很幽静。学员每人单独住一间房，房内书桌、台灯、书架、衣柜等一切用具应有尽有。

陈云被编入特别班。和他同班的有滕代远、陈潭秋、饶漱石、曾山、孔原、高自立等十几人。学习的课程有列宁主义问题、政治经济学、社会发展史、西方革命史、中国革命问题和中共党史等。特别班主要的学习科目是政治经济学，为了使学习更加深入，学校还聘请了一位出版过经济学专著的经济专家西嘎尔与代表住在一起，以便学员下课之后，随时都可以向他请教，同他一起讨论问题。

陈云是一个极爱学习和勤于思考的人。动荡不定的国内环境和漂泊不定的革命生涯，使他难有机会系统学习马克思列宁主义理论，但他从不放过点滴学习时间。现在有了这么好的学习条件，如鱼得水，他更是如饥似渴地埋头学习。这段学习生活使陈云受益匪浅，他以后能具备系统的马克思主义政治经济学理论知识，与这段学习生活是分不开的。

在学习的同时，中共驻共产国际代表团还组织从国内来的干部在苏联参观，了解苏联社会主义工业、农业、文化教育事业的发展情况，使陈云大开眼界。

此时，国内抗日烽火愈燃愈旺，蒋介石和国民党中央对抗日的态度自华北事变后也在发生变化。蒋介石对日本一再退让，部分原因是他抱着依靠外交途径来解决中日问题的幻想。日本侵略者的步步进逼，打破了这种幻想。华北事变的发生，超出了南京政府所能容忍的限度，直接威胁到它的生存。于是，南京政府不得不开始考虑调整它的对日政策。

1935年底，南京政府开始试探性地要求苏联的援助，并通过各种渠道，设法打通同中国共产党的关系。翌年初，国民党驻莫斯科使馆武官邓文仪奉蒋介石之命，与中共驻共产国际代表团接触。陈云与王明、康生等人共同商定，派潘汉年出面与邓文仪会谈。

潘汉年是9月上旬到达莫斯科的。与邓文仪初步接触后，中共驻共产国际代表团认为，国共两党中央皆在国内，正式谈判应在国内举行。随后，中共驻共产国际代表团决定派潘汉年为联络代表，回国找陈果夫、陈立夫洽谈国共合作抗日事宜；并要潘默记密码，以恢复党中央和共产国际的电讯联系。1936年4月，潘汉年告别了陈云等人，返回祖国。

国内频频传来的抗日消息，使陈云的心情难以平静。既然不能亲临抗日沙场，陈云便以笔为武器，连续在中共在国外从事抗日民族统一战线宣传的中文报纸《救国时报》上发表文章，如《论中国学生的救国运动》、《革命运动的发展与奸细的活动》、《是真话还是谎话》、《“诚意”和“基本准备”》等等。这些文章均以“史平”署名，鲜明地阐明了中国共产党的抗日主张，高度评价了国内抗日民主救亡运动，严厉谴责了日寇的侵略行径，也无情地批驳了国民党的消极抗日政策。这些文章在海外华侨中产生了一定的影响。但当时影响更大的，还是陈云署名“廉臣”发表的《随军西行见闻录》。

（迟爱萍）

《随军西行见闻录》

陈云署名“廉臣”的《随军西行见闻录》，是最早宣传红军长征的文章。更可贵的是，《见闻录》以极恳切的语言宣传了中国共产党的国共合作抗日主张。

中国工农红军的长征是世人广泛关注的一件事情。自中央红军第五次反“围剿”失败而被迫长征后，蒋介石便向国内外视听大肆吹嘘他的“剿匪”功绩，胡说红军已完全“溃败”，只剩下极少数人在“逃窜”。不明真相者信以为真，受其蒙骗。为了戳穿蒋介石的谎言，使中国人民和世界各国人民了解中国革命的实际情况和红军长征的真相，1935年秋，陈云在莫斯科写了《随军西行见闻录》（以下简称《见闻录》），于翌年春，公开发

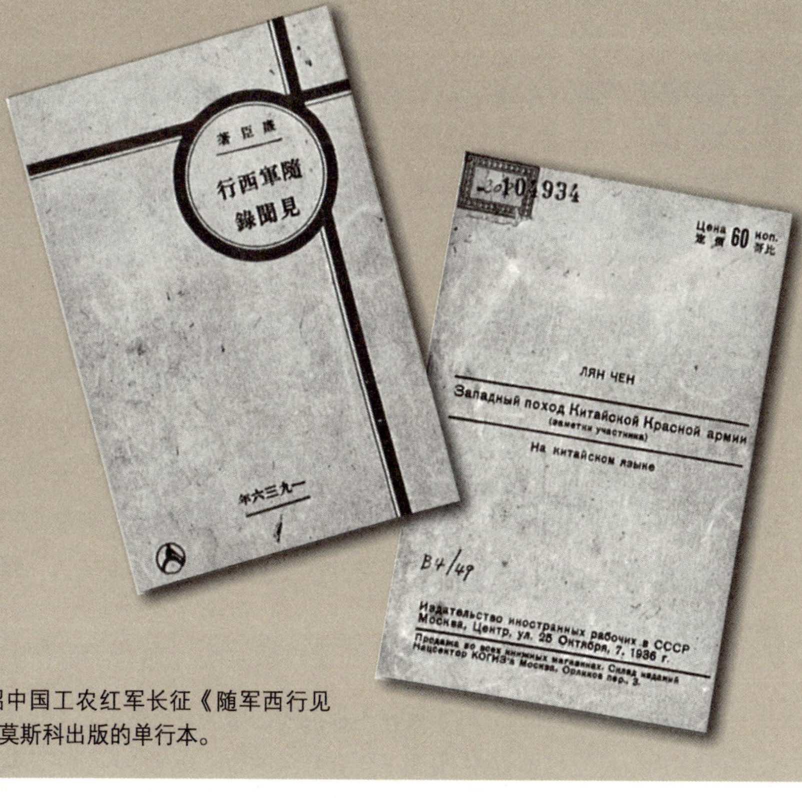

※ 陈云撰写的介绍中国工农红军长征《随军西行见闻录》，这是在莫斯科出版的单行本。

表在法国巴黎华侨组织主办的《全民月刊》上。该刊是中国共产党领导的一个宣传阵地。

在文章中，陈云署名“廉臣”，并假托为一名被红军俘虏的国民党军医，这样可以从中间立场上来反映红军长征历史，从比较国民党与共产党的作为中宣传共产党得民心的事实，从而攻破国民党反动派污蔑共产党和红军的谎言，又可以以一个在国共两党中工作过的人员的身份，在日本帝国主义入侵、国难当头的情况下，呼吁国共再度合作抗日。这样既有利于向世界上不同观点的人宣传，也便于此文在国民党统治区流传。

《见闻录》完整地记述了中央红军自1934年10月中旬从中央苏区突围西征，到1935年6月陈云离队这八个月间，由江西经湖南、广东、广西、贵州、四川、云南、西康，而转入四川之理番、松潘与红四方面军会合这1.2万里行程，生动地描写了红军突破敌人四道封锁线，转战贵州、抢渡乌江、智取遵义、翻越老山界和大雪山、四渡赤水、佯攻昆明、兵临贵阳、巧渡金沙江、通过彝族区、飞渡大渡河等英勇壮举。从陈云的笔下，人们可以感受到红军并非是被国民党“穷追溃逃”的“败兵”，而是一支英勇顽强、所向披靡、无往不胜的战斗部队，并且有着严明的纪律、坚定的信念、新型的官兵关系。

《见闻录》尤其描写了红军深厚的群众基础。如文中写道：

即如赤军入湘南时，资兴、郴州、宜章一带，为昔年毛朱久经活动之区域，居民受共党之宣传甚深，故见赤军此次复来，沿途烧茶送水，招待赤军。我在行军时见每过一村一镇，男女老幼立于路旁，观者如堵……

红军到宜章时，那里的400多名粤汉铁路修路工人全部参加了红军，这是由于几名共产党员秘密工作几年的结果。针对此事，文中评述说：

此事深深使我忆起，国民革命军北伐时，各处民众响应，北伐军势如破竹，正如王者之师。自国共分裂以后，像北伐时民众响应之事，已销声匿迹。反之，全国人心，大都失望。共党分子如此埋头苦干，而返视国民党员，则徒争名利，何曾见一个在东三省的日本势力下埋头苦干的人？我深感共党自有其社会上根深蒂固之潜势力，剿共与消灭共党决难成功也。

由此种种，作者断言：红军所以不被击败，而反日益扩大，不仅在于有军事力量，而且在于深得民心。这就向世人道明了，有着深厚的民众基础的红军部队，是绝不会被国民党军队所击溃的，蒋介石所吹嘘的“追剿”军“连连取胜”之说，不过是自欺欺人罢了。

《见闻录》还细致入微地描绘了红军领袖们的坚毅、勇敢和机智，以及他们与国民党官员形成鲜明对照的朴实、高尚的品质和廉洁、民主的作风。如“毛泽东似乎一介书生，常衣灰布学生装，暇时手执唐诗，极善辞令”，待人“招待极谦”；“朱德则一望而知为武人，年将五十，身衣灰布军装”，“人亦和气，且言谈间毫无傲慢”。他们的形象与人们受欺骗后，以为“凶暴异常”之想象“完全不同”。毛泽东、朱德“非但是人才，而且为不可多得之天才”，更辅之以“周恩来之勇敢、毅力之办事精神”，红军岂有不成功之理！同时文中称，红军领袖如毛泽东、朱德、周恩来、林祖涵、徐特立等，“均系极有政治头脑的政治家”。在国民党报章对毛泽东、朱德等人大加诋毁的情况下，如此全面真实

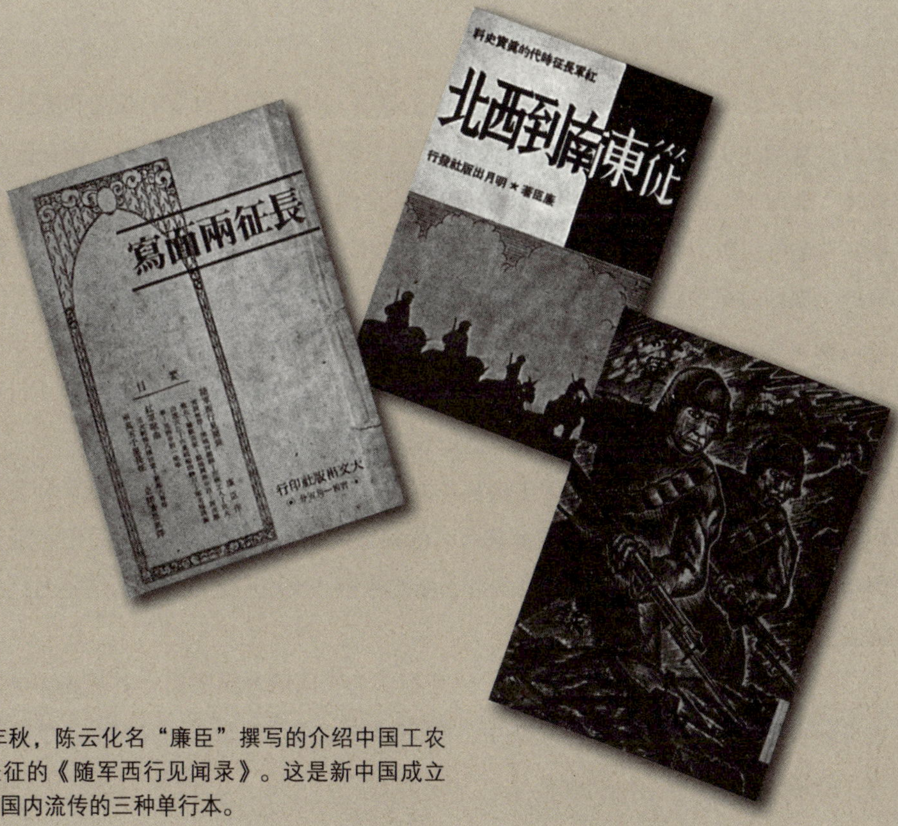

※ 1935年秋，陈云化名“廉臣”撰写的介绍中国工农红军长征的《随军西行见闻录》。这是新中国成立前，在国内流传的三种单行本。

地歌颂红军领袖，对于驳斥国民党的不实之词，鼓舞振奋民心，集聚全国人民在中国共产党的旗帜下英勇奋斗，有着重要的作用。

更可贵的是，《见闻录》以极恳切的语言宣传了中国共产党的国共合作抗日的主张：

我以为当今局势，如再继续内战与剿共，非但不能救国，而且适足以误国。政府当局应该改变计划，协同赤军以共御外侮。

……今在国家一发千钧之时，内战则死、对外则生的时候，只要两方开诚布公，何愁不能合作以对外。而且赤军领袖及共党曾多有过联合全国兵力一致抗日的主张。我并闻友人传说，共党中央及苏维埃政府主张合全国兵力组织国防政府及抗联军。我以为政府之对内对外政策之迅速改变，此其时矣！我辈小百姓唯一的目的，是在不使中国之亡于日本，不做亡国奴而已。我总觉得无论如何，赤军总是中国人，总是自己的同胞，放任外敌侵凌，而专打自己同胞，无疑是自杀政策。以中国地大物博、人口亦多，如果停止自杀，而共同杀敌，则不仅日本不足惧，我中华民族亦将从此复兴矣！

由于《见闻录》的作者以其在长征中的亲身经历及其政治家的眼光和思想水平，生动真实地描述了世人所关注的中国红军长征，所以，这一著作一问世，便在国内外广为流传。继1936年春法国巴黎华侨组织主办的《全民月刊》首次刊登《见闻录》之后，同年秋，莫斯科出版了单行本。次年7月30日，巴黎的《救国时报》也发表了此文。8月5日出版的《救国时报》还刊载了《廉臣捐赠〈随军西行见闻录〉版权启事》。此文传入国内后，最早载于王福明在北京编辑出版的《外国记者西北印象记》一书之中。同年11月、12月，民生出版社和陕甘人民出版社又分别出版单行本，书名为《从江西到四川行军记》。1938年，《见闻录》又由生活书店、新知书店发行。

新中国成立后，《见闻录》多次被各种研究和宣传红军长征的书刊摘录和转载，但人们始终不知作者廉臣竟然是中共赫赫有名的领导人陈云。直到1985年1月纪念遵义会议50周年的时候，中共中央理论刊物《红旗》杂志才第一次说明廉臣是陈云的笔名，并以作者陈云的名字公开发表了《见闻录》全文。

陈云是红军长征最早的宣传者。以往都认为美国记者埃德加·斯诺是红军长征最早的宣传者，其实不然，在斯诺1936年7月到陕北采访毛泽东时，《见闻录》早已在巴黎发表，并在莫斯科出版了。

（迟爱萍）

在朝夕相处的日子里

陈云接应西路军时，和代表团的同志朝夕相处，工作、吃住、旅途生活，都在一起。他想办法改善伙食，教大家学习、练字，使枯燥的生活充满乐趣。

1936年10月下旬的一天，莫斯科共产国际代表团的负责人突然通知我：准备行装，紧急出发，先到共产国际招待所报到，随后去执行一项重要任务。我按规定的时间地点报到，在那里第一次见到了陈云同志。

原来我西路军这时正从甘肃向新疆挺进。共产国际筹集了一大批各式武器准备给以支援，并责成中共驻共产国际代表团去新疆接办此事。为了接应西路军，中共驻共产国际代表团决定组织一个代表团，由陈云同志任团长，滕代远同志任副团长。随行的工作人员有：冯铉任翻译，李春田任译电，我负责无线电通讯。12月初，我们一行五人，乘火车到达今哈萨克斯坦共和国首都阿拉木图。当时正值初冬，天气已冷。我们稍事休息后，便换上光板羊皮大衣，穿上大毡靴，改乘大卡车，冒着寒风，继续东进。经过一整天的颠簸，到达靠近我国伊犁的一个苏联边境小城。那里的苏军营地集中着为西路军准备的武器。我们在此等待西路军胜利到达新疆的消息。在这里一直等到第二年4月，等到的却是西路军不幸失败，正在甘新交界的星星峡待命的消息。闻讯之后，我们迅即穿境通过伊犁到达迪化（今乌鲁木齐）。经陈云同志与新疆督办盛世才交涉（盛一度采取联苏联共政策），派出汽车多辆，由陈云同志亲自带领我们到星星峡，将李先念同志率领的西路军剩余部队400余人接回迪化。与李先念同行的西路军各部领导人还有程世才、李卓然、郭天民、黄火青等同志。西路军的指战员到迪化后，学政治、学文化，进行整休。从1936年的深秋抵达中苏边境，到翌年的盛夏完成接应西路军的任务，经历了八九个月时间。代表团的同志工作、吃住、旅途生活，都在一起。在和陈云同志朝夕相处的日子里，我从他身上学到很多东西，真可以说受教良深、获益匪浅，给我终生留下了深刻印象。

1936年12月，当我们在苏联边境小城期待西路军入疆的消息时，突然传来消息，西安发生了“双十二事变”。当大家得知张学良、杨虎城把蒋介石扣押起来后，屋子里顿时喧腾起来，个个兴高采烈，抑制不住内心的激动。有的说：“老蒋也会有今天，这回他必死无疑。”有的说：“这些年，老蒋杀害了多少共产党人，绝不让烈士的鲜血白流，不枪毙老蒋难平民愤！”有的对张、杨的义举赞叹不已。就在大家你一言我一语议论纷纷的时候，陈云同志坐在一旁沉思不语，等大家意见说得差不多了，他才双手一拍大腿，冷静而又严肃地说：“我看问题不那么简单。根据当前复杂的政治形势，蒋介石宜放不宜杀。如果现在杀了蒋介石，将会引起大乱，不利于抗日民族统一战线的建立，影响抗日斗争形势的发展。”事后证明，陈云同志的分析判断非常正确，与党中央日后处理西安事变的方针完全一致。这件事给我的印象极深，使我更增加了对陈云同志的敬仰与信赖。自1952年以后，虽然再没有机会直接与他接触，但却经常注意从文件、报刊上倾听他的声音，以指导和提高自己。

在我一生中，最难忘的是跟随陈云同志接应西路军的那段时光。这不仅因为那段时间执行的任务特殊，生活环境独特，朝夕相处的时间较长，还由于陈云同志诲人不倦的师长风范和平易近人、关心干部的领导者形象，给我留下深刻印象。当时我们代表团一行五人被安排在苏军营地附近一位骑兵营长家里。主人为我们腾出一小间、一大间房屋。相比起来大间要暖和些，陈云同志安排我们四人住在大间，他住小间。为了保密起见，大家很少外出，整天呆在房里等候西路军的消息。

当我们住下不久，陈云同志就病倒了。我们赶紧把他送进阿拉木图的医院。半月后他病愈出院。那时我们一日三餐，都是由房东的夫人每天从驻军食堂给我们打饭吃，大家对食堂伙食很不习惯。陈云同志由医院回来发现此情后，立即和大家研究决定，改请房东夫人每天帮助买菜，由我们自己动手做饭。他还根据每个人的具体情况做了分工。滕代远同

※ 张学良（1901—2001年），国民党陆军一级上将，发动了震惊中外的『西安事变』。

志会炒菜，由他掌勺；李春田同志是南方人，常年吃大米，由他负责焖饭；我和冯铉当下手，一个烧火，一个洗碗。就这样，在陈云同志关心下，不仅使大家改善了伙食，而且增添了生活乐趣，使我们这个小集体顿时充满着一种革命家庭的气氛。

陈云同志不仅在生活上处处关照大家，而且还非常关心我们每个人的学习进步。就是在他的指点下，我利用当地能看到英文报纸的有利条件，每天翻字典读报，并死啃20—30个单字，日积月累，打下了一点基础。后来到延安，这段时间学的英文还偶尔派上了用场。还值得一提的是，陈云同志对我们每个人写不好毛笔字非常关注。他为大家买了毛笔，督促我们每天练字，并进行检查，哪个字写得好、写得不好，谁的字写得有进步，还经常给以点评。

陈云同志对干部的关心爱护还反映在西路军指战员的身上。在星星峡，他看到长途征战、衣着破损、疲惫不堪的同志们，立即安排给大家洗澡、换装。到迪化后，部队先驻在一家纺织厂，后迁到盛世才的新兵营。不论在哪里，他都和西路军指战员吃、住在一起。他还派我与当地一家苏联医院联系，抓紧给伤病员治疗。他组织西路军指战员学政治、学文化，并要我给部队几位领导教数学。

由于西路军的特殊经历，陈云、滕代远同志做了大量艰苦细致的政治思想工作。陈云同志亲自给大家讲党课，先讲党的性质、宗旨，强调党的纪律，在提高觉悟和认识的基础上，才讲到路线问题，使大家认清张国焘分裂党的严重错误。后来这批同志先后都回到延安，成为党在各项事业中的领导和骨干，在抗日战争、解放战争以及建国后的社会主义建设中做出了积极贡献。

（段子俊）

迎接西路军

陈云在星星峡与西路军指战员相见，他们像虎口余生的孩子回到母亲的怀抱，惊喜地拥上前去。陈云强忍着心中巨大的感情波澜，逐一与西路军指战员握手。他称赞西路军“是好样的，是好共产党员”。

在陈云等一行五人在霍尔果斯等待命令之际，英勇的西路军正在河西走廊与国民党马步芳、马步青的部队浴血奋战。河西走廊是高寒地区，11月份已天寒地冻，滴水成冰。

在这里，西路军奋战了四个多月，毙伤俘敌约2万人，给敌人以沉重打击。但由于西路军的西进作战存在着许多不利条件：在兵力对比上敌强我弱，寡不敌众；地理条件上，甘肃西部南有海拔3000至5000米的祁连山，北有北山和沙漠、戈壁滩，中间为一条狭长的走廊，回旋余地很小；加上西路军长时间行军作战，未得到休息和补充，终于在1937年3月中旬，在张掖县西南的梨园口同敌人作殊死搏斗后失败。部队由初建时的2.1万多人锐减为1000余人。

1937年3月13日，西路军军政委员会在祁连山石窝山山顶（今肃南县境内）开会，决定陈昌浩、徐向前回陕北向中央汇报，原西路军分为三个支队，转入祁连山打游击。3月17日，中央同意西路军建议。但西路军分散不久，右支队以及以妇女、伤员为主的支队在战斗中失利溃散，只有李先念率领的左支队仍在祁连山的冰天雪地里孤军奋战。党中央、毛泽东十分关注左支队的命运。3月23日，中央终于与左支队仅存的一部电台取得了联系。中央指示他们：团结一致，保存力量，设法向新疆转移。并谓将派陈云等前往迎接。左支队当即复电：坚决执行中央指示，向新疆前进。

4月20日左右，在焦急中等待任务的陈云等人，终于收到中共驻共产国际代表团的电示，命他们急速前进，赶到新疆星星峡地区，接应西路军残部。接到命令后，陈云等人立即整理行装，于4月23日，乘坐新疆督办盛世才派来的汽车，经伊犁抵迪化（今乌鲁木齐）。

盛世才是个野心很大的军阀，1933年他夺取并掌握了新疆的军政大权，当上了新疆边防督办，成为“土皇帝”。为不被国民党蒋介石吞并，盛世才便向苏联求援。苏联政府为了有一个比较安全的漫长边界，经过谈判，同意在人力物力，特别是在武器装备上支援盛世才，并在迪化建立了领事馆。作为回报，盛制定了“反帝、亲苏、民主、清廉、和平、建设”六大政策。由于这种关系，陈云等到迪化后，立即通过苏联领事馆，与盛世才沟通联系，商谈建立合作关系和接应西路军进新疆等问题，并很快得到盛的支持。至此，陈云正式出任中共中央驻新疆代表。

此时，西路军左支队在攻打安西之战中失利后，且战且退，向戈壁滩深处转移，并按中央指示向星星峡方向前进。荒漠的戈壁滩，都是灰色的沙砾，一望无际，没有人烟，气候变化剧烈，一日之内寒暑数变。夜里，从北方吹来的冷风，冻得战士们直打哆嗦；而白天烈日当空，沙砾热得像火烤过一般，灼得人嘴唇干裂，却又找不到水喝，也找不到阴凉的地方。由于敌情严重，左支队幸存的干部和战士不顾酷热和严寒，咬紧牙关，互相激励，竭尽全力地向西北方向奔跑。他们未进一粒米，未饮一滴水，在戈壁滩上跑了一夜又一天，终于在4月27日下午5点左右，第一批西路军左支队的干部和战士走出了荒漠的戈壁

※ 1937年5月，陈云到新疆、甘肃交界的星星峡接援红军西路军余部（对外称“新兵营”）进入迪化（今乌鲁木齐）。图为星星峡。

滩，到达甘肃、新疆交界的星星峡附近。

由于陈云与盛世才交涉营救西路军事宜成功，所以初到星星峡的二三十人受到新疆边防督办公署边务处星星峡办事处主任王效典的热情接待。在王的支持下，初到的战士们又打着红旗，乘车返回戈壁滩收容了失散的左支队人员，人数慢慢地集合到400多人。在陈云的要求下，新疆督办公署航空队派出两架飞机，给在星星峡的西路军空投了食品、衣物和枪支。

临近五一节的一个早晨，陈云和滕代远等带着盛世才提供的几十辆装有枪支、衣物和食品的汽车，向星星峡驶去。

星星峡是群山中的一个峡口，自古以来这里就是联系新疆与内地的重要关口，是陆路通往亚洲中西部、印度半岛、欧洲东部和非洲东北部各国的必经之路。出山沟向东即属甘肃省境。从地图上看，星星峡似乎是一个比较大的关卡，但实际上人烟稀少，只有几十间黄泥土房，居住着二十多户人家。

当陈云一行到达星星峡，与西路军左支队的指战员们相见时，许多干部和战士就像虎口余生的孩子回到母亲的怀抱一样，惊喜地拥上前去。许多身经百战、血染沙场都毫不动容的将士，这时百感交集，竟禁不住热泪滚滚而下，哽咽着说不出话来。陈云看着一个个面黄肌瘦、两颊塌陷的同志，心中也有说不出的难受。他强忍着心中巨大的感情波澜，逐一与西路军指战员握手。

五一节那天，陈云在星星峡主持召开了纪念会。陈云代表党中央和毛泽东向历尽艰险、九死一生的指战员们表示了亲切的慰问。陈云在会上讲了不少鼓励的话，他说：你们这些共产党员，经过那些困难都过来了，人都累得不像样子了，不投降敌人，还团结在一起，能够跑到这里来，是好样的，是好共产党员嘛！革命斗争有胜利也有失败，只要我们保存下革命力量，我们就会发展壮大起来。你们虽然只剩下几百人，但都是革命的种子，将来可以发展成几千人、几万人、几十万人，去夺取革命的胜利。他还说，党中央对西路军的斗争始终很关心，想了很多办法来援救陷于困境的同志们。他要求大家把自己制作使用的武器以及衣服、鞋袜等物品，全部保存起来，送到莫斯科共产国际去，让全世界的无产阶级看看，中国工农红军是在什么样的艰苦条件下从事解放斗争的。西路军左支队的指战员们听了陈云这些温暖人心的话，激动得说不出话来，泪水湿透了他们胸前的衣襟。

为了让同志们尽快恢复体力，陈云把从迪化带来的物资分给大家，每人一套棉衣、一套单衣、一套衬衣、一双皮鞋、一双袜子、一个瓷杯、一双筷子，还有大批的羊肉、苏联的纸烟和白糖。同时，他又商请盛世才再空运一批物资。盛世才答应了，两次派飞机空投衣物、粮食、枪支、弹药，使聚集到星星峡的400多名指战员装备一新，并逐渐恢复了精力。

5月1日下午，西路军左支队400余人在陈云、滕代远带领下，坐车向迪化驶去。途经苦水时，陈云把部队又一次集中在一起，进行集体谈话。他平和地说：西路军虽然失败了，但还剩几百人，你们是沙里淘金，是党的宝贵财富。然后，陈云向大家介绍了新疆的社会状况和党的斗争策略。他严肃地说：新疆与苏联接壤，远离国民党统治中心。新疆边防督办盛世才为了自身利益，采取了一些进步措施，对我党也表示友好，我们进入新疆，是利用统一战线的特殊环境，保存和发展我们的力量。但是大家不要忘记，盛世才是国民党政府的新疆督办，是上将军官，我们和他打交道，一定要提高警惕，坚持原则，谨慎从事。

离开苦水后，他们途经哈密、七角井、吐鲁番等地，5月7日前后，到了迪化西南十余公里的红雁池。当暮色徐徐降临大地时，车队驶进了市区，停在该市西大桥的一个工厂里。这是盛世才的一家新落成的纺织厂的女工宿舍，条件在当时是比较好的。宿舍落成后尚未启用，暂时给西路军做营房。

由于陈云从关心生活入手，有针对性地做思想政治工作，使西路军左支队余部在短时间里摆脱了战斗失利后的低落情绪，精神状态迅速改善，对前途充满了信心，对未来的复杂斗争也有了较充分的思想准备。当年的西路军战士吕黎平在回忆中写道："陈云同志言简意赅、充满深情的讲话，使我们受到了很大的教育和鼓舞，清楚了今后的任务和环境。我们每个同志的脸上，都绽开了回到党的怀抱的幸福笑容……"

（迟爱萍）

组建"新兵营"

为适应国内外和新疆政治形势的要求，西路军进行整编，组建"新兵营"。陈云说，整编后，红军的本质与宗旨完全同过去一样，没有变！经过调理身体和整顿思想，部队恢复了虎虎生气。

"安营换装"是陈云引导西路军左支队抵达迪化后进行的首要工作。

西路军左支队在纺织厂宿舍没住多久，7月下旬，便迁移到东门外营房里，与盛世才的部队住到一起。根据当时国内外和新疆的政治形势以及盛世才的要求，陈云、滕代远和西路军工委李卓然、李先念等研究决定，把西路军左支队进行整编，西路军工委继续保留，撤销原来的部队建制，西路军左支队改称为西路军总支队，设政治处、总务科，下编四个大队，每大队编三个排，每排编三个班，每班十人左右，对外统称"新兵营"。陈云为"新兵营"党代表。

部队整编后，盛世才按新疆部队标准承担"新兵营"的全部供给。为了适应新疆特定的统战政治环境，西路军指战员要换穿盛世才部队的藏青色军服（短领上衣、马裤、短靴），戴青天白日帽徽。

对于换装，部队开始有很大的抵触情绪，有人甚至怒气冲冲地说：“我们在长征路上，在河西走廊，不正是同头戴青天白日徽章帽子的国民党军队拼杀过来的吗？现在要我们同敌人穿一样的服装，岂不变成了国民党军队，这怎么行呢？”不少人因而执拗不换。

陈云了解到这一情况后，立即召开排以上干部会议，耐心地对大家说：同志们的心情可以理解，不过要明白这样一个道理，军队的性质不在于穿戴什么样的衣帽，而在于组成这支军队的人树立什么样的思想，信仰什么主义，受何种性质的政党、政府领导和指挥。现在我们住在迪化这个特定环境里，同陕北苏区不能一样。现在改换成国民党军队的着装，从表面上看似乎成了白军，但我们的信仰和奋斗目标没有变，仍然是解放全中国的劳苦大众，消灭剥削阶级，推翻国民党反动政权，进行民主革命。我们信仰马克思列宁主义，同过去一样受中国共产党的绝对领导，听从党中央、中央军委的指挥。一句话，红军的本质与宗旨完全同过去一样，没有变！

听了陈云这番话之后，大家敞开心扉进行了热烈的讨论，一致认为陈云说得在理，表示愿意改换服装。但这些久经沙场的钢铁战士们，对自己帽子上那颗闪闪发光的红星，仍有着极深厚的感情。有的人把红星从帽子上摘下来，反复擦着，然后把它装进新军服的衣袋里；有的人干脆把红星缝在新军帽的里面；还有的人把红领章、红帽徽和旧军服洗得干干净净、叠得平平整整地珍藏起来。

由于长期连续地艰苦作战，许多干部和战士的身体都很虚弱，有的伤口还未愈合。

※ 在乌鲁木齐的“新兵营”旧址。当年陈云曾在这里居住、办公。

※ “新兵营”的部分战士。

陈云十分关心大家的身体健康。为了使同志们尽早恢复强健的体魄，初到迪化时，陈云安排对全体人员进行了体检，有病的得到了及时治疗。同时，部队加强了保健工作，尽量想办法改善伙食，安排好生活。为了改善大家的生活，陈云还同盛世才交涉，每月发给每个战士新疆币1500两银票，排长5000两，大队干部1万两，总队首长和工委的负责同志更多一些。

在生活方面安排就绪后，陈云加强了对部队的思想政治教育工作。首先是对部队进行抗日民族统一战线政策的教育。这个问题对总支队的干部战士来说是一个很新的问题。为了讲清楚这个问题，他每周抽出两三个半天时间到迪化图书馆阅读日本自19世纪60年代开始到1931年9月18日侵占中国东北三省的历史与侵华史料，前后用了两个多月的时间。在做了充分的准备后，陈云亲自给总支队指战员上课。在讲课中，他结合日本历史和日本侵华史料，“九一八”以来的国内外形势，深入浅出、生动具体地给大家讲解党的抗日民族统一战线政策，收到了很好的教育效果。

针对张国焘的错误路线所造成的影响在部队中还未肃清，一些同志对张国焘的真面目还没有彻底看清的情况，陈云深入班、排做了大量耐心细致的思想工作，经常利用早晚时间找干部谈话，了解每个人的思想状况，有针对性地进行个别疏导。当时陈云还未能与党中央直接建立无线电联络，而需经过迪化领事馆—苏联政府—共产国际方可与中共中央取得联系，电报往返很慢，特别是对批判张国焘这样的党内问题，也不便在电报中涉及。所以，陈云尚不知道中央已于3月下旬在延安召开了中央政治局扩大会议，批判了张国焘分裂党、分裂红军的错误路线。在未接到中央指示的情况下，陈云对部队内存在的思想问题采取了很慎重的态度，即主张自我教育，以政治上提高觉悟为目的，暂不开展反对张国焘的路线斗争。陈云这一做法，对于稳定部队情绪、避免思想混乱、逐步提高官兵对正确路线和错误路线的识别能力，起了重要的作用。

经过调理身体和整顿思想，部队的面貌焕然一新，恢复了虎虎生气。“新兵营”以严明的军纪，良好的风尚，在祖国西陲的新疆首府传为佳话。

（迟爱萍）

号召“向文化进军”

陈云说，文化知识是学习其他知识的基础，没有文化就像盲人。他号召大家“要像在战场上冲锋陷阵一样向文化进军”。

西路军进疆前，党中央根据斯大林关于中国共产党应建立现代化武器装备的独立部队，要打通国际交通线的精神，曾经有过组织总支队去苏联学习现代军事技术的决定。为了给赴苏学习打基础，在西路军进驻迪化，生活、思想、组织编制都稳定下来之后，陈云号召大家努力学习文化，为今后赴苏学习创造条件。但总支队建立不久，七七卢沟桥事变爆发，中国抗日战争全面展开，国内外形势发生了重大变化，因此，中共中央撤销了原决定，让总支队留迪化学习。陈云向总支队传达了党中央“严守纪律，安心学习”的指示，并号召全体指战员要抓紧一切时间学习军事技术、政治理论、科学文化，要使“新兵营”成为一所培养红军人才的学校。

总支队的许多战士都是贫苦农民出身，没有受教育的机会。参加革命后，战斗频繁，同敌人搏杀，与恶劣的自然环境斗争，他们威武不屈，视死如归，这些都习以为常了。但现在坐在教室里安安静静地学习，他们却有些不习惯，总觉得拿笔杆子比拿枪杆子还重，学习文化没有打仗痛快。

陈云发现这一情况后，在部队召开了学习动员大会。他说，文化知识是学习其他知识的基础，没有文化就像盲人。在战场上冲锋陷阵，是为了革命事业的胜利，现在学习文化知识，是为了更好地学习军事技术，也是为了革命事业，内容不同，目标一致。希望大家要像在战场上冲锋陷阵一样向文化进军。陈云在讲话中还再三强调：前方的同志在作战，在流血，我们要珍惜现在的学习机会和条件，加倍努力学习，这一切都是为了将来上前线多打胜仗。

陈云的话深深地打动了每位指战员的心，大大地激发了他们的学习热情。很快，陈云"向文化进军"的号召，变成了"新兵营"全体指战员自觉的行动。

为了使大家的学习收到更好的效果，陈云对"新兵营"的政治、文化、军事学习作了进一步细致的安排。

首先，陈云要求总支队根据每人识字多少进行编班。把具有中学文化程度的指战员编为甲班，小学文化程度的编为乙班，识字不多或不识字的编为丙班，以便因材施教。学习内容安排了三个方面：基础文化课、政治课、军事学习和训练。文化课以学习语文和数学为主，辅学历史、地理和物理常识；政治课主要学习中国的基本问题、列宁主义基本问题、党的历史，辅学西方史和政治经济学；军事课的第一阶段，主要是学基本的军事战术，辅以军事训练。根据抗日战争的需要，还教授指战员们一些简单的日语，如"优待俘虏"、"缴枪不杀"、"中日两国人民应该团结起来"等战场用语。

本着能者为师的原则，教员主要从"新兵营"内部挑选有学历的同志兼任。为了尽快提高"新兵营"干部的思想素质，陈云亲自抓干部队和师以上干部的政治学习，他要求凡是有阅读能力的同志，要认真读几本马克思、列宁、斯大林的著作。陈云对待干部的政治学习通常不是用讲课的方式，而是要求每个同志每星期向他汇报学习情况，谈心得，提问题，然后他根据同志们学习的情况和遇到的问题，有的放矢地进行引导，产生了很好的教育效果。除此之外，陈云还亲自给"新兵营"全体指战员上政治课，讲国际国内形势、中国抗日民族统一战线的政策和策略、联共（布）党史、马列主义基本问题等等。陈云讲课有理论有实际，深入浅出，生动活泼，很受同志们的欢迎。

学员用的教材，是陈云设法筹集经费到迪化市内购买的中小学课本，其中的数学课本很适用，语文课本讲的都是"人之初，性本善"等内容，不大适合"新兵营"指战员用。于是，陈云自己动手，从苏联带来的学习材料里选了一些中国共产党公开发表的声明、决议集，油印后发给大家，作为学语文、学政治的合用教材。

在陈云和其他领导同志的严格要求和循循善诱下，“新兵营”很快形成了浓厚的学习气氛。每天上午的第一节课，教员都要对学员进行提问，检查前一天作业的完成情况。每星期测验不少于一次，每月都要考试。教员们整天在教室、宿舍转，除上课外，还要进行课外辅导。学员们亦能刻苦学习。课堂上鸦雀无声，大家都十分专注地听教员讲解。课后，几乎人人都超额完成作业。有的在熄灯后，还打着手电筒在被窝里学习。当时纸张少，学员们就在细沙地上算数学题，有的磨块青石板，用树枝蘸水在石板上练习写字。

由于陈云的精心计划，教员、学员的共同努力，“新兵营”的指战员经过一个阶段的学习，大多数都掌握了两三千个字，能记笔记，阅读报纸，也学会了四则运算及百分数。在7月中旬的一次文化考核中，参加政治测试的48名干部，都了解党的新政策中最重要的问题；参加语文测验的106人中，有51人在90分以上；参加算术测验的390人中，有192人在90分以上。

对于部队的军事训练，陈云也抓得十分严格。每天拂晓，鸡啼头遍，“新兵营”就吹起了嘹亮的起床号。大家集合在大操场上，精神抖擞地练射击、刺杀、格斗和其他战术动作。陈云经常扎着腰带来到操场，检查指战员的操练情况。为了检验操练成果，调动指战员练兵的积极性，“新兵营”组织了各队之间的实弹射击比赛。陈云亲自给各队获得前三名的同志授奖。

除了紧张的学习和军事训练外，陈云还主张开展多种形式的体育和娱乐活动，把“新兵营”的生活搞得丰富多彩、生机勃勃。于是，“新兵营”修了排球场和篮球场，每逢星期天都要赛上一两场，陈云只要有时间，就去观看比赛，给战士们助兴。战士们还学唱抗日救亡歌曲，每次开大会时，都要互相拉歌，那热火朝天的场面，给西路军许多老战士留下了深刻的印象。电影，是当时非常稀罕的玩意儿，整个迪化市，只有苏联领事馆有部电影机。陈云想让同志们开开眼界，就把电影机借来，在“新兵营”内放映。开头几次，由苏联领事馆派人来放电影。后来，陈云指示“新兵营”要派人学会放电影。于是，部队就挑选搞无线电机务的贾善去苏联领事馆学习放电影。不久，老贾就能独立操作了，他也许是我军历史上第一个电影放映员。从那以后，“新兵营”的官兵差不多每个月都能愉快地看上一两次电影。

陈云就像一块有着巨大吸引力的磁铁，紧紧地吸引着“新兵营”的干部和战士。在他的带动和感染下，整个“新兵营”呈现出一派朝气蓬勃的景象。

（迟爱萍）

“新兵营”学习军事技术

陈云说：“我们要战胜日本帝国主义，固然要发动全民抗战，但也要不断改善武器装备。”他向部队发出组织现代化军事技术学习的号召。

对于“新兵营”的建设，陈云的考虑是很长远的。他的思路并没有局限在这一支部队的建设上，而是立足全局，从整个人民军队的长远建设来思考问题。

1937年深秋的一天，陈云把“新兵营”的干部和战士召集在一起，语重心长地说：“我们要战胜日本帝国主义，固然要发动全民抗战，但也要不断改善武器装备。我们不能光靠步枪、刺刀，我们也需要有飞机、大炮、汽车、装甲车来打击敌人。现在没有这些武器，将来总会有的，等有了再去学就晚了。我们从现在起就要着手培养人才。如果我们这400多人，每人学会了摆弄一两件机械化武器，再回延安，一个人带会十个八个同志，这

※ 抗日战争初期的陈云。

对建设我军的技术兵种，对夺取革命战争的胜利，将是多大的贡献呀！”

陈云一席话，在指战员们平静的心中掀起了波澜，他们深深地为陈云远见卓识的建军思想所折服。自从到了新疆后，许多战士见到盛世才的飞机、大炮、装甲车、坦克车，心里早就痒痒了。他们曾私下议论：要是我们西路军有这么好的装备，我们就不会失败，我们的战友也绝不会牺牲那么多。有的讲，要是给红军这些高级装备，革命再有几年准能成功。现在陈云的话，正好说到大家心坎里，官兵们那股高兴劲就甭提了。

对在部队开展现代化军事训练这个计划，陈云是经过周密考虑和做了充分准备的。在向部队发出组织现代化军事技术学习的号召之前，他已通过各种渠道，详细调查了盛世才驻迪化部队的机械化装备情况和军官学校的教学能力，了解到盛世才近几年从苏联接受了不少现代化武器装备援助，还从苏联聘请了教官，他们自己也培养了部分教官，搞了几个技术兵种训练队。根据这种情况，陈云提出，请盛世才和苏联的教官帮助“新兵营”学习、掌握这些武器装备。盛世才聘请的苏联总顾问巴宁中将首先表示可以在器材保障和教学上予以协助。盛世才考虑到统一战线的形势，又深知中国共产党与苏联的关系，就打着借此可以向苏联多要些装备的小算盘，同意了陈云的提议。这样就为“新兵营”开展现代化多兵种的军事训练，提供了重要的客观条件。加之“新兵营”经过几个月的文化基础课学习，已为顺利过渡到学习军事技术奠定了较好的文化知识基础，这也使“新兵营”的多兵种训练具备了重要的主观条件。因而，陈云不失时机地提出把“新兵营”的文化学习转入军事技术的学习。

根据盛世才提供的装备和师资，陈云确定“新兵营”第一、二、三大队共200多人学驾驶汽车，其中第三大队在学会驾驶汽车的基础上再学开装甲车，第四大队100多人学各种火炮。

陈云从官兵们不懂得发动机传动运转原理的实际情况出发，提出循序渐进的学习方法，即以学骑自行车开始学机械化。他对学习驾驶汽车的一、二、三大队的同志们说：“每个同志都要学会骑自行车。在学习复杂的机械技术之前，先学学摆弄简单的机械；在学驾驶四个轮子之前，先学学掌握两个轮子的车。咱们就从学骑自行车开始学机械化！”于是，陈云筹资买来两辆自行车，这两辆车成了全体指战员学习机械化的启蒙工具。大家兴致勃勃地排着队轮流学骑车，每人每次学一小时，由两名先学会的“教员”在后面扶车保驾。学得快的骑三四个小时就能独立“驾驶”了，慢的学五六个小时也基本会骑。然后，学习半个多月的汽车构造原理，在此基础上学习汽车驾驶。

对于学习多种火炮的四大队，陈云也提出从炮的构造、射击原理到实弹射击几个阶段依次进行。按照陈云提出的方法去做，学员们果然收到了好的效果。大家都称赞陈云提出的由简到繁的学习方法好。

干部队的学习重点是军事、政治理论。为了发挥和调动干部队五六名老无线电技术人员和两名医生的才能和积极性，陈云又抽调出二十多人组成无线电训练班和近十人的军医班。他还选派了几名同志到盛世才的兽医站学习，以适应发展我军骑兵的需要。

从此，“新兵营”俨然成了我军第一所多兵种的军事技术学校。广大指战员深知这种学习机会的珍贵，时刻想着党的期望和今后的重任，以更刻苦、更自觉的精神投入到专业学习中去。由于已经补习了半年文化知识，军事理论学习比较顺利地完成了。不久，就进入了实际操作，戈壁滩上出现了红军指战员驾驶的汽车、装甲车，响起了红军操纵的大炮的射击声。

后来，“新兵营”的许多同志都成为我军军事技术的宝贵人才，在我军现代化建设中发挥了重要作用。实践证明，陈云当年的设想是富有远见的。

（迟爱萍）

新疆八路军办事处

1937年10月，在迪化正式设立八路军驻新疆办事处。陈云任办事处党代表，滕代远任主任。这是中共、八路军在新疆的第一个落脚点，标志着新疆抗日民族统一战线的正式形成。

新疆位于中国的西北部，与苏联接壤，战略地位十分重要。它既是安全的抗日后方，又是一条重要的国际交通线。国际援华物资要通过新疆运往抗日前线，中共的干部去莫斯科或回延安，也要走新疆这条路线。因而，中央对新疆的统战工作十分重视。

中国共产党与新疆盛世才的接触是从陈云率员赴新迎接西路军进疆开始的。“新兵营”正式成立后，陈云作为党中央驻新疆代表，直接负责中国共产党和盛世才的统战工作。这标志着中共与盛世才合作的抗日民族统一战线的初步形成。利用这一统战关系，陈云顺利地将西路军左支队迎接进疆，并为红军训练了大批有较高素质的军事干部，同时，通过当地“反帝会”和《新疆日报》，积极宣传了中国共产党的抗日方针和政策。

1937年8月，中国工农红军改编为国民革命军第八路军，在南京、武汉、西安、重

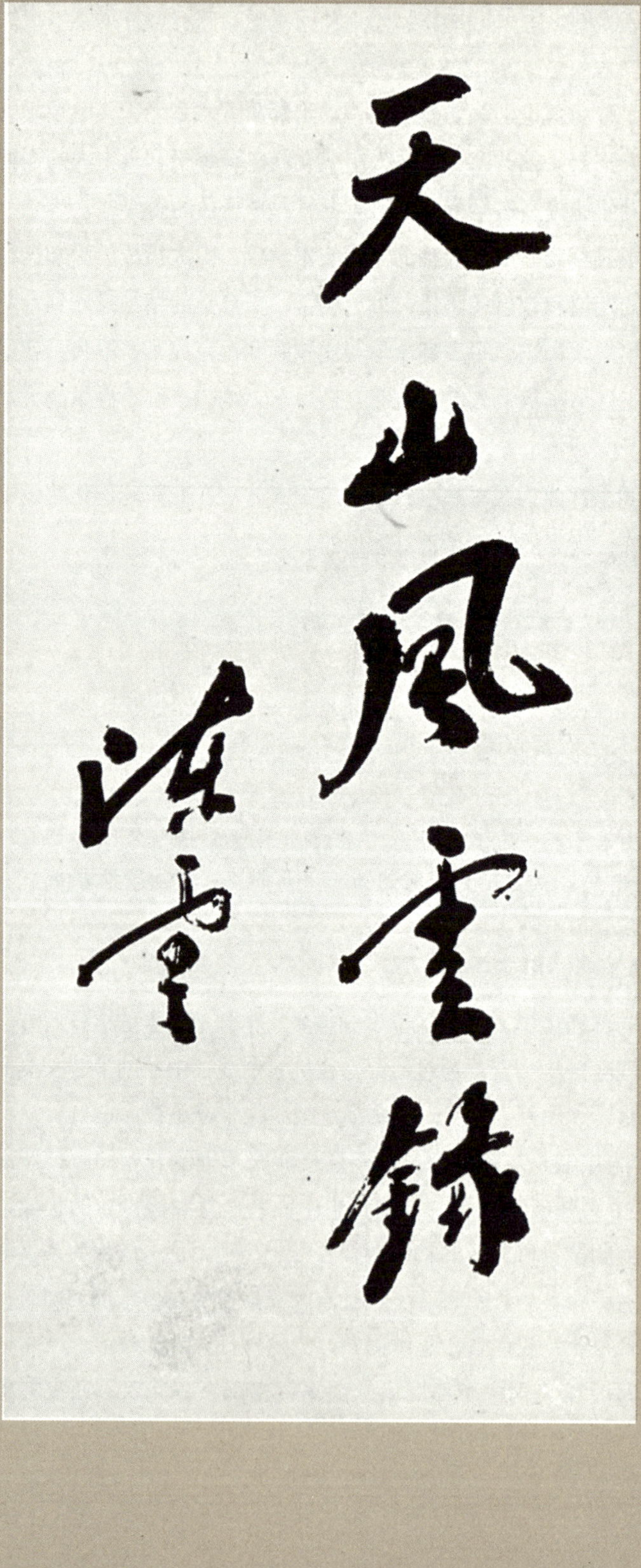

※ 1986年2月9日，陈云为中国人民解放军空军党史资料征集委员会编著的《天山风云录》题写的书名。该书用大量史实，记述了当年红军西路军余部在新疆的活动。

庆、兰州等地公开设立了八路军办事处。为了维护祖国统一，巩固抗战后方，保持一条和苏联之间物资和人员往来的通道，支援抗日前线，中共中央决定在迪化设立八路军驻新疆办事处。

10月10日，八路军总部代表周小舟、盛世才驻南京代表张元夫和国民党政府铁道部代表杜重远，自陕西乘飞机抵达兰州。10月12日，他们又从兰州飞抵迪化。这时，中共中央候补委员邓发奉党中央的指示，于9月下旬由莫斯科回到迪化。陈云、邓发、滕代远和周小舟根据党的抗日民族统一战线政策和中共中央关于建立八路军驻新疆办事处的指示，征得盛世才同意，于1937年10月间在迪化正式设立八路军驻新疆办事处。这是中共、八路军在新疆的第一个落脚点，标志着新疆抗日民族统一战线的正式形成。中共中央决定陈云任新疆八路军办事处党代表，滕代远任主任。

在陈云与盛世才商谈建立八路军办事处的过程中，盛提出新疆没有八路军，不同意八路军在新疆公开设立办事处。陈云等从大局和新疆当时特殊的历史条件出发，同意了盛的要求。双方商定：第一，不公开设立八路军驻新疆办事处和代表，而由中共派驻新疆的代表总负责，对外只称“南梁第三招待所”。办事处内的我方工作人员不能公开与社会各阶层人士接触，具有保密性质。第二，八路军驻新疆办事处没有自己的警卫和武装力量，而由盛世才给办事处选派副官和卫士以及炊事人员等。第三，八路军驻新疆办事处没有自己的独立的通讯联络设备，通常用自己的密码通过盛世才的电台与党中央取得联系。党代表与在各地区工作的中共党员的联系通过盛世才的邮政收转或采取其他秘密联系办法。

新疆八路军办事处最初设在督办公署西大楼，后迁至南梁（今乌鲁木齐胜利路二巷一号）新疆塔城行政长赵德寿私人住宅。这是一所中苏合璧的土木结构的两层楼房，是个四合院。另外还有两处地方也属八路军办事处：一是新房子，是党代表同在盛世才政府、军队中工作的人联系的地方；一是羊毛湖，是病残干部休养的地方。陈云经常往返这几个地方处理事务，并仍全力关注着“新兵营”的建设，因而工作十分繁忙。

新疆八路军办事处成立之初，便在陈云和滕代远的主持下，确立了六项工作方针和任务：一是认真贯彻中国共产党与盛世才的抗日民族统一战线的方针和政策，宣传中国共产党的抗日主张，维护祖国统一，帮助盛世才促进和巩固“六大政策”政权，建立新新疆；二是巩固抗战后方和保持国际交通线的畅通；三是筹集和转运国际和新疆援助延安八路军抗日的部分军火和其他军需物品；四是为抗战和新疆培养人才；五是迎接和接待往返于延安和共产国际间的各级干部和党员，安置病残人员治病和休养；六是指导和管理在新疆工作、学习的党员、干部的学习、生活和思想，传达党中央文件，经常保持与党中央、共产国际以及在新疆各地工作同志的联系。根据这六项方针和任务，八路军办事处成立不久，经与盛世才多次交涉，办事处为八路军争得了5万件羊皮大衣、10辆汽车、12挺高射机关枪、12万发子弹的物资援助，并同盛世才达成了为八路军培养航空人才的协议。

（迟爱萍）

创建我军第一支航空队

陈云讲办航空队的重大意义：“我们在中央根据地、长征途中，吃了敌人空军多少苦头啊……如果我们党有一支自己的空军，就能从空中打击敌人，革命的胜利就会早日来到。”

1937年深秋，在“新兵营”已学习了汽车、大炮、装甲车、军医等技术的基础上，陈云又设想着为党训练一批掌握航空技术的年轻干部。

有了这样的想法，陈云先找到苏联军事顾问，了解到盛世才新疆航空队的一些情况：盛世才的航空队共有飞机15架，其中有6架初级教练机，另9架侦察轰炸机亦可用作教练机，苏联教官已帮其训练了两批飞行员和一期地面维修人员，准备明年春再培训一期飞行、机械人员。现有苏联飞行教官两人，机械、领航教官各一人。下期能训练飞行、机械人员各30名左右。

根据这种情况，陈云多次同盛世才交涉，请他的航空队下期为八路军培训50名空、地勤干部。盛世才心里当然不愿意让共产党人使用他的飞机培养人才，但他既然答应使用他的汽车、大炮、装甲车学技术，就不好拒绝借他的飞机学飞行。于是，盛世才向陈云提出三项条件：第一，他的飞机不多，要求中国共产党出面请苏联再援助几架比较先进的飞机，用于代培共产党的飞行人员；学员要由50名减为45名，其中飞行25名，机械20名。第二，为八路军训练的这批飞行员毕业后，不要马上回延安，要他们帮助航空队把军威建立起来，因为他训练的头两批飞行员都是学生出身，怕死，不愿意打仗。第三，要求中国共产党派一批得力干部在新疆工作，帮助发展文化教育，整理财政经济，卫戍边防。盛世才的算盘还是打得蛮精细的。

经过慎重考虑，陈云认为这三条切实可行，既有利于发展同盛的合作关系，又不丧失原则，对八路军也是有利的。空军是很复杂的技术兵种，要建设自己的空军，必须及早培养人才。当时苏联同国民党政府有外交关系，不可能为中国共产党培训成批的军事技术人

※ 1937年10月底，陈云（前排左一）等从新疆回到延安，在机场受到毛泽东（前排左三）等的欢迎。

才，尤其像训练飞行人员这样敏感的问题，他们更不会轻易答应。若能利用盛世才的航空队，为八路军培养一支既会驾驶飞机，又会维护飞机、修理飞机的航空技术队伍，不是比去苏联学习更便利吗？于是，陈云答应了盛世才提出的条件，并和他达成了用盛的名义，以苏联的教官和装备，为八路军培养航空技术人才的协议。

考虑到这是为党培养的第一批航空种子，必须慎重选人，所以，陈云亲自筹备派人进新疆航空队的具体事宜。

陈云在“新兵营”作了动员，向大家讲明办航空队的重大意义：“我们在中央根据地、长征途中，吃了敌人空军多少苦头啊！许多英勇善战的好同志，没有倒在与敌人短兵相接的战场上，却惨死在敌机的轰炸下。贺子珍在贵州挨飞机轰炸，身中九块弹片。现在日本帝国主义又用飞机对我华北军民狂轰滥炸，制造了很多血案。如果我们党有一支自己的空军，就能从空中打击敌人，革命的胜利就会早日来到。”

动员结束后，陈云开始在“新兵营”内排队摸底，亲自找人谈话，预选学习航空技术的第一批学员。为了保证第一批航空队员的质量，陈云决定全部在共产党员中选拔，基本条件是：年轻，身体好，有一定文化。

※ 1937年12月，陈云在延安。

11月下旬，陈云奉命回延安。临行前，他特别找有关同志郑重交代：有关学航空技术的问题，待我回延安请示党中央、毛泽东之后才能定下来。这里的400多人绝大多数是红四方面军的，考虑到这是我们党组建的第一支航空队，应由各个方面军的同志组成比较合适，准备再从延安挑选一些人来这里学航空技术。陈云把按条件精心挑选的30名年轻干部、战士推荐给接替他工作的邓发。邓发按照陈云的交代，对各大队预选的30名学员于次年1月进行了体格检查，经苏联专家检查，合格者有25人。

陈云返回延安后，向党中央和毛泽东认真汇报了派人到盛世才航空队学习的意见及计划，得到中央批准。中央认为这是一件建设人民空军的大事，学员要分别从三个方面军中挑选；并决定由陈云和中央组织部负责这项工作。随后，陈云在延安军政大学、摩托学校选拔了18名学员，并亲自同他们谈话。陈云鼓励他们说：你们将是第一批红色飞行师，是红色空军第一批骨干；不要怕文化低，不要怕人家看不起，要有坚强的毅力，刻苦学习，一定要把技术学到手；要搞好团结，遵守纪律，保持党的荣誉。

1938年初，这18名学员从延安出发赴新疆迪化。出发前，陈云把他们集中到中央组织部，再次勉励大家要刻苦学习航空技术，取得良好成绩，圆满完成学习任务。同时，他嘱咐大家沿途应遵守纪律，并指定曾任过骑兵团政委的严振刚带队。

3月10日，这支队伍千里迢迢来到迪化，与迪化的25名学员会合。一支由陈云精心组织的红色航空学员队伍就这样诞生了。在这些同志中，从红一方面军选调的有16人，从红二方面军选调的有两人，从红四方面军选调的有24人，从红二十五军选调的有一人，充分体现了全军团结奋斗共创人民空军的精神。

这批年轻的红军干部没有辜负陈云的厚望。43名学员大多数只有小学文化水平，上第一堂课《飞行原理》时，一位姓王的教官发现没有一个学员是中学毕业的，把讲义一夹就走了，再也没有来上过课。但学员们毫不示弱，发奋攻读，最后几乎每门课都压倒了盛世才属下的那些纨绔子弟。两年后，机械班以能够维护三种飞机的优异成绩毕业。航空班的学员完成了初、中级教练机的飞行训练，部分学员还完成了W-5、N-16型战斗机的科目。红色学员的学习成绩使盛世才的军官们大为震惊。

1939年8月和1940年2月，周恩来往返苏联经迪化时，代表党中央、毛泽东看望了在新疆航空队学习的同志们，认真听取了飞行班班长吕黎平、机械班班长严振刚的汇报，并询问了学员们的学习、生活情况。他还肯定了从各方面军选人学航空的做法，赞扬说：这很好，每一个方面军都有特点，应该互相学习，取长补短，继承各个方面军的优良传统，这样我们的航空队就会有很强的战斗力。陈云同志做了件很好的事，将来建设我们自己的空军，有骨干、有种子了。最后，他高兴而坚定地说："不管怎么样，我们党迟早要建设自己的空军，暂时没飞机，就先培养技术人才嘛！你们四十多名同志既有会飞行的，又有搞机械的，一旦有飞机就能形成战斗力，党中央对你们寄予很大希望。"

事实正是如此。1946年6月，这批学员返回延安后，组成了延安航空队。解放战争期间，这批学员在东北老航校东安镇为培养人民空军的飞行员和其他航空干部发挥了重要作用。1949年11月，我军成立了人民空军，这批学员中的大部分人走上军师级以上的领导岗位，在抗美援朝战场和国内防空作战中，发挥了骨干作用，贡献了他们的聪明才智，成为人民空军的栋梁之才。

圆满完成了在新疆的使命后，陈云按照党中央的指示，于1937年11月底搭乘运载中共驻共产国际代表团王明、康生等回国的飞机，同他们一起由迪化经兰州飞往延安。飞机抵达延安时，毛泽东、朱德、周恩来等亲赴机场迎接，延安各界群众还为他们举行了盛大的欢迎集会。到延安后不久，党中央召开政治局会议，决定增补陈云为中央书记处书记，兼任中央组织部部长。这时，他年仅32岁。虽然他还很年轻，但已经成长为一个坚定的马克思主义者，一个成熟的无产阶级革命家。从此，他踏上了新的革命征程，用自己的智慧和心血，为党和人民谱写出一页又一页新的光辉篇章。

（迟爱萍）

★ ★ ★ 第三编 ★ ★ ★

延安七年 呕心沥血

第三编 03

延安七年 呕心沥血

中央组织部长的情怀

“用父母爱儿女之心来爱护干部。”这是陈云的口头禅，也是他对待干部的行动准则。他常说：“爱护人很重要。凡是提拔干部，得全面估计他的德和才；既提拔起来，就得多方面帮助他，不使他垮台。”

革命圣地延安市西北五华里的杨家岭半山坡上，有两孔依山开凿的土窑洞，每孔深不足五米，宽不足三米，这种土窑洞今天的延安老百姓已没有多少人居住了，而当年中央组织部部长陈云同志就住在这里。

1937年11月底，陈云同志完成援接西路军的重任后，同王明、康生同机到延安，毛泽东、周恩来、朱德等特意前往机场迎接。不久，在中共中央政治局会上，陈云被增补为中央书记处书记，并被任命为中央组织部部长。当时，正值日寇大举侵华，中华民族国难当头，国共合作初步形成，我党肩负着动员一切抗日力量，组成广泛的抗日民族统一战线的重任。大批爱国青年源源不断奔赴延安，寻找真理，寻求抗日救国的出路。万事待兴，陈云凭着对党和人民的赤胆忠心，凭着卓越的组织才能，使延安的干部工作朝气蓬勃地发展起来。

一、“奋斗到底是什么意思”

陈云同志在延安担任了七年的中央组织部部长。他深知，要使千百万贫苦的工人、农民、知识分子成为为共产主义而奋斗终生的坚强干部，必须做好党建宣传，使他们明确党的主张、任务、目的。因此，他在百忙中总是挤出时间，给中央党校、抗大、马列学院、陕公、女大的干部学校上党课，《怎样做一个共产党员》、《党的支部》、《论干部政策》等文章就是他给延安干部学校上课的讲稿。陈云同志的党课在当时的延安声誉很高，最大的特点是理论联系实际，生动活泼，深入浅出，用大量的典型事例阐明党内生活的基本原则。1939年春，他到马列学院三班讲《怎样做一个共产党员》。他说，一个共产党员“必须要有正确的人生观和世界观，要为实现共产主义奋斗到底。奋斗到底是什么意思？

※ 1937年12月9日至14日，陈云出席在延安举行的中共中央政治局会议。前排右起：刘少奇、陈云、王明、凯丰、项英。后排右起：毛泽东、周恩来、博古、林伯渠、张国焘、张闻天、彭德怀、康生。

到‘底’就是死的意思，用上海人的话讲就是‘翘辫子’。怎么叫到底，怎么叫不到底，陈独秀、顾顺章、张国焘就是没有到底。比如监狱叛变、战场逃跑、受金钱美女利诱等等。总之只想个人得失，就不能到底”，“而一些先烈身陷囹圄，惨遭酷刑，面临死亡而坚贞不屈，最后从容走上刑场，慷慨就义，忠诚地为共产主义奋斗终生，这就是到底”。陈云同志循序渐进、由浅入深、结合现实的讲法，将一个抽象的政治说教引入现实生活中，使干部学员豁然开朗，留下极其深刻的印象。学员们认识到，为了革命胜利，不仅要牺牲个人的利益，而且在关键时甚至要牺牲个人生命。

一位当年曾聆听过陈云同志讲党课的老八路，五十年后回到延安，还记忆犹新地说：“当年，陈云同志的党课有口皆碑，大家以能听到他的党课为最大的精神享受。他讲的怎样才算是为共产主义奋斗到底，给学员们留下深刻的印象，我们这批人几十年如一日，不畏艰难坎坷，就得益于‘奋斗到底’的精神力量。”

二、“为什么要开除刘力功党籍”

1939年5月，延安发生了一件开除刘力功党籍并通报全党的事情。刘力功是个知识分子，1938年加入中国共产党，在抗大毕业后又进入延安党校训练班学习。毕业时党组织决定让他到基层去锻炼，这是抗大和党校毕业分配的原则。但刘力功却坚持要进马列学院学习或回原籍工作，否则就退党。陈云同志和党组织七次找他谈话，帮助他认识基层工作的需要和组织分配的原则，但他仍执迷不悟。最后一次谈话时，组织慎重地告诉他，“个人服从组织，是党的纪律，要你去华北基层工作是党的决定，必须服从”，并给他时间反省自己。刘力功蔑视组织的再三教育，不仅不去华北基层，反而提出“一定要到八路军总司令部工作，否则，拒绝执行党的决议”。对于如此目无组织、目无纪律的共产党员，陈云心情十分沉重。透过刘力功的事件，他看到一些由国统区奔赴延安的青年，由于有专业技术，居功自傲，看不起工农干部，把一些小资产阶级思想和自由主义带到工作、生活、学习中，工作上讲条件，生活中求待遇，学习中图虚名。如不及时纠正，就会影响抗日斗争的士气，挫伤前方将士的积极性。为此，他以刘力功事件为引线，在延安各机关、学校开展了一场“为什么开除刘力功党籍”的大讨论，并亲自撰文在中国共产党中央委员会机关刊物《解放》杂志上发表。他说：“究竟一个共产党员在党分配工作时有些什么权利和义务呢？只有说明自己意见的权利，只有在党决定以后无条件地执行决议的义务。除此之外，决不能增加一点权利，也决不能附加一个条件，否则就违犯了党的纪律。”他专门抽出时间，参加机关、学校的大讨论，语重心长地告诉大家：“中国革命是长期艰苦的事业，共产党及其党员没有意志行动的统一，没有百折不回的坚持性和铁的纪律，就不能胜利。中国是一个小资产阶级成分占优势的国家，如果中国共产党没有严格的纪律，将无法防止小资产阶级意识侵入党内。如果党不是有铁的纪律的队伍，就不能去团结最大多数的人民群众。因此破坏党纪，实质上就是破坏革命，我们必须与任何破坏纪律的倾向作斗争。”这次讨论在延安的各机关干部学校中引起很大震动。干部学生纷纷从刘力功事件中检查自己的小资产阶级自由主义思想，检查是否以一个共产党员的标准严格要求自己，是否遵守党的纪律，是否言行一致地执行党的决议。一些要求重新安排工作的干部学生，主动撤回请求；一些分配工作还未到岗的干部，立即打起背包出发。一时延安出现了“三多三少”的现象：讲个人要求的少了，服从组织分配的多了；图安逸比享受的人少了，要求到前线和艰苦地方锻炼的人多了；自由主义现象少了，严守纪律的人多了。一种严纪守法、团结奋进的热烈气氛悄然兴起。

三、“尊重和团结非党干部是党的重要政策”

1937年7月，卢沟桥的隆隆炮声，使全国的工人、农民心向共产党，也使知识分子、民族资产阶级心向共产党。成千上万的青年学生、大学教授、工程师、留学生不畏千难万险徒步来到延安，聚集在以共产党为核心的抗日民族统一战线的旗帜下。在这些热血青年中，有一大批是非党人士，他们学识高、有专长，也是延安各条战线急需的专业人才。但这些干部由于缺乏马列主义的基础知识，世界观尚未得到改造，带有自由散漫和一些不良作风，在工作中与延安的干部有明显不同，因此，许多党员干部看不惯他们，不愿使用他们，甚至认为这些人带有浓厚的小资产阶级思想，不可靠，不能让他们参加到革命队伍中。面对这种复杂的思想问题，陈云根据毛泽东“团结一切可以团结的力量，进入抗日民族统一战线”的指示，作了一个题为《尊重和团结非党干部是党的重要政策》的专题报告，指出：“团结于党周围的非党干部是社会各阶层的进步分子，是党广泛联系群众的桥梁。不反映党外人士的意见，党的政策就不会完全正确；不经过党外人士的传布，党的政策就不能深入群众；没有党外人士的同情和合作，革命胜利就不可能。因此，我们不仅须与已经共事的非党干部亲密团结，而且竭诚欢迎广大的党外人士与我们共事。”

1939年，中组部受毛泽东等领导人的委托，筹建一所正规化的、科室健全的模范医院，为干部群众解除痛苦，救死扶伤。当时延安医生奇缺，药品、仪器设备也很少，陈云立即将毕业于法国耶鲁士大学的医学博士何穆，毕业于齐鲁大学医学院的医学博士魏一斋、金茂岳，毕业于德国柏林大学医学院的印尼华人毕道文，红十字会医疗队的侯建存等一批高级医学专家调至中央医院，发挥他们的专长，为边区的医疗卫生做贡献。这些人几乎全是非党专家，他们不仅思想认识上与延安的干部不一，就是相互之间，因工作经历、接受党的教育程度不同也不相一致。为团结他们为抗日民族解放多做贡献，陈云派了一个工作细致、能力较强的党员干部任院支部书记，又从各干部学校挑选一些热心此项工作、思想觉悟较高的青年党员组成党支部，开展比、学、赶、帮竞赛活动，并明确分工，行政上在院党支部领导下开展思想工作，业务上团结和尊重以何穆为院长的非党干部的意见，充分发挥专家之长。开始，医院按照大城市医院的办法，制定了许多规章制度，如住院制度、医疗制度、探视制度等等，严格规定探视时间。一位从前线回来探视战友的将军，因不到探视时间被挡驾在外，一些共产党员和伤病员十分看不惯，对个别专家的家长作风更是不适应，纷纷提意见。如何团结非党知识分子合作共事，成了中央医院的突出问题。陈云多次来到医院与非党专家促膝谈心，引导他们认识延安的战争环境和客观条件。同时，他又组织召开中央医院全体党员会议，动员党员支持非党专家的领导。他说："中央医院聚集了魏一斋、侯建存、金茂岳这么多医学专家，最近何穆回延安，又带来一批医护技术人才，这是很不容易的。""我们许多党员干部出生入死，对敌斗争十分勇敢，但生了病就没有办法，我们治不了病，需要专家。高明的医生治好了我们的干部、我们的伤病员，这对革命是多大的贡献啊！""来到医院的专家，都具有很高的抗日爱国热情，他们都是自觉自愿牺牲个人利益到延安来的，我们怎能不好好团结他们，发挥他们的专长，来为革命服务呢？人都是有缺点的，他们有他们的缺点，但主要应看他们的优点。"陈云号召全体党员，要以坚强的党性，带头服从非党专家的领导，保证正规化医疗制度的实行。他还强调党员要向专家学习科学技术，使整个医疗水平不断提高。在陈云的关怀和帮助下，中央医院的党组织加大了耐心细致的传、帮、带工作，经常征求非党专家的意见，改进工作方法和制度，并在生活上给他们以特殊照顾。专家们也通过学习和自身的工作实践，逐步接受了马列主义的理论和战时医院的管理方法，思想上不断进步，先后有几名专家光荣地加入了中国共产党。陈云还亲自介绍妇产科主任、后任院长金茂岳入党。

中央医院在中央领导和陈云的亲切关怀和领导下，党员与非党专家携手合作，不几年便成为边区一座制度严密、技术优良、操作正规、作风严谨的革命化、正规化、科学化的医院，虽然条件极其困难，而治疗效果却达到当时国内外的先进水平，被誉为"延安人才最多的最高医疗机关"。中央医院尊重和团结非党专家携手共进的典型事例促进了延安各机关团结非党干部政策的执行，大批非党干部在我党政策的感召下，克己奉公，充分发挥专长，为抗战的胜利作出了不可估量的贡献。

四、“用父母爱护儿女之心来爱护干部”

“用父母爱儿女之心来爱护干部。”这是陈云在延安时的口头禅，也是他对待干部的行动准则。他经常告诫大家：“爱护人很重要。凡是提拔干部，得全面估计他的德和才；既提拔起来，就得多方面帮助他，不使他垮台。对干部一切不安心的问题，都要很耐心很彻底地去解决。当牵涉到一个干部政治生命问题的时候，要很郑重很谨慎地处理。对于干部，不要‘抬轿子’，要实事求是。做到这些，才能算真正的爱护人。”他是这样说的，也是这样做的。整风时，由于康生发动的“抢救失足者”运动，大批满怀火热激情从国统区来延安的青年干部被打成叛徒、特务。陈云心急如焚，一面向毛泽东及有关领导谈自己

※ 1938年9月29日至11月6日，陈云出席在延安举行的中共扩大的六届六中全会。图为全会主席团成员。前排左起：康生、毛泽东、王稼祥、朱德、项英、王明。后排左起：陈云、博古、彭德怀、刘少奇、周恩来、张闻天。

的看法，一面积极组织人员进行调查，尽快澄清事实，解放干部。一位青年因有人供说他是托派，被开除党籍。陈云知道后，立即派人内查外调，很快将各方面证词收集齐全，搞清这一青年不仅不是托派，而且是一个坚定的具有光荣历史的共产党员，用事实为他平反，恢复党籍，从而挽救了这一青年的政治生命。

一位曾派往白区工作，驻《大公报》当记者的共产党员，因工作需要被迫脱党，但她仍废寝忘食、舍生忘死地为党工作。在特务殴打、威胁面前，她孤军奋战，毫不畏惧，但后被诬告为叛徒、特务。她一时心如刀绞，悲愤交加，忧郁欲死。罗瑞卿带她去见陈云，陈云听后语重心长地讲，“不论在多么艰难困苦的处境里，一个共产党员必须活着来尽自己的义务”，“有的共产党员在奔赴前方时，能慷慨赴死，在敌人牢里能从容就义。但在被组织误会时，却会伤心痛哭，这是可以理解的。可是我们一定要经得起这个严峻的考验，相信党会弄清问题的，受屈不变心才是最好的同志”。他还嘱咐，“在我们党内叛徒是极少的，在这极少数中女性比例更少，因为妇女是受双重压迫。”几句肺腑之言，使这位坚贞不屈的女同志热泪盈眶，她说陈云“把对党的爱倾注到我们心中，说服力、感染力很强，成为我们在艰难时刻的精神支柱，指路明灯”。从此，她不畏艰难和误会的痛苦，任劳任怨地工作，终于迎来了冤案平反。几十年后，当人们去采访她时，她仍感激地说：“是陈云解救了我的生命。”

陈云不仅在工作上关心、支持、爱护干部，而且在生活、家庭、婚姻上也十分关心体贴干部。他告诫中组部的同志，凡是干部担心的事，也是从事组织工作的干部的事，只有解决好他们的事，才能使他们解除后顾之忧，安心工作。正因为陈云对干部爱护有加，因人施教，延安的干部、学生遇到困难和矛盾都愿意到中组部倾吐衷肠。而陈云不论工作多忙都是认真听取，一一帮助解决。时间长了，中组部成了各根据地和前线将士的“家”，每次回延安，都要来“家”看看，说说心里话，以陈云为领导的中组部干部也成了大家的亲人。

五、“这里就是你们的家”

在延安杨家岭半山坡那两孔土窑洞里，经常有些孩子出出进进。每到星期六下午，饭桌上就围着一大群孩子们。陈云的爱人于若木，把组织照顾首长的“好吃的”全拿出来招待孩子们，孩子们也兴高采烈地将“好吃的”一扫而光。这些孩子大多是烈士的遗孤，他（她）们的父母，有的牺牲在抗日前线，有的因搞地下工作而遇难。为保护这些

※ 延安窑洞。

革命后代，陈云安排各地的地下组织将他（她）们一一送到延安，再送到各个学校去上学。每到星期六，陈云就将这些无家可归的孩子接到自己的家中，给他们以极大的厚爱和温暖。他不论工作多忙，总要抽出时间，给孩子们讲革命先辈的故事，讲小英雄的事迹，给幼小的心灵播下革命的种子。他有时还把自己节省下来的笔记本、牙粉、牙刷发给孩子们。孩子们高兴地为得到其他孩子难以得到的“奢侈品”而夸耀，却不知陈伯伯为给他们节省这些“奢侈品”是怎样勤俭节约的。有的孩子刚来时有些陌生，陈云总是关切地告诉他们，“这里就是你们的家，有什么困难就来找伯伯”。孩子们得到陈伯伯和于妈妈无微不至的关怀，如同见到父母回到家一样，遇到问题和身体不适就来找陈伯伯，他总是耐心细致地解决。

一天下午，刘伯坚烈士的儿子刘虎生从学校回来，一进陈云的家门，便瘫倒在地上。陈云同志连忙抱起来一摸，见他全身发烧，还有许多小红点。他立即翻箱倒柜找药，又打电话请来医生，可仍不见好转。陈云更急了，急忙找了一副担架，火速把孩子送到几十里外的和平医院。经检查是急性败血症，立即给予治疗。第二天，陈云又和蔡畅赶到医院，把组织照顾他的营养品全部拿给虎生吃，还特意用节省的津贴买了一只大公鸡给虎生补养身体，又派自己的勤务员到医院照顾虎生。在陈伯伯和其他首长、医院阿姨的精心治疗下，虎生的病一天天好起来。医生们高兴地说：“虎子的命真大。”虎生却说：“我的命是疼我爱我的陈伯伯和医生护士们给的，我虽失去亲生父母，可我得到胜似父母的关怀和照料。我是最不幸的，也是最幸福的。”刘虎生在陈伯伯等老一辈的关怀照顾下，在延安读完了小学、中学直到军政大学毕业。后来，组织上选送21位烈士子女和干部子女到苏联去学习，刘虎生也是其中之一。临走时，陈云特意为他们组织了欢送会，并把伴随他多年连自己的儿女也没舍得给的一块唯一最值钱的瑞士怀表送给了虎生，鼓励虎生继承先辈的遗志，努力学习，报效祖国。这些深情厚谊，激发了孩子们奋发向上的决心。到苏联后，他们刻苦学习，成绩都很好。

后来，来延安的孩子越来越多，陈云嘱咐中组部干部每到星期六就把烈士子女和父母不在延安的孩子们接到中组部来，而这一天也是中组部伙食最好的一天。此后，中组部就成了孩子们的家，来到中组部便放开肚子吃，放开胆子尽情玩。孩子们把中组部的首长干部当亲人，中组部的干部也每逢节假日，首先的任务是接孩子们来度假。几十年后，他们陆续再度回到延安，望着那两孔简朴的土窑洞，激情满怀地讲述“家”的故事。

陈云在延安的八年，是呕心沥血、艰苦奋斗的八年。他率先垂范，以博大的胸怀关心爱护干部，成为各级领导的楷模。当时延安培养造就的数以万计的各种人才，不仅保证了抗日战争和解放战争的胜利，也为社会主义建设奠定了坚实的组织基础。

（徐明清）

“写得可以，就照这样去讲”

陈云看过徐明清给抗大女生大队讲妇女运动课的讲稿，夸奖说：“写得可以，就照这样去讲。”徐明清讲完课后，奖给了她五块钱。

1938年4月，我从延安中共中央党校毕业后，分配到中央组织部任妇女科副科长。当时原科长蔡畅大姐去苏联治病，新科长张琴秋大姐未到任，所以妇女科的工作人员除我以外，只有浦安修、宋黎、杨素芬三位同志。那时中央组织部下面即是科的建制，整个组织部的人员并不多，像一个大家庭，上下级的关系非常融洽。部长陈云同志、副部长李富春同志采取直接领导的办法工作，办事效率很高。

我上任后不久，陈云同志就对我讲：“抗大女生大队要组织部派人给她们讲讲妇女运动课，你好好准备一下。”我1925年参加党领导下的群众组织“乙丑读书社”，1926年加入共青团，1929年转党，也算经历了不少关于妇女运动方面的工作，就高兴地答应了。陈云同志又对我讲：“你先写一个提纲送我看看。”我的讲稿主要分两部分：一、我国妇女运动的经历与经验。二、妇女运动中主要人物的介绍等。陈云同志看过后说：“写得可以，就照这样去讲。”我讲过以后，奖给了我五块钱。当时在延安，每个人的生活标准是：每人每天一斤二两小米（十六两一斤），五分钱菜金，我觉得这五块钱的奖金太重了。

中共六届六中全会前夕，王明从武汉调回延安，担任中央统战部长。我的老伴王观澜此时担任陕甘宁边区党委副书记兼统战部长，同时又担任中央统战部常委，在执行中央关于抗日民族统一战线的问题上与王明发生了激烈的争论。争论是由“边区”与“统战区”的区别引起的。王明武断地宣布“边区”与“统战区”没有区别的必要；王观澜则坚持认为，“边区”是共产党创建的革命根据地，它同那些虽有八路军驻防，但地方政权仍被国民党控制的“统战区”有根本的区别，我们党的工作也应因地制宜。两人争得面红耳赤。

历来自以为是、不可一世的王明，对王观澜敢公然与他唱反调极不高兴，便伙同康生一起找王观澜的岔子。他们调阅王观澜的档案，也没有找到什么借口，就老调重弹，提出王观澜在苏联学习期间有所谓托派嫌疑，不宜担任重要工作，要组织部审查王观澜，并给予警告处分。当时担任组织部部长的陈云同志亲自找王观澜谈话，问明情况后，他鼓励王观澜给中央写报告说明真情。观澜一面向中央写了报告，一面去找王明、康生对质。王明、康生相互推诿，不作正面回答。康生还向毛主席去说这件事。毛主席严肃地驳回了康生，此案从此作罢。以后数十年，每当王观澜回忆起此事，就十分激动。

“文革”当中我和许多同志一样，“罪”劫难逃。因我在上海做党的地下工作时曾被国民党逮捕坐牢一年多，所以被列为审查对象，定为叛徒，开除出党。当时，我很痛苦，提笔向老领导陈云写信，倾诉心中不平。尽管陈云同志这时自己也遭受很大压力，但他还是很快就约见了王观澜，亲切地对王观澜说：“在延安关于自首叛变问题，中央有明确规定，你不用轻易表态，明清也不要着急。”

陈云同志这些话，对当时处于危难中的我们是极大的温暖与安慰。我们坚信自己没有做对不起党、对不起国家、对不起人民的事，因此也就保持了乐观的心态，始终对党和国家的命运充满信心。这除了数十年来受党的教育、培养和经受实际斗争的锻炼外，陈云同志对我们的信任和鼓励也是至关重要的。

（徐明清）

“他可以爱你，你也可以爱他”

陈赓写纸条向姑娘示爱，姑娘报告了陈云。陈云说：“他可以爱你，你也可以爱他。他爱你是他的自由，你爱他是你的自由，这就叫自由恋爱。”

故事的主人公是立下赫赫战功、建国后曾担任哈尔滨军事工程学院院长的陈赓大将。

当时的陈赓正处在血气方刚的年纪。这位曾在孙中山先生身边贴身保护的卫士岁数虽不大，却早已是声名远扬。此时，他是八路军中有名的虎将，在前线带领战士们痛击着侵略者。

有一次，陈赓风尘仆仆地从前线返回延安处理公务，在工作当中他偶然结识了一位姑娘。通过交谈了解，陈赓发现这是一位聪明老实、充满革命朝气、胸怀理想、关心同志、品行好的姑娘。

枪林弹雨中鬼子的子弹打不着，但这次丘比特的神箭却在不知不觉中射中了陈赓。为革命战斗多年，顾不及自己的个人问题，至今仍孤身一人的他不禁多了一份心事。白天忙于工作，夜里却不再像从前那样放下枪套倒头便睡，而是辗转反侧，久久无法安眠。心中虽有所思，却又不知该如何去表达。飞鸿传书吧，拿惯了机枪的将军一时不知何处着笔，信纸上刚刚写上一句，想想不合适又划掉了，最后涂满一页，仍毫无进展，索性不写了。当面表达吧，说起来气势汹汹的敌人在面前，连眉头都不皱一下，去见姑娘却觉得难为情。如果对方再一不好意思起来，到时候手忙脚乱，真不晓得该怎么办。

左不行，右也不好，陈赓竟发起了愁来。

这天合该有事。

今天是一位中央领导作关于当前形势和斗争策略的报告，会堂里坐满了听讲的人。陈赓也在其中，他坐在会场的一角专心致志地边听报告边埋头记着笔记，不经意间看了两边一眼，嘿，旁边坐着的不正是她吗？！真是巧了！眼看就要散会，陈赓一不作二不休，干脆撕下一页纸，郑重地写上“我爱你”三个字，并签上自己的名字。转头一看，姑娘正抬头专心听着讲，陈赓于是将纸悄悄地放到了姑娘的笔记本里。这一切当时姑娘都没发现。

报告很快就结束了，大家纷纷离开会场。陈赓看见姑娘把笔记本一合便回家了，心中不禁有些忐忑。

姑娘回到宿舍后，同屋住的姐妹们纷纷要她赶快给大家讲讲报告的情况。姑娘的情绪也很高，于是坐在床沿滔滔不绝地开始讲了起来。讲到半途，需要查看笔记内容，她拿起本子便打了开来，突然，一张纸条飘飘荡荡地从中间落了下来。姑娘刚开始并未在意，只是觉得有些奇怪，待拾起来一看，“我爱你”三个字赫然映入眼帘，一下子就惊呆了，脸庞也马上变得通红。

伙伴们感到情况有异，凑过头来一看，也一下子像炸开了锅，纷纷盘问起来，非探个究竟不可。姑娘只觉头发蒙，根本不知道说什么。伙伴们大多知道陈赓的大名，耳闻过他不少像带领部队夜袭鬼子据点、火烧敌人弹药库、只身一人孤胆进城摸虚实这样的传奇故事。

你一句、我一句，宿舍顿时热闹起来。怎么办？纸条拿在手上如此烫手，姑娘一时没了主意。就在这时，有位大姐建议，不妨去找中央组织部的陈云陈部长，听说他是老同

※ 陈赓（1903—1961年），湖南湘乡人，1922年加入中国共产党。

志，早在20年代就投身革命，为人好，能力强，阅历丰富，又很热情，在党员、干部中的威信非常高，请他拿个主意准没错。

“哎呀，真是的！”姑娘也早就听说过一些陈部长关心爱护干部的事情，只是刚才急得一时有些手足无措，经这一提醒，当下二话不说，起身便径直前往城西的中组部办公地。

陈云刚走上中组部部长岗位时，就曾给下面的工作人员交代，凡是前来组织部要求找他本人的同志，无论多忙，都要立即请进来。今天，姑娘也这样见到了陈部长。

陈云热情地向姑娘打招呼，并请她坐下来慢慢说。这时候，姑娘的心情已逐渐平静了下来，于是一五一十将事情的来龙去脉和盘托出。陈云一如既往默默地听完情况介绍，中间一句话都不说，然后接过姑娘递过来的纸条看了一眼，放到办公桌上。

姑娘讲完，以期待的眼光看着部长，不知道他会如何来解决这个问题。

只听陈云讲：“姑娘，陈赓他爱你，怕什么？他可以爱你，你也可以爱他。他爱你是他的自由，你爱他是你的自由，这就叫自由恋爱。我不能规定他不能爱你，或你不能爱他。只要你们都诚挚相爱，那就可以谈恋爱，可以建立恋爱关系，以恋爱发展到结成美满良缘。当然，他爱你，你不爱他，那就不能成为爱人；同样，你爱他，他不爱你，也不能成为爱人。爱情是相互的，双方完全自愿的。”

“但……他……这张条子……”姑娘闻听部长这么说，刚刚转入正常的脸色“腾”地立时又红了，一时之间不知道该如何表达自己的内心想法。

陈云看出，其实姑娘并不是对陈赓本人不满意，只是这种方式可能感到一下子接受不了而已。

于是他微笑着说：“至于陈赓同志他爱你，想用什么方式，或取什么时机，那我这个部长恐怕没权利干涉他，也不能规定必须采取什么方法。只要方法是正当的都可以，不能规定不准写条子或情书。我看写条子是最经济最简练的情书。我觉得写信写条子，都属于文明自由恋爱的方法。何况，他不用条子或信表示，你也不知道呀。”

接着陈云话题一转，说：“当然，现在你知道了，可以回答他‘同意’，也可以回答他‘不同意’。‘同意’你们就谈，‘不同意’还是同志，也不伤大雅和影响工作。我不能批评陈赓，‘你怎么爱这个姑娘？’如果陈赓同志回答，‘部长同志，您为什么不准我爱这个姑娘呢？’我怎么回答？不是一句话就把我问住了？我不成了干涉婚姻自由吗？那我这个共产党组织部长不是成了封建部长吗？不是成了《白蛇传》中的法海吗？我不能当法海，我要当月下老人！”

“陈赓同志是一位很好的同志，对革命事业有很大的贡献，他确实有许多值得爱的地方。他是我党我军很有威望的将领，英勇善战，战功显赫，身负重任，为人正直诚恳，身体健康。他不但会打仗，看来他还懂得爱情和追求爱情的方式，他给你写条子反映了他的直爽、坦率，从这个意义上讲，他是非常好的。”“毛遂自荐”的“月下老人”慢慢地说着，十分语重心长。

姑娘认真地听着，不时点点头。渐渐地，她的心再一次平静了下来。现在，她有了自己的主意。

一段时间之后，在一间几无陈设的窑洞中举行的简短而热烈的仪式上，陈赓和新娘互敬糖果，喜结良缘。看着前来祝贺的一张张欢快的笑脸，今天他们唯一的遗憾是陈部长因参加一个重要会议不能亲自前来了，两位新人想为“月下老人”亲手剥上一颗糖。

革命战争年代，一切为了胜利，一切服从于胜利，来不及卿卿我我，陈赓很快便与姑娘一道离开延安回到根据地，全身心地投入到了抗日前线斗争中。日军正在作困兽之斗，战斗是异常残酷的。不幸的是，姑娘不久就在一次战斗中壮烈牺牲了，她为祖国、为人民献出了自己年轻的生命。

“有些人认为共产党爱讲政治，共产党员是冷冰冰的。这不对，共产党员也是人，而且感情最丰富，所以他才能以爱人之心牺牲自己的一切！”

谨以陈云的这段话作为本故事的结尾。

（李梦汶）

亲切的交谈

1939年6月1日，刘培植长途跋涉到达延安，住在中央组织部招待所。第二天，陈云约他谈话。他们白天没有谈完，晚上接着谈。

我出生在陕北一个贫穷的农民家庭，16岁加入中国共产党和红军，曾任陕甘苏维埃政府粮食部副部长和省委白区工作部副部长，兼红二十九军政治部主任。西安事变时任东工委（东北军工作委员会）组织部长，负责与东北军中我党地下组织的联络和发展工作。

1937年3月，东北军东调，中共中央决定坚定不移地执行“把东北军变为友军”的政策。这时，我奉叶剑英指示随东北军东调，继续做地下党的秘密工作，参加了抗日战争的各次战役，先后任一一〇师特委副书记兼组织委员，五十一军工委副书记兼组织部长和一一四师特委书记。在军、师工委领导下，在五十一军中建立了党的组织系统，发展了数百名党员（包括旅、师、团、营、连、排长），成为我党在友军中人数最多、力量最强的地下组织。后来由于某种原因和为团结国民党抗战的需要，遵照中央指示，撤离了东北军。随后，我带数十位同志回到延安汇报和总结东北军党的工作。

1939年6月1日，我带领干部队长途跋涉到达延安，住在中央组织部招待所。到了这里，感到就像回到了自己家里一样亲切和温暖。第二天，陈云约我谈话（当时，他是中央政治局委员兼中组部部长），这是我第一次见到陈云。他非常热情，平易近人。我们白天没有谈完，晚上接着谈。

在谈话中，陈云详细询问了我们的情况。我把我的简历、参加革命的经过、在苏区做过什么工作，后来党又如何派我到东北军中工作一一讲给他听。他听完后，从我的汇报中很快便归纳出了几条最主要的内容。他对我说：你们有几百名党员，军有军工委，师有特委，团有总支部，营有情支，连有支部，如此庞大的组织系统一直没有暴露，而且当兵的党员能发展高级军官入党，发展连长、团长、旅长入党。这首先是因为你们的工作执行了党的抗日民族统一战线的政策，这个政策非常正确，深得民心。其次是因为中国共产党光荣、伟大，人民拥护党。再次就是你们的工作有经验，有一套行之有效的秘密工作的方法，比如改名换姓，你就曾改名叫陈百川、刘斌，对外称小陈、小刘。再比如，用传令兵的身份作掩护，在国民党军队中自如地传送党的文件，在发展上级军官时，谨慎接触，反复考察等等。同时，你们发展党员的方针也是正确的，这就是发展带兵的军官入党，长期埋伏，放长线钓大鱼，提倡党员当大官，掌握兵权。党组织则绝对隐蔽，党员和组织采取单线联系，党员间、党组织间不发生横的联系。党员同志时刻注意在平时和战时起模范带头作用，以进步思想诱导和影响周围的官兵等等。

最后，陈云告诉我，党为了团结国民党坚持抗战，避免国民党怀疑，决定停止在他们的军队中发展党员，并把原有的党员一律撤出。

那一天，陈云与我谈话到深夜。谈完后，我就住在他的窑洞里。

党中央根据当时的抗战形势和政治需要，成立了中央统战部，中央政治局委员王明任统战部部长。

6月份，陈云又把我找去谈话，给我分配了新的工作。他说：你做过东北军的工作，对国民党军队比较熟悉，你去统战部负责组建友军工作科，友军工作科要全面研究国民党。他还具体指示要在延安广泛收集友军材料，为中央和各级领导同志提供参阅材料。

不久，陈云又叫我到王若飞主持的联络部兼任调查研究科科长。这样，每个礼拜的两个部务会议我都参加。

按照陈云的指示，在统战部领导下，我们友军工作科对来延安的友军人员、我党的地下人员，以及从国统区、敌占区来的有关人员，都去调查访问，开座谈会，收集友军的材料。经过大家的努力，由中央统战部、联络部、中央调查局军事研究室和总参谋部分别研究，联合编写了《中国军队概况》、《友军与友军工作》、《兵要地理》等材料。这些材料送中央领导同志并发至我军旅以上领导同志参考。同时，我们还编写出了国民党102个军和240个师的系统材料，供中央和军委对敌斗争反摩擦时参阅。这些材料主要是讲敌军战斗序列、武器装备、战斗力强弱、政治思想状况、官兵关系、军民关系及对我党我军的态度等，还包括敌军师以上军官的简历。

那时延安的主要任务还是学习，空气非常浓，许多中央领导同志经常发表讲演，分析形势，辨明真理，指导工作。

有一天，我听说陈云要到马列学院讲课，便专程去听。他讲的题目是“怎样做一个共产党员”。他说共产党员的标准有六条：一、终身为共产主义奋斗。二、革命的利益高于一切。三、遵守党的纪律，严守党的秘密。四、百折不挠地执行党的决议。五、时刻作群众的模范。六、自觉地加强学习。这个演讲给我的印象太深刻了，使我对如何做

※ 1939年5月30日，陈云在延安撰写了《怎样做一个共产党员》。图为在解放区出版发行的四种版本。

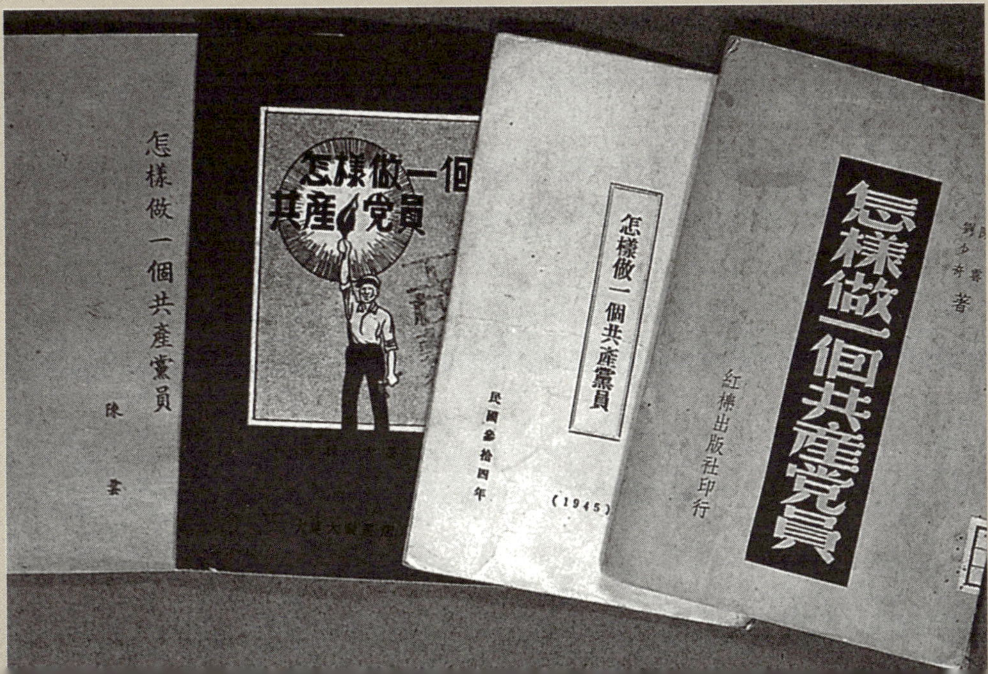

一名共产党员的问题心中豁然开朗。我深深地认识到，一个共产党员要把革命的利益放在高于一切的地位，个人的安危与荣辱任何时候都要服从这个大局，在顺境时能出色工作，在逆境时要坚持原则。

1940年8月，陈云找我谈话，说：统战部友军工作科的工作由廖鲁言接管，组织上决定让你去中央党校学习。他说，过去你们在白区工作，没有时间学习，在战争时期也没有机会学习，现在就在延安脱产学习马列主义吧。

这个决定太令我高兴了，我做梦也没有想到，经过若干年为革命斗争后又回到学校做学生了。我被分到中央党校45班。这个班上的同学大多数是从白区来的党的地下工作者和领导干部，其中绝大多数是知识分子。我被任命为这个班的班主任和党支部书记，除了自己拼命读书学习外，还组织和帮助同学们学习。

抗日战争时期，除了民族矛盾外，还有阶级矛盾。国民党蒋介石在抗日战争相持阶段来到后，开始推行积极的反共政策。1939年冬至1940年春，国民党顽固派掀起了第一次反共高潮。1941年1月震惊中外的皖南事变，则是国民党第二次反共高潮的最高峰。

皖南事变后，陈云找我去他的窑洞里谈话。他先给我分析了当时的抗战形势、国民党对抗战的态度和对我党的态度，然后交给了我新的工作。他说：皖南事变后，国民党发动反共高潮，我们为加强同白区党的联系，组建了中央秘密交通部。为应付时局逆转，并保持对全国地下党组织的及时指示和密切联系，决定在西安建立秘密交通总站，保证中央和以上海为中心的东南各省、以重庆为中心的西南各省的地下党的联系，要把它建成传送秘密文件、护送干部的枢纽。考虑到你做过地下工作，有一定的实际经验，并对西安情况比较熟悉，所以组织决定调你到这个机关来，去西安开展工作。

陈云特别叮嘱，这个工作非常重要，是非常机密的机关。几天后，我就到西安，住在八路军办事处的后院开展工作。建立秘密交通站的任务十分艰巨。从西安到上海，从西安到重庆，路途数千里，沿线经过之处不是敌占区就是国统区，还要建立后补线，情况复杂，没有可靠关系不敢信任。所以，虽经我们反复努力，上海、重庆交通站最终没能建立起来，后来就在中央统一部署下停止建站了。

到了1942年春，中央为了加强总部的情报工作，决定调我回延安，另行安排工作。我到中组部报到，陈云告诉我，中央决定调我到中央调查研究局任军事研究室主任，并进驻留守兵团司令部工作。他说，你搞过军队、军事工作，现在国民党要进攻边区，必须研究敌友情况、研究军事和兵要地理。

听了这个决定，我有些犹豫，因为我过去一直从事地下党的组织工作或是一些较具体的工作，对于业务性的研究工作很少接触，因而提出希望能从事组织工作。

陈云笑着对我说："业务性工作很重要，特别是搞调查研究摸情况，更是做任何工作的基础。你现在还年轻，不懂的东西，不会做的事，可以边干边学嘛！在斗争中丰富经验，历来就是我们共产党人的主张。"

陈云的这些话，很实在，也很有说服力，所以我没再坚持自己的意见。离开陈云的住所，我就到中央调查局报到，主持军事研究室工作。

（刘培植）

对陈云的六个印象

1941年，袁宝华调到中共中央组织部工作，开始与陈云接触。经过那段时间的接触，袁宝华对陈云有很深的印象。

我最早接触到陈云是在1941年。那一年，我从中央党校学习后，调到中共中央组织部工作。当时，陈云是中组部部长，所以和他接触比较多。在那段时间里，陈云给我的教育很多，印象也很深刻。

陈云刻苦学习，对干部的学习抓得也很紧。这一点给我的印象最深，影响也最大。1941年春，我到中央组织部后参加的第一次会议就是学习会。陈云亲自主持全体干部学习《共产党宣言》。书是延安出版的，人手一册。由柯柏年辅导。大家念一段，讨论一段，把《共产党宣言》从头到尾学了一遍。接着学习《反杜林论》，主要学习其中"社会主义从空想到科学的发展"这一部分，由吴亮平辅导，也是读一段，讨论一段。由陈云亲自主持的这次学习，是我一生中系统学习马克思主义理论收益最大、感受最深刻的一次。

1941年，中组部精简，包括中央党务委员会在内也只剩16人。我当时做干部接待工作。因为人少了，就在窑洞的会议室里学习，每个星期至少要学习一个上午，有时要学习两个上午，一直未间断，不仅学政治，而且学科学，包括学自然科学。

1943年，陈云离开中央组织部，担任西北财经办事处副主任。做经济工作他同样重视学习。每个星期都把当时在延安做经济工作的负责人集中在一起，学习毛主席的著作，学习中央的文件，讨论一些理论问题或听取大家意见。

第二个印象是，陈云贯彻党的干部路线很认真，在对干部的看法上有卓越的见解。我到中央组织部后，陈云第一次找我谈话就指出，到中组部工作就要善于发现每位干部的长处，只有发现干部的长处，才能更好地使用干部。人总是有长处、有短处的，只有善于发现干部的长处，才能善于发现人才。这一点对我印象很深。

第三个比较深刻的印象是，陈云非常重视调查研究。他一般用90%的时间做调查研究，用10%的时间作决策。重要的问题他总是亲自去做调查研究。陈云注重研究根据地党的建设，亲自找从前方根据地到延安的同志谈话，听取大家的意见及在战争环境中建党的经验。当时在延安的党员干部很多，但非党员干部更多，陈云经常亲自找一些知名的非党员干部谈话。

在延安时，陈云向我们介绍，毛主席在1941年初把从苏区带来的一些调查研究报告汇集起来出了一本书。还特别指出，中央机关的工作，第一条就是了解情况，第二条是掌握政策，第三条才是进行自己的业务工作。

第四个比较深刻的印象，就是陈云总是亲自抓大事，放手让干部大胆地去工作。他当时是中央政治局委员、书记处书记，任务比较重、工作比较多，但他对大事从不放松，如调查研究、制定干部政策、重要干部的调配等大事他都亲自去抓。譬如苏德战争爆发后，需有一批干部到东北去做地下工作，这些干部的调配都由他亲自审查，并向毛主席汇报。至于一般的干部调配工作，他就放手让当时的干部科长去处理。

第五个印象是，陈云非常注重抓思想工作。当时学习毛主席著作、党中央文件时每个人都写学习心得，陈云总是亲自作批示，经常找时间与干部谈心。

整风学习时，一天晚上，陈云提着马灯，到我住的窑洞与我长谈。他一方面鼓励我，一方面批评我。因为在日常工作中，我往往坚持自己的意见。陈云说，敢于提出不同的意见、敢于进行争论，这种精神是好的。另一方面，他又批评我说，你还太年轻（我当时24岁），虽然入党好几年了，但经验和锻炼少，对社会了解不多，不成熟。敢于坚持自己的意见是好的，主观主义是不好的。陈云在我整风学习的本子上批了一段话，其中有八个字：自以为是，自恃聪敏。这一批示我终生难忘。

第六个印象是，陈云虽然是做干部工作的，但对经济工作十分重视。他说，我们做政治工作的人都应有一段做经济工作的经历，这样工作才不至于空、不至于虚。陈云曾讲，抗战胜利后，我们共产党能得到天下，要巩固天下，就必须使全国四万万五千万人都有一个饭碗。以后，他专门去做经济工作，并成为新中国经济工作的专家、中国社会主义经济建设的开创者和奠基人之一。

（袁宝华）

“看人一定要看他的主流”

傅连暲要求入党，没人肯当他的入党介绍人。陈云说：“看人一定要看他的主流，傅连暲在政治上愿为共产主义奋斗，跟共产党走，态度是比较诚恳的，我们不能将他拒之门外。”

傅连暲是我军老一代医疗勤务工作的卓越领导人之一，早年参加中国工农红军。与他的许多老战友一样，傅连暲参加革命的经历也带有一些传奇性的色彩。

他原本是福建长汀人氏，平时悬壶济世，以给镇上的人看病、做外科手术为生。那个时代的绝大多数医生都在行医的同时还兼开药店。傅连暲也不例外，他在街边的一角设了一个门面，主要卖些西药、纱布之类的物品。在精心操作之下，日子虽不富足，倒也不愁衣食，生活勉强能过下去。

傅连暲积极追求进步，早在1927年就参加了革命工作。而他成为中国工农红军中的一员，则是1933年的事情。

土地革命战争时期，红军采取大范围迂回机动、在运动中打歼灭战的战略战术，避敌锋芒，集中主力击破一点再及其余，从而一次次打破了国民党军队的大小“围剿”。其中有一次，红军就到了傅连暲所在的小镇。

红军到后，原本死水一潭的小镇顿时热闹了起来，又是分粮分田，又是打土豪斗地

※ 中央医院第一任院长傅连暲。

主，关在狱中的贫苦百姓们也重见天日。红军纪律严明，不拿群众一针一线，还热情地帮着干这干那的，与老百姓印象中的其他军队完全不同。

与大家一样，这一切，傅连暲都看在了眼里，慢慢对这支不知从哪里突然“冒”出来的部队有了自己的看法和认识。

一次，傅连暲正在店里给人拿药，突然两名红军战士跑了进来。虽说经过几天的观察，傅连暲已对红军有了了解，知道他们不是蛮不讲理的人，不过他当时还是吓了一跳，有些惴惴不安地停下手上的活，瞪大眼睛看着他们。

只见俩人“啪”地一个敬礼，然后讲明了来意。原来，红军是闻名来请傅连暲前往驻地替一位红军战士做外科手术的。傅连暲听后表示，没问题，眼前的药拿完马上就过去。但当时他根本没有想到，这一趟红军军营之行，竟彻底地改变了自己的一生。

在那里，傅连暲对红军有了更近的观察和接触。在与红军干部战士相处之中，他感到这支队伍尽管身上穿的、肚里吃的、手上用的都很简单，但却是一个充满理想、充满激情、目标远大、意志坚强、内部关系非常和睦的集体。看完病后，红军为表达感谢之意，不仅付了药钱和医疗费，还坚持将傅连暲护送回家。

离开营地，傅连暲心中久久不能平静，他第一次失眠了。这支军队如此深深地吸引自己。就在理不清说不明之时，两天后，傅连暲听说红军即将开拔，据说要走很远。他再也忍不住了，径直跑向红军驻地，直截了当地要求参军。接待的同志很亲切、热情，首先对他的举动表示欢迎，并关心地问，你的药店怎么办？都安排好了吗？傅连暲激动地用刚刚学会的一句口号，突然变得有些结结巴巴地说：“干……干革命，店……不要了！”说的时候，傅连暲感到血直往上涌，好长时间没有这么慷慨激昂过了！

就这样，傅连暲将一些用得着的药品和医疗器械随身带上，告别家乡，踏上征途，从此正式成了红军中的一员。

从福建到中央革命根据地，再血战湘江、抢渡天险，爬雪山过草地，走过二万五千里长征路，傅连暲与战友们最后一道走到了延安。在此期间，傅连暲的主要工作是负责中央领导的医疗和健康保健。他恪尽职守，对上级交给的任务尽心尽力。经过无数艰难险阻的磨砺，傅连暲已经逐渐从一位个体医生成长为一名意志坚定的红军战士。到达延安后，傅连暲被分到中央医院，主要任务仍然是负责中央领导的医疗保健，并担任毛泽东的保健医生。

就在这时，傅连暲作出了人生中一个最重要的决定。经过慎重考虑，他郑重地向中央医院党支部递交了入党申请。

谁知风波就此开始了……

在讨论傅连暲入党申请的中央医院党支部会上，发生了令人意想不到的事情：没有人肯当他的入党介绍人！主要原因是大家认为，尽管傅连暲的革命立场坚定、医疗水平高，工作也非常认真负责，但作为小知识分子出身的他，还需要在斗争中作进一步考验。特别是在日常工作和生活与同志的相处中，没有与群众很好地打成一片，有时他的态度和说话方式，大家感到比较难以接受。

入党就此卡住了。为了革命走过万水千山、从枪林弹雨中一路冲过来的傅连暲知道此事后，思想情绪产生了很大波动，心中也有了重重顾虑。

时任中共中央组织部部长的陈云后来知道了这一情况，对此他非常重视。陈云认为，这件事不仅关系傅连暲本人在政治上的进步，更关系我们党在对待干部、对待知识分子、在用人上的政策与原则，问题解决得如何影响甚大。

不久，陈云带着当时在他领导下工作，并担任中组部干部科科长的王鹤寿亲自来到中央医院了解处理此事。他们与当事人、党支部的同志多次谈心、交换看法，并向傅连暲的领导、同事了解他工作、生活、思想等多方面的情况。在对事情作了充分调查和进行认真分析之后，陈云在支部大会上发表了讲话。

在讲话中，陈云首先简要介绍了傅连暲本人的一些基本情况，接着对大家指出的他身上的优点，陈云除表示完全赞同外，还特别强调，傅连暲在参加革命后是经受住了历次残酷斗争的考验的，他在工作中的能力和表现是一直得到包括中央领导人在内的广大干部群众的充分信任的。与此同时，陈云还从关心、帮助的角度诚恳地分析了傅连暲现有的一些不足之处，并表示相信，在大家的热情帮助下，这些问题都是可以很快得到解决的。最后，陈云就此事谈了自己的看法。他说："看人一定要看他的主流，傅连暲在政治上愿为共产主义奋斗，跟共产党走，态度是比较诚恳的，我们不能将他拒之门外。他在艰苦长征中经受了考验，表现不错，工作是认真负责的，我看他符合一个党员的条件。他在作风上确实有些缺点，这是可以批评教育的，也应该对他进行帮助。"陈云环视大家，微笑着继续讲道："如果实在没有同志愿意做傅连暲的入党介绍人，那就让我和鹤寿同志来做。"

后来，陈云和王鹤寿还真做了傅连暲的入党介绍人，不过并不是因为没有人愿意做，而是正相反，经过两人耐心细致的思想工作，中央医院的同志已经统一了认识，大家还一致提出，希望由陈云、王鹤寿两位中央组织部的领导做傅连暲的入党介绍人，并作为特邀成员参加中央医院再次讨论傅连暲入党一事的支部大会。结果，经过支部大会讨论通过，傅连暲终于实现了自己在政治上的崇高愿望。

※ 1943年，延安中央总卫生处处长兼中央医院院长傅连暲和苏联外科医生安德列·阿洛夫（Andre Orlov）在延安合影。

陈云在这件事上既体现出坚决按照党章规定办事的高度原则性，又体现出对革命同志高度负责的精神和以诚相待、以理服人的工作态度，使大家包括傅连暲本人都深受启发，更使人们从陈部长的身上切实感受到了我们党的干部政策，认识到党对广大知识分子是非常重视的。

傅连暲入党后，不仅在工作上一如既往，任劳任怨，而且注意改正自己在日常说话、态度方面存在的一些不足，与大家的相处一直十分融洽。后来，傅连暲先后担任中央医院院长、陕甘宁边区医院院长、中央革命军事委员会卫生部副部长等领导职务。建国后，傅连暲历任卫生部副部长、中国人民解放军总后勤部卫生部副部长、中华医学会会长等职。他勤勤恳恳地为党的事业奋斗一生，为中国人民的卫生事业奉献出了自己毕生的心血。在“文化大革命”期间，因反抗林彪、“四人帮”一伙的倒行逆施而不幸被残酷迫害致死。

实际上，陈云不仅对知识分子坚持“了解人、气量大、用得好、爱护人”的原则，他的人才观始终都是一致的。这便是，在用人问题上坚持辩证的观点、客观的观点、主流的观点。陈云曾经在一次会议上讲，在用人问题上气量一定要大，眼界一定要宽。要看人的主流，不要纠缠枝节问题不放。他说：“一个人的每一个长处里，同时也包含着某些缺点。用人就是用他们的长处，使他们的长处得到发挥，短处得到克服，天下没有一个人是毫无错误的。”他强调，中国共产党领导大家干革命就是要“用其所长，不是用其所短”，在革命队伍之中，每个人都是有用的。针对人人身上都有的短处问题，陈云精辟地指出，“发挥长处是克服短处的最好办法”。

傅连暲入党的风波圆满结束了，那只是革命大潮中一束小小的浪花。陈云关键时刻敢于站出来自荐作介绍人的气魄，“看人一定要看他的主流”的讲话却总是常常能引起后来者久久思考。

（李梦汶）

“首先是党员，其次才是作家”

陈云坚定地指出：“一个党员作家，首先是党员，其次才是作家。”这一警世之言，一直铭刻在刘白羽的心上。

陈云是我很敬仰的一位中央领导同志。他谦和肃穆，平易近人，既非常令人愿意亲近，又令人感到他原则性很强。在同他不多的接触中，他给我的教导令我终生难忘。

在延安时，我常常见到他。中央机关在杨家岭前山，我所在的“文抗”在杨家岭后山。陈云是中央组织部部长，组织部在高山悬崖上，前面是延河一望无际的旷野。陈云常常在窑洞前一条平坦的山石路上轻轻缓缓地散步，我常到中央组织部向组织科科长王鹤寿汇报工作，就时常遇到他。他脸上总是那么和气、那么微笑，每次见面也说上两三句。

有一段时间，延安的知识界中出现了一股浊流，奇谈怪论，气势嚣张。有一天，陈云派人要丁玲（文抗副主任）和我（文抗党支部书记）到他那里去。这是中央领导同志对我们的一次重要谈话。我们到他的窑洞里，陈云站起来笑面相迎，要我们坐下来。他谈笑和谐，先谈些闲话，然后就转到当前相当严重的文艺问题上来。他毫无中央领导作指示的气势，只是跟你商量问题，我们也就没有一点拘束之感。那是一次非常重要的谈话，一谈就是两个小时。他对于文艺界情况十分熟悉，可以说是了如指掌，我想这恐怕是因为他当年在上海做过地下工作的关系吧。他从上海左翼革命文学的斗争讲起，然后转到延安当前的混乱思潮。他批评了那种文学不要政治的现象，坚定地指出党必须领导文艺，特别谈了作家的党性问题。

经过长期战争、颠沛流离之后，当时的谈话记录早已遗失。事隔几十年，我也记不清谈话全文，但有几句要害的话牢牢记在心中，从没忘记，而且至今身体力行，那就是：“一

※ 陈云在延安。

个党员作家，首先是党员，其次才是作家。”这精辟的话，使我从心里起了一个大的震动。他还谈道：“如果不讲党性，不讲纪律，这些人一个派，那些人一个派，那党就不是党，而是联合会了。”后来，陈云在延安文艺座谈会上自己也做了发言，尖锐地谈了作家的党性问题。首先是党员，其次才是作家，这警世之言，一直像雕刻在山石上的铭文深印在我的心灵上。我常常想，临终之时，历数一生没有违背自己的党性，也就可以安然而去了。

另一次在陈云领导下工作，是东北解放战争全部胜利之后。一天深夜，我乘一辆汽车在城里还响着枪声的情况下，直冲入沈阳。因战斗已经结束，我们这几个军事记者不知到何处去，便到主持沈阳军管会的陈云处去报到。陈云还跟在延安一样朴素、谦虚，他听我们说了来意后，非常高兴地说：“你们就在我们这住下来。”

从此我就在陈云领导下工作。陈云每晚都要接待各方面的负责人，把整个沈阳的工业、金融、文化、商业等各方面情况集中起来。这是我们在全国接收整顿的第一个大城市，原来是没有这方面经验的，陈云在这里创造了第一个大经验。开头几天，陈云同志的注意力集中在铁道上，因为国民党匪帮在火车站、铁路线上埋了很多炸弹，与四面八方不通车，沈阳再大也是一个孤城、死城。我们每个夜晚都跟着听汇报。随着问题一天天处理，情况渐渐好转了。陈云听汇报时很少讲话，只是提出问题，尔后扳着十个手指头计算着。

陈云给我们的任务，就是每天到街上去看情况。开始城里家家闭户、处处关门，老百姓很害怕，总觉得共产党解放军很可怕。我们一回来，陈云同志就听我们汇报。不久，街上有几家商店开门了。接着，路上有行人走路了。当我们报告说有十几家商店开门营业时，他把手在手背上一拍说：“好，沈阳老百姓信任我们了。”

此刻，我才懂得陈云使用我们就是为了搞调查研究，我理解了陈云的求实精神。

整个沈阳活了，铁路东的工业区一处一处烟囱冒起烟来，上班的人多了，街上行人也多了，第一个大城市的接管成功了（它后来成为全国城市接收的榜样）。

那些日日夜夜，我都在陈云身边，很熟悉情况，所以写出了一篇很受中央重视的报道《光明照耀着沈阳》。后来北平解放时，新华社总社给平津前线新华社发了电报，要求要写出刘白羽写的《光明照耀着沈阳》那样的通讯报道。可是说起来真惭愧，不知别人怎样，我自己没做到自己曾经做出来的事情。西郊机场气派非常宏伟，北平解放的一幕也很雄壮。阅兵后，胡乔木把杨刚和我带上他的汽车直奔香山的新华总社，要杨刚写一篇新闻消息，要我写一篇通讯报道。杨刚很快完成任务，我却怎么也写不出来。胡乔木问我怎么写不出来，我回答说：“沈阳那篇是因为整天整夜在陈云同志身边。”胡乔木同志笑了笑说："像陈云同志那样善于使用记者的有几个？"结果，我那篇不像样的通讯报道延误一天才见了报。

（刘白羽）

"组织部是党员之家"

组织部非常关心延安的干部，一位从国统区到延安的同志说：组织部真是党员之家。陈云听后重复了一句："组织部是党员之家呵！"

我1939年1月调到中央组织部工作时，是一位21岁的青年党员，在秘书处任文书干事。机关的日常事务是不用麻烦陈云的，但平常同他见面的机会比较多。他住在山坡上端的窑洞，距山坡下端大门有斜高二百米左右。我住在山坡中间的一排平房，正处中间，山坡下端是收发室（传达室），是进组织部的大门。大门西边是伙房、供给管理部等，大门东边是马棚、猪圈、豆腐坊等，大门南面有一块大菜地。门外是马路、延河沙滩。我住的平房门前有六七平方米宽的地方，用石头、砖头砌了土台，可以坐人，还可下棋。陈云从山坡下端走向山坡上端窑洞住处，路经这里，一般休息或停留一会儿。特别是夏秋时节，晚饭后他在警卫人员陪同下到山坡下面去散步，返回时在此停留时间较长。他善于接近群众，平易近人，作风民主，常主动和同志们聊天，同志们也无拘无束地有什么讲什么，形成活跃的场面。

我是由浙江省金华地方党负责人何绍章介绍，经省委办理去延安的。陈云几次问我金华抗战初期的情况，特别是何绍章的身材、外貌、衣着的情况。我把所知如实告诉他，他认真细致地听，好像他们曾认识。他表示了对国统区工作同志的怀念，说在那种艰难辛苦的环境中，保守党的秘密、遵守党的纪律极为重要。

有一次他问到机关情况，我向他谈了勤务员（当时叫"小鬼"）的思想情况。"小鬼"中有两人是长征过雪山草地来的，有十来人是本地的，还有十五人是从河南竹沟根据地送来的，大都是十三四岁，文化很低。他们大多数安心工作，个别人不安心，不愿意做"小鬼"，要去学校学习。我们派了一位干部给他们上文化课，还管理他们的生活。陈云听后说："还要上政治课，要讲抗战形势、抗战前途、为什么参加革命。要讲卫生，要互相团结，互相帮助。只要积极工作，努力学习，就会有前途的。"

有一位从国统区到延安的同志给我写了一封信称：延安很冷，你大概睡得很暖和吧，我因个子高大，你们发棉被布十八尺不够，脚露在外边，睡不着。我把信给邓洁秘书长看后，他批示再补发四尺布，半斤棉花。我派人送去，并向他表示歉意，说工作没有做好。他感动地说：组织部真是党员之家。陈云听后重复了一句："组织部是党员之家呵！"

陈云非常关心干部，爱护干部。1940年为参加党的第七次全国代表大会，有的代表先到延安，陈云就把他们安排到中央党校一部学习。有的代表像陶铸、赵振声（李葆华）、聂鸿钧等为便于照顾，陈云则安排他们住在中组部机关，并参加中组部的学习。从法国返回祖国参加抗日战争的著名医学博士何穆和夫人陈学昭（文化人），也安排住在组织部机关。陈郁从苏联回到延安时开始也住在组织部机关。陈云还教育我们对到中组部办事的要热情接待，说话和气，对人尊重，要有礼貌，使组织部形成良好的作风。

1941年皖南事变后，国民政府停发了八路军、新四军的军饷，延安的供给极度困难。党中央提出开展大生产运动，毛主席还发出"自己动手，丰衣足食"的号召。延安各机关热烈响应党中央号召，中组部成立了生产委员会，上午劳动，下午工作。陈云身体虚弱，分配给他看菜园、浇水、除草等劳动任务。他除去中央开会外，坚持同干部一起劳动，按时出工，以身作则。

陈云平易近人、爱护干部的高尚品质，永远值得我们缅怀。他不愧是一位真正的伟大的马列主义领导者！

（陈耕夫）

"老实人跟老实人在一起能够合得来"

陈云对于若木说："我是个老实人，做事情从来老老实实。你也是一个老实人。老实人跟老实人在一起，能够合得来。"

在感情上，共产党人不讲"缘分"二字。不过，当陈云夫人于若木谈起她与陈云的相识过程时，仍然情不自禁地笑着说，她认识陈云，事出偶然。

据于若木自己讲，她祖籍山东淄博，1919年4月15日生于省城济南。与陈云不同，于若木出生在教育世家。她的父亲于丹莆是山东近代教育史上一位颇有影响的教育家。早年作为中国派往日本的第一批留学生之一，在日本著名的早稻田大学学习，毕业后曾担任山东第一师范学校校长，对山东近代教育的发展发挥过重要作用。

由于家庭的熏陶，于若木从小非常爱好学习，而且长大成人后也一直保持着对学习的兴趣，这点与陈云是完全一样的。在以优秀成绩从小学毕业之后，于若木北上进入北平一中继续学习。

在此期间，已学业有成并在北平中央研究院历史语言研究所工作的哥哥于道泉给小妹提供了大量细心周到的照顾。在学校，于若木思想活跃、刻苦能干，积极要求进步，阅读了大量马列主义书籍和进步报刊。此外，她还在斗争实践中不断锤炼自己，是北平一中参加“一二·九”运动的骨干。年仅16岁，经北平地下党组织批准，于若木就光荣地加入了中国共产党。

1937年，卢沟桥事变爆发，日本帝国主义开始全面侵华，一时间北平的气氛非常紧张。在这种情况下，于若木与其他同学一道南下回到了老家济南，不久就决定前往革命圣地延安。临走前，她专程到中共山东省委开具了组织介绍信，并在路上妥善保管一直带到了延安。而当时的情况是，从全国各地到延安的中共地下党员人数比较多，但是很多人由于各种各样的原因，随身缺少组织介绍信。为此，中共中央组织部按照组织程序还必须要通过谈话、查阅档案、寻找证明人等方式，以及通过在工作中观察来对他们进行审查或考查，经过一段时间之后才能逐渐恢复组织关系。而于若木随身带有正式的组织介绍信，这是对她以往经历最直接的说明，因此组织关系的移交与党员身份的恢复非常顺利。

到延安不久，组织很快安排于若木进入陕北公学学习。抗战时期，党中央一直非常重视党员干部的培养问题，在延安立足现有条件创办了一些学校。而且前线斗争越激烈，培训工作越加强。学校的基本情况是数量比较多、分类比较全、专业设置针对性强，像陕北公学与抗日军政大学、中央党校、延安大学等都属于综合性的。也有专业性的，像专门学习、研究马列主义政治理论的马列学院、专门培训军事干部的军事学院等。此外，还有其他一些教育学术单位，包括从事自然科学研究的自然科学院（李鹏委员长就曾经是这里的学生）、培养党的文艺宣传人士的鲁迅艺术文学院、专门培养妇女干部的中国女子大学、培养青年干部的泽东青年干部学校、培养行政干部的行政学院等等。对大批青年和干部奔向延安后，如何进行分配，是我们组织部门的一项重要工作。

而此时担任中组部部长的陈云在辛勤操劳之时正遭受着老毛病的折磨，这便是流鼻血。

说起来，流鼻血没有什么大不了的，但这在陈云身上就不同了。

陈云4岁的时候，父母已因生活艰难而先后病故，好心的舅父廖文光后来收养了陈云姐弟俩。但舅父一家的经济状况也很不好，全家人一年忙到头只是勉强度日。“穷人的孩子早当家”，陈云从小就很懂事，常常帮舅父干活。虽然当时就已出现流鼻血的问题，但因家境贫寒，无钱医治，后来总是不了了之。15岁的时候，为了缓解舅父的经济压力，能尽早自立起来，陈云经人介绍到了商务印书馆去当学徒工，不久就参加了革命。此后，陈云长期在白区搞地下工作，无论是身体还是精神都经常处于高度紧张状态。到中央革命根据地特别是参加二万五千里长征后，一路跋山涉水，饱一顿、饥两顿的，生活毫无规律。有时行军打仗情况紧急，连续几天几夜都合不上眼。长期劳累使陈云的身体比较虚弱，心脏方面也有问题，流鼻血仍不时出现。但每天都如此繁忙，对这一“小”问题也就根本没有放在心上，也不可能放在心上。有时实在严重了，在缺医少药的斗争环境中，随便找点

※ 1938年3月，陈云同于若木在一起。

什么办法，只要能对付过去就行。

谁知道，后来“小”问题竟变得越来越大。1936年底，陈云、滕代远按照中央的紧急指示，组团从莫斯科出发前往新疆，在那里开展抗日民族统一战线工作和接应西路军余部。就在抵达位于中苏边境的霍尔果斯口岸，代表团即将返回祖国之时，陈云流鼻血情况加重了。结果陈云只得只身来到今哈萨克斯坦共和国的主要城市阿拉木图市治疗，待病情控制住以后再继续率团履行使命。

这次流鼻血的问题再次出现，而且流血不止，来势与以前相比更为凶猛，给陈云的工作和生活带来了前所未有的麻烦。

在这种情况下，组织上考虑找一位细心、能干、政治可靠的女同志前往中共中央组织部照顾带病工作的陈云。经过认真调查和挑选，这个光荣的任务最后落到了一位名叫于若木的女同志身上。她虽然只有18岁，但已是有两年党龄的中共党员，历史清楚，政治可靠。

尽管于若木以前并未系统学过护理方面的专业知识，但她还是愉快地服从组织的决定，前来中组部报到了。

当时中组部的办公地点设在位于延安城西山边的一座小四合院里，在紧靠着的小山坡上有七八个土窑洞，第一个窑洞便是部长陈云的办公室兼住所。而于若木的办公桌就摆在这个窑洞的门口，以使陈云在工作时一旦发生情况能及时处理。

经过一段时间医生的努力治疗和于若木的精心护理，陈云的病情再次得到了控制，他重新扑进了工作里。而于若木也离开中组部，进入中共中央党校第19班学习。

事情似乎就此结束。实际上，对陈云和于若木个人来讲，一切都还才刚刚开始。患难见真情，一根红线已不知不觉悄然将两位具有共同理想的革命者牵在了一起。

于若木后来回忆说，他们最初只是相互介绍自己的身世和经历，彼此有了一个基本的了解。后来比较熟悉了，谈的话题就多了起来，从理想、工作谈到生活、爱好。工作之余，于若木还喜欢唱歌，像当时在革命青年中广泛流行的苏联歌曲《祖国进行曲》等。每到这时，陈云便成为她最好的听众，说她开头一句“我们的祖国多么辽阔广大”唱得尤其好，夸得于若木俊俏的脸要红半天。

两人的了解和感情在逐渐加深，就像每一位初涉爱河的年轻人一样，于若木理不清心中的感觉。

直到有一天，陈云问她有没有爱人，谈过恋爱没有。于若木回答说：“我还不懂。”陈云说，他现在也没有爱人。接着陈云坦率地问，愿不愿意跟他交个朋友？

就在这时，陈云紧跟着说了一句话，十分诚恳，于若木的心被深深打动了。那一情景至今都还记忆犹新。陈云说，“我是个老实人，做事情从来老老实实。你也是一个老实人。老实人跟老实人在一起，能够合得来。”

不久，于若木的二哥于道源专程赶到延安。陈云认真、坦诚地向于道源讲述了他和于若木相识的经过，并把对方看作女方家长的代表，郑重地征求于道源对俩人婚事的意见。于道源久闻陈云之名，深知他是一位很踏实、很稳重、立场坚定的革命者，对这件事他表示完全赞成。

共同的理想、共同的追求、共同的情趣，使两位老实人走到了一起。1938年的春天，俩人喜结良缘。

关于俩人从相识到相爱的这段过程，陈云婚后不久给于若木远在英国伦敦的大哥于道泉写了一封信，在信中他是这样讲的，“我是江苏人，出身于贫苦的家庭，5岁时父母均去世，依舅而生。自高小卒业后，无力继续学习，即在上海书店为学徒有七年余，此后十余年东奔西走直至如今。前年冬由欧返国，病中与陆华（于若木原名于陆华）认识，于客岁3月结婚。我们在政治与性情上一切均很合适，唯年龄相差太远，今年我已35岁。近阅报载，欧洲风云甚紧，英伦外交已在开始改变，如果爱好和平的国家能够联合一致，则或者暂时可以阻压迫在眼前之战祸。欧洲华侨甚多，谅在迫切地盼望祖国胜利的消息，我们没有别的来回答国外侨胞的热望，只有更加努力，为驱出日军而苦干，为中华民族之最后解放而苦干。”

而在另一封信中，于若木则是如此素描般地勾画给她大哥听的，“前年冬天，他（陈云）回国后看到西北的情形很兴奋，致工作过劳，使流鼻血之旧病复发。过度的流血病势相当严重，病中需要找一老实可靠的人看护，在学校里便找到了我。后来，病人与看护的关系转到了夫妇的关系。”

婚礼非常简朴，陈云与于若木都不喜欢铺张此事。大喜之日，陈云掏出一元钱买了些糖果、瓜子、枣子、花生之类的东西。大家坐在一起，纷纷向陈云夫妇致以热烈的祝贺，有的还即兴表演了节目。此后，其他单位和因革命工作分散于四方的一些老战友、老部下得知这一消息，也以各种方式向两位新人表达了祝福，体现了革命同志之间纯洁、深厚的友情。

就这样，陈云与于若木的婚事用一元钱就办完了。多年以后，当陈云在江西南昌的青云浦为自己的儿子陈元办婚事时，人们将再次看到一个类似的简朴而热烈的婚礼。

婚礼结束，陈云夫妇又立即投入了紧张的工作和学习之中。据当时任陈云秘书的刘家栋回忆，婚后，于若木进入中共中央党校。在那里经过五个多月的学习后，被组织送到刚刚成立的马列学院学习，这是一所专门研究政治理论的高级学院。在那里，于若木学习了三年时间。

对在马列学院的紧张而充实的生活，于若木终身难以忘怀。她回忆说，当时马列学院请来讲课的大多是一些颇有造诣的著名人物，包括党和军队的领导人、理论家和学者等。其中也包括陈云，他多次应邀前来，主要来讲新形势下党的建设工作。下课是爱人，上课是老师。陈云讲的关于“为共产主义奋斗终生”的道理，于若木感到很受启发，也很钦佩，陈云把这个问题讲透、讲明了。

1941年，于若木因为怀孕，妊娠反应很大，不得不暂时中断在马列学院的学习，住在家中休息了一段。以后，马列学院成立研究室，于若木再次进入了研究室学习。

而在学习之余，无论是在位于延安城东边桥儿沟的中央党校学习，还是在后来的马列学院，于若木都是每周星期六下午才回到陈云那里，只住一天，第二天下午就必须返回学校。正如于若木1939年5月28日在写给于道泉的一封信中所描述的那样，“你问我们小家庭的生活情况么？这里无所谓‘家庭’。陈云同志在工作，我在学习。他住在机关里，我住在学校里，每星期六我到他那里住一天，这是延安所谓‘住礼拜六’。这里的生活，除了吃饭穿衣是公家供给外，还发几块钱的津贴。你问我们要什么书籍，我们不需要什么书籍，我对你有这样一个希望：希望你送陈云同志一支钢笔，因为他没有。不过，这个希望是在你能力所及的条件下，就是你的债还完以后与寄回家里钱以后有剩余的时候（如果关税太重或邮寄不便时也请勿寄）。”

在家中，夫妇相敬如宾，说话从来都是轻言轻语、客客气气的。相邻居住的中组部工作人员从没听见过俩人相互间大声讲话，更不用说争吵闹矛盾了。陈云在家里总是爱喊于若木的原名“陆华”，陈云把这看作“爱称”。

当时在延安，一般晚饭过后，同志们都会出来活动活动，或打打篮球或散散步。陈云夫妇也不例外，每到星期六吃完晚饭，于若木总会陪着陈云出来到延河边散步，常年不断。

大家都认为，陈云后来身体的健康状况有明显改善与妻子于若木的周到照顾密不可分，而于若木本人又是怎样看的呢？

她告诉娘家人说，“虽然他大了我14岁，但是我对自己的婚姻很满意。他是一个非常可靠的忠实的人，做事负责任，从不随便，脾气很好，用理性处理问题而不是感情用事。所不痛快的是两人能力地位相差太远，在他面前愈显得自己的幼稚无能。”

※ 陈云在延安。

1944年3月，陈云根据党中央的安排，调离中共中央组织部，担任了西北财经办事处副主任，协助贺龙主任处理边区经济事务。这时于若木也调到陈云身边工作，担任机要秘书，帮助处理来往公文。

从此以后，于若木随陈云转战南北，从关内到关外、从地方到中央，历经抗日战争、解放战争、社会主义建设、“文化大革命”和改革开放等各个历史时期，风雨同舟，并肩携手一起走过了几十年的革命历程。

这就是陈云与于若木的故事，一份缘，一世缘，一世情。

（李梦汶）

“新三年，旧三年”

战争年代的延安，生活艰苦，工作繁忙。陈云身体不好，但生活十分简朴。他常说：“现在是战争年代，应该节约！新三年，旧三年，补补纳纳又三年嘛！”

1938年3月，陈云与于若木喜结连理。当时，延安正处在艰难的岁月，日常生活用品十分简单，同时，于若木奔赴延安时，所携行装甚少。所以，结婚时新房内四壁皆空，连一床新被子、新床单也没有买。定情之物是陈云送的一本《列宁主义问题》，于若木送给对方一个小小的英国产的计算器。那婚礼办得既简朴，又十分热闹。当时中央组织部的同志全分散住在老百姓的窑洞里，因此，婚礼就在中组部的会议室里举行。窑洞中央的桌子上，放满了陈云花了一元钱（法币）购得的瓜子、花生、糖果，桌上一只小碗里放入灯芯，盛上麻油，权作花烛。前来贺喜的是与陈云一起在中组部工作的同志们。大家品尝瓜子、花生、糖果，掌声、祝贺声，一浪高一浪，笑声一阵接一阵。

于若木结婚以后，仍然在中共中央党校学习，以完成全部学业。由于中央党校位于桥儿沟，距中组部尚有八九里地，加之学习紧张，故平时于若木均住在党校，只是在周末才回家。

陈云结婚时用的一床棉被是组织上分配给他的。原来是红布被面，然而，岁月匆匆，红色已经褪去，露出浅黄的底色。说是“棉被”，其实已是“棉”而不是“被”了。被里的棉花已经滚成许多小球球，被套一提，它们就滚到另一头。有一个星期天，于若木一大早就拆了这床棉被，试图将棉球球撕开、铺平，谁知一旦干起来，可不像想像得那么简单。岁月将棉球球打得十分结实，很难撕开；每每撕开一个棉球球，要花去很长时间。于若木平静地、不慌不忙地将棉球球一个一个地撕开，使它们变成了一堆废旧的棉花。她把棉花重新絮平，装进被套里，再密密扎扎地绗上网状的线络，一直干到第二天凌晨两点钟，尚未完成这个“浩大的工程”。一贯重视学习的陈云不断地催促她早点休息，提醒她别耽误第二天的课程。于若木一边应声道“这就快完了”，一边双手上下翻飞，终于使那床棉胎换了新颜，恢复了它的舒适与温暖。

1938年的一天，从白区归来的廖承志送给陈云半打棉线袜子（六双），这在当时，简直可以说是高消费了。为了使这半打袜子充分发挥作用，发挥其最大的潜能，于若木将它们重新加工，以延长它们的使用寿命。因为那时延安的代步工具奇缺，只有毛主席有一辆宋庆龄赠送的小汽车，主席也不常坐。组织上虽然给陈云配了一匹枣红马，陈云同志也不常骑，出门办事，仍然乘“11号汽车”。所以，袜子的磨损十分厉害。廖承志送来六双袜子，无疑是雪中送炭。

经过长征生活锻炼的陈云，深知增加袜子的牢固性，延长使用寿命的重要。于若木大家闺秀，初为人妻，然其心灵手巧，很快掌握了飞针走线的技术。于若木学着红军战士的

※ 延安窑洞旧址。

做法，将袜底从前到后剪开，将袜底翻向脚面部，袜子的前头和后跟处再用布加固，用布纳成三层厚的袜底，缝到袜子上。改制后的袜子，一双顶几双穿。待袜底破了，再换新袜底，又可穿一段时间。陈云穿到脚上，似乎增添了无穷的力量！这六双棉袜，经过于若木同志的精心加工以后，整整让陈云在延安度过了八个春秋，直到抗日战争取得彻底胜利的那一天！

陈云和于若木居住的窑洞不太暖和，冬季尽管生了一盆木炭火，室内温度仍改善不大，凉气袭人。于若木发现陈云穿的棉制服棉絮厚薄不均匀，大部分棉花已落到棉衣的底边处，决定将他的棉衣拆了重做。

心细的于若木，一边一针一针地拆，一边记上如何一针一针地缝。她将棉花球撕开，重新铺展开来。在棉衣的后背、双肩处，将棉花絮得厚厚的（因为背部是最容易受风寒着凉的地方），再一针一针地缝制。经过于若木重新缝制的棉衣，陈云穿在身上，感到特别暖和。

1938年初，党中央在延安召开生产动员大会。毛泽东主席在会上发出了“自己动手”的号召。因为这期间，日本鬼子和阎锡山、胡宗南、马鸿奎等匪军全方位包围了延安，切断了通往延安的所有交通要道，妄图困死边区100多万军民。为了减轻边区人民的负担，冲破国民党和日伪军的封锁，克服财政经济的极度困难，党中央于1941年1月再次发出“精简节约，生产自救”的号召。于是，部队和机关掀起了轰轰烈烈的大生产运动。开始不分男女，全部上山开荒种地。但几天干下来，大部分女同志力不从心。毛主席又提议说，女同志和体弱者可以从事纺纱工作。这就是历史上有名的延安军民纺线线运动。

那时，纺线线分为两种。一种纺羊毛线，用以织毛衣；一种纺棉线，做针线活用。于若木在很短的时间内，就学会纺缝纫机用的棉线，叫做“机子线”。纺这种棉线要先纺两根很细的棉线，然后合二为一，因此很结实。开始因为是上面布置的生产任务，产品全部上交，与每月2元钱的零用费无关。后来，为了鼓励多纺线，中央决定取消零用费，把自己的产品卖给边区政府，以换取零花钱。由于于若木纺线多，所以，陈云家的“收入”也比过去大为改观。

1942年，边区兴起做军衣的高潮。这时，陈云家还没有缝纫机，只有中央组织部机关里有一台缝纫机。白天，机关要用，所以只能在晚上，等到阿伟（长女）熟睡之时，于若木才摸黑走几里路，赶到杨家岭——中央组织部所在地，缝制服装。她在那里快速地干到夜深人静之时，再摸黑赶回家中。半路上，经常有老百姓的家犬冲她猛地狂吠，吓得她一身冷汗。当她看到从自家窑洞里射出的灯光时，幸福感化解了疲劳。陈云同志一面在油灯下工作，一面等待她的归来。

大生产运动，改变了延安没有工业的状况。尤其是三五九旅的大生产，使延安出现了“延安呢子”、“延安毛线”等产品。那“延安毛线”不可与今日之毛线同日而语，它粗细不匀，各种颜色也是土法染制的。当时延安人衣着上唯一可以自豪的，要算身上有件毛线衣。这是时髦的象征、美的标志。所以，有的人左一件右一件地织，美化亲人，美化自己。由于购得的毛线粗细悬殊太大，于若木便一边织，一边将一些粗线加到线细的部位，使其粗细大体均匀些。所以，她织出的毛衣不仅比较平整，而且也显得结实些。

心灵手巧的于若木毋须多久就可以一边看书，一边织毛衣。一件毛衣织完了，能看完好几本书，真是学习、生产两不误。一家三口人的毛线帽子、毛衣、毛裤、毛袜、手套等，均出自于若木一双手。而最暖和的，要算陈云的那条藏青色的围巾了。那是用于若木赴延安时身穿的那件藏青色的毛衣改织的。这是货真价实的上好的蜜蜂牌藏青毛线，均匀细软。陈云围上那条长长的藏青色围巾后，显得格外风度翩翩。

在延安，大生产运动除了纺线以外，还有一种是捻线，是利用一根短小的木棍，既当下垂的重物，又当旋转体，用手把驼毛捻成线。这在当时多半是男同志干的。于是，于若木想起换工的念头。她与陈云同志的警卫员商量，她为警卫员织一件毛衣，警卫员为她捻一斤毛线。警卫员一听，立即同意了这个方案。于若木充分发挥自己熟练的手艺，为一些警卫同志织毛衣，把换工得来的棕色驼毛毛线为女儿阿伟织了一条工装毛裤。

在开荒种地的热流中，各首长家窑洞前的院子也都开垦出来，种上作物了。于若木决定在自家门前种六十棵西红柿，间种玉米。她办事有个特点，不办则已，办则全力以赴。由于她与延安光华农场素有交往，便去觅得美国培育的马齿玉米和甜玉米的良种，种在当院。于若木不断地给西红柿、玉米浇水、施肥、除虫、除草。浇水时，要去很远的井上提；施肥时，要挎起粪筐，到很远的茅坑里去淘粪。她整天忙得十分疲惫，连周围的同志看了，也为她感到心疼。

然而，当她看到玉米和西红柿绿遍前院的时候，心里却是甜滋滋的。绿油油的庄稼，风吹哗啦啦响，十分惬意。世上没有比看到自己的劳动成果更使人高兴的事了。于若木说，甜玉米的味道特别好，进城以后，再也没吃到过这么好的玉米了。要说那西红柿，就更好了。由于于若木管理及时，搭架、打杈、浇水、施肥，所以，西红柿结得特别多！

于若木自幼就养成良好的卫生习惯，所以，每当西红柿收获时，她便取成熟的西红柿经开水消毒，剥去表皮，再将纱布用开水煮沸消毒，用以挤出西红柿汁，喂养孩子。这是既无污染又营养丰富的含大量维生素C的西红柿汁，孩子们特别爱吃。这么好的西红柿，进城后也没再吃过了。

1942年12月，中共中央组织部为陈云家请来一位保姆，名叫王玲。这是中组部通过地方党组织介绍来的。王玲出生在延川，是黄河边上苦大仇深的农家女，年仅18岁。这时，陈云的大女儿阿伟已经出世，于若木忙得脚不沾地，王玲的到来，无疑减轻了她不少繁重的家务劳动。陈云告诉王玲，她的主要任务就是“带带阿伟，洗洗衣服”。陈云同志的和蔼态度，使王玲的心里暖洋洋的。比王玲年长五岁的于若木，更是完全把王玲当作小妹妹一样看待。然而，王玲毕竟刚到陈云家，对陈云同志那种艰苦朴素的生活作风尚不了解。

王玲回忆说：“那时的延安，生活艰苦，工作繁忙。陈云同志身体不好，但在生活上却十分简朴。一次，我做饭时，正要将纽扣大的一块洋芋扔掉，被陈云看见了，他说：‘王玲同志，食物不要糟蹋了，炒炒还可以吃嘛！’”

要说陈云同志的节约精神，故事还多哩。王玲同志回忆说：“1943年初夏的一天，我在延河边洗完衣服，将一块薄薄的肥皂片丢在河沿下。下午，陈云同志散步，路过这里看见了，便捡了回来，和蔼地对我说：‘这点肥皂还可以用嘛，浪费了可惜！’”王玲心里感到非常惭愧。

※ 延安窑洞。

1943年秋收后，陕甘宁边区的粮食、棉花、经费全部达到了自给。然而，经艰苦岁月磨炼过的陈云同志，丝毫也没有改变艰苦朴素的生活作风。那年初秋，王玲给陈云同志拆洗棉衣，看到棉衣里的棉花已经成了圆蛋蛋，于是让秘书领来一斤半新棉花。陈云见了，严肃地说："现在是战争年代，应该节约！新三年，旧三年，补补纳纳又三年嘛！"秘书只好将新棉花退了回去。

陈云同志的被子破旧得很厉害，秘书领来一块洋白布，让王玲为陈云同志换个新被面。陈云同志听到后，对秘书和王玲又是一顿劝诫："现在是困难时期，我们可要节约哟！"

有一次，王玲的舅舅王占富从延川来到陈云家看望王玲。陈云亲自接待他，让出自己的座位，请王占富上座。吃饭时，把饭碗递到王占富手里，边吃边问王占富，延川有多少个区，有多少个乡，人们生活得如何。王占富一一作了回答。陈云高兴地说："你老人家给我上了很好的一课。"王占富回到村里，见人就说："陈云把我当兄弟一样看待！"

还有一次，陈云的儿子元元高烧不退，于若木不在家，王玲手足无措，急得直哭。这时，陈云同志开会回来，见状，宽慰王玲说："没关系，别着急，今后给孩子穿暖和一点就行了。"一句话，使王玲如释重负。陈云那坦荡的心胸，给王玲留下美好的回忆。

在延安，凡在陈云同志身边工作过的同志，大部分都接受过于若木的文化教育。于若木充当扫盲教师，为他（她）们购买文化用品，教他（她）们识字、读书、看报、写信。直到今天，王玲每每读报纸、念文件时，总免不了要说一句："我认识的许多字，还是于若木同志在延安时教的呢。"

（郑惠）

自觉遵守纪律的第一课

刘家栋刚到中组部工作，就向陈云提出调动要求。陈云说："为什么刚来就要求走呢？好吧！你回去想一个礼拜再说。"刘家栋想通了，决定安心在中组部工作。

我认识陈云已经有五十多年了。在这五十多年里，他给予了我许多的帮助和教育，对我的一生都起着十分重要的作用。我记得，他给我上的第一课，就是自觉遵守纪律的教育。

事情发生在1938年5月。那时，我从抗大四期一大队调到四大队，任九队副指导员。谁知到校政治部干部科报到时，被留了下来，分配我去了解应届学员的政治思想情况，以供即将开始的毕业分配参考。但不久，干部科科长李志民告诉我：陈云要一个秘书，我们推荐了你，你就到中央组织部报到去吧。

接到这个通知的第二天，我就前往中央组织部报到。我去中央组织部时，部机关还在延安城里，就在西山一个小四合院内办公。到了那里一看，这个小四合院坐落在半山上，当中有三孔窑洞，两边有两间平房，后头是食堂和厨房。在小四合院后面，还有两个不到三层楼高的小山，上有几孔窑洞，也是属于中央组织部的。

当时，我先到干部科去报到。干部科就在小四合院里办公，科长王鹤寿接待了我。他看看我带来的抗大政治部写的介绍信，然后对我说，你就上去吧，这是事先约好的时间，由陈云跟你谈。并告诉我，山上的第一孔窑洞，就是陈云的办公室兼卧室。

按照王鹤寿的指点，我来到了后山上的窑洞前。陈云所在的窑洞，门前站了一个哨兵。这窑洞是土窑洞，门口用石头镶嵌了一圈，是镶边的。我按照延安的规矩，在门口喊了一声“报告”，就听里面有人很亲切地说：好啊！来吧。我迈进窑洞时，陈云正在看我到延安后填写的自传和表格。看上去，他中等身材，和我身高差不多，外表上显得很文静，大约三十多岁，但是很瘦弱，脸色黄黄的，明显营养不足。屋内一个简陋的小办公桌，一把帆布的躺椅，一个木椅子，还有一个旧书架。陈云就坐在躺椅上，看我进来以后，就请我坐在木椅子上。

这时，我心里很紧张，这毕竟是我第一次同中央领导同志坐得这么近，面对面地谈话。

“你就是刘家栋啊？”他放下手头看的材料问道。

我规规矩矩地回答：“是的。”

他又问道：“你在哪儿上的学？”

我说：“我在北平，上的是燕京大学。”

陈云看见我很紧张，就笑了，专门找了一个话题来问我。他说：“你参加了‘一二·九’运动，对吗？”

听到这样的话题，我的话就多了，就热闹一些了，紧张感开始减弱了。我就讲述了我参加“一二·九”运动的经过和体会，眼里也有了光彩。搞了几年的学生运动，道理天天讲，术语也知道，话就多一些了。

他好像很高兴地听着我讲的情况，还问了一些青年学生的思想动态。我当时并不明白他的意思，后来，才知道他是在利用这个时机了解情况，穿插着搞点调查研究。

等我讲完以后，他开始问我的家庭情况怎么样。我就如实地讲了我的家庭成员情况，我说：我有父亲、母亲，还有一个姐姐、一个弟弟。我父亲是北平京师大学堂的肄业生，现在河南焦作煤矿公司工作，我母亲、弟弟同他在一起。我的姐姐现在北平教中学，是北平师范大学毕业的。后来知道她是党员，1931年到1934年曾任中共北平市委文委委员。

他又问："你在抗大干什么？"

我说："我原在三期三大队学习政治，又到四期一大队学军事。本来派我到四期四大队当副指导员，没有去成，被留在干部科了。"

"你身体情况怎么样？"他很关心地问我。

我回答说："身体还可以，到了边区精神特别好。"

最后，他又问我什么时候入的党。我告诉他说，我本是1936年6月入的党，后来把党的关系丢了。跟我一起来延安的方正同志是我们的领导，是燕京大学地下党支部的组织委员，他暑假回河南老家没交关系，卢沟桥抗战爆发回不了北平，把我们的关系给丢了。后来，我在抗大学习时，于1938年2月重新入了党。

他听完以后，点了点头，又沉思了片刻，开始询问我的意见。"怎么样？我们准备把你调来，到我这儿工作。另外，我兼中央青委书记，还需要有个人经常到中央青委联系联系。找你来，过几个月再来一个人，他可以多跑些中央青委。你看你有什么意见？"

我马上就表示自己没有什么意见，愿意好好学习，做好这项工作。我觉得，陈云给我的第一印象很好，文质彬彬的，很尊重人，说话挺客气，像与你唠家常似的，平易近人，不像有的老红军那样直来直去，有时生硬得叫你无法接受。

他听到我的表态以后，说："那就这样吧。你去找王鹤寿他们说说，可以给你办手续了。然后，你就可以搬来了。"

这样，我就调到中央组织部来了，当了陈云的秘书。那时，搬家是很简单的事情，背包一打，挎包一挎，就来了，没有更多的东西。我就住在陈云的窑洞旁边的一个窑洞里，同李富春的秘书住在一起。

到了机关没几天，在我的思想上产生了一些波动。一方面，当时的青年人都想到前方去工作，这是一个大的朝向，我当然也不例外。从内心讲，很想去前线。尤其是，看到我过去在北平的同学和在抗大的同学都奔赴前方去了，我很羡慕，也想去。另一方面，到中央组织部前，我在抗大学习生活了半年，已经适应了那种紧张的生活节奏，一到了机关

※ 陈云同王稼祥等在延安。左起：王稼祥、陈云、吴玉章、邓发、王明、博古、张闻天。

反而不适应了。抗大的生活单纯紧张。每天闻号即起，迅速集合，按时出操上课，参加训练。吃饭都有时间规定，紧张而有规律。我是党支部的组织委员，组织活动都是利用业余时间进行。如，开党支部会、党小组会，研究组织发展，找党员和积极分子进行个别谈话等，都是在午睡、吃饭后和熄灯后进行。确实很忙，可心情却是非常愉快，很喜欢这种紧张的生活。到了机关以后，一时尚不适应机关的工作节奏，同时我又感觉到，在这里工作，责任是很重的，很怕完不成任务。

出于这些考虑，我就向陈云提出了调动要求。我说，怕工作做不好，是否可以调动一下我的工作？陈云听后一愣，就说："为什么刚来就要求走呢？好吧！你回去想一礼拜再说。”他的这个答复，确实出乎我的意料。我原以为，他会很严厉地批评我一通，或者会做些说服工作，万万没有想到，只是叫我自己去“想一想”，而且完全是用商量的口吻说出，这使我感到既意外又亲切。

陈云的话虽不多，却使我发热的头脑清醒了许多。从他那里回来后，我对这个问题冷静理智地反复想了两三天，认识到自己的想法是不对的。作为一个共产党员，应当服从组织决定，努力做好工作，不应该看到人家上前线了，就一定也要上前线。至于说工作环境不适应的问题，可以慢慢适应。想通了以后，我就去找陈云汇报。我说：“我想好了，不走了，就在这里好好工作。没工作就提出来要走是不对的，是组织性不强的表现。”陈云听后，哈哈大笑，然后对我说：“你能这样想，这就对了。其实，在这里可以好好学习，学习条件比下边强，对你成长是很有利的。”

过了几天，陈云在中央组织部党训班上讲党的建设课。我也跟随他去，在下面坐着听他讲课。他就把我要求调动的经过说了说，以这个例子来讲对青年要做好思想工作，当个人与组织不一致时，能坚决执行组织的决定，这才叫组织性强。服从组织决定要建立在自觉的基础上，要帮助青年，要多做思想教育工作，启发他们自己来认识。他讲这个实例的时候，大家都笑了，我也在笑。虽然是挨了批评，但感觉到心里很亮堂，受到很大的教育。这件事情虽过去五十多年了，但当年所受的第一课教育，我仍然铭记在心。

事实也证明了陈云当时讲的确实是很对的，在中央组织部工作的那一段，对我提高很快，为我今后的一生打下了一个很好的基础。我在中央组织部时，主要工作是办理交办的事宜，收发信件，接待来访，还参加一部分地方工作科的工作。我把一般来信来访的问题及时摘要出来，向陈云汇报，送他批示；有的信件，他亲自看亲自批。从他的这些批示中，我学到了许多东西。他找干部谈话、开小会，有时找我做记录；我还列席过地方工作科找来的各地方党组织负责人的汇报会。这样一来，我不仅学到了不少东西，也了解到许多情况，扩展了视野，增长了实际知识，自己的头脑这部机器也渐渐开动起来了，有时也能提出一些不成熟的看法和建议，提高了完成交办事项的水平和能力。

我还参加了中央组织部机关的理论学习，工作之余和晚饭后，除到延河边上散散步，与同志们交流、谈心，向各科老同志学习以外，我觉得自己的学习机会很多，就见缝插针地努力学习。这个时候，我才真正体验到陈云所说的学习条件好的话，才感到在中央机关工作同样是紧张充实的。而恰恰是在这紧张充实之中，为我打下了一个较好的理论根底，使我受益匪浅。

（刘家栋）

临别前夕的宝贵赠言

刘家栋调离中组部时，陈云找他谈话。他问陈云：“党内为什么那么复杂呀？”陈云开出了一剂该怎么对待的“良方”：就是坚持党的原则。陈云说：不管是什么情况，你都要按照党的原则办事，该怎么办就怎么办，就会适应事物发展的规律，复杂也就不复杂了，问题就能得到解决。

我在中央组织部机关踏踏实实地工作了三年多的时间，精神上很愉快、很充实，追求上进，积极工作，使自己很快地提高，被评为模范青年。中央组织部的另一位模范青年是肖琏。我们接受了毛主席授予的模范青年奖章。

1941年的秋天，中央决定精简机构下放干部。中央组织部积极执行中央的决定，对原有的科室进行了大幅度的精简，只剩下了一个干部科和一个代管单位中央党务委员会；人员也从近60人减到13人。精简的干部中，有五人被抽调到西北中央局去工作，三个任县委组织部长，两个留在西北局组织部。就在这次调整中，我被抽调出来，到了西北局所属的富县，担任县委组织部长，开始直接参加党的基层实际工作。

这时的我，已经比三年前成熟多了，接到组织决定以后，就积极做好迎接新考验的各种准备。尽管在三年多的生活中，我对中央组织部机关已有了很深的感情，已熟悉了这里的一切，但我不再犹豫，也不再担心能否适应新的环境和新的生活，一门心思地考虑如何做好下一步的工作。

就在我临走的前夕，陈云来到了我住的窑洞。他关心地问我准备得怎么样了，问我还需要些什么。然后，他对我说：“你就要离开中央组织部机关了，在临行前，我们好好谈一谈吧。”看着陈云，回想这几年的生活，我百感交集，打开了自己的话匣子。我讲了那三年多的经历，讲了自己在哪些方面得到组织上和陈云的帮助教育，还讲到自己工作没有做好，做了自我检查。陈云听后笑了，说我比三年前有了很大进步，人也成熟了一些。同时，他要我辩证地看待自己，并肯定了我的工作成绩，指出了我的缺点，希望我珍惜这次到基层锻炼的机会，好好在实际工作中学习。

说完这些，他停顿了一下，又向我提出了问题。他说：“你看看你还有什么意见，或者想法，就尽管提出来吧。”我考虑了一下，就对他说：“我没有更多的意见要说，但是，机关有很多干部对机关的某个干部的作风问题反映很大，我觉得有必要反映出来。”我一五一十地将大家的反映和我的看法都讲了出来。他听了以后，没有表态。

※ 1941年在艰苦的岁月里，抗日军民常以野菜充饥，以山洞为家，坚持斗争。

15年以后，我在成都再次见到了陈云。那时，他因反对冒进正遭受不公正的批判。而我作为重庆市委常委、建筑交通工作部部长，却也正面临着所谓严重右倾的点名批判。就是在这个时候，我在成都金牛坝宾馆的一号楼见到了陈云。我先陪他一起看了事先安排好的电影《女篮五号》，然后，我们聊了一个多小时。在这一个多小时里，我们彼此都不谈自己在政治上的遭遇。我是真心诚意地去看望他，没有说我可能被点名批判的事情；他也回避了已经开过的“南宁会议”和即将召开的“成都会议”。我们谈了许多生活琐事，更多的是谈及在延安中央组织部的生活。在那次谈话里，我又重提起当时我反映的问题，问他情况怎么样。他回答道：“你反映的情况是对的。你讲的那个人的情况，我同意。”15年了，他才表了态，可见他对一个干部的评价确实是很慎重的。他不把情况了解得十分清楚，绝不会轻易做出结论来。

这当然是后话了。当时他却没有表态，只是陷入了一种沉思状态之中，我就没有继续说这件事。我觉得，我已经尽到了一个共产党员的义务，将知道的情况向党的领导人做出了汇报。

接下去，我谈了自己思想上另外想不通的问题，以及自己的疑惑。我提出的问题是：为什么我们党内还有这么多复杂的问题？遇到这些事情该怎样去解决？在谈这个问题时，我回顾了自己的认识过程。我记得我是这样说的：我是在学生时代参加革命的，入了党，负责搞秘密工作。虽然学生之间的关系很单纯，但按照党组织的规定，我们不能公开称“同志”。可是，在地下党组织内部是非常亲热的。到了延安以后，都称同志，也是亲热的，但总感觉不像在外头，不像我们搞地下工作时那么亲热，党员之间的关系也不如地下党时那么融洽。过了两年以后，我对情况比较熟悉了，认识到这里党员太多了，同志也太多了，又都是公开的，不可能像地下党时那样的感情，大家考虑的是该做好自己的工作。但是，依旧觉得党内人事关系复杂得很，有路线斗争，也有与教条主义的斗争，还有人事方面的斗争。特别是在组织部门工作，耳朵里听到的东家长、西家短的情况，又是那么多。我很奇怪的是，党内为什么那么复杂呀？我感到困惑不解的是，自己该怎么办？

对我提出来的问题，陈云做了耐心解释，阐明了他的观点，并开出了一剂该怎么对待的“良方”。他告诉我：党内出现复杂的问题，这并不奇怪。我们党是生长在中国社会上的，社会上有许多复杂的问题，也会反映到党内来，想不让这些问题反映进来，是不可能的，这是我们必须面对的现实。而要解决这个问题，首先要端正认识，既承认现实，又不要害怕。干革命如果怕复杂，便会愈弄愈复杂。不怕麻烦，革命就好办。其次，也要有解决问题的方法，这就是坚持党的原则。你不管是什么情况，都要按照党的原则办事，该怎么办就怎么办，就会适应事物发展的规律，复杂也就不复杂了，问题就能得到解决；你如果不能坚持党的原则，就会越搞越复杂，你就永远解决不了问题。

陈云这番关于坚持党的原则的话极富哲理，这就是他送给我的临别赠言。我带着这宝贵的临别赠言，怀着一种十分满足又依依不舍的心情，离开了我工作生活了三年多的地方，奔赴富县上任去了。

（刘家栋）

两封信

刘家栋在陕甘宁边区的富县当了三年的县委组织部部长。他给陈云写了三封信，反映情况。陈云不仅将他的信转给毛泽东看，而且亲自研究他反映的问题，还给他回了两封信。

我离开中央组织部机关后，在陕甘宁边区的富县当了三年的县委组织部部长。这三年，对于我这样一个出了家门进校门、出了校门就到机关门的“三门”干部来说，确实是一个难得的锻炼，了解到一些具体情况，增长了见闻，学到了一些在机关里学不到的实践知识。同时，自己也感到一些问题不好解决，就先后给陈云写了三封信，反映这些问题。

当时，陈云曾对我们几个到基层锻炼的同志说过，到了下面，要多了解一些情况，搞好调查研究，有些了解到的情况，还可以向部里反映一下。就是在这样一种情况下，我才给陈云写了三封信，反映情况。现在，几十年过去了，让我把这三封信一字不漏地再写出

※ 1939年，陈云同部分中共中央委员在延安。左起：陈云、王稼祥、刘少奇、邓发、王明、毛泽东、张闻天。

来，已经是不可能了，但我所反映的几个具体问题，还是记得的。它们是：

一、地方干部每年最困难最繁重的任务是征粮，要占用百分之九十的精力去搞征粮工作。每年陕甘宁边区征粮20万石，负担相当重，大约要占农民收入的百分之三十到四十。农民种的地都很薄，收入本来就少，交这么多公粮，都哇哇叫，骂得很厉害，抵触情绪也非常大。因此，每年征粮任务一下来，就在县级机关来个总动员，组织县级机关的大部分人员组成工作组分头到各区去催粮。我到一个区里去组织征粮，发现层层都把数字落实下去，最后落实到各村。把这个村生产多少粮食、需要多少公粮都确定下来以后，就搞自报公议。这个会开起来很长，不凑够数字是不散会的。有些农民熬不住了，睡着了，把他弄醒继续开，实际上是搞民主摊派。

二、各区的干部除了忙征粮，还要忙自己的生产。我到一个区委去，正赶上他们开会。参加会议的同志有的坐在炕上，有的坐在炕下，每人手里都有羊毛，都在捻线。发言时，就停止捻线；发完言，再继续捻手里的线。

三、地方干部和驻军关系不够融洽，经常为住房、耕地等事扯皮。本来，部队干部的文化水平高，地方干部文化水平低，同是县团一级干部，部队干部高出一截来。但是，有的部队干部跟地方闹矛盾、欺负人，我们同他们打交道很困难，真是：秀才见了兵，有理讲不清。原来我们县政府在过去的县衙门里办公，这是全县最好的地方，某旅来后作为旅部。我们县委就在县政府的旁边，也被作为了该旅政治部的所在地。县委和县政府也没有办法，只好搬出城，到山沟里去。

四、我们在延安时学的理论，许多在县里工作的青年知识分子都感觉到用不上，只有陈云同志讲的党的建设课知识，对他们很有启发，在实际工作中也很有用处。

这四个问题，都是我在基层工作时遇到的突出问题，基层的反映十分强烈。陈云看了以后，很重视我反映的问题。他给我回了两封信，说已将我的信在部机关念过了，这说明我们派干部下去锻炼还是有作用的，可以发现一些问题，反映一些问题。后来，在1942年《干部要严格要求自己》一文中，他说："从中组部派给陕甘宁边区的几百个知识分子干部看，他们到了下边参加实际工作以后，确也能埋头苦干，不仅在工作中积极刻苦，而且在思想意识上也是有极大进步的。他们的吃苦精神并不下于边区老干部，能与老干部团结，能接近群众，在群众中取得较好的信任。"他还告诉我，已将我的信送给毛泽东阅过了。

他的两封回信，是用油光纸写的。这在当时是很好的纸张，一面是光面，一面是毛面。他用钢笔在光滑的一面上书写了回信。我很珍惜这两封信，一直保存着，就是奔赴东北去开展工作时，我依旧带着这两封信冲过敌人的封锁线。我万万没有想到，“文化大革命”时却会失去这两封信。当时我不在家，我的家被人抄了，这两封信就在那次抄家中不见了，至今仍不晓得下落，太可惜了。这两封信的内容，大体有这样三条：

一、在延安学习的马列主义基本理论，是马列主义的基本知识，是启蒙教育，还是有用的。这些知识，每一个参加革命的同志都要学一学，对你的一生是有好处的。但要想用好它，是不容易的。你必须学习它的精神，也就是马列主义的立场、观点、方法，在实践中反复运用，去认识事物的规律，去处理问题，久而久之，就可以有所体会，就一定会感觉到它真正起作用了。不要因为你一下子用不上，就说这个完全不好、没有作用，要反复学习它的立场、观点、方法，慢慢就行了。

※抗日根据地实行减租减息的土地政策。通过减租减息，提高了农民觉悟，改善了农民生活。图为根据地农民在算减租账。

二、部队和地方要努力搞好团结，处理好关系，双方要互相商量、互相尊重、互相支持。部队一方要做好拥政爱民的工作，发生矛盾时，应负主要责任；地方上也要特别尊重部队，做好拥军优属工作。目前，敌后各根据地都很分散，是要考虑从组织上解决一个地区内党政军统一领导的问题。

三、地方工作的中心是搞好群众生产。不能光顾机关生产，更不能以征粮为中心，用百分之九十的精力去搞征粮工作。中国这样一个落后大国，不搞生产怎么能行？抗战要养活军队，没有粮食怎么能行？但这些都不能成为只去征粮或光顾机关生产的理由。你是搞机关生产，还是管群众生产？你是光顾机关的自给自足，还是管群众？答案只有一个，就是首先关心群众的生产和生活，要帮助他们搞好生产。

在信中，陈云语重心长地教育我，要我正确认识这些问题，对我启发很大。后来我才知道，毛泽东在看完我的来信以后，对部队与地方关系不够融洽的问题非常重视。他请陈云研究一下一元化领导的问题，并牵头代中央起草一个根据地党政军一元化领导的决定。陈云给我回信的时候，正在考虑如何从组织上解决党政军统一领导的问题。

※ 陈云同邓小平等在延安。左起：邓小平、周士第、陈云、林彪、罗荣桓、罗瑞卿、王稼祥、杨尚昆、滕代远、贺龙、李富春。

毛泽东还在他的两篇文章里，提到了我在信中反映的内容。一个是在《组织起来》一文中，一个是在《改造我们的学习》里面。

毛泽东在《组织起来》一文中是这样说的；“只知向他们要救国公粮，而不知道首先用百分之九十的精力去帮助群众，解决他们‘救民私粮’的问题。”这是针对我在信中反映的实际情况说的。我反映的是基层最大的任务是征收救国公粮，占用了百分九十的精力，毛主席把它反过来说，要求地方干部要用百分之九十的精力去关心救民私粮，而不是救国公粮。他还要求，要帮助群众搞生产，帮助他们订计划，号召在边区组织变工队，你帮我、我帮你，把主要精力放在关心群众的生产和生活上，真正解决“救民私粮”问题。

毛泽东不愧为我们党的伟大领袖，他十分善于从基层干部的反映和老百姓的抱怨中发现问题、解决问题。那时，农民由于征粮的负担太重，骂人骂得很厉害，毛泽东就说过：打雷劈死了一个农民，有的农民就说，为什么打雷不把毛泽东劈死？他从中发现了问题，并针对信中我反映的情况，提出了要关心群众的疾苦，不是光向群众去要，而是要用百分之九十的精力去解决群众的“救民私粮”。在他的主持之下，中央还采取了一个措施，将20万石公粮减至16万石，减少了五分之一。后来，他又号召“自己动手，丰衣足食”，掀起了“大生产运动”，使这个问题得到了很好的解决。

毛泽东在延安整风运动时，有一篇著名的报告，就是《改造我们的学习》。在这个报告中，他针对我信中反映的问题指出：“在延安学了，到富县就用不上。”本来在这后面，他还讲过这是“教条主义害人子弟”之类的话。解放后，编辑出版《毛泽东选集》时，把后面的话删掉了。但是，前面那句话，在现在新版的《毛泽东选集》中依然有。这就是说，我当时关于在延安学的理论到下面用不上的反映还是有结果的，引起党中央的重视，要求全党“改造我们的学习”，紧密联系中国的具体实际。

我给陈云写信反映的几个问题，引起了他的高度重视。他不仅将我的信转给毛泽东看，促成了这些问题的解决，而且亲自研究我反映的问题，还给我回了两封信。在他那两封信的字里行间，处处充满了马克思主义的辩证思想，使我从中领悟到，在遇到任何问题时，都应当把握辩证法的观点去看待问题，寻找解决问题的方法。当时，我反映这些问题的目的本是为了解决问题，我的确没有想到能直接引起中央的重视，能得到毛泽东同志和陈云的亲自处理，这是一件令人高兴的事情。同时，陈云还通过写信的形式，给我以深刻教诲，教会了我如何看待问题，如何在实际工作中运用马克思主义的辩证法，这更是喜上加喜。

（刘家栋）

制定干部政策

为了做好干部工作，陈云制定了一整套培养、使用干部的方针和制度。1938年陈云在抗大作的《干部政策》的报告和1940年8月中央组织部《关于审查干部经验的初步总结》，是当时中组部进行工作的实实在在的依据。

1938年夏，我手持中共山西省委的介绍信，辗转来到久已盼念的革命圣地延安。组织上先分配我到陕北公学27支队学习，三个月后又调我到中组部干部科工作。中组部部长是陈云。

陈云中等身材，身体单薄，脸庞的线条轮廓十分清晰，第一次见面给我深刻的印象是：聪明机智，精练果断，没有架子，平易近人。在实际接触中，进一步认识到他对新事物十分敏锐，对问题的分析非常透彻，是一位对同志对自己都严格要求的好领导。他平时话不多，但陈述问题时，条理清楚，观点明朗，讲道理深入浅出，我十分喜欢听他讲话，觉得他的话句句都有道理，是我入党十年来遇到的最有水平的领导。

当时的中组部设在延安城西边的山腰上，几眼窑洞既是办公室又是宿舍。深秋的一天，我到延安城里办事，正走在大街上，突然警报拉起来了，人们纷纷朝山上跑，我则凭着在江苏靖江工作时躲日机的经验，朝反方向跑。日机迎面冲来，从我头上掠过，紧接着轰隆轰隆的爆炸声响彻整个延安城。飞机走了，我赶紧往回跑，来到山上，中组部大部分窑洞被炸塌了。一些同志牺牲了，许多人受了重伤和轻伤，大家都忙着运送伤员。陈云的窑洞虽未被炸塌，但却被上层炸塌窑洞的土滑下来封住了门和窗。我们见状都十分焦急，担心封的时间长了，洞内氧气不足，于是，连忙七手八脚把土搬开。陈云镇定自若地从洞内出来，微笑着拱起双手向大家鞠了一躬说："谢谢大家，辛苦了！"看着陈云安然无恙，我们都舒了一口气。

中组部原来的窑洞不能用了，转移到北门外离延河不远的山坡上。转眼到了冬季，窑洞打好了，一切工作也就绪了，陈云便亲自领导我们学习马列著作。学习内容主要有：《共产党宣言》、《联共（布）党史》、法国革命史等。当时中组部只有十多个人，分为两个学习小组，陈云和李富春两位正副部长分头担任两个学习小组的组长。陈云在学习动员会上首先要求我们要端正态度，认真学习，要为革命而学习，要详读原著；第二要求我们写读书笔记，每人的读书笔记要在组内传阅；第三要求组长对每个组员的学习负责，要批阅组员的学习笔记，并在笔记上签字等等。陈云是我们这个组的组长，每次学习时他都

※ 抗日根据地普遍建立三三制（即共产党员、非党的左派进步分子、中间分子在政权机关中各占三分之一）政权。1941年1月，陕甘宁边区召开第二届参议会。林伯渠（前排左二）被选为陕甘宁边区政府主席，民主人士李鼎铭（前排左三）被选为副主席。图为全体参议员合影。

捧着书本和我们一块儿学。他要求我们认真阅读原著，不要看参考书，要独立思考，提出自己的见解来。他经常有意识地提出问题来考我们，也鼓励我们提问题来考他，使学习空气既严肃认真又生动活泼。他还要求每个组员都要写学习笔记、学习心得或读后感。读完一章后，他就组织我们有系统地讨论，每个人都要在讨论会上谈自己对本章的体会。陈云在组织我们读马列原著的同时，也组织我们学习报纸上的重要文章，以引导我们了解世界动态，关注亚洲现状，注视国内阶级斗争发展趋势，掌握敌占区和国统区的状况。

那时候条件很艰苦，大家都用整张的马蔺纸裁开钉起来做笔记本。可是陈云不知从哪儿弄来用新闻纸做的洋笔记本，每人发一本，大家高兴得不得了，我也不例外地把它视作“宝贝”。起初我不会写笔记，写得词不达意。也许自己根本就没学懂，思路不对头。陈云看了我的笔记后没有批评我，只在我的读书笔记后面批：“我看了两遍，看不懂。”同志们取笑我说：“淇生写的读书笔记是天书，咱们凡人看不懂。”从此我虚心向大家学习，学习怎样做读书笔记，读原著时也更加认真，用心理解，弄不懂的就提出来，经过反复讨论，到弄明白为止。这个时期的学习使我受益匪浅，打下了马列主义理论的基础，初步掌握了马列主义理论和实践相结合的重要方法。由于学习踏实认真，至今我还能清楚地记得《联共（布）党史》结束语的内容。对党的三大法宝不仅牢记，且经常以此来对照检查自己的工作。

当时中组部多项工作中最重要、量最大的是干部工作。自从七七事变后，蒋介石的不抵抗主义和攘外必先安内的政策受到广大人民群众的坚决抵制，他们纷纷奔赴延安，投身到抗日的洪流中。这时，中组部干部科的接待工作十分繁忙。我作为干部科的成员，主要负责干部的审查、分配工作。有时，我们白天参加完生产劳动，收工回来，院子里坐着一大堆人等着我办理分配手续。这些人多数是从敌占区来的，有学生，有地下工作者，也有进步人士等等。我根据陈云制订的干部分配原则，经过审查，把他们分配到中央党校、抗日军政大学、女大或其他工作部门。他们手持分配通知书，兴高采烈地走向学习、工作岗位。为了做好干部工作，陈云制订了一整套培养、使用干部的方针和

※ 整风运动中，许多高级干部深入基层，进行调查研究。1942年1月至1943年3月，张闻天率团在陕甘宁边区和山西兴县等地进行调查研究。图为张闻天同调查团成员在陕西神府彩林谷子地边。左起：雍文涛、曾彦修、尚明、刘英、马洪、张闻天、薛光军、许大远、徐羽。

制度，我至今还保留着1938年陈云在抗大作的《干部政策》的报告和1940年8月中央组织部《关于审查干部经验的初步总结》。这些都不是纸上谈兵的东西，而是我们天天进行工作的实实在在的依据。

陈云强调审查与了解干部是干部工作中的第一项，他要求我们从客观实际出发，从爱护干部的角度出发，切忌主观片面。干部审查的重心是看干部的工作表现，审查历史也是要看其历史上的工作表现。审查的内容：一、看其对党、对上下级的关系；二、看其工作是否积极；三、看其对党外人士的态度；四、过去与现在全盘地观察与比较。干部审查不应该认为是一次性的任务，而是要长期考察，在变化中观察。只有这样才能真正做到全面深入的了解。

对于挑选干部，陈云规定了四条标准：第一条，对党的事业应有无限的忠心。何谓无限忠心？即党的利益高于一切。有的同志已在战斗中、在监狱里、在法庭上证明其忠心，这是历史，还要在以后的工作中考验，就是说这种忠心不是一时一事，而是要贯彻始终。第二条，关心群众，保持每时每刻与群众的密切联系，深知群众的需要与疾苦。第三条，对工作的态度应是积极主动，深入调研，认真细致，勇于负责。第四条，在与阶级敌人斗争、与党内各种倾向斗争时，应能特别遵守纪律。他强调这四条标准不仅适用于今天，也适用于明天。当然，在不断发展的新形势下，可以根据新的情况补充新的内容，但其原则不变。现在看来，这四条标准仍然适用于今天，虽然今天的形势已与六十年前大大不同了。

对于提拔干部，陈云也规定了四条原则：一是人事相宜的原则，即看干部是否称职。二是德才兼备的原则。才不是空才，是在完成任务中体现的才；德也不是空德，而是在工作中表现的德。一位工作做得很出色、受群众拥护的干部，说明其不仅有才而且有德。三是斗争历史与能力兼顾的原则。干部的斗争历史很重要，但不是唯一条件，也要照顾到工作能力、品行、特长等具体条件。四是能上能下的原则。他批评那些只能上不能下的干部是个人第一、党性不纯的表现。

陈云特别注意分配干部时要有全局观念。各学校干部的分配方案都由他制定，他自然要照顾到方方面面。如有的人可以转学，将来分配到国统区去开展党的工作；有的人留下继续学习，将来分配到香港去工作；有的人分配到敌占区去做地下工作；有的人分配到敌后根据地或游击区、友邻区去搞对敌斗争；还有的人准备去苏联、美国留学等等。我们干部科则是分配方案的具体执行者。

陈云还教育我们，对干部（包括缺点毛病较多或犯过错误的干部）要量才使用，但又要反对借口量才使用而讨价还价的倾向。要大胆使用现时可能使用的人，在使用中增长才干，改正缺点甚至错误，不能空想天上掉下人才或地上长出人才。对那些缺乏经验的人，应该把他放到实际工作中去锻炼、培养。对长期做一部分工作的干部应使其向全面发展，如做多年青年工作者，在可能条件下应做一做其他工作，了解和掌握其他方面的情况后再去做青年工作，这样视野会更开阔，会更有利于做好青年工作。他还主张军队干部和地方干部在不妨碍双方工作的条件下应互相交流、互相学习。

在大批审干工作任务基本完成之后，陈云则把主要精力转移到研究根据地的创立、巩固和发展的经验上。为了提高根据地和游击区主要领导干部的政治水平和文化素养，陈云有计划地抽调干部来延安培训，同时组织干部科和地方工作科的干部开展对各根据地发展情况的调查了解，要求每个人在调查的基础上提出自己的意见和看法，实际上是通过这一工作来培养提高我们分析研究问题的能力。我分工研究山东各根据地的情况，正好在延安有山东来参加“七大”的干部和来党校学习的学员，我就去找他们谈较早建立的沂蒙山区和胶东地区根据地的创建和斗争情况。

当时延安大致有两部分干部。一部分是长征和根据地的老干部，他们经过革命战争和阶级斗争的锻炼和考验，立场坚定，是各项工作中的骨干。他们有许多长处，缺点则是其中有一部分人文化较低。另一部分是青年学生，他们有文化、有热情，但没有经验。陈云号召新老干部要团结，要互相了解、互相学习。他要求老干部应认真提高文化水平，说：“你们不学不得了，学了了不得，有了文化才能把你过去的斗争经验总结出来，血汗不会白流的。”他鼓励青年干部说：“小资产阶级分子投身到工人阶级中来，是不容易的事，是阶级转变。应向老同志学习，学习他们的革命作风、坚定的阶级立场和坚强的革命意志。老干部则应用老大哥的态度帮助新来的同志。”在陈云的倡导下，掀起了一股学习文化的热潮。文化高的同志给文化低的同志讲课，如袁宝华给我们讲物理、化学课，大家学得很认真。在这次文化学习运动中，只有高小基础的我，懂得了物理、化学的基本概念，知道了代数、几何公式的演算。建国后我参加工业建设部门的工作，在一般技术问题上还有点发言权，不至于一窍不通，这应该说得益于延安时期的文化学习。

陈云对干部的要求是很严格的，尤其对高级干部更加严格，这种严格要求实质是最大的爱护。当时军队中的高级干部到中央党校学习，一般都由其所在部门审查决定并批准执行，但其组织关系（即中共党员的党籍）必须经中组部干部科转。有的高级干部认为这是事务工作，不当回事，叫警卫员来办。陈云不同意由警卫员代办首长的组织关系，说这是党员的组织观念问题，是党员对自己政治生命的态度问题，不能由别人代办。于是，凡是警卫员代办的组织关系都被退了回去，要求高级干部自己亲自来办理。在严格要求干部的同时，陈云也十分关心干部的困难，千方百计帮助他们解决自身难于解决的问题，如夫妻分离的，根据本人意愿，通过组织手续使夫妻团聚。对于未婚的夫妻也尽可能给以照顾，使双方的工作地靠近，以便能经常见面。“有困难找组织”，这是干部战士们的通用语，是他们对中组部信任的表现。有的干部找对象也要找组织商量，把中组部看作是自己的“老家”。

陈云对年轻干部虽然也很严格，但更多的是爱护。他鼓励青年人在工作之余开展各种文娱活动，如打篮球、乒乓球，到延河游泳等。对于他的部下——做干部工作的年轻干部们，他也很爱护地订出了标准：要忠于革命忠于党；处事要大公无私，处理问题和观察问题要从客观实际出发，不能只凭自己的片面经验来判断问题；要有相当的党内与社会工作经验。

在陈云的领导下，中组部的工作开展得有声有色。陈云调离中组部后，他所制定的干部政策仍然是我们党开展干部工作的依据。

（刘淇生）

“要有大的气量，善用各种人才”

陈云说：“要有大的气量，善用各种人才。单枪匹马，革命到底是干不成的……只要这个人有一技之长，就要用。只有这样，才能成大事业。”

1939年秋，赵家庄，一个在地图上找不出的地名，距延安约90华里。

王金贵这段时间一直不太明白一件事，他在路口摆的这个小小茶水摊不比往年，为什么生意天天都很好。他心中既高兴，又有些担忧，不知道生意究竟能好多久。算了，也不用想那么多，反正是小本买卖，先把眼下的钱挣了再说。这兵荒马乱的，谁知道明天早晨自己脖子上吃饭的家伙还在不在！

每天他都看见操着各种口音的人路过，有听得出来的四川话、湖北话，更多的则是只见张嘴说话、只闻声音传来，就是听不出来是哪的。有时还有自称江西老表的过来讨碗水喝，说是走了上千里地了，身上的盘缠已经全部用光。碰到这种情况，金贵总是笑着二话不说端过去一碗水，出门在外，谁没个难处？

许多人是同乘一辆大卡车带着一路铺天盖地的沙尘停下来歇脚的，也有三五成群，人手一把雨伞，背上则是一个包袱步行而来。到了此地都免不了坐到他的小摊前，喘口气，喝碗水，脸上流露出某种压抑不住的期盼和喜悦，有的还兴奋地与摊主聊上几句。

这不，今天照例又在对面路边停下来一辆车。不一会儿，王金贵看见一男一女向他这边走了过来。他赶紧上前招呼，掸掸凳子，将桌子一抹，把早已备好的凉水端到面前。略一打量，原来都是中年人，看神情像是夫妻。男的眉清目秀，显得精干；女的说话温柔，从举止神情看像是南方人。令王金贵印象最深的是男的那双手修长，指甲修剪得很好。从小看惯长满老茧的手掌，长这么大的他还是第一次知道，原来手也可以这么好看。

俩人边喝边聊，只听那位妇女转头对男的低声说："北方的风沙还真是很重，你看，头上又全是黄沙了。"男的听了笑笑，又继续埋头喝水，从浓重的口音判断，俩人大概都来自川滇一带。

王金贵倒是一点都没看走眼。他们正是在八路军驻重庆办事处周恩来亲自安排下前来延安的一对重庆夫妇。男的叫何穆，是重庆城内颇有名气的外科医生，手术台前人称"一把刀"；女的是他的妻子，名叫陈学昭，是一位作家。

与当时的许多热血人士一样，他们向往进步，毅然抛弃重庆舒适的生活，谢绝亲朋好友的挽留，汇入当时的革命圣地——延安的滚滚洪流之中，决心全身心投入到抗日第一线，为民族存亡而斗争。

历经颠簸，何穆和陈学昭终于抵达了目的地。就在第二天，一位不速之客敲开了他们的大门，只见来客大约三十几岁，身材中等，长得清秀、精干。何、陈二人感到愕然，始终想不出自己在延安还有什么熟人。

就在这时，只听来人面带微笑地说："想必两位就是何先生和陈女士吧？"何穆与陈学昭对视一眼，仍旧反应不过来。见此情景，对方自我介绍道："哦，我是陈云，恩来同志的电报早几天就收到了，一直在盼着你们来。怎么样，路上还顺利吧？"

原来这就是陈云、陈部长！临行之前，他们前往八路军办事处辞行时，周恩来除叮嘱他们路上注意安全，并交代应急联络办法之外，还特地告诉他俩，到延安后可以首先去找中共中央组织部的部长陈云，他会替你们安排好一切。没想到今天……俩人赶紧上前紧紧握住陈云的手，激动得一时间不知道说什么好。高官，他们在重庆见得很多，无不盛气凌人、一副不可一世的样子，没想到共产党这样一位"大人物"竟如此平易近人，亲自登门看望。共产党人果然不一样！难怪这么多人要不避艰险地投奔而来。

三人坐下后，陈云详细了解了他们路途上的情况，并询问住下后生活等方面有什么困

※ 1938年中共中央主要领导人在延安合影。左起：毛泽东、彭德怀、王稼祥、张闻天、朱德、博古、王明、康生、项英、刘少奇、陈云、周恩来。

难需要帮助解决的。何穆和陈学昭夫妇俩连连摇头，表示一切都好，到这儿后到处都感到很新鲜，与重庆大不一样。这一晚，三人谈天说地，相处得非常愉快。

不久，陈云又专门请他们前去中组部，并亲自热情接待。陈云首先询问了二人原来在重庆从事的职业和各自的专业特长，并征求他们对在延安工作安排的要求和意见。何穆和陈学昭均表示，没有任何特殊要求，一切服从安排，希望尽快能以自己的一技之长为抗战出力，在国难当头之际尽一个中国人的义务。陈云听后微微点头。

为搞好来自敌占区和"国统区"的大批热血青年来到延安后的安排工作，中央制定了明确的政策。在通过材料、介绍、谈话、试用等多种形式的考察了解之后，对于希望并适合将来从事军事工作的，送往抗日军政大学学习；对于文化理论水平较高、比较有造诣的，一般选送到马列学院学习；对于有一技之长或可向某一专长方向发展的，就分配到专业类院校去学习，像来自文化界的大多数人就去了鲁迅艺术文学院；妇女通常分到女子大学；青年干部则往往是到青年干部学校学习；当然，也有年龄很小的，就先到延安中学、延安师范学校乃至著名的延安保育小学学习。

根据这一原则，并考虑到实际情况的需要和个人意愿，最后，何穆被分到延安医疗水平最高、条件最好的中央医院，继续从事外科工作；陈学昭则到鲁迅艺术文学院，一边学习，一边从事宣传写作。

经过一段时间的工作和生活后，俩人都感到，对这很艰苦的环境，来之前所作的思想准备仍然不够充分，生活上出现了一些原来没有想到的不习惯之处。再加之面对新的工作岗位和环境，有一个逐渐了解熟悉的过程，双方都忙于各自的事务，相互沟通比较以前少了，有时还难免把暂时不适应的问题带回家中，忍不住争上几句。

长此下来，夫妇二人经过商量后给单位领导打了报告，提出想暂时离开延安回到重庆去，并在报告中解释了这样做的原因。陈云得知此事后，非常重视，专门进行了全面了解。在搞清确实不是因为俩人各自所在单位的工作没有做到家，而系本人思想暂时发生波动之后，他与夫妇俩就此当面交换了意见。

陈云首先希望他们能继续留下来工作，当看见对方一时之间难以改变初衷时，他诚恳地说："你们俩人来了，我们欢迎；如果一定要走，我们也欢送。"并表示，他们在出去

※ 抗日战争爆发后，成千上万爱国青年奔赴延安，他们进入中国人民抗日军政大学、鲁迅艺术文学院等学校学习。图为冼星海正在鲁艺组织同学们唱《黄河大合唱》。

之后如果遇到什么困难，愿意回来，我们随时欢迎。

就这样，何穆与陈学昭踏上了归途。

回到重庆，二人眼见在纸醉金迷的陪都，各级官员贪污腐败、大发战争财，军警宪特横行，到处搜捕进步人士。而前方将士此时却正在流血牺牲，敌占区人民更是生活在日寇的铁蹄之下，尝尽亡国奴滋味。再想起延安火热的生活，环境苦是苦，但那里的人们从首长到普通工作人员，心中满怀救国之志，为国家的兴亡毫不计较个人得失。他们吃的是小米、黑豆，但活得却很充实，知道为什么而活，知道为什么而奋斗。那里，只有那里才是拯救中华民族于危亡、振兴中华民族于未来的希望所在！

何、陈二人的内心再一次深深地被震撼了。此时，夫妇间的关系也已重新和睦。不久，他们便再下决心，决定重返延安。

陈云得知何穆和陈学昭返回延安的消息，非常高兴，再次登门看望。对此，个别同志表示了不同想法。陈云解释说，我们吸收人才的面一定要宽，态度一定要诚恳，这不是权宜之计，而是中国革命的长久需要。他讲："要有大的气量，善用各种人才。单枪匹马，革命到底是干不成的……只要这个人有一技之长，就要用。只有这样，才能成大事业。"

在何、陈的住处，陈云紧紧握着面上还略显惴惴不安之色的何穆的手，爽朗地说："欢迎你们回来！"望着陈云诚恳、热情的面孔，夫妇俩的心顿时释然了。何穆恳切地向陈云表示，从此为革命事业奋斗到底，永不回头。陈学昭也作了类似的表态。陈云肯定了他们的想法，连连说"好，好"。很快，陈云便再次为他们安排了适当的工作岗位。革命队伍又增加了一对勇敢的夫妻。

陈云以自己诚恳而耐心细致的工作，充分体现出党组织对党外人士的信任、热情和关怀。妥善处理何穆、陈学昭去而复返之事一时间也成为广泛流传的佳话，许多新到延安的人士通过它，看到我们党对待他们是真心诚意的、是肝胆相照的，这更加坚定了他们为革命多做工作的决心。就拿何穆与陈学昭来说，他们后来果然像在陈云面前所表达的一样，终生都在为革命事业奋斗。重返延安后不久，何穆就主动要求去了条件更加艰苦的前线，以经受战争的考验。在那里，他精纯了技术，更深化了思想。经过组织考察，何穆在火线光荣地加入了中国共产党，在解放战争时期还曾担任著名的白求恩医院院长一职。建国后，何穆继续在党的卫生战线不懈努力着，十一届三中全会后改任卫生部顾问。陈学昭则一生从事写作，解放后曾任浙江省文联负责人，为党的文艺宣传事业付出了巨大心血。

（李梦汶）

在党内搞霸道主义不行

针对王明无视党的纪律的行为，陈云说："无论是谁，在党内不按党的原则办事，搞霸道主义绝对不行！"

作为党和国家的高级领导人，陈云在严格遵守党的纪律方面堪称楷模。在这个问题上他的信念是，党的纪律是铁一般的纪律，是统一和集中我们党的意志的保证，是必须无条件遵守的。

为了捍卫这一信念，陈云敢于与任何歪风邪气作坚决斗争，哪怕对方是王明这样的"名人"。

1937年10月，陈云与王明同机抵达延安，当时毛泽东曾亲临机场表示欢迎。根据中央的安排，陈云担任了中共中央组织部部长，而王明兼中国女子大学校长（王明当时在共产国际还担任着候补书记一职）。

中国女子大学简称"女大"，隶属中共中央妇女工作委员会，与马列学院、军事学院、自然科学院、鲁迅艺术文学院、泽东青年干部学校、行政学院等类似，是一所专业性学校，专门培养党的妇女干部。当时从全国各地有大批青年和干部奔向革命圣地——延安，其中的妇女同志按照组织的安排大多进入了"女大"学习。

王明在历史上曾犯有严重的教条主义和"左"倾路线错误，给革命事业造成过极大损失。但他来到延安后仍不知悔改，继续坚持教条主义的思想路线。此人自恃有共产国际

※ 王明。

候补书记的身份，大言不惭地四处宣扬自己是“一贯正确”，是“百分之百的布尔什维克”。到延安后，在工作中，他瞧不起同志，一副飞扬跋扈、盛气凌人的样子；在组织观念上，无视党的纪律，“天下老子为大”的思想根深蒂固。他还喜欢拉山头、立门户，大搞后来被毛泽东严厉批评的宗派主义。作为“女大”校长，他一门心思想要在这所学校里建立起自己的“独立王国”来。

除了应邀前往各大学校包括“女大”作党的建设报告，给学员们讲解党的纲领、章程、奋斗目标和组织原则等方面的课程之外，陈云与王明平时很难得遇上一次。陈云能不“遇”就不“遇”，因为他对王明的所作所为一直非常反感。

“执政党的党风问题是有关党的生死存亡问题”，这是他对党已经在陕甘宁边区建立了大本营的情况严肃提出的。他强调必须加强执政党的建设，明确指出，执政党的自我批评更重要。陈云说：“我要着重说，领导着政权的党、领导着军队的党，自我批评更重要。因为掌握了政权以后，犯了错误会更直接更严重地损害群众利益。党员违反了纪律，特别容易引起群众不满。”因此，他认为，自己经常洗脸和去掉身上的尘土，可以密切与群众的联系，轻装上阵。这在掌权的情况下是非常重要的。他还特别强调，“严格地遵守党的纪律为所有党员及各级党部之最高责任，无特殊人物，无特殊组织。”

一边是坚持“不管你是中央委员，还是一般党员，不管你是老党员，还是新党员，都要遵守纪律”，另一边是“老子天下第一”，搞“独立王国”。长此以往，看起来不“遇”也得“遇”，冲突是在所难免的了。

冲突的直接原因是中国女子大学毕业学员的分配问题。

为适应迅速发展的抗战形势需要，训练从各地来的大批干部和青年，延安当时开办的院校比较多，专业门类设置也具有很强的针对性。这是在艰难环境下集中大量人力、物力的结果，体现了中央对人才培养的高度重视。为确保办学成功，中央还制定了一系列的办学方针、管理政策和措施，其中对各院校毕业生的分配也专门作了明确规定。根据这一规定，凡属综合性院校像陕北公学、抗日军政大学、中央党校、延安大学等的毕业生分配统一由中组部负责，主要根据专业对口分配到党政军各部门或地方党政部门工作。而从像鲁迅艺术文学院、中国女子大学这样的专门性学校毕业的学员，则按照中央分配一半、学校所属的业务主管部门（像“女大”所属的中央妇委）负责分配另外一半的原则进行，其中归口中央分配的毕业生，由中组部具体负责安排工作。

对此，“女大”校长王明有他自己的“想法”，“学员分配”在他看来是某种权力的象征。因此，他无视中央的有关决定，要求把75%甚至更多的分配权力划归女子大学。

中组部具体负责此项工作的同志闻知后十分重视，多次前往“女大”交涉，希望王明能放弃这一不合理要求，一切按照中央的规定办。但王明的气势很盛，口口声声“我是一校之长，有权对学校学员的工作进行分配”。

看到王明坚持错误的顽固态度，该同志将此事向部长陈云作了汇报，请示如何处置。陈云一听非常生气，态度非常鲜明。他说：“无论是谁，在党内不按党的原则办事，搞霸道主义绝对不行！”

1941年2月14日，陈云就此事专门写了一封信给王明。在信中陈云义正词严地明确表达了自己的意见。他说：“妇女工作是全党工作的一部分，我是党的工作者，我的责任和我的要求，也仅仅是‘一视同仁’四个大字。”陈云还在信里劝说王明及时改正过来，表示期望“彼此以服从中央书记处多数同志通过的决定为好”。

在陈云的据理力争下，坚强的党性最终战胜了无组织无纪律性，中国女子大学毕业学员的分配工作继续按照中央的规定正常进行了。陈云敢于“碰硬”，对不执行中央决定的高级干部照样进行监督的行动一时间在延安传为美谈。

针对此事，陈云后来只讲过一句话，“我们的一举一动，都要符合党的政策。”

1970年9月陈云在庐山参加九届二中全会时，在华东组的大组会上揭发批判陈伯达的发言中曾提及王明。他讲，陈伯达谦虚是假，其实是老虎屁股摸不得。这个人是伪君子，在延安时他说，诸葛亮在他这个年龄已做大事了，而他现在还一事无成。他和王明差不多，就是靠几本书招摇撞骗、吓人。

可谓一针见血。

（李梦汶）

“道不同不可与谋”

陈云与康生可算是“道不同不可与谋”。陈云一生都十分重视个人的品质和道德修养，他说：“德才相比，我们要更注重于德。就是说，要确实提拔那些党性强、作风正派、敢于坚持原则的人。”而这方面他所厌恶、所鄙视的，“正巧”在康生身上都具备。

陈云与康生的相识可算是“非一朝一夕”。

早在1931年，中共中央成立特别工作委员会，决定由周恩来、康生、陈云、潘汉年、邝惠安五人主持中央特科的工作，两人就开始认识。后来，陈云根据中央的安排于1933年1月离开上海奔赴中央苏区，并当选为中共中央政治局委员、常务委员。而此时的康生呢？则早就找了一个借口到莫斯科“避风”去了。他是个胆小怕死之辈，参加革命的动机本身就不纯，根本就是为了投机。而隐蔽战线工作风险很大，天天与凶恶狡诈的对手面对面，随时都会有生命危险。如果连“命”都没有，还“投”什么“机”？

陈云在江西为保卫和壮大中央革命根据地做了大量工作，他同时还身兼白区工作部部长和全国总工会党团书记。在工农红军第五次反“围剿”失利后，陈云随部队走上了长征路，曾先后担任红五军团政委、中央纵队政委等职，并圆满完成了各项重大任务。在红军长征抵达四川西部的懋功雪山脚下时，党中央交给陈云一项绝密使命，前往上海恢复党在那里的地下工作，设法与共产国际取得联络，介绍长征的基本情况特别是遵义会议的情况。陈云依依不舍地告别战友，辗转行程万里，在上海工作一段时间后，最后来到了莫斯科。在完成中央赋予的特殊使命后，陈云就留在了莫斯科，并在中共驻共产国际代表团工作，担任监察委员。这可算是陈云与康生第二次较长时间的打交道。

抗日战争爆发后，陈云与滕代远等按照党中央的指示于1936年下半年离开了莫斯科，任务是到新疆开展民族统一战线工作并接应西路军。作为中共第一任驻新疆代表，陈云与同志们一道艰苦努力，以敢于开拓的精神开创了党在新疆工作的新局面。1937年10月，随着抗战形势的迅猛发展，大力加强党的建设、干部队伍建设成为迫在眉睫的重大任务。为此，中央决定陈云回到延安担任中共中央组织部部长。真是“不是冤家不碰头”，就在陈云乘坐的返回延安的飞机上，也同时坐着从国外回来的康生。在机场欢迎会上，毛泽东风趣地说：“今天，马克思给我们送来了天兵天将。”

当时谁都没有想到，在不远的未来，同机下来的两个人会发生面对面的斗争，因为其中一人要在此地——革命的圣地延安搞“抢救运动”，要在每两人中“挖出”一名特务来。

陈云与康生可算是“道不同不可与谋”。

正是因为曾经在一起工作过，所以陈云对康生此人是颇知一二的。陈云的一生都十分重视个人的品质和道德修养，他认为这是对一名共产党员最基本的要求。陈云曾经说过：“德才相比，我们要更注重于德。就是说，要确实提拔那些党性强、作风正派、敢于坚持原则的人。”

而这方面他所厌恶、所鄙视的，“正巧”在康生身上都具备。康生素以好钻营、见风使舵著称。在“李立三路线”大行其道时，他紧随其后，写了不少肉麻的文章。后来王明得势，为向新“主人”献媚，并表明与李立三“划清界限”的“决心”，康生上蹿下跳，“表现”得尤为积极，为许多了解情况的同志所不齿。他待人虚伪、冷酷、心胸狭窄、睚眦必报，在肃反扩大化时期曾不惜栽赃诬陷同志，对战友无情打击甚至残酷迫害来借以邀功。

自古正邪势不两立。只不过，陈云没有想到，他与康生之间的冲突会来得如此快。

事情的直接起因是审干。

对待干部，陈云历来十分关心和爱护。他强调“组织部要成为干部之家”，其中的关键是要做到“了解人、气量大、用得好、爱护人”而“爱护干部主要是政治上的爱护”。当事关干部的政治生命时，一定要细心调查、慎重地去处理，决不能在没有调查或没有查清的情况下，凭推断或印象而不是确凿的事实和证据就轻易下结论，草率作决定。陈云坚决反对轻视干部的政治生命，随便摆布干部的倾向，主张对干部要采取宽容的态度。

“抢救运动”前的审干工作是由中组部负责的。身为部长，审干一开始，陈云就十分重视，把它当成党建工作的一件大事来亲自抓。他在这个问题上强调，对干部进行审查是必要的，但一定要慎重，一定要实事求是，一旦发现问题要立即纠正，确保审干工作健康有序地进行。他说，“对人批评要实事求是，要从关心爱护同志出发，不要无限上纲，对有些问题要分清是不是错误，错误的大小轻重。”陈云指出，审查干部的大忌是混淆两类性质的矛盾和上纲上线、搞肃反扩大化。

陈云本来是针对土地革命战争时期苏区曾经出现过的肃反扩大化问题而提出此告诫的。可惜，当后来康生搞“抢救运动”时，这句话还是不幸被陈云言中了。

在审干工作中，陈云以对党的事业高度负责、对同志的政治生命高度负责的精神，秉持“审查干部必须实事求是、客观、严格，切忌以主观的推测为根据”的原则，谨慎对待每一件事情、每一份材料、每一个问题。

陈云还经常针对审干中出现的某些现象和问题，专门给从事这一工作的同志分析并提出自己的处理意见，以尽量减少工作中的失误。他讲，有的同志不敢出面正确地为别的同志做证明人，是因为害怕牵连到自己。碰到这种情况，一定要更为慎重，否则就不是关心干部，稍有不慎就会使被怀疑的同志冤沉大海，这实际上也是损害了党的事业。

当时延安的干部中，有不少是从敌占区历尽艰险来的。由于各种原因，有的同志组织关系没有、丢失或不全。对这部分同志的审查，陈云本着尽可能在根据地解决问题的原则，从辩证发展的观点出发，提出考察干部要坚持理论与实践相结合。为此，他采用了一个有效而稳妥的办法，这就是先安排他们进学校学习或到某一工作岗位上，通过实际表现来慢慢了解。再结合其他途径，像有关部门进行信函调查、同志提供证明、找本人谈话、查阅材料等，就可以逐渐把问题搞清楚了。此后，组织部门根据掌握的情况，区分不同原因，分别加以解决。有的恢复了党的关系，有的是重新入党，也有的还需要在工作中进一步了解以待后续解决等等。无论是哪种情况，当事人都深切感受到党的关怀，感到组织上对他本人是高度负责的。即使那些问题暂时不能解决的同志也都能心情愉快、没有任何思想上的负担、干劲十足地投入到抗日烽火之中。

就在审干工作有条不紊地进行当中，当时担任中共中央总学习委员会副主任兼中央社会调查部部长的康生跳了出来。按照“惯例”，他“登场”就是要攻击的。这次攻击的对象直指陈云，他说：“坏人那么多，你们组织部是怎么搞的呀？”按照他的“看法”，中央组织部审查干部右了、太宽了，使得特务钻到了我们党内来，中央组织部在审查干部上有错误。

就这样，康生一手导演的“抢救运动”拉开了序幕。

与陈云在审干问题上的“谨小慎微”相比，康生的“抢救运动”一开始“气势”就很大，大有不抓出一大片绝不善罢甘休之势；与陈云的和风细雨相比，康生的“抢救运动”

※在延安时期的康生。

是准备给同志们来一场“暴风骤雨”。

这一运动不同于以前的审干，名曰“抢救”，实质上是搞反特斗争，即所谓“清查内奸”。本来，清查内奸、纯洁队伍的工作本身在你死我活、你中有我、我中有你的战争环境中是必要的，但是，康生将身为中央组织部部长的陈云排斥在一边，直接指挥的所谓“清查内奸”很不正常。正像陈云所告诫的那样，它严重混淆了两类不同性质的矛盾，将一些干部的缺点、不足或历史上暂时尚未搞清的问题，都无端上升为政治问题甚至反革命问题，还大肆动用“逼、供、信”的手段，要人所谓“坦白”，制造假证据、假案件，造成了大批冤假错案，迫害了一大批同志，甚至使有的人没有牺牲在抗战前线，而是含屈告别了人世。这一切给党的事业带来了巨大损失，无辜伤害了许多好同志。

在“抢救运动”中，康生完全违背了实事求是的精神。他先是诬蔑河南、甘肃、陕西、四川等省的地方党组织是“红旗党”，即不仅让国民党特务打入进来，而且还窃取了领导权，极大地干扰了地方党组织的正常工作。接着，他在延安知识分子中大抓“托派”，仅在短短的两个多月时间内，在革命圣地延安各机关学校的一万名干部中查出“特务”近千人，也就是每十名干部中就将近有一名“特务”。其中严重的学校，每两人中就“挖出”了一名特务！这是对党的知识分子政策的严重破坏。

尽管陈云在“抢救运动”开始后不负责审干了，但陈云的态度是鲜明的。他一直“反对滥用纪律惩办干部”，从根本上不同意对干部搞这场“抢救运动”。他认为这是故意混淆视听、夸大敌情，是“亲者痛，仇者快”的事。把不少省的省委说成是“红旗党”更不符合事实，是无中生有。“抢救”在很多方面是违反了中央关于如何整风的规定的，会把我们的干部队伍搞乱。

与此同时，陈云还尽自己的力量，努力纠正“抢救运动”的错误做法。他不惧风险，不怕“惹火烧身”，敢于出面为被“抢救”的同志做证人，讲出自己知晓的客观情况。

曾经有一名同志，过去一直表现良好，并因工作出色多次受到上级表彰，但因出身富农家庭，这次有一顶“托派”的帽子从康生手上飞来落到了他头上。他感到委屈，思想负担很重。面对汹涌而来的“抢救”，他有口难辩，最后提出一个要求，希望组织派他上前线去杀敌，以为党的事业流尽最后一滴血的方式来证明自己的清白。陈云后来得知这一情况，非常重视，顶着压力亲自过问了此事。通过调阅材料，查找当事人提供的证人，听取当事人所在单位领导及群众的反映和意见，历时两个多月，终于水落石出，最后，这名同志又重新愉快地走上了工作岗位。针对此事，陈云讲，“是不是好党员，决定于该党员本身，家庭关系决不能作为党员合不合格的条件。”

还有一次，有一男一女两名同志也被指为“托派”，陈云亲自出面找他们谈了话，并保证一定把事情查清楚。经过两个月的调查，最后得出结论，他们并非“托派”，“托派”之说纯系捕风捉影。后来陈云讲：“调查时间花了两个月，值得不值得呢？我看是值得的。因为两个月绝对培养不出一个干部来，花两个月挽回一个干部再值得没有了。”真是爱护党的干部之心可昭日月！

中组部在审干工作中，严格遵照了“实事求是的审查才是真正的严格”的精神，从而保护了一大批党的干部。半个多世纪过去了，那时所作出的结论，今天还都是对的。

而“抢救运动”则大相径庭。

中共中央和毛泽东很快便发现了“抢救”扩大化的问题，如此“抢救”是大不对头的。1943年7月30日，毛泽东亲自出面对错误做法及时进行了制止，指示停止“抢救失足者运动”。紧接着在10月9日，毛泽东又针对滥抓、乱杀的现象提出了“一个不杀，大部不抓”的原则，他本人还主动承担责任，进行了自我批评，并曾在中央大礼堂当着众人的面，向被“抢救”者脱帽鞠躬表示道歉。

根据毛泽东的指示和在中央《关于审查干部的决定》中提出的九条方针，从1944年春开始，中央有关部门开始对冤假错案进行甄别平反，对在“抢救”中受到冲击、蒙受冤屈的同志赔礼道歉。在中共第七次代表大会上，毛泽东再次向受到冤屈的同志表示了道歉。

即使如此，个别同志直到党的十一届三中全会以后才得以彻底平反，一洗冤屈。

是非已有公论。

但陈云与康生的斗争并未结束。

对延安时期的审干风波，康生对陈云一直怀恨在心，建国后多次伺机进行报复。

1966年8月，党的八届十一中全会召开。由于此前陈云支持“包产到户”受到毛泽东的批评而离开了中央领导核心，康生认为机会已到。13日，他在华东组小组会上发言，对陈云进行了恶毒攻击。他说：“陈云同志的思想，也是长期与主席对立的。他以经济专家自居，自认为他的经济学在主席之上。看看他的1962年的报告，就懂得他的经济学是什么货色。他只讲经济，不讲政治，他讲的经济政策。据我看，只是资本主义的商人经济而已。”

历史是公正的。

党的十一届三中全会决定对康生进行审查，后决定将其开除出党。机关算尽，当年的投机分子，最终被扫进了历史的垃圾堆。

（李梦汶）

“老老实实做小学生”

陈云说：“像我们这样没有什么底子，各种知识都很缺乏的人，要老老实实做小学生。”

陈云一直谦虚地称自己是“小学生”，在履历表上，“文化程度”一栏他总认真地填写上“小学”二字。他还讲，“像我们这样没有什么底子，各种知识都很缺乏的人，要老老实实做小学生。”

陈云不仅以“小学生”来自勉，而且还经常鼓励大家，“各人的程度不同，环境不同，学习应该采取不同的方法，但都要老老实实，做小学生。”并且形象地将坚持自学比喻为进“长期大学”，说学成之后就是头号的“博士”。

1935年5月底，陈云肩负党中央的绝密使命，在四川天全县告别长征队伍，行程万里，最后于8月下旬经海参崴辗转来到苏联首都莫斯科。在圆满完成任务之后，陈云就留在了莫斯科，参加中共驻共产国际代表团的工作，并担任监察委员会委员，化名“史平”不久进入列宁学院学习。

列宁学院是当时共产国际为我党培养高级干部的专门学院，除陈云外，我们党不少著名人士，如吴玉章、许光达等都曾在此学习。学院根据地区情况下设了多个学习部，像英文、德文、法文、中文部等，陈云就在其中的中文部学习。

学院是由没收的原沙皇贵族旧宅改建而成，礼堂、操场、两层高的教学楼一应俱全。院内宽敞、整洁、宁静，绿树成荫，是学习看书的好地方。在此期间，而立之年的陈云系统阅读了马恩列斯原著和学院编写的辅导教材，以及世界其他各国无产阶级革命历史的有关文献，还包括一些无产阶级经典作家对工农运动、阶级分析与阶级斗争等方面内容的论述。陈云在这里抓紧一切时间学习、查阅资料，除认真做笔记外，他还刻苦钻研，结合中国革命的具体实际和自己的革命经历，特别针对过去革命实践中正反两个方面的经验和教训，从理论的高度进行深入思考和总结。

1937年10月，陈云回到延安担任中共中央组织部部长。担子更重，工作更忙，但“老老实实做小学生”的想法非但没有减少，对陈云来说，现在反而是进入了人生中另一个非常重要的学习与收获的季节。

陈云组织组织部机关干部系统学习马克思主义基本理论和毛泽东哲学著作，长期边工作、边学习，不中断地坚持了近五年的时间，从而成为延安时期我党在职干部学习理论的

※ 出席中共扩大六届六中全会人员合影。后排右五为陈云。

典范。他所领导的中组部读书小组是延安时期一直坚持下来的两个小组之一。这一做法既为提高领导者和机关干部的素质与水平提供了理论上的依据，也为如何确有成效地达到提高的目的探索了路子。在学习中，陈云带头刻苦攻读，同时帮助大家从思想上认清在当前敌我斗争、民族抗战这一大背景下坚持学习的重要性，提高学习的自觉性，并启发同志们针对工作中的实际问题作深入思考和剖析。他指出，“一个共产党员难得有机会长时间在课堂上学习，因此要善于在繁忙的实际工作中自己争取时间去学习，这点必须有坚持精神才行。”为理顺工作、生产和学习三者之间的关系，陈云还摸索出了一整套行之有效的学习制度和方法。

在内容上，陈云尤其强调对马克思主义哲学理论的学习。他明确讲，“现在我们的干部中很多人不懂哲学，很需要从思想方法、工作方法上提高一步。只有掌握马克思主义哲学，思想上工作上才能真正提高。”同时，也要求大家学习其他一切有益于工作的知识，努力拓展知识面，以做好迎接未来多方面挑战的充分准备。他说，“要学习军事知识和军事技术”，“要研究中国的历史和时事政治的情况”。

其中，对经济知识和技术知识的学习问题，陈云特别指出，我们要“向全党解释，各种经济工作和技术工作是革命工作中不可缺少的部分，是具体的革命工作”，因此，“应纠正某些党的组织和党员对革命工作抽象的狭隘的了解，以至轻视经济工作和技术工作，认为这些工作没有严重政治意义的错误观点”。上述观点高瞻远瞩，预见性强，与建国后陈云所说“要下决心学习。不学习，经济建设一窍不通，那就搞不成 ”是完全一致的。

陈云组织的学习活动多次受到党中央和毛泽东的高度评价。毛泽东曾充分肯定中央组织部采取一本一本学原著、做笔记，结合当时情况来进行讨论的方法，认为这个方法对头，要求在职干部的理论学习要按中央组织部的办法来办。

在“长期大学”中坚持学习，陈云不仅受到了广泛赞誉，更重要的是，辛勤的劳动换来了丰硕的成果。陈云自己说，“这样系统地学习了几年马列著作，对我很有帮助，从思想理论上把王明的一套‘打倒’了。”而对延安的各个院校来说，“老老实实的小学生”就是被争相聘请的“客座教授”。

作为中央组织部部长，并一度兼任中央党校校长，陈云频繁接到各单位的盛情邀请，希望他能前去给大家作报告，特别是关于党的建设方面的内容。

党中央一直高度重视人才的培养，因此当时延安设立的院校不少，既有像抗大、陕北公学这样综合性的，也有像中国女子大学、行政学院这样专业性的院校。陈云经常到各校去，紧密结合思想、工作和学习实际讲授党建原理，教育同志怎样为共产主义奋斗终生，怎样全心全意为人民服务。他的课深入浅出，有理论、有实践，因此极受学员的欢迎。

当时，应邀向学员们作报告的不少，他们各有特点。像王明、博古等讲课，“一、二、三”与“1、2、3”，虽然便于当堂作记录，形式却显得死板，再加上只是在黑板上罗列出一条条原理，台下的人就很容易听得寡然无味。张闻天讲课就比他们好得多，入情入理，丝丝相扣，能够一直抓住听众的心理。

毛泽东也来给大家授课。他的风格总结起来就是不拘一格，每次把要讲的东西定下题目和列个提纲之后，就旁征博引，信手拈来，滔滔不绝地讲开了。许多深奥难懂的问题既有理论，又善于结合斗争实践和当前形势来加以分析，为你剖析个透，中间还不时夹杂一些诙谐形象的语言，或者古今乃至身边的趣事妙语。待授课人告诉大家今天就讲到这里时，听课的同志才发现一堂课已在不知不觉中似乎就“突然”结束了。回想起来感到收获非常大，但低头看看笔记本，除了一个题目外，空空如也！再问他人想借笔记本来摘抄一下，谁知竟莫不如此，只得作罢。而且最有意思的是，每次下来暗暗告诉自己，下次一定要记好笔记，但每次又都发现，根本不可能按计划来实施。

而陈云授课有自己独特的风格。据我国著名作家，名著《太阳照在桑干河上》的作者丁玲回忆说，她就最爱听陈云讲“党的建设”。每次，他都用最实际最生动的实例印证理论，分析问题深透，说理清楚，语言生动，态度亲切。她认为，要做到这一点，既需要有真知灼见，又要能够从现实的、复杂的实际生活中准确地抓住关键性的环节来剖析。通过讲课，陈云以头脑清楚、思维敏捷、声望极高而又平易近人给丁玲留下了极深的印象。

在陈云作报告的听众中，既有众多来自大城市的青年大学生，也有回国参加抗战的知识分子和各类专业人才。他们通过陈云的讲课和课下的面对面交谈，感到他“看问题看得透、抓得准，既有理论分析，又有实际经验”。陈云渊博的学识和丰富的经验，再加上清清秀秀的外表，好奇心重的同志特别是刚刚从敌占区过来的总是不禁悄悄地向人打听陈“教授”是从哪所大学毕业的。当熟悉陈云的同志告诉说，陈部长在家乡小学毕业以后就投身中国革命，现在所讲的都是他经过多年的革命实践、坚持不懈的理论水平学习和勤奋思考形成的。他并非哪个大学的“教授”，但他的理论和实际水平大家确实是公认的。他具有很强的理解能力、分析能力和判断能力，都是许多大学生所无法比肩的。他实际的文化程度早已远不止是“小学”了。询问的同志听完介绍，望着讲台上的陈云仍久久不敢相信，心中暗暗钦佩不已。

除此之外，这一时期陈云还著述甚丰。

工作中的许多文件、报告、电报甚至社论都是陈云亲自起草的。像中央制定的《关于吸收知识分子的决定》就是由陈云代为起草。他个人的讲话、发言稿更是自己动手，从不让其他同志代劳。凡事坚持自己动手、决不轻易劳动他人是陈云一贯的工作作风。即使到晚年，由于身体日渐虚弱，部分文稿虽然由秘书根据他的意思先行起草，但定稿时他都总还要逐字逐句地推敲修改。

在延安期间，从1938年到1945年，陈云共发表重要文章25篇，如《论干部政策》、《怎样做一个共产党员》、《党的支部》、《学会领导方法》、《要讲真理，不要讲面子》等。这里的《怎样做一个共产党员》一文后来被编入了印发全党的《整风文献》中。陈云文章的一大特点就是言简意赅、逻辑性强，善于用质朴的语言来论述深刻的思想，所阐述的观点从战略思维的角度着眼，层次很高，立意深远，高瞻远瞩，统揽全局。陈云在这些文章中还提出了许多影响深远的精辟论断，如“不唯上、不唯书、只唯实”、“谁抢到了知识分子，谁就抢到了天下”等，使读到的人总是回味无穷，很受启迪。

陈云“老老实实做小学生”是一贯的、长期的，不论是战争时期还是和平年代，不论工作繁忙与否，不论身体状况如何，也不论是否已到高龄，这一精神总是不变的。即便是在“文化大革命”期间“靠边站”下放到江西，陈云也是许多日常生活用品没有带，却带了《马恩选集》、《资本论》、《列宁全集》、《斯大林文选》、《毛泽东选集》和《鲁迅全集》。在近三年的时间内，他除了去工厂蹲点和外出搞社会调研之外，其余时间都是在居所看书。

到了晚年，他依然笔耕不止。1981年5月8日，陈云以一篇《提拔培养中青年干部是当务之急》，提出并论证了在新的历史时期，成千上万地提拔培养中青年干部是当务之急的重大命题。他强调，对此问题，每个同志，尤其是每个老同志，都应该认识到它的严重性和迫切性，切实将其当作第一位的任务来解决，因为“这个问题实在是大”。

到了晚年，他依然关心学习。1983年2月25日，陈云在写给当时任中共中央党校校长的王震的一封信中再次强调指出：“党校学员既要学习马列主义、毛泽东思想的基本理论和党的方针、政策，以此作为主课，又要学习一些现代科学文化知识和必要的专业知识，以提高领导水平和实际工作能力。”

（李梦汶）

“学好哲学，终生受用”

陈云说：“毛泽东同志亲自给我讲过三次要学哲学。在延安的时候，有一段我身体不大好，把毛泽东同志的主要著作和他起草的重要电报认真读了一遍，受益很大。”

陈云从1937年底到1945年在延安工作的七年多时间，是一生好学的他学习最紧张的时期之一，也是学习收获最大的时期之一。

刚从新疆返回不久，毛泽东就曾经先后三次同陈云谈话，在谈及学习问题时，还特地建议他学哲学，尤其是马克思主义哲学。毛泽东对陈云讲，这很有用。此前，毛泽东在党的六届六中全会上就强调指出：“在担负主要领导责任的观点上说，如果我们的党有一百至两百个系统地而不是零碎地、实际地而不是空洞地学会了马克思列宁主义的同志，就会大大提高我们的战斗力量，并加速我们战胜日本帝国主义的工作。”为此，中央还曾组织在延安的党政军主要负责同志共四五十人，历时半年多，研究了中国古代的哲学思想。

受谈话的启发，陈云此后认真钻研了毛泽东的《矛盾论》、《实践论》、《论持久战》、《中国革命战争的战略问题》等重要论述，通过学习这些将马克思主义与中国革命的具体实践紧密结合的典范性文章，陈云感到收益很大，更加深化了对理论特别是哲学理论学习重要性的认识。按照1981年他本人的说法，“毛泽东同志亲自给我讲过三次要学哲学。在延安的时候，有一段我身体不大好，把毛泽东同志的主要著作和他起草的重要电报认真读了一遍，受益很大。我由此深刻地领会到，工作要做好，一定要实事求是。”

当时他是这样给同志们讲的：“我党是马克思列宁主义的战斗的党，首先我们要学习马克思、恩格斯、列宁、斯大林的理论，才能培养自己成为一个真正有能力有坚强党性的共产党员。”陈云说，“在党内，在干部中，在青年中，提倡学哲学有根本的意义。现在我们的干部中很多人不懂哲学，很需要从思想方法、工作方法上提高一步。只有掌握马克思主义哲学，思想上、工作上才能真正提高。”

陈云还把学习理论提高到了党的建设、干部队伍建设的高度来看待，要求广大党员干部要把学习马列主义理论当作自身的职责，以不断提高学习的自觉性和主动性。他多次对大家讲，毛泽东讲长征到了延安，尽管生活条件仍很艰苦，但暂时摆脱了颠沛流离，能相对安稳下来看一些书、写一些东西了。我们也要向毛泽东学习。

1942年10月7日，陈云在延安军事干部工作会议上再次指出：“现在我们的毛病，是马列主义不够。要反对教条主义和经验主义，都需要认真学习马列主义。”

※ 1943年12月，陈云同毛泽东在一起。

而在马克思主义理论的学习中，陈云又尤为强调对马克思主义哲学理论的学习。因为，“学习理论，最要紧的，是把思想方法搞对头。因此，首先要学哲学，学习正确观察问题的思想方法。如果对辩证唯物主义一窍不通，就总是要犯错误”。“马克思主义哲学是一种科学的世界观和方法论，学习马克思主义哲学很重要。”他的观点是，“学习哲学，可以使人开窍”。

经过统一思想认识，从1938年起，担任部长的陈云把中央组织部的机关干部组织为一个学习小组，开始进行系统学习，其中的重点是哲学理论。该小组由陈云任组长，李富春任副组长，正式参加的领导干部有十人左右，参加旁听的同志前后加起来约有三十几名。大家在一起不间断地学习了五年多，是当时延安两个坚持下来的学习小组之一。

同志们都学得很认真刻苦，陈云更是带头钻研。为此，他曾在纸上写下“从我做起”、“从现在做起”。陈云的工作再忙，即使有时从书记处开会回来天已蒙蒙亮，第二天照旧参加学习讨论。平时则是白天处理公务、上山搞生产，晚上在油灯下学习。据陈云自己回忆，“延安时代，我在中央组织部工作的时候，有一个很好的风气，就是组织干部学习哲学。那时规定每周要看几十页书，每星期六用半天时间进行讨论。”

※ 1938年，毛泽东在延安窑洞撰写《论持久战》。这篇著作是指导全国抗战的纲领性文献。

小组除认真学习毛泽东哲学著作外，还学了《资本论》、《列宁选集》、《马克思恩格斯选集》等。为扩大知识面，同志们还阅读了一些参考书，如我国早期革命家李达写的《新社会学大纲》、日本哲学家河上肇的著作等。此外，陈云还经常带领大家学习其他方面的政治书籍、中央有关文件和指示、现代自然科学技术基础知识、社会科学知识等。

中组部的学习小组后来之所以学习效果十分显著，并得到党中央、毛泽东的高度评价和充分肯定，是与陈云探索并实施的一整套行之有效的学习方法分不开的。

陈云在学习中非常强调结合实际来学习。他说，学习不能空洞，不要务虚而要务实，不能“言必称希腊”，而一定要与中国革命的丰富实践结合起来，一定要与国内外、省内外、县内外、区内外的实际工作结合起来。

陈云认为，在工作中，学习是最主要的办法，是最靠得住的办法。他强调，“实际工作是更重要的教育武器。实际工作的过程，就是教育干部的过程。”在一次与从事地方工作的同志进行谈话时，他曾对此有过精辟的阐述。“在延安学习的马列主义基本理论，是马列主义的基本知识。这些知识每一个参加革命的同志都要学一学，对你的一生是有好处的。但要想用好它，是不容易的。你必须学习它的精神，也就是马列主义的立场、观点、方法，在实践中反复运用，去认识事物的规律，去处理问题，久而久之，就可以有所体会，就一定会感觉到它真正起作用了。要反复学习它的立场、观点和方法，慢慢就行了。”他总结道，“正确的道路都是人走出来的”，“真正政治上高明的革命家，只能在革命斗争中培养，不能专从学校里训练”。

这种在工作中学习、以学习促进工作的学习方法在战争环境中是非常有效的。同志们将工作中遇到的难题带到学习之中去解决，将工作中的经验和体会通过学习加以提炼和深化，又将学习中学到的理论和方法与具体的工作实践紧密结合起来，让理论在实践中结出果实，学用并举，相得益彰。

同时，陈云还提出要坚持一本一本读马列原著和毛泽东著作的学习方法。陈云讲：“要将现在的主要教科书一本一本地读，既不懈怠，也不用着急，一步一步来。”并且在阅读中一定要注意加强领会精神实质，要多思索，总之一定要读懂。他说，“要读就读懂，不要一知半解。这是达到融会贯通的必经步骤”，“现在慢，将来用起来才快、才准、才不出偏差”。

陈云要求大家在自学中一定要做好读书笔记。他说：“（做好笔记）有两个好处，一是让你多读几遍，一是逼你聚精会神，认真思考，使你了解得更深刻些，而不是随便看，像过去那样模模糊糊。”

除此之外，陈云总结出的最重要的方法之一是“领导干部带头学”，这被当年曾亲历此事的老同志认为是中组部学习小组能坚持下来并学有成效的关键。陈云指出，“党内的老干部、高级干部首先要努力学习，成为学习的模范”，“党要培养大批理论联系实际的干部，也首先寄托在老干部高级干部身上”。他说：“因为你是老干部，因为你常常担负独当一面的领导工作，你更有责任而且更有必要提高自己的理论水平。”

陈云就是带头学习的模范。他从不打扑克，也不跳舞，一有空就看书学习，原著、参考书无不认真读，并记下大量的笔记。在学到一些经典性的文章像《共产党宣言》、《反杜林论》等时，他都亲自带领大家一起学。并每学习一段，就结合心得讨论一段，还鼓励大家提问，力求彻底搞清所学内容。有时遇到某些段落理论上比较深奥，陈云还给大家列出一些问题来启发思路，以加深同志们的理解。

据当年的学习小组成员、建国后曾担任广东省委书记的王德回忆：“当时陈云同志学习认真，打破沙锅问到底，工作也一样认真细致，考虑问题正面反面翻来覆去考虑，站得住脚，立于不败之地。学习和工作中都认真听取别的同志的发言，从不打断别人发言。这种考虑问题的精神，永远值得钦佩和学习。”

此外，陈云在学习时间上也务求保证。除上级任务或特殊任务需要紧急处理之外，每周至少用一个完整上午的时间来学习，风雨无阻，不容轻易改变。有时还根据学习进度和工作情况，将学习时间改为两个上午。

坚忍不拔的学习毅力再加上科学有效的学习方法，使陈云及其所领导的学习小组的同志们都取得了丰硕的成果。陈云对中国革命许多重大问题的认识从理论上得到了进一步升华，他深刻批判了王明等人的“左”倾机会主义错误路线，按照陈云自己的说法就是，“从思想理论上把王明的一套‘打倒’了”。他指出，王明等人的做法是“用切断历史和生搬硬套的办法，把书本上的抽象概念套到中国来，把生动的中国看成僵硬的中国，把复杂的社会看成简单的社会”，为此，“必须彻底无保留地打破主观主义、公式主义和生搬硬套书本上的概念，从具体的中国情况出发，抓住中国的特点”。

当时在中组部担任干部科科长的王鹤寿后来对这一段学习的评价是：“通过学习，看问题更全面了。遇到问题，就会从各方面去考虑，既考虑这一面，又考虑那一面，全面来考虑问题，这在工作上是很有用的，对我帮助很大。”

经过多年的实践和理论学习，陈云不仅成为我党杰出的马克思主义经济理论家、党建理论家，而且也是杰出的马克思主义哲学家。有学者指出，陈云哲学思想的最大特色在于他把哲学的理论思维和中国革命和建设的具体实践内在地完美地结合起来，体现了学与

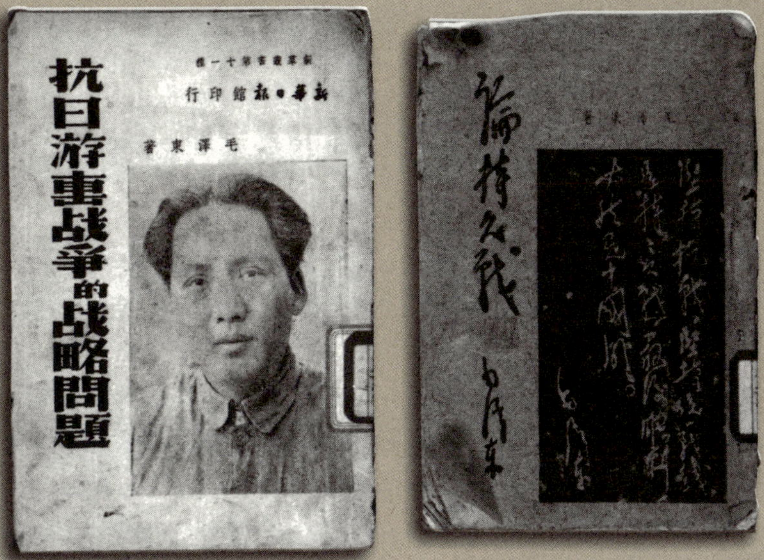

※《抗日游击战争的战略问题》和《论持久战》的早期版本。

用、知与行、坚持和发展的辩证统一。

建国后，特别是党的十一届三中全会以来，陈云仍不断提倡学习理论、学习哲学。他指出："要把我们的党和国家领导好，最要紧的，是要使领导干部的思想方法搞对头，这就要学习马克思主义哲学。"

1981年3月，陈云在《对起草〈关于建国以来党的若干历史问题的决议〉的几点意见》中，再次强调了加强哲学理论学习的重要性。他说，"现在我们的干部中很多人不懂哲学，很需要从思想方法、工作方法上提高一步。只有掌握马克思主义哲学，思想上、工作上才能真正提高。"

这些意见对于加强新的历史条件下党的建设，提高干部特别是高中级领导干部的思想政治素质和领导工作水平，加强党性观念，增强分析问题、解决问题和把握全局的能力，高举邓小平理论伟大旗帜把改革开放事业进一步推向深入，都具有极其重要的指导性意义。

陈云说过，"学好哲学，终身受用。"

（李梦汶）

一贯不搞特殊

陈云对干部要求很严格，对自己也毫不例外。在他看来，大家都是共产党员，都应当严格要求，谁也不能特殊。一贯不搞特殊，是陈云的一个明显特点。

陈云在中央组织部工作时，和一般战士干部一样，穿着打扮都是公家发的衣裤和鞋，很朴素。和大家一样，普普通通的。

在我们部里，按照当时的规定，他和李富春同志是吃小灶的。但在那种困难的条件下，大家的每月津贴费都相差不大。在延安，一般干部每月津贴费2元，最高的中央领导，像毛泽东同志那样的领导，也无非只有5元。所以，所谓吃小灶，并好不到哪里去，无非是能吃上大米，这就是最大的优待了。陈云的小灶，每顿饭有两小碟菜，油水很少，就是这样，他还曾叫我去检查不要超过标准。后来，打败日本以后，陈云到了东北哈尔滨。那时，我也到了东北工作。东北的条件比我们在延安时是好多了，但陈云同志依旧很注意，不准超标准。记得有一次，因为他生病了，食堂为他多做了一个菜，他见到以后，硬是给端了回去。从此，再也没人敢不按规定随意给陈云加个菜了。

他不仅在吃穿上很简朴，屋里的摆设也非常简朴。那时条件很艰苦，不像今天有办公的地方，还有宿舍，分作两摊。陈云这样的中央领导开始也就在一间窑洞里办公和住宿，甚至在结婚以后有一段日子，仍只有这样一间窑洞。后来，考虑实在不方便，陈云同志才答应了换一个套间窑洞，外间作为他办公的场所，里间作为他同爱人的卧室。在他办公的窑洞里，只有一张办公桌、一把木椅子、一个帆布躺椅，还有一个旧的木头书架和一个冬天烤木炭火的火盆。

虽然摆设简朴，东西很少，他却使用得很充分。办公桌上文件的摆放都有一定的位置顺序，哪些放在桌面上，哪些放在抽屉里，都有一定之规。而在桌面上放的文件，也都是一叠一叠的分类堆，哪些是急办的，哪些是预备提交部务会议讨论的，都有各自的位置。我去给他送文件时，都按这种规矩摆放，有时我放错了，他会马上纠正过来。书架上的书，大都是马列主义原著、毛泽东同志的著作和一些理论参考书籍，堆得满满的，但细看一下，你就会发现，也都是按一定位置摆放的。中央组织部从中央党校礼堂后山上搬到杨家岭时，陈云同志还特别关照过我，屋内的几件家具照旧摆放，书和文件的位置千万不要搞乱了顺序。后来我才明白，这些小事能反映出他心中有数，办起事来，效率就会高。

陈云从衣食住行这样的日常生活中着眼，严格要求自己不搞特殊，在工作中就更不含糊。

他是中央书记处的书记，不光是管中央组织部，还要参加中央书记处的会议，研究全党的工作，是很忙的。那时，延安的工作节奏比较快，作为中央书记处的书记，大都兼有其他部门的领导职务，所以，中央书记处经常是在晚上开会，一般都是后半夜才散会，有时甚至要开到天亮。

陈云身体不好，能坚持正常工作应说已很不错了，但他要求我们全力做好工作，自己也从不特殊；要求我们搞好学习讨论，自己也从不缺席。从书记处开会回来，不管多晚，第二天照旧按时上班，或者出席部机关的学习讨论会。我记得有几次，会议一直开到天蒙

※ 1939年，陈云同李富春在延安。

蒙亮。他回来后，擦了把脸，就来到讨论会现场，大家都劝他去休息一会儿，他却坚持参加讨论会，照常启发大家讨论。

那个时候，中央组织部是很紧张艰苦的。白天要工作、要上山劳动，晚上还要在油灯下面学习。当然，最难的就是陈云，他除了这三项，还要加上去中央书记处开会，真够难为他的。由于他上不了山，大家都劝他算了。他认为不能特殊，上不了山，但劳动还是应当参加的。所以，我们都上山劳动时，他并没有闲着，就在我们中央组织部坡下的菜园子里干活；我们要上山干四五个小时，他也在菜园子里干整整半天。经过了一两年的生产，我们中央组织部的粮食完成了任务，菜也自给了。大家都承认，在这里面，陈云所付出的艰辛比我们要大得多。他却不这样看，认为自己只是干了自己能做的事，尽了自己的力量。

他总是这样的，凡要求别人做的，自己又能够做到的，就一定要亲自动手，从不允许自己有一点点特殊。他在延安时，1938年至1942年期间发表文章19篇，1942年至1945年又发表6篇，共计25篇，都是自己动手写的，从不找别人代笔。这些文章绝大多数是关于党的建设方面的内容，大都言简意赅、提纲挈领、朴实严谨、逻辑性强。他还到马列学院、中央党校、抗日军政大学、中央组织部的党训班等处讲授党的建设课，讲稿或提纲也都是亲自起草。他讲课时，常常引起哄堂大笑，学员们反映他讲的课生动活泼，深入浅出，引人深思。当组织工作需要新的方针时，他也不是授意部里同志代笔，仍然坚持能自己做的就自己来做。1938年，中央关于大量吸收知识分子的决定，就是陈云动笔起草出来的，后经毛主席修改，由中央书记处讨论通过后，以中央的名义发下去的。陈云在坚持自己动手的基础上，要求中央组织部的同志要养成自己动手的习惯，不要老想依赖他人。

记得在1939年12月20日，延安各界在中央大礼堂曾召开过一次大会，庆祝斯大林六十寿辰。大会主席台上一边坐着两个速记员，另一边坐着两个文字记录人员。我就是其中一个文字记录人员。毛泽东等党中央领导同志都参加了大会并讲了话，对斯大林在苏联建国初期，特别是卫国战争中的功绩大加称赞，对社会主义制度优越性大加赞扬，号召进一步学习苏联。大会后，还出版了一本庆祝文集。

就在这次大会之前，我看陈云实在太忙，就主动为他写了一篇庆祝斯大林六十寿辰的文章。其实，我没干过这样的事，只是抄书抄报，写出的文章比较平庸。陈云同志看到我写的文章后，对我说：这样不行。一方面，他认为我没写过这样的文章，只抄书抄报不行，要有自己的看法、思想才对；另一方面，他认为这样不符合他坚持自己动手的原则。于是，他在教我应当如何写这类文章之后，还是坚持自己来准备这个讲话稿。

他写了一个提纲，就拿着这个提纲在大会上发了言，用自己的语言来讲大道理，通俗易懂，大家很满意。他在讲到十月革命成功、苏联人民生活好、没有剥削的道理时，是这样讲的：苏联主要是发展了生产力。生产发展了，生活就改善了；生产发展了，物资才能丰富，吃的穿的才能改善。我们延安现在生产不发展，生活有困难，穿的是土布。苏联穿“洋布”，衣服领子经常是白白的，还上过浆，蛮挺括的。我们生产发展了，物资丰富了，也同样可以穿有挺括领子的白白净净的衬衣。这事情好办，不必下工夫，问题是生产发展不发展。东西多了，往好处学容易。说到这里，他用手把自己土布衣服的领子拉了一下，说：我们一样可以穿白白净净的衬衣。全场哄堂大笑，大家在笑声中却在回味着这句话的分量。

五十多年过去了，我还清清楚楚地记得陈云在庆祝讲话中的主题，这就是：纪念斯大林要打败侵略者，要努力发展中国的生产力；也清清楚楚地记得他亲自动手写提纲，用自己语言讲话的那些具体情景。

陈云还十分注意处理好家庭与工作的关系，绝不因为自己是部长，自己的家庭就可以特殊一点。他是1938年春天在延安结的婚，夫人名叫于若木，原是北平女一中的学生，是该校参加“一二·九”运动的骨干。婚后，他们之间的感情很好，两人相敬如宾，说起话来都是轻声细语、和和气气的。我从没听到他们大声地说话，更不要说是争吵了。当时，于若木在延安的马列学院学习，每星期六下午才回来，星期天下午就又要返校了。她回来时，主要是帮助陈云搞点家务劳动，料理一下陈云的生活。但他们之间的谈话，从不涉及到中央组织部的工作。陈云自己不会说，于若木也从来不管陈云工作方面的问题。当于若木在家时，如遇到有人来汇报工作或谈问题，她总是回避开。一开始，陈云只有一间窑洞时，她就躲到外面去。大家实在不忍心这样，才动员陈云搬到一个套间窑洞里。即使这样，她也不听不陪，躲到里间窑洞去干自己的事。只有傅连暲医生来给陈云看病，才是一个例外，她才会在场。

那时，延安中央机关的干部也都参加些业余活动，球类活动有篮球、排球和乒乓球等。我们中央组织部也有自己的球队，参加一些各机关之间的比赛。李富春就担任我们排球队的队长，打二排中间的位置（那时是九人排球）。我们球队的水平不行，同中国女子大学的女学员打都打不过，只是为了活跃生活。但是，当时最广泛参加的还是散步这项活动。一般吃过晚饭后，大家都下山去走一走，到延河边上散散步，大约有一个小时的时间。陈云的身体是不可能参加比较剧烈的球类运动的，只能散散步，这是他的主要运动项目。到了星期六的晚饭以后，于若木总会陪着陈云出来散散步，有时和机关干部相遇，如谈一般性事情，她在旁边从不插嘴；如涉及问题大一些，她就躲到一边去了，根本不听。无论是陈云，还是于若木，都十分注意这个问题，他们都反对在这方面有任何的特殊。几十年来，他们是一贯如此，很好地处理了夫妻、家庭和工作的关系。

（刘家栋）

“吃饭要照镜子”

陈云有一句名言：“吃饭要照镜子。”就是不仅把饭菜吃完，还要用馒头擦干净盘底的油迹。面对干净明亮的瓷盘子，不正像用镜子照脸吗？

“吃饭要照镜子”

延安时期，陈云同志是中共中央政治局委员、中组部部长。中组部开始住在延安城内，日本飞机轰炸延安城之后，搬到北门外大约两公里处黄土山头上的窑洞里。山脚下有一个大饭馆，名叫西北菜社，顾客很多。特别是归国华侨和国民党地区一些官员富豪的子

※陈云一贯坚持艰苦朴素的作风。

女，跑到延安寻求抗日救国的道路，但是不习惯生活上的艰苦，经常去西北菜社解馋。那些人很有钱，大吃大喝，每次都要许多菜，显得十分阔气，吃不完就扔掉，毫不在意，同延安一般人的艰苦日子形成鲜明的对比。陈云看到这种铺张浪费现象十分反感。

在一次群众大会上，陈云作报告，大力倡导艰苦朴素、勤俭节约的作风，反对铺张浪费，批评了随意扔掉饭菜的恶劣现象。他提出一句名言："吃饭要照镜子。"什么是照镜子呢？就是不仅把饭菜吃完，还要端起盘子来，用馒头擦干净盘底的油迹。面对干净明亮的瓷盘子，不正像用镜子照脸吗？

陈云说：延安人的生活艰苦，大家都实行供给制，每人每天三钱油、五钱盐，粮食也不足，吃菜靠自己种，吃肉由各伙食单位养猪去解决，所以要爱护一粒米一滴油，丝毫不能浪费。古人云："谁知盘中餐，粒粒皆辛苦。"我们是无产阶级，绝不可糟蹋农民的血汗，否则就会脱离群众，逐渐变质。

"吃饭照镜子"这句名言，深入老干部的心田，许多人养成习惯，并且流传下来，教育了后代。今天还有不少家庭牢记这句教导，保持延安作风，吃尽残羹，不扔饭菜。

中组部副部长李富春是中共中央委员，给干部讲课的时候，反对死啃教条和机械论，顺便举了陈云以身作则遵守组织纪律的例子。延安时期有条规定，中央首长因为工作太忙，不能按时去食堂就餐，可以在家里做饭吃，由公家配备一名炊事员，烧饭做菜。炊事员是革命队伍中的成员，因而也享受供给制待遇。

陈云同志有个姐姐，住在国民党统治区，失去了丈夫和孩子。因受弟弟的政治株连，被迫离家，改名换姓，到处流浪，给有钱的人家做女佣，躲避国民党的追捕。陈云很可怜姐姐的遭遇，但自己实行供给制，公家只供吃穿，没有薪金，无力从经济上帮助姐姐，他想把姐姐调到延安，在家里做饭，算是公家配备的炊事员。这样一举两得，使姐姐有个着落，不再饿肚子流离失所。

延安的保卫部门是受康生领导的，他们有些机械的清规戒律，认为国民党地区来的人不可靠，不能给中央首长当炊事员。陈云是遵守党纪的模范，既然保卫部门不同意，他就收回了自己的意见。李富春在讲课中大发议论，批评那些死抠教条的硬性规定，颇为不满地说："姐姐给弟弟当炊事员，合情合理，最好不过了，难道还有比同胞手足更可靠的人吗？难道姐姐肯加害自己的弟弟吗？难道另外找的炊事员就比姐姐可靠吗？教条主义实在害死人。"照理说革命家庭的成员，回到革命队伍里养起来也是应该的，陈云仅仅要求让姐姐当个炊事员，还被人阻拦了，实在不合情理。

（郑惠）

热情关心他人

陈云关心别的同志胜过关心自己。他热情关心他人，既关心他人的身体好坏，更关心他人的政治生命。

陈云在严格要求方面，总是先要求自己，对自己要求很严，为我们做出榜样；在关心体贴方面，他正好调了过来，首先考虑的是他人，热情关心别的同志，远远胜过关心自己。他的这种思维特点，给我留下了十分深刻的印象。

陈云的身体状况是很不好的。他过去长期在白区搞地下工作，1933年，白区呆不下去了，只好撤到中央苏区。后又参加了红军的长征，在艰苦的环境里积劳成疾，心脏方面也有问题，身体十分虚弱。用他自己的话说，他的身体就如同哈尔滨的木炭汽车，还缺了一个轮子，经常要抛锚，只能是维持。

多少年来，他就拖着这副身体，坚持着为党工作，面对着时有起伏的各种境遇的考验。同时，他在承认自己身体不好的基础上，认识自己的身体，注意适应身体的规律来调整自我，加上于若木的精心照顾，硬是挺了过来。大家都认为，于若木的精心护理对陈云的身体长期健康具有决定性作用。

陈云对自己的身体不好并没有给予更多的关心。在延安时期，他更多的是关心党交给的工作，关心中央组织部能否使组织工作为党的总路线服好务，关心其他在延安患病的老同志的健康状况。那时，在延安的中央医院、拐峁军医院都住着一些患病的老同志，如关向应、王观澜等。陈云同志时常抽空去看望他们，询问他们的病情，要他们安心养病。有时，他抽不开身，就派我们去看望，回来时必须向他汇报情况。他对我们的汇报问得很细致，可以从中体会到他那种关心之切的情感。

1940年3月，陈云告诉我，陈郁和师哲两位随恩来、弼时同志回国了，要我陪他们去中央机关和延安市看看，了解一下延安机关和社会生活。并说，周恩来是根据共产国际的意见，把陈郁从斯大林格勒拖拉机厂调回莫斯科随他一起回国的。陈是中央委员、老海员工人，领导过省港大罢工，是当地群众领袖。陈云还嘱咐我，对这样长期受迫害的老同志接待要热情。我订了个小计划，十天内我陪同他俩走访杨家岭中央机关所在地、中宣部、中组部、王家坪、女大、马列学院、解放日报社和印刷厂、边区政府和新市场等单位。事前联系好，到时由一位负责同志做个介绍，在该单位看看转转。他们听了介绍，见到这么多机关和干部，很高兴。但陈郁因长期下放做工，王明五年不给转党的关系，在工厂没人可以说话，更没有中国人可以说中国话，所以中国话说起来很不利落，让人听不懂。陈云又查问了一次他们走访情况，我说参观单位很热情，他俩比较激动。

从接待这两位老同志的事情上，我深深感到陈云对长期受迫害的老同志真是赤诚关怀。

陈云不仅关心那些久病住院的同志，而且很关心因突发事件致伤的同志。有一次，周恩来摔伤了胳膊，可把陈云急坏了。我记得，那是发生在1939年7月10日傍晚的事情。周恩来骑马从中央党校回家时马受惊了，把周恩来摔了下来，右臂撞在石崖上造成骨折。事情就发生在中央组织部山下不远的地方，离我们机关很近。

那时，我们机关的大门设在山下，传达室就靠着山冈，有两间房子，一间是通讯班住着，一间是会客室。所谓会客室，就有一个木头板似的台面，还有几条凳子，供会客坐的。

那天，周恩来摔倒在山下，陈云闻讯，让马上抬到会客室，并派人骑马前去中央医院接医生。他自己就赶紧跑下山来，亲自指挥抢救。我们也都跟着下来了。大家将周恩来抬到会客室，让他在桌面上躺着，等着医生的到来。那个等医生的滋味是真不好受，大家急得团团转。我看到陈云那凝重的神态，知道他心里很焦急。

※ 周恩来赴苏治伤前和刘少奇合影。

但是，大家都没有很好的办法，只有一个劲儿给中央医院打电话，问医生出来没有。那时，延安没有更多的交通工具，主要是靠马。印度援华的医疗团体曾送给我们一辆救护车，这是延安唯一的汽车。这个车不经常开，要临时发动是很困难的，只有靠马去接医生了。

医生终于赶到了，有印度援华医生，也有中央医院医生。陈云的脸色随着医生到来有所好转。这时，周恩来胳膊摔坏了，脱衣服已经是不可能的事了。医生只好将周恩来同志从外面穿回来的西服用剪子剪开，立刻进行检查。这件被剪开的西服，后来送给他干女儿谌曼丽，谌将衣服缝好穿在身上，还是蛮好的。

经过检查，确定脑和内脏都没有问题，就上了药。并告诉我们，现在不要动，明天早晨抬到中央医院来进一步治疗；晚上要有情况，随时通知我们。陈云听后，这才松了一口气。这时已经是夜里十一点多钟，快十二点了。到了这时，我们才敢劝他回去休息。我们说，你回去休息吧。你的身体也不好，不能这样熬着。周副主席只是胳膊摔了，其他的方面，如心脏等都没有出血，没什么大问题，明天送到医院就好了，他答应了。但在临走时，又嘱咐我们几个青年人，要轮流值班照料，大家分头休息一会儿，有了情况通知医院，也要及时通知他。

第二天一早，天刚蒙蒙亮，陈云又来到现场，他只睡了一会儿就又下来了。看到情况比较好，没什么恶化，他感到十分欣慰。后来，中央医院的医生也赶到了，在医生的陪同下，将周恩来送往中央医院。陈云一直目送他们远去，直到看不见的时候，他才上山去工作。这以后，他仍十分惦记着周恩来，经常打听治疗的进展情况。周恩来在中央医院住了些日子，1939年8月27日就被送往苏联去治疗。这件事情，给我留下了深刻印象，我体会到，陈云是十分关心周恩来的健康的。我更看到，他关心别的同志，胜过关心自己。

1940年2月，周恩来从苏联治疗臂伤回国，1940年3月5日到延安，同行的有任弼时、蔡畅、邓颖超、陈郁、陈琮英、师哲、日本的冈野进和一位印尼同志。3月26日，延安各界召开群众大会欢迎周恩来等同志一行，这是一次有重大意义的会议。在延安的中央领导人毛泽东、王明、张闻天、陈云、康生、王稼祥、博古、李富春、邓发等参加了大会，到会有几千人。我坐在头排边上看得非常清楚。大会由张闻天主持，张闻天致欢迎词后，周恩来和任弼时讲了话，蔡畅和邓颖超也讲了话。他们都讲到了形势，特别传达了共产国际对中共的看法：一、中共的政治路线是正确的，抗日民族统一战线是成功的；二、中共的领袖是毛泽东而不是其他人，是他和他的亲密战友刘、周、朱。希望大家按照党中央制定的路线，按照抗日民族统一战线，在党中央领导下，夺取最后胜利。我清清楚楚记得，当蔡大姐讲到共产国际说毛、刘、周、朱是中共领袖时，会场上爆发了长时间鼓掌欢呼，表示了人民对领袖的爱戴，也反映了人民对王明的憎恨不满，宣布了王明“正确路线”的破产。

陈云热情关心他人，并不是只关心他人的身体好坏，而是全面地关心他人，既关心他人的身体好坏，更关心他人的政治生命。他自己的一生中有着很多的坎坷，从不去辩解申明，但对他人受到冤枉，他会去伸张正义、鸣抱不平。

1978年，三中全会以前，刚获得了“解放”的陈云还没有什么工作。这时，他获准参加中央工作会议。他在辽宁小组有这样一个发言，讲要给邓小平平反，要给所谓61人叛徒集团平反，在全党引起震动。

其实，所谓61人的问题大概发生在1936年，陈云当时并不在国内。但是，他到延安以后，担任了中央组织部部长，对每个人的情况都有所了解。特别是1945年，我们党召开第七次代表大会，陈云负责审查“七大”代表资格的工作，对这个问题作了详细的了解。

当时，薄一波等61位同志被国民党关了起来，抗战前夕，刘少奇给党中央写信，提出

※陈云同林伯渠聊天。

把这些同志营救出来，他提议做个假手续，让他们出来，为党工作。刘少奇给毛泽东、党中央的信，是经过原中共北方局和河北省委秘书长王林从天津带到延安，交给洛甫转毛泽东的。后来，刘少奇自己到延安，又直接向毛泽东做了汇报。经党中央研究，同意了刘少奇的意见。党的“七大”时，提出来一个问题，就是这61位同志能不能当代表。陈云经过了解，把刘少奇怎么提出、王林怎么带去带回他的信、中央怎么同意、毛泽东等中央领导怎么讲的，都弄得清清楚楚，最后作出结论，说明这个问题是经过中央批准的，没有什么问题，更不是这61位同志有什么变节行为，完全可以当选为“七大”的代表。

但是，谁曾想到，几十年后的“文化大革命”中，这个问题被再次翻出，把这些同志整得非常厉害。陈云虽然清楚，可人家不信他那一套。王林曾是西北局书记，也被抓了起来，说王林说瞎话、说假话，这个关键人物的发言也不起作用了。于是，所谓61人叛徒集团的案件就搞得没完没了了。

陈云“解放”以后，不顾自己尚无工作的遭遇，首先就要主持公道，为这些同志说话，挽救他们的政治生命。他们十分感谢陈云，薄一波就几次谈及这个问题。在陈云的力主下，党内很多同志都支持这一动议，终于使这个冤案获得平反，挽救了一大批同志，更树立了我们党实事求是的思想路线。而对陈云来说，能够尽快挽救他人的政治生命，推翻那些不实之词，比解决自己的工作问题更重要。他有过痛苦的经历，深知政治生命对一个共产党员的重要意义。他总能将心比心，把解决他人关心的问题放在前面。他对他人的关心之情，永远胜于自己。

（刘家栋）

最讲实事求是

陈云说：“如果我们的同志都把心摆得非常正，非常实事求是，毫无个人主义，可以抵得十万军队、一百万军队，这是无穷的力量。”

1938年9月，陈云在抗日军政大学讲授干部政策时，明确提出了自己的观点。他是这样说的：“对干部不要抬轿子，要实事求是。做到这些才能算真正爱护人。”

1940年8月，陈云在领导中央组织部审查干部的工作时，亲笔起草了中央组织部关于审查干部的总结。这篇总结报告，被收入毛泽东主持编辑的整风文献《六大以来》当中。

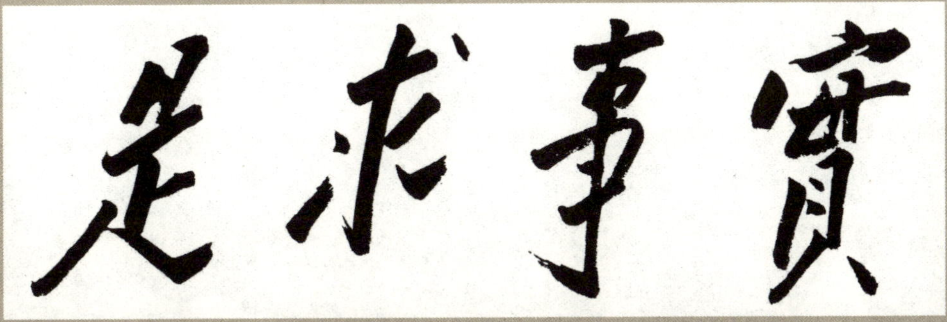

※ 1941年冬，毛泽东为中共中央党校题词。坚持实事求是的思想路线，把马克思列宁主义的普遍原理同中国革命的具体实践相结合，是延安整风运动解决的主要问题。

陈云在这个总结报告中，十分鲜明地提出来一个观点，成为他的一句名言，这就是：“实事求是的审查才是真正的严格。”

应该说，陈云能提出“实事求是”的观点，是得益于毛泽东的那些著作，是从中获得了启发。但是，也应当承认，这是陈云在学习以后提炼产生的。

1942年，毛泽东给中央党校题词时，写下了“实事求是”。就在这一年，毛泽东在延安整顿三风的报告中，对实事求是做了十分精辟的论述，现已为全党所熟知。毛泽东说：“‘实事’就是客观存在的一切事物；‘是’就是客观事物的内部联系，即‘规律性’；‘求’就是我们去研究。”他认为，我们应从实际出发，从中引出固有的而不是臆造的规律性，即找出周围事变的内部联系作为我们的向导。后来，毛泽东在为党的“七大”代表题词时，还写下了“实事求是不尚空谈”八个大字。毫无疑问，在我们党内，实事求是总的倡导人是毛泽东，实事求是总的代表是毛泽东。

善于学习的陈云，看到毛泽东的这些论述，体会到有必要引起全党重视。因此，在他的文章和讲话中就更加重了实事求是的分量。他曾把实事求是称为可抵百万军队的力量，他说：“如果我们的同志都把心摆得非常正，非常实事求是，毫无个人主义，可以抵得十万军队、一百万军队，这是无穷的力量。”正是由于实事求是这么重要，他要求我们要重视它，将它运用到我们的日常工作之中去，运用到党的事业中，这样可以产生巨大的好处。他在谈开展批评与自我批评时，就说过：“开展批评与自我批评要从维护党的利益出发，要坚持原则，要实事求是。”他还认为，只有实事求是找出毛病，才不会使我们失去

※ 1942年3月，陈云同毛泽东等在延安。右起：高岗、毛泽东、张闻天、陈云、任弼时、贺龙、杨尚昆、李克农、邓发。

信心。

1942年，在西北局高级干部会上，他就讲过这样的道理。他说："只要把我们的缺点和错误估计得客观具体，不夸大也不缩小，实事求是地把毛病找出来，我们及我们的士兵都不会失掉信心。"

陈云把实事求是看得很重，毕生都在强调。当时在延安是如此，建国以后一直到今天，他都一直在强调着。建国以后，他就多次谈这一点。有一次，他在总结我们党的经验教训时曾说过："我由此深刻体会到要做好工作，一定要实事求是。建国以来我们工作失误的原因，还是离开了实事求是原则。"

他有一个关于唯物论的著名论述，叫做：不唯上不唯书只唯实。这是在1962年七千人大会的一次小组会上他发言时讲的，与他讲的"全面比较反复"六个字辩证法是配套的，共同组成他学习哲学的深刻体会。这些思想产生于延安时学习马列主义基本理论，但公开

发表的时间是有距离的。在这次会上，陈云阐述“只唯实”时说过，“只唯实就是只有从实际出发，实事求是地研究处理问题，这是最靠得住的。”

1977年，在毛泽东逝世一周年的日子里，刚刚获得“解放”的陈云写了一篇纪念毛主席的文章。文章中，他专门讲了毛主席从红军时代就反对本本主义，提倡调查研究、实事求是的精神，按此原则指挥军事，从事领导工作。他号召全体共产党员在纪念毛主席的时候，要学习毛主席的精神，坚持实事求是，搞好我们的工作。

在坚持实事求是中，陈云认为，关键在于弄清事实。他说：“我们要坚持实事求是，就是要根据现状找出解决问题的办法。首先要弄清事实，这是关键问题。”他还告诉我们：“要弄清事实并不容易。”要求我们要重视调查研究，反对本本主义，反对不从实际出发而主观臆断。

他根据自己的实践经验，提出了一些很有效的办法。如，他主张：“我们做工作要用百分之九十的时间研究情况，用不到百分之十的时间决定政策。所有正确的政策都是根据对实际情况的科学分析而来的。”在这里，陈云不仅对实际工作中如何去实事求是做出了描述，而且，以量化的形式分析了弄清事实所占的比重，充分说明了弄清事实的关键作用。

陈云关于实事求是的论证方法是十分科学的，既有质上的论述，也有量上的分析。就是在今天科学技术高度发达的时代，我们也不能不佩服这种科学性的论证。

正是由于陈云正确地认识了实事求是的重要性，科学地看待了如何去实事求是，所以，他在实际工作中十分注意把握好每个环节。一方面，他特别重视对情况的了解，做到尽可能充分、尽可能详细；另一方面，决不放松如何去“求”，充分做好百分之十的决策工作。他坚信，这样才能得出符合实际情况的科学决策。

在延安时期，他坚持不唯上不唯书，反对王明以共产国际代表的身份和马列主义词句吓唬人，反对王明“言必称希腊”、不研究中国历史和国际国内现状的教条主义作风，十分注重只唯实，注重在实际工作中搞好调查研究。他很注意同从敌后根据地、大后方及敌占区来的同志谈话，从中了解各方面的情况和意见，掌握各种信息动态，还专门请一些乡党支部书记来谈基层的情况。他所了解的内容是很丰富的，面也很宽。他还派出中央组织部的组织工作巡视团去根据地搞调查研究，认真听取他们带回的情况汇报。通过这样一些形式，陈云了解到许多真实情况。他为我们党的组织工作制定的许多方针政策，就是在这种基础上产生的。

同时，在决定政策方面，他也不放松。他认为，用不到百分之十的时间来决策，并不是说可以草率从事，还要进行交换意见、上下比较、反复考虑。他说过：“过去我们犯了不少错误，究其原因最重要一点就是看问题片面性，把片面的实际当成了全面的实际。”因此，他很注意互相交换意见，上下左右进行比较，主张决定问题不要太匆忙，要留下一个反复考虑的时间。

正是由于陈云重视实事求是，既抓住弄清事实这个关键，也不放松“求”字，在花费很多精力弄清事实的基础上进行交换、比较、反复这样一个决定政策的过程，使决策符合于现实，使制定出来的方针政策有很好的效果。这些，在几十年的革命实践中，都已得到了很好的验证。他重视实事求是，注意从实际中去探寻研究规律性的东西，用来指导我们的工作，而这正是实事求是的真谛之所在。

（刘家栋）

“没有知识分子，革命就不能胜利”

陈云说：“知识分子是革命力量，而且是重要的力量。我们要把这个力量吸收进来，在抗战工作中，在我们共产党革命事业中，充分发挥他们的作用。没有知识分子，革命就不能胜利。”

1982年，陈云看到了两份文件，一份是中央书记处转来的北京航空学院（现北京航空航天大学）一位教师写给书记处研究室的信，另一份是全国政协关于知识分子政策落实问题调查组写的报告。内容都是反映中年知识分子的状况。他们往往上有老人需要赡养，下有孩子待抚养教育，工资又低，而在单位又通常是某一方面的骨干、顶梁柱，工作担子很重，长期劳累的结果，身体素质下降很快，甚至英年早逝，出现所谓“50岁”现象。

另据中组部1982年的一份报告，我国35岁至50岁的中专以上毕业生大约为480万人。如果用两年时间来解决待遇问题，头一年大约要拿出七八亿元，估计总共需要十二三亿元。

陈云一向重视知识分子问题。党的十一届三中全会后，全国上下掀起了建设社会主义现代化强国的高潮。他讲：“我们应该看到，没有老干部不能实现四化，没有大批知识分子参加到我们党的干部队伍中来，也决不能建成现代化的新中国。”

现在，看完文件和报告，陈云的心中久久无法平静，他当即就知识分子特别是中年知识分子的待遇问题，提笔致信中共中央政治局常委同志们。信中说，这是国家的一个大问题，确实要下大决心，在今明两年内解决，不能再按部就班地搞。我们基本建设每年要用500亿元，为什么不可以用十几亿来解决他们的问题呢？改善他们的工作条件，应当看成是基本建设的一个项目，而且是基本的基本建设。我们把钱用在了中年知识分子身上，是好钢用在了刀刃上。

关切之意溢于言表。

陈云对知识分子的关怀是长期的、一贯的。

早在延安时期，陈云担任中共中央组织部部长期间，他就坚决贯彻党的知识分子政策，对知识分子的提拔、使用等问题提出了许多精辟的观点，办了许多实事。对此，当年的很多老同志都还记忆犹新。

一段时间，曾经出现过某些“不信任知识分子”、“不敢或不让知识分子干部做负责工作”、“反对知识分子，不放心知识分子”，甚至“排挤知识分子”的倾向。针对这些问题，陈云感到首先要从思想上树立对知识分子的正确观念，要在认识问题上肃清

※ 陈云同国家计委领导同志座谈。左起：宋平、陈云、姚依林、柴树藩、李人俊等。

“左”的错误和影响。为此，陈云专门就中国革命中知识分子的地位和作用问题，谈了自己的看法。在一次大会上，陈云讲：“半殖民地半封建国家的知识分子是要革命的，许多革命是靠知识分子来领导的。我们再看农村里的革命，也有知识分子领导的，像刘志丹、彭湃等同志都是知识分子。”陈云强调，“有些同志对知识分子非常不了解，他们说知识分子是为资产阶级服务的。我们说，大部分知识分子是可以为无产阶级服务的。”陈云对知识分子作出的上述评价是从中国的现实情况出发的，是有远见卓识的。新中国成立后的1956年，周恩来总理与陈毅副总理也曾经在广州的一次会议上发表了类

似的看法。知识分子对此是深感鼓舞的。像来自重庆的著名外科医生何穆夫妇，就是在陈云热情周到、耐心细致的关怀和帮助下，最终克服了刚刚参加革命时的摇摆情绪，坚定了革命意志，并从此将毕生的心血无私奉献给了党的事业。

为切实抓好党中央制定的《关于吸收知识分子的决定》（由陈云代为起草）的贯彻落实工作，陈云要求党的各级组织部门要把将优秀的知识分子吸收进党内来放在十分重要的位置，干部和人事部门要大力提拔和使用知识分子，要关心、信任他们，要敢于让他们担负领导工作。陈云对同志们讲："党中央最近作出了一个关于大量吸收知识分子的决定，为什么要专门作出这样的决定呢？这是因为，知识分子是革命力量，而且是重要的力量。我们要把这个力量吸收进来，在抗战工作中，在我们共产党革命事业中，充分发挥他们的作用。没有知识分子，革命就不能胜利。"接着，他语重心长地说："现在，大家都在抢知识分子，日本帝国主义抢，国民党抢，我们也要抢，我们抢得慢就没有了。如果我们把要求救中国、要求抗战、要求革命的各种知识分子都抢到手里，那我们不能说天下完全是我们的，但至少也有三分之一是我们的了。不要再把这个机会错过，否则将来悔之晚矣。"

"抢夺"一词，让人感触颇深。在改革开放后的中国，"揽人才"、"抢人才"、"挖人才"在报纸杂志上比比皆是、随处可见。但早在几十年前，陈云就已经在大声呼吁了。可能他认为，不用“抢夺”，不足以表明形势的紧迫、态度的坚决和他本人的心情。

陈云其实不仅在为抗战“抢夺”人才，他看得更远，当前急需是一方面，为未来储备则是另一方面的考虑。

结果，在抗战时期，大批知识分子加入了中国共产党，大批青年知识分子被提拔为领导干部，大批知识分子在革命队伍中迅速成长起来，大批知识分子充实到各类工作岗位并成为骨干。抗战结束后，各解放区需要大量人才，特别是为实施党中央提出的“向北发展、向南防御”的战略方针，要大力充实东北。为此，从关内各抗日根据地紧急组织了两万干部、10万部队以各种方式增援到东北。试想，从抗战初期全国的党员人数才只有区区3万的状况，到如今能有如此大的“手笔”，如果没有长期以来一系列正确的知识分子方针和政策，并加以落实，事到临头将是非常被动的。不仅如此，就是在建国后，我们能很快在各条战线上都拥有一支包含一定数量的，无论是在政治觉悟还是在工作能力上都值得信赖的知识分子队伍，也与当年的“抢夺”不无关系。

相反，“文化大革命”是知识分子被称为“臭老九”的十年，也是一个泱泱大国停滞不前、痛失发展良机的十年。那是人的浩劫，更是国家的浩劫、民族的浩劫，教训不可谓不惨痛！

俱往矣！

战争年代，陈云讲：“谁抢到了知识分子，谁就抢到了天下。”今天，我们党是执政党，我们是在建设天下，但我们仍然要“抢知识分子”。据资料显示，目前我国有12亿人口，现有人才总量四千多万。似乎多多，其实还远远不够！按照国际上通行的标准，对一个处于经济起飞时期的国家而言，人才资源的密度不应低于6%。照此数据，我国总体上至少还缺少近两千万名人才。十年后，这一“缺口”将高达五千万。

为此，近几年来，国家制定了一系列鼓励留学人员回国来建功立业的优惠政策，每年总会有党和国家领导人出席专门召开的留学人员座谈会并发表讲话。上海市政府在浦东高新技术开发区专门为归国留学人员开辟了创业区；珠海重奖有功科技人员；深圳再次加大了从国外“引”凤来栖的政策力度等等。当然，和平年代，不仅要从外国“抢”，更要立足于发挥好国内广大知识分子的作用，这是更大范围、更高层次、更深意义上的“抢”。因为，“抢”知识分子的最终目的，是要“抢”时间、“抢”速度、“抢”在别人的前面发展再发展。

实际上，政府开始机构改革后，部分机关人员即将分流。据统计，这几万人中超过一半拥有本科以上文凭，不仅如此，他们还拥有丰富的工作经验。这无疑让人“眼馋”。君不见，“抢”已再上新台阶了。报纸电台上屡屡有“八方大军进京‘抢’人才”、“××集团老总亲临北京游说”、“广东××大型企业集团敞开大门欢迎人才南下”、“×××开出天价欢迎分流人员加盟”之类的说法出现。

“抢人才”，已经成为当今社会一道亮丽的风景线。

（李梦汶）

主持西北财经办事处

陈云到西北财经办事处主持工作，认真贯彻“发展生产、保障供给”的财经工作总方针，全面深入开展大生产运动。他要求粮食耕三余一两年完成，工业必需品生产基本自给，节约储蓄，稳定金融，积蓄力量，备战备荒，迎接反攻形势的到来。

陕甘宁地区是中国西北荒凉贫困的地方，又是第二次国内革命战争时期唯一保存下来的红色区域，在“双十二”事变前后成为中国革命的落脚点和出发点。那里经过十年内战，封建地主经济大部分被摧毁，农民分得了土地，但农村经济已经破产，只能采取依靠

※ 1941年至1942年，由于日军残酷“扫荡”和国民党的军事包围、经济封锁，根据地财政经济十分困难。为了克服困难、坚持抗战，在中共中央的领导下，根据地军民展开了大生产运动。这是毛泽东1942年为大生产运动题词的手迹。

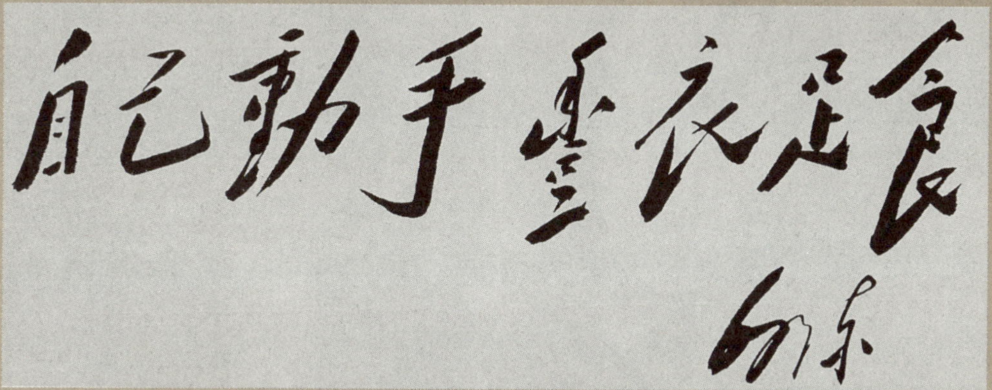

外援、休养生息的方针。抗战初期，陕甘宁边区3万脱产人员只靠国民政府发给“抗日军饷”和国内外捐款维持，每年共约1000万元。公粮仅向中农以上征收，每年约300万斤，另外还要拨款买粮。公务用品、被服鞋袜等均从外面采购，近至西安，远至汉口、香港。

1941年皖南事变后，国民党对边区进行严密封锁，断绝了一切外援。从那时至1942年，是边区经济最困难的时期。边区政府开始独立发行边币，直接支持财政开支，各单位分散解决吃饭穿衣问题。边区军民面对国际国内险恶形势，经受严峻考验，磨炼了斗志，

※ 国民党政府滥发金圆券，结果币值猛跌，物价暴涨。这位上海市民用自行车带着一捆金圆券去采购日用品。

认识到必须坚持走党中央和毛泽东提出的“自力更生”道路。

1943年，贯彻中央提出的“发展生产、保障供给”的财经工作总方针，号召“自己动手、丰衣足食”，开展了军民大生产运动。机关、部队、学校开荒办厂，生产粮食、蔬菜及一些生活必需品，并组织人民群众生产粮棉，运输盐碱、药材等土特产出口，使经济状况有了初步好转。但由于大量生产奖金的投放及备战费用的加大，造成边币发行过猛，物价猛涨，一年发行量增加13倍，物价涨幅20倍。财政金融贸易存在的许多问题，都有待进一步的整顿。为统一陕甘宁和晋绥两个地区的财经工作，便于对外金融贸易斗争，中央决定成立西北财经办事处，由西北联防司令部贺龙司令员兼任主任。贺司令员多次召开两个地区党政军的财经工作会议和各旅团供给部长会议，为坚决推行朱德总司令倡导的“屯田政策”进行具体部署，为克服边区严重经济困难，保卫解放区的总后方，调拨物资和款项，照顾大局维护财经纪律，做了大量的工作。

1944年春，陈云到西北财经办事处主持工作，继续贯彻“发展生产、保障供给”的财经工作总方针，全面深入开展大生产运动。他要求粮食耕三余一两年完成，工业必需品生产基本自给，节约储蓄，稳定金融，积蓄力量，备战备荒，迎接反攻形势的到来。陈云作出的部署和措施十分成功，打破了国民党的经济封锁，使出入口达到基本平衡，财政不再从银行透支，货币发行得到控制（银行发行准备金达到90%以上），物价相对稳定（一年上涨二三倍，与西安大体持平），边区党政机关、部队、学校10万多人同边区150万人民一起，达到丰衣足食水平。抗战胜利时，延安大小家当都已建立起来，解决了广大干部出发开辟新解放区的路费和服装、马匹等装备，并给边区留了足够一年用的家底。陕甘宁边区是中共中央所在地，是抗日解放区总后方，能以地方性财政收入解决带全国性的财政支出，确是极其难能可贵的。

我于1943年由中央财经部调到西北财经办事处工作。作为陈云身边的工作人员，我深深感到他的经济思想、领导艺术、工作作风包含着许多宝贵内容。

一、注重调查研究，倡导实事求是作风

陈云十分重视深入实际、深入群众。他总是先全面了解情况，集思广益，对情况作出准确中肯的判断，然后提出解决问题的办法。他常亲自到延安南郊新市场和公司货栈找群众和干部谈话，直接了解情况和意见，取得第一手材料。我跟随他在新市场向运盐农民调查运盐线路时，他让我绘制了一幅《陕甘宁边区交通干线图》（我仍留有复印件），以便

于外出调查时使用。他调查询问的内容非常细致、具体，如1943年由盐池运出食盐5000万斤（33万驮），除内销公私用盐700万斤外，盐业公司只收进3500万斤，还有700万斤没有下落，相当盐业公司收进数的20%。原来，这些盐都走私出口了。陈云了解这一情况后，仔细研究分析这个问题，找出了食盐走私出口的几个主要原因：一是口岸盐业公司收购价格低，盐农成本高，运盐赔钱；二是公家沿途开的某些骡马店为完成一定生产任务，强迫运盐脚户投宿，并提高住宿费用或收取法币；三是一些盐业公司采取不公平的手法与盐农交易，对脚户的盐低价进高价出，有意低估盐的质量，大秤进小秤出，每驮盐要挖两碗，不公平过秤（只是抬一抬，随便论重量），再加上盐业公司的风耗费、出口税及附加等，增加了运盐群众的负担和麻烦，引起对食盐统销政策及盐业公司的不满与对立；四是有的地方党政干部听到群众上述意见，也非难盐业机关和埋怨统销政策，造成互不合作的现象；五是国民党统治区西北几个省都靠我们的盐，国民党分子利用我方的一些缺点，从中挑拨离间，采取阻塞大路、开放小路、抑制官盐、高价收购私盐等手法，以刺激走私。找出存在问题的原因后，陈云同志指示有关部门积极改善盐业机关与广大运盐农民的关系，克服对立情绪，互相配合，整顿草料店，减低运盐费用，改善运盐途中条件；提高口岸收购价（较规定的外销价只差20%），保证运盐户有钱可赚。这一系列的措施，有效地堵住了食盐走私出口，盐农自觉自愿地把食盐卖给盐业公司统一外销。

当时，围困边区的国民党正规军有50万人，设有三道军事封锁线，更有地方税收机关和便衣队派出许多巡查人员活动在大小道口和许多壕沟、堡垒、据点、哨所之间。他们遇到贩货客户，轻则敲诈勒索，扣留没收，重则杀害人员。邻近边界的市镇，国民党对百货运销贩卖都进行严密统制。陈云了解到这些情况，听到商贩们提的意见，如进口货物通过封锁线风险大，贿买国民党税务缉私人员花费多，必须一有厚利，二保证兑给法币，于是，经与贸易部门及银行慎重研究，决定为打破经济封锁，要灵活洽定收购价，并满足商贩兑换法币的要求，保证必需品继续进口。1945年春，外面花纱布价涨得快，边区内涨得慢。陈云为争取花纱布继续进来，且防止倒流危险，决定高价刺激入口。

陈云非常注意从各方面研究和了解市场发展情况，他曾亲自带领我去枣园党中央图书馆，查阅国民党地区发行的各种报纸、杂志和书籍中有关西北盐业及花纱布的产、供、销资料，指导编印《西北盐业资料汇编》及《西北花纱布资料汇编》二书，送解放社印刷厂各印300册，分发有关干部学习参考，使大家开阔眼界，增长知识。陈云指导编印的《经济消息》半月刊，是革命根据地铅印出版最早的经济报刊，主要是从订阅国民党统治区的各种报刊上摘选财经资料和行情变化讯息，提供业务部门干部参阅，并送中

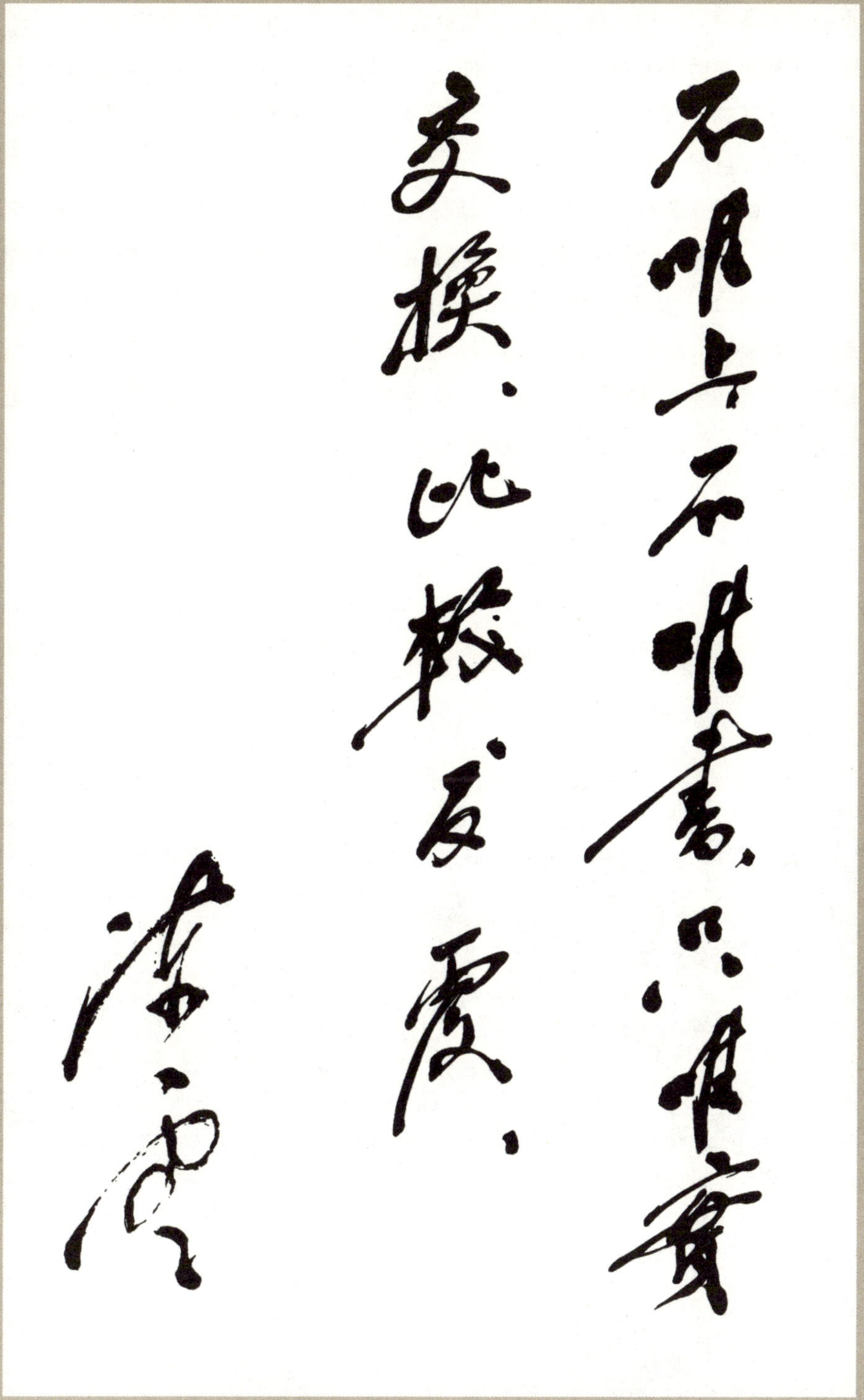

※ 陈云的题词——不唯上，不唯书，只唯实，交换，比较，反复。

央领导同志研究。创刊前，陈云亲到解放社印刷厂，商定为保证出版及时，每期稿一到即交排印。平时，他看到有用的材料，便立刻交待采用。从1945年1月23日至9月29日，共出版了30期，开始仅印100份，后增至200份。所有铅印书刊，都用陕甘宁边区生产的马蔺草纸和自产油墨。

西北财经办事处由陈云主持，每周在边区银行召开一次例会，召集各主要财经部门领导人参加。经常参加的有边区财政厅厅长南汉宸、贸易总局局长叶季壮、西北财经办事处秘书长曹菊如、边区银行行长黄亚光、土产总公司经理喻杰、贸易总局副局长范子文、西北财经办事处工业组长陈郁，留美经济学家王思华、经济学家丁冬放、边区银行研究室主任苏子仁、晋绥白如冰等也参加。会上，大家对当前财经工作中的重大问题交流资讯，研究决策。陈云作过许多精辟独到的发言，如对边区内外经济特点、发展趋势进行分析；又如，对他提出的“不唯上，不唯书，只唯实”观点以及“交换、比较、反复”的认识方法

※ 延安革命干部纺纱忙。

进行阐述，等等。他说，1941年他住在枣园养病时，研究毛主席的著作和文电，感到有条红线贯穿着，就是“实事求是”。我们的思想和行动要合乎实际情况和客观规律，要在实事求是思想指导下发挥创造精神，在客观条件允许的范围内发挥主观能动性。坚持实事求是的原则，要多同别人交换意见，不管什么意见都耐心听，甚至有人同你抬杠也要欢迎，以集思广益，全面了解和分析实际情况；要弄清有什么根据，过去有否例证，并且一定要经过三番四复地考虑，然后才作出决定，概括说就是“交换、比较、反复”。

陈云经常在晚上召曹菊如等同志和我去他房间，围绕当前一个问题、一件事情交谈，边拨算盘，边酝酿考虑。如谈到边区需要棉花的数量，除军民穿衣部分外，对还需用多少不很准确时，就立刻打电话询问有关同志（对制硝酸棉需要多少棉花，便询问军工局李强），以尽可能核算出接近数字。这种“聊天”是很劳累的，以至几次交谈到深夜，曹菊如因年纪大，打瞌睡睡着了，陈云才笑着停下来。他认为，搞经济工作对数字必须十分认真，不要含糊出差错。

二、强调用经济手段，按经济规律办事

陈云一向强调处理经济问题，要尽量用经济手段，避免采取行政手段。如农户运盐，运往哪个口岸，他要求不再由政府摊派任务，不用动员督运，而是根据出口要求，用规定口岸收购盐价的办法来指挥。农户摆脱了行政任务压力，有近一倍的价钱可赚，自然提高了运盐主动性。再如，鼓励植棉，他便指示有关部门规定免税及合理收购价，以刺激植棉积极性。

1944年，关中平原新花上市时，我进口口岸先提高收购价一倍多，较我东三县棉价还高。高价招远客，封锁我边区的国民党军队连排长亲自带整连整排士兵背棉花进来，有的一夜背三趟，使我们在两个月争取到进口优质新花百余万担。而国民党政府的采购陕棉60万担计划，由于开始收购价低，以后见收购不到，虽连续提价4倍多，且好坏花均收，计划仍未完成。六七月间，国民党地区海盐来源受阻，库存空虚，我们则大量囤盐提价，僵持两个多月，终于不得不依从我方价格。待我方存盐高价售出，外面盐库饱和后，我们又及时落价，外面只好随同我们降价。外面金融市场波动时，我方利用有利时机吞吐黄金、法币。如外面金价、物价上涨时，法币贬值，我方提高出口货物价格，出口黄金，买进法币，物资暂时少进；法币紧缩价值提高时，我方再将低值进口的法币抛出，买进物资和黄金。1944年夏，一次短时间收进黄金万两，赚取了他们金价波动的差价，银行准备金充实

了，必需物资也进来了。

上述许多次对外金融贸易斗争，都是在陈云亲自指挥下进行的。他除通过业务部门下达任务外，还派我去口岸传达他的具体设想方案，并电报督导进行。

对边区经济中的一些问题也有过争论，如边币发行量、通货膨胀与物价上涨、法币流通与兑换比价、稳定比价与稳定物价、扩大剪刀差等等。对这些问题，陈云都有独到的见解。他认为，战争时期物资缺乏，各国莫不采取通货膨胀的手段，我们也不应放弃运用这一工具。边币在边区内流通市场上是独立的，但不能到边区境外使用，不如法币腿长。边区流通市场中实际有边币又有法币，法币约占65%左右。我们承认法币的优势，并且加以利用，手中要掌握一定数量的法币，保证兑换给进口必需品的外商，但又不能过多，以免边区人民承担法币通货膨胀带来的损失。国民党政府发行的法币有美国支持，而边币只靠自己的力量，因而边币要求稳定在物价上是不现实的。但是，争取边币和法币的比价稳定是可能的，就是说，争取边币的通货膨胀程度和法币的通货膨胀程度大体持平。在国民党统治区黄金市场价格波动时，我们可从收进、抛出当中赚收差价，但国民党政府规定黄金不准在市场上作货币流通，因此，不能抵作外汇，积存多了会影响周转，有时还要推到敌后换货。这些问题都在实际工作中遇到过，如不正确处理，就会带来盲目性，甚至带来损失。陈云这些精辟的分析和论证，促进了争论各方认识上的统一，推动了边区经济工作的发展。

三、重视对财经工作干部的培养和教育

随着革命政权建设的发展，财经工作越来越显得重要。陈云在领导西北财经工作时期，就十分重视对财经工作干部的培养和教育。1944年夏，陈云召开了一次粮食工作会议，朱总司令前来参加并讲话，特别向陈云提到，预见未来形势的发展，要认真培养一批财经工作干部。

西北财经办事处设有政治部，由陈云兼任主任。在各财经部门，均分级设了政治部门。当时，基层财经部门接触的工作环境较复杂，用人多，水平也不整齐。由于严格了党员的管理，发挥了党员的先锋模范作用，在全体人员中加强了政治思想工作，使财经干部的政治素质明显提高。陈云多次教育财经干部“要同钞票作斗争”，他说：“接触财钱物的机会越多，越要廉洁奉公，同每一元钱作斗争，个人不动用公家一元钱！”召开党的七大时，陈云提出共产党人要努力做到：“诚恳、坦白、谨慎、谦虚、不骄、不躁、不屈、

不诿、不吹、不装、不偷，实事求是，全心全意为人民服务。”他说：这些也是每一个革命干部努力的方向。陈云是这样说的，也是真正这样做的。

陈云同时要求干部认真学习业务，精通业务，向一切内行的人学习。他十分重视管理知识和技术知识，注意团结和使用知识分子。他结交了很多科技人员、经济理论学者，经常向他们请教，如延安自然科学院副院长陈康白、留德化学家刘咸一、延安军工厂厂长沈鸿、化学家钱志道、经济学家丁冬放等。在技术人员座谈会上，他发起归队运动，号召一切有工业技术和学习过工业的同志回到工业部门来，以提高技术，发展边区工业生产。

1945年抗战胜利后，陈云在西北财经办事处会议室接连召开了几次例会。他向与会的财经干部历数了一年多来西北财经工作取得的成绩，同时告诫大家说：我们只是小康之家，用上各种力量才能过活，并不是财政贸易都平衡，已经好到中国外国少有的情况。从表面看，我们财政贸易都平衡了，但要了解，这种平衡是在垫入发行收益之后才达到的，有货币贬值部分。这一年多不像前几年那样紧急，只因发行不直接用于财政，能先投入生产和贸易，然后增加财政税收和积累。战争时期，我们不放弃通货膨胀这个解决问题的工具，但我们与国民党不同，我们不借此发国难财，也不摧残工商业，我们是以发行调剂财政，扶助生产和贸易向上发展。西北人民为革命作出了巨大贡献，又担负了财政方面的负担。我们许多同志就要离开西北，分赴各新解放区，我们为西北人民尽可能留下的只有这大体够一年用的家当。陈云同志的这番话，使我们财经干部受到了深刻的教育，使大家清醒地认识到，在成绩面前也不要沾沾自喜，必须奋发努力，为发展和壮大边区的经济而积极工作。

会议还讨论到抗日战争胜利后，边区内外的经济变化。陈云展望未来新中国成立之日，将是大规模经济建设开展之时，那时财经工作将被提到重要位置上来，许多有战功的将军们将会来领导财经工作。他说，现在做财经工作的同志应认识到，随着我们陆续解放一些大城市，财经工作愈来愈繁重，要始终保持革命传统、优良作风，兢兢业业，不断学习，克服前进中一切困难，努力工作。西北这些财经干部，以后在解放全中国的战争中，在全国解放后，都会到新的岗位，担负起一定任务，应虚心向各地区同志们学习，向其他战线工作的同志们学习。

1945年9月15日，根据党中央的决定，陈云与彭真、叶季壮、伍修权、段子俊、莫春和等一起，乘飞机赴东北。他行前嘱咐我们，由西北财经办事处迅速组织十多名财经工作干部轻装快马，赶去东北。至此，陈云结束了在西北财经办事处的工作。

（朱劭天）

★ ★ ★ 第四编 ★ ★ ★

转战东北　功勋卓著

第四编 04

转战东北 功勋卓著

挺进东北

1945年9月，受中共中央委托，陈云等到达沈阳，筹组中共中央东北局领导班子。9月19日开始，在沈阳召开了东北局第一次工作会议。

1945年9月14日上午，苏军大校贝鲁罗索夫作为马利诺夫斯基元帅的代表，带一名翻译谢德明，由我军先期到达沈阳的冀热辽军区第十六军分区司令员曾克林陪同，乘机直飞延安。在机场降落后，中央马上派杨尚昆、伍修权迎接他们。杨尚昆当时任中共中央秘书长，伍修权任中央革命军事委员会一局局长，他们都曾在苏联留学，会讲俄语。

当时毛泽东、周恩来都在重庆与国民党进行谈判。在毛主席赴渝期间，由刘少奇主持中央工作。

苏联客人和机组人员被安排在王家坪（中共中央军委所在地）住下。9月14日下午，中央政治局听取了曾克林关于东北情况的汇报。刘少奇、朱德、任弼时、陈云、彭真、张闻天、彭德怀、李富春、叶剑英等中央领导详细询问了有关情况。当时中央正在研究战略方针和力争控制东北的对策，曾克林汇报的东北情况为中央决策提供了第一手资料。

9月14日，朱德总司令在延安会见了贝鲁罗索夫大校。贝鲁罗索夫转达了马利诺夫斯

※ 解放战争时期的陈云。

基的意见：蒋介石军队与八路军进入东北，应按照特别规定的时间；苏联红军退出东北之前，蒋军及八路军均不得进入东北；八路军的个别部队已到辽宁省沈阳市、大连市、吉林省长春市、热河省平泉县（现属河北省）等地，请朱总司令命令各部队退出苏联红军占领的地区。苏联红军统帅部转告朱总司令，红军不久即行撤退，不干涉中国内政，中国内部问题由中国自行解决。

9月14日晚至15日凌晨，刘少奇主持召开了中共中央政治局会议，集中研究对东北的战略决策。决定成立以彭真、陈云、伍修权、程子华、林枫为委员，以彭真为书记的中共中央东北局，立即前往东北工作，统一领导东北地区的工作并与苏军建立联系，协调双方在东北的行动。第二天，中共中央给各中央局发出指示，调配100个团架子的军事干部（山东30个团，晋察冀25个团，晋冀鲁豫25个团，华中20个团），集中一批走一批，各自寻找能最迅速到达的路线进入东北。

9月15日，朱德、刘少奇、任弼时写信给苏联马利诺夫斯基元帅。信中说：已令进入沈阳、长春、大连、平泉及东北其他地点的八路军个别部队退出苏联红军占领的地区；在热河、辽宁，1937年中日战争爆发时即有八路军活动，并创有根据地，请允许该地区八路军仍留原地。

关于争取东北的方针，在1945年4月23日至6月11日召开的党的第七次全国代表大会上就已提出。毛泽东说，从中国革命的最近与将来的前途看，东北是特别重要的。如果把现有的一切根据地都丢了，只要我们有了东北，那么中国革命就有了巩固的基础。当然，其他根据地不丢，而又有了东北，中国革命的基础就更加巩固了。

为了大量选派干部及部队调往东北，在9月15日决定调配100个团架子的军事干部以前，中央已于8月20日分电山东、平原（河北省南部、山东、河南一部分地区）、晋察冀三个中央分局指出：苏联红军进入东北后，我军除李运昌部队已深入辽宁、热河两区外，决定再从山东调两个团，冀鲁豫调一个团，冀中调一个团，共四个团开赴东北，每团不得少于1500人，并限10日内准备完毕即行出发。9月10日再电山东、冀鲁豫、晋察冀中央分局，除原调四个团外，再抽出十个团，每团1500至2000人，开赴东北。同时从各解放区抽调近万名行政、教育、技术等方面的干部组成干部团派往东北。中央及时、迅速地作出的这些决定，在争夺东北的斗争中大大增强了我军的力量，有利于建设巩固的东北根据地。

※ 1945年4月23日至6月11日，陈云出席在延安召开的中国共产党第七次全国代表大会。图为主席台一角。前排右起：周恩来、毛泽东、朱德。后排右起：陈云、贺龙、林伯渠。

经过研究、讨论后，党中央于9月19日正式向全党发出《关于目前任务和向南防御、向北发展的战略方针和部署的指示》，指出：“目前全党全军的主要任务，是继续打击敌伪，完全控制热（河）察（哈尔）两省，发展东北我之力量并力争控制东北，以便依靠东北和热察两省，加强全国各解放区及国民党地区人民的斗争，争取和平民主及国共谈判的有利地位。”为此，《指示》作出重要部署，要求全党坚决执行，其中直接涉及东北的主要是：（乙）山东主力及大部分干部迅速向冀东及东北出动，第一步由山东调3万兵力到冀东，协助冀热辽军区肃清伪军，开辟热河工作，完全控制冀东、锦州、热河。另由山东调3万兵力，进入东北发展并加装备。（戊）晋冀鲁豫军区竭力阻滞并打击顽军北上部队，准备3万兵力在11月调到冀东和进入东北。

《指示》明确规定：“全国战略方针是向北发展，向南防御。只要我能控制东北及热察两省，并有全国各解放区及全国人民配合斗争，即能保障中国人民的胜利。”以后的实践证明，党中央这一战略方针是及时与正确的。

1945年9月16日上午，彭真、陈云、伍修权、叶季壮、段子俊、莫春和六位同志在延安东郊飞机场登上那架14日到达的苏联军用飞机。他们没有带秘书及警卫员，家属也都留在延安。苏联大校贝鲁罗索夫、翻译谢德明及曾克林司令员同机飞赴沈阳。

这六位同志的情况是：

彭真抗战时任中共晋察冀中央分局书记，后在延安任中共中央党校副校长，1945年七大时当选为中共中央政治局委员。

陈云从1937年起任中央组织部部长近七年，后因财经工作日趋重要，1944年3月改任西北财经办事处副主任，1934年起任中央政治局委员，七大时继续当选为中央政治局委员。

叶季壮原任八路军总后勤部部长，后改任陕甘宁边区物资局局长。

伍修权是中共中央军委一局局长，主管参谋工作。

段子俊是军委三局的处长，主管无线电通讯工作。

莫春和原在中央军委机要处任股长，熟悉机要工作。

因为苏联军队有军衔，为了交往和工作方便，中央确定以中央军委主席毛泽东的名义，授予彭真、陈云、叶季壮中将军衔，授予伍修权少将军衔，授予段子俊、莫春和上校军衔，任命书用中俄两种文字写成。出发前叶剑英宣布了中央上述决定。

这架道格拉斯式的双引擎飞机在飞往沈阳的途中，开始飞得很正常，后来发生了问题。天气不好，飞机还没到沈阳，就在山海关降落下来。飞行员不很沉着，匆忙间从跑道中段降落，由于剩下的跑道较短，飞机冲出跑道，猛插到一块稻田里，尾巴翘起来，机身与地面呈垂直状态才停住。中央派出的六人中，伍修权、段子俊、莫春和都因撞击受了轻伤。叶季壮被撞得较厉害，伤势较重，腿被翻倒的油桶和无线电器材压住了。彭真脑部被碰撞。陈云很幸运，飞机的舱门被撞开时，把他一下子推进了驾驶室，没有受伤。苏联同志马上将压在叶季壮身上的东西搬开，然后把他抬到平地上躺下，将受伤的同志一一扶出来。就在这时，冀东解放区行署副主任朱其文带了一个班赶到了，迅速安排大家和机组人员在山海关休息。

经朱其文与铁路方面联系，9月17日，彭真、陈云等六人以及苏军大校、翻译和曾克林等乘专车从山海关起程赴沈阳，途中曾在锦州停留，17日晚听取了锦州卫戍司令王珩、政委徐志关于锦州及我驻军情况的汇报。9月18日正值九一八事变14周年纪念日，专车到了沈阳。李运昌等把延安来的同志安排在原张作霖的大帅府居住，不久又搬到沈阳三经路东北博物馆内。

博物馆院内中间有一座西式大楼，围墙四周是整齐的平房，很像营房，正好可以住一个连做警卫。起初几个月东北局就在这里办公和住宿，关内解放区来的干部都到这里来联系并分配工作。博物馆距市中心及火车站都不远，因建筑雄伟，很容易找到。

据李运昌后来写的《忆冀热辽部队挺进东北》一文介绍说：9月18日，东北局的同志平安到达沈阳。陈云在沈阳市府大楼向驻军干部讲话说："你们搞得好，执行中央的命令坚决、勇敢，先机占了东北，这对中国革命有很重要的作用，中央向你们慰问。"并对今后工作做了指示。

彭真一行到沈阳后，随即与苏联军方取得了联系。东北苏军总部设在长春，由苏军驻沈阳部队首长负责和我们联系，每次接触均由彭真、伍修权前往，与苏方会谈时由伍修权翻译。

彭真、陈云一行到达沈阳后，中共中央东北局就开始工作，召开了东北局首次会议，筹组领导班子。

9月19日开始，在沈阳召开了东北局第一次工作会议。会议由彭真、陈云主持，伍修权、叶季壮、李运昌、朱其文、曾克林、唐凯、段子俊、刘达、段苏权等二十来人参加。会上彭真、陈云传达了中央的决心和"向北发展，向南防御"的战略方针；确定东北局的任务，是力争控制全东北，组织部队接管城市、控制交通线，迎接党中央派到东北的大批干部和部队，粉碎国民党抢占东北的计划；确定东北局的任务是立即收缴敌伪武器，加紧剿匪工作，严厉镇压汉奸和敌特分子；安定社会秩序，迅速恢复生产；发动群众，扩大人民武装，准备迎接国民党军队的进攻。在接管的城市中，摧毁伪政权，建立各级民主政府；在农村组织群众开展反奸反霸、减租减息斗争；大力宣传我党的方针政策，肃清国民党的影响。这样，就使东北的干部与部队明确了自己工作的方向。

9月20日晚至23日清晨，东北局的领导同志用两个昼夜的时间听取原抗日联军负责人周保中、冯仲云等关于东北抗日联军十四年的斗争和进驻东北57个城市的情况汇报。彭真、陈云对东北抗联坚持长期抗日斗争的业绩给予很高的评价，同时传达了中共中央关于完全控制热河、察哈尔，争取控制东北的指示精神。陈云明确指出：党中央、毛主席制定了放手发动群众，壮大人民力量，自力更生、针锋相对、寸土必争的方针，我们不交枪、不当官，要准备着打仗。指示周保中等要利用穿苏军军服的有利条件，控制铁路交通沿线，迎接党中央派到东北来的大批干部。抓紧在我们已经控制的城市中进行建党、建军、建政工作。同时要求：（一）收缴敌伪武装，加紧肃清土匪，发动群众，孤立敌人，彻底镇压汉奸敌特分子；（二）安定社会秩序，发展生产，把东北变成巩固的根据地；（三）积极发展武装，积极收集资材，准备同国民党军队打仗；（四）在接管的城市中要派人到农村中去发动群众，进行反奸反霸、减租减息斗争。从此，原抗联指战员作为东北我党我军的成员，在东北局的领导下，积极从事各项工作。

由于在57个城市中有随苏军进入东北的原抗联干部任苏军卫戍副司令，这对我们接管这些城市的公安局和广播电台等要害部门提供了方便。

在这以前，9月10日，同苏军一起进入沈阳并任苏军沈阳城防副司令的冯仲云电告在长春的周保中："冀热辽军区李运昌部的先头部队曾克林已率3000人进驻沈阳。"周保中得知这一喜讯后命抗联干部撰写报道，通过长春广播电台播出八路军出关的消息；并赶写评论文章，宣传共产党的政策主张、八路军的地位与作用，号召人民紧跟中国共产党，肃清敌伪残余，为争取祖国的和平、民主、团结而斗争。

9月底前后，我出关部队在党中央和东北局的领导下，配合苏军解放了热河、辽宁全省和吉林、黑龙江两省的南部和西部，先后接管了山海关、锦州、沈阳、抚顺、鞍山、本溪、辽阳、营口、安东、通化、开原、铁岭、四平、昌图、齐齐哈尔、白城子、承德、赤峰、朝阳、北票、阜新、梅河口、磐石、东丰、西丰等重要城市，很快打开了局面，开始站住了脚跟。9月30日，党中央电令进入东北的我军改用"东北人民自治军"番号。

9月底，设在晋察冀边区的中共中央东北工作委员会常务书记韩光到达沈阳。10月初，东北局委派他前往大连向苏联军事当局交涉，请他们在从山东烟台地区上船，经海路来东北的我军部队，如遇到风浪须经大连港时给以方便。苏军当即允诺，同时表示希望我党尽快派干部到大连建立党委。韩光回沈阳后作了汇报，彭真、陈云认为大连的形势很好，应抓住这个有利时机，打开我党工作的新局面，当即决定派韩光到大连任市委书记，并从山东来东北的干部中优先选派一些人一同前往。彭真叮嘱要抢形势，搭起大连市党、政、警、群领导机构的架子，尽快开展工作。陈云叮嘱要充分认识苏军对大连实行军事管制这一实际情况，充分利用这种情况对我有利的方面，放手开展工作，恢复与发展工业生产，安定人民生活，努力支援前线。在工作中，要照顾苏联的外交关系，不使苏联在应付美、蒋方面发生不必要的困难。

东北局第一次工作会议直至10月7日才结束。

抗联干部在进入东北后征得苏军同意，在一些大中城市城郊及县、区、乡组建武装。从9月中旬至10月10日的一个月时间里，就组建了一支48500人的自卫队，分布在牡丹江、合江、吉林省和现在内蒙古自治区的开鲁地区。在扩军工作中，由于对敌特分子“先（当）八路（军），后（当）中央（军）”的阴谋缺乏警惕，对加委改编的伪军审查不严，致使后来国民党军队进攻时，新组建的部队曾一度出现严重的叛变事件，派去的干部牺牲了不少。这种情况在东北局领导下，通过整编与加强政治思想工作，得到了纠正。

东北局成立后，在与苏军的接触中有过一次不愉快的交往，影响很大。事情是这样的：驻沈阳苏军曾向我们提供过一个情况，说沈阳附近有一个存有十多万支枪的武器仓库，可以移交给我军。东北局迅速将这个情况报告了中央。中央马上通知山东部队和新四军三师黄克诚部队，把他们原有武器留在关内，迅速徒手出关到沈阳接收这批新武器。两周以后，奉命接收武器的部队开始陆续到达东北，却意外地得到苏军通知，说由于国际上的种种原因，那批日军仓库里的武器要另行处理，不能按以前说的那样，交给东北人民自治军了。这样一来，使得我军很被动，山东和华中来的部队很多已将原来的武器留在关内，预计可以得到的新武器却到不了手，许多团营连队成了一群徒手士兵，部队上下都在埋怨。

我军进入东北初期，曾打开过几个很大的日本军用品仓库，得到一些新枪和很多装备。叶季壮亲自去看过，仓库里有大量军用服装、军鞋、军帽等物资，其他军用品也很多，当时可以尽量去拉，部队装备了一下。以后苏联的政策变了，后到的部队就得不到了。当时流传着一个说法：新兵新枪，老兵老枪。

林彪与萧劲光于8月25日从延安乘飞机抵太行，准备转赴山东，任山东军区正副司令员，后根据中央决定改去东北，经陆路于10月到达沈阳。山东军区司令员兼政委罗荣桓肾脏有病，经常尿血，本拟疗养一段时间，因时局变化，放弃休养，从山东临沂出发，途中

※ 1946年，陈云出席中共中央东北局、东北民主联军总部在哈尔滨举行的高级干部会议。右起：陈云、林枫、吕正操、李立三。

一段路程坐担架，在黄县龙口登船，经海上航行，在辽宁貔子窝登陆，于11月13日赶到沈阳。在他们到达前，中央就决定成立东北民主联军，由林彪任司令员。“民主联军”这个名称带有统战意义，它是由几方面的部队组成的，包括关内来的八路军、新四军、原东北军将领带领的部队、周保中等领导的东北抗日联军等。

东北局成立后，山东部队3万大军（包括第一、二、三、六、七师，五师的一部分及山东军区直属机关）由萧华率领，先后从胶东蓬莱及黄县乘船在辽宁省东部的貔子窝、皮口、大孤山一带登陆。萧华和指挥部的同志经过一天一夜的艰苦漂泊，在大连登陆，当天就同吕麟、刘居英、赵杰等搭乘一列拉煤的火车赶往沈阳。

9月20日，萧华等在沈阳三经路博物馆内找到彭真、陈云等同志。他们认真听取了萧华的汇报后指示说：“中央决定你带山东渡海来的部队主力留在南满，开辟根据地。曾克林、唐凯率领的冀热辽第十六军分区的部队划归你们指挥。当前你们第一位的任务是站稳脚跟，控制海口，迎接大部队登陆。同时，趁国民党军未到的机会剿灭土匪和日伪残余，放手发动群众，改造政权，建立根据地。并且利用一切可能尽快整编军队，发展武装，扩大主力，形成拳头。”

为了统一南满铁路以东我军各部队的指挥，东北局决定建立东满人民自治军，成立东满临时指挥部，由萧华任司令员兼政委，代表东北局领导该地区的工作。

新四军三师黄克诚部队3.5万人，经陆路于1945年11月26日刚到达锦州附近，就接到东北局电报，命令黄部负责切断北宁铁路，阻止国民党军队进入沈阳，这时蒋军已占领锦州。此外，还有些部队经冀热辽边区进入东北。如吕正操率领的晋西一个团、文年生率领的陕甘宁边区警备第一旅，还有延安教导第一旅、第二旅、延安抗日军政大学总校（1000多人）、炮兵学校（1000多人）等，都先后到达了南满地区。到1945年11月底前后，到达东北的部队约13万人。

1945年11月8日，彭真向毛泽东报告已到东北各地任职的负责干部配备情况是：辽宁省工委书记陶铸、副书记白坚，沈阳市委书记孔原；安东省委书记黄春圃（江华）、副书记刘澜波；辽北省工委书记黎文、副书记顾卓新；吉林省工委书记张启龙、副书记伍晋南，长春市委书记石磊；合江省委书记张松，省主席李延禄；滨江工委书记王友（钟子云）；嫩江省工委书记刘锡五、副书记朱光，省主席于毅夫。

1945年调两万名干部到东北在我党历史上是前所未有的一次跨大区干部调动，这表明党中央对努力争取控制东北的决心。1945年，中共第七次全国代表大会选出的中共中央委员及候补中央委员共77名，解放战争期间在东北工作（包括热河，下同）的有21名；中央政治局委员13名，在东北工作的有4名。他们以及从关内调来的大量干部和军队，在党中央领导下，正确地贯彻执行党的七大路线，与广大干部和人民一起，对东北的解放做出了重要的贡献。

（余建亭）

与张闻天同在东北

陈云和张闻天意气投和，非常要好。东北解放后，陈云是财经委员会主任，张闻天是副主任。他们配合得很好，都主张按经济规律办事。

我与陈云相识是在1933年的中央苏区。那时，他在苏区搞工人运动，是中华全国总工会苏区中央执行局的党团书记、副委员长，委员长是刘少奇。陈云当时住在中共中央局，那是一栋老房子，住在里面的还有博古、李维汉、张闻天等。我当时在少共中央当宣传部长，“扩红”后又当组织部长，时常要去中央局向李维汉汇报工作，所以，总能碰到陈云，就这样和他认识了。陈云很和气，平易近人，一点架子也没有。他与闻天、潘汉年都是上海一带的人，谈话也投机，关系比较好。他很爱打乒乓球，晚饭之后，他常和闻天、潘汉年一起打乒乓球。

遵义会议后，陈云接替李维汉担任地方工作部部长。地方工作部是红军总政治部之下的一个工作机构，主要任务是发动群众，建立党和政府，打土豪、分东西，安排伤员。当时我也在地方工作部，在陈云领导下工作。记得有一次，陈云半夜把我喊醒，原来是前方有几个伤员转移下来了，伤势很重，必须寄养在老百姓家中。我那天很累，但马上起来，去与老百姓联系。由于红军沿途打土豪，分粮、分衣给老百姓，因此，老百姓很拥护我们，都把红军看成自己的队伍。我们留一些银元和贵重物品给老百姓，托他们照顾伤员，他们很愿意帮忙。

陈云当地方工作部部长时间很短，以后，又是李维汉当地方工作部部长，陈云是政治局委员，但长征期间中央没具体分工他管哪一方面的工作，因此，是一个机动干部。哪里需要人，中央就派他到哪儿去。毛主席等中央纵队的领导同志认为陈云很有能力，善于指

※张闻天（1900—1976年），江苏省南汇县（今属上海市）人，曾化名洛甫，字闻天。中国共产党早期的重要领导人，为东北根据地的开辟和建设作出了贡献。

挥，部队也信服他。所以，哪里需要，就派他到哪里，就像政治局的一个代表。红军大队人马过大渡河、金沙江时，都是陈云指挥的。长征中，中央的各个部门组织在一起，统称为“红章”纵队，也称后梯队。“红章”纵队从苏区出发时带了许多辎重，影响了部队的行军和作战。遵义会议后，陈云代表中央对“红章”纵队进行了整编。他是一个实干家，有组织能力，有魄力，有威望，对工作要求很严。在整编时，他坚决执行毛主席和中央的方针，有问题就向中央汇报，得到中央同意后，就大刀阔斧地干，彻底打掉了“红章”纵队的坛坛罐罐，该扔的扔，该埋的埋，使部队得以轻装。他还把强壮的人员充实到前梯队的战斗部队中去，大大缩减了后梯队的负担。

过泸定桥后，大约是6月份，陈云受中央委派，在四川党组织廖志高等人的安排下，一个人秘密前往白区。他走时只有很少几个人知道，为了保密，连自己的亲人也没告诉。他的亲人在长征结束后，都不清楚他去哪里了，直到陈云1937年底由苏联回到延安，才知道他还活着。

陈云离开时，我在中央纵队任秘书长。办的第一件事，就是处理陈云留下来的东西。长征出发时，中央规定政治局委员每人一担行李，四个警卫员。这担行李就是两个洋铁皮箱子，里面装文件和衣物。我请示闻天，如何处理陈云的行李。他说：“陈云同志走时，交待把帐子留给我，文件就放到中央的文件箱子里去。其他的东西，转交给他的家人。”我一一照办了。1937年11月，我和贺子珍、钟赤兵、蔡树藩等人前往苏联治病。我们从延安乘车出发，经西安办事处去兰州，准备在那里转乘苏联的军用飞机去莫斯科。正当我们在兰州办事处等待飞机，刚从苏联返回延安的王明、康生和陈云一行乘坐的飞机也在兰州降落。陈云要到兰州办事处找谢老（觉哉）接头，请他们转告延安，让机场出示信号，以便迎接飞机安全着陆。陈云向我们表示了慰问，并给我们每人100美金，作为生活津贴。美金我们没有留，都交给了组织。临别前，我拜托他给闻天捎个信，他痛快地答应了。

日本投降后，我们向东北进军，陈云、彭真是先去东北的，我和闻天、高岗、李富春等十一人是后去的。我们去时，先到了沈阳，在那里，闻天、高岗、凯丰参加了东北局的一次常委会议。会后，高岗对闻天说，我们到北满找陈云去。于是，我们就搭拉煤的火车，于1945年11月27日到了哈尔滨，闻天、高岗和陈云三人共同研究了东北的局势，一致主张放弃中心城市，到农村去搞群众工作，在铁路两边建立根据地。他们讨论时，我也在场。他们在陈云主持下起草了致中央的电报，即《对满洲工作的几点意见》。这个电报得到了中央的同意，起了很重要的作用。12月28日，毛泽东代中央起草了《建立巩固的东北根据地》的指示。这个指示的精神，正是陈云等所极力主张的。

我和闻天是12月离开哈尔滨的，离开之前，和陈云他们一直住在一起。我们走后，他们才走。那时，哈尔滨有个苏军中将，陈云让闻天去见他，向他要电台、枪支和其他物品。闻天完成这个任务后，我们就到牡丹江去了。到佳木斯的时间是12月7日。

后来，我在佳木斯又遇到过陈云。那次是1946年底，他由哈尔滨乘火车绕道朝鲜去南满，中途路过佳木斯。当时南满形势吃紧，党内发生了争论。陈云主张坚持南满，闻天支持陈云的意见，中央认为陈云是对的。在陈云的努力下，南满坚持住了，这对扭转东北战局起了关键作用。

陈云和张闻天意气投和，非常要好。东北解放后，陈云是财经委员会主任，闻天是副主任。他们配合得很好，都主张按经济规律办事。

1951年，我和闻天派驻苏联。陈云去苏联访问时，来看过我们。陈云和闻天在留学生等问题上意见很一致。闻天对陈云说："我不想搞外交，想搞经济工作。"陈云说："我赞成呵，可毛主席不同意呵！"

1959年，庐山会议之前，闻天在底下做了许多调查研究。他去找陈云谈，陈云赞成他的意见，并说："恐怕用三年时间，经济也恢复不过来！"

党的十一届三中全会后，中央要补开闻天的追悼会。那时，陈云恰好在杭州休息，胡耀邦打电话给他，问张闻天的追悼会是由他主持，还是由他致悼词。陈云答复说："我主持也行，致悼词也行，但你要推迟一点，等我回北京。张闻天的追悼会，我一定要参加！"后来，为了等陈云，闻天的追悼会推迟了一段时间。追悼会由陈云主持，小平致悼词。陈云见到我很高兴，以后就把我调到中纪委去了。

（刘英）

相识在东北战场

抗日战争胜利后，洪学智开始在北宁线、沈长线上率部抗击蒋介石部队北进，后又到黑龙江剿匪。剿匪告一段落后，洪学智又到六纵队任司令员，一直在陈云的领导下工作、战斗。

我与陈老是在东北战场上相识的。1945年9月，抗日战争胜利结束后，党中央决定，立即从关内派遣10万军队和两万干部挺进东北。当时，我在新四军三师工作，随黄克诚进入东北。那时，陈云是北满分局书记、北满军区政委，后又是东北局副书记、东北民主联军副政委。我开始在北宁线、沈长线上率部抗击蒋介石部队北进，后又到黑龙江剿匪。剿匪告一段落后，到六纵任司令员，一直在陈老的领导下工作、战斗。陈云分析问题全面辩证，看问题高屋建瓴，有驾驭整个局势的伟大气魄和领导才干。当时，东北不仅是国内而且是国际革命势力和反革命势力争夺的一个焦点。陈云针对当时敌强我弱、敌进我退的困难局面，十分强调要发动群众，建立巩固的根据地，壮大我军力量。他说，改变敌我力量对比，主要的办法是发动群众，增加我们的力量。要站住脚，就得有群众。群众不起来，干部恐怕要当“华侨”，10万主力也要打完的。他把这一思想贯穿在实际工作中，多次积极负责地向东北局和中央提出了关于我党我军取得东北胜利的真知灼见，并且为东北局起草了著名的《东北的形势和任务》的“七七决议”，经过东北局扩大会议一致通过并得到中央批准后，进一步统一了东北党政军的思想，使建立根据地的工作轰轰烈烈地开展起来。

1946年10月，蒋介石、杜聿明调集八个师，10万余人，分三路进攻南满，企图“先南后北”，先攻占南满，稳住后方，转而攻占北满，以实现其占领全东北的妄想。危急时刻，东北局提出了“坚持南满，巩固北满”的方针，并派陈云、萧劲光同志到南满领导党政军民坚持斗争。陈云到南满后，在七道江会议上，高瞻远瞩，精辟地分析了敌我态势，权衡了南满部队的“去”、“留”利弊。他说，南满战略地位相当重要，坚决不能丢！要是我五个师撤到北满，敌在南满则无后顾之忧，就会有十个师跟着进北满。就算我两个纵队都到北满，顶多能对付敌人一个军，但留在南满则可牵制敌人四个军。如果我们不坚持南满，向北满撤退还会损失一万多人，占我们南满部队人数的一半。相反，如果我们留下来坚持南满，部队可能损失四分之三，甚至五分之四，但只要守住南满，就不会失去掎角之势，就可以牵制敌人大批部队，使杜聿明不能集中力量去打北满。两相比较，还是坚持南满比撤离南满损失小，况且敌人在南满的兵力也不够，我们坚持南满是完全有可能的。他力挽狂澜，号召大家在困难的时期要统一思想，团结一致，振作精神，鼓足信心，艰苦奋战，以新的姿态与敌人斗争到底！我北满主力部队为配合南满部队保卫辽东军区所在地唐江，集中一纵、二纵、六纵等部队跨过松花江“三下江南”，与南满部队“四保临江”形成南北战略呼应，使敌人南北调动，到处报急，顾此失彼，疲于应战，首尾不得相顾。

经过三个多月的浴血奋战，我军歼灭了新一军新三十师八十九团和一一三团，七十一军八十八师，十三军八十九师，五十四师一六二团，九十一师二七二团，五十二军一九五师五八四团、五八五团，六十军整二十一师三团，约五个师的兵力。我党我军渡过了在东

※洪学智（1913—2006年），安徽省金寨县人，无产阶级革命家、军事家，我军现代后勤工作的开拓者。1945年9月任新四军第三师副师长，与黄克诚率部进军东北，执行党中央“建立巩固的东北根据地”的战略方针。

北最困难最危险的时期，为我军转入攻势创造了有利条件。陈云后又指挥南满的三纵、四纵和三个独立师等部队，开展1947年夏季攻势，参加指挥了1948年的辽沈战役等，取得了赫赫战果。陈云在参加领导东北三年解放战争中，坚定地贯彻执行党中央和毛泽东的正确战略思想、工作方针和作战方针，并深谋远虑地提出了许多关系全局的正确意见，为东北根据地的巩固和全境解放，为东北经济的复苏和大部队顺利进关作战，作出了突出贡献。

解放后，陈云长期领导财政经济工作，毛泽东对陈云领导财经工作的才干给予很高的评价，我是熟知的。抗美援朝战争爆发后，我志愿军赴朝作战。在此严峻形势下，陈云及时调整了财经工作方针，提出了国防第一，稳定市场第二，最后才是各种经济和文化支出，有力地保证了抗美援朝的胜利进行和国民经济的迅速恢复。1951年冬，彭德怀派我回国汇报志愿军前线情况。我回到北京后，先向毛主席、周总理作了汇报。第二天，又向陈云汇报，谈了两个半小时，他留我吃了饭。我汇报时，陈云听得很仔细。他对志愿军的后勤供应和后方交通运输十分关切，焦急地询问了许多情况。他说，哪些问题你们在前面可以解决，哪些问题解决不了，需要我们后面解决，都要及时提出来，免得后方来不及准备。他还详细询问了前方敌我双方的态势和我军一年多来作战的经验教训，对我们志愿军

※ 东北局领导在哈尔滨召开军事会议。左起：林彪、高岗、陈云、张闻天、吕正操。

总部的作战指挥很满意，连声说："不容易，你们在这么短的时间里就扭转了朝鲜的战局，做到这一步，很不容易啊！"

陈云对我一直很关心，总是循循善诱，谆谆教导。1977年，我恢复了工作，中央安排我到国防工办。国防工办与全国一样，百业待兴。陈老同我谈了一次话。他语重心长地说，过去十几年，你受到不公正对待，现在到国防工办工作，是党中央对你的信任，一定要把工作搞好。国防工办摊子很大，困难很多，当前问题也不少，你要深入调查研究，摸清情况，下决心整顿，首先要把班子调整好，把各方面关系理顺。他还写了"实践是检验真理的唯一标准"、"山重水复疑无路，柳暗花明又一村"的条幅鼓励我。

1980年，我回到总后勤部工作。陈云见到我说，你又回到总后工作，这很好。目前国家的财政经济有困难，比例失调，中央要集中必要的财力发展经济。军队要体谅国家的困难，在军费比较少的情况下，搞好部队的建设和生活。我牢记陈老的嘱咐，把这一思想贯彻在总后的各项工作中。为鼓励和指导我做好工作，陈老又给我写了"百战沙场碎铁衣"一句唐诗和"不唯上、不唯书、只唯实，交换、比较、反复"两个条幅。

陈老晚年仍时时刻刻关注着党和国家的大政方针，关心着军队的大事，直到生命的最后一刻，想的仍是党和人民的事业。1994年1月30日，我在上海看望陈老，他说：我对以江泽民为核心的中央第三代领导集体满怀信心，坚信一定能够不断克服困难，把我们的事业推向前进。陈老还专门和我谈了要组织撰写四野战史和抓紧修建平津战役纪念馆问题。陈老谈到，四野战史要抓紧组织撰写，一定要写好。并要我负责撰写工作。我向陈老讲，自己水平有限，恐怕胜任不了。陈老说，你具体组织办，我可以当顾问。并让我征求彭真同志的意见。我向彭真报告后，经军委研究决定成立了四野战史编写领导小组，请陈云、彭真担任了总顾问。现在有关编写工作正在抓紧进行。同时陈老还谈到，平津战役对夺取解放战争的胜利、建立新中国起了非常重要的作用，建好平津战役纪念馆，对于进行爱国主义和革命传统教育，缅怀革命先烈，具有重大意义。后经中央批准，平津战役纪念馆已确定建在天津，有关筹建工作已经开始进行。去年5月陈老住院后，我到医院看望时，他还关切地问起撰写四野战史的进展情况。他老人家在生命垂危的最后日子里，仍然惦念着撰写战史的工作，我感动得流泪了。

（洪学智）

对大连工作的指示

1945年10月，韩光赴大连任市委书记时，陈云指示，要充分认识苏军对大连实行军事管制这一实际情况，放手开展工作，努力支援解放战争前线。

20世纪30年代初，我任共青团满洲省委秘书长时，中央苏区不断遭到国民党反动派的残酷“围剿”，党内各种错误思想充斥着革命队伍。由于条件所限，又不能及时听到党中央的声音，一时间搞得同志们不知所措。当时，仅凭党的地下交通从中共中央所在地上海传来的一个叫《斗争》的秘密油印刊物上发表的一些文章指导工作。也就是在这个刊物上，我第一次知道了陈云这个名字。

1936年，党派我到莫斯科东方大学学习。学习期间，经常听中共驻共产国际代表团王明、史平等领导人的报告。王明作报告，总要捧着马列书本，讲讲翻翻，翻翻讲讲，使听者听不明白，最终也不知讲的是什么；而史平作报告从来不拿稿子，讲的都是我们想知道又不知道的国内政治形势。他讲红军长征，讲遵义会议，讲毛主席在遵义会议上分析、批判“左”倾教条主义者在军事领导上所犯的一系列根本性错误，从而结束了“左”倾冒险主义在党中央的统治，确立了以毛泽东为代表的正确路线在红军和党中央的领导地位。这些党内的大事，对我们这些在异国他乡的年轻共产党人是极大的鼓舞和教育。我和刘仁、李范伍、林纳、于甦等同学经常讨论史平的报告，对他的每个观点、所述的每一历史事件都特别感兴趣。对他准确地把握时局的报告和富有权威的言论，我们也在猜测他一定是中央领导，果然，不久我就知道了史平就是陈云。

抗日战争爆发后，我回到国内，先在新疆工作，后来到延安，在中央统战部工作。那时，陈云是中央组织部部长，工作上没有多少联系，但从文件和报纸上不时看到他关于党的建设方面的报告、文章，感到非常亲切、非常精辟，从中得到很大教益，使我比较具体、比较完整地理解了做一个共产党员应具备的素质和肩负的任务。从此，陈云成了我最敬仰的党中央领导人之一。

1945年日本投降后，我任中共中央东北工作委员会常务书记（设在晋察冀，由晋察冀中央代管）。此时，中央要我快到沈阳东北局报到，首要任务是与我在晋察分局时秘密派往东北各地的80来名同志取得联系，开展工作。9月底，我从晋察冀边区经张家口进入东北到达沈阳，立即与东北局领导人彭真、陈云、伍修权等见了面。10月初的一天，伍修权受彭真、陈云委托，同我谈话，说：“现在有一项新任务，派你去大连同苏军当局办一次交涉。”原来，我山东解放区部队遵照中央指示，向东北进军中，许多从胶东乘坐小帆船到辽宁庄河一带登陆的部队常常被海风刮到由苏军管制的旅顺或大连。根据1945年8月国民党政府与苏联政府签订的《中苏友好同盟条约》，旅顺口地区为苏军海军基地，大连市在苏军管制区内，大连港为国际贸易自由港，行政权属于中国。所以，按照“条约”规定，任何外来军队不得进入大连市，一经发现，一律缴械扣留审查。派我到大连，就是要解决这个急迫的问题。

于是，我同一名苏军少尉、原东北抗日联军战士孙振山登上了苏军运兵平板列车到了大连。由于我懂俄文，又有苏军少尉带路，很顺利地与苏军驻大连市卫戍司令官高兹罗夫中将会面了。这是一位对我党我军热情友好的军人，当他问明我的来意后说，这个事情好办，立即派人解决，并指示了具体办法。果然，以后我们的部队来了，如果是在白天或者携带武器，他们则暂时“扣留”一下，晚上再还枪送人。

在大连市交涉期间，高兹罗夫将军还问我：“你们共产党要不要大连？”我一愣，马上说：“怎么不要？我们还要解放全中国呢！”“既然是这样，那就希望你们尽快派个市委书记来，市长人选已经有了，由本地的大商人迟子祥担任，你们可派副市长，再派个秘

※ 陈云（左四）在中共中央东北局、东北民主联军高级干部会议上。

书长和公安总局长，实权还是在你们手里。”将军诚恳地说。

为了尽快让我回东北局汇报，高兹罗夫专门为我和陪同者派了两架小教练机（缴获日军的，每架除飞行员外只能坐一人）直飞沈阳。1945年10月12（13）日，我返回沈阳，立即向彭真、陈云汇报了大连之行的情况。他们认为大连的形势很好，要抓住这个有利时机打开我党工作的新局面，当即决定派我到大连任市委书记，并要伍修权和萧华从已到达的山东来的干部中优先选派一些人，同我一起去工作。陈云指示我，与苏方关系要搞好，要充分认识苏军对大连实行军事管制这一实际情况，充分利用这种情况对我有利的方面，放手开展工作，恢复发展工业生产，安定人民生活，努力支援前线。工作中，要照顾苏联的外交关系，不使苏联在应付美、蒋方面发生额外的困难。

在大连，国民党虽然先我而入，但并无什么实际力量，且受到苏军当局严格限制。我们经东北局准许，决定市委暂不公开，让国民党处于明处，我们在暗处，放手开展工作。大连虽然是我党领导下的一个解放区，但在贯彻执行中央方针、政策方面，考虑到苏军管

※ 韩光（1912—2008年），黑龙江齐齐哈尔人，无产阶级革命家，中国共产党纪律检查战线的杰出领导人。

制的实际情况，则采取了一些变通形式和方法。但一些同志对这一特定历史条件下党的工作不大理解，甚至产生误解。

1947年春末，陈云作为南满分局书记，在临江主持召开了辽南、辽东省委、地委和区党委以上干部会议，我参加了这次会议。陈云告诉我，这次会议主要是解决辽东、辽南地区土改问题，你先参加会议，可听、可发表意见，但大连的问题我单独听汇报解决。陈云指示，大连作为一个特殊地区要区别对待，关于土改问题，旅大地区农业人口才四万户，而城市人口20多万户，可见农民不是主体，土改晚些搞也没关系，要紧的是把党的工作、工会工作，把工业、公安、支前工作做好。关于苏联方面内定的大商人迟子祥任大连市长的问题，苏方既坚持意见，也只能听苏方的，因为这并不妨碍大局。陈云分析说，这是苏方出于外交上的需要。如果用我们的人当市长，就会给美蒋以口实，攻击苏联破坏条约，将大连行政权交给了中国共产党，造成外交上的被动。苏方继续用当地商人做市长，例行公事，既不影响我们控制大连政权，又堵住美蒋的嘴，我们不必计较这些。

按照陈云的指示，大连市委的工作在美蒋特务不断干扰破坏下，轰轰烈烈地开展起来了，并依靠工人阶级和东北、华东、华北各解放区的支援，组织和发展了军工、军需工业，带动了整个民用工业，百姓的生活也有了相应的改善。同时，还采取了中苏合营的形式，恢复了大部分大型工业企业的生产。在三年解放战争中，各地战火纷飞，唯有大连始终保持着一种特殊的和平局面，生产了大批军工军需产品，为支援东北、华东和华北的解放战争作出了贡献。仅大连建新公司就为前线生产炮弹50万余发，引信80余万枚，弹体中碳钢3000多吨，无烟火药450吨和1430门迫击炮及各种兵工产品。华东野战军司令员陈毅同志亲笔写信给我，对大连市委和工人阶级的大力支援表示感谢；副司令员粟裕同志在谈到大连的军工生产时说："华东的解放，特别是淮海战役的胜利，离不开山东民工的小推车和大连生产的大炮弹。"

（韩光）

出任北满分局书记

为组建中共北满分局，陈云从沈阳前往哈尔滨。途经长春时，他抓紧时间了解情况，处理了一些重要事情。

1945年11月2日，中共中央决定组建中共中央北满分局，任务为控制北满各地，组织军队，建立政权，发动群众，镇压反动派，巩固东北后方，决定由陈云任中共北满分局书记。

为组建中共北满分局，陈云从沈阳前往哈尔滨。11月7日，乘火车先到长春，同行的有秘书刘达和警卫员，另有电台工作人员五人，带了一部小型电台，由两位抗联同志护送。这天是苏联十月革命28周年纪念日，长春正举行苏军烈士纪念塔落成仪式，成千上万的群众参加庆祝活动，空中有苏军飞机做特技飞行表演，非常热闹。

刘达当时叫刘成栋，卢沟桥事变前是北平辅仁大学学生，参加过"一二·九"运动。抗战时在晋察冀边区任过中共地委组织部长、地委书记。到东北后初任东北局秘书处长。他是哈尔滨人，知道陈云要到北满去，自请随行，得到了彭真的同意。

陈云一行抵长春时，由周保中和石磊等接待，住在三马路丰乐洋株式会社一栋楼的楼上。楼下是周保中部下的宿舍。长春那时虽然很乱，但陈云住处很安全，对外严格保密。

周保中此时任苏军长春卫戍副司令。由于他了解东北情况，在苏军中起到顾问的作用。石磊则是中共长春市委书记。

长春市是伪"满洲国"的"首都"，东北三大城市之一，位于东北中部、中长铁路的干线上。苏联红军的东北总部设在这里，国民党军事委员会委员长东北行辕和东北保安司令部也设在这里。长春虽然不属于北满分局领导的地区，但对于了解整个东北的情况十分重要。

陈云等在长春停留了九天，他抓紧时间了解情况，处理了一些重要事情。首先是与周保中、石磊等谈话，听取了他们的工作汇报，传达党中央对东北形势的看法和打算。告诉他们，中央决定派遣大批干部和部队到东北来。使吉林省和长春市的同志感到很受鼓舞。

当时，长春和东北其他大城市一样由苏军进行军管。陈云通过周保中向苏军推荐刘居英任长春市市长，苏军很快接受了这个建议。

当陈云还在沈阳时，东北局曾发电报告中央，建议中央通知中共山东分局选派10名省一级干部来东北工作，其中包括5名地方干部、5名军队干部。中央同意这一建议，给山东分局发去电报，山东分局照办了。刘居英是山东派来的10名干部之一，他来东北前任中共山东分局社会部部长、山东省政府秘书长兼公安总局局长。他是长春人，1933年从长春跑到关内。1935年入北京大学化学系学习，参加过“一二·九”运动。刘居英到东北后，在沈阳博物馆内见到陈云，知道东北局已向苏军提出沈阳、长春、哈尔滨三个城市市长的推荐名单，其中长春市长一职推荐由刘居英担任。然而苏军进入长春后已任命曹肇元任长春市市长。曹肇元是伪满官员，辽宁省金县人。当陈云到达长春并通过周保中再次推荐时，苏军才要曹肇元将市长职务移交给刘居英。苏军对市长的要求是完成两项任务，一是维持社会秩序，二是供应苏军生活必需品。刘居英就任市长职务后，除努力从事上述两项任务外，还做了许多工作。

在日军投降以前，从延安和敌后根据地曾派遣一些地下工作人员到东北。例如长春市的刘××、吉林市的李××等就是这时在长春接上党的组织关系的，陈云从他们那里了解

※ 东北人民解放军骑兵部队出击辽西地区。

到不少情况。有一个孙××，是党组织派到关内国民党统治区做地下工作的，后来又被国民党派到东北作为接收人员。陈云派刘达在一个电影院里与孙××接上了组织关系，后来他做了不少工作。

当时，长春有一些从关内来的失去组织关系的共产党员或基层干部，有的是组织派来的，有的是侵华日军对根据地进行大扫荡、地方组织遭受破坏时，为了躲避敌人搜捕而逃到关外来的。日军一投降，他们就积极活动起来，有的还组织了军队。但他们因长期与党失去联系，现在对党的政策了解得不多，有些人知道了党中央有领导人来长春，要求取得联系和给以指示。陈云在接待他们时除询问情况外，对他们说明了党的现行政策，进行党的政策教育，对有些违反政策的做法当面指明，希望他们改变。有一位姓刘的同志，是敌伪时期由根据地党组织派来长春的，打入了“满洲电影制片厂”。在“八一五”后，他组织了一支武装力量。陈云鼓励了他，告诫他要取得群众的支持与拥护搞好群众纪律。

陈云在长春还会见过一些派往北满工作的干部，向他们介绍情况，给以指导，如会见黑龙江省委及省军区领导干部等。

在长春期间，陈云还接待过几个进步青年，有些人是我们干部的亲属。其中有一个蒙古族青年朱××，是建国大学的学生，与内蒙古青年有联系。陈云向他说明我党的政策，特别是民族政策。后来朱××回前郭旗工作去了。

陈云很重视宣传工作和统一战线工作，注意了解群众的呼声与反映。在长春，陈云鉴于莫德惠在东北有一定影响，亲自写过一个宣传品——致莫德惠先生的公开信。大意是希望他认清形势，从中国大局和人民利益出发，不要站在国民党方面反对人民，要站到共产党和东北人民方面来，站到中华民族利益方面来。陈云还拟了许多标语，我记得有一条口号是“反对国民党党部抢夺国家财产！”这些标语和传单，通过一些进步青年组织在夜间贴到大街上。陈云还让刘达他们到街上听群众的反映。刘达在“反对国民党党部抢夺国家财产！”这条标语的张贴处听到群众说：“这条是打中要害了。”

陈云在长春期间，天气已经很冷，身上衣服单薄，有一位先到长春工作的老同志于克看到了，给陈云做了一件皮背心，解决了陈云当时生活上急需解决的问题。

1945年11月15日，陈云从长春乘飞机抵达哈尔滨，张秀山等及电台工作人员同时到达，由李兆麟、钟子云等接待，住南岗花园街26号。

李兆麟是随苏联红军于1945年8月19日来到哈尔滨的。根据中苏友好同盟条约，由苏联红军对全东北实行军管，主要官员由苏军任命，李兆麟被任命为滨江省副省长。在哈尔滨，他是公开代表中国共产党讲话的人。钟子云原名王友，是“八一五”后从延安由党中

※ 中共北满分局旧址及史迹陈列馆，现位于哈尔滨市宾县县城三为路宾县教育局院内。

央派来东北工作的干部。他于10月中旬到达哈尔滨，任中共滨江地区工作委员会书记。

陈云到达哈尔滨的当天晚上，就在离南岗区大直街不远的一栋房子里主持会议，讨论北满地区当前形势和如何开展工作的问题。参加会议的有十多人，包括松江省委书记张秀山、滨江地区工委书记钟子云、松江省军区司令员卢东生、后来继任松江省军区司令员聂鹤亭以及刘达等同志。会议快结束时，有人提醒说，陈云的行李还在大直街附近另一处房子里，需要去取回来。这时刘达准备动身去拿，卢东生会说俄语，坚持由他去拿，因在晚上，会说俄语要方便些，于是就由卢东生和警卫员去取。回来的途中，遇见苏军中两名不法分子有违纪行为，卢东生用俄语进行干预，不法分子向他开枪，抢去行李和手枪，卢东生不幸牺牲。卢东生曾任红二方面军四师师长，1939年赴苏联入伏龙芝军事学院学习，

1945年9月回国工作。陈云获悉卢东生牺牲后十分悲痛，简单介绍了他的经历，说卢东生是一位身经百战的老干部，贺龙的部下，1927年参加南昌起义并加入中国共产党。在场的人深感意外，惋惜不已。后来由刘达等将他的灵柩存放在极乐寺内。

1945年11月16日，中共北满分局在哈尔滨成立。分局委员五人，即陈云、高岗、张闻天、张秀山和李兆麟，陈云任北满分局书记兼北满军区政委，高岗任副书记兼北满军区司令员。第一次开会时，高岗、张闻天尚未到达哈尔滨。

北满分局领导五个省委（省工委）和一个市委，即松江省委（书记为张秀山，驻哈尔滨）、黑龙江省委（书记为王鹤寿，驻北安市）、嫩江省委（书记为刘锡五，驻齐齐哈尔市）、合江省委（开始时书记为李范五，不久改为张闻天，驻佳木斯）、牡丹江省委（先是地委，后改为省委，书记为李大章，驻牡丹江市）、哈尔滨市委（书记为钟子云）。

陈云提出北满地区的任务有三项：一是积极主动地肃清土匪，建立政权；二是把发动群众看成是一切工作的根本，首先开展反奸清算斗争，减租减息，不久又增加一项内容，即分配开拓地、满拓地、汉奸地给无地少地的农民；三是组织军队，使北满成为兵源及练兵的基地。目标是必须将北满建设成为全东北的大后方和巩固的根据地。

（余建亭）

提出《对满洲工作的几点意见》

陈云提出了关于党在东北工作战略方针的建议即《对满洲工作的几点意见》，中央完全同意，并发出关于《建立巩固的东北根据地的指示》，明确指出："我党现时在东北的任务，是建立根据地，是在东满、北满、西满建立巩固的军事、政治的根据地。"

中共北满局机关撤离哈尔滨时，为就近了解情况方便起见，在哈尔滨市南岗区仍保留了一幢未公开的小楼，供召开小型会议之用。从1945年11月25日开始，陈云就在这栋小楼内召开会议，讨论拟向东北局并转中央提出的建议。高岗、张闻天是10月下旬乘美军飞机离开延安飞抵河北邯郸，经陆路到太行地区，11月13日抵热河承德，20日到达沈阳，后乘运煤火车抵哈尔滨市，冒着大雪在这幢小楼里找到陈云的。陈云听了简单汇报后，立即与他们进行讨论。经过三天的认真研究，在分析了国民党军队占领山海关后的形势及东北的实际情况后，提出了关于党在东北工作战略方针的建议即《对满洲工作的几点意见》。这封打给东北局并转中共中央的电报标明1945年11月30日发出。由于密码电报要求简短，这份不到2000字的报告于11月29日和30日分两次发出。中央收到第一天的电报后即复电说：看了你们未完的电报，中央完全同意。

在这份电报里，首先分析了苏联对满洲的政策，认为："根据三个月的经验，我们已可看出，苏联对满洲的政策基本上包括两方面：一方面，把沈阳、长春、哈尔滨三大城市及长春铁路干线交给国民党；另一方面，援助我党在满洲力量的发展，保持远东和平和世界和平，是苏联这一政策的基本目的。"

接着谈到："在美国积极支援下的国民党军队，现在已经占领了山海关到锦州一线……苏联除要我们军队退出大城市外，现在更要我们交还已接收的政权，禁止我们在三大城市中一切足以妨碍他们公开执行中苏协定的措施。为了执行中苏协定，苏联采取这样的措施是必须的，是应该被我们谅解的。"

电报接着说："根据以上情况，我们必须承认，首先独占三大城市及长春铁路干线以独占满洲，这种可能性现在是没有的。因此，当前在满洲工作的基本方针，应该不是把我们的全部注意力集中于这三大城市，而是集中必要的武装力量，在锦州、沈阳前线给国民党部队以可能的打击，争取时间。同时，将其他武装力量及干部有计划地、主动地和迅速地分散到北满、东满、西满，包括广大乡村、中小城市及铁路支线的战略地区，以扫荡反动武装和土匪，肃清汉奸力量，放手发动群众，扩大部队，改造政权，以建立三大城市外围及长春铁路干线两旁的广大的巩固根据地。"

在提出上述基本方针后，电报接着提出："我们今天必须大胆主动地撤退，同时迅速地把我撤出以后三大中心城市的工作放在应有的地位……应该预先布置在苏军退出、国民党进入城市后的工作。"

这份电报还对北满形势作出估计，提出了对北满工作部署的意见。

为了实现党在东北工作的战略方针和北满的工作部署，这份电报提出："必须防止干部中以为不经过严重斗争而可以取得全满洲的想法，竭力避免把一切希望寄托在苏联的援助上，以苏联对我们援助一时增减而发生盲目的乐观或悲观失望的情绪。必须严重注意干部中由于进入城市而生长起来的享受腐化倾向。同时，应该预先防止国民党进入中心城市后向我们压迫时，在干部中可能发生的精神上、思想上和行动上的混乱。"

《对满洲工作的几点意见》分析了苏联在东北所采取的基本政策，总结了我军进入东北后三个月的斗争经验，阐明了东北的实际情况，提出了我党在东北工作应采取的战略方

※ 1947年，陈云（前排右三）在临江同辽东军区机关工作人员合影。

针，还提出了对建立北满根据地工作部署的意见。它是在重大历史转折时刻和新的错综复杂的形势下，从中国和东北的实际出发，成功地运用毛泽东关于农村包围城市、最后夺取城市的思想，把党中央夺取东北的指导思想与东北内外复杂多变的实际情况结合起来的一个范例，有助于中央对东北工作方针作出战略决策。在这里，农村是与中小城市和铁路支线沿线城镇联系在一起的，城市主要是指大城市。12月9日，中央在收到电报全文后，再次表示完全同意《对满洲工作的几点意见》。

28天后即1945年12月28日，中共中央发出关于《建立巩固的东北根据地的指示》，明确指出："我党现时在东北的任务，是建立根据地，是在东满、北满、西满建立巩固的军事、政治的根据地。""建立这种根据地的地区，现在应当确定不是在国民党已占或将占的大城市和交通干线，这是在现时条件下所做不到的。也不是在国民党占领的大城市和交通干线的附近地区内……建立根据地的地区，是距离国民党占领中心较远的城市和广大农村。目前，应当确定这种地区，以便部署力量，引导全党向此目标前进。"

中央在《建立巩固的东北根据地的指示》中还指出："我党在东北的工作重心是群

众工作”，“因此，我党必须人人下决心，从事最艰苦的工作，迅速发动群众，建立根据地”。“干部中一切不经过自己艰苦奋斗，流血流汗，而依靠意外便利，侥幸取胜的心理，必须扫除干净。”

历史证明，中央关于《建立巩固的东北根据地的指示》是符合东北当时实际情况的，它确定了党在东北工作的正确战略方针，及时为夺取东北的胜利指明了方向。中央这一指示得到贯彻落实以后，东北的形势开始向有利于我们的方向发展。

（余建亭）

视察三五九旅

陈云鼓励部队说：“东北的斗争，对于全国有着特别重大的意义。东北是工业比较集中和发达的地区，我们夺取了东北，就可以利用东北的工业支援全国的解放战争。”

1946年3月，三五九旅奉命转移到宾县待命。不久，陈云视察了这支部队。在一个晴朗的上午，呼啸的北风卷着积雪漫过空旷的原野，陈云乘坐一辆大卡车来到三五九旅驻地。他听取了刘转连、晏福生等同志汇报在北满剿匪的情况，充分肯定了部队取得的成绩。他说：“东北局决定将三五九旅、山东杨国夫旅迅速从南满调到北满，在最冷的时候投入剿匪战斗，是为了争取在苏军撤离之前，不让匪患在北满到处蔓延，粉碎国民党军队进攻的阴谋，加快北满根据地的建设。现在看来，这个决定是正确的，是一项重要的措施。”

陈云接着分析了当时的国内形势。他说：“抗战胜利后，全国人民都希望和谈，但能谈到什么程度，要看形势的发展。蒋介石并没有真正的和平诚意，又不敢公开说打仗，所以一面被迫在停战协定上签字，一面却在大搞阴谋活动。他在关内抢占战略要地，进攻解放区，并在美国的帮助下，不断对东北调兵遣将。我们要揭露敌人的阴谋，绝不能存和平幻想。”说到这里他加重了语气：“东北这场严重斗争是不可避免的，我们要信心百倍地迎接它。当前要抓住有利时机，搞好东北根据地的建设，更快地发展我们的力量，动员更多的人力、物力支援前线、支援战争。毛主席在1945年12月关于《建立巩固的东北根据地》的指示中，叫我们让开大路，占领两厢，把东北工作的重心放在离国民党占领中心较

※1946年6月26日，国民党军以大举围攻中原解放区为起点，发动了全面内战。图为从中原突围回到延安的三五九旅部队受到延安人民的热烈欢迎。

远的城市和广大农村，放手发动群众，消灭土匪，组织地方武装，建立政权。只有广泛地组织群众、动员群众，深入土改，才能有充足的兵源和物资供应，支前车轮滚滚，才能有力量，才能持久。”最后，陈云满怀信心地鼓励部队说：“东北的斗争，对于全国有着特别重大的意义。东北是工业比较集中和发达的地区，我们夺取了东北，就可以利用东北的工业支援全国的解放战争。”

陈云在宾县住了几天，这时正值苏军准备撤退，我军将进占哈尔滨市，因此他同三五九旅同志多次谈到城市工作问题，谈到部队下一步的工作。他说：“苏军就要从哈尔滨撤走了，蒋介石对东北所有的大城市都想要，我们也要接管哈尔滨。是战是和，要做两手准备，决不给隐藏在哈尔滨的国民党地下军以可乘之机。”

“关于城市工作，历史上我们曾经吃过陈独秀右的、王明‘左’的路线错误的苦头，这些都要不得。我们要以七大路线作指导，搞好城市的社会调查，学会管理城市。”

陈云再三向部队同志说：“哈尔滨是北满最大的工商业城市。城市工作不仅要支援前线，而且还要支援农村。部队占领哈市后，除了坚决打击日伪残余、国民党特务的破坏活动，维持社会秩序，保障水电供应，保卫城市的安定外，没有直接接管城市企业的任务。因为战争还在进行，部分物资来源于城市，不要我们一进城都想接管。因此，对部队除了继续进行三大纪律八项注意的教育外，还可以进行一些有关政策的教育。”

不久以后，我军进占哈尔滨市。

（余建亭）

“大官做小事”

陈云把干部下乡叫做“大官做小事”。他号召广大干部下乡开辟工作，集中使用干部，组织群众工作队，注意发现与培养积极分子，一片一片地发动群众，建立农村根据地，并概括出“经济——武装——再经济”的公式。

中共北满分局建立时，陈云就把发动群众看成是一切工作的根本。他明确告诉大家，不发动群众，北满根据地就不可能建立起来。不久，陈云把干部下乡做群众工作、建设根据地叫做“大官做小事”。这个小事关系着中国革命和世界革命。

初期，发动群众的内容首先是反奸清算，减租减息，实行初步的民主改革。各地相继在城市和乡村开展反奸清算斗争，争取能给群众以“看得见的物质利益”。通常的做法是先经过调查与酝酿，然后召开群众大会，进行控诉揭发，批判一些罪大恶极的大汉奸、大恶霸，使之受到应有的惩办。他们的财产被没收，由清算委员会分配给群众，实行基本群众与各阶层群众利益相结合、政治清算与经济清算相区别的原则。这样做，社会反应良好。例如，哈尔滨市在1946年春，以工人及城市贫民为主体，经过酝酿，开展了反奸清算斗争，逮捕了大汉奸、恶霸姚锡九（大把头）及李九鹏（日本关东军的仓库主任），召开了有几万人参加的公审大会，清算了他们残害爱国志士、图财害命、勾结日伪官吏、大开赌场、榨取民财、迫使不少人家破人亡的罪行。公审后处决了这两霸，为民除了大害，广大群众人心大快。

黑龙江省工委成立时，决定以陈云“发动群众，扩大武装，改造政权，肃清反动”的指示为工作总方针。刚开始两个月，主要在各县城发动群众，基本上没有和农村基本群众见面，广大农民对我党我军缺乏认识，有些人还有误解。干部中对于发动群众主要发动什么人及怎样去发动，在思想上不够明确。陈云在松江省宾县领导群众工作的经验使黑龙江省的干部受到很大启发。宾县当时一共有29万人口，开始干部主要在城里做群众工作，到处找工人，连剃头的都算上也只有1000多人，调查与发动了半个月还是那么多。陈云说，一头是29万人，一头是1000多，我们究竟应当先抓哪一头呢？很自然应当先抓29万这一头。他又明确提出：“县委就是民委，民委就是农委”，县委应当把工作重点放在农村（这里，民委是指民众运动委员会，农委是指农民运动委员会）。黑龙江省工委于1946年1月12日发出关于群众工作的补充通知，正式提出要求全省干部“下乡深入发动农民群众”。

下乡以后的工作，主要是开展以反奸为中心的清算斗争。黑龙江省工委成立后不久，

※ 临江军民夹道欢迎从前线归来的人民子弟兵。

就抓反奸斗争。由于通北等地发生过叛乱，因此省工委1945年11月25日在北安召开地区及重点县的公安局长会议，研究和审查名单，一夜之间就按经过研究的名单把包括伪省长及罪恶累累的大汉奸在内的特务等逮捕起来，随后在海伦县破获了国民党特务暗杀团，在绥化破获了一个从哈尔滨委派的地下军组织，各县也镇压了一些汉奸、特务头子。通过总结经验，体验到如不同解决人民群众的经济要求相结合，反奸斗争不能深入，群众运动也无法扩大和持久。因此，省工委要求干部下乡后把反奸与清算结合起来，努力解决群众要求解决的一些经济问题。

据不完全统计，仅北安、绥化、克山、海伦等地，1946年上半年进行反奸清算斗争就达50多次，参加的人数在万人以上，分配的斗争果实有粮食428担、布330匹、现金400万元。经过斗争，群众兴高采烈，政治觉悟提高，参加农会、妇女会的人数达54万人，占这些地区总人数的六分之一。

齐齐哈尔市从1946年4月至6月，先后分区召开清算大会99次，有10万余人参加，清算出各种物资折合成粮食82万多斤，有8100多户获得了斗争果实。

松江省委1946年春在我军占领和控制的城镇和农村开展反奸清算斗争。经过发动群众揭发与清算，分掉了大汉奸的土地与浮财。在城镇里，对配给店一般不进行清算，但对其

※ 在临江召开的欢送土改翻身农民参军大会。

中贪污情节严重、群众痛恨的配给店，也有选择地进行有限的经济惩处。

当时派遣了一个工作队到宾县，由马宾带领。他们就是从清算配给粮和群众痛恨的配给店入手，把宾县群众发动起来的。马宾原为松江省军区政治部的民运部长，先后调任宾县县委书记、哈东地委书记。当时北满分局帮助宾县总结了一套群众工作的经验，在《东北周报》上发过一篇社论《发扬马宾式的群众工作》，介绍这些经验。他们的做法是每到一处住在贫雇农家里，关心群众疾苦，与农民同吃同住，从群众的迫切需要出发，按照党的政策，努力满足群众的要求。起初是一个屯一个屯地做工作，在斗争过程中把贫雇农积极分子组织起来，到新区去开辟工作，这样群众运动进展就快了。陈云称赞这种做法，号召广大干部下乡开辟工作，集中使用干部，组织群众工作队，注意发现与培养积极分子，一片一片地发动群众，建立农村根据地。他提出的"经济——武装——再经济"的公式就是根据宾县等地区发动群众斗争的做法概括得来的。这对发动农民群众向地主阶级和反动势力作斗争，对创建北满根据地，有着重要的指导意义。

1946年4月，陈云来到牡丹江地区视察工作。他与地委同志共同商讨建立根据地的方针政策，并向地方及军队连以上干部作了形势报告。陈云介绍了全国的形势和东北的战局，传达了党中央、毛主席关于建立巩固的东北革命根据地的指示。他鼓励大家不仅要取得剿匪斗争的胜利，还要扎扎实实艰苦细致地做好群众工作，对群众中出现的问题要具体分析。陈云说，我们要夺取全国的胜利，就必须相信群众，依靠群众，团结广大群众，壮大革命力量。他的报告使军队与地方干部受到很大鼓舞，提高了对建立革命根据地的认识，增强了信心。

（余建亭）

给农民以看得见的利益

在谈到下乡发动群众进行土地改革时，陈云说：我们下乡的同志要煮熟饭，不要煮夹生饭，摧毁封建地主的堡垒，让广大受压迫的农民真正翻身。

“四保临江”战役之后，我军开始进行战略反攻，从而结束了敌进我退的局面，南满形势逐渐好转。此时，陈云将主要精力放到土改上来。

“八一五”日本投降后，长期被奴役的东北人民翻身做了主人，他们兴高采烈地迎接解放。但是由于受日伪的残酷统治，加上国民党的反动宣传，一般群众对国民党存有幻想，对我党我军持观望态度。1946年7月，我党在南满掀起土改运动后，打土豪、分田地，给农民以看得见的利益，使广大群众对我党我军有了新的认识，留下了很好的印象。

1946年10月以后，国民党集中兵力向我辽东根据地大举进攻，我军实施战略转移，土改被迫暂时停下来。有些已土改地区的地主恶霸依靠反动势力卷土重来，向农民群众反攻倒算，从农民手中夺回被分配的土地、房屋、牲口、粮食和浮财，农会干部和积极分子被残杀。在敌占区，敌人到处烧杀抢掠，抓丁抓夫，派粮派款，搞得民不聊生。

陈云来到南满后，面对南满严峻的政治、军事形势，沉着冷静、审时度势，他在经过深入调查、认真分析后指出：在敌后坚持根据地的关键问题是“保护农民的切身利益”，因为农民是最讲实际的，他们的积极性是建筑在切身利益基础上的，“得利越多，积极性越高”。陈云在长期的革命实战中深深体会到，只有解决农民的土地问题，农民才会坚定地跟着共产党干革命，农村根据地才能建立、巩固、发展，革命战争才能获得雄厚的物质基础和人力资源。因此，陈云提出把解决群众切身利益的土地问题作为根据地建设的根本

※ 减租减息激发了广大群众的爱国热情，青年们踊跃参军。

大计来抓，同时对不同地区提出不同的任务和要求。解放区要进一步落实《五四指示》，发动群众、平分土地，调动群众参军参战的积极性；游击区要开展反奸清算、保护农民的眼前利益；收复区则要全面开展土地改革运动。在陈云的具体指导下，辽东分局都派出土改工作团，他们走村串户，访贫问苦，扎根串联，发动群众。针对群众中存在的正统观念和怕变天等思想顾虑，帮助农民认清国民党反动派和恶霸地主的反动本质，讲清我党我军一切为人民的宗旨，使广大群众认清共产党的军队是为穷苦人打天下的军队，是人民的子弟兵。同时，我野战部队抽调三分之一兵力在地方部队的配合下深入开展剿匪运动，对少数罪大恶极的汉奸、恶霸地主实行严厉镇压，从而铲除土匪的社会基础，保护了土地改革。

1947年，我军取得夏季攻势的胜利后，南满收复大片失地，我党的工作重点由军事斗争转向土改。为正确地指导土改运动，1947年6月6日，辽东分局在临江大戏园子召开了一次规模空前的群众大会。在这次会议上，陈云作了著名的“六月讲话”。他说：我们现在处在东北形势发生根本变化的新时期，因此，我们全党全军面临的伟大历史任务就是消灭敌人，发动群众创建巩固的辽东根据地，这是关系到辽东战局成败的关键。因此，除前线外，我们必须动员所有能抽出的干部，到新收复区，帮助人民翻身，创造根据地。在谈到下乡发动群众进行土地改革时说：我们下乡的同志要煮熟饭，不要煮夹生饭，摧毁封建地主的堡垒，让广大受压迫的农民真正翻身，真正满足90%的基本农民的土地要求。

这次会议后，辽东分局发出“发动收复区广大农民彻底摧毁地主封建势力，建设强大巩固的根据地”的口号，抽调2000多名干部组成工作团，分赴各收复区开展土改运动。

土改运动的开展，使千百年来受剥削的农民成了自己土地的主人，“耕者有其田”这个劳动人民世世代代梦寐以求的愿望终于实现了。广大农民从切身体验中认识到，只有壮大人民军队，才能保住翻身的成果。因此，人民群众参军参战、支前的积极性空前高涨。在整个“四保临江”战役中，南满根据地人民群众给我军以巨大的人力、物力支援，要人有人、要粮有粮、要车有车，全力支援人民解放战争，使这场正义战争以人民的胜利而告终。

（中共吉林省委党史研究室）

赴南满任职途中

陈云、萧劲光乘坐的列车夜晚停在斗沟子车站，一列货车从坡上滑下来，眼看就要与这辆列车相撞。在关键时刻，一名扳道工奋力扳开道岔，使那列货车翻在离陈云、萧劲光所乘列车仅两米远的地方。

1946年10月中旬，蒋介石亲自到沈阳，决定在东北实行“南攻北守，先南后北”的战略方针，企图集中兵力，先歼灭南满我军，摧毁我南满根据地，然后以全部兵力进攻北满，占领全东北。从此，南满战场我军进入最艰苦的岁月，一度成为东北战场的焦点。

中央和东北局十分重视南满的斗争，曾发出多次电报、指示，告诉南满军民准备迎接最艰苦的战斗。东北局及东北民主联军总部拟加强对南满工作的领导。

在这种情况下，陈云当时虽过度操劳，影响到身体健康，仍自告奋勇前往南满工作。经东北局同意，报请中央批准，由陈云兼任中共中央辽东分局（亦称南满分局）书记、辽东军区（亦称南满军区）政委。萧劲光任辽东分局副书记兼辽东军区司令员，已先在南满主持工作的萧华任分局副书记、军区副司令员兼副政委。

陈云在赴辽东以前，曾到佳木斯视察。张闻天向陈云汇报了合江省土改情况，谈到在取得很大成就的同时，不少村屯群众还没真正发动起来，存在着假分地、转移浮财，有些工作团干部还住在地主家里，工作中存在着包办代替、强迫命令的作风以及农会干部成分

※ 1947年，陈云同萧劲光在中共中央南满分局（又称辽东分局）、东北民主联军辽东军区总部所在地——临江（现为吉林省白山市）。

不纯等问题。陈云形象地称土改工作中的这些情况是“半生不熟”，是“夹生饭”。后来陈云到牡丹江时，与地委书记何伟等研究土改进展情况，了解到牡丹江地区也有与合江类似的情况。1946年11月7日，陈云在去辽东的旅途中把他了解的土改情况和意见写信报告东北局，提出了土地改革运动中存在“半生不熟”现象的问题。他写道：“所谓半生不熟区是什么状态？大体是：积极分子的成分不好或不很好；群众未真正发动起来；地主虽打击了，但因群众未真正觉悟；所谓积极分子的成分，又不能使群众心服，所以地主仍有潜势力，而且客观上仍统治着群众（在心理上）。这就是半生不熟的具体状态。”陈云在信中还指出：这类地区占有很大数量，全东北一定很多。信中分析了产生“半生不熟”的原因，是“由于求快，由于群众中酝酿不成熟”，“只靠几个所谓积极分子，必然是命令包办（或者群众照例举手赞成）”。陈云在信中要东北局及时研究加以解决。

东北局根据陈云反映的情况、意见以及松江、黑龙江、嫩江部分地区的典型调查，于11月24日发出了《关于解决土改运动中“半生不熟”问题的指示》。

《指示》中把各地群众工作情况分为四类地区，即比较好的、“半生不熟”的、弄乱了的和未开辟的。指出：比较好的、弄乱了的和未开辟工作的地区都占少数，最多的是

“半生不熟”地区。《指示》提出：深入和巩固群众工作的中心任务，就是要解决“半生不熟”的问题，把“夹生饭煮成熟饭”。要求各地党委和工作团切实检查各地的土改情况，发现“夹生饭”地区，就集中力量加以解决。

1946年10月27日，陈云、萧劲光等从哈尔滨坐火车前往临江途中，在牡丹江市南面宁安县境内的斗沟子车站遇险。斗沟子车站前方是一个陡坡，车站位于陡坡下边，陈云、萧劲光等乘坐的列车夜晚停在车站，有一列货车在爬坡时由于燃料缺乏，动力不足，从坡上滑下来，眼看就要与陈云、萧劲光等乘坐的列车相撞。在关键时刻，幸亏一个铁路扳道工奋力扳开道岔，使那列货车翻在离陈、萧所乘列车仅两米远的地方，钢轨也毁坏了。据陈云的秘书王玉清说，那位铁路工人并不知道停在车站的列车上乘坐的是谁，只知道是共产党、民主联军的高级领导人。在那千钧一发的时刻，他的勇敢举动避免了列车相撞的惨祸。这是陈云离开延安后第二次遇险（第一次是从延安飞抵山海关降落时）。陈云得知这些情况后，当时就告诉牡丹江铁路局，要他们嘉奖那位扳道工人。

在斗沟子车站耽搁了几天后，陈云取道朝鲜，会见金日成商谈合作事宜。朝鲜同意辽东军区部分伤病员及家属安排在朝鲜治疗休养。陈云与萧劲光等于1946年11月27日到达辽东分局与辽东军区所在地——临江。

（余建亭）

关键时刻决定性的一板

是否在南满坚持斗争？对此大家有分歧。萧劲光请陈云作最后决定。陈云说：“你们是让我来拍板的，那我拍板就是要坚持南满！一个人都不能走。坚持就是胜利。”这是关系到南满乃至整个东北战局的一板。

1946年12月13日下午5时，东北临江，东北民主联军辽东军区所在地。

陈云披着一件已洗得有些泛白的军大衣，望着窗外鹅毛般的大雪和远处连绵起伏的山峦，静静地，一言不发已经十多分钟了。警卫员今天的脚步走得特别轻，他知道，首长每逢此时，必然是正在考虑重大问题。

桌上早已摆好晚饭，警卫员想了想，鼓起勇气上前对陈云轻声说：“首长，吃饭吧，再不吃就都凉透了。”陈云闻声回头一看，“嗯”了一声，便缓缓走到桌前坐下，拿起窝头默默地咬着，不时喝上一口粥。

若在平时，陈云喜欢在饭桌上与身边工作人员边吃边聊，询问他们的工作、生活情况，帮助解开他们心中的疙瘩，了解存在什么困难。同时也通过他们了解下面部队的一些情况，此外，有时还给大家讲述自己革命生涯中所经历过的一些趣事，经常逗得大家情不自禁地笑起来。但今天的饭桌却显得格外清静，陈云只是咬着窝头、喝着粥。外面不时传来呼啸的风声和因不堪重负积雪从树枝上掉下来的声音。

天渐渐黑了。放下碗，陈云拿着油灯，再次来到了挂着那张敌我态势图的土墙面前。警卫员已经记不清这是首长第几次察看地图了。就在这时，一阵电话铃声响起，在静谧的屋子中显得格外刺耳。警卫员赶紧上前，拿起话筒，是军区司令员萧劲光紧急找陈云。

陈云一听，健步上前拿过话机。原来辽东军区正在七道江召开师以上干部会议，主要讨论南满所面临的严峻形势及今后作战方针问题。特别是要决定是否在南满继续坚持斗争，并制定出相应的对策和措施。

在电话上，萧劲光向陈云详细介绍了会议情况。他说，会议一开始就在是否坚持南满根据地的问题上发生了严重分歧，多数意见认为长白山区地形狭窄，我大兵团作战没有回旋余地，同时，兵员、武器装备不足，寡不敌众，并鉴于我主力部队三纵、四纵已做了在必要时向北开过松花江与北满部队会合的准备，因此主张撤出南满，主力撤往松花江北，以保存力量，准备日后反攻。也有少数同志同意军区领导的报告，主张在南满坚持下去，做长期斗争打算，不能让国民党的阴谋得逞，被敌人牵着鼻子转，确保战略上的主动权。双方各抒己见，相互都难以说服对方，致使会议连开两天没有结果。昨晚，军区又获悉敌一个师已进至梅河口地区，另以一个师的兵力进犯辑安，军情万分危急。萧劲光表示，现在会议对去留问题已经到了非拍板解决不可的地步，否则会影响具体作战方针的最终确定。最后，司令员请陈政委前来参加会议并作最后决定。

陈云听完情况介绍，语气坚定地讲，我马上就赶过来。放下电话，陈云转头对警卫员说，收拾一下马上出发。警卫员望着漆黑的天空和地上依稀可辨的厚厚积雪，想说什么，但望着首长那坚毅的面孔，马上进屋利索地收拾了起来。

13日晚11时许，陈云抵达七道江。

萧司令员和同志们将陈云接入屋中后，萧劲光望着他浸透雪水的鞋子和帽子、大衣上厚厚的积雪，关心地说："陈政委，是不是先休息一下，喝点热水，暖暖手？"陈云笑着说："没关系，今年的雪还没有我在北满的时候大呢！"说着与萧劲光一道坐下并开始交谈起来。

※ 1946年，我野战军在战役中缴获的敌军坦克。

陈云在对会议情况特别是目前大家的思想状况做了更为详细的了解之后，就战略指导思想和作战方针与司令员交换了意见。陈云平时在考虑、处置问题时常常以“做文章”来比喻，现在俩人讨论的焦点按照陈云的说法就是，“我们在南满究竟还有没有文章可做？”接着，陈云听取了大家的意见。他鼓励同志们各抒己见，以对党的事业高度负责的精神将各自的看法毫无保留地统统讲出来。在大家发言的过程中，陈云一直默不作声，不时在笔记本上写些什么，直到对方讲完才偶尔问一两个问题。

次日凌晨3时，陈云回屋。凌晨4时，陈云屋内的灯熄灭。早晨8时，辽东军区军事会议召开，陈政委亲自主持会议并发表重要讲话。

陈云首先抓住最为关键的“留不留下来”问题谈了自己的意见。他说，“东北的敌人就好比一头牛，牛头牛身子是向北满去的，在南满留了一条尾巴。”既然如此，陈云讲，“如果我们松开了这条尾巴，那就不得了，这头牛就要横冲直撞，南满保不住，北满也就危险了；如果我们抓住了牛尾巴，那就了不得，敌人就进退两难。因此，抓住牛尾巴是个关键。”说到这里，陈云话音一转，他说：“我们不走了，都留在南满，一个人也不走！留下来打，要在长白山上打红旗，摇旗呐喊！”

此言一出，与会的同志无论原本持何种观点，顿时都有一言九鼎、落锤定音之感。

陈云继续分析道，“今天我们要不要在南满坚持，只要把现在坚持所带来的牺牲与将来退到长白山可能造成的牺牲，大小轻重，有无价值，加以比较，就容易做出必须坚持南满斗争的决定了。总结起来，南满的战略地位相当重要，坚决不能丢！权衡利弊，还是在南满大有作为。当前东北我军斗争的关键是能否在南满站住脚，保卫南满是中心任务。”

陈云最后说，“你们是让我来拍板的，那我拍板就是要坚持南满！一个人都不能走。坚持就是胜利。”

这是关系到南满乃至整个东北战局的一板。

这便是陈云的风格。每当遇有大事，决不轻易下决心，之前一定要秉持谦虚谨慎的态度，广泛听取多方面的意见；而一旦情况摸清、形势判明，则毫不犹豫地定下决心，并决不动摇，坚决把决心贯彻到底。

这种风格正如那些熟悉、了解陈云的老同志所常常评价的那样，是“高度的革命坚定性和原则性，临危不惧，遇险不惊，多谋善断”。

陈云富于说服力的分析和干脆果敢的拍板统一了大家的思想认识，彻底结束了争论，在关键时刻为南满根据地的未来指明了方向，也得到了同志们的一致拥护和赞成。

在方向明确之后，会议很快通过了“巩固长白山区、坚持敌后斗争”的战略指导思想，制定出为坚持南满斗争要采取正面与敌后战场相配合、内线与外线、运动战与游击战相结合的作战方针。后来的实践证明，“七道江会议”解决了要不要在南满坚持和如何坚持两大核心问题，对于确保南满、打破敌人的战略图谋意义深远，所作的决策是完全正确的。

对于陈云当年的那“一板”，许多当年亲身经历此事的老同志在后来都深有感触地说，“要是没有陈云同志的英明决策，南满差一点就给放弃了”。萧劲光也曾高度评价道：“这是关键时刻决定性的一板，这是陈云对坚持南满斗争的一大贡献。”

“七道江会议”结束后，中共辽东分局将会议主要情况向中共东北局作了汇报，会议作出的坚持南满根据地的决议也得到了充分肯定。12月，辽东分局给所属各省委、各纵队发出《关于坚持南满敌后斗争的几点指示》。

（李梦汶）

四保临江与三下江南

“四保临江”与“三下江南”是关系东北战场全局的关键。这一战役的胜利，巩固和扩大了南满根据地，使北满根据地能够顺利地进行土地改革，彻底粉碎了敌人“南攻北守，先南后北”的战略方针，迫使东北敌军由战略进攻转入战略防御。

临江当时是辽宁省东北部的一个山区县，在辽东根据地最困难时是仅有的四个县之一，全县只有几万人口。县城在鸭绿江边，南面是朝鲜。中共中央辽东分局、辽东军区设在这里。相应的政府机构是东北行政委员会辽东办事处，由副主席张学思领导。

辽东分局机构很精干，人员很少，副书记萧劲光、萧华有军中职务，经常在前方，副书记江华兼任组织部长，佟冬任副部长，刘芝明任宣传部长。分局机关设在发电厂附近，陈云住的房子是发电厂职员宿舍，日本式建筑，地上是榻榻米。因为破旧了，工作人员用麻袋剪开了铺在上面。陈云笑着说：铺上美国地毯了！

七道江会议刚结束，战争随即来临。从1946年12月17日到1947年4月3日止，东北我军连续进行了“四保临江”和“三下江南”的作战。12月17日，敌人用六个师的兵力，从西朝东，向我临江地区发动第一次进攻。南满我军按照七道江会议确定的作战方针，以第四纵队直插安东（今丹东）沈阳铁路线两侧，积极打击分散守点的敌人，在敌后转战十多天，横扫200里，攻克敌人据点20多处，歼敌3000人，迫使敌人将进攻临江的两个师西调。第三纵队和独立师运动防御，待机反击。我军乘部分敌人西调的时机向通化、辑安铁路两侧的敌军展开反击，经大小四十多次战斗，歼敌4000人。这时北满我军为策应和支援南满作战，集中十二个师的兵力于1947年1月5日渡过松花江，一下江南作战，歼敌4000余人，迫使敌人由南满、西满抽调四个师北援。至此，我军取得了一保临江作战的胜利。

1947年1月30日，国民党军又集中四个师兵力，再次向我临江地区进攻。南满我军集中一个纵队又一个师于高丽城子一带，一举歼灭敌一个师的大部分，共计4000余人，迫使敌军其他各师不敢再冒犯前进，胜利地挫败了国民党军第二次对临江的进攻。

2月13日，国民党军又纠集五个师的兵力分多路对临江、长白山区发动了第三次进攻。南满我军集中三纵主力首先打敌一路，四纵主力往敌后活动，奔袭作战，前后十天共歼敌7800多人，收复了辑安、金川、辉南、柳河、碱厂等重要城镇，又一次粉碎了敌军对临江的进攻。

为了配合南满作战，2月21日，北满我军十二个师再渡松花江，二下江南，以奔袭手段歼灭城子街守敌一个团，并乘胜包围德惠县，诱使长春守敌十二个团出动增援，我军遂主动撤回江北。在我北撤过程中，敌军乘机北犯，我军待敌分散后又于3月8日三下江南。在靠山屯、郭家屯等地先后围歼敌第八十八师全部和第八十七师一部，接着包围了农安县，准备歼灭长春、德惠来增援的敌人。敌仓皇从热河、南满抽调第五十四师、新编第二十二师同新编第一军主力继续北援。因敌兵力集中，不便分割歼灭，加上松花江即将解冻，我军在3月14日第三次撤回江北。

北满主力撤回松花江以北后，国民党军再次调动主力七个师二十个团约10万人，由东北保安副司令长官郑洞国指挥，于3月28日开始分三路向我临江地区发动了更大规模的进攻。

战争帷幕即将拉开。从敌我力量对比看，形势很严重，这时我军只有四个主力师（其他两个师去敌后），每个师只有6000多人，而且经连续作战后未得到休整与补充，于是又产生了怎么打的问题。陈云在临江主持召开辽东分局与辽东军区直属机关部队干部会议。会议分析讨论了战争的形势和任务，重申了坚持南满武装斗争的方针。在这关键时刻，陈云、萧劲光、萧华等当机立断，以准备打大仗、打硬仗、打恶仗和不惜付出损失我军三分之二或四分之三的代价，决心打胜这一仗，把敌人牵制在南满。陈云指出：准备打大仗、

※ 1947年，四保临江时，三纵九师二十五团在柳河阻击敌人。

※ 从1946年12月到1947年4月，东北民主联军举行了“三下江南”、“四保临江”的战役，歼敌4万余人，基本上粉碎了国民党军在东北的战略进攻。图为部队冒严寒向松花江南岸挺进。

恶仗、硬仗，只要有利于全局，南满的牺牲是有价值的。会议经过充分讨论，一致认为，无论战争多么残酷，也要打下去。只能打胜，不能失败。陈云最后在会上逐个征求意见，如果付出的代价大，要准备承担责任。他反复问大家，对这样的决定后悔不后悔，大家一一表态“不后悔”。于是，他诙谐地一拍桌子说：“我们学上海交易所的规矩（拍板）成交了。”

3月31日，辽东军区为四保临江发布作战指示，指出：“……今天粉碎敌人进攻的条件，比上次更为有利……今后只要歼灭敌人两个师，南满形势即可发生基本变化。”第三纵队主力及第四纵队一部以高昂的斗志，英勇顽强的战斗作风，在红石砬子地区全歼敌第八十九师全部及五十四师一六二团，俘敌7000多人。这一路是敌人进攻的主攻部队，该敌被歼后，其余各路纷纷回窜，被迫仓皇退兵。至此，国民党军第四次对临江的大规模进攻被我们彻底粉碎了。

南满我军自1946年12月至1947年4月，经过近四个月的艰苦斗争和连续作战，在北满部队三下江南的配合下，打退敌人对临江地区的四次进攻，共歼敌3万多人，收复城市11座。

“四保临江”与“三下江南”是当时关系东北战场全局的关键。这一战役的胜利，巩固和扩大了南满根据地，使北满根据地能够顺利地进行土地改革，彻底粉碎了敌人“南攻北守，先南后北”的战略方针，迫使东北敌军由战略进攻转入战略防御，我军开始由战略防御转入战略进攻，从而扭转了整个东北战局。“四保临江”战役以及“三下江南”的胜利是东北的一个战略转折点，它不仅很快迎来了1947年夏季、秋季、冬季攻势的胜利，改变了东北战场的战略态势，也为东北战场的战略决战——辽沈战役创造了有利的条件。

（余建亭）

“我感谢你们这些‘榔头兵’”

陈云和大家一起庆祝“四保临江”的胜利。他与搞无线电侦听工作的“榔头兵”一一握手，并亲切地说：“我感谢你们这些‘榔头兵’！我军四保临江的伟大胜利，与你们提供的准确而可靠的情报是分不开的。”

那是在1947年4月的临江，冰雪已经开化，象征着春天就要来临。国民党反动派调集七个师的兵力向驻守在临江的我军发动的第四次进攻又被粉碎了。我们这些搞无线电侦听工作的“榔头兵”，怀着无比喜悦的心情举行会餐，来庆祝“四保临江”的胜利。

当听说中共辽东分局书记兼辽东军区政治委员陈云同志在百忙中抽时间参加我们庆祝活动的时候，大家都十分高兴。因为我们学习过《怎样做一个共产党员》，而且深受教育，但是还没见过这本书的作者——陈云同志。现在不但能同他见面，而且还能听到他的讲话，怎能不为之欢欣鼓舞呢？大家怀着无比激动的心情，挤在房门口，等待着陈政委的到来。“来了！”忽然，有位眼尖的同志低声说了一句，我们就迎着在警卫员的陪同下从对面走来的陈政委情不自禁地鼓起掌来。陈云同志笑容满面，伸出了他那温暖的手，和我们全体报务人员一一地握手，他一边握一边说，“同志们辛苦了！谢谢你们这些无名英雄！”（无线电侦听是绝密的工作，身份不能公开，所以在革命队伍中被称为无名英雄。）当他和十几名侦听人员握完手坐到桌旁时，大家又迫不及待地以热烈的掌声来欢迎陈云同志讲话。当陈云同志伸出两手示意叫同志们停止鼓掌，他那可亲可敬的面孔便吸引着每个在座的同志。屋子里鸦雀无声，大家都聚精会神要听清他的每一句指示。他的第一句话还是说：“同志们，我感谢你们这些‘榔头兵’！”陈云用报务人员的“行话”来称呼我们，显得格外亲切。他接着说：“我军四保临江的伟大胜利，与你们提供的准确而可

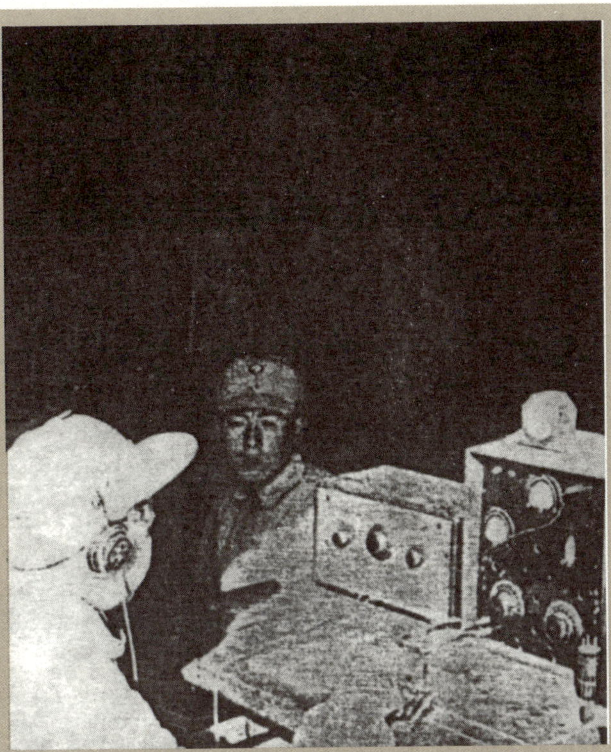

※无线电侦听是绝密的工作，身份不能公开，所以在革命队伍中被称为无名英雄。图为无线电兵正在工作。

靠的情报是分不开的，所以我代表辽东广大指战员来感谢你们。你们在四保临江的战役中立下了很大的功劳。你们的功劳因为保密不能公布，只能由我讲讲。”简短的几句话，把我们无线电侦听工作在四保临江中的作用讲得非常充分，使我们很受鼓舞。他又以充满信心的口吻说：“同志们，告诉你们一个好消息。由于四保临江、三下江南的胜利，完全改变了东北地区敌我斗争的形势。现在，敌人由重点进攻变成了重点防御，像乌龟一样把头缩进了壳里。我们呢？则从运动战变成攻坚战了。我们要向大城市进军，把敌人的乌龟壳一个一个地敲碎，把东北境内的敌人消灭在东北！”大家听得兴奋极了，顿时响起了雷鸣般的掌声。陈云同志这时把话题一转，关切地对我们说：“听说，有的同志不安心报务工作，认为敲‘榔头’没出息。我可不这么看，你们的这行工作大有出息。要是作比较的话，你们可比我能！”他看了看大家凝视的眼光说：“你们看，叫我戴上耳机，我什么也听不出来，更谈不上把敌人的行动信号、作战部署侦察到了！”他耐心地开导说：“我们的事业如同大海，在伟大事业中的每一个人只不过是沧海中的一粟。个人在我们的共同事业中各有不同的分工，只要完成了我们所分工的那一部分职责，就是尽到了我们的责任。你们应该看重自己工作的意义，你们的工作是党的最机密、最重要的工作，所以你们应该热爱自己的本职。”他最后又鼓励大家说：“好了，耽误你们会餐了。希望你们再接再厉，在解放全东北的战斗中立新功！”

（徐兴沛）

“先小人后君子”

陈云十分重视发展生产和物资交流，强调在与兄弟解放区之间开展经济协作时，要讲信誉，做到“先小人后君子”。

1946年，我党面临着建立巩固的东北根据地的严重斗争，东北不仅是国内而且是国际革命和反革命争夺的一个焦点。当时的形势是敌强我弱，国民党为实现他们先南后北、尔后独占东北的图谋，在强占沈阳、本溪之后，于10月中旬调集十余万兵力向辽东解放区大举进攻。如何看待东北形势和能否坚持南满斗争，当时存在着不同意见。正是在这种危难时刻，陈云同志到达辽东，出任南满分局书记并兼任财委书记。经过陈云深入调查研究和反复细致地做思想工作，最后确定了对南满根据地必须坚持的正确方针。其后，在辽东地区党政军民的艰苦奋斗下，我们终于粉碎了敌人的图谋，恢复并扩大了南满解放区。对这一段历史，许多同志都深有感触，认为要是没有陈云的英明决策，南满差一点就给放弃了。

当时我在辽东任财委副书记兼秘书长，直接在陈云领导下工作，深感他具有高度的革命坚定性、原则性和实事求是的科学态度，临危不惧，遇险不惊，多谋善断，能够在艰难困苦的情况下开创出新的局面。现在大家熟知的陈云倡导的“不唯上、不唯书、只唯实，交换、比较、反复”的方法，其基本思想就是陈云在辽东分局一次干部会议上系统地提出来的。他说：“我们做工作，应当把百分之九十的力量用在了解情况上”，“要少犯错误，就要避免认识上的片面性。其方法，我概括为三条：一、交换，二、比较，三、反复。”“交换是为了更全面地认识事物，比较则是为了更好地判断事物的性质。”“今天我们要不要在南满坚持，只要把现在坚持所带来的牺牲与将来退到长白山可能造成的牺牲，大小轻重，有无价值，加以比较，就容易做出必须坚持南满斗争的决定了。”

※ 1946年，陈云出席中共中央东北局、东北民主联军总部在哈尔滨举行的高级干部会议。右起：陈云、彭真、林彪、刘亚楼。

跟随陈云工作，总感到他处理问题的方法富于创造性，善于生动地把党的正确方针同当时当地的具体情况结合起来。记得当时陈云把东北干部的特点概括为：“山南海北，先来后到，空手带兵。”所谓“山南海北”，就是干部来自四面八方；所谓“先来后到”，就是干部有先来的，有后到的；所谓“空手带兵”，就是干部有带兵来的，有不带兵“空手”来的。陈云就是从这种实际情况出发，耐心地做干部的思想工作，使他们了解当时的形势、任务和前途，提倡严格执行民主集中制，正面地坦率地辨明是非，指出“大广播比小广播好”，以严肃的原则性去对付容易发生的无原则纠纷。这样就把广大干部团结起

※ 陈云在第六次全国劳动大会主席台上。

来，使大家心情舒畅地投身于当时艰苦的斗争。

陈云对于辽东解放区的经济工作是很关心的。一次，当他听说军区后勤部门采取套裁的办法，用一匹布可以制成11套军装，很高兴，特意要下面把样子送给他亲自看。他常对我们说，对经济工作他只管大政方针和重大事情，比如钞票印多少要经过他，至于方针确定以后的具体工作，放手让我们大胆去做。他十分重视发展生产和物资交流，强调在与兄弟解放区之间开展经济协作时，要讲信誉，做到“先小人后君子”。所谓“先小人后君子”即洽谈协商时，交换什么、何时交换、交换多少，要一一记入合同，并严格履行，说怎样就怎样，不能违约；最后，如有可能，要尽量照顾兄弟地区，甚至可以是无偿支持。不要开始时客客气气，最后吵得不可开交。

全国解放以后，陈云作为我国社会主义经济建设的开创者和奠基人之一，在几个关键时期担负着领导全国经济工作的重任，他的经济思想是我们党实事求是思想路线同经济建设实际相结合的具体体现，是我们的宝贵理论财富。《陈云文选》收录了他这方面许多重要讲话和文章，不少同志也写过许多有关这方面的回忆文章。这里，我仅补充两件事：

1974年，我在华北协作组任副组长。7月的一天，陈云找我汇报钢铁工业的情况。陈云听取汇报后对我说：要抓矿石，钢铁工业的发展要坐在矿山上；要抓质量，一吨钢要顶一吨钢用；要抓品种，品种齐全才能适应各方面的需要；要抓配套，各个环节的设备要相互衔接和配套；要抓规划，有了切实可行的远景规划，各方面的工作才能有计划有步骤地展开。当时，由于林彪、“四人帮”反革命集团的干扰破坏，陈云的这些重要指示未能得到贯彻。现在看来，陈云的指示至今对发展钢铁工业还是完全适用的。

1985年7月，我到上海、浙江调查后向国务院反映，一些地方放松了对农业生产的领导，其直接原因是讲“无工不富”的声音大大超过了“无农不稳”，建议要加强对农业生产的宏观指导。陈云看了国务院批转的这份调查报告以后，给予了肯定，并在9月党的全国代表会议上的讲话中提出：“现在有些农民对种粮食不感兴趣，这个问题要注意”，“十亿人口吃饭穿衣，是我国一大经济问题，也是一大政治问题。‘无粮则乱’，这件事不能小看就是了。”陈云的话不仅在当时对全党重视农业起了重要作用，而且在今天乃至今后，都具有深远意义。

（吕东）

怎样才能少犯错误

陈云说：“要少犯错误，就要避免认识上的片面性。其方法，我概括为三条：一交换，二比较，三反复。”

陈云在工作中很重视教育与培养干部。他认为最要紧的是使领导干部的思想路线和思想方法搞对头，这就要学习马克思主义哲学，学会运用唯物辩证法分析问题、解决问题。这与他担任过中央组织部部长近七年的实践经验不无关系。即使在紧张、繁忙的战争年代，陈云也非常注重学习。

1947年2月7日，即粉碎了敌军第二次对临江的进攻以后，第三次进攻尚未开始的间隙

※ 1947年8月，陈云在通化同中共中央南满分局、辽东军区领导人合影。前排右起：罗舜初、陈云、萧华、沙克。后排右起：吴克华、韩先楚、萧劲光、曾国华、谢福生。

期间，陈云在中共中央辽东分局的一次会议上讲话，谈到了干部的思想方法问题（他的讲话在收入《陈云文选》时题目是：《怎样才能少犯错误》）。

陈云说："错误到底是从哪里来的？我得出一条结论，是由于主观对客观事物认识上有偏差。""犯错误都是因为认识上存在片面性。要少犯错误，就要避免认识上的片面性。其方法，我概括为三条：一、交换，二、比较，三、反复。”

接着，陈云对这三条分别作了说明。他认为，在这三条中，“交换是带头的。所谓交换，就是要互相交换正反两面的意见，以求了解事物的全面情况。”

“交换是为了更全面地认识事物，比较则是为了更好地判断事物的性质。不经过比较，就看不清事物已经发展到什么程度，它的要害和本质是什么……一经比较，就能够对事物认识得更清楚、更深刻。”

“比较仍然是认识的过程，反复则既是认识的过程，也是实践的过程。反复，首先要在决定了对策之后，再找反对的意见攻一攻，使认识更正确。而最要紧的，是在实践过程中反复认识。”

陈云认为：判断，行动，再认识，修正之，这样就可以不犯大的错误。我们应当不充好汉，不爱面子，论事不论脸。论事不论脸，这里有个立场问题。有了坚定的立场，才能掌握这个方法。真要做到实事求是，必须有无产阶级的立场。

陈云列举了许多事例，有历史上的事例，如陈独秀的错误、李立三的错误、王明的错误等，也有现实的事例，都是由于认识上的片面性，夸大了事物的一面，主观认识与客观实际背离，当然还有各自的立场问题。

毫无疑问，凡掌握了《怎样才能少犯错误》这篇讲话的精神实质并加以运用的干部，必能改善工作方法，提高自己的领导水平。

认识事物要用交换、比较、反复的方法才能认识得全面，避免片面性，这是陈云学习哲学的重要体会。抗战时期在延安他就讲过，但像这样在党委会议上系统地提出，有文字记录可查，这还是第一次。十五年后，1962年2月8日，在参加扩大的中央工作会议的陕西省全体干部会议上，陈云又作了进一步的阐述。

建国后，经过国民经济恢复时期、第一个五年计划和“大跃进”的实践，陈云在1962年七千人大会的一次小组会上发言，还讲到要“不唯上、不唯书、只唯实”，抗战期间在延安学哲学时他就有这个体会。陈云把这九个字和“交换、比较、反复”六个字连在一起，最明确最系统地予以说明并且后来形成文章，则是1990年1月24日同浙江省党政军负责同志的谈话。

陈云指出：“怎样才能做到实事求是？我的体会就是十五个字：不唯上、不唯书、只唯实，交换、比较、反复。”“这十五个字，前九个字是唯物论，后六个字是辩证法，总起来就是唯物辩证法。”

（余建亭）

健全党内生活

陈云提出了健全党内生活的三条意见：（一）正面地坦率地辨明是非；（二）党内严格执行民主集中制；（三）每个党员都有在党内发表意见、讨论问题的权利，但又必须有服从决定、积极工作的义务。

陈云在工作中除抓紧思想路线与思想方法的启发教育外，还很重视健全党内组织生活问题。1947年4月22日，他在辽东分局工作会议上就着重讲了这个问题。他事先亲自写了发言提纲。这时，四保临江战役刚取得胜利，无论是地方或者军队方面的工作都面临着一系列问题，作为辽东分局书记兼辽东军区政委的陈云，需要讲的事情很多。但陈云没有忽略健全党内组织生活的重要性。

他明确指出："目前辽东党内存在着组织生活不健全的状态，这在上面有，下面也有。"

要求健全党内组织生活主要是要健全党员干部的组织生活。辽东是新区，各级党委和各种组织都是新建立的，干部来自五湖四海，有先来的，有后到的，有从各个不同地区来的。面临的形势很复杂，又是作战，又是和谈，打打停停，且战且退，容易产生各种无原则的纠纷。针对这种情况，必须提高原则性。陈云认为："必须以严肃的原则性去对付之。"

在东北的夏季攻势即将展开之前，陈云提出了健全党内生活的三条意见：

（一）正面地坦率地辨明是非。

正面地坦率地辨明是非，这是应有的原则态度，不是得罪人。否则，就会助长混乱，不能解决问题。

被责备者不要一触即跳。"大广播"比"小广播"好，正面讲比背后讲好。是否是事实，一见面就清楚了。

（二）党内严格执行民主集中制。

民主不仅一般需要，在目前情况下有特殊需要。不经大家交换意见，是不可能集中的，形式上集中了也难免出错误。

不民主，只集中，必然愈不能集中；多交换意见，反而容易集中。

核心领导只有经过严格执行民主集中制，并在实践中经过考验，才能建立起来。

民主又必须集中。个人意见不被采纳，不能生气，也不能不尊重集中的决定。

（三）每个党员都有在党内发表意见、讨论问题的权利，但又必须有服从决定、积极工作的义务。

遇到不如意的事和人，就不干工作，或在言论行动上消极，这是不对的。遵守纪律的重要，恰恰是在自己意见不被通过的时候，或者是有关自己的问题的时候。

在我们党内，个别党员的利益必须服从于全党的利益。个人服从组织，少数服从多数，下级服从上级，全党服从中央，这“四个服从”是一个也不能少的。这是我们党的铁的纪律，也是健全党内生活、增强党的战斗力的有力武器。

（余建亭）

辽东土地改革工作中的教训

对于辽东土地改革工作中出现的一些“左”倾错误，陈云在给中共中央写的一份报告中这样写道：“土改工作中的错误，主要由我负责，因我是负责指导土改的。”

建立北满根据地以及其他根据地的经验表明，在一个地区要创建根据地，要取得剿匪斗争或者军事斗争的胜利，关键是要发动群众，特别是实行土地改革，发动广大农民群众。当时地方党委的中心任务就是紧紧抓住土地改革，发动群众解决土地问题，使农民得到翻身解放。

1948年4月16日，即东北解放区平分土地胜利结束时，陈云给中共中央写了一份报告，其中谈到辽东土地改革工作中的教训。陈云在这份报告中写道：

辽东地区从1947年7月至1948年1月的七个月中，“除秋冬攻势的新收复区外，辽宁大体分了土地，安东、辽南则三分之二或四分之三的地区分了土地。总的说来，工作是有成绩的。消灭了封建土地制度，发动了农民，十万农民踊跃参军，并在基本地区内肃清了土匪。但由于运动扩大过分迅速，阶级划分不清，没有巩固地团结中农，对佃富农与旧富农不加区别。许多地方把富农与地主一样对待，保护工商业的政策没有严格执行，以及一度打风盛行，死人过多，犯了很多‘左’倾错误。直到1948年1月份中央及东北局指示纠‘左’，才开始纠正。现在，老区正继续纠偏，新区则照中央指示，首先打击大地主。所有新老区，都以春耕为中心，同时进行纠偏或发动的工作。

土改工作中的错误，主要由我负责，因我是负责指导土改的。”

※1948年11月29日至1949年1月31日，东北野战军同华北野战军联合进行了平津战役，以伤亡3.9万余人的代价歼灭和改编国民党军52万余人。华北地区除少数孤立据点外，全获解放。图为平津前线司令部负责人合影。左起前排：聂荣臻、罗荣桓、林彪；后排：黄克诚、谭政、萧华、刘亚楼、高岗。

接着，陈云分析了在辽东土改工作中在取得成绩的同时造成一些错误的原因。他写道：

“造成错误的原因，就在于对若干问题的认识含糊不清。

一、对于贫雇农翻身，在现阶段只能翻到什么程度，没有明确的恰当的认识。现在看来，分了地主、富农多余的土地和牲口以后，基本上已算翻身了。至于牲口还不足等等，只能在以后发展生产中逐步解决。否则，必然打击太多，孤立自己。

二、只看中农对土改犹豫观望的一面，没有充分认识坚定地团结中农的必要，分了富裕中农的牲口，又侵犯了其他中农。这种做法，贫雇农经济上所得不多，政治上损失甚大。

三、没有研究富农剥削剩余劳动量的大小，以为凡雇长工者都是富农。当时不知剥削部分只占其总收入25%以下者应划为中农，因此误划许多中农为富农……

四、在工商业政策问题上产生混乱的原因，在于未彻底认清保护工商业、发展经济，无论对城市和乡村，对工人、城市贫民和农民，对支援战争，都是有利无害的。

五、在打人问题上，当时没有认识到，农民打恶霸虽属正义，但群众运动中人多手杂，打风一开，就会乱打，其结果必然祸害百出。以法庭来处罚应惩之恶霸，既可避免乱打，又可为农民伸张正义。

六、运动中凡属农民提出之要求，总是有原因的。但是，不少要求从全局和长远看来是不合理的。有些要求，即使在当时说来也是不尽合理的。因此，在运动中不能放任自流，做群众的尾巴。

七、在群众情绪高涨的情况下，运动范围可以大些。但如无明确政策、无足够数量和质量的干部，过度扩大运动范围，就容易出乱子。”

在这里，陈云对土改工作在取得重大成就的同时产生一些错误的原因列举了七条，并承担了领导责任。类似这样的错误，在其他根据地也都不同程度地存在着。虽然这样，土地改革的收获和成就依然是伟大的。没有轰轰烈烈的土地改革运动，根据地的建立与巩固、解放战争的迅速胜利都是不可能的。陈云在这里作了一些精辟的分析，也提出了一些重要意见。例如对打人问题，提出：“农民打恶霸，虽属正义，但群众运动中人多手杂，打风一开，就会乱打，其结果必然祸害百出”。针对这种情况，提出解决的办法：“以法庭来处罚应惩之恶霸，既可避免乱打，又可为农民伸张正义。”关于土地改革的报告或总结很多，很少见过这样精辟的分析和意见。

（余建亭）

一个沙发垫子

沈阳刚刚解放，陈云命令：接管后的一切财物、家具都要留在原处。他身边工作人员为了陈云的健康，把宾馆的沙发垫搬回陈云的住处，陈云发火了。

1945年9月，我随原滨海军区副司令员万毅渡海到达东北，到东北局接受任务。那时陈云、彭真等刚从延安飞到东北，我便被分派到陈云身边工作。

直到解放后的1953年我去中国人民大学学习为止，我前后在陈云（我们习惯地称他为“首长”）身边工作了八年多。他对工作的认真态度以及对身边工作人员的关怀，至今让我难忘，始终激励鼓舞着我。

1946年初，在北满军区驻地宾县，陈云的工作非常紧张。当时从关内来了大批的干部，首长每次都亲自找他们谈话，交代任务。一批一批地到来，又一批一批地离去。生活非常艰苦，我们住的县城副食很少，想给首长调剂一下生活也很困难。首长的身体不好，我一直担心累坏了他。有一次，我就去市场上买了一只鸡回来，放在铁锅里炖了。没想到这只鸡，连汤带骨头，首长吃了整整一个星期。有的领导同志见了我，就责怪道："一只鸡吃了这么长的时间，让首长吃坏了肚子，怎么办？"但陈云却吃得津津有味。

以后，国民党反动派疯狂进攻解放区，当时南满的形势是这样：所有大城市除长白山里的临江、抚松等四县外已全部被国民党军队侵占，我们10万人员被挤到长白山脚下。就在这种情形下，首长提出去南满。我们是1946年11月初从哈尔滨出发到佳木斯的，家属也随行，同去的还有萧劲光司令员。乘火车经过牡丹江、图们江到达朝鲜的平壤及满浦，于11月底抵达临江。我记得火车到老爷岭附近（斗沟子车站）时，还发生了这么一件事情：这段铁路坡度很大，又是单线。这天下午4时许，我们的专列停在斗沟子车站，另有一列拉粮食的列车在我们进站后发车，车厢顶上还坐有三百多朝鲜族老百姓。这时前一站来电话通知我们可以发车，还没等我们的车启动，前一站的调度又来电话说，跑车了！没过几分钟，我就看见一道火光从陡坡上向我们的方向冲了过来，随后就听到轰的一声巨响。原来前一辆专车上的司炉和司机是国民党潜伏的特务，他们看到我们的专列上有部队和装甲车，就认为车上一定有我军高级领导人，因此下决心要搞破坏。司炉把第二节与第一节车厢之间的挂钩摘掉，然后用车头及拖带的一节车厢向前行驶一段后，返回来撞向已经脱节的车厢，造成这次重大事故。因为扳道员采取了果断措施，才避免了与我们的专列相撞的重大事故。

我们在该站停留了一天多的时间才开车。大约半年后才知道，这个地区有国民党潜伏的两个支部，被我们挖出后，这条道路才比较安全了。

到达临江后，有很多的事情需要首长解决。部队的各级干部来自各解放区，部队主要来自关内的山东、河北等地，思想上、指挥上比较混乱，不太统一。为了解决以上问题，中央决定首先成立东北局辽东分局，陈云任书记，萧劲光、萧华任副书记。辽东军区也随后成立，司令员为萧劲光，政委陈云。

当时已是12月初了，南满下了大雪，我主力部队还穿着单衣，另外十几万人的吃饭也是个大问题。首长每天都要工作16个小时以上，休息时间极少，工作累了就在房间里转转。房间外就是鸭绿江，非常冷，无法在户外活动。首长因营养差，工作时间长，身体劳累过度，因此常常患感冒。前方送回的伤病员都要经过临江到长白山里治疗，首长仍然拖

※ 1948年9月12日至11月2日，东北野战军进行了辽沈战役，以伤亡6.9万余人的代价，歼敌47万余人，解放了全东北。图为林彪（中）、罗荣桓（右）、刘亚楼（左）在前线指挥作战。

着带病的身体常去看望伤病员，非常关心他们的治疗情况。伤员们都非常感动，表示伤愈后马上回到前线参加战斗，消灭反动派，保卫临江。

前方战斗很紧张，首长病了，有时就在床上围着棉被召开会议。他在临江住了五个多月，就洗过一次澡。他常常在晚上找各方面的领导同志谈话，在我印象中，他与之谈话次数最多、时间也最长的是萧华同志。首长细致、耐心的政治思想工作，为解决辽东一些干部的思想问题起到了关键作用，为胜利保卫南满及解放全东北奠定了牢固的基础。在党中央、东北局的领导及辽东军民英勇奋战下，一年中，除沈阳等几个孤立点外，东北其他城市都得到解放。但首长的身体也累垮了，中央让他去旅大或苏联疗养，他都一一谢绝了，而是回到东北局驻地哈尔滨休息。1947年12月28日晚，首长经过辑安到达朝鲜平壤。1948年1月5日回到哈尔滨。当时，以林彪为首的东北局全体成员到车站迎接。

在哈尔滨休养的四个多月中，因为条件的改善，首长的身体也逐步得到了康复，精神状态也很好，有时我们还能听到他拉二胡的声音，这也是陈云同志的唯一爱好。后来首长又接到新的任务，着手筹备中华全国第六次劳动大会。经过几个月的紧张筹备，1948年夏季大会按时召开，陈云同志当选为中华全国第六届总工会主席。

1948年11月，沈阳刚刚解放，各方面的条件都很差，陈云同志被任命为沈阳特别市军事管制委员会主任。他上任后首先下达命令，接管后的一切财物、家具等等都要留在原处，没有命令任何人都不得挪用。我们随首长刚到沈阳时，是住在东北宾馆。后来一批民主人士包括沈钧儒、郭沫若、李济深等要来沈阳，首长为了让他们的居住环境好一点，住得舒适些，主动让出宾馆，自己搬到了条件比较简陋的辽宁省政府内。我知道后，马上先到省政府内察看一下首长的住处，发现首长将要住的地方只有一张小铁床，床上只铺一个草垫子，又硬又凉。沈阳的11月已经下雪了，天气是很冷的，而首长的铺盖还是从延安带来的，只有一被一褥。我实在看不下去，当天晚上就背着首长自作主张，从宾馆首长住的床上拆了一个沙发垫子运回省政府的住处，偷偷铺在了首长的床上。首长半夜开完会，回到宾馆原来的住处，发现床上的沙发垫子少了一个，就把我叫到身边，平静地问我："沙发垫子哪去了？"当我吞吞吐吐向首长报告说："我看您的住处没铺的，先借用一下，以后再拿回来。"首长一听就火了，严厉地说："我下的命令，自己不执行，叫谁执行？"然后，抬起右手向上指了指自己已经白了的头发，语重心长地对我说道："我二十多年的党龄了，怎么能带这样的头呢？今后不要这样了，快拿回来吧。"我只好去把垫子从省政府拉回来，放回原处。这时首长露出了笑容，高兴地说："行了，咱们走吧。"

沈阳解放后，首长乘坐的是一部比较旧的车。当时仓库里还有很多的新车，我就向首长建议换一辆新车。首长不同意，并对我说："我们现在的这部车，比哈尔滨时的那部好得多嘛。另外还有好多首长呢，高岗啊，李富春、张闻天、王稼祥、林枫……我来这里，先用好的，影响好吗？"我听到这里不由得低下了头，内心再次受到了一次震撼。首长就是这样，在处理各种事情时总是不计私利，处处为他人着想。

1949年进驻北京后，一次，贸易部的同志送给首长一块自动手表，说是给首长"看看"。因为首长的事务一直很繁忙，这件事就暂时搁下了。两三天后，首长突然想起来，就说："我已经看好了，让他们把表拿回去吧。"那个部门的同志只好把表又拿了回去。

1951年，在中南海勤政殿与西藏和平谈判签字仪式上，首长仍然穿着延安自制的粗呢子衣服。事后，我对首长说："现在您的国事事务多了，您应该再做一套衣服了。"首长说："这套衣服不是挺好嘛。现在我们国家还很穷，节省些钱好搞经济建设。"

首长对孩子们的要求是比较严格的。像孩子的吃饭问题，首长就对我说过，一定要让他们自己做。第一，是让他们克服依赖思想；第二，这样也能够锻炼他们自己。首长也从来不让孩子们用他的汽车。另外，于若木同志也从来不坐他的汽车，无论是刮风还是下雨，于若木同志都是自己骑着自行车上下班，这给我们这些首长身边的工作人员做出了很好的榜样。

陈云同志对身边的工作人员是非常关心的。1953年，因为我的身体不太好，我要求调离。在征求首长意见时，他语重心长地对我说："现在，战争基本打完了，要搞经济建设了。搞建设要有科学文化知识，让你去领导一个单位，你没有知识怎么能行？光靠勇敢是不行的。我当店员时，抽空看看报纸学习知识，那时我没有条件学习。你现在有这么好的条件，就更应该努力学习。你想想你还有什么困难？"首长的这一番教诲，让我非常感动。后来我在人民大学读书期间，还经常向首长汇报我的学习和生活情况。

（张季敏）

"沈阳经验"

针对沈阳的实际，以陈云为主任的军管会创造性地提出了"各分系统，自上而下，原封不动，先接后分"的接收原则，并围绕此原则制定了恢复并巩固社会秩序的政策和措施。

1949年，随着人民解放军隆隆的炮声回响在大江南北，国民党反动派的腐败政权已经摇摇欲坠。此时，毛泽东四年前在延安党的"七大"上讲的"如何去收复城市，收复后又如何管理，这在党内一般是没有完全解决的"眨眼间已经成为摆在我党面前一个紧迫而现实的问题了。

众所周知，在全国解放的历史大潮中，曾经出现过城市解放著名的"三大模式"，即和平解放的"北平模式"、武力解放的"天津模式"和对已经宣布起义的国民党军暂不作改编的"绥远模式"。这些模式作为中国共产党人集体智慧的结晶，对于我党解决好接踵而来的大中城市解放、接受、管理与重建问题具有很强的指导意义，既有理论上的依据，也有丰富实践的检验。

实际上，除"三大模式"之外，在各解放战场还曾相继出现过一些根据当地实际所采取的经验和办法。其中，陈云在东北地区解放战争中所创立的"沈阳经验"就是影响较大

※ 1948年11月2日，沈阳解放，从9月12日开始的辽沈战役胜利结束。图为东北人民解放军攻占沈阳国民党“剿匪”总司令部。

的一个。东北战场是国共两党决战的第一战场。1948年10月，东北野战军以破釜沉舟的决心和英勇顽强的精神取得了锦州战役的巨大胜利，至此，东北大局已定。

锦州解放不久，中共东北局即收到党中央指示，要求做好接收沈阳的准备工作。东北局接电后，经讨论决定并报中央批准，由具有较为丰富的城市工作经验、当时担任东北局副书记的陈云担任沈阳特别市军事管制委员会主任。

陈云立即开始了紧张的筹备工作。10月29日，陈云率领工作人员乘专列从哈尔滨出发了，沿途经过吉林市、梅河口，后绕道四平市抵达开原市。当时东北解放的形势发展很快，从沈阳南下增援锦州范汉杰集团的廖耀湘兵团此时已成瓮中之鳖，很快便被解放军以摧枯拉朽之势消灭了。沈阳的解放近在咫尺，已经没有更多的计划准备时间留给陈云了。

※ 沈阳各界人民群众集会游行，庆祝全东北解放。

11月2日，沈阳解放。陈云在火车上召开了军管会第一次全体会议。他首先强调了新形势下城市工作的重要性。陈云说：“战争已是大规模的大兵团的集中作战，不仅要依靠广大的农村，而且要依靠城市。如果我们不改变过去的观点，还以旧的观点来看待城市，那就是错误的了。每个革命军人、地方党政人员、解放区人民，都应把城市看作是人民革命战争取得最后胜利决不可少的力量。”他指出，“城市已经属于人民，一切应该以城市由人民自己负责管理的精神为出发点。”陈云要求长期战斗生活在农村的同志们，“不能用农村的观点来管理城市，农村是个体的、分散的，生活方式上简单朴素；城市是集中的、复杂的，生活方式是多样性的。因此，对城市管理必须要有国家政权的思想，掌握城市特点，重视革命法治。”此后，陈云就军管会的职责、分工、任务安排进行了部署，并

慶祝蘇聯十月革命節
毛主席 朱總司令 致電斯大林

【新華社陝北五日電】中國共產黨中央委員會主席毛澤東、中國人民解放軍總司令朱德，頃致電蘇聯部長會議主席斯大林，祝賀蘇聯十月社會主義革命三十一週年，電文如下：

斯大林大元帥：

當此偉大的十月社會主義革命三十一週年紀念的時候，謹祝世界和平民主堡壘蘇聯的日益強盛，中蘇兩國人民的親密合作。

毛澤東
朱德
一九四八年十一月五日

瀋陽秩序迅速安定

職工公教人員上班工作，居民紛作復業準備，郵電均告恢復，現正搶修鐵路，瀋陽時報創刊。

瀋陽軍管會成立
發佈有關接收工作六項規定
曉諭原有公教職工人員遵行

中華全國總工會 東北職工總會
電賀全東北解放

瀋陽衛戍司令部佈告

勞軍簡訊

※《东北日报》刊登以陈云为主任的沈阳军管会成立的消息及军管会发布的有关接收工作的规定。

与大家讨论研究了入城后可能遇到的问题和处置方案。

沈阳，东北的大型工业城市，由于长期遭受日本帝国主义铁蹄的蹂躏和为以国民党腐败政府为首的各种反动势力所控制，社情敌情都十分复杂。除了这些背景因素之外，沈阳与后来解放的北平（今北京）、天津、绥远等城市不同，有其独特的实际情况。首先，城市在战争中没有遭到严重损坏，总体上仍相对比较完整。其次，在围打沈阳之前和攻城的过程中，我党就已专门成立了接管准备工作小组，由陈云亲自挂帅，事前已作了精心、细致的准备，包括对干部、工作人员的教育鼓动。另外，沈阳一解放，接管工作就全面铺开，人员分工事先已明确，很快便各就各位进入情况，接收比较迅速。

针对沈阳的实际，以陈云为主任的军管会创造性地提出了“各分系统，自上而下，原封不动，先接后分”的接收原则，并围绕此原则制定了恢复并巩固社会秩序的政策和措施。陈云一手抓稳定，坚决取缔打击投机分子，杜绝其兴风作浪、乱中渔利的企图，维护社会治安秩序，坚决不让反动余孽和潜伏下来的敌特分子颠覆、破坏新生人民政权的阴谋得逞；一手抓生产和人民生活。其中又首先抓运输生产包括工业原料的运入和产品的运出。作为重要的铁路枢纽城市，到11月25日，每天就有近一百列的客货车能够进出沈阳。

上述做法证明是成功的。接收工作进展十分顺利，解放不到一月，全市绝大部分工厂就已经恢复生产，主要工业产品生产和能源、自来水供应也很快转入正常运转，并在已当家作主的广大职工积极努力下，产值增长比较快。市场物价稳定，城市居民日常生活必需品特别是粮食的供应充足，城市社会治安状况良好。

在当时解放接管大型城市的理论与实践经验并不很丰富的情况下，“沈阳经验”作为解放城市前有一定接管准备工作、战争对城市的破坏不严重、接管城市速度快的模式，立即引起了东北局及党中央的充分肯定和高度重视。其中的主要思想和做法被作为重要经验转发给各解放区和各前线的领导同志学习参考，中共中央政策研究室还将其编入《一九四八年以来政策汇编》。

“沈阳经验”在解放战争史上写下了光辉的一页。它丰富了中国共产党人接管大中城市的理论与实践，对提高和统一全党全军接收与管理城市工作的思想认识起了积极作用，是根据新的形势和特定城市的具体特点，制定迅速恢复社会和生产秩序的方针并加以成功运作的典范。它为中共中央全面总结各地接管城市的经验，制定完善、正确的城市方针和政策提供了重要素材，在各解放区产生了广泛影响。直至1949年年底，刘伯承、邓小平率领大军解放重庆时，由于重庆的情况与沈阳类似，还曾借鉴过“沈阳经验”的一些做法。

（李梦汶）

视察工厂

陈云亲自视察了许多工厂。经过视察和调查，他指出：当时沈阳有八大战略性工厂，首先应重视这些战略性工厂的恢复与发展。

在沈阳期间，陈云挤出时间视察了沈阳兵工厂。在入城以前，已接到由中央军委转来

※ 1948年9月，陈云在吉林省陶赖昭松花江大桥通车典礼上讲话。

的陈毅的电报，内容说沈阳兵工厂厂长陈修和是他的堂兄，是个技术人员，可争取此人为我们服务。陈云等参观时由陈修和陪同，陈修和介绍得很清楚。据反映，蒋介石到沈阳亲自督战时，打算将兵工厂主要设备迁往关内，被陈修和抵制住了。陈云边走边看，当面询问他的经历并给予鼓励。参观后回到住所，陈云告诉身边工作人员说：陈修和懂技术，做过技术工作，也做过厂的办公室主任，是个行政管理人员。

陈云非常关心军工建设。在参观沈阳兵工厂后几天，他让我找正在沈阳参加接管工厂的江泽民，请他提出一个清单，将沈阳兵工厂为填平补齐、提高生产所需要的设备列进去，准备交给苏联驻沈阳的商务代表。这位江泽民是四川人，20年代前期在比利时留学学工科，由周恩来介绍参加共产党，后来在苏联汽车厂任工程师，苏联名字叫马斯洛夫。抗战时期回到延安，在军委军事工业局任技术处处长，那时我在军事工业局任总支委书记兼政治科科长。陈云在西北财经办事处工作期间，曾派陈郁到军工局及所属工厂检查工作。陈云也找过我个别谈话，知道我认识这位江泽民。“八一五”后，江泽民到东北军工部当过一个兵工厂的厂长，后任军工部副部长。当我把陈云提出的要求告诉江泽民时，他说：在苏联，这样的任务由设计院集体承担，一个人谁也提不出来。我把这话的意思报告了陈云。陈云说：他说的是老实话，他一个人提不出来。这件事就暂时搁浅了。不久陈云要我告诉王首道，请他组织各工业行业，提出一个需要聘请苏联专家的清单。后来，这个清单交给了苏联驻沈阳代表。这是东北解放后第一批聘请的苏联专家，1949年就陆续到达东北。

陈云还亲自视察了许多工厂。经过视察和调查，他指出：当时沈阳有八大战略性工厂，首先应重视这些战略性工厂的恢复与发展。陈云指出的大战略性工厂是指：沈阳兵工厂、有色金属冶炼厂、重型机械厂、铁路机车厂、铁路车辆厂、沈阳化工厂、橡胶厂、造纸厂。它们能够生产我们很需要的各种枪炮弹药、铁路机车、车辆、铜铝铅锌等有色金属、各种机器、烧碱、硫酸等化工原料、汽车、拖拉机的轮胎、各种纸张等。这些产品不仅东北需要，关内各解放区也很需要。

军管会进入沈阳后，立即部署抢修铁路。由于从哈尔滨来的接收队伍中就有铁路抢修队，而且带来了材料，因此11月3日就修通了四平到沈阳的铁路。到11月25日，即沈阳解放后23天，各条线路每天有96列客货车进出沈阳，绝大部分工厂已经开始恢复了生产。

（余建亭）

沈阳工人代表大会

陈云出席沈阳工人代表大会并讲话，他号召“大家忍受暂时困难，支援前线，彻底消灭反动派，建设幸福的将来”。

沈阳工人代表大会在1949年1月5日举行，陈云出席了会议并讲话。他首先联系实际，赞扬了工人阶级表现出的国家主人翁气魄，工人们不仅关心工资福利和其他生活上的问题，而且更关心工厂生产与建设问题。陈云要求代表们回去告诉厂里的工友们：政府一方面要帮助大家尽可能把生活改善，另一方面也要靠大家挑起担子，共同把生产搞好，早日打倒反动派。

陈云在分类解答工人们提出的意见后，号召“大家忍受暂时困难，支援前线，彻底消灭反动派，建设幸福的将来”。

由于有的代表提出，工友们对于工厂个别职员有些意见，陈云指出：“那是应该加以解决的。解决的时候，要根据实际情况，参照中共中央东北局1948年8月1日《关于公营企业中职员问题的决定》，采取适当的办法。除了个别作恶甚多的职员必须开除出厂以外，各厂员工之间应该团结一致，提高生产。工友之中如果受过哪个职员的气，这个职员作了自我批评，而且道了歉，那么，工友的气就应该消了。”

最后，陈云要代表们“告诉全体工友，大家要挑起担子，不光是积极做工，还要真正尽主人翁的责任，在厂长领导之下参加管理工作，团结职员一起干。此外，还要特别告诉全体工友，要大胆提意见，凡属对生产有好处的意见，都可以提。做得通的意见，经过管理方面和工友方面商定之后，就可以办。现在工厂的领导会欢迎工人提意见，工友们对于厂里的生产和工作有什么意见，应该以负责的态度提出来，大家商量着办，把生产搞得更好”。

陈云《在沈阳工人代表大会上的讲话》，在1949年2月26日的《人民日报》上发表，这篇讲话同时也是对全国各解放区工人阶级的鼓励和号召。

（余建亭）

把接管的房屋分配好

陈云亲自率领有关人员，冒着严寒，连续三天到各系统主要单位察看主要建筑、位置、规模、各种设施、原隶属单位等情况，确定主要房屋的分配方案。

整个解放战争期间，在解放区内无论什么地方，无论什么行业或单位，都把“支援前线”、“一切为了战争的胜利”作

※ 1948年10月15日，东北野战军经31小时激战，攻克锦州。图为《攻克锦州》（作者：任梦璋 1961）

为自己的首要任务。这在日常工作中都可以表现出来。

沈阳军管会一入城，在接管人员内部就明确作出一些规定，其中有一条，即各单位接收的一切可慰问部队的日用品均须交军管会后勤处，用于支援前线。这是考虑到在辽沈战役这样空前规模的战略决战之后应该好好慰劳部队，这必然需要数量庞大的慰问品。

不久，罗荣桓对陈云提出："过去慰劳部队总是只有部分战士得到慰问品，这次能不能使前后方每个战士都能够得到一件慰问品？"陈云当即应允，并亲自部署组织实现。那时东北野战军有70多万人，另有地方武装及后方军事单位33万人，要做到这一点，并非易事。经过有关部门共同努力，由朱理治和叶季壮安排落实，每个战士后来都高高兴兴地得到一份慰问品和一枚东北解放纪念章。

进入沈阳后，还接收了许多原属日伪国民党政府系统的房屋，如何把这些房屋分配好，是大家都关心的问题，也是一个容易引起内部争执的问题。接管初期即11月13日，军管会发给东北局的《关于沈阳情况及存在的困难和问题》的电报中，提到了这个问题。报告说："哈尔滨许多部门陆续来人，大半忙于接收房屋与安家。""我们请求后方暂时不要派一般人员来，只派专门到沈阳参加当前工作的人来。""关于房子问题，有一重要情况须加说明，即现野战军司、政、后机关及卫戍沈市的主力纵队，他们在沈阳须作短期驻留，他们在大战苦战之后，须好好休整。目前必须首先保证他们所需的房屋和用具。让他们好好休整，就是增加入关作战的力量。故北满机关目前千万不要派人来打前站、找房子，必须待野战军离沈之后，才能合理调整房子。"

陈云以身作则，为广大指战员树立了一个榜样。他生活简朴，谦虚谨慎。军管会入城后不久，就从沈阳宾馆搬到伪辽宁省政府旧址办公，住在一幢解放前银行职员的住宅里。工作中遇有缺点或失误，他主动作自我批评，稍有空闲就学习，对《列宁选集》中的一些重要论文如《论粮食税》等，仔细阅读，反复思考。

东北野战军入关比原先预料得要早。一般地说，一个大的战役后需要休整一段时间，何况辽沈这样空前的大战役以后。但事实表明，当时的政治、军事形势以及我军的作战方针都要求我军早日进关，以防止华北敌军从海上撤退，增加以后解放南方的困难。我军入关后，不仅要解放北平、天津，而且要歼灭这一带和平绥（即北平至包头）铁路沿线敌军的有生力量，阻止他们从塘沽等港口逃跑。当时与国民党傅作义部的谈判已经开始，为增加对敌人的压力，争取早日解放平津，中央电令东北野战军隐蔽起程，夜行晓宿，迅速开赴山海关内，这样可以使敌人较晚发现我军已经入关，来不及从海上撤退。与此同时，中央电告冀东区党委动员广大群众积极支援大军南下，协助部队解决因未获足够休整时间即长途跋涉、连续作战所遇到的困难。当大军已开拔几天后，新华社东北分社从沈阳发出一则消息，佯称沈阳青年集会，祝贺东北全境解放，向林彪司令员献旗等等。

在沈阳，当谈到前线胜利时，陈云曾和身边工作人员说：在辽沈战役以前，当野战军主力从北满与南满将调往锦州前线时，东北局曾经议论过，认为锦州之战将决定东北的命运，沈阳之战将决定平津的命运。因为华北大部分地区已经解放，现在东北野战军几十万大军压过去，当然可以决定平津的命运。事实表明，东北局当时的分析是正确的。

东北野战军离开沈阳后，军管会即着手分配房屋，这时中共中央东北局、东北行政委

※ 1949年1月14日，东北野战军向天津守敌发起总攻，次日下午解放天津。

员会、东北军区及东北一些机关团体单位陆续从哈尔滨迁来沈阳。大家都迫切希望及早分配房屋，使自己单位和个人都安顿下来。为了把接管的房屋分配好，陈云亲自率领有关人员，冒着严寒，连续三天到各系统主要单位察看主要建筑、位置、规模、各种设施、原隶属单位等情况。经过实地考察，会见有关负责人员，取得了第一手资料后，确定了主要房屋的分配方案，及时解决了大家很关心而又很复杂的问题。由于军管会本身坚持原则，秉公处理，各部门很少发生争房子、争汽车、争工厂等问题。

东北野战军入关后，供应线越来越长，运输汽油、柴油、煤油等物资所需要的容器也越来越多。当时东北有两个厂可以生产这些燃油，一个是抚顺制油厂用油母页岩做原料，另一个是锦州人造石油厂用煤做原料，引进德国技术做试验。两厂的生产能力都不大，人造石油厂还未正式投产。汽油、柴油、煤油的供应主要靠从苏联进口，用油罐车运输，一来就很多。我们原有贮油罐很少，因此，如何把进口的石油送到前方是一个很大的问题。为此，东北物资局要求军管会下令，将各地区各单位未使用的大小油桶、油箱一律收集起来，交给物资局，用于支援前线。军管会同意照办，印发了正式的书面通知并派人督促检查，得到各地区各单位的积极响应，解决了当时的燃眉之急，保证了前方的供应。

（余建亭）

西柏坡之行

在西柏坡，陈云向毛泽东、刘少奇、周恩来、朱德等汇报了东北的情况和东北局的工作，并同他们彻夜长谈。毛泽东握着陈云的手高兴地说：“四保临江啊！”

陈云虽然没有参加过党的七届二中全会，但他却在全会前夕到过西柏坡，而且这次西柏坡之行与全会作出的关于在夺取全国胜利后的新形势下，党的工作重心实行战略转移，即从乡村转到城市，而城市工作必须以经济建设为中心的决定之间，有着密切关联。1996年4月，西柏坡纪念馆在陈云逝世一周年前夕，增加了有关他在西柏坡活动的内容，其中

※ 1949年1月31日，北平和平解放。图为《北平解放》（作者：高潮 秦岭 1961）

包括在陈列厅展出他的照片、描绘他向毛泽东等中央领导同志汇报工作的油画，以及在他当年住过的地方设立纪念牌等等。由于陈云的西柏坡之行一直鲜为人知，因此，西柏坡纪念馆增加这一内容，不仅丰富了自身的展览，也为历史补写了重要的一笔。

1949年1月31日，北平和平解放。第二天，陈云即赶赴北平，与东北野战军领导人林彪、罗荣桓和华北人民政府领导人董必武、薄一波开会，商讨东野的后勤供应、关内外的铁路运输、东北币与人民币的比价等问题。会议期间，毛泽东由西柏坡致电东野总部，请罗荣桓前去面谈，并说如果陈云的会议已完，则请偕罗同来一叙。会后，陈、罗等即分乘几辆中型吉普，前往中共中央所在地西柏坡。

陈云在西柏坡的活动，迄今没有发现直接的和完整的文字记载。但从陈云当年在东北局会议上的发言记录，1972年“批林整风”时的书面发言，以及他后来同身边人员的一些谈话中，可以大致了解到他在西柏坡期间的一些主要情况。

到西柏坡后，陈云向毛泽东、刘少奇、周恩来、朱德等汇报了东北的情况和东北局的工作，并同他们彻夜长谈。这是他1945年离开延安后，第一次同中央书记处的领导们见面。毛主席一见到他，就握着他的手高兴地说：“四保临江啊！”这是夸奖他在南满形势岌岌可危时，曾自告奋勇前往，与萧劲光等一起指挥部队粉碎了敌人的进攻，不仅保住了南满根据地，而且从此扭转了东北战场上敌进我退的局面。

周恩来和他谈话时问起粮食问题，他回答说，东北野战军进关时带了30万吨粮食（相当于入关部队每人700多斤）。此外，考虑到北平、天津两市的粮食供应一时会有困难，还准备了20万吨进关支援，随要随运。周恩来听后非常满意。刘少奇在谈话中提出，东北要有重点地办供销合作社、生产合作社、消费合作社，速度不要太快，准备用五到十年时间。

陈云在西柏坡还参加了一次中央书记处会议，听了毛泽东对形势的分析。毛泽东指出：今后像辽西（指辽沈）、淮海那样规模的大仗不会再有了，但像天津那样的仗和北平那样的解决方式还会有。东野占领武汉后可以分兵，一路继续向南，占领湖南两广；另一路折向西

※ 1948年8月3日、4日，陈云在第六次全国劳动大会上作题为《当前中国职工运动总任务》的报告。

南，兼占云贵。要先占城市，后占农村。

当时，全国的解放已经提上议事日程，中央已经在考虑党的工作重心转移的问题，而且为了能及时实现这个转移，正在酝酿成立统一领导全国经济工作的财政经济委员会，其中一个关键问题是挂帅的人选。这个新机构所面对的局面和要解决的问题，显然既不同于抗战时期边区的财经办事处，也不同于解放战争时期的中央财经部和各个解放区的财委。由谁挂帅好呢？周恩来向毛泽东推荐陈云，毛泽东当即表示同意，并向书记处提出这个建议，得到了大家的赞同。周恩来随即将中央的决定通知陈云，要他回东北后，把工作交接一下，尽快来中央。关于这件事，薄一波在《若干重大决策与事件的回顾》中说，毛泽东曾找他谈话，要他到中财委任副主任，协助陈云工作。他表示很愿意，说这样能多学习一些东西。

关于陈云在西柏坡的确切时间，当时陈云身边的秘书和警卫员都记不清了，只记得住了一两天或两三天。但根据毛泽东2月10日凌晨发给林彪、聂荣臻、刘亚楼、谭政的一封电报判断，陈云是2月9日到，2月11日离开的。该电报称："陈云、罗荣桓二同志本日在此谈话完毕，因路上融雪不好走，本日在此休息一天，11日动身返平。”毛泽东还在电文上方注明：“周阅后发，明早再送刘、朱、任、陈云、罗荣桓。”可见，陈云在西柏坡一共住了两个晚上。

另据陈云当时的秘书余建亭回忆，陈云由西柏坡回到北平后稍事休息，即乘火车回东北。途中在天津停留了几天，会见了天津市军管会主任黄克诚、副主任黄敬，并参观了工厂和市容。回到沈阳的时间大约是十八九号，因为20日东北局常委会议的记录上，已有他的发言。几天后，在东北的中央委员前往西柏坡参加七届二中全会，陈云因刚从中央回来，又即将调往中央，故被留在沈阳主持东北局工作，以至未能参加这次具有历史意义的会议。

七届二中全会之后，陈云除加紧组织制订东北全区1949年的经济计划外，又在沈阳以及他尚未去过的鞍山、大连、本溪、长春、吉林等十余个工业城市进行了工矿企业的调查。听了解情况的同志说，当时陈云主要是考虑到调中央工作后，再来东北就不那么容易了，想利用还没离任的机会，多了解一些东北、特别是新解放城市的工业情况。由于这个原因，他耽搁了一些时间，未能及时去北平。周恩来为此几次打电报，催他尽快到中央工作。《周恩来年谱》记载了4月10日的一次：“为中共中央起草致东北局电：陈云应速来中央。”5月13日，陈云参加完东北局对1949年计划草案的审议，终于由沈阳启程，前往北平，开始了领导新成立的中央财经委员会的工作。

所以，陈云西柏坡之行的意义，不仅在于这是他作为中央书记处的候补书记离开中央四年后，第一次与中央第一代领导集体的重逢；更大的意义还在于，正是在这次西柏坡之行期间，中央作出了把他调回中央、领导全国财经工作的重大决策，为落实后来的二中全会的决定提供了重要的组织保证。薄一波在前引《回顾》一书中写道：“党中央和毛主席在决定建立统一的财经领导机构的过程中，最重要的一着是从东北调回陈云主持中财委。陈云是新中国财经工作的卓越领导人。1942年，他主持的陕甘宁晋绥五省联防财经办事处，工作很出色。解放战争时期，他主持东北财经委员会的工作，顺利实现了东北全区财经工作的统一管理，较早地把经济稳定下来。党中央和毛主席任命他为中财委主任，是再合适不过了。”

陈云后来谈起他主持中财委这件事时曾经说过：“我从东北进关的时候，有些同志问我，进关以后怎么干？我说，安下地盘试一试。从1949年到1956年，我们党在经济战线上进行了三大‘战役’：统一经济，稳定物价；统购统销；社会主义改造，从低级到高级。”历史表明，他没有辜负党和人民的厚望。1995年4月陈云逝世时发布的讣告中，评价他是“中国社会主义经济建设的开创者和奠基人之一”。而这“开创”和“奠基”的起点，不正是党中央在西柏坡把主持全国财经工作的重任交给了他吗？所以，陈云的西柏坡之行，时间虽短，意义深远。

（朱佳木）

在东北的调查研究

在接管沈阳期间及以后，陈云分四次到各地视察。在沈阳解放以前，陈云到过锦州、沈阳、长春、哈尔滨、齐齐哈尔、佳木斯、牡丹江以及一些市县村屯，如宾县、通河县、临江县、通化市等。加上这四次调查所到之处，陈云在东北解放的过程中，足迹遍及东北各地。

陈云从西柏坡经北平、天津回到沈阳后，主要精力花在抓东北的财政经济工作及支援前线上。他一方面继续到各地搞调查研究，另一方面领导东北财经委制定1949年东北区经济发展计划。这是建国前第一个大区经济发展计划，它既推动了东北工农业生产的恢复与发展，又为新中国进行有计划的经济建设进行了有益的探索。

陈云在工作中一向注重调查研究。在接管沈阳期间及以后，曾挤出时间分四次到各地视察，了解当地及附近区域的政治经济概况、工业发展前景、市场供应、交通运输、职工工资与人民生活情况等等。

第一次是在沈阳、抚顺视察。陈云视察这两个城市的工业时，很重视有色金属、煤炭和石油工业。例如在沈阳有色金属冶炼厂视察时，他询问得很详细，了解能冶炼和回收哪些金属、能力有多大、原料矿山在哪里、精矿粉品位多高、年运输量有多大、每吨成本是多少、技术人员有多少、离开了的能不能找回来等等。当得知只要原料能运到工厂，有电，不用很多时间准备就可以恢复生产时，陈云很高兴，叮嘱做好准备工作。

大约在1949年元月，陈云两次来到抚顺市，首先视察了龙凤矿和露天煤矿、洗煤厂等，后来又看了几个工厂如电解铝厂、西制油厂（用油母页岩做原料提炼石油，后改名为石油厂）和特殊钢厂。他对矿井掘进、排水和露天煤矿的生产很注意。为了考虑今后石油工业的发展，还到东制油厂参观。东制油厂刚开始由日本人开矿建厂，因战争而停止建设，也是以油母页岩为原料的。

※ 沈阳特别市军事管制委员会旧址（陈云旧居）。

在视察抚顺铝厂时，陈云详细了解了过去的生产、经营和人员情况，得知与之配套的铝矿与氧化铝厂是在山东张店时，表示要和华东联系，请他们注意尽快恢复铝矿及氧化铝的生产，使抚顺的电解铝厂能早日恢复生产。铝和铜一样，军工民用都很需要，一直是紧缺物资。抚顺铝厂当时是全国最大的电解铝厂。

后来参观抚顺特殊钢厂，厂长介绍可以生产军工和民用工业所需各种工具钢、合金钢，经过试制以后还可以生产滚珠轴承钢时，陈云连连点头称赞。

第二次是从沈阳乘火车沿哈（尔滨）大（连）线南行，先到鞍山。当时鞍山市委书记是杨春茂，鞍钢经理是李大章。陈云一下火车就去参观鞍钢。进入场区时看见很长很粗的煤气管道，陈云幽默地说："大香肠很多！"在参观炼铁厂、炼焦厂、炼钢厂、初轧厂后，来到炉焊钢管厂，这是一个生产有缝钢管的工厂。在谈到无缝钢管时，陈云对无缝钢管是怎样生产出来的很感兴趣，问：有缝钢管可以焊接生产，无缝钢管不用焊接，是怎样生产出来的呢？（那时，鞍钢无缝钢管厂还没有建设。）到车间后，工人用冷加工方法做了表演。他看到用一根圆钢做原料，卡在一台车床上，另一端有一根很硬的钻头也卡在车床上，正在旋转着向圆钢移动，在圆钢中间逐渐钻进一个圆洞然后继续推进，钻通后改用较大钻头使圆洞逐步扩大，形成无缝钢管。陈云看后很高兴地说：

“原来是这样生产的！”

参观后到鞍钢的迎宾馆，听取全面情况的汇报。当时鞍钢因前一个时期拉锯作战，破坏相当严重，鞍钢党委还未建立，市委书记杨春茂大部分时间就在鞍钢办公。陈云对他的做法表示赞同。

在鞍山住了一晚，陈云第二天继续乘火车抵大连。一下火车就听到车站播送悦耳的音乐，刚刚从战争废墟走过来的人们感到大连果然另有一番景象。

当时大连市及旅顺、金县、普兰店等地均由苏军管制。大连市委书记韩光向陈云介绍了旅大区的基本情况。陈云就住在市委附近，没有去宾馆。

在大连，陈云参观了玻璃制品厂等，浏览了旅顺，参观了日军遗留下来的军事博物馆，了解了日俄战争时的一些情况。

陈云还到了金县，视察了纺织厂。在返回沈阳途中，火车在普兰店、瓦房店作短暂停留。瓦房店市在建立辽东根据地时期曾是中共辽南省委所在地，那里有滚珠轴承厂，是建国前全国仅有的能生产滚珠轴承的工厂。陈云深知，现代工业和现代交通工具都离不开滚珠轴承，因此一到瓦房店市就直奔轴承厂。他希望了解发展滚珠轴承工业需要什么条件、滚珠轴承是怎样生产的、滚珠是怎样放进轴承内的。因为内外套夹得很紧，滚珠能够放进去是不容易的。待厂长作了说明并到车间观看了工人操作后，陈云很高兴，兴致勃勃离开轴承厂，直奔火车站乘车返回沈阳。

第三次是到本溪、安东（丹东）。

当时本溪的铁和煤两部分没有分开，共同在本溪煤铁公司领导下。东北工业部任命了特派员徐宏文主持煤铁公司的工作。

本溪以生产优质铁和煤而闻名遐迩。本溪的煤低磷低硫，炼出来的焦炭和铁也是低磷低硫，一些用户、特别是对铸件质量要求高的用户都乐于使用它。

陈云在本溪看了城内部分（老厂及电厂等）及宫原新区，也访问了彩家屯立井，跟一些熟悉情况的人谈话，听取了市委和煤铁公司的汇报。

第二天上午，陈云仍乘火车到了安东（丹东）。那时辽宁省分为辽东省和辽西省，辽东省委书记是张闻天，省会在安东。

陈云在安东（丹东）了解全面情况后，视察了造纸厂等，乘汽车浏览了市容，到通往朝鲜新义州的鸭绿江桥上走了一半就走回来了。在听取汇报时，询问了中朝边界上的水丰水电站的情况。这个水电站发出的电力送往大连等地。

第四次是乘火车到四平市、长春市、吉林市和磐石县，时为1949年3、4月间。

※丰满水电站。

当时长春市市长是邹大鹏，他汇报了长春的基本情况，尤其是城市的恢复与建设方面需要解决的问题。陈云游览了市容、伪满洲国溥仪的皇宫和几个部，还参观了伪满中央银行，看到那里防盗设施很严密，地下室就像一个工厂，供水供电、通风通讯等机器设备很多。银行的建筑很坚固，1948年郑洞国放下武器前，司令部就设在这里。

到吉林市时，陈云专程前往小丰满水电站，了解全面情况后，他提过一个问题：在战争时期敌人如果要轰炸水电站，是不是能够保证安全？当时听到的答复是：水电站的安全首先是依靠积极防御，用自己的空军及防空力量使敌机不能飞到水电站的上空，万一有少量敌机接近了，将炸弹扔在水电站堤坝上，问题不太大，因为炸坏一块，可以修复。怕的是敌人将炸弹扔在堤坝上游不远的江河中，炸弹顺着水流炸毁堤坝底部，加上河水冲击，使堤坝裂口崩溃，所以要在堤坝上游不远的地方设置铁丝网，遇有敌人扔在水中的炸弹可以挡住，使它不能接近堤坝，保护水电站的安全。

当时小丰满只有两台机组发电，每台7万千瓦，其他机组被苏军作为战利品拆迁走了。虽然如此，小丰满仍有余电用于炸鱼捕捞。

为了发展铜锭及电解铜的生产，以适应生产子弹、炮弹、电线、电缆等军工民用产品的需要，陈云专程从吉林市乘火车来到磐石县，想了解磐石石嘴子铜矿何时可以恢复生产、发展前景如何。从铁路干线上的车站通往磐石石嘴子铜矿有轻轨铁路。当我们到

※ 刘少奇、朱德、任弼时、林伯渠等在七届二中全会上。

达干线车站时，当地没有轻型机车，于是坐在铁路敞篷车上用两匹马左右牵引着前进。三四月间，吉林省的气候还很冷，但陈云兴致很高，饶有风趣地大声笑着说："坐上马火车了！"到了石嘴子铜矿后，才知道矿井已被水淹，暂时不能生产。在了解为恢复生产需要解决什么问题及其他有关情况后，仍坐"马火车"回到车站，返抵吉林市，没有去磐石县城。

石嘴子铜矿是1943年日本占领期间建设的，规模为日处理矿石1000吨，是当时东北最大的铜矿。1950年恢复生产，1965年因矿山资源枯竭被迫关闭。1987年笔者再到吉林时，曾和省市领导工业的同志谈及此事，都不知道陈云曾视察过磐石石嘴子铜矿。听说在该矿任过矿长的同志介绍石嘴子铜矿恢复生产的经过时，也没有提到此事，可见知道这件事的人很少。

在调查过程中，陈云对地方及企业同志提出的问题及时给以指示或说明，这几个月在各地了解到的情况、所获得的调查材料，在陈云制定东北区1949年经济发展计划及以后领导全国财经工作时发挥了有益的作用。

在沈阳解放以前，陈云到过锦州、沈阳、长春、哈尔滨、齐齐哈尔、佳木斯、牡丹江以及一些市县村屯，如宾县、通河县、临江县、通化市等。加上这四次调查所到之处，可以说陈云在东北解放斗争的过程中，足迹遍及东北各地。

沈阳特别市军事管制委员会的工作到1949年5月实际上结束了。遵照中央的指示，暂时没有宣布。

中共中央七届二中全会于1949年3月在河北省平山县西柏坡村召开，在东北工作的中央委员大都去参加会议。陈云因刚从中央回到东北不久，留在沈阳主持东北局工作，没有去参加这次会议。

在七届二中全会上，党中央正式决定，成立中央财经委员会来统一领导全国的财经工作。

3月14日，周恩来在他为中央书记处起草的《关于经济及后勤工作的决定》（草案）中再次明确指出：中央应立即成立财政经济委员会。

4月10日，中央致电东北局：陈云应速来中央工作。

4月21日，毛泽东主席、朱德总司令向人民解放军发布《向全国进军的命令》，我军开始了向长江以南和西北广大地区规模空前的全面大进军。

※中共七届二中全会前，毛泽东赞同周恩来的建议，决定调陈云回中央主持全国财政经济工作。

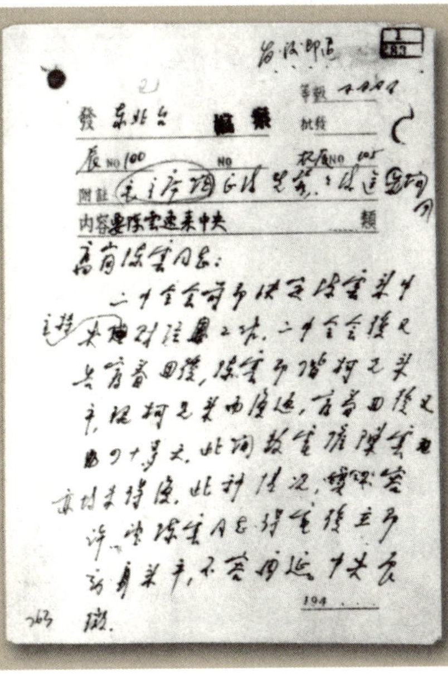

4月30日，周恩来电告东北局：希望陈云及早动身。

5月3日，陈云致电中央：由于正向东北局报告今年东北经济计划，东北局今日起讨论，故5月10日前可到北平。

在这以后，中央曾再次电催陈云。

在中央再三催促下，陈云于1949年5月13日离开沈阳，5月14日到达北平。行前有人问陈云："进关以后怎么办？"他冷静地回答说："安下地盘试一试，只能根据实际情况办事。"这时他已经在考虑如何稳定全国的经济、如何恢复与发展工农业生产、财经工作如何适应向全国大进军的需要了。

（余建亭）

"马火车"

所谓"马火车"，就是把马分在铁轨两边，套上绳索，车安在铁轨上放好，人都坐在车上，然后让马拉着车跑。陈云就是坐着这样的车，去考察磐石铜矿的。

从作为钢铁原料基地的鞍山、本溪到海滨城市大连，从内陆的重要工业城市长春、吉林到中朝边境上的丹东，从瓦房店到普兰店，从磐石到四平，都留下了陈云活动的身影。在鞍山、本溪，陈云参观了工厂各车间、矿山、研究部门、供电站和职工生活设施；在长春、吉林，陈云详细了解当地政治经济、工业发展、市场供应等方面的情况；在四平，陈云就党的建设、交通运输、能源供应等与当地领导交换了意见；在丹东，陈云重点询问了边境地区人民生活情况、民族关系以及民风民俗等。就这样，陈云走一路，看一路，问一路，记一路，想一路。

在调查中，陈云心中始终挂念着已入关作战的东北野战军以及其他解放军部队的后勤保障特别是弹药保障的问题，现在已经成为战略后方基地的东北应该为全国解放的胜利做出更多、更大的贡献。为此，他决定专程前往当时东北最大的铜矿——磐石铜矿了解生产与供应状况。

行前，同志们纷纷劝说陈云，铜矿地处偏僻，路上又不时有匪情，再加上天气这么冷，是不是就不用去了，或者派工作人员前往？

陈云谢绝了大家的好意。他表示，磐石铜矿是我部队炮弹、子弹乃至民间用铜的主要生产基地之一，对它的生产与发展情况必须专门调查一趟，以便做到心中有数。很快，陈云带着几位随行人员顶着呼啸的寒风上路了。

陈云一行先在吉林市乘火车出发，在到达离磐石铜矿最近的一个小车站后下车，然后寻找其他交通工具以完成剩下的行程，但找来找去一时间却再也找不到合适的。眼瞅着天都快黑了，大家望着直接通向铜矿的专用轻便铁轨蜿蜒曲折，穿过峻岭缓缓伸向远方，开始犯起愁来，难道只有一步步沿着铁轨走过去不成？这么恶劣的天气，恐怕连年轻小伙都受不了，不行！

就在这时，有位对当地情况比较熟悉的同志灵机一动，想出了一个主意。大伙一听，嘿！有门，都跃跃欲试起来。说干便干，大家分头行动，很快找来几匹好马和两辆轻型敞篷车。原来，情急之中，大家准备把马分在铁轨两边，套上绳索，车安在铁轨上放好，人则都坐在车上，然后让马拉着车跑。

三下五除二，一番忙碌下来一试车，还真行，人坐在上面既快又稳当，就像坐在火车上一样！于是，陈云和大家一道坐好就上路了。路上，大家看着这新鲜事物兴致都很高，谈笑风生，别有一种滋味。

突然有位同志问道："哎，大伙说说，咱们这坐的究竟是什么呀？说它是马车吧，天底下也没有这样只能在铁轨上跑的马车；说它是火车吧也不对，连个冒白烟的火车头都没有。那它到底应该叫什么？"

"我看，就叫它马火车吧！"坐在一旁的陈云想了想，风趣地说道。

"马火车"，对！同志们都感到这个名字正适合，"坐上'马火车'喽！"不知是谁这么喊了一句，顿时引来大家心照不宣的笑声。

到达磐石铜矿后，陈云在当地领导陪同下仔细参观了全矿的生产流程情况，就特别关心的确保原料供应与成品高质量问题作了重点调查。当听到矿区领导汇报连续几年高标准超额完成计划内任务时，陈云十分高兴，鼓励大家再接再厉，为前线打仗、为新国家建设作出新的贡献。最后，陈云就如何搞好下一步的生产工作作了重要指示。

坐一趟"马火车"，对革命生涯多年的陈云来讲也算是头回。不过，恐怕也只此一次，因为现在他必须告别黑土地立即赶回北平（今北京市）去，已经有人在上海向人民政权"叫板"，扬言"共产党是军事一百分，政治八十分，财经打零分"了。

新的战斗开始了。

（李梦汶）

紫光閣

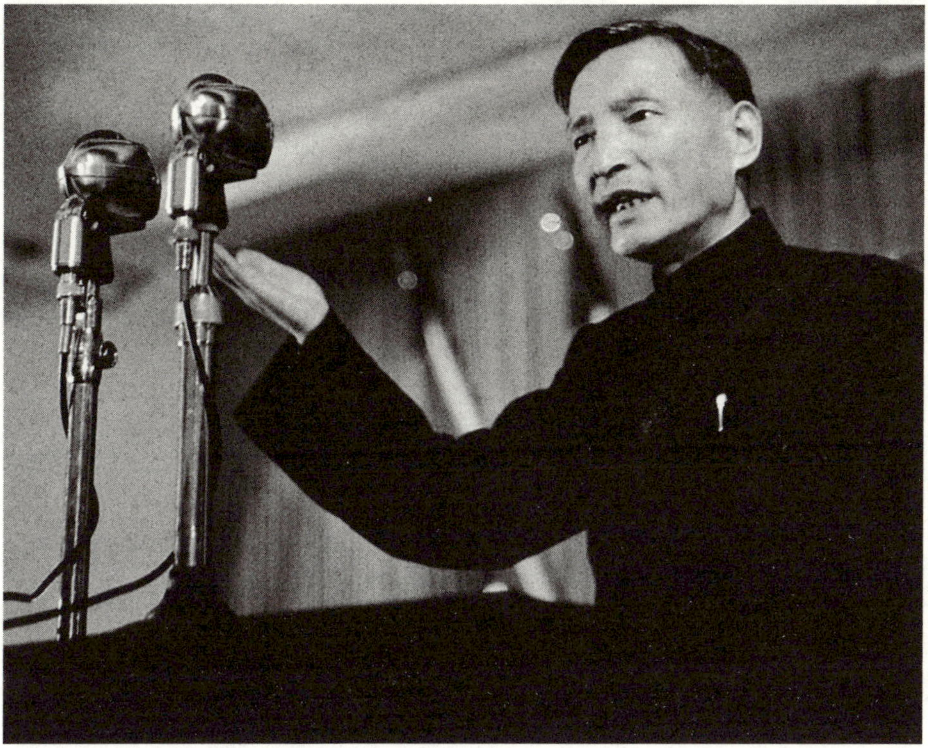

★★★ 第五编（上）★★★

建国伊始　经济主帅

第五编（上）05

建国伊始　经济主帅

平息银元风波

为平息银元风波，陈云命令采取强硬手段，查封证券大楼，严惩银元贩子，同时还采取了一系列的经济措施。事后宋时轮说，当时，他住在证券大楼七天七夜没有睡一次好觉。

由于当时全国的经济形势已非常紧迫，陈云受命之后，甚至连即将在西柏坡召开的七届二中全会都未及参加，即匆忙折返东北，准备交接东北的工作，走马上任。

然而，东北的工作也是千头万绪，一时不可能交接完毕。东北解放较早，土地资源丰富，工业基础好，又靠近苏联，这对东北的经济发展都是极有利的条件。而且，当时中央也已确定了“抓住东北，依靠东北，支援前方”的方针，陈云也想在离开东北以前，尽量多了解一些东北的情况，为东北经济的发展制定一个好的计划，打下一个好的基础。因此，利用这段时间，陈云几乎走遍了东北的各大城市和工厂，进行了大量的调查研究。与此同时，他开始领导东北财委制定1950年东北经济发展的计划。

这边，东北的工作陈云一时无法脱手；但另一边，中央的经济工作却不能“一日无主”了。

※ 建国初期的陈云。

七届二中全会上，党中央正式决定，成立中央财经委员会来统一领导全国的财经工作。3月14日，周恩来在他为中央书记处起草的《关于经济及后勤工作的决定》（草案）中再次指出：中央应即成立财政经济委员会。

4月10日，中央致电东北局：陈云应速来中央工作。

4月30日，周恩来又电示东北局，希望陈云及早动身进京。

5月3日，陈云致电中央：由于正向东北局报告今年东北经济计划，东北局今日起讨论，故5月10日前可到北平。

此后，中央又一次来电催促。

在中央的再三催促下，陈云不得不迅速结束了在东北的工作。5月7日，陈云电告中央：9日一定离沈阳赴北平。这样，5月9日，东北行政委员会第57次常委会才正式免去了陈云东北财政经济委员会主任职务。

5月10日，陈云抵达北平。

陈云的一贯风格是谨慎、稳健，因此进关之前，他并没有立下什么豪言壮语。陈云表面上不动声色，实际上他已经在激烈地思考着如何稳定全国的经济形势了。

陈云进关以后，组建中财委的工作也正式提上了日程。

5月31日，刘少奇为中共中央起草，经周恩来、毛泽东修改、审定的《中国人民革命军事委员会关于建立中央财政经济机构大纲（草案）》发出。《大纲》指出：由于人民革命战争正在取得全国范围的胜利，为了尽可能迅速地和有计划地恢复与发展人民经济，以供给目前战争需要及改善人民生活，立即建立中央财政经济委员会，并陆续建立若干中央财政经济部门，作为目前中央的财政经济机构。

《大纲》还就中央财经委员会的机构设置、人员配备、工作职责及与地方财经机构的关系等方面作了规定。中财委作为党在经济战线的统一领导机构的地位正式确定下来。

6月4日，周恩来在北京饭店主持召开中共党政机关负责人和各民主党派人士会议。会上，周恩来正式宣布由中国人民革命军事委员会派陈云、薄一波负责筹备组织中央财政经济委员会，财政经济委员会暂时属中央军委领导。这实际上是中财委成立前同各界打招呼的会议。陈云就为什么要成立中财委、中财委的任务、中财委的组织机构等问题进行了说明。

经过一段时间的紧张筹备，7月12日，陈云主持召开中央财政经济委员会成立会议，中财委正式成立。会上，陈云宣布，中财委由中共中央财政经济部与华北财经委员会合并组成，陈云任主任，薄一波任副主任。

中财委成立后，在北京城东的九爷府办公。九爷府原为清代道光第九子孚亲王奕譓的府第，但经过几百年的风雨沧桑，昔日王府的繁华早已荡然无存，剩下的只是高大宽敞的房子。但这座破落拥挤的旧王府却成了新中国成立之初经济工作的统帅部。就是在这里，陈云率领中财委组织了一次又一次的重大“战役”。

陈云原想进关以后首先集中精力组建中财委，待中财委成立以后，再以中财委为中心，指挥稳定全国经济的工作。但事情并不像预料得那样顺利，陈云进关不久，1949年5月27日，人民解放军即解放了上海。上海解放以后，一项迫在眉睫的工作就摆上了他的案头：人民解放军虽然进占了上海，人民币却“进”不了上海。

发行人民币，是实现经济统一的一个重要手段，陈云早就非常注意人民币的发行工

※ 1949年9月21日至30日，陈云出席全国政协第一届全体会议。图为出席会议的中共代表。前排右起：毛泽东、徐特立、吴玉章、董必武、林伯渠、刘少奇。中排右起：齐燕铭、周恩来、彭真、李克农、安子文。后排右起：陆定一、徐冰、陈云、刘澜涛。

作。1948年底，中国人民银行成立之初，他就开始筹划人民币的发行工作。当时，人民银行发行的人民币大都是他在东北组织印制然后运进关内的。进关以后，他对人民币的发行工作更加重视。为了维持即将解放的上海纺织工业的开工，1949年5月23日，他即致信周恩来，提出需多发行四五百亿人民币，以在中原、江苏等地购买3万吨棉花。现在，人民币进不了上海，我们在上海以至整个东南地区的财经及其他各项工作都将难以开展。因此，必须首先解决这一问题。

上海市军管会对人民币的发行也极为重视，上海解放的当天，军管会即颁发了布告：自即日起，以人民币为计算单位，为照顾人民困难，在6月5日以前，暂准金圆券在市面上流通。在暂准流通期间，人民有权自动拒用金圆券。6月1日，中国人民银行上海分行正式成立，并开始以人民币兑换金圆券，比例是1：10万。

国民党发行的法币由于通货膨胀变成了一堆废纸，用整捆的法币也买不到什么日常用品。法币信用无法维持，国民党玩了新花样，发行金圆券，号称用金光闪闪的黄金作为发

※ 1949年10月21日，中央人民政府政务院财政经济委员会（简称中财委）成立。前排左六为主任陈云，左五为副主任薄一波，左七为副主任马寅初。

行准备基金，强迫人民使用。但金圆券和法币一样不断贬值。

有人形容金圆券贬值的情况说，假如你进饭店吃饭，第一碗饭是一种价格，等你吃第二碗饭的时候又是一种价格，因为涨价了。解放前，上海人民口袋里装的金圆券一不小心，动作稍为迟缓，钞票很快变成了废纸。有时人们口袋里装了许多金圆券可以买一包香烟，晚了一会儿，这些钱连一盒火柴也买不到了。许多人甚至用金圆券裱糊墙壁。

金圆券的信用已完全没有了，因此，兑换金圆券的工作进展非常顺利。6月2日、3日，全市各行庄收兑的金圆券源源不断地送到人民银行。到3日这天，作为废纸的金圆券堆满了中央、中国、交通等银行的所有库房，后来连营业大厅、走廊、甬道、厕所都堆满了。2日到5日，装运金圆券的汽车从外滩沿九江路排队到四川路。

收兑金圆券的工作很快就结束了，但人民币并没有因此进入上海市场。通货膨胀所造成的恶劣的心理影响，以及历年物价波动遗留下来的对保存钞票不如保存实物的经验，不是一早晨可以扫除干净的。抓住人们的这一心理，投机分子开始利用黄白绿（黄是黄金、白是银元、绿是美钞）兴风作浪，企图把人民币排斥在上海市场之外。

由于军管会及时颁布了外汇管理办法，投机分子把投机的重点集中在了银元上面。投机商掌握了大量银元，任意提高价格，进行投机，一转手之间，一块银元竟然可以获得人民币一百五六十元。贩卖银元的贩子，上海叫做银牛。一时间，银牛横行，“大头”（当时，市场上流通的银元大多是有袁世凯像的，俗称“大头”）嚣张，银元和人民币之间的比价一涨再涨。

当时上海每一条主要马路，特别是西藏路、南京路和外滩一带，到处可以看到许多人在人行道上或者十字路口，穿着长衫，手里拿着一大把银元，发出哗啷哗啷的声音，有的用两块大头互相敲击，丁当作响，吸引过往人群的注意。他们嘴里还不断报着当天银元的行市，搞得人心惶惶。投机分子的总指挥部是上海的证券大楼，他们利用几千部电话同他们分布在全市各个角落的分支据点保持密切联系，操纵银元价格。在他们的操纵下，银元价格在短短十天左右的时间内上涨将近两倍。银元暴涨带动了整个物价的上涨。在上海解放后的13天内，批发物价指数猛涨两倍多，人民生活必需品的米和棉纱也上涨了1—2倍以上。

在物价疯狂上涨的时候，南京四大私营百货公司开始用银元标价，其他商店闻风而起，相继仿效拒用人民币。

人民银行发行的人民币，早上发出去，晚上又差不多全回到了人民银行。人民币的信用受到了严重的威胁。

当时，为了稳住市场，我们曾采取了抛售银元的办法，但10万银元抛出后，全被投机分子吃进去了，不但没有稳住市场，投机之风反而越演越烈。上海游资和投机分子的实力太大了，靠抛售的办法是无法稳住市场的。据说，当年日本占领上海时，为了稳住上海的市场，从东京一次运来5吨黄金，但投下去之后也是泥牛入海无消息。

接到华东财委关于上述情况的报告后，陈云进行了认真的分析，指出：上海市场收兑金圆券仅用人民券4亿即兑完，上海流通之主要通货不是金圆券而是银元，此种情况是在平津解放及我军渡江后金圆券迅速崩溃，南京政府垮台之下造成的。我们在“金融上遇到的敌人，已不是软弱的金圆券而是银元”。“过江以前，解放战争一般是先解放乡村，包围大中城市，然后解放之，金融贸易上先在乡村生了根，城市一解放，人民币占领市场，恢复城乡交流比较容易。过江以后，先占城市，后占乡村，城乡均是银元市场……人民币不易挤进去。”

在对情况进行了认真的分析之后，6月8日，陈云致电华东、华中局。这封电报的署名很有意思，由于当时中财委尚未正式成立，中财部又即将撤销，所以电报下方只署了“中财”二字，决定先用强硬手段查封上海证券交易所，严惩投机分子。

接到“中财”的指示后，华东财委和上海军事管制委员会立即通过报纸和广播电台向少数奸商和投机分子进行阵前喊话，敦促他们早日觉悟，迅速停止犯罪行为。然而，投机分子不见棺材不落泪，对军管会的劝告置若罔闻。

在劝说无效后，6月10日，上海市军管会派出了以上海市警备司令部司令员宋时轮同志为首的军警力量，于上午10时分五路大军包围了投机分子操纵银元市场的大本营——证券大楼。

上海证券交易所设在汉口路422号，建成于1934年，是一幢八层高的大楼，占地4亩余，当年号称是远东最大的证券交易所。1937年抗战前，该所登记的证券字号有192家，是金融、地产、纺织、百货、化工、文化等各实业界的一些“巨头”，也是官僚资本在沪操纵资金市场巧取豪夺的一个重要基地。抗战爆发后曾一度停止。1943年11月汪伪政府命令复业，至1945年又因日本投降而关闭。翌年9月9日，经国民党政府批准复业，登记参加交易的证券字号达234家。它控制着全市的有价证券交易，并通过买空卖空的投机活动，操纵物价。它与全国乃至远东各大城市有紧密的联系，南京国民党政府一些要员，或明或暗地充当着投机活动的幕后人或保护人，并凭借权势鲸吞渔利。市民中也有些人，在物价飞涨、通货贬值的情况下，涉足证券交易所从事所谓“抢帽子”（即利用证券价格涨落的变化，迅速进行买进卖出获取差价）的投机活动。因此，所谓的证券交易场所，实际是一个公开的变相的赌场。

1949年5月5日，在人民解放军已逼近上海的形势下，证券交易所即自动停业。上海解放后的第二天，一些字号又悄悄复业，打着经营证券的幌子，非法进行金银外币的投机贩卖活动。由于证券大楼拥有几百部市内电话和大量对讲电话等通讯工具，并且每天有数千前来探听“行情”的“银牛”（又称“黄牛”，是上海人民对银元贩子的蔑称）出入其间传递信息，因而证券交易所的一些金融投机商操纵金银外币的黑市价格，触角得以伸向全市各个角落，证券大楼再次成为全市金融投机活动的中心。

上海
證券交易所
The Shanghai Securities Exchange, Ltd.

集會·營業時間
Business Hours

上午九時半至十二時
9.30—12.00 A.M.

下午二時至三時半
2.00—3.30 P.M.

星期六上午九時半至十二時
SATURDAYS - - - - - - 9.30—12.00 A.M.

上海漢口路四二二號
422 HANKOW ROAD, SHANGHAI

電話
TELEPHONE:
98070-7

電報掛號
CABLE ADDRESS:
2076

※ 图为老上海证券交易所公告及交易所开市时繁忙热闹的场景。

接到中财委的指示后，为了保证对投机分子一网打尽，上海市军管会事先做了周密的准备。9日，他们先派出公安局的少数骨干，化装进入证券大楼了解情况，熟悉地形。其余人员全部留局待命，并临时切断他们与外界的一切联系，以防泄密。与此同时，还依靠原地下党设在证券大楼的密点及秘密工作人员对证券大楼各投机商号、经纪人的违法活动进行秘密调查，确定了一批应予扣押审查人员的名单。

6月10日上午8时许，上海市公安局长李士英首先率领200余名便衣干警按预定部署分散进入证券大楼，随后分五个组控制了各活动场所和所有进出通道。上午10时，宋时轮警卫部队的一个营分乘10辆大卡车到证券大楼，对整个大楼实行军事包围。同时，分布在证券大楼各个场所的公安人员也亮出身份，命令所有人员立即停止活动，就地接受检查。

从上午10时到午夜12时，公安人员分头搜查了各个投机字号，并登记了所有封堵在大楼内的人员名单及财物，然后，命令全部人员到底层大厅集中，听政府代表训话。集中到大厅的共2100人。除根据事先确定的名单当场扣押238名送市人民法院外，其余1800余人经教育均陆续放出。

突袭证券大楼一举获得了胜利，但证券大楼以外整个上海滩上还到处听到敲击银元

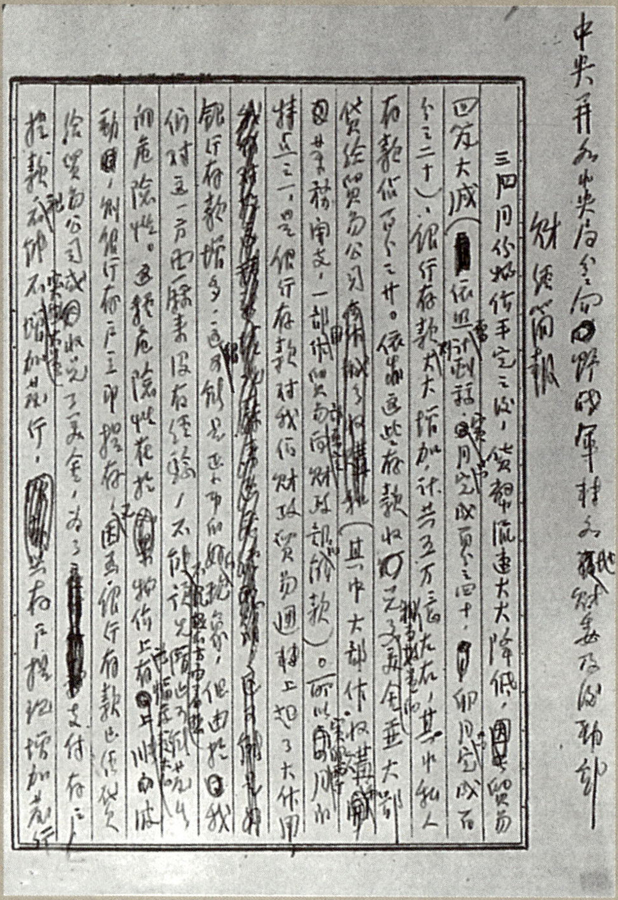

※ 1950年5月2日，陈云为中财委起草的财经简报手稿。

的金属声。解放军顺着金属声的方向走去，金属声迅速消逝了，手持银元的贩子也看不见了。指挥所好办，散兵游勇难于对付。事后宋时轮同志曾说，当时，他住在证券大楼七天七夜没有睡一次好觉。后来，他们采取了分化瓦解的政策，对10元以下的银元贩子，抓到即放，并请他们协助抓大贩子，这样不到一个星期，大的银元贩子基本上都被抓获，小的贩子也不敢再干这个勾当了。从此，上海再也听不到银元的金属声了。

为了从根本上稳定人民币的地位，陈云在命令采取强硬手段查封证券大楼、严惩银元贩子的同时，也准备了一系列的经济措施，6月8日，他在致华东局、华中局的电报中提出了以下经济措施：

甲、命令铁路交通事业（包括市政公用事业）一律收人民币。

乙、税收一律征收人民币，并请考虑是否可预征某种税款。

丙、以地方为单位，首先是上海酌发实物公债。

丁、像平津一样，通令各私人银行检验资金。

戊、开放各解放区间的汇兑，其目的是以老区比较坚强之货币阵地，支持南方新区占领货币阵地。

这样，政治和经济两种手段双管齐下，不出一个月，疯狂的银元风波即被平息下去，人民币在上海开始站稳脚跟。

（孙业礼、熊亮华）

上海财经会议

解决上海问题，陈云决定先从打击投机、平抑物价、抑制恶性通货膨胀入手。事后，他风趣地说：我们与投机商打了三个回合“阵地战”，扔了“三批手榴弹”，取得了这场商战的胜利，在经济上完全占领了上海市场。

1949年7月底至8月中旬，由陈云主持，在上海召开了有五大解放区财经部门领导人参加的财经工作会议。这次会议是新中国经济稳定的奠基石，在中国经济发展史上有着重大的意义。

1949年3月，党的七届二中全会在河北省西柏坡召开。会议议定，在全国胜利的形势下，党的工作重心要由乡村转移到城市，全党必须用极大的努力去学会管理城市和建设城市，必须用极大的努力去学习生产技术和管理生产的方法，同时必须去学习同生产有密切联系的商业工作、银行工作和其他工作。陈云当时在沈阳，他号召财经工作各方面的同志认真学习二中全会的精神，并结合本身的工作，转变思想，努力学习，提高管理和建设大城市的能力。紧接着，中央发出了向全国进军的命令。同年5月底，中央决定成立中央财政经济委员会，任命陈云为主任，统筹全国解放大军的供应，接收和管理新区的大中城市，迅速恢复经济，为建立新中国打下经济基础。陈云临危受命，赶到北平，搭起中财委的框架。中央这两项决定，为统一全国财经工作做了思想上和组织上的准备。

面对复杂和严重的任务怎么办？陈云反复思索。他认为，现在和过去建设根据地的情况不同了，要治理几亿人口大国的经济，过去的经验和方法已不够用了。在西北管财经是摆小“摊子”，在东北主管财经是开“商店”，现在要办大“公司”了，各方面条件都不适应，需要从新试点，探索路子，先搞好典型。于是，他请示中央，决定在全国最大的经济中心城市上海召集全国五个大区财经负责人开会，征求在经济和城市管理方面有见解、有经验的党内外人士的意见，调查研究，摸清情况，共商大事，拟订治理方案。

当时，上海和全国经济情况都非常困难。国民党遗留下来的是一堆烂摊子，国库空虚，生产停顿，物价飞涨，民不聊生；新中国尚未建立，百万大军正向全国新解放区推进，军需民用供应极为紧张；还要修复铁路，维持工农业生产，而税收有限，财政入不敷出，靠发行货币支持，物价随之上涨。如何解救上海当时的危急，如何克服全国财政经济困难，是摆在中财委面前十分紧迫的重大问题。中央和地方都把目光注视着陈云同志赴上海召开的财经会议。

陈云到上海后，经过短时间的调查，与上海及几个已解放的大区财经负责同志交换意见，初步摸清了上海各大区财政收支、粮食、棉花积存、黄金银元外钞库存、货币发行和流通等情况以及物价上涨趋势。他认为，解放全国的困难，必须从上海突破，于是提出一个响亮的口号：“全国支援上海，上海支援全国”，得到各大区财经负责人的赞同。会议决定，集中优势力量，先解决上海问题。陈云认为，上海的问题主要是物资短缺，特别是粮食、棉花、煤炭短缺，即“两白一黑”的问题。为此，需要从老解放区调出一批粮食、棉花、纱布和煤炭，紧急调运上海。但到具体落实的时候，老区有些同志又表示了不同意见。因为当时老区在财政经济上还处于分散自理状态，家底薄弱，本身负担也很沉重，除东北经济实力较强外，其他地区都难以承担物资外调任务。因此，中央如何统一调度全国的主要物资，是一个必须解决的大问题。陈云同志以全局观点，对各地负责同志做了耐心细致的说服工作。他针对有些地方以允许粮食自由贸易农民会没有粮食吃为理由、搞地区封锁的做法说：“天下没有那样傻的农民，把粮食都卖光，自己等着饿死。”针对有些人提出粮食、棉花运走后物价会涨，有害国计民生的观点，指出：凡禁止粮食、棉花自由贸易的地方，粮食、棉花就卖不到高的价钱；而城市因粮食、棉花贵了，工业产品成本提高，引起工业品价格上涨，使工农业商品价格剪刀差扩大，这对农民、对城市都有害无利。而由于城市工业生产不能维持，对将来国家建设也是不利的。因为陈云同志把道理说清楚了，一些原来想不通的同志也就同意了中财委向各地调拨粮食和棉花、纱布的数目，并答应如数、准时运到。

陈云对解决上海问题经过细致测算，作了全面安排。他测算了货币投放数量和物价上涨的指数，需要调进多少物资，物价会上涨到什么程度，什么时候可能稳住；然后，他决定先从打击投机、平抑物价、抑制恶性通货膨胀入手。上海解放初期，一批不法资本家和投机商乘着经济混乱，兴风作浪，操纵重要物资，扰乱市场，掀起了三次物价暴涨的风波。第一次是“银元风波”，第二次是“纱布涨价风”，第三次是“粮食抢购风”。在中央指示下，陈云直接指挥，由上海市人民政府采取行政手段，先平息了银元风波。接下来，从外省调进了相当数量的粮食、棉花、纱布，与投机商低价竞销，同时运用收税、收公债、不放贷款、追交欠款等经济手段，刹住了纱布涨价风和粮食抢购风，迫使囤积居奇的投机商全部吐出物资，从而将这批不法资本家和投机商制服了。陈云事后说：我们与投机商打了三个回合“阵地战”，扔了“三批手榴弹”，取得了这场商战的胜利，在经济上完全占领了上海市场。如此迅速、果断地平定了上海飞涨的物价，制止了国民党多年来的恶性通货膨胀，使中外舆论为之震惊，称为“奇迹”，更被毛泽东赞誉为经济战线上的“淮海战役”。上海物价的平定，影响到全国各地大中城市的物价亦随之降落。到1950年

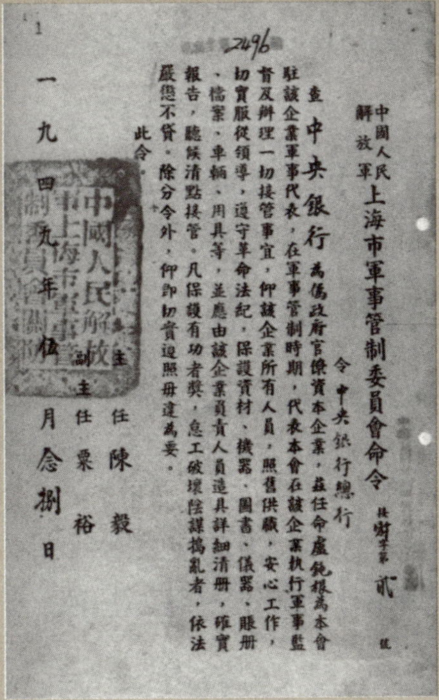
中國人民解放軍上海市軍事管制委員會命令　字第貳號

令　中央銀行總行

查中央銀行為偽政府官僚資本企業，茲任命盧鈍根為本會駐該企業軍事代表，在軍事管制時期，代表本會在該企業執行軍事監督及辦理一切接管事宜，仰該企業所有人員，照舊供職，安心工作，切實服從領導，遵守革命法紀，保護資材、機器、圖書、儀器、賬冊、檔案、車輛、用具等，並應由該企業負責人員造具詳細清冊，確實報告，聽候清點接管。凡保護有功者獎，怠工破壞陰謀搗亂者，依法嚴懲不貸。除分令外，仰即切實遵照毋違為要。

此令。

主任　陳毅

副主任　粟裕

一九四九年伍月念捌日

※没收官僚资本，建立社会主义国营经济。这是上海市军事管制委员会颁布的没收国民党政府中央银行的命令。

底，全国物价一直比较稳定。上海等大中城市居民，亲眼见到人民政府治理经济的出色成就，都欢呼庆幸，认为共产党的天下定了，这对全国保持社会稳定起了重要作用。

在上海财经工作会议期间，陈云还解决了两个重大政策问题：一个是关于上海工厂搬家问题，另一个是关于接收旧政权人员问题。由于敌机轰炸，一日数惊，出海港口又被美帝国主义的军舰封锁，使进出口中断，生产困难，因此，上海和内地同志都提出工厂内迁的意见。陈云经过缜密考虑，明确认定工厂不能搬。他认为：内地要选择适当的厂房，配置电力和运输，做到完全具有搬厂条件并非易事。如果搬了，一年半载很难开工生产，而且将造成上海工人失业，两方面损失都很大。因此，会议决定上海工厂不内迁，要加快恢复生产，千方百计运进原材料，向内地推销商品，使工人全都就业，稳定职工生活。陈云指出：改造旧上海，主要的是使生产事业得到恢复和稳步发展。实践证明，陈云同志的这一决定起到了稳定社会的作用。大区一些同志认为，在旧政权下工作过的人员，政治上不

※为了取得解放战争的彻底胜利，迅速恢复经济和安定人民生活，1950年1月，中央人民政府发行人民胜利折实公债。图为上海人民踊跃购买公债的情形。

可靠，如果用他们，财政上负担太重。陈云则认为：如果裁了这部分人，让他们失业，没有饭吃问题会更大。政权是我们的，在我们的政权下，能让他们挨饿吗？养着这部分人，从财政上说是个损失，但从另一方面看，政治影响好。劣迹昭彰为群众痛恨的人，当然不能用，但这只是极少数。待解放地区的人看到，旧政权人员生活有保证，就不怕了，反抗的人就少了，这样，战争可以更快结束，全国财政负担可以大为减轻。他说：要注意到广大旧人员的心情，使他们感到“天下定了，人民政府定了”，愿意为新政府工作。以上这两个决定的实施，对上海经济恢复和社会稳定起了很大作用。

上海的生产恢复和经济稳定，有力地发挥了上海支援全国的作用。首先是物价稳定，物资供应有保证，居民对人民币信用大为提高，从而使人民币很快占领了上海大城市，并向新解放区城市流通，人民币成为名副其实的全国通用货币。随之，中央根据新区的扩大和急剧增加的军需民用以及恢复生产的需要，增加了货币的发行量。也在这次会议期间，为了减缓人民币过量发行引起通货膨胀，经中央批准，征得上海工商界同意，决定发行国家公债，使每月发行的公债券相当于每月人民币发行数的半数，定期三年还本。由于上海工商界头面人物带头认购，不久，顺利完成了公债发行任务，保持了人民币的稳定。

其二，上海工商业的顺利恢复和发展，五金交电商品的增产和各种驰名全国的名牌日用工业品的大量生产，以及向全国各地的推销，帮助了内地和新区的建设，解决了城乡居民的需求。由于上海商品畅销，经营有利，国家财政税收也随之大幅度增加。当时计算，上海一个市的工商税收相当于五个天津市的税收。

其三，上海是全中国经济中心，也是人才荟萃的地区，特别是现代科技人才及先进工商业的管理人才，是国家一笔宝贵财富。经过人民政府的工作和民主进步人士的联系，其中很多人认清了形势，愿为新中国服务。有的经过短期教育、培训，改造成为新中国工商业发展的科技骨干和经营管理人才，这使上海在建设人才方面成为大量向内地输送的基地。如国民党资源委员会的领导人和下属的技术及管理人员，开展对外贸易的经营管理人员，都在建国后发挥了有益的作用。

陈云到上海主持召开财经工作会议，同时带了中央两项重大任务。前面所说的是稳定物价、稳定市场的任务，另一项任务是为统一全国财政经济作好准备，制订方案。由于长期的战争，各解放区处于被分割状态，各地财政和经济工作存在着管理不统一、收支脱节等严重的分散现象。如不采取坚决有效措施，势必会不断地增加货币发行，造成物价猛涨，影响人民的经济生活和国家政治局面的安定。显然，这是一个关系到新生的人民民主政权能不能巩固和发展的重大问题。陈云认为，财经必须统一，而统一要从金融、财政、物资三个方面同时进行，由中央统一调控，各地互相支持、互相配合，统一行动。

关于统一金融，主要是规定人民币为全国通用货币，其他货币（东北暂时除外）禁止流通，限期兑换；货币发行权在中央，发行数目、发行时机由中央掌握；建立全国统一的金库，全国各项收入统交金库，未得中央命令不许动支。这里重要的问题是如何严格掌握货币发行。陈云认为，货币发行一定要保证金融、物价的稳定，他反对搞通货膨胀。他说："通货膨胀什么人都要吃亏。实际上有钱的人并不保存多少现钞，吃亏最大的首先是城市里靠薪资为生的人，其次是军队，以及党政机关人员。"那时，有人提出，可以搞温和的或轻度的通货膨胀，这有利于恢复和发展生产。他反问：什么叫轻度膨胀？轻度和高度难分界限，通货膨胀发生以后，就很难控制了，货币发行要考虑物资供应量及物价涨落的关系，要力求发行适度，信贷平衡。

关于统一财政，主要是规定全国财政统收统支，各种收入上缴国库，各种支出由中央审批；各大区编制年度预算、决算，也由中央审批。陈云积极说服地方同志，对他们说：实行统一，所遇的困难小，为害亦小；而不统一带来的全国性金融物价风潮困难大，为害亦大。预算要力求收支平衡，地方可打足机动费，但不要搞赤字财政。他说：搞赤字财政会愈搞愈大，难以收拾，最后必然用增税和举债来弥补，还是落在人民头上。他主张实行适度紧缩的财政政策。

关于统一物资，主要是规定全国重要物资统一收购、统一调拨和储存；同时建立粮食储备制度，初步要求中央储存半年用粮，积谷防荒；大力提倡发展农村土特产，鼓励城乡交流。陈云多次与地方同志和有关部门计算重要物资供给和需求的大账，想方设法力求物资供需平衡。

对于金融、财政、物资"三统一"的具体方案，上海财经会议以后，中财委分别召开了各种专业会议予以商定和发布。要做到"三统一"于中央，中财委必须在全国范围内力争信贷、收支、供求平衡，并进行三者间的综合平衡，总的要求是全国总供给和总需求的平衡。信贷、收支、供求三大平衡和综合平衡，这是陈云经济思想的重要组成部分。三大平衡保证了全国的三大统一，为新中国建立统一自主的经济和为今后经济的发展打下了重要的基础。到1950年3月，中央正式作出《关于统一国家财政经济工作的决定》，避免了建国初期可能发生的财政金融危机和粮食危机，从而使经济的恢复和建设得以顺利进行。

稳定物价、统一财经当然不是一劳永逸地解决了经济领域的问题。1950年春夏之交，上海及一些大城市出现了商品滞销，一部分私营工厂停产，商店关闭，失业人员不断增加，上海市电请中央尽快帮助解决。为了扭转这种局面，陈云和中财委集中力量抓了调整

※ 陈云在全国政协一届二次会议分组会上发言。

工商业和扩大城乡物资交流的工作，协助私营工商业渡过了暂时的困难。调整的重点是放松货币投放，扶持生产；让出一部分市场经营范围，放开私营工商业的销路；联合公私力量，组织资金周转；帮助工厂改善经营管理等等。接着，制订了对私营工商业采取加工订货、统购包销、调整价格和税收政策等具体措施，使私营工商业恢复正常生产和经营，达到公私兼顾、劳资两利的目标。陈云在1951年初回顾和总结建国后第一年的工作时写道："去年我们做了很多工作，只有两个重点：一是统一，二是调整。统一是统一财经管理，调整是调整工商业。统一财经之后，物价稳定了，但东西卖不出去，后来就调整工商业，才使工商业好转。六月以前是统一，六月以后是调整。只此两事，天下大定。"

由于财经统一与稳定，国家的经济实力增强了。以后，陈云领导中财委承担了保障抗美援朝后勤的重任，进行了第一个五年计划的编制，实现了毛泽东提出的"边抗、边稳、边建"的"三边"的重大任务。这是对上海财经工作会议成就的重要检验。

（周太和）

妙趣横生话形势

陈云看望上海工会干部，他风趣地说，工人的生活是会一年比一年好的，在已经解放的东北工人们的生活就是如此。你们也同样，要不然，你们可以杀了我的头。

1949年8月的一天，上海总工会筹备委员会主任刘长胜办公桌上的电话铃声响了起来。

“喂！哪里？我是上总（筹）。”

“是上总（筹）！我是华东局啊。告诉你们一个好消息，中共中央政治局委员及中华全国总工会主席陈云将在25日来看望上海工会干部，并给大家讲话。”

接到这一电话后，刘长胜立即要求秘书处拟订通知，召开上海总工会筹委会扩大会议（特邀包括工作组长及各厂积极分子），请全体筹委会委员参加。

他点燃一支香烟，漫步走到紧临黄浦江畔的办公大楼窗口前，遥望远方，回想起上海解放以后近三个月来的情景：

上海工人阶级积极开展护厂、护店斗争，配合解放军里应外合解放上海，欢庆的锣鼓声还萦绕在人们耳边。然而国民党反动统治二十多年，严重破坏国民经济的恶果却仍然笼罩在人们的心头。

党和政府千方百计恢复生产，许多工人自动提出减薪甚至复工期间不要工资。但是，由于美蒋飞机天上轰炸，军舰海上封锁，致使许多工厂由于缺少原料、燃料处于被迫停工或半停工状态，而资产阶级投机分子乘机哄抬物价，造成一些工人收入减少，有的甚至连饭也吃不饱，部分工人情绪激动，劳资纠纷迭起，三个月内达2156件。

“共产党军事上打100分，政治上打80分，经济上打0分。”“共产党管不了上海这样的大城市，最多维持不了三个月。”“蒋介石要回上海吃月饼，要回来吃年夜饭。”社会传闻四起，新生的工人阶级政权面临严峻的考验。

陈云对上海工人运动和工会工作有着特殊的感情。他早年在商务印书馆发行所当学徒，在大革命的洪流中与工友们一起参加了五卅运动，其间又加入了中国共产党。接着，他冒着生命危险，又投身于上海工人三次武装起义。

才20岁的毛头小伙子，被大伙推选为该所职工会委员长。“四一二”反革命政变后，他遭到反动政府通缉，还有人劝其退党。但他坚信共产党人是不会被斩尽杀绝的，始终坚持战斗在江苏、上海地区，继续从事地下党的工作，领导工人运动。至今商务印书馆的一

※ 1950年6月6日，陈云在中共七届三中全会上作关于调整公私关系和整顿税收的报告。左为刘少奇。

些老职工，每次聚会时还常常惦记着他。

受党中央的委托，陈云于7月下旬亲赴上海，在主持全国财政经济会议后，8月25日他即将回北平，在回北平之前赶来上总（筹）看望大家。

25日上午8点多，陈云准时来到上总（筹）的大楼。

“黄逸民，是你啊！”陈云一眼就认出了当年化名黄逸民的张祺。

“首长，您好！欢迎您来为我们作报告。”张祺也笑着回答。

解放初期，电力比较紧张，为了节约用电，上总（筹）大楼的电梯一直停着。陈云来了也没例外，他一步一步地往六楼小礼堂走。连续一个多月的劳累，再加老式的大楼每层都比现在高得多，才登到三楼，腿一软便一屁股坐在台阶上。

当他挺着胸膛走进会场，并与上总（筹）的委员们及工会干部一一握手时，会场里响起了热烈的掌声。

※ 1950年6月15日，陈云在全国政协一届二次会议上作关于经济形势的报告。

8月的上海，天气格外热，而那天小礼堂内的气氛则显得更加火热。陈云向在座的同志们指出：同志们，今天我们在交通银行楼上，各厂各业代表五六百人在一起开会，和二十二年前工人所处的情况来比一比已是大不同了，这说明时代已经变了，帝国主义、封建势力、官僚资本主义的朝代已经过去，无产阶级领导的人民民主革命已获得胜利。

陈云一口气讲了好几个问题。

解放后上海工人阶级的政治地位是否起了变化呢？是起了变化。不是枝节的变化，而是本质上的变化，从被压迫阶级一变而为领导阶级。时代已变了，工人阶级的地位变了，我们的斗争任务，也应由推翻帝国主义、封建主义、官僚资本主义的统治，转而为巩固自己的政权，努力生产，支援前线。

敌人对我们进行封锁给了我们困难，但结果是帮助我们更快自力更生。封锁使我们原料、销路、运输都有困难，棉花大都来自汉口、华北，煤炭在华北，粮食在汉口、江西、哈尔滨，我们的火车不够，轮船只有小的还要晚上才能走。市场没有打开，销路很少，许多工厂可能要减工甚至可能要关闭，但是否就因此而灰心失望呢？

同志们！这些困难如果和我党二十多年苦斗中所碰到的困难来比，不过是一个小困难。只要正视困难，困难是可以克服的。如何正视呢？我们要在思想上准备工资有降低的可能性。上海一般的工资并不高，才解放时，工人拿到五担米觉得不错。革命成功了，这样革命的目标未免太低了，我们革命的最终目标是各尽所能各取所需！当我们进军途中碰到一座大山时，是否要绕道前进呢？我们现在就碰到了这个情况，所以要暂时绕道前进。

陈云继续说：对那些艰难维持的工厂我们应如何处理呢？过去那些适应上海畸形发展的工厂是很难坚持的，这些工人有暂时失业的危险。有些工厂可扶可倒，我们要力求把它扶起来，使它不要倒。有人说，倒就倒吧，迟倒不如早倒。这是不负责任的态度（在业无论如何苦总比失业好吧）。对那些一定要倒的工厂，工人、工会、资本家要好好协商如何协助失业工人渡过困难，最没有办法时种它两年田总比挨饿好吧！工会工作的同志们，应在思想上准备迎接这些困难。

陈云风趣地说，工人的生活是会一年比一年好的，在已经解放的东北工人们的生活就是如此。你们也同样，要不然，你们可以杀了我的头。说着，他举起手，做了一个砍头的姿势。会场上响起了一阵笑声。

困难时期有多长呢？时间长短决定于三方面：第一，解放全中国的快慢。解放战争结束得早，就能早减少我们的军费支出，把钱用到生产事业上来，但目前这些钱是一定要花的，战争不胜利一切都落空。其次，政府工作做得好不好。最困难的条件下，如何设法生产，减少困难，我们人民政府是会尽量努力这样做的。再次是工人阶级的觉悟。广大的工人是会和我们一起来想办法呢，还是对困难会灰心埋怨呢？假如是后者，那就会使困难之上更加困难。总工会要发动工人普遍来讨论，在目前困难的条件下如何维持和增加生产，如何使困难顺利地渡过。

关于工人阶级在私营工厂里的地位和态度，我们应认识新民主主义阶段私营资本是不可缺少的部分，同时在私营企业中的工人也应当提高生产效率，增加生产。这不是帮资本家赚钱吗？是的，但是从整个中国来讲，生产品多好呢还是少好呢？工人阶级不能单从个

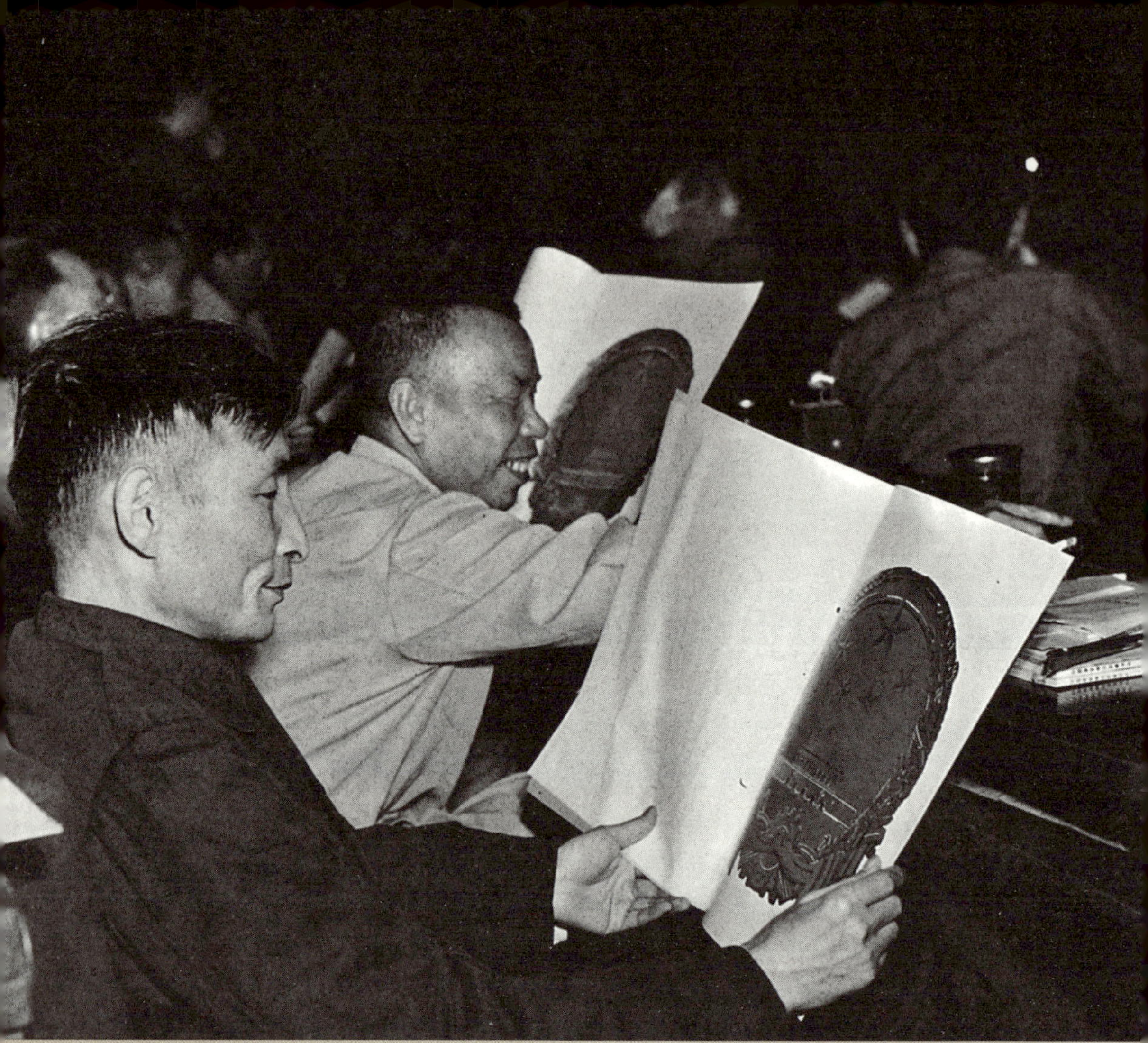

※ 陈云在全国政协一届二次会议上审阅国徽图案。

人来看，要看整个利益。因此，在私营工厂中的工人有权利：一、要实行劳资两利；二、要资本家遵守人民政府的法令。但也有义务，这就是：一、完成原定生产计划；二、遵守劳资双方订定的契约；三、遵守政府保护私营企业的法令。我们不但要工人充分享受自己的权利，同时也一定要教育工人尽自己应尽的义务。当然教育工人尽义务要比教育工人享权利更困难，但我们一定要这样做。

提高全体工人的认识，消灭工运中投机倒把的黑市场。上海工人是有革命传统的，但也有少数特务分子隐藏在里面，他提出过高的经济要求，强调局部的暂时的利益，似乎顶能代表工人的利益。我们要告诉全体工友，代表工人利益不是单靠讲，要拿出事实来看。特务们是逃不出我们的手掌的，要抓特务是比较容易的事，但更重要的是我们要更好地组织工人，教育那些张三说也对、李四说也是，觉悟程度不高的工人。我们要多办学习班，多上课，教育工人群众把界限划清楚。

总之，同志们！我们要正视的是目前生产上的困难。只要工人阶级和政府一起来想办法，困难是一定能克服的。

陈云的讲话不时被阵阵掌声所打断，他那深入浅出的报告，使在座的工会干部听了之后豁然开朗。《解放日报》1949年8月26日刊载了他的发言摘要，1984年《陈云文选》整理收入了这一篇报告的摘要。

陈云离开上总（筹）时，再次与大家一一握手。刘长胜拉着他的手说：希望你今后常来上总（筹）。陈云愉快地说，一定抽时间来，我也是上海的工会干部嘛！

陈云真是说到做到。从解放初期的经济恢复阶段，到后来的社会主义全面建设时期；从十年“文革”内乱，到改革开放的年代，他常来看望上海的工人们，关心他们的政治思想、工作和生活。并多次应上海市总工会的请求，为他们题写书名，如题写《上海工运志》等。如今，那些珍贵的墨宝已成为市总工会历史档案的骄傲。

“工人阶级要提高政治觉悟”的亲切教诲不仅在当年，而且永远留在上海工人们的脑海中。

（中共上海市委党史研究室）

抓住“两白一黑”

“两白一黑”即大米、纱布、煤炭。陈云说：粮食和纱布，一个是吃，一个是穿，是市场的主要物资，我掌握多少，即是控制市场力量的大小。人心乱不乱，在城市中心是粮食，在农村主要靠纱布。

上海财经会议结束以后，陈云继续在上海逗留了十天左右，一方面根据中央的指示，邀请上海工商界代表人物座谈财经问题；另一方面继续对上海经济问题进行深入的调查。通过反复调查和研究，对于解决上海经济问题和稳定全国物价有了更进一步的认识，也更

※ 图为辽宁抚顺露天煤矿的工人高兴地举起选民证。

有把握了。

他认为，当时解决上海问题和稳定全国物价的关键是抓住“两白一黑”（即大米、纱布、煤炭）。因为这三样东西是城市的命根子，是一时都不能缺的。也正因为如此，这些也往往是投机分子和游资冲击的主要对象。由于煤炭相对来说难以搬运和保存，只要我们能保证运输，问题不是很大，因此，“两白一黑”中的关键又是大米和纱布。对此，陈云明确指出：粮食和纱布，一个是吃，一个是穿，是市场的主要物资，我掌握多少，即是控制市场力量的大小。人心乱不乱，在城市中心是粮食，在农村主要靠纱布。

在对上海经济问题进行了认真的调查研究之后，1949年8月25日，陈云离开上海返回北京。9月2日，陈云就上海财经会议的情况向中央进行了详细的汇报。中央基本上同意了上海财经会议确定的解决上海经济问题和稳定全国物价的措施。毛泽东还就陈云在上海与工商界人士座谈一事进行了表扬。

上海会议后，9月、10月两个月，全国物价相对比较平稳。但是，这种平稳只是暂时的，在平稳的背后，一场大的经济风暴正在酝酿着。这期间，陈云每天都要看各地发来的关于市场和物价问题的电报，计算着货币发行量与物价的关系。10月初，他已隐隐预感到一场大的经济风暴将要到来。

10月3日，他在给中央的报告中指出：目前财政赤字仍然很大，且需收购大量物资（主要是棉花），必须继续增发货币，估计物价仍将继续上涨，且有发生“剧烈跳跃之可能”。

事实果然不出陈云所料，自10月15日沪津先导，华中、西北跟进，全国币值大跌，物价猛涨。不出一个月，物价平均指数京津涨1.8倍，上海涨1.5倍，华中西北亦大致相同。

这次物价猛涨，一方面是由于钞票发行过多，但更主要的是投机资本兴风作浪，实际上是解放以来资本家跟我们的又一次较量。较量的主战场仍然是上海，这次的主要物资则是纱布。由于投机分子集中攻击纱布，上海的棉纱价格在不到一个月的时间内上涨了3.8倍，棉布上涨了3.5倍。棉纱和棉布价格的上涨也导致了其他商品价格的上涨。

物价涨风起来之后，陈云首先对形势进行了分析。在上海，主要是由于纱布短缺，引起了投机势力的囤积；而当时，华北受灾，棉产区粮食很贵，北方的投机势力很可能集中冲击粮食。为了避免两面受敌，陈云准备首先抓住粮食，稳定北方地区。

10月20日，陈云急电东北财委，要求紧急调拨一批粮食支持华北市场。为求万无一失，陈云又命令财经委员会副秘书长曹菊如赶往东北，并要他坐镇沈阳，保证东北每天发一个列车的粮食到北京，由北京市在天坛打席囤存粮，必须每天增加存粮席囤，要让粮贩子看到，国家手上有粮食，在粮食方面无隙可乘。

这一招果然奏效，北京、天津的粮贩子看到东北的粮食源源不断地送往北京，未敢轻举妄动。

这边腾出手来之后，陈云即开始全力对付上海的投机势力。

11月13日，陈云为中财委起草致各地指示电，电报分析了物价涨势，指出：目前稳住物价已有可能，各地均应以全力稳住。为了稳住物价，电报中陈云连续发出了十二道指令。

为了有力地打击投机势力，让投机分子把囤积的棉纱怎么吃进去的再怎么吐出来，陈云在第十二条指令中特地指出：对于投机商人，应在此次行动中给以适当教训。为此：（甲）目前抢购风盛时，我应乘机将冷货呆货抛给投机商，但不要给其主要物资。（乙）等到收缩银根、物价平稳，商人吐出主要物资时，我应乘机买进。

电报起草完后，当晚即上报中央。周恩来阅毕，在电报上批示："如主席未睡，请即送阅。如睡，望先发，发后送阅。"

主席历来有晚上工作的习惯，何况此时。电报送到主席处，主席当即指示："即刻发，发后再送刘、朱。"

于是，电报迅速发往各地。一场全国范围内稳定物价、打击投机势力的战斗拉开了帷幕。此时，投机分子还蒙在鼓里，得意忘形。

11月16日，陈云再次电示各地，要求：

（一）以后各地物价报告，特别猛涨时期，均须指明我之抛售价（官价）与市场价（黑价），并估计在成交额中两者之比例。沪津两地必须这样做，以便华北各地和华中、华南以及将来西南在掌握当地价格上较有把握。

（二）各地在计算物价平均指数时，必须估计到当地若干种物资有余或不足，又须估计到沪津等地若干种物资价格的涨落对本地同一物资价格影响的有无与大小（例如沪纱布对汉口纱布影响大，大米则影响小），以便各自规定既适合于全国又适合于当地的价格。

（三）估计沪汉也可能出现如12、13两日京津市场一度极乱的情况，但也可能不及京津之乱。如出现市场大乱的情况，只要我们确已紧缩货币发行，物价指数已涨达两倍则不必恐慌。那时，粮、油、盐等照正常售量售出是需要的，但过多的抛售则不必要。

（四）两日来，京津我贸易公司已卖不掉粮，粮价在回跌中，只要沪汉两地也出现这种情况，此次涨风即告一段落。估计各地紧缩通货及沪汉纱布涨足之后，在11月25日前即可全国稳住。这种可能性是存在的。但为稳当起见，各地仍照11月13日电全力准备物资，勿稍松弛。

经过一段时间的紧张准备，大量物资集结完毕，我们手中掌握了充足的纱布，与投机势力进行较量的时机成熟了。

11月25日，陈云命令全国采取统一步骤，在上海、北京、天津、武汉、沈阳、西安等大城市大量抛售纱布。

开市时，上海等地的资本家和投机势力一看有纱布售出，即争相购入，甚至不惜借高利贷。当时，上海的借贷甚至又出现了以日计息的现象，上海人称为"日拆"，这在上海、全国甚至全世界都是罕见的。投机家们有自己的小算盘，根据他们过去的经验，纱布价格一天之内涨好几次，吃进纱布以后，当天转手，不但可以应付日拆，还可以获高利。

然而，这次他们却打错了算盘，上海等地的国营花纱布公司源源不断地抛售纱布，而且一边抛售，一边降低牌价，投机讲究的是买涨不买落。投机者眼见得国营公司的纱布源

※ 人民政府通过加工订货、统购包销等方式，调整公私关系，帮助私营工商业发展生产。图为天津恒源纺织厂把从国家领到的棉花加工为成品出厂。

源不断地售出，而且价格不断降低，知道大事不妙，也开始赶紧抛售自己手中的纱布。但他们抛得越多，市场行情跌得越快，上海的纱布价格一天之内下降了一半。投机分子叫苦不迭。

而这时，我们则几路进兵，穷追不舍。

首先，我们规定，所有国营企业的钱一律存入银行，不向私营银行和资本家企业贷款。

其次，规定私营工厂不准关门，而且要照发工人工资。

第三，加紧征税，还规定税金不能迟交。迟交一天，就得罚税金额的3%。

有人跟陈云说，这些招是不是太狠了？陈云说：不狠，不这样，就天下大乱。

这样一来，资本家和投机分子“两面挨耳光”，再也受不住了，不得不要求我们出面买回他们吃进的棉纱。我们则乘机以极低的价格买进了大量棉纱。

陈云指挥的这场战斗，干净、利索，使投机分子受到了严厉的打击。有些资本家血本无归，应付不了日拆，跳楼自杀；有的卷起铺盖逃往香港。上海和全国的物价迅速稳定下来。

事后，上海一位有名的资本家称赞共产党在经济工作方面有奇才。他说：此次仅用经济力量就能稳住，是上海工商界所料不到的，“给上海工商界一个教训”。

10月涨风平息下来以后，陈云并未掉以轻心，他预料投机分子这次受到严厉打击之后，绝不会就此罢休，肯定还要进行反扑。他们这次在纱布上跌了跟头，短时间内不敢再在纱布问题上做文章，但很可能在粮食问题上大做文章。当时，上海的存粮只有八九千万斤，防守力量非常脆弱，各大城市也都面临粮荒。因此，11月底，物价渐趋平稳之后，陈云即开始筹划在粮食问题上与资产阶级和投机分子的较量。

12月12日，中财委召开了全国城市供应会议，陈云在会上讲话，并对全国范围内统一调度粮食的工作做了具体部署。会后不久，四川即征集了4亿斤大米支援上海。

1950年1月11日，陈云就解决川粮济沪问题致电饶漱石、曾山，指出：四川的4亿斤大米2月初即可启运，务请抽调大批干部去川运粮。

同日，他又致电邓子恢、东北财委并曾山，说上海存粮仅八九千万斤，要求华中、东北短期内运粮济沪以应急。

1月22日，他在给中央和毛泽东的报告中提出，解决上海等大城市的粮食供应的办法，除先调沪宁、沪杭两线公粮，同时抓紧华中、四川、东北向上海运粮外，应准备向国外增购4亿斤大米。

为了确保在粮食问题的较量上万无一失，陈云对东北和四川这两个坚强的后盾特别关注。

1月23日，他再次致电东北方面，指出：本月上海米价猛涨，估计春荒难关过不去。华中、四川调给上海的公粮，或因山地集中不易，或因船运量小，何时与能否调到，实在把握不大。由于米价贵，进口的外米能否很快运来，亦属疑问。希望东北再收买一批大米或稻子。

1月26日，他又致电中南财委并转中南交通会议，要求他们设法组织公私船只接运由重庆到宜昌的大米，并运到上海。指出：此一任务，关系到全国物价计划及上海供应问题，必须解决。

经过两个月的准备，我们在上海周围完成了三道防线的布置，即：第一道杭嘉湖、苏锡常一线；第二道，江苏、浙江、安徽急速运粮；第三道由东北、华中、四川组织抢运。这几道防线合在一起，我们掌握的周转粮大约有十几亿斤，足够上海周转一年半。北京、天津、武汉等大城市的粮食也得到了大量的补充。

※ 通过召开劳资协商会议，调整私营企业中的劳资关系，共同解决困难，保障生产得到发展。图为上海景福衬衫厂的劳资协商会议。

事实证明陈云的预料是准确的，上海等地的资本家和投机势力在经历了两次打击之后，仍然不服气，还想寻找机会与我们较量。1950年春节前后，他们又看准了粮食市场，希望在粮食问题上大做文章。

上海粮食市场上，历来有春节后“红盘”（指正月初五开市）看涨的老规律。加上投机商看准了我们粮食准备“不足”，因此，他们以为这次一定可以在粮食上大捞一把，以出前两次被整的晦气。

于是，春节前夕，投机商们开始向粮食进军。他们千方百计大量囤积粮食，市场能买到多少大米他们就买下多少，如同疯狂的赌徒一样，以为肯定利市百倍，等待暴利像黄浦江水一样向自己家里流来。奸商们扒粮食一直到1949年农历年三十的晚上，然后，烧香拜神，等待明年年初五财神爷上门。

※ 1950年开始，工矿企业进行了废除封建把头制度、实行企业管理民主化的民主改革。图为开滦煤矿工人反把头斗争大会。

正月初五到了，粮食市场上“红盘”开出，出乎投机商意料的是，粮食价格不但没有上涨，反而连续下跌。上海在陈云和中财委的部署下，广泛开设国营粮店，并连续抛售了两亿多斤大米，逼得投机商不得不在亏本的情况下把囤积的大米全部吐了出来。资本家和投机分子搞不懂，共产党从哪里弄来了这么多大米？但有一点他们算是认清了：共产党在经济上是有办法的。

经过这几个回合的斗争，资产阶级和投机分子再也难以大规模地在市场上兴风作浪了。加上我们采取的其他措施，持续了十几年的如脱缰野马之势的通货膨胀终于被制服了。到1950年，全国的物价基本上稳定了下来。

稳定物价的战斗结束以后，毛泽东对此进行了高度的评价，指出：它的意义“不下于淮海战役”。毛泽东还极力称道陈云的理财能力，他借用诸葛亮在《前出师表》里叙述刘备夸奖向宠的用语“将军向宠，性行淑均，晓畅军事，试用于昔日，先帝称之曰能”，称陈云这种理财能力为“能”。

国外经济学界的一些人士对陈云指挥的这场稳定物价的战斗也很是佩服，认为在短时间内使如此剧烈的通货膨胀得到控制，简直是经济上的奇迹。事隔几十年后，他们对此仍有深刻的印象。据说，前些年，我国有高层领导接待一个西方国家代表团时，希望在治理通货膨胀方面取经。西方经济界人士当即指出：这方面我们应该向你们取经，你们在这方面是最有经验的。

（孙业礼、熊亮华）

与章乃器的交往

陈云与章乃器有半个世纪的真诚友谊。一次，陈云对章乃器说，听说你在香港的企业搞得不错。章乃器说不过是打打经济算盘而已。陈云说，今后要请你给我们的新国家打算盘，打更大的算盘。

陈云是新中国的缔造者之一，是我十分尊崇的革命前辈。早在二三十年代党在上海的地下活动时期，他就与我的父亲章乃器及伯父章培、叔父章秋阳建立了革命友谊。新中国建立后，在毛主席、周总理和陈云的安排下，父亲参与了国民经济的整顿复兴工作，先后出任中央财经委员会委员、政务院政务委员、编制委员会主任、粮食部部长等职务，在陈云同志的直接领导下从事财经工作达八年之久，协助他统一财经并制定和推行粮食统购统销政策。其后经历了“反右”和“文化大革命”这样巨大的政治风浪，他们的友情始终不渝，被认为是党内外人士间的一段佳话。

一、章氏三兄弟，患难助陈云

说起父亲与陈云的交往，首先要谈到我的三叔章秋阳。章秋阳原名章郁庵，他于1922年进入上海商务印书馆虹口发行所当营业员，并开始了他的革命生涯。商务印书馆是近代中国最早的出版机构之一，1925年前，商务印书馆已经建立了中共党组织。当时该馆已有工人四千多人，职工的文化素质和政治觉悟较高，在五卅运动中表现出了高度的爱国热忱和英勇的斗争精神，成为上海党组织开展工人运动的一个重要据点。

在虹口发行所工作期间，章秋阳结识了发行所营业员廖陈云（陈云）、徐新之，以及该馆党组织负责人沈雁冰、杨贤江等人。五卅运动后不久，在党组织的推动下，商务印书馆发行所职工会成立，推选陈云、王景云、章秋阳、徐新之等23人组成执行委员会，陈云任职工会委员长。在陈云同志主持下，他们和徐海坤、沈雁冰、杨贤江等共同领导了1925年8月的商务印书馆大罢工，罢工震动了全国，把上海的工人运动推向新的高潮。据当时担任中共江浙区委书记、上海印刷总工会委员长的徐海坤回忆，陈云是由恽雨棠、董亦湘介绍加入中国共产党的，章秋阳则由徐海坤介绍入党，时间均在1925年。后来章秋阳担任了中共商务印书馆发行所支部书记、上海店员总工会委员长、党团书记，与陈云同志朝夕与共，在工运斗争中结下了深厚的革命友谊。

1927年蒋介石发动“四一二”政变，屠杀共产党人和革命工人，白色恐怖笼罩大江南北。当时父亲任浙江实业银行襄理、营业部主任，大伯章培任浙江省防军参谋长兼保安团长，陈云和章秋阳曾利用他们的社会地位掩护革命的地下活动。

章秋阳经请示中共江浙区委书记罗亦农和组织部长赵世炎同意，到国民党军队去搞策反工作，大伯章培安排章秋阳担任了保安团军需官的职务，以便于他接济有困难的革命同志。在一次宴席上，章培接到浙江省“清党委员会”的一封密信，要他逮捕绍兴地区的12名共产党要人。这12人当时正是他的席上客，他不动声色地请他们留下，把密信给他们看，要他们马上转移，而他自己则最终因“清党不力”而被撤职。建国后，陈云见到章培时对他说：您在大革命时期给我们的帮助太大了，我曾到过您家，您还记得吗？

章秋阳也被迫离开军队，在隐蔽了一个时期之后，利用父亲在金融界的关系，开始以上海交易所经纪人的身份公开活动，成为商界的一个活跃人物。1931年顾顺章叛变后，陈云接手中央特科，经他介绍，章秋阳到潘汉年领导的特科情报部门工作，除搜集经济方面的重要情报外，还担负了一项特殊的任务。当时特科大量的经济收支和周转的保密成为一大难题，章秋阳多次把中央苏区运来的金银交由父亲通过银行换成法币。由于父亲的社会地位和章秋阳的谨慎，这些活动从未有过失误。此外，父亲还协助把共产国际由国外转来的外币兑换成法币，并曾帮助杨贤江以及宋庆龄、路易·艾黎和刘鼎转移过党的经费。1934年父亲出任中国征信所董事长以后，一些与组织失去联系、处境艰难的共产党人，也被安排到征信所挂名任职，隐蔽下来。

1933年，陈云、潘汉年先后离沪去中央苏区。1935年遵义会议后，他们同时接受任务，先后秘密离开长征队伍，到上海恢复党的组织，并设法重新接通因长征而与共产国际中断了的联系，陈、潘约定把章秋阳列为在上海的联络人。陈云约在同年6月底到达上

※ 章乃器与叶挺等合影。右起：王炳南、张申府、章乃器、叶挺、沈钧儒、邹韬奋、沙千里。

海，以李介生的化名住进法租界天主堂街新永安路永安旅馆。由于党组织被严重破坏，他无法接上关系，也找不到章秋阳。但章乃器是社会知名人士，他很快找到了父亲，父亲立即与章秋阳联系，章秋阳马上来见陈云。为保障安全，他把陈云转移到法租界霞飞路（今淮海中路）358弄尚贤坊21号自己家中，后又移至英租界山西路老泰安里唐文云（章秋阳妻）家中。原商务印书馆的老党员孙诗圃也奉命从无锡赶来，参加掩护工作。

经章秋阳联系，陈云见到了上海临时中央局的同志，又通过潘汉年的堂弟潘渭年与潘汉年取得联系。同时，章秋阳又帮他找到了杨之华（瞿秋白夫人）和何实嗣（何叔衡之女），她们与共产国际驻沪联络员有联系。不久潘汉年来沪，由于上海形势险恶，无法开展工作，经商议决定北上。陈云、陈潭秋、杨之华等乘坐苏联货轮经海参崴赴莫斯科，潘汉年随后也前往苏联。

二、立国安邦日，共济应时艰

抗战胜利后，父亲参与创立和领导民主建国会，反对蒋介石的独裁和内战政策，因此而受到迫害，流亡香港。1948年底，他应毛泽东主席的邀请，毅然舍弃了在香港蒸蒸日上的地产事业，与李济深、茅盾、马寅初等三十余位民主人士秘密乘苏联轮船北上，于1949年初到达东北解放区。在解放区，父亲和当时任东北财经委员会主任的老朋友陈云见面了。陈云对他说，听说你在香港的企业搞得不错。父亲说不过是打打经济算盘而已。陈云说今后要请你给我们的新国家打算盘，打更大的算盘。陈云是店员出身，父亲是银行练习生出身，两个人打算盘的基本功都十分娴熟。这两把算盘很快就结上了缘分，为新中国的经济建设打起了大算盘。

同年2月25日父亲到达北平，参加新政治协商会议的筹备工作。不久，在中央的一再敦促下，陈云从东北赶赴北平，筹组中央财经委员会。当时北方缺粮，南方缺煤，中国最大的工商业城市上海则缺粮又缺煤。鉴于上海的严峻形势对全国都有重大的影响，陈云召开会议研究解决上海粮煤短缺等问题。他请章乃器、千家驹、沈志远等一批专家发表意见。父亲认为，粮食可用铁路南运，而运煤量大，需要海运，在会上力主利用外商的轮船运煤。他实事求是地分析说，这是能够解救上海等南方大城市“燃煤之急”的唯一方法。但利用外船运煤，当时是有争议的。有些人认为这样做有“卖国”之嫌，陈云一时下不了决心。父亲进一步解释说，这些船的船东有不少是中国人，挂的不是英美国旗，而是巴拿马等小国的国旗。姚依林在会议室内徘徊了一阵，说道：“我们就‘卖’一回国吧！船还是中国人的船，钱也是中国人赚。”这样，陈云就把运煤的事确定了下来。

为稳定金融和发展生产，父亲还曾向周恩来、陈云建议发行折实公债，受到了他们的重视。后来陈云经过调研，正式向党中央提出发行方案，得到了批准，于1950年初发行了“人民胜利折实公债”。这是新中国成立后首次发行的公债。这种公债以市场上的重要商品如粮、棉、布等为计算单位，以保证持有者不会因物价波动而受到损失。

1949年7月12日，中央财经委员会成立。陈云任主任，父亲和不少经济学界的民主人士被聘为这个委员会的委员，成为陈云的智囊团。7月17日，父亲陪同陈云风尘仆仆地来到中国最大的城市——上海，对上海的经济形势进行深入细致的调查研究，并与上海的工商界人士座谈。本来工商界有不少人看不起共产党，曾经有这样的说法：共产党军事上100分，政治上80分，经济上只能得0分。经与陈云座谈，有的人开始改变看法，说：共产党内真有能人，陈先生提的问题，内容很深。

8月初，陈云主持召开了有华东、华北、华中、东北、西北五个大区的财经负责人参加的上海财经会议，确定了解决上海经济问题和稳定全国物价的措施。父亲在上海这个十里洋场生活过将近二十年，在金融界、工商界有不少老朋友。他受陈云委托，利用自己的影响，积极向他们宣传党的经济政策，如认购公债、工厂不内迁、全部吸收旧人员等，做了大量的工作，对稳定上海的经济，安定民族资本家，起了重要的作用。

父亲在8月底回到北平，作为民主建国会的代表出席了9月举行的新政协筹备会第二次会议，并担任《共同纲领》第三起草小组的召集人，负责起草纲领中的经济部分。9月21日，中国人民政治协商会议在北平正式召开，父亲以民主建国会代表的身份出席，并作了题为《新民主主义民族工业家的任务》的发言。作为民族资产阶级的代表人物，他在发言中号召民族工业家："在目前努力发展自己的事业，积累自己的资本，而同时准备在将来条件成熟的某一天消灭自己的阶级。"作为中国民族资产阶级的代表人物，公开提出消灭自己的阶级，这在历史上还是新鲜事。10月1日，父亲参加了开国大典，并出任政务院政务委员、编制委员会主任、政协财经组组长等职。由于工作上的原因，他和陈云同志的交往日益增多。

自10月份起，上海、天津、武汉、西安等大城市的纱布、粮食投机活动开始猖獗起来。投机商和不法资本家大量囤积居奇，哄抬物价，带动全国范围的物价大涨。陈云同志在党中央的支持下，秘密调集大量的物资，指挥了一场大规模的反击。陈云经过周密计算，对手中掌握的物资、物价上涨指数、需要调进多少物资、什么时候可以稳定物价，都做了细致安排，然后选择适当时机进行反击。对于投机资本，父亲一直是坚决主张打击的，在反击的策略和手段上，他向陈云提出不少有价值的建议并得到采纳。但对于反击的时机上的把握，陈云就比父亲有城府得多。父亲曾经十分叹服地描述当时的情形：

"在那紧要关头，像我们这班知识分子就难免要犯主观主义的急性病。我那时曾经一再建议早点下手，对市场施用压力。然而，财经工作的负责人（指陈云）却是那样的沉着、坚定，认为依据通货膨胀数量和物资数量的对比，时机尚未成熟，应该再多准备一些实力。同时，不妨再从市场阵地撤退若干步，以便争取主动，进行反攻。事后的检讨告诉我们，这种策略是完全正确的。经济上的反攻从11月中旬开始。以五福布为例，11月13日的行市是每匹12.6万元，比较10月31日的5.5万元，已经涨起一倍多。那就是说，倘使反攻提早半个月，两匹布吸收货币回笼的能力就抵不了半个月以后的一匹。譬如用兵，在敌人深入到达了于我绝对有利的地形之后，一师兵就可以发挥出来两师兵的力量，就有把握可以克敌制胜了。"

陈云运筹帷幄，指挥若定，一举打胜了这场建国以来经济战线上的第一次大战役，稳定了全国的物价。毛主席评价这场胜利的意义“不下于淮海战役”。原来曾预言共产党在经济上只能得0分的上海工商界人士也改变了看法说：“6月银元风潮，中共是用政治力量压下去的，这次则仅用经济力量就能稳住，是上海工商界所料不到的。”

为配合党中央和陈云统一财经工作的部署，父亲在这一时期还写了《统一就是力量，统一就是办法！》、《对于统一财经工作的认识》、《私营行庄何处去？》、《经济的改造——消肿、去腐、生新》、《币制稳定后私营工商业怎么办？》等十几篇文章，运用自己在工商界的影响，宣传党的经济政策。

三、国以民为本，民以食为天

1952年，由于粮食供销的形势日益严峻，中央人民政府决定设立粮食部。同年8月，经周恩来总理提名，父亲被任命为首任中央粮食部部长。10月1日，粮食部正式成立。

“民以食为天”，吃饭问题一直困扰着中国的历代统治者。对于一个当时拥有6亿人口的大国而言，吃饭问题直接关系到人民的生活和新政权的稳定，是新中国成立后经济生活中的头等大事。国外敌对势力曾寄希望于中国的民主个人主义者和自由主义者，并预言共产党将因解决不了吃饭问题而垮台，而共产党恰恰任命了一位民主人士来担任粮食部长，是一件十分令人瞩目的事。父亲在上任之初就表示：“非党人士担任财政方面的工作是例外的，因此感到责任重大。”父亲上任后的第一件大事，就是协助陈云制定粮食统购统销的重大政策。

粮食部的办公地点，设在北京城南石驸马大街一座旧式的大宅院内。机构草创伊始，就遇上了十分严峻的形势。这时国家已开始实施第一个五年计划，大规模的经济建设增加了对粮食的需求，同时还要保证当时抗美援朝战争的军需；土地改革后，农民生活的改善和城市人民生活的提高，也增加了对粮食的消费需求；加上自然灾害等原因，压力都集中在粮食问题上。奸商、富农乘机勾结小贩，一面向农民争购粮食，一面混杂在需粮群众当中套购粮食，使许多基层购粮点脱销，造成了黑市，助长了农民惜售粮食思想的发展。

自1952年秋季开始，粮食工作上过去行之有效地利用自由市场进行斗争的方式，遭遇到了严重的挑战。到1953年，虽然大中城市的粮食市场一般是稳定的，但在受灾地区、小城镇已发生混乱现象，个别地区出现了数千乃至上万人在国家售粮点排起长龙争购粮食的情况。反映在购销数字上，是购多销少的形势日益严重，国家的库存消耗量

※ 20世纪50年代，章乃器在北京。

大，而回流到农村中的粮食数量却日益增多。同年8、9月份，北京、天津两市不得不开始实行面粉配售。

陈云早在1952年1月向中央提交的财经工作报告中，就提出搞试点试行粮食征购的建议。粮食部自成立之初，就在酝酿有关在农村实行粮食征购和在城市实施配售的政策方案。作为粮食部长，面对越来越严峻的粮食形势，父亲的心情十分沉重。虽然在学术观点上，几十年来他一直是主张采用"统制经济"模式，由国家对市场进行干预的；但作为一个自幼生长于贫困农村的知识分子，他也深知农民稼穑之艰辛，对于在共产党领导下的新中国，能否实行这样的政策，他感到没有把握。当陈云受中央的委托调研粮食形势，并征求他的意见时，他把自己的意见和担心和盘托出，请党中央定夺。陈云经过广泛征求意见和反复权衡，认为没有别的选择，唯一的办法就是实行粮食征购和配售。

当时毛主席觉得征购和配售的名词不好听，因为日伪时期曾使用过同样的名词，希望改一个别的说法。父亲提出将征购叫做“计划收购”，获得了大家的赞同。于是征购和配售被命名为“计划收购”和“计划供应”，两者合起来简称“统购统销”。这一重大政策于同年11月由中共中央和政务院正式公布出台后，立即扭转了粮食市场上国家购多销少的局面。在1953—1954年粮食年度里，国家全年粮食征购量比上年增加近30%。

推行粮食统购统销被称为是建国以来经济战线的第二个大战役，是党在过渡时期总路线的重要组成部分。围绕这一政策的具体实施，需要制订一系列的政策法规。父亲身为粮食部长，以一个党外人士的身份，亲自主持起草工作，这说明党中央和陈云对他的信任，他的工作也得到了陈国栋、黄静波等党内副部长的大力支持和配合。

粮食是一种战略物资，特别是在战争年代，世界各国一般都采取国家垄断，实行粮食征购配售一条龙政策，主要目的是保障军需民食的供应，对于经济核算是不大注意的。但父亲认为，粮食工作在许多地方有时只能是不惜赔钱的，但不能理解为不惜成本，要求搞成本核算，不赔那些不该赔的钱。为社会主义的粮食工作要不要创造利润的问题，父亲甚至在国务院的会议上和一位领导同志当面争论过。因为他以前曾是一个企业家，也有同志认为，他是用管理企业的模式在管理粮食部。但陈云理解父亲的耿直性格和敬业精神，也没有否定父亲的观点。

粮食统购统销政策推行过程中，由于缺乏经验和执行政策的干部素质等问题，也出现了一些偏差，如1954年多收购了23亿斤，加剧了国家与农民的紧张关系，个别地区发生骚乱，引起不少的批评；加上一些敌对分子的煽动，甚至出现了“统购统销搞糟了”一类的言论，统购统销政策受到很大的压力。对此，陈云的对策是调查研究。1955年正月，他亲自到家乡江苏青浦县小蒸乡深入调查，提出了定产、定购、定销的“三定”政策，得到党中央、毛主席的赞同，较好地解决了这一问题，受到广大农民的欢迎。

以陈云为榜样，父亲也在工作中大搞调查研究。1955年9月，父亲回到家乡浙江省青田县，步行十几里山路到故里东原乡调查研究。当他了解到由于执行政策不当，造成饿死人的事件后，立即向浙江省和中央领导反映，调集了一批粮食为农民解困。

四、身前身后事，事事总关情

正当父亲踌躇满志，准备为国家作出更大贡献的时候，1957年“反右”的巨大政治风暴开始了，父亲被打成“右派头子”，失去了工作的权利。大伯章培受到株连，也被划为“右派”。

父亲被打成“右派”后，有关部门曾征求他的意见，如愿意出国可提供方便。但父亲坚持留在国内，与祖国共命运。“文化大革命”中，父亲受到残酷迫害，处境十分艰难，但仍时时以国家、民族的前途为念，并惦念着陈云、张劲夫、陈国栋等中共党内的老朋友。

1975年邓小平主持中央工作时，国家决定特赦全部国民党战犯。父亲给毛主席写了一封信，谈及当年自己在香港是有工作的，为了建设新中国才应邀回来，现在国民党战犯均已特赦，自己的问题多年仍未解决。这封信受到了重视，经毛主席、周总理批示，决定摘掉他的“右派”帽子。考虑到陈云同父亲的历史关系，中央决定派他出面约父亲谈话。这样，两位老朋友在暌违多年之后，总算有了一次来之不易的见面机会。同年4月间的一天，父亲被接到人民大会堂，由陈云代表党中央与他谈话，当时在座的有财政部长张劲夫和中央统战部负责人刘友法、李金德。陈云向父亲宣布，中央决定给他摘帽，并准备安排他的工作。父亲当即表示，自己没有反党反社会主义的言行，从来就不是“右派”。但由于不久开始了“反击右倾翻案风”的政治运动，原定给父亲安排的工作未能实现。

1977年4月父亲病重，住进了北京医院，当时他仍是一个没有任何职务的“摘帽右派”。陈云知道后，指示全力抢救，按时上报病情。父亲逝世后，陈云对他的身后之事仍十分关心。党的十一届三中全会恢复了实事求是的传统，陈云重新担任了党的副主席，力主拨乱反正，并一直关注父亲的平反问题。1980年，在陈云和邓小平、胡耀邦的直接过问下，克服了不少阻力，父亲的“右派”错案终于在1980年6月得到改正，他的骨灰于1982年5月移放八宝山革命公墓第一室。

1997年4月，经党中央批准，在人民大会堂隆重举行了纪念父亲诞辰100周年座谈会，对父亲一生所表现出来的爱国民主精神和与中国共产党亲密合作的光荣历史，对其为争取新民主主义革命的胜利和在社会主义革命与建设事业中所作出的贡献，给予高度的评价，彻底推倒了强加于他的一切不实之词，恢复了历史的公正。这时敬爱的陈云已经逝世两年了。

父亲直到生命的最后时刻，仍把陈云视为他在党内最可信赖的朋友；而陈云在父亲逝世后，仍在关注这位老朋友冤案的平反。半个世纪以来，他们之间的友谊已超越了一般统战意义上的交往，是一种道义相砥、生死可托的诤友关系。

（章立凡）

“马寅初的问题，应该平反”

陈云为《马寅初传》题写了书名，又亲笔在该书的扉页上题词：坚持真理，严谨治学。高度赞扬了马寅初的一生。

陈云同我国著名的经济学家、教育家马寅初，在新中国成立后，曾经有一个时期在中央人民政府政务院财政经济委员会一起工作过。在这期间，陈云非常尊重马寅初的意见和主张，十分关心马寅初的工作。因此，他们之间结下了深厚而崇高的友情。这种友情直至几十年之后，相互都难以忘怀；即使马寅初在弥留之际，仍怀念陈云，陈云始终在各方面关怀着马寅初……

一

1949年10月19日。

中央人民政府委员会第三次会议正在中南海古香古色的勤政殿举行。会上，通过了一系列任命事项。其中有一项是任命陈云为政务院财政经济委员会主任，薄一波和马寅初为副主任，李富春等50人为委员。

从此，陈云和马寅初先生就在一起共事了。

马寅初被中央人民政府任命为政务院财政经济委员会副主任后，紧接着又担任了华东军政委员会副主席的领导职务，同时他还是中央人民政府委员和浙江大学校长。他所担负的工作分别在北京、上海和杭州三个地方。因此，他总是在京、沪、杭之间奔忙。

马寅初经历过清政府闭关自守、腐败无能、任人宰割的时代，经历过军阀混战、烽火四起、生灵涂炭的时代，经历过国民党反动派独裁统治、中国人民苦难深重的时代。他从青少年时代起，就立志要强国富民；为了学习强国富民的本领，实现这一崇高理想，曾到大洋彼岸的美国，勤工俭学，苦读十年；学成后，又不顾西方优裕的物质生活和工作条件的诱惑，毅然返回祖国。三十多年来，他为了中华的腾飞，先后在“教育救国”、“振兴经济”的道路上探索。但残酷的现实总使他的理想化为泡影……在蒋介石统治的时代，他竟做了阶下囚，险些变成刀下鬼；而如今，他却是新中国的真正主人，还担任了多种重要领导职务。

马寅初从党和人民政府给予他的信任中受到了极大的鼓舞，为能给新中国出力感到莫

※马寅初（1882—1982年），汉族，浙江嵊县（今嵊州市）人，中国当代经济学家、教育学家、人口学家。新中国建立后，他曾担任中央财经委员会副主任、华东军政委员会副主任、北京大学校长等职。一生专著颇丰，特别对中国的经济、教育、人口等方面有很大的贡献。

大的荣幸，因此，他自任职以来，无时不在竭尽全力协助陈云工作。当他在政务院财政经济委员会的工作告一段落后，便向陈云报告，又到上海、杭州去工作。

1949年12月17日下午，上海市。

马寅初正在宽敞的华东军政委员会副主席办公室研究上海、杭州、南京等地报来的有关财政经济情况，准备向陈云和政务院财政经济委员会写出报告，突然，秘书将一份从北京发来的急电放到他的宽大的写字台上。马寅初打开一看，原来是陈云发来的电报。

电文共有五个方面的内容：首先叙述了陈云和周恩来总理共同研究的关于对原大华民航公司问题的处理意见。紧接着告诉马寅初：为了解决明年的缺粮问题，政务院在12月16日通过救灾指示，中财委正在北京开农业会议、粮食会议和城市供应会议，中财委并决定从东北、华中调运粮食，及时组织运到需粮的华东、华北等地。

陈云给马寅初的电报说："公债条例昨日政务院已通过，即可于报上发表。各方反映，目前经济虽有困难，但发行公债是较好之一着。沪杭反映如何，便中乞告。"电报在谈完了中财委所管各部已经和即将召开的专业会议情况后说："届时您如能来京出席则最好。专业会议所定要点，当陆续奉告。”电报还谈到当时全国铁路修复进展较快的情况等。

电文最后说：“以上各项均系你离京后财经工作的要事，希望您把对中财委工作的意见以及南方所反映的意见，随时告诉我们。”

马寅初读罢陈云给他的电报，心中十分高兴，顿觉一般暖流流遍全身。他被陈云在工作上对他的信任、尊重和关怀所深深感动；他为新中国刚刚成立，就能够如此迅速地在恢复财政经济工作中打开局面、取得成就感到欣慰和自豪；他决心为此做出自己最大的努力。他将电报放入公文夹之后，随即拿起笔在一张华东军政委员会公用便笺上写道：

陈云主任：

来电收到，阅后非常高兴。关于华东财经情况，我正在给您和中央起草报告，近日内即可电告。望以后在工作上多给指示。

马寅初

十二月十七日

他请秘书向北京发电后，便继续伏案，给中央写有关华东地区财经情况的报告。

二

陈云不仅在工作上同马寅初合作得很好，给马寅初以多方面的关怀和很大的帮助；而且作为专家，他们两人在经济科学研究中又能彼此切磋，共同探讨解决中国社会主义建设中的有关经济政策和实际问题。

陈云生于1905年，是上海青浦人；马寅初生于1882年，为浙江嵊县人。从年龄来看，陈云比马寅初小二十几岁，但他既是党和国家卓越的领导人，又是我们党内著名的理财专家。陈云在长期领导中国的经济建设工作中，不仅学习到并积累了大量的有关经济方面的知识，而且还用马列主义总结并提出了一整套关于社会主义经济建设的观点、主张，以及正确的方针、政策。实践证明，他的这些主张和意见，在中国社会主义建设中，曾经起了重大的作用，作出了难以估量的贡献。

马寅初是著名经济学家，虽年长于陈云，但他在经济科学的研究工作中，凡遇到重大问题，或是撰写有关指导实际经济工作的重要科学论著时，都要向陈云请教，要陈云指正。

1955年初，马寅初在研究我国资本主义工业的社会主义改造问题时，曾预见到我国政府将本着一贯政策，对民族资产阶级迟早会采取和平改造的方式，而且一定采取逐行逐业改造方式。为此，他把对这一问题的研究成果在这年的4月底撰写成了一篇题为《我国资本主义工业的社会主义改造》的经济科学论文。

如同以往马寅初在写出重要论文之后要向陈云请教一样，这次他也把这篇论文于5月份照例送请当时担任国务院副总理的陈云审阅，并请陈云指正。

陈云副总理尽管工作繁忙，但他在收到马寅初的这一长篇论著后，还是挤出时间很快就将文章仔细地读完了，并且专门就此给马寅初写了回信说：

“你的这篇文章中许多关于政府方面公布过的或讲过的政策，我看了之后，觉得符合情况。关于‘有所不同，一视同仁’的说法，后来我改过了一些，改为‘既要有所不同，又要在一些方面一视同仁’。因为在一视同仁前面加‘在一些方面’几个字，更合乎事实些，绝不可能在一切方面都一视同仁，所以加‘在一些方面’几个字，更合乎事实些，立论更牢靠些。”

马寅初读罢陈云给他的回信，真是喜出望外。本来在他撰写这篇论文时，对这一提法总觉得有点拿不准，可是一时又想不出更好的说法；现在经陈云同志这么一指点，他在思想上便豁然开朗起来，真有说不出的高兴。他当即就依照陈云副总理的意见，把原来的“有所不同，一视同仁”的标题，改为“既要有所不同，又要在一些方面一视同仁”。

事过几年之后，马寅初在这篇论文中提出的全行业合营的主张和预见都已变成现实。为此，他极其兴奋地说：

“我平日喜欢读经济史，以史学研究者的身份不能预见最近经济发展的趋向，则何贵乎有此史学研究者耶？”

马寅初非常感激陈云对他的帮助和指导，并把这些事情永远铭记在他的心中。

三

时间虽然过去了二十几年，但岁月的流逝并未冲淡陈云对马寅初先生的关怀。因为陈云同志在与马寅初先生的相处过程中，已经深刻地了解了这位著名的学者。

1979年6月21日，新华社的一份题为《马寅初的家属希望尽快为马寅初落实政策》的内部调查报告，送进了中南海，又送到陈云处。

※ 中国共产党第十一次全国代表大会宣告“文化大革命”结束，但是大会仍肯定“文化大革命”的错误理论和政策，因而未能完成拨乱反正的任务。图为大会会场。

陈云当即聚精会神地读了起来；

“……最近，马寅初先生的家属向新华社记者谈及马寅初曾经在全国一些报刊被点名批判的情况。他们希望有关方面对马寅初的问题能够尽快进行复查，予以平反。

马寅初是我国著名的经济学家、教育家，也是最早主张我国要节制生育的有识之士。他现年98岁，因患有老年病，现在北京医院住院，但精神尚好，还可以讲话和阅读少量东西。

据北京大学党委和中央统战部四局的有关同志说……1955年，马寅初在外地视察工作期间，发现农村人口增长过快，感到是个问题，当时他就提出节制生育；1957年5月，马寅初在全国人民代表大会浙江组就中国的人口问题作了发言；之后，他又发表了《新人口论》的文章……

从1959年马寅初被批判而免去职务起，至今已二十年。这期间，他一直闲在家里，他的家属也因他的问题受到影响歧视。

中央统战部和北大一些曾经主管和批判过马寅初的同志认为：马寅初是国内外知名人

※ 中共十一届三中全会以后，中共中央妥善处理了建国以来的重大历史遗留问题，平反了大量冤假错案。

士，他提出的‘新人口论’、主张节制生育等问题，实践证明是正确的，当时对他的批判和处理都是错误的。因此，对马寅初的问题应该尽快复查，予以平反，公开恢复名誉。这样做，不仅对马寅初本人和家属是落实政策的一件大事，而且在国内、国际上都会产生良好影响……”

当陈云读完新华社记者的这份调查报告后，显得有些激动。他边在手里转动经常握着的那副已磨得发亮的核桃，边在他的静静的办公室踱起步来。过了一会儿，他便坐在办公桌前，提笔在这份材料上写了这样的意见：

耀邦同志：

马寅初的问题，应该平反，如何请酌。

一九七九年六月二十一日

陈云作完指示之后，让秘书将这份调查报告送给胡耀邦。当天下午胡耀邦就看完了这份报告，并在陈云的指示下面批注意见：

任穷同志：

请即同统战部商量。我赞成恢复他的名誉。

胡（耀邦）

六月二十一日

第二天，宋任穷便组织有关部门具体而明确地安排落实了贯彻陈云和胡耀邦指示的工作。

很快，中央组织部就召开了有中央统战部、中央纪律检查委员会、教育部、中共北京市委、北京大学党委等单位负责同志参加的讨论关于如何落实对马寅初先生平反问题的会议。并在会上决定，马寅初先生平反的问题，由有关单位分别进行：对马寅初先生的历史评价由中央统战部提供材料，北京大学党委为马寅初先生作出平反决定，报中共北京市委转报中共中央审批。

在党中央和陈云的直接关怀下，经过有关部门一段时间紧张而细致的工作，终于在1979年的9月11日，党中央最后批准了北京大学党委《关于为马寅初先生平反的报告》。9月14日，通过电台广播和报纸，公布了为马寅初公开平反和恢复名誉的消息和中共中央批准的北京大学党委《关于为马寅初先生平反的决定》。

当马寅初得知在陈云等中央领导同志的直接关怀下，党中央已为他彻底平反、恢复名誉时，竟激动得热泪长流，放声大哭……他平静以后说："一样东西平反过来是很不容易的事情，无论是学术问题还是政治问题，都是这样。这需要有宽阔的胸怀和巨大的力量。中国共产党能有这样大的气魄、这样大的力量，实事求是地为曾经批判错了的人平反，公开地改正自己的错误，这在中国历史上是没有过的。这说明中国共产党是大有希望的，不愧是伟大、光荣、正确的党！"

四

陈云一直关怀着马寅初，马寅初更是忘不了陈云和党中央其他领导同志对他的帮助、指导和关怀。即使在他生命垂危之际，仍于1982年3月在北京医院口述，由他的儿子代笔，向陈云写了他一生中最后一封信。信中，马寅初向陈云汇报了自己的情况，也谈了一些希望陈云帮助解决的事情。

当陈云收到马寅初的信后，立即向马寅初表示慰问，并请秘书转告马寅初说，来信收到，所谈之事，尽力帮办。但陈云没有想到，这竟是他最后一次同马寅初的交往。

马寅初不幸于1982年5月10日在北京逝世。陈云不仅给马寅初送了花圈，表示沉痛的悼念，而且专门给马寅初家里打电话，向家属表示亲切慰问。

1986年6月份，陈云为杨建业著的《马寅初传》题写了书名，又亲笔在该书的扉页上题词：

坚持真理

严谨治学

陈云高度赞扬了马寅初的一生。

（杨建业）

“三边”财经方针

抗美援朝开始后，陈云提出了“战争第一，稳定市场第二，其他第三”的财政经济方针。在此基础上，毛泽东提出了“边抗、边稳、边建”的方针，后来被称做“三边”财经方针。

就在中国人民一心一意努力恢复经济、重建家园的时候，1950年6月25日，朝鲜战争爆发了。6月27日，杜鲁门公开宣布武装侵略朝鲜，干涉朝鲜内政，还命令美国海军第七舰队侵入台湾海峡，侵占中国领土台湾。美国对朝鲜的入侵，是对中国的战争威胁。特别是在美国空军已经将炸弹投到中国东北的村镇、美国军政界要人一再扬言鸭绿江并非进军的最后目标的情况下，作为朝鲜的友好邻邦，中国对朝鲜局势不能无动于衷。

本来，中国已经在做和平建设的准备，中国人民解放军各部队已经开始大规模地复员、转业，一些部队已经在做和平时期一边备战、一边生产的长期准备，大量原来用于战争的工业生产能力、资金、资源准备转用于经济建设。通过稳定市场、统一财经、调整工商业、加速恢复工农业生产等措施，国民经济得到迅速恢复和发展，陈云已经在乐观地谈论“天下大定”了。当时拟定的1951年经济计划，准备把军费由1950年占预算的43%减为只占30%，以全部预算的70%投入经济建设、文教事业等，并考虑改善公教人员的生活，收购农民的余粮，发展日用品的生产。朝鲜战争使这一切发生了剧烈的变化。军队复员转业工作减缓并停止，中共中央未雨绸缪，将大批武装调往东北，组建东北边防军以应付不测。

1950年10月24日，周恩来在中国人民政治协商会议第一届全国委员会第十八次常务委员会上做报告，对中共中央的决定做了说明：在冷战格局下，如果听任美国侵略朝鲜，东方阵营被打开一个缺口，中国和整个东方阵营直接面临严重的热战威胁，那就谈不上建设。美国如果占领朝鲜，兵临鸭绿江边，则中国的重工业基地东北全部在敌人轰炸威胁范围之内，不能安定生产。战争之弦绷得紧紧的，主动权掌握在敌人手里，根本无法安心搞经济建设。因此，从朝鲜在东方的地位和前途的展望来说，中国不能不出兵相援。“这是敌人把火烧到了我们的大门口，并非我们惹火烧身。”

一边是经济实力雄厚、军事力量强大的美国，一边是历经连年战争后百废待兴、军事装备极其落后的中国。因此，中共中央决定出兵朝鲜，势必给财政经济方针带来一个重大抉择：以有限的国力，怎样才能既照顾到抗美援朝，又要支持经济恢复和建设？中国在朝鲜将同世界上最强大的美帝国主义交战，如果对形势的严重性估计得过了头，就会影响乃至中断国民经济的恢复和人民生活的改善进程；如果估计不足，就将影响到对战争的后勤保证。

1950年11月15日至27日举行的第二次全国财政会议，就抗美援朝开始后的财经方针进行了讨论。陈云主张，要在准确判断形势的基础上，集中力量，把财力使用在主要方面，解决主要问题。他认为，时局的发展可能有三种不同的情况：一是邻境战争，国内平安；二是邻境战争，国内被炸；三是邻境战争，敌人在我海口登陆，全国卷入战争。如果为第三种，那就是一种全面战争状态，财经工作就必须转入战时经济体制，集中全部力量支持战争，一切经济恢复和经济建设都谈不上。如果是第一种或第二种，战争将局限于朝鲜境内，国内可能遭到敌人轰炸，但不会受到直接的攻击。虽然轰炸有先后、有大小，其基本情况是一样的。这样，财经工作就可以考虑国内经济恢复与建设。陈云以第二种情况为基点，提出了“战争第一，稳定市场第二，其他第三”的财经方针。他说：

如果时局只变到第一种情况，则我可应付裕如；如果时局变到第三种情况，则财经对

※1950年9月30日，周恩来总理在庆祝国庆节大会上发出警告：中国人民对美国侵略朝鲜不能置之不理。

策需要另行讨论。但目前先把基点放在第二种局势上，对将来另制第三种局势的对策，也不矛盾。

当时，对于财经方针以战争为第一，表面上似乎没有什么争论，但实际上对这一方针由于理解的不同，也存在问题。如果以为只要是用于战争和准备战争，就可以随意调动经济资源，如何用、早用、迟用、多用、少用在所不计，不顾其他，实际上就会把这一方针变成战时经济体制。为了防止这一倾向，陈云特意强调：战争第一，这是无疑问的。一切服从战争，一切为了战争的胜利。没有战争的胜利，其他就无从说起。需要重复说明的是，什么叫战争第一？过去在地方系统中做党的工作、做政府工作，主要是在做战争后勤工作。党委书记实际上是后勤部长。说高级干部没有战争第一的观点，这不合事实。现在所以要强调这一点，是因为有些人可能注意得还不够。战争第一的观点表现在财政上，即是在预算上要尽可能满足战争的需要。但另一方面，从军事系统做后勤工作的来说，战争第一，不能采取有多少用多少的“包用”办法。如何用，用多用少，用迟用早，要详加审核，而不是“报销”完事。因此，一方面要做到战争第一，另一方面要做到有计划有步骤地使用，才能满足军事上的要求。

当时公开争执的焦点，在于财经工作先后顺序上，什么该排在第二，什么该排在第三。陈云主张，应该是维持市场、求得金融物价不要太乱为第二，其他各种带投资性的经济和文化的支出为第三。为什么要把市场列在第二，而且宁可削减经济和文化的支出以就市场呢？陈云指出，市场稳定有利于政治、经济的稳定。陈云指出，从政治上、经济上来说，现在已非过去的时代，既非延安、太行山、阜平时代，也非哈尔滨、张家口时代。延安时代我们绝大部分是在农村中，只占有一部分小城市，财政来源主要是依靠公粮，支出主要是军队及供给制干部的生活。当时的经济，主要是分散的小农业和小手工业经济，大部分系自给自足，所以市场物价问题对生产和人民生活影响不大。即使城市物价波动，对农村也无大关系。在哈尔滨时代，虽占有大城市了，但当时还谈不上恢复经济，全部财政收入支持战争还不足，也就无力支持市场，稳定物价。而且，城市工资劳动者数目不多，市场物价不稳，关系并不很大。在财政支出中最多能保证铁路通车，维持交通，还无法做其他的事。现在不同了，我们已占有全国大、中、小城市，全国交通已恢复，财经已基本上统一，而且城市经济已有了一些基础。物价波动以后，税收便要减少，公营企业收入也要降低，逼着财政增加发行。去年的物价波动，使城市居民受到损失，城乡交流受到阻碍，财政、金融、贸易的周转失去正常，危害很大。陈云举例说，今年3月，统一财政，收支接近平衡，金融稳定，工商业得到调整，加以秋后农业丰收，农民购买力提高，到今年9、10月，各城市都热闹起来，工商业开始活跃，税收增加，一个钱顶一个钱用，市场物价稳定，工人不需要救济了，工商业者又喊“毛主席万岁”了。这说明，广大人民、大多数的工商业者愿意市场物价稳定下来。半年来物价稳定，在政治上、经济上都起了好的作用。因此，凡是对于市场物价稳定有影响的，都应该慎重地考虑。其次，市场不稳定会影响军事。陈云说，国民经济现在还没有巩固的基础，还很脆弱，物资储存也很少。如果敌机来轰炸，可以随时引起物价风潮。人民政府手中没有物资，平抑不了涨价风，政治上很不利，而且会影响军事。这个弱点，如果被敌人看到、抓住，就会用来进行破坏国民经济的活动，达到破坏人民政府军事工作的目的。

※ 中国各界群众举行声讨美国侵略罪行、支持抗美援朝的示威游行。

带投资性的支出列在第三，其含义就是，要在照顾第一、第二之后，剩多少钱，便办多少事，以没有赤字为原则。为此，陈云提出，对经济建设的投资，要规定一条原则：对直接与战争有关的军工投资，对财政收入直接有帮助的投资，对稳定市场有密切关系的投资，这三者应该予以满足。除此以外，应加以削减和收缩。这条原则是说，即使是投资性支出，也必须服务于战争和市场稳定。陈云认为，来日方长，经济建设推迟一下是可以的，也是不得已的。不是说新中国不想搞建设，是因为战争不由中国一方而定。是美帝国主义发动战争，不许新中国搞建设。任何一个国家的财政方针，都不可能又战争又建设，不可能两者并列，两头兼顾。有些建设可以发展，应该发展，如军工，那是直接为了战争。等战争结束以后，才能集中力量搞经济建设。现在可以做各种准备工作，如资源调查、干部训练等。

经过讨论，会议接受陈云的意见，确定了1951年实行“战争第一，稳定市场第二，其

※ 工人们告别亲人赴朝参战。

他第三”的财政经济方针，并为这一方针的实施做出了明确部署。事实表明，这一方针是正确的。正如陈云后来所说：“当时很紧张，前面要抗美援朝，后面要稳定市场，两头重担，哪一头发生问题都不行。既要能抗，又要能稳，这是高于一切的。”

志愿军入朝后，经过五次战役，到1951年形势开始明朗化，达到了陈云当初设想的最好的情况：邻境战争，国内平安。这样，财经工作方针运用起来有了比设想中的国内被炸更宽松的环境。因此，毛泽东在“战争第一，稳定市场第二，其他第三”方针的基础上，提出了“边抗、边稳、边建”的方针，给财经部门提出了建设的任务。这就是后来被称做“三边”的财经方针。1952年1月15日，陈云、李富春、薄一波向中共中央报告1952年财经方针，提出：1952年财政概算方案，应该放在和谈可能拖延并能继续应付战争这个基点上。财经工作的重点，应在不放松收入的条件下，转向管理支出；在不放松财政金融和市场管理的条件下，转向工业、农业、交通方面。这表明，陈云已经开始把财经方针的重点放到国民经济恢复和部署有计划的建设了。

（赵士刚）

善于抓大事

陈云说："我一年只抓一个字。1950年，抓了个'统'字……1951年，我抓了个'调'字。"

陈云在大会、小会上，常说要抓"西瓜"，不要只抓"芝麻"而忘了"西瓜"。还告诫干部不要什么都抓，没有重点，不要想用十个指头同时按死十个跳蚤；并且强调，抓一件事，就要抓到底，抓出成果来，不要半途而废。1952年初，他说："你们计划局（注：计划局是中财委里最大、最重要的局，三百多人，局长是宋劭文同志），如果每人每年都抓好、解决一件事，那就一年能解决三百多件事。我一年只抓一个字。1950年，抓了个'统'字，即统一全国财政经济管理，把建国前各根据地的银行（冀东银行、冀南银行……）和财政统起来了。1951年，我抓了个'调'字，即调整工商业税率，把税负摆平了，调动了各地的生产、流通积极性，促进了城乡交流、城乡互助，争取到全国财政经济状况基本好转。"

关于陈云抓大事，抓战略性问题，我还记得一个例子。

1950年冬，计划局综合处长戴新民命我去旁听陈云召集的橡胶会议。早上8：40，我到了陈云办公室的外间（即会议室）。9点以前，军委有关部和政务院有关各部的领导同志都到齐了。9点整，陈云由里间出来坐下，说：请大家谈谈上次会议后的情况和问题。接着，各部领导同志先后汇报情况。有的说，前线（指朝鲜前线）现需轮胎、三角带若干，急需胶鞋若干万双，许多战士在冰天雪地还穿着布鞋，光着脚板……有的说，今年进口橡胶（指天然橡胶。那时还没有合成橡胶）只能有12万吨，其中8万吨还要转口给苏联，我们只有4万吨，不敷需要……有的说，橡胶制品的填充剂（炭黑、锌钡白等）也不足等等。

那时我23岁，参加工作不久，参加那样的高级会议更是第一次。我虽然不停地在笔记本上记录，但是脑子里却像一盆糨糊。心想这么复杂的事情，漫无头绪，不知要议论多久？

陈云在听取汇报时，全神贯注，双目炯炯有神，只是听，很少发言。有时说一句短话，只是为了请人讲得更具体，更清楚。

时间到了11：40。陈云说："好！现在让我讲几点意见。"于是，他从当前形势任务讲起，非常简要明确地分析了存在的主要问题，解决问题的办法，各个部门的分工，把非常复杂的问题分析得非常明晰，分工又非常明确具体。最后，他问大家："这么办，行不行？"大家异口同声地说："行！就照陈云说的办！"陈云说："好！就这么办，散会。"我看了下表，正是12：20。40分钟，把一件件重大事情，既有支前物资装备和进口商品的现实问题，又有发展橡胶战略问题，处理得那么干脆利落，这是多么高的领导水平呀！

（王桂五）

和薄一波共打"经济仗"

建国初期，陈云和薄一波具体领导了平抑物价、统一财经、调整工商业、统购统销等一个又一个"战役"，取得了重大胜利，共同铸就了历史上辉煌的一页。

建国初期，作为中共中央书记处书记的陈云受党中央和毛泽东的重托，具体领导全国的经济工作。当时，薄一波作为中财委主要负责人，和陈云一起工作达四年之久，为新中国国民经济的恢复和社会主义建设作出了卓越的贡献。同时，他们在工作中也建立起了崇高而真挚的友情，堪为世人楷模。

新中国创立前夕，中共中央和毛泽东在指挥人民解放军胜利进军的同时，着手建立经济工作的领导机构——中央财政经济委员会，来统一领导全国的经济工作，并决定从东北抽调陈云来中央主持中财委的工作，薄一波"到中财委任副主任，协助陈云工作"。这样，陈云和薄一波具体领导了平抑物价、统一财经、调整工商业、统购统销等一个又一个"战役"，并取得了重大胜利。

一、平抑物价，统一财经

建国之初，我们面临的经济形势十分严峻：国民党政府留给我们的是一个经济破敝不堪的烂摊子，财政经济状况十分困难，恶性通货膨胀使投机活动十分猖獗，正常的生产经营活动难以进行，人民生活受到严重威胁。制止持续多年的恶性通货膨胀，迅速实现社会经济的稳定与发展，成为我们党面临的新课题，也是对我们党执政能力的一次考验。

在这种形势下，中财委成立后抓的头一件重要工作，就是在刚解放不久的上海召开金融贸易会议，“研究、部署以稳定金融物价为中心的经济工作”。陈云出席并亲自主持了这次会议，还作了报告总结。“会议提出了克服经济困难的措施，并从领导思想上明确了一些重要问题，对建国初期的财经工作具有很大的指导意义。”这次会议后，陈云和薄一波认真研究了发行公债、钞票、增加税收等解决财经困难的具体办法，详细制定了抑制金融物价的措施，为后来的抑制物价飞涨奠定了基础。

1949年10月15日，物价涨风再起。以津沪为先导，华中、西北跟进，全国物价猛涨。在薄一波的积极协助下，陈云亲自组织指挥了平息这次物价波动的斗争。他们一方面精确计算了货币投放量与物价上涨指数的关系，预测了物价上涨的幅度；另一方面急电各大区，提出控制市场物价的意见，要求各地一致行动，“经济手段和行政手段双管齐下，一

※ 1951年9月3日，陈云在中央人民政府委员会第十二次会议上作关于财政、农业生产和市场等问题的报告。右后为李济深。

面筹措掌握物资，择机抛出；一面几路进军收紧银根，征收税款，收缴公债款，要求资本家按时发放工资而且不准关厂；公家的钱只能存放国家银行，不得向私营银行和私营企业贷款。这一抛（抛售物资主要是纱布）一收（收紧银根），资本家两面挨‘耳光’”，结果，在短期内就给哄抬物价的投机资本家以歼灭性打击。各地市场从1949年11月15日起已趋向稳定，12月10日物价涨风便告一段落。在这以后，金融物价虽有起伏，但再也没有出现大的波动。经过这次斗争，我们已经在市场上取得了领导地位，就连资本家对我们领导经济的能力也开始称赞。当时上海一位颇有影响的资本家曾说：“6月银元风潮，中共是用政治力量压下去的，此次则仅用经济力量就能稳住，是上海工商界所料不到的。”

几番平抑物价的斗争我们都取得了胜利，但是隐患并没有彻底消除，主要原因是财政经济未能统一，收支脱节，中央财政缺乏坚实的基础。当时，无论是从支持战争还是从克服财政困难来看，都必须改变过去那种各个根据地、解放区分割，财政工作分散管理的格局，而应实行全国财政工作的统一管理。陈云和薄一波经过认真的分析和深入的调查研究，1949年12月底得出这样的结论：“统一所遇到的困难小，为害亦小；由不统一而来的金融、物价风潮的困难大，为害亦大。因此，应该克服统一中可能出现的小困难，避免由于不统一而产生的物价混乱等大困难。”1950年2月初，他们进一步明确指出：“不仅要实行财政统一，而且越早越好”，因为“提早实行的困难小，为害小；如继续不统一则困难大，为害大。因此，各大行政区于我军已经到达的一切县市，必须抽出人员于二月底以前建立国库，以后逐日或三五日将税款解库”。

中共中央和毛泽东同意了中财委的意见，政务院于1950年3月30日作出了《关于统一国家财政经济工作的规定》，同时，相应地作出了统一财政收支管理、统一公粮收支调度等一系列具体规定，并决定陈云兼任全国仓库物资清调配委员会主任，薄一波兼任全国编制委员会主任。“为保证国家这一重大政令的贯彻执行，党中央发出了关于全党保证实现《中央人民政府政务院关于统一国家财政经济工作的决定》的通知”。

在中共中央、政务院的领导下，在薄一波等的大力协助下，陈云具体设计和亲自指导了这项极其复杂的工作。他不仅制定了统一财经工作的具体实施计划，而且于1950年3月10日亲自为《人民日报》起草了《为什么要统一财政经济工作》的社论，对统一财经的内容和意义作了全面阐述。这期间，薄一波作为财政部长，在具体工作中与陈云密切配合，全力解决统一财经中的困难与问题。他还为《人民日报》撰写了《税收在我们国家工作中的作用》的社论。这篇社论与陈云等同志的两篇社论，中共中央认为“解决了当前财政经济工作中的重大问题”。

※ 1951年4月4日，陈云出席中共中央召开的第一次全国组织工作会议，并发表讲话。图为陈云同安子文（右）、胡乔木（左）在一起。

在陈云和薄一波的领导下，统一财经的工作进展非常顺利。1950年4、5月份，财政状况开始好转，基本统一了财政收支、物资调度和现金管理，新中国的经济实力大为增强，从根本上保证了市场的稳定。至此，建国初期平抑物价、统一财经的斗争大获全胜。事后，毛泽东高度评价它的意义“不下于淮海战役”，并“极为称道陈云同志的理财能力”。

二、调整工商业

统一财经后，随着银根的紧缩，1950年春夏之交，全国经济生活中出现了市场萧条、私营工商业经营困难、部分私营工商业户关门歇业、出现新的失业等现象。对此中共中央和毛泽东高度重视，多次召开会议进行研究，并在七届三中全会上作了调整工商业的决定，提出了“不要四面出击”的策略思想。

根据党中央的指示精神，中财委于1950年4月12日召开党组会议，讨论调整工商业的问题。薄一波在发言中谈到：关于公私兼顾问题，中财委系统研究不够，没有把《中国人民政治协商会议共同纲领》第二十六条的原则规定具体化。他指出，我们在实践中缺少贯彻落实公私兼顾原则、五种经济成分协调发展的办法。“1949年为平衡收支，征税有些重，加上其他方面的缺点，资本家叫得比较凶。”“我们既在经济上承认四个阶级，有利于国计民生的私人工商业就要让他发展，有困难就要帮助。”“对资产阶级无非有两种办法：一是不给‘油水’；二是给一点‘油水’，将来实行社会主义再拿回来。二者必居其一。我主张从预算内划出一部分，给资产阶级一点‘油水’，这对我们有利。”他还提出了帮助私营工商业走出困境的具体实施意见，得到与会者的完全赞同。会议决定把中财委的工作重心从财政方面转到恢复发展经济上，首先抓好现有工商业的调整。此后，在陈云直接指导下，中财委召开了一系列会议，研究、制定调整工商业的措施。这些措施实施后，“不到半年的时间，全国的经济情况就大为改观了，各地大中小城市呈现出一片繁荣景象”。

三、统购统销政策的初步制定

早在1951年底，陈云就考虑过粮食统购问题。由他主持起草，以他与薄一波、李富春三人名义于1952年1月15日向中央提交的《一九五二年财经工作的方针和任务》的报告中，就提出过“征购”粮食的问题。1953年上半年，粮食供销矛盾进一步加剧，毛泽东要求中财委拿出具体办法。当时，陈云因病在外地休息，由薄一波主持中财委工作。他组织粮食部中财委粮食组的同志共同研究，草拟了《粮食收购办法》、《粮食计划供应办法》，提出了余粮认购法等解决供销矛盾的措施。“几个草案经中央初步审阅后，于6月15日提交正在召开的全国财经会议粮食组讨论、修改。7月下旬，财经会议后期，陈云回到北京。会议结束后，他立即拿出很大的精力继续这项研究”。经过反复比较，最终确定了“农村征购、城市配售”的措施。这时，尽管薄一波已不再担任中财委第一副主任并在外地调查研究，陈云仍然打电话征求他的意见。薄一波除赞成陈云的决策外，还提出了一些很好的建议。由此可见，陈云对薄一波非常信任，这从一个侧面反映出了他们在工作中建立起来的深厚友谊。

在新中国经济建设的伟大实践中，为了一个共同的目标——尽快恢复和发展国民经济，陈云和薄一波这两位经济战线上的卓越领导人密切配合，共同铸就了历史上辉煌的一页。

※ 1953年10月16日，中共中央作出《关于实行粮食的计划收购和计划供应的决议》。图为沈阳市郊农民把大批余粮卖给国营粮食公司。

一、高度重视财政工作

财政是国民经济的重要组成部分，对国民经济的恢复与发展起着举足轻重的作用。建国初期，陈云在抓全国经济工作的同时，尤其重视财政工作。他不但提议中财委第一副主任薄一波兼任财政部长，而且始终把财政工作当作头等大事来抓。1949年12月17日，由他起草，以他和薄一波的名义发给中财委副主任马寅初的电报中，列举了中财委所管各部召开的几个专业会议，认为其中“最重要者为财政会议”。他亲自出席了这次会议并发表了重要讲话。陈云还经常花费大量时间与薄一波等财政部门的同志研究财政问题，制定克服财政困难的措施。在调查研究的基础上，他向中央人民政府提出了发行公债弥补财政赤字的建议，并与薄一波等详细研究了“公债和钞票的发行计划”，报中共中央批准。

对于财政工作的重要地位和作用，陈云还从理论上进行了精辟的论述。他指出：“预算是体现国家政策的，不是单纯收支计算和管理问题。”他提出“党要管预算，国家预算应集中在中央，地方预算应由省、市委主持。这样，党可以更好地掌握财经方面的政策”。陈云告诫各级党委和政府，应高度重视财政这一关系全局的大事情，千万不可掉以轻心。陈云之所以高度重视财政工作，除了对薄一波的工作从实际上给予大力支持外，还因为“财政情况的好坏，直接关联到国家经济和人民生活”。为国家和人民的利益着想，这是陈云领导财经工作的首要原则。

二、精心指导财政工作

国民经济恢复时期，百业待兴，百废待举，财政工作的任务十分繁重。作为中财委主任，陈云经常在调查研究的基础上对财政工作进行精心指导，亲自抓重要问题，并一抓到底，直到抓出成效。

税收是财政收入的重要来源。陈云很重视税收工作，尤其是城市的税收工作。他明确指出：“我们要重点抓好城市工商税收工作，这对克服当前财政困难，保证各方面的经费供给，具有十分重要的意义。”1949年底，财政部召开了第一届全国税务会议，他与薄一波一同出席，并发表了重要讲话，还同财政税务部门的同志重点研究了统一全国财政税收、加强工商税收管理等问题。“在陈云同志和薄一波同志的领导下，首届税务会议顺利结束，并拟出了统一全国税收的各项制度。”“这次会议为全国财政税收的统一奠定了坚实的基础。”

对于财政支出管理，陈云反复强调要贯彻“厉行节约”的原则，要求严格把好支出关。当时，我国的经济基础十分薄弱，财政收入只有百余亿元，但支出的项目却不少。对此，陈云明确指出：“国家的物力财力一定要用得恰当。所谓恰当，就是迟用、早用，多用、少用，先用、后用，缓用、急用的问题解决得好。这就需要有全局观念。”陈云深知财政部门把住支出口子的难度，所以他以身作则，严格把关。当时的财政部副部长戎子和回忆说：“他自己在处理问题时从不随意开财政的口子，遇事总要先同我们商量，要我们先提出意见。”“当几次财政工作面临较大压力时，他都站出来支持我们说：财政工作就是要严格执行预算，控制支出，不该花的钱就是要‘一毛不拔’。”陈云的这种“坚决态度”，“确实为我们做财政工作的同志撑了腰、解了围，财政工作就好做多了”。

陈云对财政制度建设也很关注，一旦发现问题，就及时作出指示，要求财政部门做好这方面的工作。1950年初，全国财政统一后，决策和预算制度亟待规范。在这种情况下，陈云于1950年12月底代政务院起草了《关于决算制度、预算审核、投资的施工计划和货币管理的决定》，要求建立统一的预决算暂行条例，具体规范了预算决策的分类和组成体

※ 1951年10月25日，陈云在全国政协一届三次会议上作财经工作报告。下图前排右起：毛泽东、周恩来、李济深、沈钧儒、陈叔通、黄炎培。

※ 陈云和薄一波亲切交谈。（摄于20世纪80年代）

系，以及预算决算的编制、审核等。此外，他还提出建立银行代理国库制度、统一货币发行制度、财政监察制度、重点试办独立会议制度、财政执行情况定期报告制度，以及健全军队的财务制度等意见。为了充分调动中央和地方两个积极性，正确处理集权与分权的关系，从而建立稳定可靠的财政管理体制问题。所有这些，都为新中国财政制度建设奠定了良好的基础。

三、积极支持增产节约运动和“三反”、“五反”斗争

1951年至1952年5、6月份，在中共中央和毛泽东的领导下，全国各地相继开展了增产节约运动和“三反”、“五反”运动。薄一波受命担任中央人民政府节约检查委员会主任，主持增产节约和“三反”、“五反”等工作。在半年多的时间里，薄一波以其实事求是的科学态度和出色的工作实绩，得到中共中央和毛泽东的充分肯定。这期间，陈云对薄

※ 图为在“三反”、“五反”运动中，北京市检查组在检查金城银行的账目。

※ 在“三反”运动中，河北省人民法院临时法庭公审大贪污犯、原中共天津地委书记刘青山、专员张子善，判处他们死刑。

一波的工作积极配合、大力支持。1952年1月15日，陈云明确指出："增产节约运动也是企业提高经营管理水平的运动。今年6月底，各部门要在增产节约运动的基础上，定出所属企业主要项目的定额，报告中财委。一则以此增加业务人员的知识，二则在此基础上继续前进。"1952年2月24日，针对"五反"运动中部分地区出现的生产下降、市场冷清等现象，中财委果断采取了完成生产计划等四项措施。陈云也有针对性地指出：现在我们算资本家的"五毒"账有点多了，像在农村出现过的那种苛刻算法：一只老母鸡下了很多蛋，蛋又孵了鸡，鸡里面又有多少公鸡多少母鸡，母鸡又下了多少蛋，蛋又孵了多少鸡……"算的太多了，恐怕站不住脚，也会把真正的'五毒'放过去"。因此，"我们必须实事求是地把它核减下来，核减到恰当的程度"。陈云的这一观点对于纠正"五反"中出现的偏差、实事求是地定案，发挥了重要作用。

（张建德）

特殊的春节礼物

陈云说："我建议大家春节不要拜年……很好地总结一下。不总结没有交代，做了若干年的工作老是糊里糊涂，死了也不好见马克思，后代的人也要责怪我们。"

1950年，除夕。

来自西伯利亚的寒流呼啸着正穿过北京的大街小巷，长安街上人们行色匆匆，大家纷纷忙着采办年货赶回家中与亲人团聚。几十年的革命奋斗，人民终于翻身解放、当家作主了，今年的春节一定要好好庆贺一番。

但是，此时在中央财经委的一间办公室里，工作的气氛却依旧十分热烈。担任财经委主任的陈云与部分部长同志们还在办公室内开会研究工作。新中国成立不久，事情千头万绪，经济方面的新课题尤其多；事关国计民生，社会安定，人民政权的巩固，责任重大，只有加班加点了。

终于，会议结束了。

就在大家收拾笔记、文件，准备离开时，陈云抬起头来，环视大家，然后讲道："明天就是大年初一了，我建议大家春节不要拜年，我不给你们拜年，你们也不要给我拜年，

※ 1950年6月召开政协一届二次会议，政务院副总理、财政经济委员会主任陈云在会上作关于经济形势、调整工商业和调整税收等问题的报告。

互相之间也不要拜了。放假几天干什么呢？我建议大家呆在家里，泡上一杯清茶，坐在沙发上，闭上眼睛想一想，过去这一年干了几件什么事情，哪些做对了，哪些做得不对或不完全对，有些什么经验教训很好总结一下。也想一想明年抓几件什么事，怎么干法。”末了，他还诙谐地说：“不总结没有交代，做了若干年的工作老是糊里糊涂，死了也不好见马克思，后代的人也要责怪我们。”

这就是陈云平时经常教导大家的要学会“踱方步”。同志们望着陈云那亲切、诚恳的面容，心头感到暖洋洋的。新的一年就要开始了，老首长没有客套，而将自己多年总结出来并行之有效的工作方法介绍给大家。这既是陈云对人们的新春祝福，也体现出陈云无论是在工作上、还是在思想方法上对同志们的亲切关怀，希望大家总结过去一年的经验和教训，在下一个年度里为党和人民办更多的事、更好地办事。

对首长的良苦用心，部长们纷纷表示，一定好好利用春节这段休息时间，多思考、多回顾、多总结，力争在来年为新生的人民共和国早日发展壮大起来多出一份力。

不是每一年的春节都是能回忆起的。但时至今日，一些曾亲身经历此事的老同志回忆起当年陈云的音容笑貌，仍旧对那年的春节记忆犹新。

（李梦汶）

“你上飞机，我准备上马”

何长工赴苏参加苏联援助中国建设航空工业的谈判，临上机场前，陈云诙谐地说：“你上飞机，我准备上马。”

建国初期，在国家财政极为困难的情况下，党和政府仍然果断地决定兴建航空工业，并在较短的时间里取得举世瞩目的成就。每想到此，就不能不想到陈云。他积极倡导要把航空工业放到优先地位，并提出了航空器材要立足于国内的战略方针。1952年4月22日，在研究制造飞机必须具备哪些条件的一次会上，陈云明确指出：“如果原材料不能立足于国内，那才是最大的困难。”就在这次会上，他还特别强调：“在建设上把航空工业放到优先地位，我看不会犯政治路线错误。”这一决策性的结论和优先发展航空工业的坚定态度，对航空工业的广大干部职工无疑是巨大的鼓舞和鞭策。为了开辟航空器材的国内来源，1952年初，陈云将王鹤寿和我找到他的办公室研究关键航材的生产试制问题。会后他又带领我们两人去东北抚顺钢厂和哈尔滨飞机工厂进行调查。在返回北京途经沈阳时，他又专门把负责辽宁计委工作的顾卓新找到火车站，当面叮嘱他：一定要把抚顺钢厂的高温合金材料试制抓紧抓好。由于航空器材要立足于国内这一方针的有效贯彻，第一个五年计划结束时，国内航材自给率按当时生产的四种机型统计：初教5飞机98%，爱姆11发动机96%，歼5飞机81%，歼5发动机78%。到1960年，在西方对我仍然加紧封锁，苏联又撕毁供货合同的情况下，航空工业生产基本上仍能正常进行。这不能不使人想到当年陈云所说的“原材料不能立足于国内那才是最大的困难”这句话的分量及其深远意义。

陈云对航空工业的干部队伍建设也很关心。他曾建议中央军委给航空工业派一批有一定文化程度的老干部作为骨干。他说，“这个问题要和军委的同志商量一下，可能他们对此体会不深。开一个会，讨论一下，再请他们参观（到航空工厂）一下就好了。”在由

※ 1956年7月19日，新中国制造的第一架喷气式战斗机——歼5战斗机成功首飞，标志着我国成为当时世界上少数几个能够掌握喷气技术的国家之一。

※ 在沈阳飞机制造厂中生产的歼5型战斗机。

修理开始转向零件试制时，他针对当时有些同志急于造出飞机的迫切心情，告诫大家说：“飞机工厂严格地说就是精密机械制造厂。这方面我们很缺乏经验，一定要按照苏联专家的意见进行工作……仅仅制造出一些零件并不等于制造出飞机。一定要做到绝大部分零件都能自己制造，这样才谈得上飞机制造。由落后到先进，由简单到复杂，合乎客观规律，急躁是不行的。飞机是由零件组成的，一定要把制造零件的基础打好，否则反而会慢，欲速则不达。”以上这席话也是陈云在1952年4月22日那次会上讲的，我从中受到很大教益，对指导航空工业初创时期的健康起步起到很大作用。

陈云对航空工业的关注反映在方方面面，最有代表性的一句话就是“你上飞机，我准备上马”。这是何长工赴苏谈判（援助中国建设航空工业）临上机场前陈云一句诙谐而寓意深刻的话。他所说的“准备上马”，当然指的就是为创建航空工业筹集资金、准备外汇、筹划航空器材立足于国内的生产供应等等。一次，在哈尔滨飞机工厂了解情况时，在由市区到平房区的路上，他在车子里感觉到路况不好，立即叮嘱身旁陪同的当地领导说：“赶快把这段路修好。”陈云对航空工业创建时期所付出的心血，我国的航空界会永远铭记在心的。

（段子俊）

与苏联专家打交道

陈云与苏联专家打交道时有一个原则，那就是重视学习，对外国同志的意见充分尊重，但决不生搬硬套。他曾语重心长地对中国同志们说：“同志们，外行的事多了，要下决心学习。不学习，经济建设一窍不通，那就搞不成。”

陈云一生淡泊宁静。

除了参加外事和五一、八一、十一等国家和军队的重大节日外，陈云在工作之余通常就留在家中，以听新闻、看电视，品析评弹录音，挥毫泼墨书案，间以园中散步等形式来舒筋活络、调节大脑，达到放松休息的目的。

在陈云的革命生涯中，他更多的是担负党内、国内方面的工作，国际方面的事务相对显得既不多也不经常。即使如此，在因工作原因与外国专家、国际友人的交往中，陈云仍然以其一贯的风格总是给对方留下非常深刻的印象。

※ 1952年8月17日至9月22日，陈云作为中国政府代表团成员，随首席代表周恩来访问苏联。图为陈云在莫斯科机场受到苏联部长会议副主席莫洛托夫的欢迎。

第一次国内革命战争时期，陈云主要从事白区地下活动和负责全国总工会的组织领导工作，曾担任红五军团中央代表、军委纵队政委等职。抗日战争时期，则在延安先后担任中共中央组织部部长和西北财经办事处副主任，为全面加强党的建设、巩固并壮大抗日根据地做了大量艰巨而卓有成效的工作。解放战争时期，作为中共东北局的重要成员，陈云参与领导了东北全境的解放历程。因此，除1935年夏至1937年春受中共中央指派，接受绝密使命远赴苏联莫斯科并在那里工作、生活过一段时间以外，其余绝大部分时间只是与外国客人有一些零零星星的接触和来往。

1952年8月，中共中央组织了一个以政务院总理周恩来为团长，陈云、李富春为副团长的政府代表团前往苏联访问，并下榻于苏维埃旅馆。随团人员中包括了三十多名专家。代表团此行的目的，是就新中国第一个国民经济五年计划的有关问题与苏联有关领导和部门交换意见，主要是要争取苏联政府提供援助。

陈云此次重返莫斯科之行，就此开始了建国后国际交往比较频繁、影响也比较有代表性的一个时期。

在这个时期，作为进关后国家财经方面的主要负责人，并担任着政务院副总理兼财政经济委员会主任一职的陈云，基本上都是亲自出面与来自“老大哥”国家的专家顾问们共同协商、规划并实施苏联各项援助计划，并听取他们对我国如何建设社会主义国民经济体系所提出的意见和建议。

对这些告别家人、不远千里来到中国具体落实援助计划的苏联专家们，陈云十分尊重，并非常注意从工作条件、生活设施等方面给予他们以细心周到的照顾。

有一件事曾经给当时担任中央财经委翻译工作的李越然留下了很深的印象。据李老回忆，共和国刚刚成立时，百废待兴，各政府机构的办公条件比较差。当时中财委将位于北京东城区的原清朝九王府作为了临时办公大楼。说是王府，声名在外，却早已名实不副。曾经热闹非凡的豪宅，随着时代的变迁，已经多年荒置一边，无人照管了。偌大的一个院子在办公人员搬来之前显得特别冷清，每到冬季，北风呼啸，穿堂而过，常常让人不寒而栗。

这一天，天气异常的冷。

由于烧暖气的锅炉出了故障，水不够热，工作人员看见陈云在办公桌前身披一件旧军大衣，一边批阅文件，还不时搁下笔来哈哈手，于是建议打开电炉来取暖。陈云听后表示不同意，他说：“那个东西很费电呐，白白烧在那里很浪费，我想没有特殊需要，就尽量少用或不用，我穿大衣办公习惯了。”

不料几天后，陈云找来工作人员，让把电炉烧上，同志们都感到很诧异。陈云笑着解释道，待会儿有苏联专家前来商谈工作，要提高温度，不能冻着苏联的同志。而当会谈完毕，苏联专家离去之后，陈云又请工作人员把电炉给关上了。

陈云在与苏联专家打交道时有一个原则，那就是重视学习，对外国同志的意见充分尊重，但决不生搬硬套。

当时，苏方在帮助中国政府重建因国民党腐败统治和多年战争所造成的业已处于濒临崩溃边缘的国家经济，制定并实施第一个国民经济五年发展计划的过程中，非常热心，给刚刚从革命的硝烟中胜利走来而进入和平建设年代的中国同志提出了许多认真、宝贵的建议，但有时毕竟由于对中国的历史、民情、社会状态等缺乏全面系统的了解和理解的缘故，致使某些意见提的与中国的现实情况之间有距离。每当遇到这种情况，陈云从来都是

※ 苏联部长会议副主席什维尔尼克和苏联外交部长维辛斯基同中国政府代表团合影。右三起：李富春、陈云、周恩来、什维尔尼克、维辛斯基、张闻天、粟裕、师哲。

不急不躁，仔细分析和讲解实际状况。对苏联专家遇到不清楚的地方，他也不厌其烦地加以解释，有时还佐以一些背景材料来帮助理解。结果，苏联同志总是心悦诚服地接受了中方的观点和看法。

反过来，陈云要求我方与苏联专家一道工作的同志，无论职务高低，在尊重客人的同时还要注意虚心向对方学习，掌握建设国家的新本领。

在规划我国独立自主的汽车制造工业体系，筹建国家第一个汽车制造厂（即后来的"一汽"）的过程中，陈云语重心长地对大家讲，"同志们，外行的事多了，要下决心学习。不学习，经济建设一窍不通，那就搞不成。"

不仅如此，陈云在工作中非常讲求精确性、科学性，数量观很强，并善于以数据来帮助说明问题。他既重视数字的内在含意，对数字的变化也十分敏锐，强调一定要关注变化，分析研究变化的原因。再加上革命战争年代长期从事白区地下工作所锤炼出的过人的记忆力，所以，苏联专家常常为陈云在共同协商讨论时，将一串串烂熟于胸的数字挥洒自如、运用得恰到好处，仿佛信手拈来的奕奕风采感到叹服。

实际上，早在建国前，陈云在延安时期和在东北就领导策划和组织了根据地和解放区的财经事务，因此他的实践经验非常丰富，了解、熟悉国民经济建设的各个方面，有着很强的驾驭财经工作全局的能力，这一特点在以善于排兵布阵、决战千里之外居多的党和国家级领导人中间显得比较突出，也赢得了苏联经济专家们发自内心的钦佩。

相互学习，彼此尊重，就这样，陈云和他的同事们在与苏联顾问、专家的交往中保持着愉快的工作合作关系，从一开始的不相识、不熟悉到后来的一言一语心领神会、融洽相处。

天长日久，同志间纯洁的友情逐渐产生出来，以致通常喜怒不形于色的陈云有时也开始与来自异国的客人开开玩笑了。

有次苏联专家毕考尔前来中财委办事，双方寒暄坐下之后，陈云与毕氏正亲切友好地交谈着。

突然，只听坐在对面的陈云叫起来：“啊呀，烤鸭子了，烤鸭子了！”

毕考尔一时丈二和尚摸不着头脑，直拿眼睛看陈云。陈云笑着说：“你摸摸你的头。”毕考尔一摸，哎哟，一头汗。

原来，刚才只顾集中精力商谈，忘了浑身已热起来了。陈云笑着解释到，像你这样，外面穿着厚厚的大衣，满头大汗，不就像“烤鸭子”吗？说毕，陈云请工作人员赶快将暖气温度调低下来。

毕考尔至此方恍然大悟，也不禁哈哈大笑起来。在愉快的气氛中，协商的课题也很快达成了一致。

与苏联同志的相处，时间虽然短暂，友好情谊却长存心间，取得的成效更是举世瞩目的。

粉碎“四人帮”后，在党中央通过的《关于建国以来若干历史问题的决议》中，对共和国建立之初的工作进行了评价。决议指出，这一时期的建设“取得了重大成就，一批为国家工业化所必须而过去又非常薄弱的基础工业建立了起来”，“经济发展比较快，经济效果比较好，重要经济部门之间的比例比较协调。市场繁荣，物价稳定，人民生活显著改善。”

苏联专家的感触也很深。他们对我国在三年恢复国民经济和实施第一个五年计划期

※ 1952年8月24日，中国政府代表团在莫斯科向列宁墓敬献花圈。前排左起：周恩来、陈云。

间，虚心学习，精心筹划，周密安排，克服重重困难，最后取得经济建设的巨大成就给予高度评价。苏联总顾问阿尔希波夫曾由衷地对陈云讲："在这个几亿人口的大国里，能有条不紊地顺利实现了那些复杂、困难和深刻的社会变革，使工农业和整个国民经济获得这样大的发展，的确是伟大的胜利，简直是神话般的奇迹！"

（李梦汶）

不要只想做官，忘记了革命

陈云要求干部不要只想做官，忘记了革命。他说："大家是为革命来的，还是为做官来的？回答这个问题也很容易。起初是干革命来的，以后是革命加做官，既革命又做官。后来官越做越大，味道也越来越大，有人就只想做官、不想革命，把革命忘光了。"

人们知道陈云十分关心经济建设，是共和国的经济"大管家"。殊不知，陈云历来重视党的建设。尤其对执政党的建设，陈云提出了许多深刻精辟、新颖独到的观点。他对党的建设事业的高度热情，对党的未来命运的极大关注，常常促使他去了解党的状况，悉心洞察党内出现的新苗头、新动向，并在此基础上，作出了一些极富有远见性和正确性的论断。其中，有些重要观点和预见在当今仍具有十分深刻的警醒作用。

建国以后，我党成了全国执政的大党，在人们心目中享有崇高的威信。虽然在过去那样险恶的环境中，我党经历了无数挫折和危难，出现过内部分裂和叛变，但都坚定地走了过来，取得了巨大的胜利。如今，我党取得执政地位，进入了和平建设时期，是不是可以高枕无忧，内部也不会出现分裂、出现问题了呢？陈云对此作了分析和预断。在党的七届四中全会上，陈云明确指出我们对执政以后党内的状况是不能盲目乐观的。为什么这么说呢？因为我党仍处在有阶级的社会里头，就是在阶级消失以后，阶级意识还要长期存在。这种社会情况、阶级意识还会反映到党内来。如果看不到这种反映，盲目乐观，放松了党的建设，就可能出乱子。至于乱子闹得大不大，要看当时的具体条件。我们不要高枕无忧，认为党内不会出现怪事。针对当时党内情况，陈云尖锐地指出：在不少高级干部中间，个人主义成分是或多或少地存在着的，只要气候适宜，只要条件具备，小个人主义可以变为大个人主义。因此，陈云不无忧虑地说："原来想，革命已经胜利，似乎可以不出张国焘之类的人物了。现在看来，恰恰相反，革命胜利了的国家，更容易出。"这是为什么呢？陈云用朴素生动却又含义深刻的语言作了明确的回答和进一步预言："在胜利了的国家里头有电影、有照片，开会时热烈鼓掌，阅兵时可威风啦！火车站欢迎的时候，送鲜花，夹道欢呼。物质享受是很具备，很可以腐化。从前在瑞金、延安时，想腐化也很难，现在腐化很容易。我们对于执政以后党内的状况是不能盲目乐观的。所以，希望我们党内不出野心人物，这种好心肠，我看会落空的。把希望寄托在这一点上很危险。过去出张国焘，以后是不是还有李国焘、王国焘呢？我对这个问题的回答是，绝不能说没有。说没

※ 陈云出席一届全国人大二次会议。前排右起：彭德怀、陈云、周恩来、朱德、毛泽东。

有，就要犯错误。宁可说，可能出现。”

陈云要求党的干部牢固地树立起革命的人生观，保持旺盛的革命青春，不要只想到做官，忘记了革命。他一针见血地指出：“大家是为革命来的，还是为做官来的？回答这个问题也很容易。起初是干革命来的，以后是革命加做官，既革命又做官。后来官越做越大，味道也越来越大，有人就只想做官、不想革命，把革命忘光了。”

为了保障党的团结，防止张国焘式的人物给党的事业造成严重危害，陈云一再强调：党的干部，尤其是党的高级干部要担负起主要责任。根据我们党内斗争的经验，他告诫大家：只靠马克思主义的教育还不能保证我们党内不出野心人物，加强马列主义教育对共产党人来说是肯定的、无疑问的。但是教育并非万能，只靠它不能保证党内不出李国焘、王国焘。陈云还说，毛主席当然是伟大的领袖，是我们党团结的核心。但是，把希望寄托在毛主席个人身上，也是靠不住的。为什么呢？“因为有毛主席在，野心家只能出现得少些，出现得慢些，有些露了头以后，因为毛主席在，容易解决，解决得快一些，但并不能

※ 1954年夏，陈云同志同朱德、林伯渠等同志视察官厅水库。

保证不出。更何况毛主席在生理上是不能万岁的。”这番话意蕴深刻，发人深省。没有洞察预见的能力，没有勤于思索、科学分析的态度，是很难说出来的。

既然党内有可能出现张国焘之类的野心家，那么有没有办法防止这种党内分裂的危险呢？陈云指明了一个“可靠的、永久的”而且还是“可传到我们子孙后代”的办法，即提高高级领导人的革命觉悟和革命嗅觉。不过，目前这些高级领导人年纪大小不一，将来一批一批地都要死去，同时一批一批地补上来，能够保证不出野心人物吗？显然不能。但我们可以想办法使乱子不闹大，关键是什么呢？陈云明确指出：“我看关键是几百个高级领导人，就是省（市）委书记以上的干部及军队中的负责干部。如果这几百个人有高度的革命觉悟，有高度的革命嗅觉，那么，出了李国焘、王国焘也容易把他揭露。如果这几百个人觉悟不高、嗅觉不灵，出了野心人物的时候，是可能闹不团结的，甚至可能闹到党的分裂。”

接着，陈云又进一步问道：出大乱子出在什么地方呢？就在这几百个人里面，首先是在座诸公，穿黄衣、黑衣服的，党头、政头、军头这几百个人。如果出了野心人物，能否迅速地把他揭露不闹成大乱子呢？那也决定于这几百个人。只要这几百个人头脑十分清醒，革命胜利就会有保证。因此，“高级干部要提高革命警惕，提高革命嗅觉，千万不要‘伤风’。我看这是我们党团结的可靠保证。再加上一条，我们要严守党的制度和党规党法，发扬党的优良作风，那党就有保证了。靠别的，我看靠不住，要靠我们自己”。

从1954年陈云的预测到现在的40年中，我党经历了十分复杂的斗争，走过了极其曲折的道路。这段时期，在中央先后出现了林彪、江青两个反革命集团；在干部队伍中，忘记革命，被“鲜花”和“欢呼”冲昏头脑、被物质享受所腐化的、被资产阶级腐朽思想所侵蚀的不乏其人。这些都证明了陈云预见的正确性。

前些年，陈云又多次强调要加强执政党建设，反对腐败。针对当前出现的腐败现象，陈云再次向全党发出了严重警告：“执政党的党风问题是有关党的生死存亡的问题。因此，党风问题必须抓紧搞、永远搞。”

（卢瑞莲等）

不拘一格，选用人才

陈云的用人原则是：在德才兼备的前提下，搞“五湖四海”、“就地取材”。他说：“我们要有大的气量，善用各种人才。单枪匹马，革命到底是干不成功的。”

建国前夕，党中央决定成立中央财政经济委员会（简称中财委），由陈云任主任，统一领导全国的经济工作。中财委从1949年成立到1954年撤销，前后五年时间，出色地完成了党中央交给的任务：迅速制止了国民党统治时期遗留下来的恶性通货膨胀，统一了全国的财政经济，积极有效地支援了解放军向全国进军和志愿军抗美援朝；与此同时，还编制和开始实行了第一个五年计划。这些成就的取得，同陈云创造性地贯彻党中央的正确方针政策是分不开的，同时，同陈云关心重视中财委的队伍建设也是分不开的。我当时在中财委计划局任党总支书记和地方工业处处长，对此有很深的感受。

不拘一格，选用人才

中财委成立后，首先遇到的一个问题就是干部从哪里来。这个问题不解决或解决得不好，中财委即使有再大的权力也难以做好财经工作。而实际情况是，不要说我们党由于长期处在农村，长期进行革命战争，缺乏经济建设的人才，就是旧中国，也没给我们留下多少这方面人才。怎么办？陈云的办法是不拘一格，广泛招收人才。

陈云从东北调到中央后，立即抓选调干部的工作。从1949年7月到10月，他曾先后三次电请中央调配干部到中央财委分配工作。

对选用干部，陈云历来的原则是：在德才兼备的前提下，搞“五湖四海”、“就地取材”。中财委是在原中央财经工作部和华北财经委员会的基础上组建的，因此，一开始，华北的干部用得比较多。以后，又陆续增加了各个大区的干部。另外，陈云还特别注意选用有经济才能的党外民主人士。他曾经说过：“只要这个人有一技之长就要用，只有这样才能成大事业。我们能不能说只有共产党才是了不起的人才呢？不见得。社会上的人才不知有多少，许多人都不是共产党员。所以我们要有大的气量，善用各种人才。单枪匹马，革命到底是干不成功的。”就拿我所在的计划局来说，局长副局长一共有七位，其中四位是党内的，局长宋劭文是华北的，副局长朱理治、曹菊如是东北的，杨放之是华北的；另外三位是党外的，他们是著名的专家学者孙越崎、钱昌照和孙晓村。此外，还从各地调来了地委专员以上的领导骨干二十多人，接收了原国民党政府资源委员会的高级专家学者十五六人。著名学者、浙江大学校长马寅初，也是在陈云的一再敦促之下担任中财委副主任的。著名化学家、永利化学工业公司总经理侯德榜，陈云认为他是一位不可多得的人才，于1950年4月同薄一波同志联名致电党中央，建议请他担任中财委高级技术顾问，当即得到了党中央的批准。正是在陈云不拘一格广泛选用人才的思想指导下，中财委不到三个月的时间便从成立初期的三十多人迅速组建成了一支三百多人的精干队伍。

注重新老干部的团结

由于中财委的干部来自四面八方，尤其是有许多党外民主人士，因此，新老干部之间的团结显得格外重要。对此，陈云从一开始就十分关注。在他主持下，中财委党组专门发过一个要求党内同志做好党外人士团结工作的通报，通报指出：（一）要使党外人士有职有权，这不是句空话，共产党员应保证这句话不折不扣地实现，不能因为党内已有决定，

※ 1952年4月19日，陈云在中央人民政府委员会第十五次会议上作财经工作报告。左起：林伯渠、朱德、毛泽东、李济深、刘少奇、张澜。

就不去同党外人士商量，该商量的必须商量，该请示的必须请示，该经过的必须经过，在工作中遇到党外人士有不同意见时，不应作硬性决定。（二）一切重要决定，必须有应该参加的党外人士参加决定。这绝不只是形式的，而应该取得他们的实际同意，使他们真正感觉到有参加决定大事之权。（三）有些日常处理的重要事情（如电报、公文）和上级来的指示，下级来的报告，均应使应该看到的党外人士看到，使他们知道每天做什么事情。（四）用人也应与党外人士商酌，党外人士所举荐的人，更应慎重考虑，能用者尽量予以录用。陈云不仅这样要求下面，而且自己率先垂范。当时，马寅初因兼任浙江大学校长，经常不在北京，陈云总是将中财委的一切重大事情用电报形式及时向他通报，并征求他的意见。孙越崎在计划局分管基本建设工作，陈云要他主持制定了《基本建设工作程序暂行办法》。这个文件第一次比较系统地规定了我国国民经济计划工作制度和基本建设计划工作制度。为了加强对这个文件的宣传，陈云还介绍他同人民日报社社长范长江和副社长邓拓认识，请他为《人民日报》起草社论。

陈云在业务上放手使用民主人士，在政治上则关心和爱护他们。如“三反”运动中，有人对孙越崎过去在资源委员会的工作说了一些不切实际的话，使得孙先生感到不安。后来，计划局党总支根据领导的意见，没有再让孙越崎等党外人士参加有关运动方面的会，对他们起到了保护作用。这件事，多少年过后，孙先生见到我还总是念念不忘。马寅初生活相对比较困难，陈云曾专就此事以周总理的名义致电华东局，请他们研究酌量发给他一部分津贴和办公费。当时，马老患有肥胖症，陈云专门请苏联大夫为他治疗，马老对此非常感激。

当然，对党外人士，陈云也不是一味讲团结，对他们的缺点错误陈云也不客气地提出批评。比如，他曾指出，党外干部有三个缺点：一是他们中大多数过去受过英美资产阶级教育，有些人对资本主义国家存在盲目崇拜和不切实际的幻想；二是自命清高，不谈政治；三是看不起工人。他认为对这些缺点，应该坚决指出并帮助他们改正，不然就是对他们不负责，也不利于真正的团结。这些做法，得到了党内外干部的拥护和支持，毛泽东曾将中财委在这方面的经验批转给各部门参考。

认真贯彻民主集中制

陈云为中财委规定的一个工作方针是“依靠各部，相信大区”。这“八字方针”可以说是民主集中制在中财委工作中的具体化。所谓“依靠各部”，就是大量的日常的工作依靠各个财经主管部门去做，发挥各部的主动性和创造性，中财委集中精力抓全局性的重大问题；“相信大区”，就是在处理地方性的问题时，要考虑到各地区的不同情况，尊重各大区财委的意见；解决全国性的问题，也要首先听取各大区的意见。后来，陈云进一步将中财委和各部、各大区的关系概括为三句话：“互通情报，协商大事，交流经验。”中财委曾建立了两项具体制度：一是每旬或每半月或一月（视情况而定）向各地方、各部门发一次电报，通报全国重要的财政经济情况和存在的问题，使各地方、各部门和军队的负责同志及时了解全局的情况，以便统一对一些重大问题的认识。这类通报很多都是陈云亲自

※ 1952年，陈云、邓小平畅游颐和园。

起草的。二是集体办公制度，全国性的重大财经问题和各部提出的要中财委解决或协调的重要问题，由陈云定期主持召开中财委委务会议研究议定。这种会议，仅1950年一年他就主持过三十多次。

在注意发扬民主的同时，陈云也非常注意集中。中财委曾明确规定：各大区财委及中央财经各部，必须每季给中央写一份扼要的综合报告，而且首长要亲自动手，不准秘书代办。当时，中财委在执行决定方面是比较严格的。凡是经过民主讨论决定的事，各地各部门必须照办，不能违反，违反的都要进行严肃批评。有一次，东北地区自行变更了中财委关于调整利率实行日期的决定，陈云亲自签发中财委致东北财委和中国人民银行总行的电报，对此提出了严厉批评，并要求今后引以为戒。因为各项决定在作出之前都充分听取了各方面的意见，作出决定后又有严格贯彻的措施，所以中财委当时的威信很高，凡作出的决定、发出的指示都能得到很好的贯彻落实。

发扬党的优良作风

陈云一向重视干部的学习。他认为，要做好工作，必须加强对党的方针和业务知识的学习，只有这样，才能少犯错误。根据陈云的要求，中财委当时曾规定了严格的学习制度。如我们计划局，每天上班先学习一个小时，然后才开始办公，每星期三下午还要开学习讨论会。为了使大家尽快掌握计划工作的业务知识，计划局经常请苏联专家举办讲座，各处也经常请苏联专家单独介绍经验。在学习方面，陈云还以身作则，请各方面的专家给他讲解不懂的问题。有一天晚上十点多钟了，他还拉着章乃器给他讲外汇问题。在陈云的严格要求和带动下，中财委的学习空气很浓。

陈云领导中财委，还注意提醒大家树立为各地各部门服务的思想，防止和克服官僚主义。当他看到计划局对各地来文有的答复得比较简单，尤其是对否定意见答复很简单时，及时把计划局的领导同志找去，说中财委掌握全国财政大权，对各地请示的问题，特别是不同意的，应郑重答复。共产党有个传统，凡是中央或上级否定地方或下级提出的意见，一定要把道理讲清楚，把根据说充分，绝不能简单否定。我记得，当时处里或局里收到下面的请示报告，都是有关的同志商量及时处理，从来没有发生报告被哪个人拖拉积压的情况。

陈云严格要求别人，更严格要求自己。从东北进关时，陈云穿的是一件多年的旧大衣，中财委办公厅提出给他换件新的，以便会见外宾时用，陈云坚决不同意，照样穿他那件旧大衣。那时，中财委的暖气烧得不好，冬天办公室里很冷，行政部门看到陈云经常感冒，便给他的办公室里配了电炉子。但他为了节约用电，很少用。据他身边工作人员讲，他只开过几次电炉子，那都是在苏联顾问到他办公室里谈话之前，为苏联同志准备的。陈云对自己身边工作人员和家属子女的要求也很严，他的夫人于若木在中财委研究室工作，总是骑车上下班，从没见她搭乘过陈云的汽车。正是由于陈云的以身作则，中财委上下形成了一种很好的风气。

我从1950年初进入中财委后，开始在陈云领导下学做经济工作。这期间，陈云的工作方法、工作作风和一言一行给了我极大的教诲，使我终身受用；他的高尚思想品德也一直激励着我，让我永生难忘。

（焦善民）

一担“炸药”，八种选择

陈云把严峻的粮食问题比做挑着一担炸药，把解决的办法概括为八种方案，最后决定在农村实行征购、在城市实行配售的办法。毛泽东觉得征购和配售的名称不好听，于是征购定名为“计划收购”，配售称为“计划供应”。两者简称“统购统销”。

粮食形势如此严峻，解决粮食问题，当时已是中国共产党和全国人民面临的极为重大的任务。在这紧要关头，政务院副总理兼国家财经委员会主任陈云受中共中央和政务院的委托进行周密研究，提出对策。

当时，在粮食问题上我们面临的是一种两难的选择：如果不采取措施，任其发展，就可能导致物价飞涨，市场混乱，经济建设无法进行；而要采取有效措施，就必然要从农民那里多拿粮食，而这也可能引起农民的不满，甚至可能挨扁担。陈云把这比做挑着一担炸药，因为任何一种选择都可能引起爆炸性的后果。

其实，对于从农民那里多拿粮食即征购粮食的办法，陈云早就有所思考。1952年1月，他主持起草并向中央作的《一九五二年财经工作的方针和任务》的报告中即指出：由于今后若干年内我国粮食将不是宽裕的，而且城市人口将逐年增加，政府还需有粮食储备（备荒及必需的对外贸易），因此征购粮食是必要的。只要使人民充分了解征购意义，又能做到价格公平合理，并只购农民余粮中的一部分，则征购是可能的。目前先做准备工作，在1952年夏收时，采取合作社动员收购和地方政府下令征购的方式，重点试办，以观成效。如试验成功，即于1952年秋后扩大征购面，逐渐在全国实行。由于一些地方的同志感到这个问题事关重大，希望从缓推行，因此，1952年的试点实际上没有执行。

1953年，全国粮食形势进一步严峻，毛泽东要中财委拿出切实可行的办法。当时，陈云因病在外地休养，中财委对这个问题进行了讨论，但没有拿出可行的办法。1953年7月，陈云回京参加完财经会议后，即遵照中央的指示，全力以赴研究这个问题。经过广泛征求意见，反复权衡，陈云认为，没有别的选择，唯一的办法就是实行粮食征购和配给。

10月1日，国庆之夜，在天安门城楼会见厅里，陈云将自己的想法向毛泽东、周恩来等中央领导和盘托出。毛泽东听了陈云的汇报也觉得别无良策，表示赞成，周恩来等同志也一致同意。于是，毛泽东当即拍板定案，并嘱：由陈云负责起草《关于召开全国粮食紧急会议的通知》，由邓小平负责起草决议，迅速召开全国粮食会议，把这一方案付诸实施。

由于情势紧急，不能拖延，从天安门城楼回来后，陈云连夜起草了会议通知，并于10月2日凌晨送到毛泽东处。毛泽东迅即对陈云起草的通知作修改，并决定当天下午召开政治局扩大会议讨论。

政治局扩大会议由毛泽东主持，陈云作报告。由于事先已作过周密的调查研究，陈云在报告中提出的在农村实行征购、在城市实行配给的办法没有引起太大的争议，大家一致表示同意。会议最后，毛泽东发言说：赞成陈云的报告。并说，这也是要打一仗，一面对付出粮的，一面对付吃粮的，不能打无准备之仗，要充分准备，紧急动员。还说，这样做可能出的毛病，第一农民不满，第二市民不满，第三外国舆论不满。问题是看我们的工作。宣传问题，要大张旗鼓，但报纸一字不登。

这次政治局会议还通过了陈云起草的《关于召开全国粮食紧急会议的通知》。通知指出：从根本上找出办法来解决粮食问题，是全党刻不容缓的任务。通知还规定华东局谭震林，中南局李先念，华北局刘澜涛、刘秀峰，西南局李井泉，西北局马明方，必须参加会议。

10月10日，全国粮食紧急会议在北京召开（为了保密，以免引起恐慌，这次会议对外未用“紧急”二字）。陈云在会上作了长篇发言。在发言中，陈云首先向大家说明了当前粮食问题上面临的危急情况，以及粮食问题涉及的四种关系，即：国家与消费者的关系，

※ 1952年，全国粮食产量达3088亿斤，比1949年增长44.8%，比解放前最高年产量增长9.3%。

国家与商人的关系，中央与地方和地方与地方的关系。然后指出：经过反复思考，要处理好这种关系，唯一可行的办法是：在农村实行征购，在城市实行配给。

对于粮食问题上面临的危急情况，不用说，大家也都清楚，但对于要采取的办法，许多人还是很难接受。有的同志提出，这样的办法太激烈了，征购这个名词听起来也很吓人，如果能通过自由购买买到粮食，最好不用这个办法。

对此，陈云也说出了自己的苦衷。他说：这个办法是不是太激烈了一些？400亿斤粮食（当时国家每个粮食年度大约需要700亿斤粮食，通过公粮可以拿到275亿斤，剩下的431亿斤需要购买）可不可以采取自由购买的办法？我说，如果采取自由购买的办法能够买到这些粮食的话，我是求之不得的。我这个人属于温和派，不属于激烈派，总是希望抵抗少一点。但我现在是挑着一担炸药，前面是黑色炸药，后面是黄色炸药。如果搞不到粮食，整个市场就要波动；如果采取征购的办法，农民又可能反对。两个中间要选一个，都是危险家伙。所以，如果采取自由收购的办法，能够买到的话，我是求之不得的。但问题是买不到。如果今天说可以买到，到时候买不到，我可以肯定地讲，粮食市场一定要混乱，这可不是开玩笑的事情。

也有些同志问陈云，别的办法还有没有？是不是可以想一想别的办法？对此，陈云回答说："同志们，我告诉你们，我想过了，开始从改良主义想起，想了好久改良主义的办法，最后还是想到了这个最彻底的办法。"

接着，他把自己曾想到的和别人曾提出过的一些办法概括为八种方案，向大家作详细的说明：

第一，只配不征，就是只在城市配给，农村不征购。第二，只征不配。在城市里工作的同志欢迎，他们说：农村征购是要的，城市配给可以慢一点。第三，原封不动。就是照现在这样的办法，自由买卖，这个办法的结果必乱无疑。第四，"临渴掘井"。就是先自由购买，到实在没有办法了再来抓大头，搞征购。第五，动员认购。第六，合同预购。第七，各行其是，这样做如果不妨碍其他地方是可以的，但问题是各地的方法必定会相互影响。第八，就是在农村里实行征购，在城市里实行配给。

对于第八个办法，陈云也是有顾虑的。对于实行这个办法会出现的问题，特别是征购中可能出现的问题，陈云也作了估计。他说：这件事情要做的话，毛病会出得很多。我们全国是26万个乡，每个乡大概有三四个自然村，全国一共有一百万个自然村，如果十个自然村中有一个出毛病，就有十万个村出毛病，这样就会出现逼死人、打扁担。

对于不这样做的后果，陈云也作了预测，他说：回过头来想一想，不这样做怎么办？如果不这样做，那我们就要恢复到大清帝国、北洋军阀、国民党的那个办法，就是进口粮食，向美国、向加拿大、向澳洲买粮食、买麦子，一年进口300万吨。我们的外汇有多少呢？向资本主义国家的出口，向香港出口的青菜、猪鬃、大豆，加上侨汇，总计不过3亿美金，大概能买300万吨粮食。如果把这些买了粮食，那我们就不要建设了，机器也不要搞了，工业也不要搞了。那时也有一种后果，我们也要挨东西，挨什么呢？挨飞机炸弹，挨大炮，还要加上挨扁担。你搞得不好，帝国主义打来了，农民扁担还会打你。

两相比较，陈云认为，还是实行又征又配的办法好。这个办法虽然有风险，但也并不是说就一定会出大乱子。只要我们工作做得好，这个办法还是可以行得通的。因为，首先，我们与农民有很好的关系，农民是支持我们的；其次，从我们征收的数量看，农民也是可以接受的。当时，全国需征粮食600—700亿斤，而根据以往几年的经验，农民每年在市场上出售的粮食大约也在600—700亿斤左右。

为了说明这一办法的可行性，陈云还举了历史上的例子。他说：过去日本帝国主义统

※ 1955年7月31日，毛泽东作了《关于农业合作化问题》的报告。同年10月4日至11日，中共七届六中全会（扩大）根据毛泽东的报告，通过了《关于农业合作化问题的决议》，把党内不同意见当作右倾机会主义来批判，助长了农业改造中的急躁冒进情绪。图为毛泽东、邓小平在省、市委和区党委书记会议上。

治的“满洲国”曾搞过征购，它的名字叫“出荷”。那时征的粮食和东西差不多跟我们东北今年的计划一样，它是800万吨，我们的计划是收购500万吨、公粮200万吨，合起来也只有700万吨。它那时的产量比我们低，而且粮食不是运往内地，是运往日本。但就是这样，如果苏联红军不出，“满洲国”还不倒。当然，日本帝国主义是靠高压统治，压迫、剥削农民，我们的情况与那时不一样。陈云举这个例子是说，从数量上看，我们定的征购数量是有可能完成的。

正是基于上述考虑，陈云坚决主张实行又征又配的办法。

陈云讲话之后，邓小平作了补充发言，他指出：农村征购，城镇配给，严格管制市场和集中统一管理的四项政策，是相互联系缺一不可的。他着重说明了只有坚决实行这些办

※ 陈云在人大会上作关于计划收购和计划供应问题的报告。

法，才能真正巩固工农联盟，引导农民走社会主义，保障国家建设计划的实施。

全国各大区参加会议的领导干部在听取陈云、邓小平的意见后进行了认真的讨论研究。他们根据本地区的具体情况，一致认为实行征购和配给是调剂粮食产需矛盾的最佳方案。

谭震林根据华东地区会前于10月7日的讨论，并结合陈云在讲话中提出的方针政策，认为征购、配给势在必行。他说：华东粮食购少销多，紧张局势由北向南发展，最严重的是山东，已过了陇海路，再不采取措施就要“百万雄师下江南了”。基本原因是农民惜售

※ 陈云在一届全国人大二次会议上作坚持和改进粮食统购统销工作的报告。

和私商捣乱。对粮食管理，他赞成由中央统一管理和统一调拨，地方负责征购、保管和代销，做到分级负责。

李先念首先介绍了中南地区各省对征购、配给的态度。他说：最初是两湖拥护，而两广收购尚好，且系新区，要求缓办半年。但他认为，外省征购、配售必将波及两广粮食市场，故仍以同步进行为宜。最后两广亦赞同。接着李先念分析了中南地区当时的粮食形势：湘、豫、赣三省保产，两广和鄂三省增产，全区较1952年的粮食产量可增加4.2%，总的形势是好的。但进入新的粮食年度，购少销多的形势仍在发展，粮食紧张。

其原因，一是农村生活提高，粮食消费量增加；二是私商囤积；三是中农余粮多，但贮存观望，等待高价。因此，他认为，必须采取行政手段，干预分配，实行征购和配给，以扭转粮食局势。

李井泉代表西南地区，完全拥挤中央对粮食采取征购配给的方针。并认为，不准私商自由经营粮食，是杜绝粮食投机的有效措施，完全赞同。

刘澜涛对粮食征购和配给政策的贯彻充满必胜的信心，认为有国家的法令、合理的价格，征购数量有一定的限度；再加上中国共产党全党动手，全力以赴，只要政策执行端正，就既可以得到粮食，又可以得到农民。

内蒙古、东北、西北等地的代表也在会上发言，表示完全赞成陈云同志提出的粮食征购和配给的办法。

得到各大区的支持以后，对粮食实行征购和配给的办法就基本上确定下来了。

在讨论过程中，毛泽东觉得，征购和配售的名称不好听，希望改一个名称。当时的粮食部长章乃器想了一个名称，把在农村实行征购叫“计划收购”，大家觉得这个名称比较好，于是征购被定名为“计划收购”，配售也相应地被称为“计划供应”。两者简称“统购统销”。

（孙业礼、熊亮华）

“三定”、“四定”和统购统销的完善

陈云在青浦调查后，向中央提出了农村粮食统购统销中的“三定”政策，即定产、定购、定销。在确定实行“三定”政策时，毛泽东提出：粮食定产要低于实产，要使农民多留一点，多吃一点，多喂一点，多自由一点，做到“人不叫，猪不叫，牲口不叫”。

统购统销的政策正式确定下来以后，1953年10月16日中共中央即作出了《关于实行粮食的计划收购与计划供应的决议》，中央人民政府政务院也于11月23日发布了《关于实行粮食计划收购和计划供应的命令》。

粮食统购统销政策的实施，关系着5亿农民和8000万城镇居民的吃饭问题，事关重大。为此，中共中央的决议强调必须“全党动手，全力以赴”。当时，对统购统销，全党

的确像打一场战役一样全力以赴。接到中央的决议和国务院的命令后，全国各地在1953年11月底和12月初即开始在农村贯彻粮食统购统销政策。

然而，尽管在统购统销正式实行以前，我们已作了大量的调查研究，对于可能出现的毛病也作了预测和准备（毛泽东列举了十七条可能出现的毛病，陈云在十七条之外又加了一条，叫“有意想不到的毛病”）；尽管在贯彻统购统销的过程中，我们是“全党动员，全力以赴”，但统购统销毕竟是一个新事物，开始实行以后还是不可避免地引起了一些混乱。为此，陈云决定亲自到农村进行调查。

陈云以善于调查研究著称，他有一套完整的调查研究的办法，其中之一就是向自己熟悉的人进行调查。他认为自己熟悉的人没有乌纱帽的问题，敢于讲真话，从他们那里最容易了解到真实情况。因此，早在建国初期，他就在自己的家乡约定两位农民作为长期的联系人，不定期地直接向他反映农村的问题。这一次他仍然采取这样的办法，直接到自己的家乡进行调查。

1955年1月，陈云在华东局负责农业工作的领导陪同下来到上海青浦小蒸乡进行调查。在这里，他约见了自己的特约联系户陆象波和曹兴达，并拜访了烈士家属，向来访的居民和亲友问寒问暖，还专门看了米店、粮仓，找农民、商人、小学教员、居民、干部座谈，征求对粮食统购统销的意见。调查中陈云发现，当时农民有意见的原因主要是上一年统购时购了“过头粮”，挖了口粮，农民不够吃了。对于统购统销制度农民虽然也有一些意见，但经过说服教育，农民还是能够接受的。这样陈云心里就有底了。就是说，统购统销政策有缺点、漏洞，可以补充、改进，但不能动摇，必须坚持。

本着这一原则，这次调查中陈云还着重对统购统销中的一些具体问题进行了研究，如对农户统购多少、留粮多少、缺粮怎么办等等。

调查结束后，陈云回到北京，向中央提出了农村粮食统购统销中的“三定”政策和办法，即定产、定购、定销。在一个粮食年度里，连征带购的粮食总数三年不变。由各地政府根据产量确定统购数字，规定卖粮户留粮标准，力求消灭购“过头粮”的现象；确定农村统销数字，留出周转粮，从统购统销总数内扣除。

“三定”的办法还要求全国各地以乡为单位，确定全乡每户的常年计划产量和全乡粮食统购统销的数量，并一律向农民宣布，使每一农户都知道自己是余粮户还是缺粮户，使每一余粮户知道该卖给国家多少粮食，使缺粮的农户知道自己能够向国家购买多少粮食，做到心中有数。

这一办法得到了毛泽东和党中央的赞同。在确定实行“三定”政策时，毛泽东还提出：粮食定产要低于实产，要使农民多留一点，多吃一点，多喂一点，多自由一点，做到"人不叫，猪不叫，牲口不叫"。

"三定"的政策确定下来以后，1955年4月28日，中共中央和国务院发出了《关于加紧整顿粮食统销工作的指示》，要求全国本着"三定"的原则对粮食统购统销进行整顿。指示发出后，全国各省市立即派出了几十万干部到农村、城市整顿统销工作，再一次宣传粮食统购统销的意义，号召人民起来协助政府做好这一工作。对于要求供应粮食的进行评议，把不应该供应、可以少供应的数字削减下来，可以迟供应的就推迟，同时保证缺粮户必需的供应。

经过这样的整顿以后，全国的粮食销量迅速恢复正常，"缺粮"的喊声有了显著的减少。

"三定"的办法也得到了广大农民的热烈拥护，有力地鼓励了农民的生产积极性。

广大农民对"三定"非常满意，因此有人形容说："三定"实际上是"四定"，有了定产、定购、定销，农民的心也就定下来了。

全国的粮食形势稳定下来以后，1955年7月21日，陈云在全国人大一届二次会议上做了题为《坚持和改进粮食的统购统销》的发言，对人们尚存疑虑的一些问题作了进一步解答。

发言首先对1955年春季一些地方粮食供应紧张的问题进行了分析。他认为：1955年春季粮食问题上的混乱，固然同去年粮食统购工作中的缺点错误即多购了几十亿斤粮食有关，但更重要的原因，是农民还不习惯于统购统销的办法。农民是个体小生产者，千百年来的习惯是除缴租、缴税以外，形式上自由处理余粮。实行统购统销以后，农民虽然把粮食卖给了国家，但因为他们是私有者，总想再买回去，并且还想买得更多。今年三四月份粮食紧张的地方，只看表面的人，以为排队争购切面和其他食品的农民都是缺粮的。但大量事实证明，排队的人当中有各种不同的情况：极少数是缺粮的；一部分是家有余粮的，他们去排队的目的是装作缺粮，怕再向他们购粮；大多数是这样一些农民，即他们的粮食是够用的，但想多保存一些，多有一些后备，所以也去排队购买切面和其他食品；也有的是已经评定为缺粮，并且已经规定了开始供应的日期，但是他们却想在得到供应以前，先买到一些切面和其他食品。因此，粮食供应一时出现了混乱的现象。

另外，不少地方粮食供应一度紧张，是由于地主、富农分子和某些反革命分子利用农民小私有者的心理和我们某些工作上的缺点，从中造谣煽动造成的。农民是拥护政府的，又因大多数口头叫喊缺粮的农民并不真正缺粮，在我们把道理向他们讲清楚，同时把统购

※到1952年底，全国的土地改革基本完成，使广大农民成了土地的主人，极大地提高了他们的积极性。

统销工作加以整顿以后，不但销售数量降到了正常水平，而且缺粮的喊声也很少了。

针对有人提出的停止统购统销的主张，陈云在发言中指出：粮食统购统销政策必须坚持，停止统购统销的主张是错误的。他说：大家知道，解放以后的头三年并没有实行粮食统购统销，1953年12月开始实行统购统销，是为了解决全国粮食供需之间的矛盾。那个时期，一方面，城市、工矿区和农村经济作物区的粮食需要量都在扩大；另一方面，国家收购不到必要的粮食。我国是在小农经济基础上开始大规模的工业建设的。小农经济是分散的半自给的经济，生产水平不高，商品率很低。土地改革以后，粮食产量是增加了，但是农民的粮食消费也增加了，而且也不急于出卖余粮了，因此，商品率反而下降。在这种情况下，粮食商人和别的行业的商人就囤积粮食，存有余粮的富裕农民等待高价，不卖粮食。很显然，政府为了掌握必需数量的粮食来保证供应，使私商和富裕农民不能够操纵粮食市场，就必须实行粮食统购统销政策。我们认为，粮食统购统销政策不但有利于粮食消费者，同时，因为收购价格是合理的，对于全体出卖粮食的农民也是有利无损的，因此是有利于国家和人民的。

在发言中，陈云还对改进统购统销政策的一些措施，特别是“三定”的问题作了说明。

陈云的发言有理有据，得到了代表的拥护。

此后，统购统销政策又经过一些修改，最后在全国稳定下来。

（孙业礼、熊亮华）

编制“一五”计划

陈云负责编制的“一五”计划，是我国第一个大规模经济建设计划，它的总投资额在中国经济发展史上是史无前例的。这一计划贯彻了优先发展重工业的方针，集中体现在苏联帮助设计的156个大项目。陈云对邓力群说：“第一个五年计划的156项，那确实是援助，表现了苏联工人阶级和苏联人民对我们的情谊。”

实现工业化是共产党人的伟大历史使命之一。早在新民主主义革命时期，毛泽东就指出：新民主主义的经济基础不是农业生产，而是机器。新民主主义革命的胜利，为新中国的成立和中国工业化建设提供了条件。经过三年恢复时期，被长期战争严重破坏的国民经济得以恢复，大规模经济建设便自然而然提上了日程。中国共产党的领导者们经过慎重思考认为，要使国家落后的经济状况在短期内迅速得到改观，就必须集中财力，编制经济计划，对经济建设中遇到的战略布局、建设规模、发展速度等一系列问题进行统一安排。

在1950年6月党的七届三中全会上，毛泽东提出要用三年或者还要多一点的时间争取财政经济状况的根本好转，为有计划地进行经济建设准备条件。这一年，他还多次讲要“三年五年恢复，十年八年发展”。也就是说，恢复时期大致要用三到五年的时间。1951年1月28日，毛泽东在中共中央政治局扩大会议上提出“三年准备，十年计划经济建设”的思想。会上，周恩来提议由周恩来、陈云、李富春、薄一波、宋劭文组成五人小组，负责领导“一五”计划的编制工作，由陈云具体负责。

此后，陈云便开始主持这项奠定国民经济基础的工作。1954年6月，陈云向中央汇报

※ 陈云在中国共产党全国代表会议上作关于发展国民经济第一个五年计划的报告。

"一五"计划编制情况时说："第一个五年计划，从1951年到现在，共编制了五次。前三次都是由中财委编的，第四次是由国家计委编的，这一次又由我接手，从今年3月开始工作直到现在。"

如果往前推的话，中财委从1950年6月七届三中全会后便已开始着手编制经济发展计划。8月，中财委召开全国计划会议，讨论编制1951年计划和三年奋斗目标，对后几年的工作做了大体规划。1951年4月，陈云在全国组织工作会议上发言指出：

我们要考虑到，两个五年计划要建设什么东西，在国防、工业、农业、水利方面，大概一年投资多少……我们要建设，在这方面就要有充分的准备。在交通方面，也要有计划，要修多少铁路、公路，要计算出每公里花多少钱。工业方面，我们要开发石油、生产化肥、制造发电机、建设发电厂，等等。

要计算我们的财力，同时计算经济、文化、国防的需要，人民生活的需要。现在要组织一个计划委员会，预先把各方面的建设规划一下。

可见，陈云已经开始领导五年计划的编制工作。在他的组织领导下，事实上中财委1951年即试编出了第一个五年计划的粗略的纲要。这也就是我国第一个五年计划的首次编制。由于当时资料不全，战争还在进行，也未征得苏联的援助，全国经济建设的大局也还未定下来，因此，这个计划纲要只能是一个试验。

进入1952年，国民经济恢复的任务即将完成，党中央决定加快第一个五年计划的编制。中央还决定，计划编制好后，8月份拿到苏联征求意见，争取他们的帮助。于是，陈云领导中财委开始了第二次编制工作。尽管经验和数据不足，到1952年6月，中财委迅速编成《关于编制五年计划轮廓的方针》和《中国经济状况和五年建设的任务附表》。这是“一五”计划的第二稿，它包括大量的内容，有钢铁、有色金属、机器、汽车、船舶、电器、化学、建筑材料、电力、煤矿、石油、纺织、轻工业、交通、邮电等发展计划。这一稿提出的基本任务是：为国家工业化打下基础，以巩固国防，提高人民的物质与文化生活。这一稿经党中央和政务院确定后，党中央决定由周恩来、陈云、李富春率领中国政府代表团访问苏联，就“一五”计划同苏联交换意见，争取外援。8月，周恩来、陈云、李富春率领中国政府代表团赴苏。周恩来和陈云在苏联紧张工作了一个月，曾两次会见斯大林。斯大林对我国的“一五”计划表示赞赏，提出了一些有益的原则性建议，对中国的援助也做了一些原则性的承诺。他同意帮助中国设计一些企业，并提供所需的设备、贷款等，同时答应派些专家帮助中国建设。经过一个多月的紧张工作，大局定了下来。李富春领导留下的人员继续在苏联工作，周恩来和陈云于9月中旬回国。

1952年底和1953年初，陈云根据苏方提出的一些意见，组织中财委和国家计委的力

※ “一五”期间，中国过去没有的重要工业部门，包括飞机、汽车、重型和精密机器制造业从无到有。图为1956年7月14日，长春第一汽车制造厂全体职工欢庆第一批“解放牌”载重汽车试制成功。

试制成功

量，编制了“一五”计划的第三稿。这时，恢复时期已经结束，有计划的经济建设必须尽快展开。因此，中央对“一五”计划的编制工作抓得很紧。1952年12月22日，中共中央下达了《关于编制一九五三年计划及长期计划纲要若干问题的指示》。指示提出：“工业化的速度首先决定于重工业的发展，因此，我们必须以发展重工业为大规模建设的重点。”“必须以发展重工业为建设的重点，集中有限的资金和建设力量，特别是地质勘探、设计和施工力量，首先保证重工业和国防工业的基本建设，特别是确保那些对国家起决定作用的、能迅速增强国家工业基础与国防力量的主要工程的完成。要求在五年内基本完成鞍钢等大工业基地的建设，并开始新的建设，使1957年工业生产比1952年提高1至1.5倍。”“为了使1957年工业生产比1952年提高1至1.5倍，分散使用资金和盲目铺摊子现象必须克服。”同时也要求：“不可以忽略轻工业、农业和地方工业的发展。”中央的这个指示，表示了集中力量优先发展重工业的指导思想。指示要求中央各经济、文教部门的党组及各中央局、省（市）委以及大行政区委员会和各省（市）政府的党组：“应即根据中央财政经济委员会所发1953年的控制数字和五年计划轮廓草案，由首长负责，组织足够力量，编制1953年的计划和五年计划纲要。”同时，中央还决定在1953年3月份召开党的全国代表会议，讨论“一五”计划问题。由于苏联援助项目仍未落实，而这又是“一五”计划的重点，故这一稿也不完整。

1953年4月，苏联政府经过研究，就中国“一五”计划的问题提出了正式的答复意见。其要点是：一、从中国的利益和整个社会主义阵营的利益考虑，“一五”计划的基础是工业化，首先建设重工业，这个方针是正确的。苏方认为，有轻重缓急之分才有政策，什么都要，就是小孩子。二、建设速度定得过快、过高，建设的面就会铺得很广，资金的使用就不集中，就会分散力量。从政治上、舆论上、人民情绪上考虑，五年计划不仅要保证完成，而且一定要超额完成，原定整个工业每年递增20%，这个速度快了一些，“我们认为规定每年递增14%—15%就可以了”。根据苏联的经验，长期计划要保持3%—7%的后备力量，以备应付计划不周及临时出现的情况。三、要加强地质勘探等发展经济的基础工作。四、“要注意考虑农业问题，增产要有具体办法。如无具体办法，就会成为纸上的

※ 1957年10月15日，长江上第一座铁路、公路两用桥提前正式通车。图为武汉长江大桥通车典礼。

※ 1957年，中国已能制造200多种新型机床。图为上海机床厂工人正在装配苏式3161型外圆磨床。

※ 1957年，全国铁路通车里程达2.99万公里，比1952年增长22%；全国公路，水运、空运都有了发展。图为新建的宝成铁路成都站。

※ 教育、科学、文化等项事业都有很大发展，图为北京实验中学的教师在上课。

※ 中国的工业技术基础、生产水平有较大提高，煤炭产量达1.3亿多吨。图为辽宁阜新海州露天煤矿装车外运。

※ 1956年5月2日，毛泽东在第七次最高国务会议上，重申“百花齐放，百家争鸣”的方针。图为毛泽东在第七次最高国务会议上讲话。

东西”。不仅要大量生产质量好、价格低的农机具和肥料，还要保证工业品对农村的供应，发展城乡物资交流。五、需要大力发展手工业、小工业，以补充大工业之不足。六、发挥原有企业的潜力，以增加国民经济积累。七、巩固人民币，扩大购买力，发展商品流通。八、工业总产值的增长速度要大于职工人数的增长速度，以保证劳动生产率的提高；劳动生产率的提高速度要大于工资的增长速度，以保证国家的积累；技术人员的增长速度要大于工人的增长速度，以保证技术水平的提高。九、要注意养自己的专家。苏联的帮助可以减轻中国负担的分量，但毕竟还有好多工作要中国自己去做。苏联的这些意见，虽然主要是立足于苏联的经验，但基本上符合当时中国的实际。正如李富春所评价的：“实事求是，对中国的帮助很大。”1953年6月李富春回国后，向中央提交了《在苏联商谈我国五年计划问题的几点体会（提纲草案）》。他结合苏方所提的意见，提出了关于我国五年计划的方针任务的意见。6月份以后，根据中央的要求，参考苏联国家计划委员会对我国“一五”计划的意见，由国家计委组织力量，开始对“一五”计划进行第四次编制。这一次陈云因病在外地休养，未能参加。但这一稿仍很不成熟。

1954年初，毛泽东要求对“一五”计划重新编制，并要求加快编制进度。毛泽东规定了一个期限，要求从2月15日起，一个月内交卷，拿出初稿，然后由陈云定稿。计委的同志感到时间太紧、压力很大，向主席请求延长一些时间，毛泽东只给了五天的机动，要求3月20日必须拿出初稿。2月19日，陈云召集中央财经、文教各部部长开会，布置“一五”计划的编制工作。他传达了毛泽东的指示，同时指出：编制“一五”计划的工作不能再拖了，毛主席规定的时间非常紧，但现在编制“一五”计划有很多有利条件，短时间内完成这一任务是有可能的。会后，各部和计委根据陈云的指示，迅速展开工作，并按预定的时间及时向陈云提供了所需的材料。陈云自己组织了一个五人小组，昼夜工作，开了14次会，用了15天时间，于4月中旬拿出五年计划纲要初稿。

1954年4月，中央又决定成立以陈云为组长，包括高岗、李富春、邓小平、邓子恢、习仲勋、贾拓夫、陈伯达在内的“一五”计划八人领导小组。陈云将“一五”计划第五稿又做了修改，提交八人小组讨论。为了做好修改工作，他们接连开过17次会议。计划初稿出来以后，1954年6月30日，中共中央政治局召开会议，听取陈云关于“一五”计划编制情况的汇报。在这次汇报中，陈云对五年计划的基本任务、主要指标、主要产品的产量、基本建设的规模、农业合作化和资本主义工商业社会主义改造的速度做了全面介绍。他在这次汇报中，提出了农业与工业、轻工业与重工业、重工业内部、工业发展与铁路运输之间要按比例发展，财政收支、购买力与商品供应、主要物资供需之间要平衡的思想。他还提出了“紧张的平衡”的思想。他认为，样样宽裕的平衡是不会有的，我国因为经济落后，要在短期内赶上去，计划中的平衡只能是紧张的平衡，但紧张不能搞到平衡破裂的程度。他把按比例与平衡的关系联系起来，认为“合比例就是平衡的，平衡了，大体上也会是合比例的”。

1954年10月，毛泽东、刘少奇、周恩来一同在广州用一个月的时间，对“一五”计划第五稿审议修改。11月，由陈云主持召开中央政治局会议，又用11天时间，仔细讨论了“一五”计划的方针任务、发展速度、投资规模、工农业关系，再次提出许多修改意见。1955年3月31日，党的全国代表会议对陈云主持起草的“一五”计划草案进行了审议，并原则通过这一草案。6月，中央委员会根据全国党代表会议提出的意见，对草案进行了再次修改。7月30日，全国人大一届二次会议审议并正式通过了“一五”计划。

“一五”计划是我国编制的第一个大规模经济建设计划，它的总投资额在中国经济发展史上是史无前例的，可折合7亿多两黄金。这一计划首先贯彻了优先发展重工业的方

※ 中央领导人同参加科学规划工作的科学家合影。前排右二起：聂荣臻、邓小平、林伯渠、陈云、朱德、毛泽东、周恩来、郭沫若、康生、李四光。

针，集中体现在它把主要力量用于建设苏联帮助我国设计的156个建设单位和由限额以上694个建设单位组成的工业项目上。其中，苏联帮助我们的156项成为“一五”建设的核心。“一五”计划期间，苏联和东欧各国，特别是苏联对中国的经济技术援助，对于迅速提高中国的工业技术水平，尽快建立比较完整的工业体系起了重要的作用。到“一五”计划末期，苏联援建项目共计为166项，但习惯上仍称为“156项”。苏联和东欧各国帮助建设的项目规模都是比较大的，成套设备都是当时比较先进的，几乎都是为建立中国工业化基础所必需的重工业项目。随着这些项目的建成投产，形成了中国第一批大型现代化企业，填补了一批生产技术领域的空白，初步建立了独立自主、自力更生的发展国民经济的工业技术基础，并且取得了建设大型现代化项目的初步经验。对于苏联和东欧人民的这些无私的援助，中国共产党和中国人民是不会忘记的。1981年3月，中共中央起草《关于建国以来若干历史问题的决议》时，陈云特意对文件的起草人之一邓力群说：

第一个五年计划中的156项，那确实是援助，表现了苏联工人阶级和苏联人民对我们的情谊。这样一些问题，《决议》应该如实地按照事情本来面貌写上去。要通过这些历史问题的论断，再一次说明中国共产党人是公正的。

（赵士刚）

同高岗分裂党的阴谋的斗争

在召开高岗、饶漱石问题的座谈会上，陈云发言说：我把高岗和我讲的话向党说出来，高岗可能觉得我不够朋友。但我讲出来，是党的原则；不讲出来，是“哥老会”的原则。

高岗1952年调入北京，兼任国家计委主席；饶漱石1953年调入北京，任中央组织部部长。他们两人调中央工作后，个人野心膨胀起来，把刘少奇、周恩来视为他们实现野心的障碍，遂结成联盟，企图以阴谋手段夺取党和国家最高权力。1953年夏季的全国财经工作会议，原定要讨论五年计划、财政、民族资产阶级问题，但高岗则利用毛泽东批评新税制之机，企图扭转会议方向，将会议实际上变成主要讨论和批评新税制的会议，借以攻击刘少奇、周恩来。

新税制是针对国家税收下降趋势，而大规模经济建设又需要增加税收的情况，由薄一波主持制定的。1952年12月31日在《人民日报》公布后，由于事先既没有发到地方财经、税收部门去征求意见，也没有同地方党政领导打招呼，因此在社会上引起强烈反响和波动。新税制引发的问题很快便反映到毛泽东那里，毛泽东对这个问题极为重视。1月15日，毛泽东致信周恩来、邓小平、陈云、薄一波，指出：新税制一事，中央既未讨论，对各中央局、分局、省市委亦未下达通知，匆卒发表，毫无准备。此事似已在全国引起波动，不但上海、北京两处而已，究应如何处理，请你们研究告我。此事我看报始知，我看了亦不大懂，无怪其他的人也不大懂。究竟新税制与旧税制比较利害如何？何以因税制而引起物价如此波动？请令主管机关条举告我。尽管事后不久（2月10日）中财委即责成财政部、商业部、粮食部有关领导人联名写信向毛泽东做了说明，财政部又专门就此事向中央汇报了一次，但毛泽东仍就此事进行了严厉的批评，说："公私一律平等纳税"的口号违背了七届二中全会的决议；修正税制事先没有报告中央，可是找资本家商量了，把资本家看得比党中央还重；这个新税制得到资本家叫好，是"右倾机会主义"的错误。

毛泽东批评新税制，使高岗找到了一个机会，他想借批评薄一波"右倾机会主义"之名影射刘少奇，以达到其阴谋的目的。这样，财经会议开始不久，他便对薄一波进行过火的责难。并采取张冠李戴的手法，把刘少奇曾说过的和毛泽东意见不太一致的话都安在薄一波的头上加以批判，如刘少奇在1947年有关土改"村村点火，户户冒烟"的讲话，1949年在天津关于对待资本家和"剥削有功"问题的表态，1950年有关东北富农党员问题谈话中的观点，1951年有关山西互助合作批语中的一些话等，都加在薄一波头上。不知情的人还以为高岗"记混了"，把刘少奇的话当成薄一波的话来批了。其实，他这里在搞明里"批薄"暗里"射刘"的阴谋。高岗还鼓动一些同志"放炮"，把新税制的错误上升到路线的高度，指责这是路线错误，指责中财委内也存在两条路线。与此同时，饶漱石出于篡党夺权的野心，也与高岗一唱一和，在同期召开的中央组织工作会议上，借机"讨伐"刘少奇，从而使财经会议气氛更加紧张。

在高饶的起劲干扰下，财经会议原定开半个月时间，但一直开了两个多月还未能收尾。这引起毛泽东注意，他要周恩来尽快作结论。但是，会上对薄一波的批评非常激烈，调子一直居高不下，周恩来觉得结论非常难作。周恩来当时是会议的主持者，如果话说轻了，会上不好通过，而且有为薄一波开脱之嫌；话说重了，又会被高饶利用。因而，周恩来左右为难。毛泽东为了尽快结束会议，让周恩来"搬兵"，就是把在外地的陈云、邓小平请回来参加会议，给薄一波解围。其实陈云因病在外地休养时，有人去看望他，同他谈到财经会议的情况，他就已经明确表示过：不能把薄一波同志几年来在中财委工作中的成绩抹杀了，我反对两条路线斗争的提法。陈云7月下旬回到北京后，稍事休整和准备，便在8月6日到会做了长篇发言。他首先批评了新税制的错误，同时也为薄一波说了公道话。他在对新税制问题的分析中指出：解放以后，到去年为止，加工订货、代购代销的比重逐渐增加。这样一来，就相对地减少了买卖关系，税收也随之减少，需要想办法来补救。在这种情况下提出修正税制是有理由的。但是采取什么办法应该考虑。新的税制对税收减少缺乏分析，因此，提出的补救办法是错误的。新税制的错误，其结果是很明显的：不利于社会主义经济，有利于资本主义经济。谈到薄一波的问题，陈云首先指出：几年来，薄一

※ 1954年2月6日至10日召开的中共七届四中全会，批准了中央政治局提出的过渡时期的总路线；通过了关于召开中国共产党全国代表会议的决议；揭露和批判了高岗、饶漱石的反党分裂活动，一致通过了《关于增强党的团结的决议》。图为刘少奇代表中共中央作报告。

波在中财委做了大量的工作，这些工作即令是事务性的，也是非常重要的。因为，如果没有人顶住事务，中财委的工作是不行的。针对高饶等人提出的中财委存在两条路线的问题，陈云也指出：同志们在会议上提出中财委内部是否有两条路线的问题，我以为在工作中间个别不同的意见是不会没有的，在一起做了四年工作，如果说没有一点不同意见，当然不行。这些意见，也不能说他的都是错误的、我的都是对的，也不能说他的都是对的、我的都是错的。总的说起来，我在今天这样的会上不能说中财委有两条路线。

陈云在讲话中还就当时人们关心的一些财经工作中的问题做了广泛的解释和说明。他的这个讲话，把薄一波的问题和当时人们关心的问题都讲清楚了。陈云在讲话中还主动承担了一部分责任。大家听了都觉得入情入理，意见也就逐渐统一了。原来集中在薄一波身上的批评，也很自然地转移开了。邓小平回京后，也指出，大家批评薄一波的错误，我赞成。每个人都会犯错误，我自己就有不少错误，在座的其他同志也不能说没有错误。薄一波的错误是很多的，可能不是一斤两斤，而是一吨两吨。但是，他犯的错误再多，也不能说成是路线错误。把他这几年在工作中的这样那样过错说成是路线错误是不对的，我不赞成。

事过几十年之后，薄一波在回忆起这段往事时还说："在高饶问题尚未揭露，会议批评的调子降不下来的形势下，陈云同志的这些话，无疑起到了降温和替我解围的作用。"陈云和邓小平讲话之后，尽管高饶还想抓住这个问题不放，但也只好暂时作罢。这样，周恩来的结论就好做了。8月11日，财经会议在中南海怀仁堂召开大会，陈云主持会议，周恩来做了总结报告，延续了两个多月的财经会议终于接近尾声。第二天，毛泽东在怀仁堂向出席、列席财经会议的全体人员讲话说："在批判薄一波的错误中间，周、陈都说要负责任，我说我也要负责任，各有各的账。"毛泽东还具体就统收统支问题、预算问题等承担了责任，使人们从中看出，毛泽东的本意是希望这次财经会议能通过批评和自我批评来总结经验，进一步提高工作水平。

但是，高岗、饶漱石篡党夺权的阴谋活动并没有就此停止。财经会议后，中央考虑适当改革党和国家领导体制，曾设想采取政府部长会议制形式，党内设中央副主席或总书记。高饶错误地估计形势，以为这是他们谋取党和国家最高权力的大好时机。高岗忽而造谣说，毛主席打算让刘少奇搞议会，让周恩来搞部长会议，让他搞政治局；忽而又表示不同意周恩来当部长会议主席，主张由林彪担任。他还要陈云去向毛主席反映，遭到陈云的断然拒绝。接着，他以休假为名，到华东和东南一些地区煽动高级干部，宣扬他所炮制的所谓"军党论"，将中国共产党分为"根据地和军队的党"、"白区的党"两部分，并以"根据地和军队的党"的代表自居，说现在是"白区的党"掌握党中央和国家机关，应彻底改组，由他来担任党中央副主席和政务院总理。回到北京后，他听说书记处要开会把设副主席或总书记的问题定下来，唯恐自己当不上副主席，便找陈云说："要搞副主席就多搞几个，你一个，我一个。"被陈云顶了回去。他还找邓小平谈判，说刘少奇不成熟，要争取邓小平和他一起拱倒刘少奇。陈云和邓小平觉得问题严重，立即向毛泽东反映，引起毛泽东注意。毛泽东便委托陈云，沿着高岗走过的路线，到上海、杭州、广州、武汉等地，向当地中央局、中央分局负责同志通报高岗以阴谋手段反对刘少奇、分裂党的问题。

为了挽救高岗，刘少奇同陈云一起找高岗谈话，但高岗却不表态，置党的挽救于不顾，继续搞分裂活动。这时，毛泽东因要休假离京，提议由刘少奇临时主持中央日常工作。毛泽东在政治局会议上说：“北京有两个司令部，一个以我为首的司令部，就是刮阳风、烧阳火；一个是别人为司令的司令部，就是刮阴风、烧阴火，一股地下水。”以此方式对高饶发出了严厉警告。1954年2月，中共中央召开了七届四中全会。全会通过了《关于增强党的团结的决议》，不点名批判了高饶。会议由刘少奇主持，周恩来、陈云、邓小平等44人做了重点发言。陈云发言的大意是：我们党是经过几次分裂的，张国焘等人都搞过分裂活动。现在四中全会重新提出一个决议，号召加强党的团结，就是说张国焘这样的野心人物是可能出现的。我们党内不少高级干部中间，个人主义成分或多或少地存在着，只要气候适宜，小个人主义可以变为大个人主义。我们对于执政党内的状况不能盲目乐观，加强马列主义教育，毛泽东健在，这些都很重要，但也不能保证不出野心人物，而且毛主席在生理上是不能万岁的。保障党的团结，防止党的分裂，可靠的、可传到子孙后代的办法，就是提高几百个省（市）委书记以上的干部及军队中负责干部的革命觉悟和嗅觉。大乱子要出就出在这几百人里面；出了野心家，能否迅速把他揭露，不闹成大乱子，也决定于这几百个人。全会之后，中央书记处分别召开了高岗、饶漱石问题的座谈会，对他们企图夺取党和国家领导权的阴谋活动进行了揭发批判。陈云在16日的发言中，讲了高岗想当中央副主席的言行。他说：我把高岗和我讲的话向党说出来，高岗可能觉得我不够朋友。但我讲出来，是党的原则；不讲出来，是“哥老会”的原则。高岗个人主义野心是一步步发展起来的，由小到大。如果完全没有个人主义根子，不会一下子爆发出这样的问题。

会后，高岗拒不接受党的批评和教育，竟以自杀自绝于党；饶漱石只承认别人揭发的问题，对许多关键问题避而不谈。鉴于高饶的态度，在1955年召开的党的全国代表会议上，邓小平代表中央做了《关于高岗、饶漱石反党联盟的报告》，并在会上通过了将他们两人开除出党、撤销党内外一切职务的决议。

1980年春，中央酝酿起草建国以来党的若干历史问题的决议时，邓小平曾谈到高饶事件，明确表示：

揭露高饶的问题没有错……这个事情，我知道得很清楚。毛泽东同志在1953年底提出中央分一线、二线之后，高岗活动得非常积极。他首先得到林彪的支持，才敢于放手这么搞。那时东北是他自己，中南是林彪，华东是饶漱石。对西南，他用拉拢的办法，正式和我谈判……也找陈云同志谈判……高岗想把少奇同志推倒，采取搞交易、搞阴谋诡计的办法，是很不正常的。所以反对高岗的斗争还要肯定。高饶问题的处理比较宽，当时没有伤害什么人，还有意识地保护了一批干部。总之，高饶问题不揭露、不处理是不行的。现在看，处理得也是正确的。

（赵士刚）

“要让私营工商业发展”

陈云针对过早限制资本主义工商业发展的想法，告诫说：“中华人民共和国万岁，时间长着呢，何必急急忙忙去限制他们。”“要让私营工商业发展，发展起来以后还在中华人民共和国，跑不到外国去。”

中共七届二中全会上，党提出了对资本主义工商业利用、限制的方针。虽然没有明确提出改造，但在实际工作中，从接收大城市之日起，就将私营企业中的战犯、汉奸、官僚的财产所有权收归国有，实行公私合营，党实际上就已开始了对资本主义工商业的改造。统一财经管理、平抑物价时，为取缔投机倒把，人民银行与私营银行、钱庄开始实行联营，随后又实行公私合营，接受人民银行委托办理的业务，也带有改造的含义。1950年，陈云按照毛泽东的指示领导调整工商业的工作，实行了由国营企业向私营工厂加工、订货，包销、收购私营企业的产品的措施。据统计，加工、订货、统购、包销的产品产值占当年私营企业产值的27%，棉纺业中甚至达到70%以上。这一政策的出发点是帮助私营企业克服困难，但在实施中，则已经把私营企业纳入了国家资本主义的初级形式，限制了它追求暴利、盲目发展的消极作用。所以，陈云谈到加工订货时说：“这是逐步消灭无政府状态的手段。通过这种办法，把他们夹到社会主义。”不过，这些措施虽然实际上就已经开始了改造资本主义工商业的过程，但强调的仍是鼓励有利于国计民生的资本主义工商业继续发展。

这一时期，陈云曾针对有些人企图过早限制资本主义工商业发展的想法，告诫说：“中华人民共和国万岁，时间长着呢，何必急急忙忙去限制他们。”“要让私营工商业发展，发展起来以后还在中华人民共和国，跑不到外国去。”

1952年党发动的“三反”、“五反”运动，对资产阶级惟利是图、损人利己、投机取巧的本质做了充分的揭露。1953年党总结了前几年的经验，提出了过渡时期的总路线，即

※ 上海申新纺织公司职工举行庆祝公私合营，欢迎公方代表大会。

在一个相当长的时间内，逐步实现国家工业化，同时逐步实现对农业、手工业和资本主义工商业的社会主义改造。总路线的提出，实际上就是把改造问题明确提上了日程。为了搞好三大改造工作，中央内部做了一个分工，其中，农业改造工作由毛泽东主抓，而城市资本主义工商业的改造工作则由陈云负责。中央成立了对资本主义工商业改造十人小组，由陈云任组长。

对资本主义工商业的改造，是通过加工订货为主的初级或中级国家资本主义形式，向公私合营为主的高级国家资本主义形式推进而实现的。陈云抓资本主义工商业的改造工作，解决的根本问题，是有计划地稳步推进了这一进程。在陈云领导下，1953年之前，国家对资本主义工商业主要采取了加工订货为主的初级和中级国家资本主义。1954年，中财委制定了《关于有步骤地将十个工人以上的资本主义工业基本上改造为公私合营企业的意见》，开始转入重点发展公私合营这种高级形式的国家资本主义。1954年和1955年，公私合营迅速从个别行业向全行业扩展。1955年夏秋之际，虽然因为受到农业合作化高潮的猛烈推动，资本主义工商业全行业合营的浪潮迅速席卷全国，难以逆转地大大加快了，但陈云经过艰苦的努力，仍妥善地解决了遇到的各种问题。

（赵士刚）

让有能力的资本家当经理

陈云说：工商业者的绝大部分是懂技术的、有业务经验的……他们的技术和业务经验，对人民、对国家、对社会主义建设是很有用的。国家需要这些懂技术懂业务的人员。

陈云在领导对资本主义工商业改造的过程中，十分重视的一个问题，是对各行各业的生产进行全国范围的统筹安排。他总结调整工商业时预先安排企业生产的经验，提出：过去把国营企业的一部分市场让给资本主义企业，来维持它发展，靠的是对国有企业与私有企业的关系进行预先安排，其中包括国营与私营之间、工业与手工业之间、地区之间、行业之间、今天与明天之间的关系，样样都需要预先安排，否则改造就无法顺利进行。与此相联系，他提出要把企业改造与企业改组结合起来。他特地推广上海三笔（金笔、钢笔、铅笔）公司的经验，在企业改造的过程中进行企业改组，通过行业的力量由大厂带小厂、先进带落后，把小厂和落后厂背起来，以解决工业生产中的过剩和失业问题。另外，陈云还要求，在改造过程中，不要人为地把工商业原来的供销关系和协作关系割裂了。

陈云强调的另一个问题，是妥善对待资本家的利益要求。从资本家的立场上来看，无论采取低级形式的国家资本主义，还是采取高级形式的国家资本主义，他们最关心的问题莫过于利润分配。最初，对资本家的加工订货和公私合营都是采取“四马分肥”的方式分配利润的，即把利润分为国家所得税、企业公积金、工人福利费、资方红利四个部分，资方红利大体占四分之一，企业利润大部分归国家和工人。而在全行业公私合营开始以后，陈云认为这种利润分配方式已经不适合企业发展的需要，他主张推广“定息”的办法，就是在给资本家的利润分配上，把原来分给资本家的红利改变为按固定资产价值付给定额利息。陈云指出，实行定息，资本家得到了好处，我们得到了更大的好处。资本家暂时保存了他的资产价值，这个资产的所有权还是他的，但是不能变卖，只能拿到定额利息。工厂企业管理的实际权力转到国家手中，国家可以按照社会主义的原则来经营管理企业。可是，定息的方式虽好，能不能顺利推广，从根本上还取决于利息率是否定得恰当。当时，资本家都希望利息率定得高一点，提出“先高后低”的要求和“保4%争5%”的目标。陈云计算了全国资本家的资本，工业和商业加在一起共33亿元。如果年息定为5%的话，一年也就是6500万元。陈云认为，用这点钱，便把中国的资本家统统买下来，是值得的。因而，他向毛泽东和中央建议定在5%，并得到了批准。当陈云对外宣布5%的利息率时，资本家大有“喜出望外”之感。此后，陈云还根据毛泽东的指示，提出定息从1956年起七年不变，如七年后工商业者生活上有困难，还可以拖一个尾巴的决定，从而进一步消除了一些工商业者的忧虑。

在妥善对待资本家的利益要求方面，如何把对企业的改造同对人的改造结合起来，也是陈云十分关注的一个方面。在利润分配问题解决后，资本家最担心的问题，就是怕改

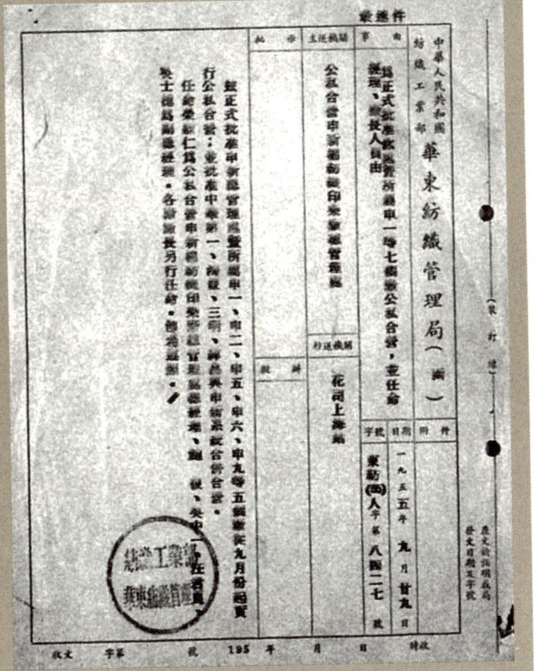
中華人民共和國紡織工業部
華東紡織管理局（函）
一九五五年九月廿九日

※ 公私合营后，华东纺织管理局批准申新总管理处所属工厂实行公私合营及任命荣毅仁为总经理的公函。

造以后没有工作做。为了解除资本家的担忧，从1955年起，陈云在多次讲话中反复强调，所有的资方实职人员，都要安置起来，要给他们饭吃。他们过去没有吃艾森豪威尔的饭，是吃中国饭，而且就是吃他那个铺子里面的，今后还要让他吃下去。陈云还说：

政府的看法是，工商业者的绝大部分是懂技术的、有业务经验的。不懂的也有，但是极少数。他们的技术和业务经验，对人民、对国家、对社会主义建设是很有用的。国家需要这些懂技术懂业务的人员。国家对待资本家与对待地主是不同的。地主对发展社会生产有害无益。资本家懂得技术，能管理工厂，组织生产。政府安排资本家并不是对资本家特别好，而是因为这对国家对人民都有好处。工商界不要担心得不到安排。对资本家也要进行改造，把他们改造成为自食其力的劳动者，改造成为社会主义企业的干部。

当时，也有些资本家怕共产党先甜后辣，对资本家今天安排了，将来还会一脚踢开。陈云对他们说：

不是这样的。今天安排，将来也要安排。因为你们在解放后拥护人民政府，拥护土地改革，支援抗美援朝，接受“五反”教育，最近又积极参加全行业公私合营，这些都是好事，共产党是讲道理的。

陈云还特别提出，应该让有能力的资本家当企业的经理、副经理。对此，有些工人不理解，他们说，从前他当厂长、经理，合营后还是他；资本主义是他，社会主义还是他。有些资本家也害怕当了经理后，工人说闲话，不听他们的话。陈云对资本家说：你们要有思想

※ 1955年11月，陈云在中共中央召集的各省、市、自治区及大中城市党委负责同志会议上作《资本主义工商业改造的新形势和新任务》的报告，提出对各行业统筹安排、改造和改组相结合、安置资方人员、扩大定息和组织专业公司等原则。

准备，听了这些话之后，不能生气。因为过去工人与资方长期是对立的，这种对立情绪不是一下子能改变的。正如两个人打架，要一下子就坐在一起有说有笑的是不可能的。政府可以向工人讲清楚，资本家愿意公私合营，不要他们，他们没有饭吃，这不好。现在资本家与过去有所不同，过去为利润工作，现在为国家工作。他们中有的人有技术，有业务经验，国家也需要他们。陈云还对资本家说：

我有必要提醒大家，你们虽有技术和经验，但是现在环境变了，资本主义企业变成了社会主义企业，不能完全用原来那一套经营管理办法来管理企业了。

陈云不仅妥善做好资本家的工作，当他听到有的资本家反映说：“我们通了，但是老婆不通”、“两个副总理讲了几个钟头，但是回去还不抵老婆一席话”，便于1956年3月专门主持召开了全国工商业者家属和女工商业者代表会议，就她们关心的一些问题做了解释。在这次会议上，陈云就工商业者家属最关心的各方面问题做了详细的解答。他讲了政府对资本家的安排问题，也讲了对资本家家属和孩子的安排问题。他说：资本家家属原来在企业参加辅助劳动的，现在企业要尽量录用，用不了的由专业公司想办法，组织厂外加工或做一些临时工作。如果还不能安排，政府应与工商联、专业公司一起共商办法，找出办法，专门进行救济，解决困难。他还说：不能让小孩子没有饭吃。小孩子是年年长大的，等你们的孩子长大了，不管男孩女孩都可以找到职业，都有出路，都有事做，那时家庭负担就减轻了。他还讲了政府为什么不提倡资本家家属把家里的黄金、美钞、宝石戒指都拿出来捐献的问题。他说，虽然这是好事，是进步的表现，但如果提倡不适当，好事就会变成坏事，就会发生偏差。因为一提倡，就会形成一种压力，发生强制命令的现象，使不能或不愿意捐献的人也不得不捐献了。你们捐献一两千万，数目就不少了，这对政府帮助并不大，却反而给你们自己造成困难。因此，政府希望你们最好不要捐献。已经捐献而造成困难的，要赶快退回去。没有东西捐献的，不要认为不光彩。政府不是希望你们再拿钱出来，而是希望你们与政府同心协力，做好工作，办好企业，建设社会主义。

（赵士刚）

“财富”和“包袱”

陈云分析了把资本家当作“财富”，吸收资本家工作的可能和好处；陈云还对资本家参加工作的不利一面作了分析。利弊相比，“吸收资本家参加工作是财富大、包袱小，好处多、坏处少。”因此，陈云作出结论：应当吸收资本家参加工作。

1955年底，三大改造接近尾声，对资本主义工商业的改造发展到了全行业的公私合营。怎样对待和安置资本家呢？当时人们持各种意见，总的来说就是“财富”和“包袱”之争。陈云在作出决策前，对此作了详细的分析比较。首先，他分析了把资本家当作“财富”，吸收资本家工作的可能和好处：第一，资本家懂技术。他认为，国家对待资本家与对待地主是不同的。地主对发展社会生产有害无益；资本家懂技术，有经营管理经验，能管理工厂，组织生产。第二，我国的资本家具有两面性，在我党的说服教育下，他们愿意走和平改造的道路，愿意为我们党工作。第三，吸收资本家参加工作，是让他们继续吃他那个铺子里的饭，我们并没有增加别的东西给他。第四，使用资本家可以使我们能够听到不同意见，对我们的工作有好处。为了说明这个问题，陈云在《要使用资方人员》一文中指出：“在最近召开的工商联座谈会上，资本家所讲的好多问题，有的部长、局长、经理根本不知道……资本家往往可以迅速、直接地找到我们工作中的错误所在，因为我们好多工作同他们是有利害关系的。他们会‘将军’。他们‘将军’，我们就得答复。”其次，陈云还对资本家参加工作的不利一面作了详细的分析，他认为这种不利因素有三：第一，资本家中会有反革命分子，并且也有自己没有本领、专靠别人经营管理的大少爷。第二，有的国家工作人员可能会被资本家腐蚀。第三，资本家会把资产阶级个人主义、资本主义经营思想带进来。不过，这些不利因素尽管存在，但只要提高警惕，严加防范，配以法律、纪律约束，是可以控制在很小的范围和影响内。总之，陈云认为，利弊相比，“吸收资本家参加工作是财富大、包袱小，好处多、坏处少。”因此，陈云作出结论：应当吸收资本家来参加工作，利用资本家为社会主义经济建设做贡献。

（卢瑞莲等）

关怀商务印书馆

陈云接见商务印书馆工会主席石敏良时说：“我们这一代人，还要苦一苦。所谓前人种树，后人乘凉；前人不种树，后人难乘凉。革命的目的，就是为了子孙万代……”

陈云十分关怀商务印书馆的发展。1949年8月，他在上海总工会作完报告后，会见了参加会议的商务印书馆工会主席石敏良。石敏良是陈云离馆后进厂的铸字工人，见面时，相互不认识。陈云先作自我介绍说：“我是廖陈云”，以示他曾是商务印书馆的工会一员。

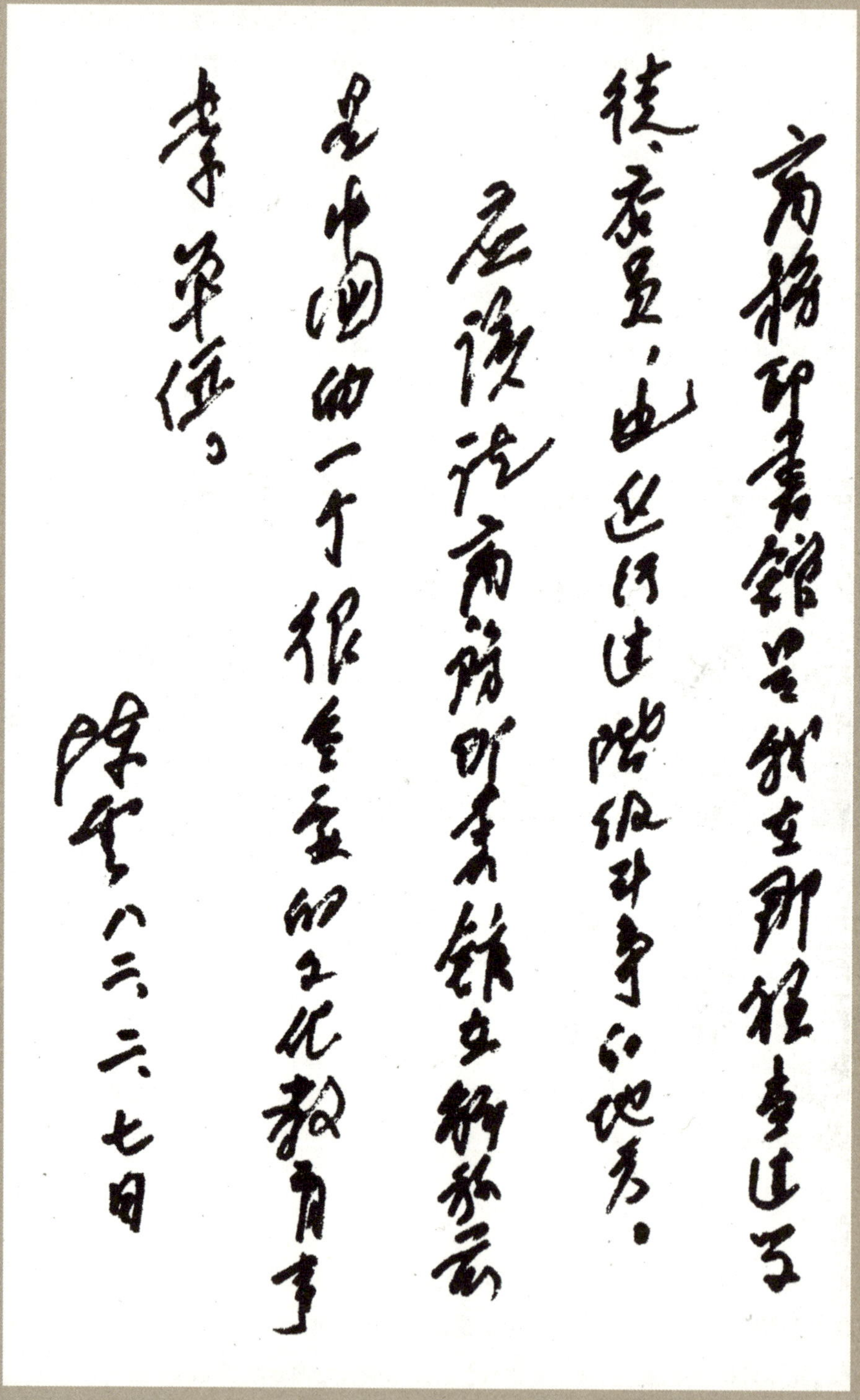
商務印書館是我在那裡當過學徒、店員，由此進行階級斗爭的地方。應該說商務印書館在解放前是中國的一個很重要的文化教育事業单位。

陳雲 八二、二、七日

※ 陈云为商务印书馆建馆八十五周年题词。

然后，陈云语重心长地说："商务印书馆的工会工作不能再像我们过去那样，领导工人搞经济斗争了，否则就是自己拆自己的墙脚。解放了，政权掌握在工人阶级手里，工会首要的任务就是要领导工人抓生产，搞经济建设。"

会见后，陈云接着前往淮海中路看望商务印书馆的创业元老、董事长张元济先生，并对他说："我不久前在东北工作，看到沈阳、长春这两个商务分馆各方面都很好。请放心！"同时陈云还谈了政府有关新的经济政策。张元济对此十分感动，放弃了他自参加维新变法失败后永不从政的诺言，接受了新中国中央政府的任命，应聘任华东军政委员会、行政委员会的委员，出席全国政治协商会议，热心参政、议政。

1987年，浙江省海盐县为纪念出生在该县的爱国文化名人张元济，新建了"张元济图书馆"。陈云同志为该馆题写了馆名，并让夫人于若木代表他参加该馆落成典礼，以缅怀这位为推动我国近代书刊出版印刷事业走向现代化而终生奋斗的爱国进步人士。

1952年，陈云再次接见了商务印书馆工会主席石敏良，对他说："商务印书馆申请公私合营，我看是够条件的。"又说："商务印书馆五个字，公私合营时要保留。将来即使进入国营，这块招牌也不能丢。"商务印书馆实行公私合营之后，使用的新招牌不加公私合营几个字，就是遵照陈云的意见，作为特殊单位区别对待的。

为了搞好公私合营，就必须团结资方，共同创造条件，克服困难。陈云在接见石敏良时还对他说："你回去对同人们讲，说是我陈云讲的，请他们不要认为一解放了，就到了共产主义社会。告诉他们：解放仅仅是新民主主义向社会主义过渡的起点，从起点到终点，中间有个距离，要一步一步地走，总不能一步到达吧？叫他们在生活方面要求不要太高。我们这一代人，还要苦一苦。所谓前人种树，后人乘凉；前人不种树，后人难乘凉。革命的目的，就是为了子孙万代……"

商务印书馆全体职工听了工会传达陈云的这一讲话后，纷纷响应号召，自动减薪，团结资方共同克服困难，以搞好生产的实际行动迎接公私合营的到来。

1954年5月，商务印书馆全面实行公私合营。合营后，商务印书馆总馆、编审、出版部门迁往北京，保留馆名全称，直属文化部管辖；商务印书馆发行所（包括全国各地的分馆、支馆发行所）与中华书局、开明书局、三联书店、联营书店合并，组成中国图书发行公司。

（商务印书馆上海印刷股份有限公司）

陈云纪事

1905-1995

下

张远航　刘晴◎主编

中央文献出版社

※ 陈云在第一次全国监察会议上作报告。

※ 陈云在中南海怀仁堂签到，出席一届全国人大一次会议。

※ 陈云同毛泽东、刘少奇、周恩来、朱德、邓小平在中共中央召开的扩大的中央工作会议上。

※ 陈云在中南海。

※ 1959年5月15日，陈云在中南海勤政殿。

※ 陈云在桂林。

※ 1983年8月，陈云在中南海办公室。

※ 1987年5月，陈云在杭州。

CONTENTS / 目 录 ★★★★★

下册

第五编（下） 05

建国伊始 经济主帅

三次视察鞍钢 / 440

陈云视察鞍钢，鼓励鞍钢职工要抓紧生产和修复设备，多生产钢铁，为抗美援朝做贡献，为国家财政经济好转做贡献。

关注三门峡工程 / 445

陈云对修建三门峡工程、根治黄河水害、开发黄河水利很重视，只有我们的政权才能够搞这样大的事业，铲除黄河泛滥这样大的灾害。

从政治上看待治淮 / 450

陈云说，治淮这件事证明了人民政府和人民结合起来，是可以克服任何困难的，今后还要这样继续去做。这种意义远超过治好淮河本身之上。

荆江分洪和江水北调 / 452

陈云曾多次研究开发长江、南水北调战略。他说，要解决北方缺水问题，第一是取天然之水，第二是取地下之水，第三是取外来之水。

“泄水防涝，蓄水防旱” / 453

陈云说：“泄水防涝，蓄水防旱，这两件事都是大事。在我们进行经济建设时，每一年都要有很大一批钱用在这方面。水利建设是治本的工作，是百年大计。”

关键问题是一个“水” / 456

在谈到农业提高单位面积产量时，陈云说：从全国四百、五百、八百斤来看，我以为无论在南方、北方，关键问题是一个“水”。

“这是人民的大事” / 458

陈云说：“商业工作天天同人民群众打交道，管吃、穿、用，管油、盐、柴、米。不要看不起这些，这是人民的大事。我们共产党必须天天关心人民群众的切身利益。”

涮羊肉风波 / 463

毛泽东请陈云调查为什么“东来顺”的涮羊肉现在不好吃了。陈云说：“东来顺”涮羊肉出现质量滑坡问题的主要原因是“我们轻易地改变了它的规矩”。

简朴的衣食 / 469

陈云常开玩笑说：“过去革命战争年代想吃，没有东西吃；现在革命胜利了，有东西吃了，又不能吃，自己真是没有口福啊！”

“约法三章” / 470

陈云对家人“约法三章”：不准随便进出他的办公室；不准翻看、接触只供他阅读的文件、材料；不准搭乘他使用的小汽车。

克己奉公 / 472

陈云对自己克勤克俭，对同志慷慨相助，他经常接济部下的生活，他总是说：“如果生活有困难，孩子上学有困难，我会帮忙。如果孩子出了事找我，你找上门来，我不但不帮，我还会批评你。”

不收礼 / 474

陈云向身边工作人员交代：“不收任何人的礼品，外宾送的礼品都要上交。”

运动和休息 / 477

陈云说，要胜任繁重的工作，就要舍得花时间运动和休息。

“多做就是少做，少做就是多做” / 478

陈云强调一定要把握好繁忙的工作与必要的休息之间“度”的问题。他说：“多做就是少做，少做就是多做。”因此，“注意劳逸结合，细水长流，就能多做工作；不顾劳逸结合，伤了身体，就不能多做。”

第六编 06

十年探索 艰难行进

“三个主体，三个补充” / 484

陈云在中共八大上提出的“三个主体，三个补充”的构想，是陈云在社会主义改造基本完成后指导中国经济工作继续前进的一个总纲，它代表了党在这个时期探索的正确方向。

“反冒进”与“反反冒进” / 489

陈云说：“现在马跑得很危险。这样骑下去，后年、大后年更危险。”“有些问题，没有把握宁可慢些，多考虑一下，其缺点是慢，但如果做错了，那就是失败。慢和失比较起来，慢比失要好。”

“全力支持你，支持到底” / 493

中央决定恢复中央财经小组，由陈云当组长。陈云一再谦让，刘少奇说，大家都同意你当，你就当。就我个人而言，全力支持你，支持到底。

救民于死亡线上 / 497

“大跃进”和“反右倾”引发的灾难，首先是粮食生产受到严重破坏，饥荒严重。陈云冲破禁区，提出进口粮食，渡过难关。他还提出每人每月供应三斤大豆、半斤鱼、半斤肉。他告诫大家：目前，这样的问题，是国家大事。

2000万城市人口下乡 / 500

解决粮食紧张问题，陈云提出了四条措施，其中特别强调说，动员城市人口下乡这一条是必不可少的，非采取不可。

调整建设规模要“伤筋动骨” / 505

陈云主张对1962年计划要做相当大的调整，要准备对重工业、基本建设的指标“伤筋动骨”。重点是“伤筋动骨”这四个字。

不忘自力更生 / 509

党的八大二次会议期间，沈鸿给毛泽东写了封信，提出我国应当自己建造三台万吨水压机。毛泽东、党中央批准了他的建议，并责成他主持上海这一台的制造工作。陈云到上海视察时把沈鸿找去，关切地问他到底有没有把握。

为子孙后代做好事 / 515

陈云说：“血吸虫病是旧中国遗留下来的一大祸害，对人民群众的危害很严重。我们共产党要关心群众疾苦，消灭血吸虫病，为子孙后代做好事。”

除洪涝之害，兴灌溉之利 / 516

陈云说：“在农业的灾情中，水灾多于旱灾，涝灾又多于洪灾。”又说：“灌溉是农业增产最可靠的办法之一。”他强调：治涝不是简单地把水导入海，而是要同扩大灌溉面积结合起来，除洪涝之害，兴灌溉之利。

关心重工业基地建设 / 518

陈云两次到齐齐哈尔重工业基地视察，他说：“过去齐钢为国家的建设立过功，今后还要多做新贡献。我们国家要想工业大发展，赶上世界先进水平，不仅要搞好钢铁工业，还必须抓好电子工业。”

视察武钢 / 523

陈云视察武钢，叮嘱武钢人：你们要把武钢建设好，武钢是我们国家156项重点工程中的重点，因为钢铁工业是一个国家建设的脊梁，脊梁啊……

“百年大计，质量第一” / 531

杭钢合金钢车间厂房倒塌事故使中央震惊。为扭转只要速度不讲质量的偏向，陈云来到杭钢发表重要讲话。中央批转了陈云的讲话，强调指出：“提高工程质量，这是一件必须引起全党严重注意的大事。”

真理往往在一个人手里 / 538

针对干部不敢讲真话的情况，毛泽东说他就赏识陈云，他这个人是很勇敢的，犯错误勇敢，坚持真理也勇敢……他这个同志还是经验比较多一点。真理往往在一个人手里。

国难思良将，家贫思贤妻 / 539

毛泽东同王任重谈话，说道：国难思良将，家贫思贤妻。陈云同志对经济工作是比较有研究的，让陈云同志来主管计划工作、财经工作比较好。

视察抚顺 / 540

陈云在调查研究的基础上，提出了抚顺矿

务局总体改造的基本指导思想：合理利用地下资源，发展地面重工业，搞好综合利用。

视察宣化 / 543

陈云视察了烟筒山矿、四方台矿、庞家堡矿后说：“你们这是大洋吃小洋啊！现在的基本矛盾是大洋钢厂建立在小洋铁厂的基础上，高度机械化的钢铁厂和手工业的矿山有矛盾。要提高质量、提高产量，不在冶炼那一头，而是在矿山那一头，搞机械化的矿山、选矿、洗煤、炼焦。”

两条好建议 / 547

困难时期，陈云有两点建议：一是给干部增加点保健营养品，以便保证工作；二是清仓，有些物品能拍卖可拍卖，将所得用于急需。

要自力更生发展化肥工业 / 549

陈云说：“真正增产粮食还要靠化肥和水，因此，中央一致意见是多搞、快搞化肥。”

主持召开煤炭工业座谈会 / 555

由陈云主持的煤炭工业座谈会于1961年10月14日在北京香山召开，共开了21天。陈云在听了六个矿务局及有关同志的汇报后，经过深思熟虑，提出了18个专题。

“农民有了自留地，我就放心了” / 558

陈云很带感情地说：农民有了自留地，我就放心了，不会饿死人了。农民没有粮食吃呀。中国的农民真好，饿死人也不想起来造反。中国历来农民造反，都是在粮食问题上造反。有自留地，农民就安定了。自留地要留足！

“你是好人” / 563

在小蒸乡，陈云风趣地问大家：“我是好人，还是坏人？”群众说：“你是好人。”他接着说：“我虽是好人，结果办了错事情。”陈云在座谈会讲话时，都先说这么几句：我是国务院副总理，现在把你们搞得没有饭吃，犯了错误，对不起老乡们。

“没收不对，发还才是对的” / 565

陈云问老农：“把你们的猪没收对，还是发还对？”一个老农作了一个很有意思的回答：“上面说没收、发还都是对的。”陈云又问：“你们现在敢不敢养猪？”老农回答：“还不大敢，说不定哪一天又是没收对了。”陈云说：“没收不对，发还才是对的，以后再不会没收了。”

为什么市场上看不到活鱼？ / 568

青浦县渔民的鱼不准在上海卖，必须卖给县水产公司，再由县水产公司运到上海去完成供应任务。多次来回运输，把活鱼运成死鱼。陈云叹息：现在商品流通是按行政区划来管理的，不合理，可是又改不过来。他说：“我一个党中央副主席，连这样一个小问题都解决不了，实在对不起人民。”

“我看陈云同志行” / 570

毛泽东对陈云很器重，称陈云是理财能手，“比较公道”，“比较稳当”。

“有钱难买反对自己意见的人” / 574

陈云说：“我们的干部，特别是高中级领导干部，能够交一点敢于反映真实情况的知心朋友，多听到些真话，是很有些好处的……用通信、谈话的形式，多向知心朋友了解情况，好处是‘真、快、广’。”

“陈云同志真会过日子” / 579

周恩来对邓颖超说：“陈云同志真会过日子，我们应该向他学习……”

对领导和群众都一视同仁 / 580

陈云说：中央、国务院文件的规定，对中

央领导和普通群众都一视同仁，不能有任何特殊化，不能在执行中任意打折扣。

“开门七件事——柴米油盐酱醋茶” / 582

陈云常说两句话，一句是“民以食为天，食以粮为主”；另一句是“开门七件事——柴米油盐酱醋茶”。

淡泊名利 / 588

陈云常写的一个条幅是：“个人名利淡如水，党的事业重如山。”

“淡泊以明志，宁静以致远” / 590

于若木说：在陈云身上，既集中了我们党的优良作风，又继承了我们民族的传统美德。“淡泊以明志，宁静以致远”，作为他一生的写照是恰当的。

从业余爱好者到专门家 / 592

吴宗锡说，陈云对评弹的整个历史和现状，对评弹的艺术规律，对从事评弹工作的干部、群众都有着深切的理解……陈云同志实际上已从一个业余爱好者变成一位专门家了。

“新书三分好就鼓掌” / 600

陈云说：“对老书，有七分好才鼓掌；对新书，有三分好就鼓掌。”

亲朋故旧的来信 / 602

陈云亲朋故旧的来信中，要求解决的问题有公事，也有私事。对于公事，根据党的政策、原则，该怎么办就怎么办；对于私事，陈云指示，不要因为是他的亲朋故旧就特殊照顾，应当按处理人民来信一样，一视同仁。

第七编 07

“文革”遭难 不忘忧国

“黑帮这个词可不能随便用啊” / 606

学生污蔑袁血卒是“反革命黑帮”，陈云说：“黑帮这个词可不能随便用啊！”

“文革”中被抄家 / 609

陈云被抄家，周恩来派秘书赶到现场说：陈云是中央常委，他的档案不是一般的档案，是党和国家的机密，任何人不许动。至于评弹，是苏州一带的文化艺术，不能作“四旧”破。

“钱由我出，就这样定了” / 611

陈云下放，购置了一些生活用具，按制度规定是可以报销的，可陈云说：“不用到机关报销了，我看买这些东西也用不了多少钱，我还出得起，就由我来出吧。”

“书是精神食粮，好东西” / 612

陈云说：“书是精神食粮，好东西。我从北京到江西什么东西也没有带，只带了三箱书，读书就是我的工作。”

“我是来向江西人民学习的” / 613

陈云谦虚地说：“江西是革命老区呀！我多次到过这里，这次是奉令来蹲点搞调查研究的，是来向江西人民学习的。”

班组里的中央首长 / 618

陈云深入车间、班组，参加学习，现场看工人操作，了解生产情况，和工人促膝谈心。

宝贵财富 / 622

陈云和工人们的谈话，给人们留下了一份宝贵财富。他说：“不研究生产不是马克思主义。马克思认为，一个民族不能一天停止生产。工厂就是要搞生产，如果只谈革命，不搞生产，那我们吃什么？”

车间里的笑声 / 623

陈云和一位工人老师傅互致“拱手礼”后，笑着说：“现在年轻人虽然文化程度高，但他们不懂得这种旧时的拱手礼节啊！”大家听了，都笑了起来。

“要理直气壮地抓生产” / 626

陈云在江西化工石油机械厂“蹲点”期间，十分关心生产。他说：“要理直气壮地抓生产，把生产抓上去。”并对抓好生产作了一系列重要指示。

情意浓浓拉家常 / 633

陈云平时言语不多，但他一有空就主动与身边人员拉家常。有一次，他与沈玉贵谈起了生活哲学。

惊人的记忆力 / 634

陈云见过一次的人，就能叫上名字。他说：“我年轻时能一口气背出几百人的名字。”

企业管理是一门科学 / 639

对工厂实行军事建制，陈云说，企业管理是一门科学，内容包括很多，简单地把军队那一套搬到工厂是行不通的。工厂的生产组织，要适应生产力的发展，各个工种要互相配合。

“你们是工人阶级家庭” / 642

陈云到龚火生家里去看望，跟他聊家常。陈云听说龚火生的爱人也是工人，而且同在一个车间工作，幽默地说：“好呀！你们是工人阶级家庭。”

两只折叠凳子 / 645

工人为陈云做了两只折叠凳子，他把一只送给了老表，把一只带回了北京。他说：“我要把这只凳子带到北京去，给毛主席看看，告诉他这是工人师傅为我做的……”

一顶草绿色军帽 / 647

陈云戴上草绿色军帽说：“过去，在毛主席的领导下，我们戴着这个帽子，武装夺取政权成功了；现在，戴上这种帽子，心里觉得很舒服。”

除夕会餐 / 648

陈云草草吃过饭，来到除夕会餐的大厅，双手抱拳连连摇动：“大家请我没有来，对不起、对不起！新年来了，祝同志们春节好！身体好！”

考察南昌县农村 / 650

陈云考察南昌县农村，对大队干部说：“农村主要靠发展生产来提高社员生活水平。要发展生产，关键是你们这些在座的人要带好头。”

秧歌与教学 / 654

陈云说：“教书应该像扭秧歌。秧歌舞向前走两步，然后退一步，扭起来很好看；教书要形象生动，你花了大量时间向学生讲课，也要给时间让学生消化所学的知识，这退一步，就是让学生自己复习，巩固课堂上所学的知识。”

钢城之行 / 655

陈云到新渝考察，用他自己的话说：“没有什么事，下来走一走、看一看。”

视察萍乡、安源 / 664

陈云视察萍乡、安源，接待的人感慨万分地说：“陈云同志生活俭朴，和普通老百姓一样，没有半点特殊，可以说是中国共产党最优秀的代表，是一尘不染、为政清廉的楷模。”

给女儿发工资 / 669

陈云对女儿说：“我们都是共产党员，没有去上班，没有工作，就不能白拿工资。”

告别 / 670

1972年4月22日，陈云与工人们一一握手：“谢谢工人师傅们，我要回北京了，再见了。”

“这是国民党的阴谋” / 670

江青等人利用国民党伪造的“伍豪启事”攻击周恩来，陈云指出：“这件事我完全记得，这是国民党的阴谋。”

父亲的两封信 / 671

陈云于1970年和1973年给女儿陈伟华写了两封信，谆谆教诲女儿说：“哲学是马列主义根本中的根本”，“马克思、恩格斯、列宁的著作很多，但我看来，只要10本到15本就可以了。”

对资本主义要很好地研究 / 678

陈云说：和资本主义打交道是大势已定了，我们对资本主义要很好地研究。列宁讲过：到共产主义时代，会用金子修一些公共厕所。现在离那个时候还远。不研究资本主义，我们就要吃亏；不研究资本主义，就不要想在世界市场中占有我们应占的地位。

对外贸易的新思路 / 681

陈云说：我看要定产品，在京广、陇海、浙赣、胶济等铁路沿线选好工厂，专门生产。这要作为一个方针提出来，从创造外汇的全局着眼来搞。外贸这样做，方向是对的。

“金窝，银窝，不如草窝” / 689

机关行政部门要给陈云拆掉旧房，另建新房。陈云说：“我一进北京就住在这里，到现在已有20多年了。俗话说：‘金窝，银窝，不如草窝’，我还舍不得离开这里呢！”

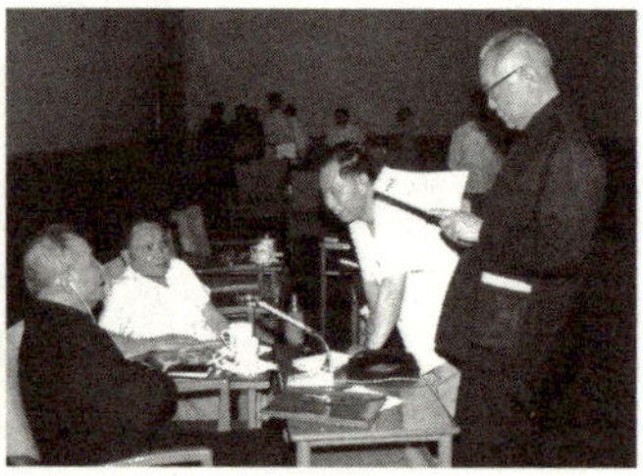

第八编 08

改革开放 砥柱中流

拨乱反正 / 694

粉碎“四人帮”之后，陈云率先公开提出邓小平复出问题，积极争取平反冤假错案和解放老干部。同时，他还为在经济领域中冲破“左”的束缚献计献策。

再次出掌经济工作 / 708

陈云同李先念联名上书：国民经济比例失调严重，必须进行调整！邓小平和李先念请陈云再次出掌经济工作。

探索计划与市场的关系 / 724

陈云预言：今后经济调整和体制改革，计划经济和市场调节两种经济的比例调整将占重要地位。

“这是我的第一任秘书” / 731

刘家栋去看望陈云，向陈云诉说满肚子的委屈。临别时，陈云说，有什么问题，或者遇到什么困难，可以来找我。

“唯实是求，珠落还起” / 734

浙江的一个刊物上，刊登了陈云打算盘的照片，还配发了赵朴初的诗。

“要充分重视陈云的意见” / 736

在1979年4月召开的中央工作会议上，陈云和李先念有关经济调整的意见被概括为“调整、改革、整顿、提高”八字方针。邓小平对这些意见非常赞成，他强调：“要充分重视陈云的意见。”

潘汉年案件需要复查 / 741

陈云要做结肠癌手术。手术前，姚依林问陈云有什么事需要交代。陈云只谈了一件事：潘汉年案件需要复查。

“出人、出书、走正路” / 748

陈云提出了“出人、出书、走正路”这句振兴评弹事业的名言。他说：“出人，就是要热心积极培养年轻优秀的创作人员和演员，使他们尽快跟上甚至超过老的；出书，就是要一手整理传统的书目，一手编写反映新时代、新社会、新事物的书目，特别是要多写多编新书；走正路，就是要在书目和表演上，既讲娱乐性，又讲思想性，不搞低级趣味和歪门邪道。”

支持编新书、说新书 / 756

陈云对评弹演员汪雄飞说：“《林海雪

原》小说现在再版了。你的《林海雪原》为什么不说？可以拿出来再演呀！”

谈毛泽东 / 757

陈云就起草《关于建国以来党的若干历史问题的决议》和邓力群谈话时说：“从遵义会议到抗日战争胜利，毛泽东同志的一个无可比拟的功绩，是培养了一代人，包括我们在内的以及‘三八式’的一大批干部。”

关于整理古籍的指示 / 760

陈云说：“整理古籍是一件大事，得搞上百年。”陈云关于整理古籍的指示的确发挥着百年大计的作用，意义深远，功在千秋。一位教授由衷地说：“要向陈云同志行九叩之礼。”

心中有群众 / 767

陈云看到反映中年知识分子生活、工作负担重，工资收入低，很多人健康水平下降的报告后，当即致信中央常委，指出：“这是国家的一个大问题，确实要下大决心，在今明两年内解决，不能再按部就班地搞。”

“鸟”与“笼子”的比喻 / 768

在听取宋平、柴树藩关于全国计划会议和当前经济情况的汇报时，陈云说：搞活经济是对的，但必须在计划的指导下搞活。这就像鸟一样，捏在手里会死，要让它飞。但只能让它在合适的笼子里飞，没有笼子，它就飞跑了。“笼子”大小要适当，但总要有个笼子。

整顿党风 / 774

陈云说：“执政党的党风问题是有关党的生死存亡的问题，因此，党风问题必须抓紧搞、永远搞。”

成千上万地提拔中青年干部 / 777

陈云提出了要建立党的第三梯队的思想。他说，老同志要真心诚意地帮助、培养年轻干部，主动地给他们让位，“把他们扶上马，再送一程”。

与烈士子女一起过春节 / 781

陈云亲切地对大家说：“中国有句老话：‘每逢佳节倍思亲’。你们的父亲就是我们党的亲人，是我们民族的亲人。今天把你们请来，共度春节。”

“夏令营是一种有益的活动” / 784

陈云说：“夏令营是一种有益的活动，对于提高我们民族的素质很有好处，值得提倡。”

“你是全国有名的教授了” / 789

陈云称赞侯宝林：“你是全国有名的教授了。”侯宝林笑着回答：“我是党培养出来的教授。”

关怀中国北方曲艺学校 / 790

陈云非常赞成中国北方曲艺学校的建立，他亲自为中国北方曲艺学校题写了校名，还把《陈云同志关于评弹的谈话和通信》一书的稿费全部捐赠给了曲校。

“我们合作得很好” / 792

陈云会见了苏联部长会议第一副主席阿尔希波夫，他感慨地说：“在我们制订和实施第一个五年计划的过程中，你作出了积极的贡献，我们合作得很好。”

云栖竹径杭州情 / 794

陈云曾多次讲，不到云栖就等于没到杭州。有一年，他一连去了云栖九次。陈云还亲笔题写了“云栖竹径”四个大字，并在云栖亲手栽下了三棵香樟树。

治理污染，保护环境 / 797

陈云致信李鹏、姚依林说："治理污染，保护环境，是我国的一项大的国策，要当作一件非常重要的事情来抓。"

怎样才能做到实事求是 / 801

陈云把"不唯上、不唯书、只唯实，交换、比较、反复"的条幅赠送给李泽民。他说，这十五个字，前九个字是唯物论，后六个字是辩证法，总起来就是唯物辩证法。

悼念李先念 / 804

李先念常常对人说："我一生有两个教师，一个是徐帅，教会我打仗；一个是陈云，教会我管经济。"而陈云也对李先念非常敬佩。李先念逝世后，陈云发表悼念文章，表达自己对老战友的深情。

对警卫员的关怀 / 806

"峨眉山月半轮秋，影入平羌江水流，夜发清溪向三峡，思君不见下渝州。书赠赵天元，陈云八十八"。

情系故乡 / 812

陈云接见家乡代表，一再嘱咐县镇领导，一定要重视农业的基础地位，把农业抓好。他说："有粮吃与要粮吃味道不一样，有粮吃主动权在自己手里。"

为"剪刀博物馆"题写馆名 / 814

"剪刀博物馆"，展示了中国剪刀的发展史，反映张小泉剪刀厂的厂史。陈云应邀为杭州张小泉剪刀厂建立的"剪刀博物馆"题写馆名。

"睡眠第一，吃饭第二" / 815

医生对陈云说："您以前说'睡眠第一，吃饭第二'是对的，不过，现在您患肺炎，为了您早日康复，能不能改一下说法？把它改成'咳嗽排痰第一，睡眠第二'这样行不行？"

在上海华东医院 / 820

陈云对医务人员说："不管是什么人，哪一种疾病，你们的治疗计划不要做得太长。有长计划当然很好，但还要根据病情的不断变化做短安排，随时改进，稳步进行，才能收到良好的治疗效果。"

"现在的字有飘逸感了" / 823

陈云从80岁开始，一直到90岁，十年如一日练习书法。世上无难事，日久见功夫，陈云的书法日臻进步。他看着写出的字感觉比较满意，高兴地说："现在的字有飘逸感了。"陈云的晚年是充实的。

对全党的嘱托 / 829

在以邓小平为核心的第二代中央领导集体向以江泽民为核心的第三代中央领导集体的过渡中，陈云发挥了重要作用。

最后的日子 / 836

陈云于1994年5月25日因肺炎住进北京医院，到1995年4月10日去世，他在医院里度过了一生最后的321天。

附录 / 845

风采 / 851

★★★ 第五编（下） ★★★

建国伊始　经济主帅

第五编（下）05

建国伊始　经济主帅

三次视察鞍钢

陈云视察鞍钢，鼓励鞍钢职工要抓紧生产和修复设备，多生产钢铁，为抗美援朝做贡献，为国家财政经济好转做贡献。

鞍钢发展史上，解放初恢复生产和开始大规模建设是最困难、最关键的时期。在这两个重要关头，陈云三次亲临鞍钢，高瞻远瞩，对鞍钢工作做了重要的具体的指示，对鞍钢的恢复和建设起了极大的推动作用。

“尽快恢复鞍钢，支援解放全中国”

1948年2月19日，鞍山解放。鞍山的钢铁工业开始在中国共产党的领导下，进入人民当家做主的时代。当时由于沈阳、营口、锦州尚在国民党军队占领下，局势有反复的可能，鞍钢的中心工作就是领导群众护厂、护矿。11月2日，辽沈战役结束，东北全境解放，政治形势发生了根本变化。12月26日，东北行政委员会批准成立鞍山钢铁公司。之后，便开始了全面的恢复生产工作。

党中央时刻关注和重视鞍钢的恢复进程，殷切期望鞍钢恢复工作能够快一些、好一些，为全国解放战争和解放区的生产作出贡献。1949年5月初，陈云首次到鞍钢视察。他在细致地了解鞍钢情况以后，意味深长地对鞍山市委和鞍钢领导者杨春茂等人说，鞍钢是全国最大的钢铁企业，在世界上这样大的钢铁企业也不多。你们承担的任务是艰巨的，工作岗位是光荣的，要尽快把鞍钢恢复起来，支援解放军解放全中国，支援即将在全国范围内开始的大规模的经济建设。

陈云这次视察，是党和国家领导人第一次视察鞍钢，明确地指出了鞍钢工作的重要

※ 图为鞍山钢铁厂工人铸钢锭。

※ 1954年4月15日，鞍钢技术革新展览在北京开幕。王崇伦被誉为『走在时间前面的人』。图为他在向观众介绍他创造的『万能工具胎』的作用。

※ 老劳动模范孟泰原是鞍钢的人，他始终艰苦奋斗，埋头苦干，公而忘私，爱厂如家，被誉为『孟泰精神』。

性，提出了具体、明确的要求，使鞍钢职工深受鼓舞和教育，增强了光荣感、责任感、紧迫感。视察之后，大家情绪高涨，干劲倍增。

遵照陈云的指示，5月中旬，鞍钢开展了恢复生产立功竞赛和创新纪录运动，干部深入生产和工地第一线，和工人同甘共苦，群众积极性很高，修复进度大大加快。一号炉6月份比5月份快25%；九号焦炉6月份比5月份快15%，提前18天出焦；轧机设备的修复都提前完成计划。截止到6月末，全公司有两座矿山、一座高炉、两座平炉、六个轧钢厂、两个金属制品厂、耐火材料厂全部或局部投产，钢铁生产的各个环节都开动起来了。恢复生产初战告捷。

1949年7月9日，鞍钢举行隆重的开工典礼。中共中央和中央军委送来“为工业中国而斗争”的锦旗，东北行政委员会领导人林枫、李富春等参加大会并讲话。大会庄严宣布：新中国第一个大型钢铁企业正式开工！之后，鞍钢各个工序陆续投入生产，但恢复工作仍是中心工作。

建国之初，陈云仍然心系鞍钢，帮助鞍钢解决工作中的困难。在全国第一次钢铁会议上，他号召全国的专家和技术人员到东北（主要指鞍钢——作者注）去，从事新的经济建设工作。在此之后，鞍钢火速派出代表团，到京、津、沪、华东、华北、华中等地招聘各类专业技术人员，较好地缓解了技术力量严重匮乏的困难。

1951年11月，陈云再次来到鞍钢视察。他鼓励鞍钢职工要抓紧生产和修复设备，多生产钢铁，为抗美援朝做贡献，为国家财政经济好转做贡献。

鞍钢人没有辜负党中央和陈云的期望。1952年末，完成了残存设备的修复任务，并在7—8月间动工新建“三大工程”，开始步入大规模建设时期。

“把基本建设放在第一位”

随着鞍钢恢复工作的顺利进行和全国国民经济恢复发展，预示着全国性的大规模建设高潮即将到来。党中央在运筹国民经济方针大政之际，提出作为工业建设“重中之重”的鞍钢，应该及时转变工作重点，把以恢复工作为中心转变为以基本建设为中心。1952年3月上旬，陈云第三次到鞍钢视察，明确指出鞍钢要把基本建设放在第一位。

“我们要搞建设，五年计划，三年准备，今年是最后一年……今后你们如不把基本建设搞好，将来要犯路线的错误。建设任务成为中心任务了，其他任何工作都比不上基建重要。东北要比关内早，基建远远超过生产，将来在全国也会以基建为主。”这一重要指示不仅为鞍钢的进一步发展，也为全国大规模建设的展开指明了方向。

当得知鞍钢生产任务很重，人员不足时，陈云讲了国内外政治经济形势，讲了全国经济建设的远景规划和发展速度，用辩证的、发展的观点教育鞍钢领导同志，要眼睛向内、自力更生解决，从生产岗位抽调合适的人员到基建岗位上去。

他深谋远虑地说："实现五年计划，这关系到国家命运，关系到世界和平力量。把生产人员抽出来，生产是受点影响，但不能垮，不这样，基本建设就垮了。国营工业不发展，资本主义就发展，我们就没有办法建设社会主义了。""对生产人员考虑过要'割韭菜'，要割三刀，今年是第一刀。你们思想上要有准备，早点比迟点好，早割早提拔……"

陈云指示后，东北工业部发出了《关于加强鞍钢基本建设工作的决定》。鞍山市委召开十几次会议，研究如何贯彻陈云指示，如何加强鞍钢基建问题，提出"基建第一"、"以基建为中心"的口号，号召全市人民全力支持鞍钢基建。鞍钢公司在领导力量、人员调配、机构设置、物资供应等方面尽力满足基建的需要。鞍钢副总经理王玉清全面负责基建工作，副经理王勛负责设计、地质等技术工作，副经理王文负责设备、财务、材料工作。7月，本钢副经理赵北克被调到鞍钢任副经理，充实基建领导力量。从生产岗位抽调大批领导干部、技术人员、管理干部、技术工人，充实基建战线，对新招的工人、新分配的大中专学生，也优先满足基建之需。在机构设置和物资供应上，也按基建所需进行调整。到1952年末，基建队伍已达5.5万人，生产和基建形成了两套机构、两支队伍，真正贯彻了把基建放在第一位的指示。

鞍钢加强基本建设的一系列做法，由东北工业部向中央做了汇报。中央认为有普遍指导意义，值得在全国推广："鞍钢的经验更进一步证明，必须把基本建设提到工业建设的首要地位，大力充实基本建设的力量；必须从生产岗位抽调一批技术人员加强到基本建设方面来。这两个重要环节若予以忽视，就一定会犯错误，基本建设就会落空。"

为配合全国大规模基建的需要，鞍山市委书记韩天石、鞍山市委副书记兼鞍钢副经理金铁群、鞍钢副总经理王玉清分别撰文《鞍山工人阶级的光荣任务》、《鞍钢从生产部门抽调干部充实基本建设力量的经验》、《鞍钢基本建设的初步经验》，于1952年末至1953年初在《人民日报》上发表，详细介绍了鞍钢的做法，为各地提供了可借鉴的经验。

从1952年下半年陆续开工的新建和扩建工程，进展非常顺利。1953年12月26日，"三大工程"举行生产开工典礼，政务院等单位送来了贺信和锦旗，《人民日报》以《我国工业建设的重大胜利》为题发表了社论。毛主席给鞍钢职工复信，称"鞍山无缝钢管厂、鞍山大型轧钢厂和鞍山第七号炼炉的提前完成建设工程并开工生产，是1953年我国重工业发展中的巨大事件”。

几十年过去了，鞍钢已成为年产800多万吨的全国最大的钢铁企业。每当鞍钢人回顾这光辉而曲折的发展历程时，总是难以忘怀陈云在鞍钢恢复和建设的两个重要历史关头所作的一系列指示，总是难以忘怀陈云在共和国钢铁工业奠基中所发挥的历史性作用。

（张同舟）

关注三门峡工程

陈云对修建三门峡工程、根治黄河水害、开发黄河水利很重视，只有我们的政权才能够搞这样大的事业，铲除黄河泛滥这样大的灾害。

陈云在1957年8月、9月多次指出：中国的水旱灾害中，水灾多于旱灾。水灾有洪灾和涝灾，最多的是涝灾，主要地区在冀、鲁、豫、苏北、皖北。原因是从黄河来的。黄河的水从西北的黄土高原下来之后，它改道向南，就统统把南边的河填死了；改道向北，就把北边的河道填死了。现在整个的淮河和华北的河道比陆地高，为了堵水，结果水比陆地高。1960年10月19日，陈云说：冀、鲁、豫、苏北、皖北，这个区域在中国是带有典型性的。历史上农民造反在这个地区，如陈胜、吴广。1961年1月18日，他又说：灾荒常常发生在冀、鲁、豫、皖北、苏北，这个地方是不稳定的，过去的皇帝也出在这个地方，历代造反也在这地方。有鉴于此，陈云主张首先在淮河以北兴修大型水利工程。

黄河是中国北方最大的河流，也是灾害最严重的河流。1950年初，陈云给毛泽东、周恩来打电报，请苏联政府派专家来检查。苏联派来了权威专家，他们修好了小丰满水坝后，又到黄河流域看了一下。中财委开会时，他们讲三门峡是个最好的水库坝址。这就是修建三门峡水利枢纽工程的由来。

但是，开国之初，国家财力有限，还不能在黄河上开工修建三门峡水库那样的大型水利工程。陈云赞成与支持在根治黄河的大型工程施工之前先搞修堤、修分洪工程等，以尽量减少黄河发大水可能造成的损失。

1950年，黄河水利委员会提出修建石头庄溢洪堰工程的初步意见。1951年春，黄河水利委员会主任王化云向水利部党组书记兼副部长李葆华进行了汇报。李葆华认为“这是大事”，向陈云请示后，介绍王化云和郝执斋一起向陈云做了汇报。当时郝执斋担任水利部办公厅主任。王、郝除汇报工程的必要性，还汇报了需要多少钱、多大工程量、用后如何补偿等。陈云边听汇报边询问一些问题，还不时背起手踱步沉思，最后同意黄委会的意见。4月11日，陈云致信周恩来，报告了对黄河防御工程的意见。信中说：

“一九四九年黄河（陕州）流量是一万八千，去年只有一万左右，但是，据查历史，陕州流量一万八千并不是水灾年份中最高的，相反还是最低的。高者历史上曾至二万八千，水灾年份的平均流量约在二万三千左右。我们现在花在黄河上的钱，是以求得如一九四九年的一万八千流量不出毛病为标准，再要加高也不可能。同时要估计到黄河十多年没有修，河床愈冲愈高，水灾年份的平均流量如果是二万三千，则现在如也来一个二万三，其灾情将比历史上的二万三为大。黄委会想到俗说九年一灾，怕今年黄河可能来大水，因此提出一个方案，化大灾为小灾。其办法即在平原省内准备在必要时主动地淹掉三五百万亩，以避免华北各省淹掉四五千万亩。主动被淹之区有二，均有堤岸，只要花一二亿斤小米加修准备被淹区的堤和闸。如果大水不来，天下太平，大小均安；如果大水来了，估计流量挡不住，则主动开闸，淹小不淹大。平原省是同意的（他们总是被淹的，小淹对他们有利）。

“估计到至少今后五年之内，在黄河上花的钱，只能是治标修堤，均非治本。欲治本非五六年后难办。在此五年中，年年担心，如能以小淹避大淹，则属好事。

“故我告孙晓村，可以允许计划这项工程，要他们拟出比较切实的计划来。”

政务院财政经济委员会召集水利部、黄委会、铁道部、华北事务部及平原省人民政府反复研究，于4月30日发出《关于预防黄河异常洪水的决定》，指出：“为防御异常洪水，在中游水库未建成前，同意在下游各地进行滞洪工程。第一期工程以防御陕县2.3万立方米每秒洪水为目标。在沁河南堤与黄河北堤中间地区，北金堤以南地区及东平湖地区，分别修筑滞洪工程，北金堤滞洪地区关系较大，其溢洪口门应筑控制工程，并要求于1951年汛前完成，投资1800亿元。”就这样，石头庄溢洪堰工程于5月4日建立机构进行筹备，6月初开工，8月20日完成。陈云多次询问石头庄溢洪堰工程的情况。当时抗美援朝战争正在激烈进行，国家财政十分困难，拿出这么多的钱修黄河防洪工程，是下了很大决心的。

经过三年经济恢复，我国开始了大规模的经济建设，国民经济发展的第一个五年计划，环绕着苏联援助的156项重大工程而展开。黄河三门峡工程是苏联援建的156项重大工程之一。1955年7月18日下午，国务院第十五次全体会议在中南海国务院会议厅举行，讨论关于根治黄河水害和开发黄河水利综合规划的报告。水利部李葆华副部长、燃料工业部刘澜波副部长对这个报告作了说明。会议通过了这个报告，并决定由邓子恢副总理代表国务院在一届人大二次会议上作报告，请大会审查批准。会议讨论中，陈云对修建三门峡工程根治黄河水害、开发黄河水利作了重要发言。他说：这是个伟大的事业，以前各个朝代都办不到，只有我们的政权才能搞这样大的事业，铲除黄河泛滥这样大的灾害。从开发黄河水利的角度，陈云说：在农业生产上每亩地有水和无水，产量相差100斤。假如一亿七千万亩每亩每年增产一斤，就能增产一亿七千万斤。从黄河本身就可以看到水的重要，

※ 1960年10月24日，陈云视察河南三门峡水利枢纽工程。

黄河的水不是多，而是将来不够用，黄河的水还不能满足灌溉的需要。开发黄河是件大事，如何把水充分利用起来具有重大的意义。对于如何兴利除害，陈云指出：水利部几年的工作经验，就是根治河流必须干流、支流一起规划，发电和防洪相结合，各方面结合起来就是要进行整个流域的规划。黄河规划有很多工作，水土保持和灌溉工作由农林水利部门负责，水力发电工作由电力工业部负责。只要三门峡搞起来，以后第二第三个就不成问题了。根治黄河需要有高度的科学和群众工作相结合，水土保持工作要依靠群众，移民也要依靠群众。三门峡是科学，差一点也不行。只要党和政府向群众耐心地解说，是可以沟通的。7月30日，一届人大二次会议通过了《关于根治黄河水害和开发黄河水利的综合规划的决议》，批准规划的原则和基本内容，同意邓子恢副总理的报告；要求国务院迅速建立三门峡水库和水电站建筑工程机构，完成刘家峡水库和水电站的勘测设计工作；陕、甘、晋三省应根据规划，在国务院有关部门指导下分别制定水土保持工作分期计划，保证按期进行。

1955年12月6日，经国务院常务会议批准，刘子厚任黄河三门峡工程局局长，王化云、张铁铮、齐文川任副局长。1956年1月3日，三门峡工程局在北京开始办公；7月27日移三门峡。然而，由于1956年三大改造高潮掀起，带动了经济建设的急躁冒进，引起了财力、物力的紧张，三门峡工程面临着“上马”、“勒马”、“下马”的抉择。1957年1月10日，由陈云任组长，李富春、薄一波、李先念、黄克诚参加的中央经济五人小组成立。中央经济五人小组成立之后，对黄河三门峡水库建设进度进行了研究。3月7日，陈云代表中央经济五人小组向毛泽东并中央写了书面意见。

“三门峡水库建设的问题，应在对全国水利工程作全面的规划下合理安排。即为了发展我国农业，必须有计划地治理我国为害最大的几条水系，这首先是黄河水系、淮河水系、海河水系，历史上这几条水系为害最大，而影响省区（苏、皖、鲁、豫、冀、晋、陕等省）和人口亦最多，这是一方面。另一方面，治理这些水系要花很多钱，要有很多材料，一个一个地单独批准开工，势必造成应该治与暂时不可能治和摊子已经摆开而财力物力继续不上去的矛盾。

“黄河在任何情况下都是需要治理的，而且人代会又有决议，完全‘下马’不行，也是不应该的。但在尚未确定全国水利工程全盘规划和进度之前，五人小组同意经委和计委所提出的在1957年对三门峡水库的建设暂时采取‘勒马’的办法，即1957年投资五千万元先行开工，摊子不要铺得太大了；但肯定原定1961年竣工的进度是不可能的，规模也可能要有些改变。”

※ 1959年10月，黄河三门峡大坝工地。

陈云还请国务院有关部门研究第二个五年计划农林水投资中农业、农垦、水利、林业、气象等方面的分配比例，对其中水利投资研究和提出第二个五年计划内全国水利建设统一的合理的安排，例如黄河、淮河、海河三大水系工程安排的意见，中小型水利工程、农田水利工程、除涝工程等等的意见，研究三门峡水库及与其相关联的各项工程建设相互衔接的进度和投资、用材、用人的方案。

1957年4月13日，三门峡工程开工。1960年9月14日，三门峡工程开始蓄水运用。10月24日，陈云冒雨视察三门峡水库大坝建设工地。他在听取三门峡市和黄河三门峡工程负责人汇报时指出：一定要严把质量关，把工程建设好，保证万无一失。

由于对黄河河情摸得不透，三门峡工程蓄水运用后，泥沙淤积问题越来越严重。1964年12月，周恩来主持治黄会议，决定对三门峡工程进行改建。此后，经过两次改建，基本解决了库区的泥沙淤积，保持了一定的长期有效库容，为在多泥沙河流上修建水库和治理黄河开辟了新路。但对三门峡工程一度造成的严重的淤积，周恩来和陈云都多次引咎自责。1964年6月，周恩来说："三门峡工程研究得不透，没准备好就上马了。这个工程我过问过，我有责任，搞不好，见马克思不好交代。"1966年2月，周恩来又说："我当总理16年了，有两件事交不了账，一是黄河，一是林业。"陈云直到1979年还为此事作自我批评："不要把我说得这么好，也有很多反面教训。156项中，三门峡工程是我经过手的，就不能说是成功的，是一次失败的教训。"这种引咎自责，表明了他们大海般坦荡的胸怀和对黄河治理、开发极端负责的精神。

（曹应旺）

从政治上看待治淮

陈云说，治淮这件事证明了人民政府和人民结合起来，是可以克服任何困难的，今后还要这样继续去做。这种意义远超过治好淮河本身之上。

开国后最先进行大规模治理的是淮河。1950年夏，淮河发大水，灾情严重。毛泽东在有关淮灾电报上作了四次指示，请周恩来研究、部署治淮。其中，9月21日，毛泽东在曾希圣发来的一封电报上写道："周：现已9月底，治淮开工期不宜久延，请督促早日勘测，早日做好计划，早日开工。"9月22日，周恩来将电报和毛泽东的批示转给中财委主任陈云、副主任薄一波、李富春传阅，并接连写了两封信。一封给毛泽东、刘少奇、朱德、任弼时、陈云、薄一波、李富春，汇报治淮的决定和计划；一封给财委的陈云、薄一波、李富春并转水利部的傅作义、李葆华、张含英，强调中央政府要从人力、物力、财力上保证治淮的需要。"凡紧急工程依照计划需提前拨款者，亦望水利部呈报中财委核支；凡需经政务院令各部门各地方调拨人员物资者，望水利部迅即代拟文电交院核发。"中财委在当时抗美援朝、财政十分困难的条件下，以极大的努力保证治淮所需，到1950年11月共批准预拨治淮工程费原料45000万斤，小麦2000万斤；到1951年6月，治淮共花了近十亿斤米。

在治淮第一期工程即将完成之前，1951年5月上旬，中央治淮视察团在代理团长邵力子率领下，带着毛泽东颁发给治淮委员会以及河南、皖北、苏北三省区治淮指挥部"一定要把淮河修好"的四面锦旗，视察了治淮工地。1951年6月29日，陈云主持政务院第九十一次政务会议，听取了邵力子关于中央治淮视察团工作经过的报告。最后，陈云作结

※ 淮河历代为害严重。中央人民政府根据毛泽东的指示，1950年冬季开始了根治淮河工程。图为治淮工地。

论。他首先肯定道：治淮为好事，花了近十亿斤米，其政治意义很大。治淮这件事证明了人民政府和人民结合起来，是可以克服任何困难的，今后还要这样继续去做。这种意义远超过治好淮河本身之上。这种成绩是大家努力工作的结果。接着，陈云谈了对即将完工的第一期治淮工程的检查问题。他说，工程要经过考验才行，也准备在汛期出问题，出点问题是不可免的，不能要求太高，因为时间短，工作太仓促。为了少出问题，请水利部是否可以就认为有把握的地方再检查一下。因为人们常常是这样，对于认为无把握或把握不大的地方，倒经常注意；对于认为有把握的地方，就往往会疏忽。疏忽了就会出事情，事情往往出在认为有把握的地方。还是请水利部再就这些地方在短期内检查一下好。然后，陈云谈了淮河下一步治理的问题。他指出，对于明年工程要尽可能地早做准备。关于技术问题要过细研究，用了那么多钱，就希望工作做得更好。关于下游工程问题今天不能决定，请水利部注意早把计划搞好送到财委以便商讨。这个工程要决定的，只是时间问题。按傅部长说要一百亿斤米，即五亿光洋，比满清政府一年预算还多，这个数字是大的。若单看这个数字还不算大，但还有其他主要工作要做，如要抗美援朝，要救济，要经济建设，要改善军政教育及农工的生活，还有其他工作也要花钱。陈云认为治淮也可多方设法，主要部分得由国家支出，而该区人民方面为了长远利益打算，在目前也可少得一些，或从增产中拿出一些来补充治淮经费，这样会更好些。

抗美援朝紧张进行之时，中财委拿出那么多的钱治淮是十分不易的。陈云从政治上看待治淮问题，要求检查被认为有把握而往往会疏忽的地方，要求要过细研究技术问题，要求治淮国家投资和当地人民投资结合起来，这些都体现了从战略上看问题和处理问题的风格。

（曹应旺）

荆江分洪和江水北调

陈云曾多次研究开发长江、南水北调战略。他说，要解决北方缺水问题，第一是取天然之水，第二是取地下之水，第三是取外来之水。

长江是中国最大的河流。长江的荆江段因其容量不能安全承泄上游最大洪水来量，是最险的江段。新中国对长江的治理、开发是从荆江段开始的。长江上修建的第一个大型水利工程是荆江分洪工程。

1950年12月27日，中南局邓子恢致电中央汇报关于荆江大堤治标的看法。1951年1月6日，陈云、薄一波电复邓子恢，完全同意邓子恢对荆江大堤的看法，并告诉邓子恢，1951年长江事业费全部概算为14500万斤米，其中第一项长江干支流堤防工程及防汛费占6170万斤，荆江分洪工程占3743万斤。陈云、薄一波指出："1951年度，长江事业费（共1.45亿斤）应首先顾全荆江防洪之紧急需要。""荆江大堤应为堤工中重点工作。"荆江分洪工程经费，"其动用在于分泄荆江段洪水流量，以减低荆江段洪水位，并增加荆江大堤之安全性。工事方面应与荆江大堤工程相配合，所列经费自亦可按照计划需要统筹运用。"电文字里行间充满着对荆江大堤和荆江分洪工程的深深关切。1951年9月12日，陈云、薄一波致电李先念，同意王任重、林一山"来京研究荆江分洪工程各有关问题并请携来各有关分洪的技术上的问题的资料"。1952年3月31日，公布了《政务院关于荆江分洪工程的决定》。4月5日，荆江分洪工程全面开工。6月20日，主体工程完成。

1954年，长江大水通过荆江分洪工程蓄纳超额洪水，保住了荆江大堤、武汉市堤，减轻了洪水危害的程度。长江大水之后，陈云过问了对分洪区灾民的赔偿和对一般灾民的救济工作。8月24日，陈云致谢觉哉、李先念的信中指出："今年灾民中分两种人，其中一种是由于政府决定分洪而受灾的，这种人是要由政府赔偿的，其钱数应多于一般灾民，但他们得了赔偿后似乎不应再得一般救济。救济和赔偿的标准要定得适当，高低不均，不但地方党政而且群众也会有意见的。我提议内务部对今年救济和赔偿要好好讨论一下，定出适当办法。中央农村工作部对灾区情况更熟悉，应请邓老对这一方面加以指导。财政部当然也应参加讨论。"

中国北方缺水，毛泽东几次探讨从长江引水到北方，陈云也多次研究开发长江、南水北调的战略。1960年10月，陈云在河南调查研究中指出，要解决北方缺水问题，第一是取天然之水，不能叫水走掉了，走掉了水就走掉了粮食；第二是取地下之水；第三是取外来之水。河南水不够，还需要从南方借水。他认为整个北方都缺水，特别是冀、鲁、豫三省，要从南方引水过来。他说：他们的水不够，"万事俱备，只欠东风"，要研究水的来源问题。1961年1月18日，陈云在中共八届九中全会上讲话，对于如何解决北方缺水问题再次提到上述三个办法。他说，现在要把当地地上之水留下来，当地地下之水逐步打出来，还要想办法搞外来之水。长江水北调五个口，将来最有希望的是丹江口和阳澄湖；洞庭湖太远；青海那一边路更远，人工也大；白龙江数量不大。尽管当时长江水北调的谋划还不具体，实施的现实可能也不大，但从战略上思考这个问题，无疑有着重大意义。

（曹应旺）

"泄水防涝，蓄水防旱"

陈云说："泄水防涝，蓄水防旱，这两件事都是大事。在我们进行经济建设时，每一年都要有很大一批钱用在这方面。水利建设是治本的工作，是百年大计。"

由于水旱灾害和战争的破坏，1949年我国粮食总产量比抗战前粮食的最高年产量减少了600亿斤，广大灾民亟待救济。恢复和发展农业，使人民有饭吃，这是解决一切问题的前提。怎样发展农业、增产粮食？陈云认为，除了通过土地改革、互助合作等办法调动农民的生产积极性之外，必须解决水的问题。

1951年5月16日，陈云指出：要增加农业生产，必须做好防止水旱灾害这件事。对于防止洪涝灾害，陈云说："去年全国被水淹了五千万亩到七千万亩地。如果每年只淹这么多，不发生其他灾害的话，一般说还算是丰年。像中国这样大的国家，水灾可能每年都会有，在预算里头每年都要列上一笔救灾经费。现在我们在水利上花的钱并不少，已经花了一亿五千万块光洋，但还是治标的多、治本的少。对已有的水利设施每年都要修修补补，不修不补就挡不住水灾。水在农业里头非常重要，现在我们指挥不了，以后要积极地做治本工作。当然不是一年两年就能够做好的，但是一定要做，非做不可，要长期地来做。因为如果每年淹掉五千万亩地，就至少要损失五千万石粮食，这是一个很大的数量。"对于防止旱灾，陈云说："据估算，全国水量平均起来并不多，还缺水，有些地方就经常干旱。从总的看，从长远看，要以蓄为主，蓄泄兼顾。以后我们要重视蓄水，许多地方要修水库、筑塘堰，山区更要注意种树种草、保持水地，对水一定要好好利用。在华北、西北有些地方，还要多打水井，保证在发生旱灾时水量基本上够用。"总起来，陈云说："泄

※图为福建省长乐县文武砂农场新建成的一条长约15公里的水渠。

水防涝，蓄水防旱，这两件事都是大事。在我们进行经济建设时，每一年都要有很大一批钱用在这方面。水利建设是治本的工作，是百年大计。”

陈云的这次讲话，在综论农业与水利的关系的同时，也分析了如何处理全局与局部、治标与治本、长期与近期、防旱与防涝、蓄水与泄水、治水与治山等关系的问题。一个月前，陈云在中国共产党第一次全国组织工作会议上作《一九五一年财经工作要点》的讲话，提出1951年投资的重点，“集中在水利、铁路和纺织这几个主要部门”。对于水利投资，他说：“现在我们的水利只是防灾，水来了把堤修一修。今后搞水利，要既能防止水灾，又可灌溉，又利交通，又能发电。”这里包含了治水先行和综合利用的思想。

1951年7月3日，陈云主持政务院财政经济委员会第六十一次委务会议，就1950年全国农业生产总结及1951年的计划和任务，听取了农业部李书城部长报告及吴觉农副部长的补充报告。陈云听了报告后，肯定农业部在恢复农业生产方面的工作成绩的同时，指出：农业部在领导农业生产方面必须注意到今后几年的发展方向及发展中的根本问题。陈云说：首先明确一个概念，就是最近若干年以内，我国粮食将感到不足。陈云探讨了解决粮食问题的几条道路，其中指出：设法防止水、旱、病、虫等灾害，力求农业生产得到相当的保障；首先考虑是否可以在几年之内做到全国水灾面积至少不超过两千万亩；其次，注意兴修水利，扩大灌溉面积。陈云认为，提高单位面积产量是解决粮食问题基本的出路。他要求农业部在1951年9月内将某些单位面积产量特高的事例加以分析研究，找出原因，总结经验，予以推广。他说：水利是提高单位面积产量的主要因素，我们应该注意到目前中小型水利事业较之大型水利事业容易举办，收效也来得快。

两个月后，陈云在中央人民政府委员会第十二次会议上报告了财政、农业生产和市场情况。在报告农业生产情况时，他说：国家的水利投资已起了作用，如淮河流域、冀东潮白河流域和淮阴等地区，是好几年不收麦了，而今年这些地区的麦子是丰收，花了的钱赚回来了。这也是人民政府种瓜得瓜、种豆得豆的事例之一。今后人民政府是万岁了，国家水利投资每年增加，农民的经营力不断提高着，抵抗天时的东西多了；若再加上风调雨顺，文章即好做了。长此以往，光景就好了。在谈到农业生产方面的教训时，陈云也首先分析了治水方面存在的问题。

一是，1950年水灾，1951年注意了防水，对防旱就注意得不够。

二是，在水灾上注意了大江大河，忽略了小河小沟，1951年的水灾就出在小河小沟上，山东、平原和东北的开原等皆如此。

陈云的这两次讲话，不仅深刻地论述了治水对增产粮食的关键作用，而且深入探讨了治水方面防灾与兴利的关系、防涝与防旱的关系、大型与中小型水利工程的关系、大江大河与小河小沟治理的关系。

三年经济恢复时期，我国农村成功地实现了农业恢复的目标。1952年，我国农业恢复到战前农业的最高水平，粮食超过了战前最高年产量的2800亿斤，达到3278亿斤。取得这样的成功，一个重要原因是下了大力治水。仅1950年和1951年，人民政府在水利方面所花的钱就大大超过了国民党当政22年在水利方面所花的钱。正如陈云所说：国家的水利投资已起了作用。

（曹应旺）

关键问题是一个“水”

在谈到农业提高单位面积产量时，陈云说：从全国四百、五百、八百斤来看，我以为无论在南方、北方，关键问题是一个“水”。

陈云在三年经济恢复工作即将结束开始运筹第一个五年建设计划时，一边提出财委要把主要精力转到工业方面，一边从农业对工业的制约作用，强调按比例发展。如何发展农业以满足工业建设和人民生活的需要，陈云想得很多，其中一个关键问题还是水的问题。

1952年5月12日，陈云在外交部作关于三年恢复五年建设的报告。他将中国的农业同美国、苏联、德国、日本、英国、丹麦等国的农业进行比较，看出中国不仅人多地少，而且15亿亩耕地中水田不到4亿亩，其余都是旱地。他说：如果十万万多亩旱地都变成水田，产量将大为增加，但希望不大。如果把淮河、黄河、永定河、松花江这些河流的水都不让跑掉，保留起来（把7、8、9月的水留下来，到来年4、5、6月用，确大有帮助，水利也即是为了这个目的），将有助于增产。但是，如把淮河以北的水都蓄起来，也只能灌溉两万万亩地，只能解决20%旱地的问题。我国的水根本就不够。陈云认为，防洪与防旱兼顾，重点在防旱。他说：不要以为我国粮食很多，一个灾荒再加全国需要，需90亿斤，合450万吨。如手头没有此数，就很难过日子，不能睡好觉。现在我国还没到这个数目字，要积蓄到这个数目字才稳当。这几年拼命搞水利，目的是不要冲击我们的田地，1949年冲去了1.2亿万亩，今年我希望只冲两三千万亩。解放后，在水利上的确花了很大的力量，修了土石方10.3万立方米，投资数为82亿斤粮食，战前一块银元合现在人民币三万元，那就要二万万银洋，国民党全部预算只十万万元，我在水利上就占它十分之二。我们的钱是花了，结果是像1931年与1949年的大水灾是不会再发生了。不过，还没根本治理，大部分土地今后不会再淹，小部分还可能淹。但是，心腹之患是旱灾，不在水灾，因为有十万万亩旱地。历来大荒年都是因旱而来，大旱才真正最危险，这就要靠灌溉。陈云还分析了治水与治山的关系。他说：治山是根本问题，治水之本是在治山，黄河之沙是从上游冲下来的，山上种些树，下流泥沙就会少些。

陈云主持编制第一个五年计划，最担心的是农业生产能否按计划完成。1954年6月30日，他向中共中央汇报关于第一个五年计划编制情况时，提出："农业增产有三个办法：开荒、修水利、合作化。"开荒为扩大耕地面积，也要配合修水利。提高单位面积产量，主要靠修水利。在开荒和提高单位面积产量二者之间，陈云说："主要是提高单位面积产量，靠开荒增产的不多。"

第一个五年计划执行几年之后，毛泽东主持起草了《一九五六年到一九六七年全国农业发展纲要（草案）》。关于粮食每亩平均年产量，《纲要》规定从1956年开始，在12年内，在黄河、秦岭、白龙江、黄河（青海境内）以北地区，要达到400斤；黄河以南、淮河以北地区，要达到500斤；淮河、秦岭、白龙江以南地区，要达到800斤。简称为粮食产量"四、五、八"。《纲要》制定过程中，毛泽东几次走进陈云在中南海东花厅的办公室，主持召开座谈会，听取陈云等人的意见。1956年1月20日，陈云在中央召开的关于知识分子问题会议上讲话，指出，农业发展纲要四十条，画龙点睛之处是"四、五、八"。陈云认为，实现"四、五、八"困难不少，但有可能。他分别对南方和北方情况进行了研究。南方增产的主要办法是增加复种指数，即一季变两季，两季变三季。其基础是水、肥料、人力。第一是水。他说：没有水，复种指数增加是难的。我们来考察一下水跟肥料之间的关系。我认为，有了水就有可能有肥料。保证这个水，要挖塘，要筑坝，要搞小型水库。北方增产的办法，一个是增加水浇地，一个是种植高产作物。陈云说：这两者中间，最重要的还是水。高产作物在旱地里头高产，在水浇地里头更会高产。所以，水更重要一些。由于北方雨少，且大都集中在7、8、9三个月，比南方困难，由此，陈云强调北方更要重视水利，除了拦蓄地表径流，还要打井开采地下水。他指出，许多小河流可以由群众动手兴修水利工程，引水灌溉；大型、中型江河的水利那是要有设计、要有技术，要有很大的财力。综合南方、北方的情况，陈云说：从全国四百、五百、八百斤来看，我以为无论在南方、北方，关键问题是一个水。

（曹应旺）

“这是人民的大事”

陈云说：“商业工作天天同人民群众打交道，管吃、穿、用，管油、盐、柴、米。不要看不起这些，这是人民的大事。我们共产党必须天天关心人民群众的切身利益。”

从20世纪50年代初到80年代初，我们较长时间做商业工作，曾直接聆听到陈云同志对许多问题的精辟论述。1956年他兼任商业部长时，在扩大的部务会议上作过一次《做好商业工作》的重要讲话，谈到了商业工作的地位和作用，分析了商业部门和各方面关系，对商业部门前几年的工作做了肯定的评价，给商业系统250万干部职工鼓了干劲，增强了克服困难、做好工作的信心。我们永不忘的是，他谆谆告诫商业战线广大干部职工说：“我们是从事社会主义商业工作的，不能没有政治观点、群众观点和生产观点。”还特别强调：“商业工作天天同人民群众打交道，管吃、穿、用，管油、盐、柴、米。不要看不起

※ 陈云在北京参观人民生活消费品分类展览会。

这些，这是人民的大事。我们共产党必须天天关心人民群众的切身利益。”我们认为，这些论述和1934年毛泽东《关心群众生活，注意工作方法》的著名论述是一脉相承的，阐明了我们共产党人既要组织动员人民群众进行革命战争和社会主义建设，又要做好有关人民群众切身利益的实事，成为群众生活的组织者，实行全心全意为人民服务的宗旨。

陈云从来都是把群众吃饭问题和穿衣问题作为战略问题来考虑的，既高瞻远瞩，又精心安排。对粮食和棉花问题，他1944年在任西北财经办事处副主任时就予以高度重视。全国解放初期，他注意到1949年全国粮食下降到2100多亿斤，1950年虽回升到2400亿斤，但还没有达到抗战前的水平，因而提出“发展农业是头等大事”的指导思想。接着又向中央建议实行粮食统购统销，通过合理分配，保证了国民经济建设的稳定发展和人民生活的基本需要。粉碎“四人帮”以后，为了“要先把农民这一头安稳下来，休养生息”，陈云同志提出在三五年内每年进口粮食2000万吨的建议。1951年棉花播种面积5700万亩，他提出种棉面积要逐步超过8000万亩。1956年全国棉花播种9300万亩，1957年减少到8700万亩，他预料到“即使这个数字今后也还可能维持不住”，所以要求“集中增加施肥，提高产量”，并有预见地提出“今后解决穿衣问题的主要出路在于发展化学纤维”。几十年后的今天，我国衣料构成的变化，人民群众衣着的丰富多彩，证明了这个论断十分正确。

这里我们想着重讲一下陈云同志想方设法解决人民群众的吃肉问题、吃菜问题、穿袜子问题及日用小商品问题。这些关系到千家万户，是人民群众切身利益问题。和研究解决其他问题一样，他首先是提出问题的重要性，引起全党的重视；继而弄清情况，研究解决各方面的关系并制定政策，全面地听取各级干部和人民群众的意见，亲自蹲点调查并总结经验，再提出解决意见，做出方案；在实践中再不断补充完善，以彻底解决问题。

在党的“八大”二次全体会议上，陈云把“解决猪肉和其他副食品供应紧张的办法”作为发言的重要组成部分。他说：“猪肉供应不足，已经是人民普遍不满意的问题。”在讲到解决办法时，他肯定了“私有、私养、公助”的养猪方针，认为全国养猪数目下降的原因，主要是饲料和农民收益问题没有解决好。他把精粗饲料来源和养猪成本算得十分精细，并特别指出，“农业合作化以后，农民养猪不是为了肥田，而是为获利。”所以，除了从几个方面解决饲料这个关键问题以外，一定“要保证农民养一头猪能得到二百斤到二百五十斤原粮的利益，相当于粮食产量低的地方的一亩地左右的收入”。陈云还提出“农民每卖一头猪，应该至少留给他们十斤到十五斤猪肉”，因为农民“养了猪，没有肉吃，那是不公平的”。同时，要提高生猪收购价，禁止收购时对农民卖猪压级压价。而在猪肉的销售每斤提高4分钱时，他专门研究了工人和机关工作人员的承受能力问题。为了增加国内猪肉的供应，他提出“减少猪肉和油脂出口”。在议论中，他讲了猪肉和油脂的关系，认为猪肉可以代替油脂（指肥肉可炼油），但油脂代替不了猪肉，这在当时是非常实际的问题。他还提出“增加鸡、鸭、鹅、兔、鱼这些不用粮食或者少用粮食的家禽和鱼类的养殖”，以增加副食品的品种，减少对猪肉供应的压力。由于中央和陈云同志的重视，各级党委政府都把养猪问题摆到重要议程上。商业部本身一直把配合有关部门抓养猪、抓收购、抓供应，并把抓冷库建设放在极为重要的位置上。当时除了姚依林同志亲自抓以外，差不多所有副部长都抓过养猪问题。1961年陈云同志在上海市青浦县农村调查时，把原来母猪“可以归社养，也可以让那些有经验的社员养，由农业合作社规定”这个较笼统的母猪饲养方针，明确为“母猪也应该下放给农民私养”。这对养猪事业的发展，起了很大的推动作用。粉碎“四人帮”，陈云同志重新出来工作后，在一次党的会议上，他再一次提醒各省市要继续重视发展养猪，指出猪肉是副食品的主力，要真正做到抓细抓紧，一抓到底。

解决城市人民群众吃菜问题，陈云在党的“八大”二次会议上专门做了阐述，1957年在十三省市蔬菜会议上又作了《一定要把蔬菜供应问题解决好》的专题讲话。在以后多次召开的蔬菜会议上，陈云和李先念都亲自主持或讲过话，参加人多数是主管财贸工作的省、市委书记和省、市长，可见重视的程度。陈云同志说：“保证蔬菜供应，稳定蔬菜价格，是城市人民的普遍要求。购买力愈低的人，对这个问题就愈关心。”“蔬菜和其他副食品供应问题，其意义绝不在建设工厂之下，应该放在与建设工厂同等重要的地位。”他提出“大中城市除了靠郊区生产蔬菜外，还必须另有蔬菜生产基地”，要以郊区生产为主，外地调剂为辅。总结过去几年的经验，他还指出“每一个城市要按照人口的需要，维持相当的蔬菜播种面积。像北京这样的气候，每亩的产量可以供给三十个人的样子，广东可以供给更多的人，哈尔滨供给的人就少了。要根据各地气候不同来定”。要做到每人每天保证能吃到8两到1斤菜，并且要稍多一点，打一定“安全系数”。在经营方式上，他主张去掉中间环节，要有季节差价，鼓励农民多存，要使农民有利可图。要鼓励机关、部队、学校伙食单位自己储藏，“例如在北方，秋天要储够几个月的菜，这几个月就可以不供应他们”。现在，北京和北方许多城市动员机关、居民冬季储菜，就是多年积累的经验。在我们离开商业部以前，每当储菜季节到来，陈云都多次打招呼，大白菜多了，宁肯贱一点分给市民，也不要烂掉。陈云曾说，“我们共产党领导革命成功，社会主义建设也能搞，如果连蔬菜问题都解决不了，还成什么样子！”这是对我们要天天关心群众切身利益问题的严肃要求。

解决人民群众穿袜子的问题，和上面讲到的猪肉、蔬菜问题不同。后两种商品现在还有供应不足或品种不全的问题，穿袜子这件事，今后可以说已成为不成问题的问题了。可是在当时，人们普遍穿线袜子，国家因棉纱不足，保证供应已经很吃力，而群众买了袜子，穿不到一周，脚趾脚跟就露出来了。多少母亲妻女在灯下忙着补袜子，当时一个人一年只发几尺布票，补袜子就用去一部分。这件事困扰着千百万妇女和战士的心，也困扰着陈云的心。当时国外已开始兴起尼龙袜子，比棉线袜子抗磨耐穿，陈云要外贸部、纺织部同志研究解决原料问题。他看准了这个门路，心中有了数，就召开专门会议，决定进口原料。开始时为节省外汇，生产袜尖、袜跟用尼龙，帮、底、筒还是用棉纱的加固袜子，后来逐步改成全尼龙的袜子。办成这件事，大量节省了妇女的时间，解决了战士的困难。这件事不大，但当时解决这个问题却花费了陈云不少心血。这也反映了陈云与人民群众心连心的情意。

小商品包括成千上万个品种，是人民群众生产和生活离不开、缺不了的东西。一旦发生原材料安排不足，生产品种不全，商店供应断档，人民就会感到十分不便。比如缝衣针，一年就要几千吨钢材，缺少了，群众连衣裳都做不成。制造喂孩子的奶嘴要几百吨乳

※ 图为1959年新建的中国百货公司北京市公司王府井百货商店。

胶，群众买不到就影响孩子的喂养。妇女头发卡子也要几千吨钢材，不安排好，就会引起妇女不满，说要“披头散发”了。而元钉、铁丝每年需要十几万吨盘条，木瓦工具、小农具也需若干万吨钢材。农产品中的小品种，如花椒、八角、大葱、生姜等等，如果不妥善安排，市场上就会缺乏调味品的供应。缺了这些东西，既影响生活又影响生产。陈云十分注意这些问题，并作为重要事情来抓。1956年在党的第八次全国代表大会上，他发言指出：“由于形势发展太快，具体的组织工作不容易完全跟上，也产生一些暂时的、局部的错误。”在举例中他提到：“比自营的时候，一部分手工业产品发生了质量下降、品种减少的现象；一部分服务性的手工业在合并经营的条件下，对于居民和手工业者自己都发生了许多不便”。接着他提出了解决的方针和措施：“工业、手工业、农副产品和商业的很大一部分必须分散生产、分散经营，纠正从片面观点出发的盲目的集中生产、集中经营的现象。”并具体要求商业部门在经营方式上大体恢复1953年冬季以前的办法。对这类商品，不能搞包销的办法，而应由商业部门优先选购，没有选购或选剩的商品，允许由工厂自销或者委托商业部门代销。上级商业批发公司不准向下面派货，下级商业部门可以向任何批发部门选购，也可以向工厂直接选购。工业部门所需的钢材、生铁、有色金属、竹木、皮革、橡胶等，主管部门不能采取好坏搭配的做法，除了供不应求的原料以外，其他原料由工厂自由选购。这些措施实施后，小商品的生产供应情况逐步有所改善。1959年陈云在《给中央财经小组的信》中又提出“要专门安排一下日用必需品的生产”，要求对“原有生产小商品的工厂，如果已经改行，应让它们‘归队’，恢复生产”。“对于农村人民公社原有手工业者，应该通过公社帮助他们解决原料和销路的困难，增加各种农村手工业产品的产量。”李先念也一向十分重视小商品的生产和供应问题，并把这件事作为当时国务院财贸办公室的一项重要任务来对待。1959年，市场上一度出现妇女用的头发卡子脱销，李先念就亲自指示拨出钢材，满足生产需要，解决供应问题。由于采取了一系列具体措施，小商品的供应情况很快有了改善。

陈云在领导作风和工作方法方面对我们教育也很大。他要我们把学习作为指导工作不可缺少的一部分，作为一项重要任务。他提出首先是学习哲学，学习思考和解决问题的正确的思想方法，要我们重视全面研究经济情况，指出商品供应紧张，是全国财政贸易和经济建设情况的综合反映，要研究综合平衡问题。他教育我们不要怕批评，对挨骂要有正确看法，“一有错误就有人骂，容易改正，如果大家天天喊万岁，一出错就是大错”。要我们做工作，要以90%以上的时间进行调查研究，用不到10%的时间决定政策。要我们看到商业工作的重要性，指出“我们是商人，但不是普通商人，而是从事商业工作的革命家”，鼓励我们增强责任心，提高责任感。他还说：“长江大桥是大，建设很有必要，但商业关乎六万万人的日常生活，不能说是小事情、不重要。”他还要我们重视政治工作，跳出事务主义的圈子，说：“如果不注意扭转，就会目光短浅。”这些言传身教对我们自己和全体商业工作者都起了鼓舞和鞭策作用，使我们进一步理解了“我们共产党必须天天关心人民群众的切身利益”这一教导的深远意义。

（王磊、高修）

涮羊肉风波

毛泽东请陈云调查为什么“东来顺”的涮羊肉现在不好吃了。陈云说：“东来顺”涮羊肉出现质量滑坡问题的主要原因是“我们轻易地改变了它的规矩”。

“东来顺”的涮羊肉又出名了！

本来，“东来顺”的涮羊肉声名在外并非一件值得大惊小怪的事。“东来顺”，这一北京城内的老字号历来以其精美可口、独具特色的饮食文化和周到细致、热情洋溢的服务，赢得了上至文人雅士下到平头百姓的交口称赞，“东来顺”涮羊肉的口碑也祖传父、

※ 东来顺至今沿用的传统涮羊肉火锅。

父传子代代进入了人心。

不过这一次，在20世纪50年代中叶，在新中国成立后的首都，“东来顺”涮羊肉的再次出名却与以往不同。“来势”很大，直接惊动的是中南海内的毛泽东主席，而且，这位党和国家的最高领导人还不止一次提及它；与此同时，“来头”也大不一样，据知情人讲，毛泽东并不是因为“东来顺”的涮羊肉脍炙人口而赞不绝口的。毛泽东青年时代在北京大学图书馆刻苦攻读过一段时期，想必忙里偷闲，早已在“东来顺”老店饱过口福了。而现在正相反，毛泽东是因为“东来顺”的涮羊肉不好吃了才“找”来的。

按常理，“拿手菜”质量下降，老顾客纷纷掉头而去，对店铺而言可算兹事体大，对国家却似乎不必如此惊动，潮起潮落、优胜劣汰本就合乎自然发展变化规律，更何况，人生百年，谁没有个打闪板的时候？

事情还要从当时担任中央财政经济委员会主任，并兼中央对资本主义工商业的社会主义改造（简称对资改造）十人领导小组组长的陈云突然接到毛泽东的专门指示讲起。在指示中，毛泽东请陈云详细调查并研究分析为什么“东来顺”的涮羊肉现在不好吃了，在此

※ 1956年初，全国各大中城市基本完成了社会主义改造任务，相继举行了庆祝社会主义改造胜利大会。图为广州市庆祝社会主义改造胜利大会。

基础上提出相应处理意见和对策。

经过初步了解，陈云得知，1956年公私合营，确实有些老牌子、老字号的产品如“东来顺”的涮羊肉、“全聚德”的烤鸭子等在质量上发生了下降现象。而这一现象之所以会引起毛泽东的警觉，是因为这已经在社会上造成了较大的影响，人们对此议论纷纷。个别群众在思想上对社会主义改造能否成功发生了动摇，更有某些别有用心的人把这说成是资本主义的羊肉进入社会主义以后就不行了，“社会主义还是不如资本主义好，资本主义的羊肉到社会主义后都不好吃了”之类的流言开始在社会上散布。

对这些给当前正在全国范围内进行的资本主义工商业社会主义改造运动泼污、抹黑，蛊惑人心、颠倒黑白的险恶企图，陈云也非常重视。尽管建国之初，经济方面的各项重大决策工作十分繁重，但陈云把这件事放在了坚决捍卫革命果实、确保社会主义在与资本主义斗争中取得最后胜利的战略高度来看。“东来顺”的涮羊肉问题解决好了，对资本主义工商业的社会主义改造工作也才能不受干扰、更加顺利地进行下去。

陈云决意亲自出马，务求查个水落石出。

让事实说话、让数字说话是陈云工作的一大特色。不说则已，言出必有据，落地要有声，更是熟悉陈云领导风格的老同志所津津乐道的。为此，陈云对进行充分客观的调查孜孜不倦。

在主持中央财经委工作期间，大约每过十天左右的时间，只要时间许可，不管刮风下雨，陈云都要去三个地方。一个是北京百货大楼，目的是亲自察看那里的日用百货、家庭消费品供应与价格情况；另一个是北京的东单菜市场，看看蔬菜与副食商品的供需情况；还有一处是位于天桥的农贸市场，主要是了解农民到城里来进行农副产品交易的情况。

此次也不例外。尽管当时陈云如何进行调研的细节我们今天已经不得而知了，但仍可从后来陈云在向党中央、毛主席的汇报发言中见其一斑。

陈云明确指出，“东来顺”涮羊肉出现质量滑坡问题的主要原因是“我们轻易地改变了它的规矩”。他剖析道，“‘东来顺’的涮羊肉原先只用35斤到42斤的小尾巴羊，这种羊的肉相当嫩。我们现在山羊也给它，老绵羊也给它，冻羊肉也给它，涮羊肉怎么能好吃呢？此外，羊肉价钱原来一斤是一块二角八，合营以后要它和一般铺子一样，统统减到一块零八分，说这样做是为人民服务、为消费者服务。但这样它就把那些本来不该拿来做涮羊肉的也拿来用了，于是羊肉就老了。还有，本来一个人一天切30斤羊肉，切得很薄；合营后要求提高劳动效率，规定每天切50斤，结果只好切得厚一些了。羊肉老了厚了，当然就不如原来的好吃了。”

在发言中，陈云还结合“全聚德”烤鸭等类似问题就其中的原因作了分析。他说，自从1953年我党提出了过渡时期的总路线，要在一个相当长的时间内，逐步实现对农业、手工业和资本主义工商业的社会主义改造之后，饱受三座大山压迫的各地人民对贯彻实施总路线，尽快跨入社会主义的热情比较高。但由于对资本主义工商业进行社会主义改造是一项全新的任务，无任

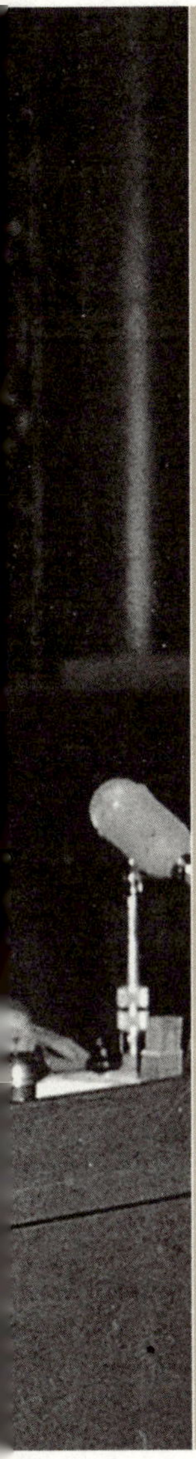

※ 1953年9月14日，陈云在中央人民政府委员会第二十五次会议上作关于克服财经工作中缺点、错误的报告。右为刘少奇。

何经验可借鉴，再加之某些地区的改造准备不够充分，工作方法上也有些简单化，致使在具体操作上出现了失误，产生了一些问题。其中受冲击较大、反响比较多的就是以前老百姓较为认同的个别老牌子、老字号，像“东来顺”、“全聚德”等，在实施改造后其产品质量与改造前相比有下降。

最后陈云说，从辩证的角度看，上述问题出现得好、出现得及时。这要求我们更加重视对资本主义工商业的社会主义改造工作，周密策划、精心操作，注意尽早克服改造工作中出现的某些失误和不当之处，把好事真正办好，顺利实现党的总路线所明确的目标。

“东来顺”涮羊肉的风波搞清楚了，但陈云并未就此止步。浅尝辄止、交差了事从来就不是陈云的风格；由点到面，从全局的角度来观察、了解和解决问题才是陈云一贯的风范。

陈云历来认为，社会主义仍然应该有自己的名牌产品、拳头产品，人们需要名牌合情合理。简单地、整齐划一地取消名牌、老字号不好，要区别对待，只要是老百姓喜欢、信赖的，就要注意加以保护。在前期调查分析的基础上，并广泛征求有关部门和同志的意见后，陈云提出可以采取以下五条具体措施，以保持名牌产品的质量，解决公私合营后部分产品质量下降的问题。一是公私合营后，这些名牌、拳头产品原有的生产方法和经营方法，在一个时期内保持不变，以免出现轻率地把以前一些好的生产工艺改掉了的情况。陈云告诉大家，“私营工商业公私合营以后，原有的生产方法、经营方法，应该在一个时期之内照旧维持不变，以免把以前好的东西也改掉了。”二是国家不再对有些商品如某些百货类物品实行统购统销。三是要建立对商品设计人员、专业技术人员给予物质和精神奖励的机制，以促进他们在提高产品质量上下功夫。四要允许优质优价，在国家统一指导下，产品价格允许一定幅度范围内的浮动。第五条措施是要加强名牌产品的原料供应工作，要注意满足这些产品在原料上的某些特定要求。只有从原料环节上切实把好了关，提供高质量的产品才有了保障。

同时，针对公私合营后，某些地方把小商店、夫妻店统统纳入合营范围的做法，陈云也明确表示了自己的不同看法。在一次会议上，他曾经就此专门谈到，“我家对门有一个小铺子，铺面不大，只能站两个顾客。但是他卖的东西适合那个地方群众的需要，从文房四宝、牙刷牙膏、针头线脑，直至邮票，样样都有。这种小铺子的经营方针就是看居民需要什么就卖什么，对群众来讲很方便。他们卖的方法也跟百货公司不同，小小的信封一个也卖。售货时间也不一样，晚上12点敲门也照样卖东西。”

陈云强调，在公私合营中，不能一味强调“公”、突出“公”，将小商小贩统统“合营”，更不能强制性“合营”。他说：“在长时期内，大部分小商小贩在中国社会里是不可少的。如果没有小商小贩，市场一定会很死，居民就会感到不方便。照我看来，小商小贩也是一笔财富。卖馄饨、卖酸梅汤的小商小贩，如果都取消了，只有‘全聚德’、‘东来顺’，老百姓就要反对我们。在胡同里和火车站有卖饮食的，冬天是热的，夏天是凉的，乡下还有送货上门和收购破铜烂铁的，少了这些小商小贩，老百姓也会不满意的。”陈云指出，“我看到了社会主义社会长时期内还需要夫妻店，因为老百姓还要买小杂货、油盐酱醋，还要吃大饼、油条、馄饨、汤团。”

这就是陈云讲话的风格，没有虚饰的语言、华丽的词藻，谈的是老百姓天天见到的东西，讲的人人都懂，但其中的道理非常深刻，是锤炼出来的，是经得起历史检验的。

事情往往如此，有些话乍一听，实在平常、实在普通，但是随着时间的流逝，慢慢会发觉就像嚼青果，会越嚼越有味道。就在“东来顺”涮羊肉风波后十年时间，直到70年代后期，共和国大地上“左”的思潮泛滥成灾，“杂货店”、“小卖铺”、“夫妻店”几乎销声匿迹了；党的十一届三中全会后，春回人间，到如今大小店铺林立，“小卖铺”、“夫妻店”之外，“公司”、“超市”、“网吧”更是到处争奇斗艳，神州大地一片勃勃生机。同样美丽富饶的土地，同样勤劳善良的人们，不一样的两种生活。

在全国人民的共同努力和在以中央对资改造十人领导小组组长陈云等有关部门和同志的具体组织实施下，我国对资本主义工商业的社会主义改造工作进行得非常顺利。

1956年1月15日，尽管北京市仍笼罩在严寒之中，但冬日照得很好，似乎在为聚集在天安门广场上欢呼雀跃的人群助兴。北京市市长彭真在这次盛大的联欢会上郑重地宣布：“我们的首都已经进入了社会主义社会。”

一场战斗胜利结束了。此时，就在离广场不远的一幢楼里，陈云正静静坐在办公桌前，聚精会神地看着秘书刚刚送来的一份关于全国钢铁生产形势的报告。这几天，钢铁指标的问题一直萦绕在心头……

（李梦汶）

简朴的衣食

陈云常开玩笑说："过去革命战争年代想吃，没有东西吃；现在革命胜利了，有东西吃了，又不能吃，自己真是没有口福啊！"

建国以后，陈云一直在党和政府内担任要职，是党和国家重要领导人之一。可是他的生活一直是低标准的、非常简朴的。

就拿他的衣着来说吧。陈云从东北进关时，穿的是一件多年的旧大衣，中财委办公厅提出给他换件新的，以便会见外宾时用，他坚决不同意，照样穿那件旧大衣。他只有两套毛料中山服，一套是1952年到苏联商谈我国第一个五年计划前做的，是藏青色的；另一套是1954年他出访越南前做的，是灰色的。这两套服装他平时很少穿，只在他接见外宾、会见民主人士、参加一些公开会议和每年五一、八一、十一的庆祝活动时才穿一下，而且一回到家就脱下，仍穿布衣布鞋。但终因穿的时间长了，衣服领子、袖口和裤子的膝盖部位都快磨透了，才让工作人员送到街上洗染店里给织补了一次。就是这两套中山服，他一直替换着穿了几十年时间；他穿的衬衣都是补了又补；一件坎肩，穿了四十多年。

再看看他的饮食吧。在建国初期，陈云一直分管我国的财经工作，工作十分繁忙，每天要工作十七八个小时，睡眠时间很少。繁重的任务和紧张节奏都需要身体有足够的营养。可是，他的饮食却始终保持低水平。在中央财政经济委员会的老式大套院里，陈云和李富春、薄一波等领导同志开会或办公之后，常常因为时间晚了，就在那里吃饭。这些党和国家高级领导人的饭菜都十分简单，一般只有四菜一汤。菜也不是什么好菜，只是些普通的炒菜或烩菜，以素菜为主，荤菜也就是肉片炒白菜之类，很少吃鸡鸭鱼蛋之类比较高档的食品。

在家里，陈云的饭菜更简单。原来，他是和全家人在一起吃饭的，由于孩子多，家里开支大，伙食比较差，早饭就是稀粥、馒头、花卷、咸菜。因为陈云是南方人，吃不惯馒头，早饭专门给他准备两片面包。除了这点特殊，其他和全家吃的完全一样。中饭、晚饭炒的菜里，肉放得很少，鸡蛋也很少吃。由于伙食太差，工作人员曾提出每天中、晚饭给陈云单独炒一小盘质量较好些的菜，可是他坚决不同意。他说："现在吃的不是比以前好多了吗？不必要。"直到他的肠胃出了毛病，才和家里人分开吃饭。由于长期患肠胃病，他的饮食受到很大限制，只能以素食为主，吃几样容易消化的食物，而且常年吃糙米，非常单调。陈云几次在吃饭时和工作人员开玩笑说："过去革命战争年代想吃，没有东西吃；现在革命胜利了，有东西吃了，又不能吃，自己真是没有口福啊！”

到了晚年，他的食谱也很简单，早餐是面包果酱、豆浆，午餐是一荤一素一汤，晚餐是豆制品、蔬菜、水果。主食是机米，为免浪费，每餐称米做饭。他的这些食谱是不变的，即使逢年过节和过生日也不改变。

（刘以顺）

“约法三章”

陈云对家人“约法三章”：不准随便进出他的办公室；不准翻看、接触只供他阅读的文件、材料；不准搭乘他使用的小汽车。

新中国建立之初，陈云担任政务院副总理，同时兼任中央财政经济委员会主任，位高权重。但他始终清正廉洁，严于律己，对家人提出了极为严格的要求和约束，叫做“约法三章”：不准随便进出他的办公室；不准翻看、接触只供他阅读的文件、材料；不准搭乘他使用的小汽车；等等。

对于陈云提出的“约法三章”，即上述“三不准”的要求，他的家属和子女都一丝不苟、未打折扣地认真做到了。例如，陈云的夫人于若木，建国初期就在中央财政经济委员会联络室工作。每天上班，他们走的都是同一条路线，尽管顺路，但她一直坚持骑自行车上下班。无论刮风下雨，无论严寒酷暑，她从来没有搭乘过一次陈云的小汽车。陈云的子女上学、放学，也从未用公家的小汽车接送过。

为了身体力行、以身作则地做到廉洁奉公，也为了用廉洁奉公精神教育好下一代，陈云还特别向于若木交待，要让自己的子女从小就像普通家庭的子女一样生活和学习，不搞任何特殊化，以免沾染不良习气。陈云有五个子女，二男三女。他对子女的教育原则是：读好书，做好人。教育方法是：一行无言之教，二抓问题，并且抓结果。比如，他的小儿子陈方上中学时，一次为买脚蹼，从他的生活秘书石长利手中要钱超出预算。黄昏，陈云在散步时知道了这件事，当晚就找儿子谈话，以下是他们的对话：

“你从哪儿拿的钱？”

“石头（石长利）那儿。”

“石头哪来的钱？”

※ 陈云夫妇同儿女们在一起。

“你的工资。”

“我的工资谁给的？”

“人民给的。”

“人民给我的工资，你为什么用呢？”

“我是你的儿子，你是我爸爸。”

“记住，节约一分钱是节约人民的钱，我看你的行动。”

儿子无话可说了，只好认错改正。

他的二女儿陈伟华，在北京师大女附中念完高中，正要考大学时，遇上了“文化大革命”。后来下放到北京怀柔县农村插队数年，曾当过乡村女教师。她几次求父亲把她调回北京市，陈云不干，严厉地说：“你们就得自己到社会上闯一闯。特别是女孩子，要想在社会上站得住脚，一定要在政治上成熟起来。”她牢记父亲的教导，下决心在农村好好干。后来受到人们的好评，并于1974年加入中国共产党。

当伟华写信告诉父亲，她已经开始阅读马克思、恩格斯等革命导师的书时，陈云高兴地回信说：“十二月八日的信爸爸收到，我万分欢喜（不是十分、百分、千分、而是万分）。你要学习和读书了……你虽然已开始工作，但还年轻，坚持下去，是可以学到一些东西的。时间有限，每天要挤时间学。”这之后不久，陈云还专门就读书问题和女儿进行了一次长谈。他告诉女儿，为了能够真正理解无产阶级革命导师的系统理论，最好先阅读有关他们的传记，了解当时的社会状况、时代背景，然后再由浅入深，阅读原著。另外，不光要学习马列著作，还要学习各方面的知识，使自己眼界开阔。后来，他专门选了本《世界知识年鉴》送给女儿。作为回报，女儿在乡下，在许多核桃中挑了两个最好的送给父亲，让他在手里转着活动。因为陈云那时手关节有了毛病，医生说手需要常活动。从这一本书和两个核桃中，我们看到这对父女间在物质上的交往是“淡淡的”，但陈云却给了女儿最宝贵的精神财富，女儿给了父亲一个真正女儿的爱。正因如此，这一对怀柔核桃陈云爱不释手，光滑锃亮地陪伴着他走到生命的最后。

1977年，全国恢复高等院校招生考试制度。陈云听到消息很高兴，嘱妻子于若木迅速通知年已30岁的女儿伟华，要她参加高考，并对女儿的报考志愿发话：“国家需要教师，你报师范吧。”当时，距高考只有两个月时间，伟华在乡下，一无材料，二无人指导。她想让母亲问一位比较熟悉的在大学工作的同志，该怎么复习，复习些什么。可是，陈云知道后认为“这叫走后门”，不能那样做。于是，伟华从朋友那儿找来复习资料和课本，白天工作，晚上抓紧时间刻苦复习。经过一个多月的努力，她终于完全靠自己考上了北京师范大学历史系。大学毕业后，她在北师大实验中学任教，当了一名普通教师。

由于陈云对子女严格要求，他的五个子女均受过高等教育，遵纪守法，廉洁奉公，成为国家的有用人才。

（刘以顺）

克己奉公

陈云对自己克勤克俭，对同志慷慨相助，他经常接济部下的生活，他总是说：“如果生活有困难，孩子上学有困难，我会帮忙。如果孩子出了事找我，你找上门来，我不但不帮，我还会批评你。”

陈云一贯公私分明，克己奉公，严于律己，一点小事也不放过。

※ 陈云一贯公私分明，克己奉公，严于律己。

他在工作之余，唯一的爱好是听评弹。评弹是流行于江南民间的一种说唱艺术。陈云从少年时代起就喜欢听评弹，先是跟他舅舅在当地镇上的茶馆里听书，以后听上瘾了，有时大人不去他就自己去，靠在墙边站着听。后来由于从事革命活动，听评弹就中断了。1959年，他患心脏病休养期间，开始重新听评弹。在这之后三十多年间，他听的评弹书目之多，在全国恐怕是无与伦比的，评弹界素称他为“老听客”。有一次，他让秘书请上海人民广播电台替他录两个评弹段子，说完即拿出两盒空白录音带，要求交给他们。两盒空白录音带能值几个钱，可他一点也不占公家的便宜。

《陈云文选》出版以后，秘书请示陈云稿费如何处理，他说全部缴党费。秘书建议先存起来，将来捐给学校或某项事业更好。他接受了这个意见，并先后把稿费赠送给了新成立的北京曲艺学校和希望工程。

在生活上，陈云非常节约。一个皮箱，是延安时期的，一直用到他去世。有一个刮胡刀，刀架是1935年9月他由上海秘密去苏联之前买的，刀片是他到苏联之后买的。三个刀片用了十年，而刀架一直用到他逝世之前。他吃饭十分简单，通常是一荤一素，逢年过节也不例外。他一般不请别人吃饭，别人请他他也不去。

陈云对自己是克勤克俭，但他对同志、对人民却非常关心，满腔热忱，慷慨相助。他经常接济部下生活，少到几十，多则上百。凡来看他的部下，他总是说："如果生活有困难，孩子上学有困难，我会帮忙。如果孩子出了事找我，你找上门来，我不但不帮，我还会批评你。"他对部下子女的要求，一是遵纪守法，二是读好书。

陈云在住院前，从广播中听到中央机关为希望工程捐款的消息，他马上从不多的存款中取出5000元，捐给了希望工程。他说："出现小学生辍学的事，太不应该了。"后来，这笔钱落实到河南省卢氏县汤河乡的16名失学孩子身上。

陈云在生活上是低标准，但他对于学习和工作却是高标准、严要求，并且十分勤奋刻苦。"文化大革命"中，他被以战备为名，疏散到江西去进行所谓"蹲点调查"。去那里时，许多日常生活用品他没有带，却带了《马恩选集》、《资本论》、《列宁全集》、《斯大林文选》、《毛泽东选集》、《鲁迅全集》。在近三年时间里，他除了去工厂参加班组会和参观农村外，其他时间就是在住所看书，特别是看列宁在十月革命后写的有关新经济政策和党内民主生活方面的著作，并联系实际，深入思考我国的经济体制和党的民主集中制问题。在党的十一届三中全会前后，陈云之所以能够提出许多具有远见卓识的见解，是与他认真看书学习、勤于思考问题有密切关系的。

（刘以顺）

不收礼

陈云向身边工作人员交代："不收任何人的礼品，外宾送的礼品都要上交。"

陈云不收礼，有口皆碑。他说："收礼是有求于我，收下后，决定事情必有偏差。"

有一次，他在解释这些铁的纪律原则时，说："如果主席、总理给我送礼，我就收，因为他俩没有求我的事儿。"

实际上，即使是在同志们诚心诚意地向首长表达尊敬的时候，哪怕礼物再轻，陈云也是"来者必拒"。

作为党和国家的领导人，陈云外出视察和进行调查研究的次数很多，下级各部门的同志前来向他汇报的时候也很多。对此，他各有"规矩"。

就后者而言，陈云讲"不请不到"。他强调，"没事别来，有事说事。如果电话中把事办了，就别跑腿了。"

而对前者，每当陈云外出，他立下的"规矩"就是"不接不送"，轻装简从，形式上的东西一概免掉，更不许搞迎来送往或者吃喝宴请之类的繁文缛节。他说，"大家都挺忙，走那形式干吗？"陈云从来不愿给当地的各级党政领导同志"添麻烦"。他说，"自己年事已高，身体又不好，不能为党多做工作，他们都很忙，不必常来看我，有事我会找他们，少给他们添麻烦。"

有一次，陈云在某市的公务刚刚结束，正准备乘坐火车返回北京时，一件小事发生了。

当地的同志看到陈云在这里整天忙着谈话、开会，深入基层各生产企业详细询问了解情况，很辛苦，同时在生活上又坚持低标准。这么几天下来，大家看到陈云明显消瘦了，对此都很受感动。为表达敬意，最后商量决定带一些东西上火车，希望能给首长和同志们补充些营养。由于早就听说陈云拒收礼物的态度是"不可商量的"，因此，现在带上来的东西很简单，仅仅是两只老母鸡和一些蔬菜，大家心想，东西如此，又是已悄悄地搬上了火车，估计这次不会再吃"闭门羹"了吧！

陈云一行对此毫无所知。直到火车即将开动，秘书萧华光才得知此事。萧华光对陈云处理此类事情的态度很清楚，于是向当地同志表示感谢，并婉言请他们将东西带回去。但是当地同志的态度却很坚决，说这根本不算啥。此事是几位领导共同定的，他们看陈云太劳累，希望一定收下，确保中央领导同志的身体健康也是大家共同的责任。

见实在拗不过，萧华光将此事向陈云作了汇报，并建议说，对方如此盛情，不如按照市场价格，把这些东西都买下来，这样作也不违反原则。

陈云详细听完汇报以后，果断地说："不能开这个先例，有第一次，就会有第二次，以后就阻止不住了。还是请他们把东西带回去，要和他们说，他们的心意我领了，但东西我不能收。"

见陈云直接表态如此，地方同志也不好再坚持，于是把东西就又都搬下了火车，心中无不暗暗赞叹，作为一位老党员，陈云在原则问题上确实“不可商量”。

就是这样，正如陈云向身边工作人员交代的：“不收任何人的礼品，外宾送的礼品都要上交。”

解放战争时期，陈云一直战斗在东北黑土地上，曾担任中共东北局副书记兼东北民主联军副政委、中共北满分局书记兼北满军区政委、中共南满分局书记兼辽东军区政委、东北军区副政委、东北财经委主任、沈阳特别市军事管制委员会主任等重要职务，为东北的解放事业作出过重要贡献，当年在他领导下工作的老同志们也都非常钦佩和尊敬老首长。

建国后，尽管陈云回到了中央工作，同志们也都星散各地纷纷走上了新的岗位，但大家都很想念首长。一次，一位当时从事军事指挥工作的老部下利用从外地来北京开会的机会，专门带了一箱苹果来送给陈云，表达一点心意。当时陈云外出不在，当回来得知此事后，告诉秘书萧华光说：“1946年在东北，这位同志在军队工作，能打仗。全国解放后，我们已很久不见了，不过我不能收他的东西……一定要把苹果还给他，并且告诉他，他的心意我领了。”

还有一次，“文化大革命”结束之后，一些以往被扫地出门、靠边站的老同志在小平、陈云等的仗义执言和亲自关怀下，陆陆续续重新走上了工作岗位。其中有一位老同志为略表心意，在登门拜访陈云之际，也顺带捎来了一纸箱的葡萄。等亲切交谈完毕，陈云指着纸箱说：“请把它带回去。”

那位老同志反复解释，这不值几个钱，只是一点心意。陈云笑着说，“那好，我就尝五颗，行不行？”言罢，打开箱子，摘下五粒。就这样，最后推让有加，老同志见此情景，实在没有办法，只好依了陈云。

陈云不收礼，登门拜访者从来空手上门的故事广为传颂。其实，陈云不吃请的佳话也是人人皆知。

陈云除了出席国务活动，像参加“国庆节”、“建军节”、“劳动节”等重大节日的庆祝招待会、接见外宾等之外，如果是在北京，则历来是公事一处理完毕即回家吃粗茶淡饭，从不参加公家或私人的宴请。如果在外地，则更简单，对地方领导的吃顿便饭邀请，从来都是表示，“他们的心意我领了，不过请吃饭的事就免了。”时间长后，这一“规矩”就变成“自然而然”了。

（李梦汶）

运动和休息

陈云说，要胜任繁重的工作，就要舍得花时间运动和休息。

数十年来，陈云一直坚持体育锻炼。他根据自己身体不同时期的实际情况，确定了不同的体育锻炼内容。过去身体情况较好的时候，他常打乒乓球、台球，练太极拳，游泳。从1953年起，他又长期坚持清晨用毛巾蘸冷水擦身。后来由于年事渐高，他就把散步作为锻炼身体的一项主要内容。他每天上午坚持散步35分钟，下午散步20分钟，没有特殊情况，从不间断。晚上，他还做10分钟自己编的体操，如转动头部、伸展胳膊、活动腰部、做深呼吸等等。平时，他还喜欢在手里握两颗核桃，不停地转动，以此锻炼手指关节的灵活性。

陈云不仅自己注意体育锻炼和劳逸结合，也很关心中央其他领导同志。在他担任中共中央政治局常委期间，他常提醒中央常委和书记处的同志每天工作时间不要过长，每年要

※ 1983年4月于杭州漫步白堤。

有专门的休息时间。他还要求自己身边的年轻人每天再忙也要抽出一定的时间坚持开展体育活动。他说，要胜任繁重的工作，就要舍得花时间运动和休息。这个时间舍不得花，从眼前看是多工作了，但从长远看，却是少工作了。陈云这番话是具有哲理的经验之谈。

（郑惠）

“多做就是少做，少做就是多做”

陈云强调一定要把握好繁忙的工作与必要的休息之间“度”的问题。他说：“多做就是少做，少做就是多做。”因此，“注意劳逸结合，细水长流，就能多做工作；不顾劳逸结合，伤了身体，就不能多做。”

陈云通常给人的第一印象是，生得眉清目秀，中等身材，略有些清瘦，脸庞棱角分明，让人感受到内心坚忍不拔的意志力。稍作交谈，则会发现，陈云性格平和、内向，话不多，语言质朴。在对方说话时十分注意倾听，而从不打断对方。如果遇到个别他认为还需要作进一步探讨的地方，陈云会等讲话到一段落后，才提出请对方把刚才的观点再讲一下。因此，交谈者总会感到陈云是那么的端庄沉稳、平易近人。

当然，如果能有幸在陈云身边工作，就会有更加深入和全面的了解。你会看见他吃饭的时候总是细嚼慢咽、不急不忙的，会看见他经常出现在院中漫步的身影，会看见他闭目欣赏评弹录音的神情，会看见他挥毫泼墨的豪迈气势。但是，你绝对看不见他大怒或者大喜的表情。

陈云喜欢跟身边的工作人员说些工作之外的事情，像如何做人、如何处世、如何保持健康的身体和乐观向上的思想状态等。同志们最近在工作上、生活中碰到什么问题、困难或者不顺心的事，也是他所非常关心的。陈云一生淡泊宁静，为人清廉，不喝酒，不打扑克、不打麻将，也不爱跳舞娱乐，更不喜欢外出应酬，在战争时期曾抽过烟，但在解放后就毅然戒掉了。他既不请人吃饭，也从来不接受别人的宴请，因此生活极其有规律。在他的带头下，大家也都保持着良好的生活习惯，有的同志还把多年吸烟的习惯也坚决改了。

陈云还对休养之道颇有心得，常给工作人员不少指导和启迪。

对此，他的基本观点是，一定要把握好繁忙的工作与必要的休息之间“度”的问题。他说，“多做就是少做，少做就是多做。”因为，“注意劳逸结合，细水长流，就能多做

※ 陈云在空闲之余听评弹。

工作；不顾劳逸结合，伤了身体，就不能多做。”真是在生活中也充满了辩证法。

1972年4月，陈云从江西下放回到北京，并开始协助周恩来指导国家外贸工作。由于这一领域受“左”的错误影响也十分严重，陈云为开拓进出口工作的新局面付出了大量心血。在一次与中国人民银行行长等同志谈话时，他说：“我是一天打鱼一天晒网。”陈云在这里使用的这句老话不能按通常意义来理解，他其实是把紧张的工作比为“打鱼”，把必要的休息比喻为“晒网”，讲的还是上面的道理。

据一位曾担任陈云卫士工作的同志回忆，80年代他的爱人生了孩子，陈云闻听此事后，就如何照顾母婴还特地仔细对他叮嘱了一番。陈云说：“要多喝点鲫鱼汤和鸡汤，鲫鱼汤是下奶的，要用母乳喂孩子，母乳营养最全面；小孩子哭是一种运动，是好事，不能一哭就喂奶，还是按时喂奶。”

陈云在生活中还非常重视确保充足的、高质量的睡眠时间，他甚至说过，“睡眠第一，吃饭第二”。

这一观念是他在长期的革命战争环境中养成的。陈云给大家讲，“在长征中，在遇到后有追兵、前有敌人堵截时，往往需要急行军，必须绕道走很多路，才能避开敌人精锐部队，保存自己的有生力量。因此，吃不饱肚子是常有的事，但当部队找到了宿营地，许多人的第一件事不是吃饭，而是设法找地方睡觉。因为，只有恢复体力，才有胃口吃饭，即使吃不上饭，也会有体力走路。”实际上，想归想，就长期担任党和国家高级领导职务的陈云而言，这往往是难以“落实”的。

就拿建国初期来说，陈云担任了中央财政经济委员会主任，直接领导全国的经济恢复与建设工作，责任十分重大。而当时全国的经济形势非常严峻，基本情况是“一穷二白、百废待兴”。同时，外有西方国家对我实施的经济封锁和美国在朝鲜发动的侵略，内有旧时代留下的恶性通货膨胀、投机分子的疯狂进攻，还有敌特土匪有待肃清等等，陈云肩上的担子很重。

为此，在党中央、毛泽东的大力支持下，陈云领导实施了经济领域中的几次大的行动，一举稳定了物价、统一了财经，对粮食实行统购统销，彻底清除了恶性通货膨胀，安定了民心，从经济上巩固了人民政权，使国家经济转入正常的健康发展轨道。三年经济恢复结束之后，紧接着，陈云就转入了领导国民经济第一个五年计划的制定与实施工作，全面展开了大规模的基本建设工作，可谓无丝毫喘息的余地。

就在这段时间，已经没有“睡眠第一、吃饭第二”的区分了。陈云每天工作十七八个小时，致使睡眠严重不足，生活也变得很不规律。一次，苏联援华顾问团总顾问毕考金看

※ 陈云在北京北长街住所。

陈云整天从早忙到晚，便提醒陈云说，还要注意身体。陈云对苏联同志的关心表示感谢，并回答："身体还可以，就是睡觉太少，一天四小时保证不了。"

粉碎"四人帮"后，陈云重新担任了新成立的国务院财政经济委员会主任。在人民大会堂主持召开的第一次会议上，他情不自禁地回忆起建国之初那紧张繁忙的工作与生活节奏。陈云讲，"解放时，我44岁。那时，可以三班倒、四班倒，上午、下午开会，晚上同周总理谈，午夜去找毛主席，安排得满满的。"

这是陈云睡眠时间最少的时期之一，也是他卓有成效的工作得到包括中央领导人在内的来自各方面的评价最高最丰富、肯定最多最充分的时期之一。原国民党高级将领张治中先生在听了陈云所作的政府经济工作报告后也说，"我在国民党政府时，从来没有听到过像陈云同志这样精辟的经济工作报告。"

（李梦汶）

★ ★ ★ 第六编 ★ ★ ★

十年探索　艰难行进

第六编 06

十年探索 艰难行进

“三个主体，三个补充”

陈云在中共八大上提出的“三个主体，三个补充”的构想，是陈云在社会主义改造基本完成后指导中国经济工作继续前进的一个总纲，它代表了党在这个时期探索的正确方向。

八大召开前后，中共中央领导人开始了经济体制改革的最初探索。其间，陈云对我国经济体制改革所做的探索，形成了较为系统的经济体制改革理论。

1956年社会主义改造完成以后，社会主义经济体制基本建立。原来的五种经济成分被国家和集体两种所有制形式取代了，直接及间接计划和市场调节的并存被高度集中的国家计划管理取代了，国家市场和自由市场的并存被对工农业产品流通的国家垄断取代了。显然，这种体制属于苏联模式。陈云肯定这一体制产生的历史原因，但同时认为，过去为限制资本主义工商业而采取的一些措施，即使在当时也不是没有缺点的，在改造基本完成后已经不必要了。这方面的措施主要是：一、国营商业对资本主义工业实行加工订货、统购包销的办法。如果改造后仍旧无区别地采取这种办法，就使一部分工厂不像原来自销的时候那样关心产品的质量，因此，妨碍了一部分工业品质量的提高。二、国营批发公司上下

※ 1956年9月15日至27日，中国共产党第八次全国代表大会在北京召开。20日，陈云在大会上作关于社会主义改造基本完成以后的新问题的发言。

之间大部分实行自上而下的派货，使商业部门向工厂订货的品种规格减少了。国营批发公司发到各地的商品品种和数量，也难免发生一些不恰当的情况，因而发生一些这里积压、那里脱销的现象。三、市场管理办法限制了私商的采购和贩运，使农产品、农业副产品实际上成为由当地供销合作社或国营商业独家采购，而没有另外采购单位的竞争，供销合作社和国营商业对于那些农产品、农业副产品没有注意收购或者收价偏低的时候，这些农产品和农业副产品就会减产。与此相适应，陈云还认为，在社会主义改造高潮中，由于形势发展太快，具体的组织指导工作不容易完全跟上，也形成了一些暂时的、局部的错误。这些错误是：一、手工业在合作化的过程中，过多地实行了合并和统一计算盈亏，而这是不利于手工业的经营的。因此，比自营时候一部分手工业产品发生了质量下降、品种减少的现象；一部分服务性的手工业在合并经营的条件下，对于居民和手工业者自己都发生了许多不便。二、资本主义工商业在改造高潮中，发生了一些盲目合并的现象，产生了同手工业盲目合并类似的问题。三、农业在合作化的过程中，对于应该由社员家庭经营的副业注意不够，再加上其他方面的影响，一部分农业副产品的生产有所下降。另外，陈云还认为，中央集中权力过多，也影响地方因地制宜发展经济。

在这种情况下，陈云开始考虑突破苏联模式的束缚，根据中国的具体实际来改革社会主义经济体制，以克服弊端。1956年4月25日，毛泽东在政治局扩大会议上讲了《论十大关系》。这个讲话号召大家对苏联经验要批判地学，提出了探索适合中国国情的社会主义建设道路的任务。

当时经济生活中影响面较大、最突出的一个问题是产品质量降低、品种减少。这个问题的出现，与对资本主义工商业改造中采取以统购包销为核心的一套办法有很大关系。陈云指出："不能保持好的品种、好的质量的情况，在统购包销以后就发生了，因为我们没有什么竞争，统统是国家收购的，结果大家愿意生产大路货，不愿意生产数量比较少和质量比较高的东西。公私合营以后，这种情况很可能进一步发展。"陈云认为，"这些错误是商业工作上的致命伤，如果不改，就不像做生意的样子。"

由于统购包销是社会主义改造的主要办法，在改造进行中不能考虑加以改变，所以陈云最初只是设想，从改善企业经营管理入手，保留过去经营中的供销关系和经营技术，设立专人管理质量。1956年1月25日，在第六次最高国务会议上发言谈公私合营中应注意的问题时，陈云提出，私营工商业公私合营以后，要想尽一切办法保持原来好的品种和质量。原有的生产、经营方法，应该在一个时期以内照旧维持不变，以免把以前好的东西也改掉了。企业的资方经理或副经理应该有一个人专门负责品种和质量。国家今后要颁发奖励优良品种和质量的办法。但是，这只是一个治标的办法，没有触及问题的实质。不从统购包销这个体制上的原因出发，问题就难以得到根本的解决。

到1956年3月底，全国基本实现了对资本主义工商业的改造，统购包销对社会主义改造的作用已经完成。在多种经济成分并存的情况下，陈云对资本主义工商业利用市场搞投机牟取暴利、影响国民经济的稳定、影响人民生活的情况是十分警惕的。而此后，即使有自由市场，这种担心也小得多了。经过认真思考，陈云明确提出，统购包销等"是在一定历史条件下的一种特殊的管理生产的方法，这只能是一种过渡的办法"。

6月30日，陈云在全国人大一届三次会议上的讲话中，提出要全面、系统改变对资本主义工商业改造的一系列办法，改革整个经济体制，在社会主义计划经济中引入包括选购在内的多种市场手段：（一）对国营、公私合营都不再全部统购包销，而采取下列三种形式：一是对人民需要的种类不多、数量很大、花色品种简单的大宗商品，如布匹、油脂、食糖、纸张、纸烟、火柴等继续统购包销；二是对品种复杂、花色经常变化的各种日用百货等零星商品实行按质量好坏和市场需要情况实行选购；三是对选购剩下的商品工厂可以委托商业部门代销或者自销。（二）商业内部不再实行自上而下的派货，而实行自下而上的自由选购。（三）银行的现金管理、放款、结算办法恢复原有的灵活方式，增大企业经营自主权。（四）为防止选购后国营企业利用垄断地位而不积极进货，规定其仍承担保证城乡供应和稳定市场物价的责任。（五）原料除国家统一调拨者外，原由国家和国营统一采购供应的仍维持，数量上按国家计划统一分配，质量上除供不应求的实行计划分配外，其他都由用货部门选购。（六）市场管理上改变原来管得过严的办法，打破封锁，实现货畅其流。（七）一定时期内保护落后工厂，使其有机会改进生产，降低成本，提高质量。不肯努力改进生产、扶不起来的落后工厂应该淘汰、改组。

这些新办法大大突出了市场机制的作用，将市场作用扩大到整个社会生产领域。市场不仅仅有公私合营企业，也包括国营企业；不仅有工业产品，也有工业原料；不但在工商之间，也包括商业内部。此外还在物价、金融方面予以配合。而且，陈云将选购等办法看成是生产的正常办法，指出“这种办法是工业生产的正常办法，无疑对发展工业是有利的。同时，实行选购的结果，可以使工厂注意产品质量，关心消费者的需要，减少生产的盲目性”。

在这一系列探索的基础上，1956年9月20日，陈云在中共八大上做了《社会主义改造基本完成以后的新问题》的报告，系统总结了前一阶段的思考，并提出改革中国社会主义经济体制的“三个主体，三个补充”总体构想。即：

在工商业经营方面，国家经营和集体经营是工商业的主体，但是附有一定数量的个体经营。这种个体经营是国家经营和集体经营的补充。至于生产计划方面，全国工农业产品的主要部分是按照计划生产的，但是同时有一部分产品是按照市场变化而在国家计划许可范围内自由生产的。计划生产是工农业生产的主体，按照市场变化而在国家计划许可范围内的自由生产是计划生产的补充。因此，我国的市场，绝不会是资本主义的自由市场，而是社会主义的统一市场。在社会主义的统一市场里，国家市场是它的主体，但是附有一定范围内国家领导的自由市场。这种自由市场，是在国家领导之下，作为国家市场的补充，因此它是社会主义统一市场的组成部分。

陈云在中共八大上提出的“三个主体，三个补充”的构想，是陈云在社会主义改造基本完成后指导中国经济工作继续前进的一个总纲。它强调保留个体经营，突破了一大二公的旧模式；它主张计划经济下发挥市场作用，尊重价值规律，突破了大一统的计划模式，使企业拥有一定生产经营自主权；它允许一定范围内自由市场存在，突破了国家垄断模式。它作为“一个比较完整的富有创见的构想”，既不同于苏联只有计划、没有市场的高度集中的计划体制，也不同于中国后来片面追求的“一大二公”的模式，它代表了党在这个时期探索的正确方向。陈云在中共八大上提出的这一构想，与刘少奇在八大政治报告和周恩来在八大所做《关于发展国民经济的第二个五年计划的建议的报告》中提出的改革思路是完全吻合的。这一构想是对毛泽东《论十大关系》的丰富和发展，并被八大决议所吸收。在中共八大上，陈云当选为中央委员会委员，又在八届一中全会上当选为中央副主席和中央政治局常委。毛泽东在八大召开前提名陈云为副主席时说：陈云同志比较公道、能

※ 陈云同毛泽东、刘少奇、周恩来、朱德等在中共八大闭幕会上。

干、稳当，看问题有眼光。后来，邓小平在讲中共第一代领导集体形成的历史时说：我们党的领导集体，是从遵义会议开始形成的，也就是毛刘周朱和任弼时同志，弼时同志去世后，又加了陈云同志。到了党的八大，成立了由毛刘周朱陈邓六个人组成的常委会，后来又加了一个林彪。这个领导集体一直到“文化大革命”。在“文化大革命”前很长的历史中，不管我们党犯过这样那样的错误，不管其成员有这样那样的变化，始终保持了以毛泽东同志为核心的领导集体。这就是我们党的第一代领导。中共历史表明，在这个领导集体中，陈云对中国革命和建设事业的贡献是重要而特殊的。

（赵士刚）

“反冒进”与“反反冒进”

陈云说：“现在马跑得很危险。这样骑下去，后年、大后年更危险。”“有些问题，没有把握宁可慢些，多考虑一下，其缺点是慢，但如果做错了，那就是失败。慢和失比较起来，慢比失要好。”

新中国成立后，国家进入和平发展年代，陈云与毛泽东的交往更趋频繁，但由于在经济建设指导思想上存在不同观点，“不一致”的情况渐渐多了起来。其中，“反冒进”与“反反冒进”就是俩人之间一次比较激烈的交往。

“冒进”是时代的产物。当“冒进”在1956年开始在经济建设中出现时，引起了陈云的高度警觉。作为中央财经委的负责人，他对国家的经济情况有着更深的理解。经过几年的努力，国民经济刚刚恢复并走上正常发展轨道，各项经济制度初步建立，关系初步理顺，现在是一步一个脚印继续踏踏实实往前走的时候，而不是“冒进”。

“我们是个大国，明年不稳当心里不安。”陈云感到，“冒进”问题一定要及早提出来，并且越早越好。在1956年12月召开的国务院常务会议上，陈云明确表达了自己的看法，他说：“现在马跑得很危险。这样骑下去，后年、大后年更危险。”他强调指出，“有些问题，没有把握宁可慢些，多考虑一下，其缺点是慢，但如果做错了，那就是失败。慢和失比较起来，慢比失要好。”

这次，毛泽东没有听取陈云的意见，不仅不听，毛泽东还对此进行了严厉批评。他说，“反冒进”扫掉了多快好省，扫掉了《全国农业发展纲要》，扫掉了促进委员会，使

人民日报

RENMIN RIBAO

1948年6月15日創刊
第 3 6 8 7 号

第一版
麻城早稻亩产三万六千九百多斤
毛主席視察山东农村
社論：祝早稻花生双星高照
第二版
长安县妥善調节农民劳逸实行公休制度
农业机械化研究所試制电犁成功
第三版
社論：全党全民办統計
黑龙江主动支援兄弟地区
第四版
讓大字报永远發揮威力，郎电部普遍建立大字报社
天津部分区委办的党校结合当前任务訓練干部
讀摸：我們是怎样办党校的
思想評論："立而不破"行嗎
第六版
玻利維亚爆發农民武装起义
卡塞姆斥責外国干涉中东
第七版
第四屆禁止原子弹氢弹与爭取裁軍世界大会日本大会开幕
第八版
万徒勒里：我来自一个遥远偏僻的国家
黎云：随时警惕，随时准备！

麻城建国一社出現天下第一田

早稻亩产三万六千九百多斤

福建海星社創花生亩产一万零五百多斤紀录

※ 1958年的“大跃进”，是从盲目地追求工农业高指标开始的，各地不断地报高产、“放卫星”，浮夸风盛行。这是当时《人民日报》的报道。

6亿人民泄了气。毛泽东讲，“反冒进”是“小脚女人”，离右派只有50米了。

陈云的一贯风格是，在事关党和国家利益的原则性问题上从来“不好商量”，这与他在工作中处置许多重大事务时常常表现出的创造性、灵活性形成鲜明对比。延安时期他曾经提倡“要讲真理，不要讲面子”，实际上就他对自己的要求而言，不只是一时一地的面子问题，而是“只讲真理，不讲得失”。

针对毛泽东的讲话，陈云表示，“实事求是不是小脚女人”，“不要怕别人说机会主义。”他说，“明年要削减投资，必须要搞些死办法，灵活了不行，哪些东西不搞就是不搞，人不准增加就是不能增加，要砍就砍下来。”

1957年1月，中央主持召开了有各省、自治区、直辖市党委书记参加的一次重要会议，陈云在会上再次表述了反“冒进”的思想，他说，“适当压缩基本建设的投资额，这样做的目的是使1957年基本建设的规模适应于国家财力和物力的可能。”

“建设的规模超过国家财力物力的可能，就是冒了，就会出现经济混乱；两者合适，经济就稳定……纠正保守比纠正冒进要容易些。”

这些话在后来看，未雨绸缪，句句实在，但在当时听起来却是十分刺耳的，更大的风雨还在后面。

1958年“反冒进”与“冒进”之争更趋“面对面”，并尖锐性地演变为“反冒进”与“反反冒进”。

1月16日召开的南宁会议，出席者包括部分中央领导人和九省二市的党委书记。毛泽东对与会同志说：“我是反反冒进的！”17日晚，毛泽东约见李富春、李先念和薄一波，在谈话中，他明确讲，批评主要是对陈云的。

3月，中共中央在成都召开工作会议。9日，毛泽东对“反冒进”再次提出批评。他说，“反冒进”是个方针性的错误，反冒进是非马克思主义的，是政治问题。以后“反冒进”的口号不要提，反右倾保守的口号要提。

“反反冒进”成为主流声音。

1958年下半年，“大跃进”运动开始。毛泽东提出的“以钢为纲”成为家喻户晓的一句口号。在8月的北戴河会议上，毛泽东还为此特地找到陈云说，钢铁指标是政治任务，少1吨都不行。

三年“大跃进”的结果，不仅没有“跃进”，反而使我国的经济发展遭到了严重挫折，刚刚能吃饱肚子的人们有的又要开始准备感受饥饿了，极个别人甚至得暂时告别家乡投奔远方的亲属，因为田地荒了，树也都被砍了。

实际上，早在1959年春，中央在继续肯定“大跃进”的同时，也已敏锐地察觉到高指标、浮夸风所带来的问题。为此，毛泽东指示陈云领导中央财经小组对1959年的钢铁生产指标加以重新研究。

3月25日至4月5日，中共中央政治局扩大会议和八届七中全会在上海召开。毛泽东在会议上讲：“有时真理在一个人手上。”与会同志都清楚，话中的“一个人”指的正是陈云。

会议结果，决定将钢及其他一些主要工业产品过高的计划指标降低下来，并相应压缩基本建设规模。其中，钢产量减少200万吨，即从2000万吨降为1800万吨，好钢计划1650万吨。由于“冒进”问题在此次会议上并未引起足够的重视，因此农业生产上同样存在着的粮食及棉花产量指标过高的问题没有触及。

对于新的1800万吨钢铁指标，陈云仍在思考，他感到仍偏高。但要再建议降，政治上的风险势必更大。从“2000万”降到“1800万”这个数字，在当时钢铁生产就是政治性任务的气氛中已经并非易事了，搞得不好就很可能被说成是“促退派”、“秋后算账派”、“右倾”。

“不唯上、不唯书、只唯实”，还是这句话，陈云下定了决心。他对指标问题重新进行了深入的分析和研究，并从5月3日到9日，按照毛泽东的指示精神，召开中央财经小组工作会议，根据主管工业部门所提供的材料数据，专门对钢铁指标问题进行探讨。在会上，陈云讲，“因为我是共产党员，我不能耍滑头，要不然我也可以不再理这个指标调整问题。”他诚恳地对大家说，“大家都想把钢铁搞上去，是好心，谁不想多搞点钢铁？但究竟能搞多少，要充分考虑现实可能性，否则好心也会办蠢事、办坏事。”

就这样，陈云带领大家将思想顾虑抛在一边，对问题进行了仔细研究。会议认真听取了计委各局等有关职能部门的意见，并与有关负责同志交换想法；分析和研究农业生产形势；研究原料供应、运输、生产与基本建设、人民生活情况，还对钢铁生产各个环节的内容及其相互关系进行了分析。在此基础上，会议决定再一次实事求是地较大幅度调整钢铁指标，具体为钢铁指标1300万吨，钢材900万吨，该方案最后上报给中央政治局供研究决定。

在政治局开会讨论时，陈云表示，“总的精神是稳住阵地再前进，免得继续被动……站稳的目的，是为了前进。”为此，必须“退到可靠的阵地……只有这样，才能站稳脚跟，在巩固的阵地上前进”。

邓小平在他的发言中以一向干脆、果断的语言风格表示，他赞成陈云的初步意见，退到可靠阵地，然后再前进。周恩来、刘少奇等都相继明确表示支持，发言同意陈云的意见。刘少奇从理性思维的高度来谈及此问题，他说：“应该得出一条经验，克服主观主义，去掉盲目性和主观主义，更接近马列主义，不能说更接近于机会主义。”周恩来则说：“退而后争取超过，使得七个月的被动局面改变过来。”刘少奇还补充道：“定高了，做不到，反而会泄气。”最后，中央决定完全接受陈云的意见。1959年落实指标，钢1300万吨，铁1900万吨，钢材900万吨。

陈云计算得非常精确。经过全民动员式一年的共同奋斗，拼设备、拼劳力，年终完成的钢铁产量为1387万吨钢、897万吨钢材。

更重要的是，在争取这一结果的过程中，反映出了陈云对真理的执著和“无私则无畏”的高尚风貌。这一点，毛泽东也十分钦佩。

1962年，毛泽东表示，做经济工作，他不如陈云。1964年9月，毛泽东旧事重提。他讲：“有时真理是在少数人手里。1959年1月，我建议开会，这是陈云跟我谈了一次话的影响。开了一个星期的会，（指标）仍然不动。我的意思是降低指标。”

（李梦汶）

“全力支持你，支持到底”

中央决定恢复中央财经小组，由陈云当组长。陈云一再谦让，刘少奇说，大家都同意你当，你就当。就我个人而言，全力支持你，支持到底。

50年代后期，毛泽东的头脑开始发热，开始了“大跃进”。然而，“大跃进”之后经济工作不仅没有达到预期目标，反而面临着严重的困难。

这时，毛泽东的头脑又开始清醒。于是，八届九中全会制定了“调整、巩固、充实、提高”的八字方针。但是，执行的结果并不十分理想。

在这种情况下，1962年1月11日至2月7日召开了扩大的中央工作会议。这就是党史上著名的七千人大会。毛泽东在会上强调要发扬民主集中制，对前几年的工作失误承担了责任。就是在这次会议上，毛泽东说，做经济工作，我不如陈云。他好几次请陈云在大会上发言。陈云说，正在做工业调查，还没有调查完，现在还没有把握来说话。

陈云没有讲话，但毛泽东的表扬对他鼓舞很大。2月8日，他在参加扩大的中央工作会议的陕西省全体干部会议上发言，明确地说，这几年我们党内政治生活不正常，“逢人只说三分话，未可全抛一片心”，这种现象是非常危险的。在党内不怕有人说错话，就怕大家不说话。

陈云以没有调查完为由，谢绝了在七千人大会上讲话。这是陈云稳健的工作作风的表现。

他花了大量的时间去调查。

他也用了大量的时间去思考。

经过一段时间的调查思考，陈云对形势有了更加清醒的认识，并开始形成了解决问题的基本思路。

他要讲话了。

刘少奇主持召开了西楼会议。

在这个会议上，陈云对关于形势已经到谷底的看法提出了公开的质疑。形势已经到了谷底，这是毛泽东的看法。对毛泽东的看法提出质疑是需要勇气的。

陈云说，当前我们的经济形势面临着严重困难，最大的困难是农业减产。陈云指出，全国大多数农民的粮食不够吃。经济形势的第二个困难是，已经摆开的基本建设规模，超过了国家财力物力的可能性，同当时的工农业生产水平不相适应。第三个严重困难是钞票发得太多，通货膨胀。第四个困难是城市的钞票大量向乡村转移，一部分农民手里的钞票很多，投机倒把在发展。第五个困难是，城市人民的生活水平下降，吃的、穿的、用的都不够，物价上涨，实际工资下降很多。这已经是彻底表面化的现象，无可掩饰。

陈云言辞中肯。

他不仅把困难摆得清清楚楚，而且分析了克服这些困难的有利条件：第一，社会主义建设总路线在实践中已经丰富起来；第二，粮食、家禽、猪的产量在回升；第三，克服困难的力量比以前大了；第四，只要把存在的困难和克服困难的办法讲清楚，人民在克服困难、恢复经济中，是会同党合作的；第五，党的各级领导干部取得了正反两个方面的经验。

在此基础上，陈云提出了克服困难的办法。

他的办法有六条。

第一条：把十年规划分成两个阶段，前一阶段是恢复阶段，后一阶段是发展阶段。恢复阶段的主要任务是克服困难，恢复农业，恢复工业，争取财政经济情况的根本好转。

这个阶段大约需要五年。

陈云的估计惊人的准确。后来果然花了五年左右的时间才恢复起来。

第二条：减少城市人口，“精兵简政”。陈云认为，这是克服困难的一项根本性措施，无论从临时之计，还是从长远之计，都必须如此。他算了一笔账，1961年压缩城市人口1000多万，如果这些人继续留在城市，一年要吃40亿斤粮食。现在向农民多征40亿斤粮食是不可能的，就是多征购十来亿斤，甚至几亿斤，也是困难的。让家在农村的职工回家吃饭，在家里匀着吃，比较好办。对于减人，大家一定要下决心，否则没有出路。

第三条：采取一切措施制止通货膨胀。具体办法是：严格管理现金，节约现金支出，银行要把钞票管理好，能不用的钱一定不用；尽可能增产人民需要的生活用品；增加几种高价商品；坚决同投机倒把活动作斗争。通过这些办法，使1962年和1963年的财政、信贷

※ 1962年初，中共中央召开扩大的中央工作会议（即七千人大会）。周恩来在会上针对浮夸风等不良倾向，强调要“说真话，鼓真劲，做实事，收实效”。

收支平衡。

第四条：尽力保证城市人民的最低生活需要。

第五条：把一切可能的力量用于农业增产。这是一条根本之计。

第六条：把计划机关的主要注意力，从工业、交通方面转移到农业增产和制止通货膨胀方面来，并且要在国家计划里得到体现。

陈云的讲话，把当时面临的困难、克服困难的条件和办法作了透彻的阐述，使人有豁然开朗的感觉，使人们想起当年诸葛亮和刘备的“隆中对”。

对陈云的讲话，当时参加会议的刘少奇、周恩来、邓小平都表示赞成。刘少奇对陈云说，光是你在这个会上讲我们赞成还不行，建议开一次国务院全体会议，更充分地讲一讲，让参加国务院会的全体成员都了解我们的经济情况，了解我们的方针政策。

1962年2月26日，国务院各部委党组成员会议在北京召开。在李富春、李先念讲话之后，陈云发表了讲话，再次阐述了西楼会议发表的意见。陈云讲话，全场完全自发地长时间地热烈鼓掌。

在西楼会议时，毛泽东不在北京，在武汉。为了征得毛泽东的同意，刘少奇、周恩来、邓小平到武汉向毛泽东汇报。刘少奇说，我们同意陈云讲话，起草了一个指示，会议是通过了，还要主席看一看。刘少奇还说，这个问题我也在会上讲了，如果主席同意，我们就发出去；如果主席不同意，我们重新开会议论。

毛泽东看了陈云的讲话稿和中央转发的指示，表示同意发出。

陈云的讲话发出后，产生了良好的效果，全国的调整工作真正走上了正轨。

在这之后，中央酝酿恢复中央财政小组，统管经济工作。此时，毛泽东亲自掌管经济，财经领导小组的工作实际停了下来。大家在实践中认识到还是要有财经领导小组。刘少奇和周恩来都主张陈云当组长。陈云一再推辞，说身体不好，当组长不合适，可以当组员，有意见时可以提，他也相信，财经领导小组会认真考虑他的意见。会上确定由李富春任组长，周恩来、陈云等都是组员。

在讨论批转陈云的西楼讲话的中央书记处会议上，刘少奇说，有人向他建议，恢复后的中央财经领导小组请陈云当组长，李富春当副组长，是不是再议一下。李富春马上说，陈云当组长最合适，他自己一定当好陈云的助手。会议最后决定还是由陈云任组长。陈云因公没有参加这次会议，他知道后仍然谦让。刘少奇就说，大家都同意你当，你就当。就我个人而言，全力支持你，支持到底。

4月19日，中共中央作出决定，由陈云担任中央财经小组组长，统管全国的财经工作。

陈云再次担起领导经济建设的重任。

陈云的担心不是多余的。当年8月召开的北戴河政治局会议就把陈云实事求是地估计形势说成是“黑暗风”，予以严厉批评。“文化大革命”期间，更把西楼会议说成是一个阴谋，成为刘少奇的一个罪状。

好在历史是人民写的。

当“文化大革命”结束后，人们在反思这段历史的时候，深深地感到，西楼会议是一场及时雨，对我国渡过严重的经济困难起到十分重要的作用。陈云在西楼会议上的讲话闪耀着马克思列宁主义的光辉。

（文辉抗、叶健君）

救民于死亡线上

“大跃进”和“反右倾”引发的灾难，首先是粮食生产受到严重破坏，饥荒严重。陈云冲破禁区，提出进口粮食，渡过难关。他还提出每人每月供应三斤大豆、半斤鱼、半斤肉。他告诫大家：目前，这样的问题，是国家大事。

为了平衡地区间粮食余缺，保证城乡粮食供应，加强粮食统一调度至关重要。在此期间，粮食调运任务十分繁重，中央决定成立中央粮油棉调运指挥部，由李先念挂帅。由于粮食奇缺，甚至发生这样的情况，有一地区粮食脱钩了，向中央告急，中央把原来确定发给另一地区的一列车粮食转向，紧急调给脱销地区。当时还搞了“以早济晚”和“以晚济早”的季节性调剂，即每年夏秋季节，先把南方收获较早的小麦、大麦、早稻等调运到东北，接济东北秋粮登场前的市场供应。然后，又在冬春季节里，将东北晚熟粮食返调给关内缺粮地区渡过春荒。这种挖东墙补西墙的做法在当时是迫不得已的，对保证军需民食起过积极作用。

显然，国内的粮食潜力已经挖到了尽头，没有多少文章可做了。眼看着人民陷于这样悲惨的境地，陈云心里异常难过。1960年冬，他向中央提议：挤出一部分外汇，进口粮食。

陈云提出这个建议，也是经过深思熟虑的。解放以来，我国每年出口粮食。现在搞了三年“大跃进”，搞了人民公社，早已宣布解决了粮食问题，说把全世界的人都集中起来中国也养得活。如今来个一百八十度大转弯，突然要进口粮食，这会在党内外、国内外造成什么样的影响，可想而知。吃进口粮，这在当时还是禁区。但是，人总是要吃饭的，不进口粮食，人民就要挨饿，无法渡过难关。为了搞到粮食，哪怕是禁区也要闯。

中共中央和国务院接受了陈云建议，决定进口粮食。

1961年1月19日，陈云在中央工作会议上讲话，谈到粮食进口问题时说：我们这个国家，在粮食问题上的立脚点当然要摆在自给上面。但是，现在有进口200万吨粮食的可能，已经快要签合同了；如果能再多进来一些，我们也要。要把一些有出口市场的东西都集结起来，国内少吃点，多出口一些，换粮食进来。如果有400万吨粮食进来，那我们今年的日子就比较好过一些了。明年、后年如果再多进一点，那我们就能够稍微有点存粮了。进口粮食这一条，我们现在大体上已经这样做了。

当时还有人对进口粮食有顾虑，担心多进口粮食影响其他商品的进口。陈云指出：进口粮食，有没有危险？我看，再咬紧牙关搞几年，对我们有利。

1961年5月30日，陈云在外贸专业会议华东区会议上又专门解释了进口粮食的考虑。他说：稳定市场，关键是进口一些粮食。进口粮食，就要下定决心拿出东西来出口，先国外，后国内。把粮食拿进来，这是关系全局的一个重大问题。进来粮食，就可以向农民少拿粮食，稳定农民的生产情绪，提高农民的生产积极性。用两三年的时间把农业生产发展起来，国内市场问题也就可以得到解决。农民手头的粮食宽裕了，可以多养鸡、鸭、猪，多生产经济作物和各种农副产品，增加出口。总之，当前只有首先抓好粮食，整个局势才能稳定，同农民的关系才能缓和，而且多种经营也才能好转。没有粮食是最危险的。市场上其他商品少了当然不好看，现在已经不好看了，百货公司实际上是商品的陈列所，很多东西都凭票证，只有文具、化妆品和小商品可以自由买。但是比较起来，还是粮食重要得多。

确定进口的粮食后，陈云同周恩来一道，与粮食、外贸等部门负责人一起多次商量进口粮食数量。在周恩来、陈云、李先念等人亲自领导下，还不到两个月，1961年2月，外贸部从澳大利亚进口的第一船粮食就到了天津新港。陈云对进口粮食接运工作非常关注。2月7日至11日，陈云到天津，专门到塘沽港口，现场调查进口粮食卸船和接运情况。

1961年3月中共中央召开的广州会议决定，增加粮食进口，数量达到500万吨。

当时虽然大量进口粮食，但是进口国别还是有所选择的，美国虽然是世界粮食市场的大供应商，但大家似乎都有意回避。从加拿大、澳大利亚、法国都订购了大量粮食，却没有从美国买粮。

陈云并没有受到这个观念的束缚。1961年8月23日到9月16日，中共中央在庐山举行工作会议，讨论调整方针。陈云在会议期间向毛泽东提出，可否通过当时同中国关系比较密切的法国，转口购买美国粮食。毛泽东说可以。不久后，美国粮食也通过转口，源源不断地进入中国。

在对待进口粮食问题上，当时党内的思想是不一致的。尽管当时粮食问题那么紧张，但有人就是视而不见，还在奢谈什么“大跃进”的成绩，奢谈社会主义农村的美好田园。

1962年中央召开了七千人大会，在分组开会时，有一个发言提出不要进口粮食，从国内解决。这个发言登了内部简报。陈云看到简报上的这个发言，马上提出，粮食部应该有人发言，讲明进口粮食在现时的必要性。

经过各方面努力，1961年6月30日以前抢运到国内215万吨（43亿斤）粮食用在刀口上，避免了京、津、沪、辽和重灾区粮食脱销的危险。从1961年至1965年，国家每年进

※ 陈云在毛泽东主持的第六次最高国务会议上作关于公私合营中应注意的问题及农业生产问题的报告。

口粮食500万吨左右。这占我国粮食产量比重虽然很小，但作为国家集中掌握的大宗粮源，这批粮食在调度上却起了重大作用，保证了市场的稳定，使国民经济得以迅速地恢复和发展。

虽然进口了大量粮食，但粮食不足的矛盾仍然十分尖锐。陈云还在想其他救急办法。

1962年2月26日，陈云在国务院各部委党组成员会议上讲话，提出分几步做到城市每人每月供应三斤大豆。在缺少肉类和蛋品的情况下，用大豆来补充营养，是一个比较可靠的办法。

1962年3月7日，陈云在中央财经小组会议上的讲话中又提出，给水产部门增加一些机帆船和捕鱼网具，以增加捕鱼量，给群众增加动物蛋白，争取使大中城市平均每人每月半斤鱼。

周恩来对这个主意当即表示赞成。他插话说：陈云同志以前提出的每人每天供应一两豆子的办法很好。但人的营养光有植物蛋白不行，还要有动物蛋白。和尚尼姑，每天打坐，有植物蛋白也许就行了。我们这些人不行，劳动量比我们大的人更不行，有了植物蛋白，还需要有点动物蛋白。

陈云还提出，除了每人半斤鱼，到下一年年底，大中城市的6000多万人每人每月应想办法增加供应半斤肉。这个办法，他也是在充分调查研究的基础上想出来的。他强调，猪要保证收购到，收购到以后，还要合理分配，如压缩一部分出口。

陈云计算过，通过这些办法，鱼、肉两项，五口之家一个月就有五斤，对改善营养能起到很大作用。陈云对此看得很重。他告诫大家：目前，这样的问题，是国家大事。如果6000多万人身体搞得不好，我们不切实想办法解决，群众是会有意见的。人民群众要看共产党对他们到底关心不关心，有没有办法解决生活的问题。这是政治问题。

陈云想出的这些应急办法，保证了群众生活的基本营养需要，从死亡线上挽救了大量的生命。

（孙业礼、熊亮华）

2000万城市人口下乡

解决粮食紧张问题，陈云提出了四条措施，其中特别强调说，动员城市人口下乡这一条是必不可少的，非采取不可。

要渡过难关，光在粮食来源上打主意是不够的，还必须想办法把粮食销量减下去，减轻国家粮食供应的压力。陈云当时计算，进口粮食超过100亿斤有困难，因为没有那么多的外汇，也没有那么大的运输力量。

农业歉收引起了严重的粮食危机，城市人口增长过快，更加剧了这一危机。“大跃进”以来，建设规模迅速膨胀，几年间增加了2000万职工。这么多的劳动力从农村进入城市，一方面削弱了农业生产，另一方面增加了国家的粮食负担。为此，陈云力主动员大批城市人口下乡。

1961年1月到5月，煤炭、钢铁生产等都大幅度减产。做了很大努力，生产就是上不去。陈云用了近两个月的时间，做了大量调查工作，以查明原因。其中一个重要原因，是“大跃进”拼设备、拼消耗，急需维修、整顿，要用几年时间才能缓过劲来。通过这次调查，陈云更深刻地认识到，建设规模超过国力，当然要调整。另一方面，煤钢生产几年内显然难以有较大发展。与此相关，整个建设规模也上不去，必然闲置大量职工。与其让他

※ 陈云同刘少奇等在一起交谈。左起：刘仁、李先念、彭涛、林铁、刘少奇、陈云、柯庆施、黄欧东。

们坐等工业恢复，不如先动员部分城镇人口下乡，从事农业生产，减轻粮食和农业问题的压力。

1961年5月21日至6月12日，中共中央在北京召开工作会议，主要是讨论农村工作、商业工作和城乡手工业工作问题。在会上，陈云就精简职工和城镇人口下乡问题作了重要讲话。

陈云首先讲到了粮食工作面临的严峻形势。他说，由于解决了一些政策问题，农民的积极性起来了，农村的情况逐渐好转，下一年度会比今年更好些。但是，现在看，国家掌握的粮食明年度将比今年度还要紧张，因为库存减少了。假如今年度各省、区上缴的公购粮有116亿斤，明年度可能下降为84亿斤。为什么呢？今年度各地上缴的粮食能达116亿斤，是因为挖了一部分库存，而明年度就没有什么库存好挖了。

要解决粮食紧张问题，陈云列举了需要采取的四条措施：第一条是继续调整党在农村的基本政策，发挥农民生产积极性，把农业生产搞上去。但农业生产有一定周期。第二条是工业要大力支援农业。陈云认为这一条也很重要。但是因为化肥、拖拉机、排灌机械等不可能一下子增产很多，所以这一措施不是短时间可以见效的。第三条是进口粮食，但超过100亿斤有困难。第四条是动员城市人口下乡，减少城市粮食的销量。陈云强调说，动员城市人口下乡这一条是必不可少的，非采取不可。

陈云提出，面前摆着两条路：一个是继续挖农民的口粮，一个是城市人口下乡。两条路必须选一条，没有什么别的路可走。

陈云不主张再挖农民的口粮了，当时农民的粮已经挖得很苦，再挖下去，农业就没法恢复。

挤农民口粮的一条路走不通，那就只有下决心动员城镇人口下乡。但是，这个决心实

※ 1958年4月25日，陈云同周恩来、彭德怀等在广州。

在是很难下的。

一要考虑到这样做的困难。人已经来了，在城市里生活比农村好得多，再动员他们回去是很不容易的，而且这一措施涉及到几千万人的生计问题。这样大规模的人口转移，风险性和具体工作的难度可想而知。

陈云考虑，动员城市人口下乡确实困难，但与城市勉强维持过多人口的困难比较起来，还是城市人口过多的困难更严重，只能走动员城市人口下乡这条路子。只有这样，才能稳定全局，并且保证农业生产的恢复。

二要考虑国家建设的需要，不能因此对国家建设造成严重后果。

陈云对此已经做过调查。1961年初以来，煤钢生产持续大滑坡，陈云通过调查后指出，煤、钢生产一下子很难上得去。如果煤搞不了很多，钢铁搞不了很多，那么，轻工业生产也好，重工业生产也好，基本建设也好，都上不去。又不能靠进口原材料，因为外汇买了粮食，所剩不多。

陈云分析，原材料不够是很大的问题。棉花少了，许多纺织厂就要停工；煤炭上不去，许多钢铁厂要停工；钢铁少了，许多机械工厂要停工；建筑材料和设备少了，许多基本建设项目也要停工。工业生产上得去上不去，目前不在于人多人少的问题。当时工厂企业停工待料现象已经出现，纺织工业已经停了500万纱锭，工人吃了饭没有事做；食品工业三年来增加了55万人，算是增人较少的，也是很多人没事做。陈云认为，停工待料、生产上不去这种困难局面不会很快好转。

陈云从这些情况出发，提出，动员大批工人下去搞农业，并不妨碍工业生产和基本建设，也不妨碍工业改造和矿山改造。工业摊子铺得太大，用人又太多，人浮于事，这样下去是不行的。

三要考虑到农业恢复的可能性。要是农业可能很快恢复，人们就会说，既然很快就恢复了，何必动员城市人口下乡，多此一举呢？

当时周恩来估计，农业不可能很快恢复，陈云也有同感。农业生产即使恢复到1957年以前的水平，粮食供应依然不能维持，至少要达到1958年的水平才行。要达到1958年的水平，即使从当年起每年增产200亿斤到300亿斤粮食，也要三四年。增产的手段，包括化肥、排灌机械这些东西，不可能一下子增加很多。与其让很多人在城市里吃着饭等待农业的发展，不如现在就动员他们下乡加强农业生产。国民经济的基础是农业，农业好转了，工业和其他方面才会好转。所以，工业不能挤农业，城市不能挤农村，而要让农业、让农村。

※ 陈云在北京会见农业劳动模范。图为陈云同殷维臣握手。

四要考虑到工人下乡是否真正有助于缓解困难。工人下乡，也一样要吃饭，不在这里吃，就要在那里吃。从消费问题上来看，似乎粮食问题还是不能缓解。

陈云指出，其实在城市吃饭在乡下吃饭大不一样，差别相当大。工人头一年下去，每人每年一般可以少供应150斤粮食，下去1000万人就是15亿斤，2000万人就是30亿斤。这是第一年的差别。更显著的差别还在第二年。原来家在农村的工人回了老家，原来家在城市的工人到农村安家落户，参加集体生产和分配了，加上自留地有收成了，他们就不要国家供应粮食了。这样，下乡1000万人就可以少供应粮食45亿斤，2000万人就是90亿斤。农村里可做的事情很多，工人下乡后东搞一点、西搞一点，总会生产一些东西出来，搞一点能够出口的东西也是可能的。农业的基本建设要做的事情也很多，如平整土地、修渠挖沟，加上精耕细作等等，总可以多增产一些粮食和其他农副产品。

陈云的这一主张，与周恩来、邓小平等中央领导人不谋而合，中央迅速采纳了这一主张。6月16日，中共中央批准并于18日发出由中央工作会议制定的《关于减少城镇人口和压缩城镇粮食销量的九条办法》，提出在1960年底的基础上，三年内减少城镇人口2000万以上。同日，中央还发出《关于核实城市人口和粮食供应的紧急指示》。为此，中央成立了核实城市人口和粮食供应小组，由安子文任组长。

1962年5月27日，中共中央、国务院下达《关于进一步精简职工和减少城镇人口的决定》。

中央作出精简城镇人口的决定以后，各地迅速行动起来。2000多万城镇人民体谅国家困难，响应党的号召，打点起行李，扶老携幼，回到祖祖辈辈生息繁衍的土地上，重新拿起了锄头镰刀。他们为国民经济的恢复和发展作出了巨大的牺牲和贡献。

1963年7月31日，中共中央批转中央精简小组《关于精简任务完成情况和结束精简工作的意见的报告》中，宣布减少职工、压缩城镇人口的工作基本结束。据统计，自1961年1月到1963年6月，全国职工减少1887万人，城镇人口减少2600万人，吃商品粮人数减少2800万人。报告指出："由于大量地减少了职工、城镇人口和吃商品粮的人口，加强了农业战线，减少了工资开支，减少了粮食销量，提高了企业的劳动生产率，对于改善城乡关系，争取财政经济状况的好转，起了很大的作用。"

（孙业礼、熊亮华）

调整建设规模要"伤筋动骨"

陈云主张对1962年计划要做相当大的调整，要准备对重工业、基本建设的指标"伤筋动骨"。重点是"伤筋动骨"这四个字。

从1960年开始提出的"调整、巩固、充实、提高"的方针，经过1962年七千人大会统一认识，在西楼会议上才真正开始落到实处。

西楼会议和国务院各部委党组负责人全体会议后，中央决定恢复中央财经小组，统管经济工作。4月19日，中央作出决定，由陈云担任中央财经小组组长，统管全国财经工作。

1962年3月7日，中央财经小组召开第一次会议，陈云在会上讲话，对他在西楼会议上

※ 1961年1月，陈云同毛泽东交谈。

提出的办法进一步具体化，并有所发展。

陈云在西楼会议讲话中曾提出，十年规划可以分为两个阶段，第一个阶段是恢复阶段，第二个阶段是发展阶段。这次陈云进一步提出，现在可以不搞十年规划，先搞五年计划。只有恢复好了，才谈得上发展。在恢复阶段，可以逐渐看清楚发展阶段的问题。现在谈发展，情况还摸不准。领导机关在认识上必须明确，当前主要是恢复。在情况清楚以前，甚至连第三个五年计划指标也可以不忙搞。

陈云还主张对1962年计划也要做相当大的调整，要准备对重工业、基本建设的指标“伤筋动骨”。重点是“伤筋动骨”这四个字。要痛痛快快地下来，不要拒绝“伤筋动骨”。再不能犹豫了。要把工业生产和基本建设的发展放慢一点，以便把重点真正放在农业和市场上。

陈云提出，为了农业、市场，其他的方面“牺牲”一点，是完全必要的。今年的计划，特别是材料的分配，要先把农业、市场这一头定下来，然后再看有多少材料搞工业。工业也要首先照顾维修、配套，维持简单再生产。满足了当年生产方面的需要，再搞基本建设。有多大余力，就搞多少基本建设。今年如此，今后也要如此，使人民的生活一年一年好起来。

周恩来在陈云讲话时插话说，可以写一副对联，上联是“先抓吃穿用”，下联是“实现农轻重”，横批是“综合平衡”。

陈云也开始对“大跃进”的理论基础予以否定。他在这次会议上，公开对积极平衡和消极平衡的提法进行了分析，指出，在这个问题上，认识是不同的。他提出，要从现在综合平衡的经济水平出发，经过切实的研究和计算，看远景规划能达到什么水平，而绝不能采取倒过来的办法。按短线搞综合平衡，才能有真正的综合平衡。所谓短线平衡，就是当年能够生产的东西，加上运用必要的库存，再加上切实可靠的进口，使供求相适应。

陈云指出，“大跃进”的几年，基本上是按长线搞综合平衡。这样做的最大教训就是不能平衡。结果，建设项目长期拖延，工厂半成品大量积压，造成严重浪费。在这方面，这几年的教训已经够多了。

在调整的方法上，对“大跃进”的高指标和“以钢为纲”，陈云勇敢地提出，计划指标必须可靠，而且必须留有余地。只要综合平衡了，指标低一点，也不怕。看起来指标低一点，但是比不切实际的高指标要好得多，可以掌握主动，避免被动。长期计划的指标，更要注意留有余地，而且以后再不要只想到钢了，应该在综合平衡的基础上全面安排。

陈云此时身体十分虚弱，医生要他长期休养。陈云赴南方休息后，领导贯彻执行以调整为中心的“八字方针”的主要责任就落在刘少奇、周恩来、邓小平等人身上。陈云也尽力做一些工作。

中央财经小组根据陈云意见起草《关于调整一九六二年国民经济计划的报告》，建议对耗煤过多的小企业（主要是10万个小高炉）和大部分没有前途的地方建设项目实行“关、停、并、转”，并对关停的企业和建设项目要“拆架子、收摊子”，以便在1961年已经精简1000万城市职工的基础上，1962年再减少1000万，回到农村加强农业生产战线，使大减产的农业有力量支持已精简的城市职工生活。

报告起草完毕并经周恩来审查修改后，周恩来叫薛暮桥把草案带到杭州去征求陈云的意见。这时陈云的身体仍很虚弱，每天只能谈两个小时，分三天报告完毕。他完全同意草案所提出的意见，要薛暮桥把他的意见转告总理。

根据陈云的意见进行部署后，经济调整工作很快就有了成果。1962年工业生产发展速度比上年降低16.6%，产铁量比上年减少476万吨，钢产量减少200多万吨，基本建设投资比上年减少56亿元。陈云建议出售高价糖果、点心，开高价饭馆，后来又出售部分高档的高价商品作为补充，并借此回笼货币，稳定物价。此后三四年间，靠出售高价商品共计多回笼货币50亿元，相当于1961年货币发行总额125亿元的40%，为物价稳定创造了条件。

在全党和全国人民的共同努力下，经济调整取得了很大的成效。在1964年年底召开的全国人大三届一次会议上，周恩来正式宣布，调整国民经济的任务已经基本完成，整个国民经济将要进入一个新的发展时期。

（孙业礼、熊亮华）

不忘自力更生

党的八大二次会议期间，沈鸿给毛泽东写了封信，提出我国应当自己建造三台万吨水压机。毛泽东、党中央批准了他的建议，并责成他主持上海这一台的制造工作。陈云到上海视察时把沈鸿找去，关切地问他到底有没有把握。

我自投身革命后，一直搞机械工业，直接、间接地在陈云领导下工作几十年。在长期接触中，我常常感到，他的思想方法、工作作风和关于经济建设、党的建设的那些富有远见卓识的精辟见解，都是党和人民的宝贵精神财富，值得后人永远学习和继承。

心中有数，量力而行

我和陈云第一次见面是在1945年的夏天。当时，他担任西北财经办事处副主任，主持边区的财经工作，我在军委后勤部军工局的兵工厂做厂长和总工程师。在国民党封锁陕甘宁边区的日子里，我们在瓦窑堡发现了铁矿，由于那里还有煤矿，便决定在瓦窑堡建一座小高炉，但建多大容积的炉子合适呢？大家意见不一致，有的主张建日产10吨的，有的主张建日产5吨的。于是，我们带了两套方案到陈云那里去汇报。陈云听后说，建多大炉子合适，关键要看铁矿储量有多少。你们知不知道瓦窑堡的铁矿储量呢？这一下把我们都问住了。因为我们事先只是了解到那里有铁矿，而且储量比较多，但究竟有多少，没有肯定的数据，谁也说不清。陈云要我们深入实际，调查到具体数据后再定方案。他给我上的这一课，使我终生难忘。

※ 陈云视察某工厂。

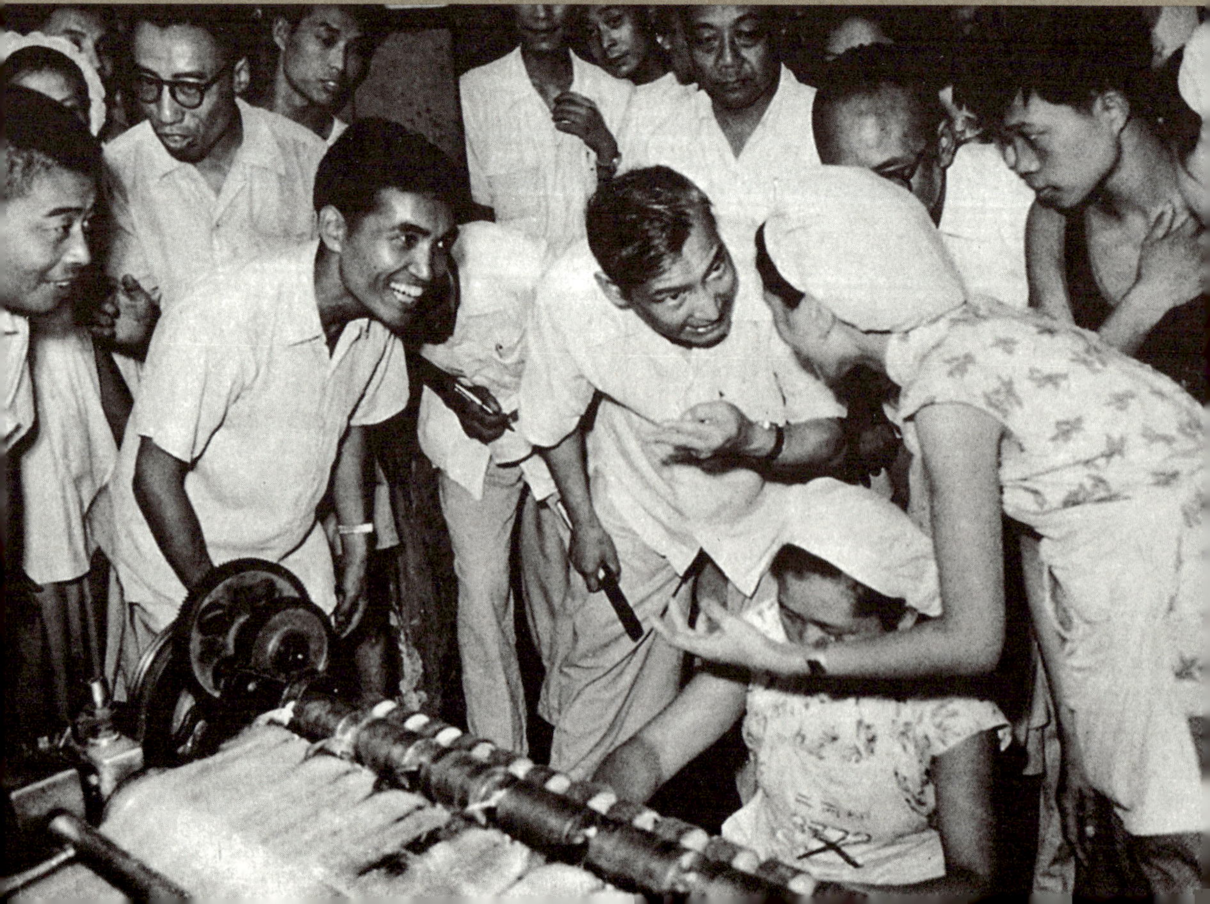

建国前夕，党中央把陈云由东北调到北平，主持筹建中央财经委员会。不久，他把我叫到中南海的办公室，一见面就说：四年不见了，我们在山沟里的办法已经不够用了，现在要管全国的大事了。随后，我被任命为中财委的重工业处处长。我上任后的第一件大事，便是按照陈云同志的指示，和其他几位同志一起去东北、山西、上海了解工矿企业的现状。我们跑了一个多月，回来后，把这三个地区的材料加上早已熟悉的华北情况合在一起，搞了一个详细的书面调查报告。陈云同志见后非常高兴，说这样我就知道大部分家底了。

1952年，陈云指定当时重工业部的领导同志和我去苏联谈判建设飞机修理厂的事。临行前，陈云明确交待，这次只谈修理的事，制造的事以后再谈，全部费用最多七八千万卢布。但到苏联后，苏方接待部门十分热情，领我们到他们的许多飞机制造厂参观，说中国不能只搞飞机修理，有些零部件要能自己生产才行。他们拿出一份建议书，费用大约要一亿五六千万卢布。为了慎重起见，我们通过大使馆给陈云发去一个请示电。陈云接电后很快回电，说感谢苏方的积极支持，但我们近期没有那么多钱，请他们把方案减到7000万卢布以内。后来，经过反复磋商，协议金额为8000万卢布。

陈云历来提倡深入调查研究，在作决定前一定要把情况弄清楚、弄扎实，做到心中有数，并且量力而行，从不搞“浪漫主义”。在和陈云的交往中，他的这一特点给我留下的印象最深。

不忘自力更生

在同陈云相处中，我感到他对争取外援和自力更生的关系一直把握得很好。在他主持制定的第一个五年计划中，工业的骨干项目绝大多数都是由苏联援建的，但他同时强调，只要自己能造的，就尽可能由自己造，不要完全依赖外援，而且，接受援助的目的，是掌握人家的先进技术和管理经验，最终把它们变成自己的，使自己也能制造。这方面，他对试制1.2万吨水压机的关心和支持是个很好的例子。党的八大二次会议期间，我给毛主席写了一封信，提出从我国重工业的实际需要和机械工业已有的水平出发，应当自己制造三台万吨水压机，分别放在上海、东北和西南。毛主席、党中央批准了我的建议，并责成我来主持上海这一台的制造工作。我们迅速组织人马，在上海江南造船厂干了起来。当时正处于“大跃进”的高潮，因此到处是一片鼓励声。但这项工程毕竟是破天荒的，因此，陈云到上海视察时把我找去，不是简单附和，而是关切地问我到底有没有把握。我详细介绍了试制的方案：先造一个试验用的破坏性的120吨模型，再造一个1200吨的（当时正在造）；没问题了，再造1.2万吨的；出了问题，就停下来总结改进；改不好，就收摊子。陈云听后放心地笑了，说："你这个做法不错，连打退堂鼓都想到了。"他还用开玩笑的口吻对我说："你不要忘记，你是卖布的出身啊！"我懂这话的意思，他是提醒我要谨慎，不要被鼓励冲昏头脑。以后，万吨水压机试制成功了。我觉得，这同他对我的认真而不是敷衍的、具体而不是空洞的关心与支持是分不开的。

"文化大革命"中，陈云大部分时间挨批靠边站。1973年，在周总理的争取下，他参加了国务院业务组的工作。那时，国务院决定进口一套1.7米的大型轧钢设备，要连同附件一起进口。"四人帮"把这骂成是"洋奴哲学"，陈云针锋相对地说，如果缺了零配件，国内解决不了，就要推迟投产，耽误一年就少生产300万吨钢板，很不合算。如果说这是"洋奴"，那就做一次"洋奴"吧。但粉碎"四人帮"后，有的同志又犯了急于求成的老毛病，什么都要进口，恨不得买一个现代化，对此，陈云坚决反对。1982年底，全国五届人大召开第五次会议期间，上海代表团派了10名代表去陈云家中看望他，我也在其中。谈到工业问题时，我说："现在我们有些产品虽然落后些，需要改进，但有的产品并不比外国的差，有些单位总想用进口货，我看还是应该多用自己的产品。"陈云听后说："我看了你在报纸上发表的文章，很对胃口。我赞成你的观点，自己试制的东西，第一次会差些，但第二次就会好些，第三次会更好些，以后一次会比一次好。"陈云的话不仅是对我的支持，也是对机械工业战线广大干部职工的殷切希望和鞭策。现在国际国内环境都发生了很大变化，进口东西比过去容易多了，但越是这种时候，越不能忘记自力更生的方针。

工业要支援农业

陈云一贯重视农业，重视工业对农业的支援，重视农业机械的现代化。解放初期，农业部为了提高单位面积产量，提出改良农具，其中包括双轮双铧犁。据他们估算，使用这种犁，可以增产15%至20%。我那时在三机部（即地方重工业部）工作，陈云同志就把我找去，问了两个问题：第一，农业部说的增产百分数是否可靠？第二，当年生产50万台有无可能？我回答说：我请教过农业机械专家，用这种犁的增产幅度虽然说不清，但由于它可以深耕，有利于作物生长，只要水、肥跟上，增产是肯定的。至于第二个问题，仅靠三机部系统的生产能力是不足的，如果把其他机械部门的工厂也组织起来，就有可能了。以

※陈云在北京十三陵水库工地劳动时小憩。

后，陈云对这件事抓得很紧，经常催问进度。那时，党内正批判右倾保守思想，各地各部门又层层加码，最后竟生产出120万台。由于这种犁只适用于速度快的骡马牵引，不适用于速度慢的水牛，因此，原定在南方推广20万台犁就没有实现。但尽管如此，这次农具的改良还是大大促进了农业生产力的发展。

在我国的化学工业有了些基础之后，陈云及时提出，要大力发展化肥和化纤，并把它视为解决人民吃饭穿衣问题的主要措施之一。一开始，陈云同志曾对年产800吨合成氨的小型化肥厂很感兴趣，设想在全国普遍推广。1959年，他在上海约我谈话时，特意提出要我去看看上海五建的八套设备。我邀请上海农业局的同志一起，对这八套设备做了全面了解，发现能正常生产的只有两套，其余六套或有制造问题，或有管理使用问题，开工都不正常。我把这个情况向陈云作了汇报。以后，他又进行了许多调查，认为小化肥厂虽然有节省材料、制造容易、运输方便、适合农村分散条件等优点，但建设和生产上的技术都没有过关，还需要时间加以改进；而年产2.5万吨或5万吨的大化肥厂，不论建设和生产，在技术上都是成熟的，其主要设备除个别以外，在国内都已试制成功，而且具有生产成本低、质量好、节约劳力的优点。1961年春天，他在杭州主持召开了有一机部、三机部、化工部等部门负责人参加的会议，对建设大化肥厂作出了三年的计划安排。那次会议我没参加，但听参加的同志反映，会议开得很成功，很解决问题。我们今天化肥工业的基础，就是从那个时候打下的。

1975年8月，陈云邀我陪他去黑龙江视察重工业企业。在同省委负责同志交谈中，陈云谈及农业生产，问他们有什么困难。省委同志说，农场的水浇地浇不上水，希望能帮助提供100—150万马力的排灌设备。陈云问我：能解决吗？我心里有数，说没有问题。于是，他把这件事委托给我来办。在火车上，他和我闲谈时讲，中国农业对工业的约束性很大，农业过不了关，工业也不要想过关。回到北京后，我立即和部领导及农业部商量，决定分三年向黑龙江提供100万马力的柴油机。结果，两年时间就完成了。

乐于和善于学习

陈云和我一样，小时因为家境贫寒，上学都不多。但他酷爱学习，而且有一股钻劲，善于结合实践经验吸收消化，融会贯通，把书本上的东西变成自己的，并有所创新。我想，这恐怕正是他后来成长为一个杰出的马克思主义者的重要原因吧。在延安时，我看到他桌上摆着两本国民党出的《中国经济年鉴》。他指着这两本书说：“我对经济工作不大懂，这种书对我帮助很大，可以从中知道各省的资源和实力。你是‘实业救国派’，也应当看看。”

在“文化大革命”中，他有时叫我去他家谈谈经济情况。有一次，我问他现在干什么。他微微一笑，说：“我现在是中央委员一个，没任何具体工作，平时就是看看书和报纸。”我说：“你身体不好，应该注意休息。”他指着装满《马恩全集》、《列宁全集》、《马恩选集》、《列宁选集》、《斯大林文选》、《毛泽东选集》和《鲁迅全集》的书架说：“不读不行啊！‘老祖宗’还是管用的。”接着，他又问我：“你还能读些书吗？”我拍拍口袋说：“毛主席的四篇哲学著作，我还随身带着呢。”他笑着点点头。后来听说，他利用靠边站的几年时间，不仅看完了《列宁全集》十月革命以后的几卷，而且读了三遍《资本论》。

陈云读书求甚解。比如，实事求是这个词始见于《汉书·河间献王传》，至今已有两千多年。毛主席用了这个词，并赋予它哲学的意义。从此，我们党把它作为自己的思想认识路线，大家都讲。但如何做到实事求是呢？很少见到有人琢磨，而陈云却从长期实践中概括出“不唯上、不唯书、只唯实，交换、比较、反复”这十五个字，使实事求是有了更

※ 陈云视察某机床厂。

大的可操作性。再比如，社会主义经济要有计划按比例发展，这是“老祖宗”讲的。我们都照着讲，却很少考虑这里面是否有什么问题。而陈云却联系中国和苏联经济建设的经验教训，写出了《计划与市场问题》的提纲，提出对马克思的原理发展，社会主义经济只有“有计划按比例”这一条还不够，还必须有市场调节这一条。他还用“鸟”和“笼子”来比喻搞活经济与宏观调控的关系，给人们以极大的启示。

（沈鸿）

为子孙后代做好事

陈云说：“血吸虫病是旧中国遗留下来的一大祸害，对人民群众的危害很严重。我们共产党要关心群众疾苦，消灭血吸虫病，为子孙后代做好事。”

1957年3月28日，怀着对家乡人民处在严重的血吸虫病害中的强烈的担忧、关爱之情，陈云第三次来到家乡青浦。血吸虫病是一种严重危害人民身体健康及劳动能力，甚至吞噬人民生命的“瘟神”，至解放初期，青浦还是全国血吸虫病严重流行的十个县之一。为了掌握灾情，研究根治血吸虫病害的办法，陈云到江南农村作血吸虫病防治的专题调查工作，青浦是他此行的第一站。他一到青浦，就马不停蹄地深入农户调查，看望里浜村血吸虫晚期病人，嘱咐病人好好治疗；到血防站亲眼观看了治疗组对患者的治疗情况，走到病人身边亲切慰问；步行到城北乡仓元农业生产合作社，观看水煤气灭螺的效果，视察群众埋钉螺的现场，询问两种灭螺方法的效果及经济价值，还察看了粪便管理和饮水管理工作；仔细听取了县委书记潘烈等对血防工作的汇报。根据全面的调查和了解的情况，陈云对每个具体措施的效果和经济价值都进行了分析比较，推算出全国使用这些措施要花的代价。在谈到血防工作的重要性时，陈云语重心长地说：“血吸虫病是旧中国遗留下来的一大祸害，对人民群众的危害很严重。我们共产党员要关心群众疾苦，消灭血吸虫病，为子孙后代做好事。如果让血吸虫病蔓延下去，会影响民族的繁荣和群众的生产、生活，合作社也不能巩固，这是政治问题。”1957年4月20日，就在陈云调查后一个月，周恩来签署了《国务院关于消灭血吸虫病的指示》。1958年10月，《人民日报》发表了毛泽东在7月写下的著名诗词《送瘟神》，极大地鼓舞了全国人民消灭血吸虫病的信心。我国12个省、市的350个县的各级政府轰轰烈烈地展开了血吸虫病的防治工作。青浦人民没有辜负陈云的嘱托，1972年完成了基本消灭血吸虫病的任务，1983年彻底消灭了血吸虫病。

（中共青浦县党史研究室）

除洪涝之害，兴灌溉之利

陈云说：“在农业的灾情中，水灾多于旱灾，涝灾又多于洪灾。”又说：“灌溉是农业增产最可靠的办法之一。”他强调：治涝不是简单地把水导入海，而是要同扩大灌溉面积结合起来，除洪涝之害，兴灌溉之利。

“一五”建设以重工业为中心，对农业和水利的投资不可能多。陈云在运筹第二个五年计划时，提出，像“一五”建设那样发展农业主要放在合作化上面是不行的。“现在要看到，合作化只是给发展农业创造了条件，还不能解决根本问题。”“如果在第二个五年计划期间不注意农业的发展，到第三个五年计划再来注意，那就晚了，今后十五年内就会处于紧张的状态。”在我国究竟应该采取什么最有效的办法来使农业增产呢？陈云认为，

“归纳起来，一个是化学工业，一个是水利，这两项可以对农业增产起很大作用。”1957年8月9日在辽宁省市地委书记、省委机关党员负责干部大会上的讲话，8月20日在北戴河国务院常务会议上的发言，9月24日在党的八届三中全会上的发言，陈云连续三次讲如何加强农业，论述了治涝和扩大灌溉面积对农业增产的重要性。

陈云根据对建国八年来的灾情分析，认为：“在农业的灾情中，水灾多于旱灾，涝灾又多于洪灾。涝灾在河北、山东、河南、苏北、皖北更多一些，约占一亿亩耕地。”涝灾的原因是由于黄河河床高于平地，一下大雨，积水排不出去，形成涝灾。在国家财力有限，面临治涝和开荒的选择时，陈云认为治涝比开荒有利。他说：“可以比较一下，治涝以后每亩产粮和开荒以后的亩产差不多，大概都是150斤到200斤。但是，治涝地区人口多，易于动员人力。不治涝，每年需要救济大量粮食，是全国之累。”治涝不会一蹴而就，要长期坚持。“治涝要有十年左右的时间，希望国家计委、国务院第七办公室、水利部和各有关省进行专题研究。”陈云善于运用比较的方法，治涝与开荒的比较是其例证之一。他对治涝问题具体细致的分析，体现了严谨的科学态度。1963年和1964年，河北等地连续发生严重涝灾，一再证明了治涝工作的重要性和紧迫性。

治涝不是简单地把水导入海，而是要同扩大灌溉面积结合起来，除洪涝之害，兴灌溉之利。陈云提出，我们要使许多旱地，东北的旱地，华北的旱地，长江以北、淮河以北和西北那些地方的旱地得到灌溉。他说：“灌溉是农业增产最可靠的办法之一。在水利灌溉方面，我国不如日本，现在我国水地只占耕地面积的百分之三十，而日本占到百分之五十。如果我们把两亿亩旱地改变为水地，每亩平均增产150斤，即可增产300亿斤。”怎样兴修水利？陈云反对强迫命令、形式主义的“一刀切”，反对高指标、急躁冒进，反对不讲科学技术仅凭热情的主观蛮干；主张因地制宜，走群众路线，靠科学技术指导，既积极又稳妥、有步骤地前进。他认为，1955年冬到1956年春的兴修水利运动有很大成绩，但也有缺点。缺点是：“第一，没有很好地注意因地制宜，不该打井的地方也打了井；不需要打井的地区，没有水源的地区，以及涝洼地区，都提倡打井，是不对的。第二，走群众路线不够，有些地方干部有强迫命令的现象。第三，有些地区任务定得过大，开始时提出全国扩大水地一亿七千万亩，指标太高了。第四，提水、修理渠道、平整土地等技术方面的具体指导不够。第五，兴修水利挤掉了副业生产，致使农民没有买油盐的钱。”至于水利投资，1957年国家增加水利经费一亿多元。陈云认为，“应该主要依靠群众，由国家帮助，而不能完全依靠国家”。

对“大跃进”期间“大办水利”，陈云对其利弊进行了中肯的分析。1960年10月，他在河南考察时指出，粮食情况根本好转，首先要解决水的问题。去年多搞了一点水利，人上得多了，饭多吃了一点，但对农业增产作用很大。水利还要搞，真正翻身还是要解决水的问题，然而他对主观蛮干、盲目冒进是不赞成的。他强调不能像去年那样拿那么多的人搞水利，去年的教训不能再重复了。1958年基本建设工程质量事故突出严重，水利工程亦不例外。陈云几次主持现场会议，研究解决如何保证基本建设工程质量的问题。其中，他特别重视水利工程和质量。他强调："大中型的有关人民生命安全的水电站的水坝工程，必须十分注意工程质量和安全，建设这些工程所用的钢筋和水泥等建筑材料，必须符合设计规定的质量规格。对于这件事，参加会议的同志回去后必须专门向省、自治区、直辖市党委作报告，因为关系重大。"百年大计，质量第一，大中型水利工程尤其如此。在当时"大跃进"的氛围中，能如此冷静地对待质量问题，是十分难能可贵的。

1962年7月，陈云向毛泽东提出，当前要注意发挥个体生产积极性，以克服困难，未被采纳。此后到十年"文革"，陈云一直受冷落。但是，陈云一系列的经济政策主张，包括发展农业是头等大事、水在农业里头非常重要的思想主张，从未被人淡忘。

（曹应旺）

关心重工业基地建设

陈云两次到齐齐哈尔重工业基地视察，他说："过去齐钢为国家的建设立过功，今后还要多做新贡献。我们国家要想工业大发展，赶上世界先进水平，不仅要搞好钢铁工业，还必须抓好电子工业。"

陈云是中国社会主义经济建设的开创者和奠基人之一。建国后，面对严峻的国际国内形势，陈云提出要重视我国重工业的建设和发展。为促进我国重工业基地的建设，他曾多次到哈尔滨、齐齐哈尔等国家重工业基地视察。陈云那深入实际、认真开展调查研究的工作作风，平易近人的优良品质和对工人们的殷切期望，都深深地刻在黑龙江人民的心中。

"为中国工人阶级争光"

1957年10月17日，陈云在国家经委副主任贾拓夫、中共黑龙江省委书记冯纪新的陪同下来到齐齐哈尔市，视察国家“一五”重点工程建设情况。

走下火车，陈云不顾一路旅途劳累和南北温差显著变化而感到的不适，与前来迎接的齐市市委书记李治文、市长高衡等直奔第一重型机器厂的建筑工地。

第一重型机器厂在“一五”期间被列为国家156项重点工程之一，于1953年开始筹

※ 陈云视察齐齐哈尔第一重型机器厂。

建，1956年破土动工，它是制造国民经济建设所需要的大型、成套机器产品的全能“母机工厂”，是我国机械制造行业特大型骨干企业，在国民经济发展中占有重要的战略地位。

视察中，陈云首先来到重型厂的建设工地。在该厂三大主体工程之一的热处理车间的沉箱施工现场，陪同人员介绍：沉箱这座钢筋混凝土构筑物长37.8米，宽21.3米，面积805.14平方米，埋入地下深度26.5米，沉箱工程的复杂性不只在于规模巨大，而且是置于车间厂房的地下构筑物。它不同于桥梁基础，必须严格防止渗漏。陈云认真听取陪同人员的介绍，当他得知这个沉箱施工设施建成后，几十米长、上百吨重的机器部件都要在这里进行热处理时，对在场的干部群众动情地说：“同志们，你们都是新中国第一代建设者，你们肩负着社会主义建设的历史重任，一定要为中国人民争气，为中国工人阶级争光，一定要高质量、高速度地把工厂建设好。”陈云的肺腑之言、殷切希望使在场的干部、群众都受到极大的鼓舞和振奋，顿时全场响起“坚决胜利完成第一个五年计划”的呼声，人群一片沸腾。

离开沉箱施工现场，陈云又来到水压机车间的建筑工地。他听取了国家机械委副主任沈鸿关于生产水压机等方面的问题汇报后，风趣地拽拽自己身上穿的一件进口的确良衬衣说：“你们看，这种衬衣穿几年，领子也磨不破，可惜我们国家现在还不能生产。”他环顾四周，望着一双双迷惑不解的眼睛，语重心长地说：“我们现在还不能制造大型的化纤设备，如化纤企业里的空气压缩机，目前就制造不出来。如若我们有了万吨水压机，就可以加工空气压缩机，那时就不会愁没有的确良衬衣了。”接着，陈云十分严肃地说：“我们的军事、冶金、动力以及未来的化纤工业企业，在一定程度上都依赖于这个重型机器厂啊！”他的一席话语，使在场的每个人都感到肩上的担子沉重、责任重大。大家都表示认真按陈云的指示办事，抓好建厂工作，在高质量、高速度地完成建厂任务的同时，生产出具有世界水平的1150初轧机和12500吨水压机，为我国的重工业建设作出自己的贡献。

“绿洲宝石，永放光芒”

1975年，正处在“文化大革命”的后期，第四届全国人民代表大会胜利闭幕后，邓小平在毛泽东的支持下，主持党中央和国务院的日常工作。他针对当时国民经济的混乱状态，开始了大刀阔斧的整顿工作。为尽快恢复经济秩序、发展国民经济，更好地配合邓小平顺利开展全面整顿工作，时已年届七十高龄的陈云在中共黑龙江省委书记王一伦的陪同下再次来到齐齐哈尔视察。

8月3日，陈云下榻在富拉尔基的红岸宾馆。此时虽是夏末秋初时节，但陈云却穿着一件驼色的薄毛衣。与十八年前相比，他显得有些清瘦，但富有神采的眼睛却闪烁着更加智慧的光芒。十分关心第一重型机器厂的陈云同志首先来到这里视察。

为了在总体上了解第一重型机器厂十几年来的发展规模、生产水平及方方面面的情况，陈云首先听取了厂领导的工作汇报。当听完介绍重型厂自己设计、自己制造、自己安装的12500吨水压机的整个过程后，他十分兴奋地要求立即去生产车间走走看看。

陈云先后参观了大型金工车间、军工车间、粗加工车间、水压机车间和热处理车间，听取了工厂负责同志关于工厂生产和落实把“国民经济搞上去”指示的情况汇报。当他来到当年视察过的热处理车间，登上10米高的热处理炉平台，俯视26米多深的井式炉，连连赞叹说：“就是了不起，咱们工人阶级的力量真大啊！”之后，他又来到水压机车间。1957年他来这里视察时，水压机车间仅是竖立起许多钢结构件。现在他站在具有世界先进水平的高大的水压机前，内心十分高兴。他饶有兴致地询问水压机的生产、操作等情况，边听边点头，脸上洋溢着喜悦的神情。

视察中，陈云看到重型机器厂生产出那么多的冶金设备、重型锻压设备、矿山设备、石化设备、电站设备、水泥设备、制糖设备、各种冷热轧辊、大型铸锻加工件、军工产品等运往全国各地，对重型机器厂为我国工业和经济发展作出的巨大贡献给予了充分的肯定。他要求厂领导按党中央和国务院的指示精神，搞好整顿工作，为“把国家经济搞上去”多做贡献。

十一年后，陈云仍不忘富拉尔基第一重型机器厂。1986年，他欣然挥笔为重型机器厂写下“绿洲宝石，永放光芒”的题词，以鼓励重型机器厂的工人和后来人，让重型机器厂在中国大地上更加欣欣向荣。

“今后多做新贡献”

齐齐哈尔钢厂原名北满钢厂，是我国“一五”期间苏联援建的156项重点工程之一，是专门为生产军工、机械制造、电力与其他部门需要的高级碳钢、合金钢材、锻件、铸钢件而建的。1952年10月，陈云在北京代表中央签字，正式批准这个特殊钢厂的“初步设计”。党中央为此作出了“十六项决定”，强调：“这一特殊钢厂的建设，在我国国民经济发展中具有特别重要的意义。”1953年6月，周恩来在全国财经会议上强调指出五年内必须完成这个重点项目。该厂于1954年4月破土动工，1957年11月全面竣工并投产使用，陈云1957年10月曾视察过齐钢。那时，这里仅是工程建设初具规模的场面。

今天，1975年8月，在视察完重型机器厂之后，陈云来到齐钢，看到的是该厂广大工人正在贯彻各行各业都要整顿的指示精神而进行紧张生产的场面。

他走进齐钢最大的轧钢车间，看到上千名职工在进行着机械化的操作，隆隆的机声充斥厂房，腾腾热气扑面而来，感到十分高兴。陈云兴致勃勃地攀过一架又陡又窄的铁梯，来到3米多高的初轧机的操纵平台，注视着平台下往返穿梭般的钢锭，在铿锵的撞击中被挤压成细长的方坯。虽然周围炙热，但他依旧兴致不减，亲自走向操纵室慰问工人。他拉

※ 1975年8月，陈云（前排左二）视察齐齐哈尔钢厂。前排左三为沈鸿。

着工人的手说：“你们辛苦了！为祖国创造财富，很光荣！”

当陈云听说齐钢为我国自己制造的第一台汽车、第一辆坦克、第一门大炮、第一台水轮发电机、第一艘万吨巨轮、第一颗人造卫星、第一座原子反应堆等提供了重要部件的用钢时，感慨道：“过去齐钢为国家的建设立过功，今后还要多做新贡献。我们国家要想工业大发展，赶上世界先进水平，不仅要搞好钢铁工业，还必须抓好电子工业。”

8月13日，陈云一行离开了齐齐哈尔。

（中共黑龙江省委党史研究室）

视察武钢

陈云视察武钢，叮嘱武钢人：你们要把武钢建设好，武钢是我们国家156项重点工程中的重点，因为钢铁工业是一个国家建设的脊梁，脊梁啊……

1958年7月7日清晨，凉风习习，朝霞初露。一夜的风雨，把自古称为中国三大火炉之一的武汉冲得干干净净，吹得凉凉爽爽，真是难得的好天气。

武昌通往蒋家墩武钢所在地的和平大道，大型载重汽车川流不息，一车车机械设备、建筑材料带着纵横南北的京广线上的轰鸣，挟着横亘东西的长江中的风雨，从这里直指长江之滨、青山脚下。那里，是一块方圆十里的热土，是全国人民瞩目的地方。

一辆小卧车穿行在那些苏制美制十轮大卡车之间，车中一位身穿白色短袖衬衫、约摸五十岁左右的领导同志，就是赶往武钢听取建设进度汇报的国务院副总理陈云。陈云专注地看着窗外繁忙的运输线，他蓦然感到了一种速度，一种前所未有的建设速度。窗外这些载重卡车所装载的，就是高炉，就是平炉，就是共和国的工业、共和国的经济的脊梁——钢铁！作为分管经济的副总理，国家的富强、民族的壮大就是自己最大的责任和追求。他想起了这几年为共和国选择第二个钢铁基地的艰辛与曲折。

1950年，党中央、政务院提出了要迅速发展钢铁工业，尽快地把我国建设成为社会主义工业化强国的要求。中央财委主任陈云同志对这一重大问题进行了谋划。

当时全国除东北有一大型钢铁工业基地外，南部几乎是空白。如何改变钢铁工业落后局面，各种计划和论证工作在中央层紧张地进行。

一种思路主张集中全力进行鞍钢的恢复建设。因为鞍钢已具有一定的规模，恢复一个钢铁企业比重建一个钢铁企业速度快得多。

为共和国当家理财的陈云看得更远，要改变我国钢铁工业落后状态，必须紧赶一步，只有八年之内使钢产量达到500万至600万吨，才可能在十二三年之后达到1200万吨。如果只建鞍山一个，八年后全国的钢产量还不到400万吨，将限制钢铁工业下一步的发展。大冶地处我国中心地区，有长江水运之便，产品可以就近供应中南、西南、华东地区。大冶建设后，可以把武汉变成一个新的工业地带，在地域分布上将使我国有东北和武汉这北、南两个工业基地。因此，无论从经济上还是从国防上考虑，在重点恢复和建设鞍钢的同时，必须着手筹划第二个钢铁基地，而这个钢铁基地以放在大冶为宜。

一个科学论点的确立，需要大量的论据收集整理工作。共和国钢铁工业的开拓者们经过两年多的酝酿和足迹遍布华中山山水水的调查研究，认为正式向中央提出报告的时机已经成熟。但为了慎重起见，陈云又特别请求当时担任鞍钢设计的苏联钢铁冶金设计院院长赫列希尼可夫及所率的代表团来中国，到大冶附近作短期视察。专家们考察后，肯定了中国第二个钢铁中心设在大冶地区的可行性，并建议在大冶武汉附近再选几个厂址，与现有厂址仔细对比衡量后，再作最后确定。

中外专家们的结论证实了陈云具有战略目标的思路，从而揭开了长江明珠——武汉钢铁公司筹建的序幕。

1952年3月19日，中央财委党组正式向党中央、毛主席提出了《关于全国钢铁工业的发展方针、速度与地区分布问题的报告》。

同日，中财委主任陈云、副主任李富春就选择大冶地区建立钢铁厂问题给中南局邓子恢的电文说：选择的厂址最好靠近长江，能建码头，离大冶和武汉都不远，交通便利，土质较好，面积在500公顷以上。

政务院总理周恩来于当月27日就在中央财委转呈贸易部《关于委托苏联进行大冶钢铁厂的设计勘察工作，并通知苏方推迟本溪的总体初步设计工作》的函件上，亲笔批示：同意。

是年5月6日，中共中央电复中财委党组并告各中央局："中央完全同意你们关于全国钢铁工业的发展方针、速度与地区分布问题的报告及建议，望中央财委即据此迅速布置工作。"

接到中央的电复，陈云立即亲自召见中南局工业部部长刘杰，责成其迅速成立筹备机构，集结力量，尽快开展厂址、资源勘察工作。"三一五厂筹备处"（工程代号"三一五"，即武钢的前身）于1952年5月上旬终于诞生了，刘杰兼任主任。

根据中央意图，1952年7月至8月，大冶铁矿的地质钻探勘察工作大规模展开，并由429地质钻探队专司其事。陈云怕钻探队工作有困难，特派中央财委顾问、苏联专家克罗特基来钻探队进行具体的技术指导。

在此之后约两个月，陈云曾抽空来过武汉。他是准备到当时设在黄石的三一五厂筹备处去了解厂址选择情况的，可事情极不凑巧，秋冬之交的武汉天气变幻无常，陈云患了重感冒。然而三一五厂的选址工作一直使他牵肠挂肚，几经劝阻，陈云只好派秘书去黄石看看情况，以了却心愿。

是年，中央财政经济委员会又加派苏联专家克列沃诺索夫启程来武汉察看厂址。此时，“三一五厂筹备处”已于1952年2月改为华中钢铁公司，机构设在汉口江汉路104号原工业部大楼。克列沃诺索夫风尘仆仆来到华钢后，立即着手搜集资料和现场踏勘，并指导华钢技术人员编制设计资料项目，作为选址依据。

1954年底，地质钻探队根据陈云先前派来的专家克罗特基的指导，采用物理探矿和深部探矿相结合的技术，在大冶狮子山和尖林山之间，发现了自1905年以来被法、英、美、日和旧中国的一些地质学家判为空隙地带的所谓“地质之谜”的奥秘，找到了可供一座大型高炉使用十年的新的巨大矿体，获得了丰富的矿藏。

电波载着这个令人振奋的消息，自黄石而武汉，从武汉到北京，闻者无不欢欣鼓舞。自此历时两年、兵分两路，沿江从武汉石嘴始至黄石油坊岭止的长汉两岸和沿粤汉铁路上地堂、贺胜桥到长沙市郊的东登渡、捞刀河的野外踏勘工作结束了，初定油坊岭、下陆、徐家棚为候选厂址。

1954年初，苏联选厂专家组来到武汉，又重新察看了武汉市青山一带，不禁被这里平坦、开阔的地势和依江傍路的优越条件吸引住，于3月26日提出了《厂址选择意见书》。在专家的支持下，全国各方为兴建第二钢都的准备工作紧锣密鼓地展开了。随后，由国家计划委员会、国家建设委员会于同年12月批准，确定厂址选定在武汉市青山地区。这时中央根据苏联专家组的建议，正式命名华钢为武汉钢铁公司。

一辆满载沙石的大翻斗车欢叫着超过小卧车，随行人员急忙摇上车窗，陈云这才收回思绪，急切地想看到新生共和国的第一个大型钢铁企业的建设工地。

略带凉爽的晨风翻过江堤，拂向热闹非凡的武钢专家招待所。武钢经理李一清，副经理魏伯、徐扬及几位苏联专家翘首望着建设八路，专候陈云的到来。

小卧车在武钢领导同志们的面前停下。等不及随行人员打开车门，陈云便健步从车中跨出，走向欢迎的人们。他上穿白府绸短袖衬衫，下穿米色卡其裤，上衣扎进裤腰，显得精神爽朗又干净利落。

李一清总经理首先上前欢迎自己的老上级。陈云微笑着伸出手：“离开中南财委到钢

※ 陈云视察武汉钢铁公司。

铁战线，习惯吗？”

李一清紧紧握住陈云的手，边点头边回答：“习惯，习惯！”原来，那是1952年12月，“三一五厂筹备处”扩大，并入中南钢铁局后改称为华中钢铁公司，华钢的总经理就由中南财委的副主任李一清担任。这表明陈云在当时中国百废待兴的经济建设中，对钢铁事业的充分重视。

在陈云那口轻柔的上海普通话和不时发出的爽朗笑声中，包括苏联专家在内的欢迎人群纷纷拥上前去，和陈云握手问好。

一阵寒暄后，陈云在李一清等人的陪同下，穿过专家招待所大厅，来到一个小型会议室。

大家就座后，李一清总经理开始汇报武钢建设的基本情况和进度："原计划作为主体工程的一号高炉将于1959年初投产，年初，国家又要求提前到今年（1958年）底出铁。我们根据冶金部指示，决定把出铁时间提前到10月1日，并安排焦炉、铁山的选矿粗、中破碎车间以及铸钢、铸铁、电修等主要辅助车间先于高炉提前投产，以保证高炉投产后有足够的原料和备品备件的供应。也就是说，武钢第一期主体工程均将提前九个月投产！"

陈云听到这儿，心情为之一振。作为国家经济工作的首脑，他深深懂得武钢建设者们的艰辛和困苦。在科学的高峰和原始的劳作之间，建设者们付出的不仅仅是汗水和牺牲，还有人们难以想象的精神和心血。他十分关切地问，还有什么困难吗？

肩负千钧重担的武钢领导者们，面对和蔼的陈云，七嘴八舌地议论起来：由于一号高炉工期提前，打破了原有施工程序的平衡，矿山剥离速度跟不上；选矿厂因国外设计图纸3月份才到全，3000余吨钢材难以解决，不可能先于一号高炉建成；两座焦炉因施工力量不足，难以在一号高炉之前投产；烧结机建设因地基等问题，面临着巨大的困难……

陈云专注地聆听着，不时在笔记本上记着什么。最后他说，要集中力量，分期分批打歼灭战，尽早达到工期平衡。并且叮嘱说，你们要把武钢建设好，武钢是我们国家156项重点工程中的重点，因为钢铁工业是一个国家建设的脊梁，脊梁啊……殷切之情溢于言表。

在座的人们心中微微一颤。大家都知道钢铁工业的重要，但还没有从如此的战略高度去看待它，从理性的思维上那样深刻地理解它……直到三十多年后的今天，76岁的徐扬老人回忆当年，仍然觉得字字千钧，铭心刻骨！

在场的苏联专家也向陈云汇报了来华工作的情况。陈云慰问了专家们后，对武钢的同志说，你们要虚心向苏联专家学习，对苏联的引进技术要吃透、要消化，要组织工人们学科学技术，边干边学，不断提高工人的素质。

简短的汇报完毕后，陈云决定到现场去走走，不知谁拿来双半深筒胶鞋，陈云欣然接过来，兴致勃勃套在脚上，并且弯下腰，把裤脚扎在胶鞋里，看上去就像一个精干的工程技术人员。

在众人的陪同下，陈云一行首先来到金属结构车间和辅助工程的机修、铸钢、铸铁、锻造车间。当他听到金属结构车间将来要发展成制造厂，很感兴趣，工业的发展带动国民经济的发展正是他所企盼的。他对一旁介绍情况的李一清说，这个规划很好、很好，有发展眼光。

从锻造车间出来后，便是电修车间。此时的电修车间，设备还处于安装阶段。现场上一派繁忙，焊花此起彼伏；撞击声、敲打声，声声震耳。工人们头戴柳条帽，身着工作服来来往往忙碌着。

一阵粗犷的号子声传来。陈云展眼望去，那边有一台挺大的车床正在安装。由于条件不具备，连安装设备的行车也没有，工人们正以原始的方法在码头脚夫号子的指挥下，人拉肩扛。

武钢副总动力师田野青正在指挥这台设备的安装。无意中，他抬起头，见有十多个人朝这里走来，最前面的是副经理魏伯同志。

田野青赶紧擦擦手上的油污，迎上前去。魏伯和田野青握了握手，微笑着指着身边一位脚穿深筒胶鞋的同志介绍道，这是陈云副总理，来电修车间参观一下。

一时间田野青不知所措。他愣在那里，直到魏伯把他向陈云介绍了之后，陈云主动伸出手来，田野青这才把手在衣服上胡乱擦了几把，紧紧握住陈云的手。

这是他第一次见到国家领导人，心情非常激动，一时不知说什么好。旁边人提醒他给陈云介绍一下电修的情况，他才从激动中清醒过来。

田野青用浓重的东北口音介绍说，这台车床是目前国内最好的床子，是车间着手从单纯修理转向修理和制造并重的关键设备。在车间的另一边，他介绍了电修边建设边开始检修变压器、马达的情况。最后他用激动的声音说，车间在设备简陋、技术条件差的情况下，正在制造一批功率为1.7瓦的小型电动机。

陈云边听介绍，边向身旁的李一清、魏伯等同志表示，武钢的这种做法值得肯定。在听取介绍时，陈云还不时抽空询问田野青，你是鞍山来的吗？家属来了没有？（当时，国家抽调了一大批鞍钢的技术人员和工人支援武钢建设）田野青一一作了认真回答。

说着说着，大家已经来到车间的尽头，这时正好苏联专家巴托罗夫从车间另一个门进来。陈云主动迎上去，握手表示问候，并热情地交谈起来。田野青怕打断他们的交谈，上前握手告别，依依不舍地目送他们走出车间。

在习习凉风的吹拂中，陈云一行人参观了江心水泵站后，来到了举世瞩目的一号高炉工地。

行走中，陈云不时抬头仰望高耸的有当时全国最大高炉之称的工程，由于道路泥泞，建筑材料布满现场，难免有些磕磕碰碰。李一清见陈云的胶鞋上沾满了泥土，便建议是不是休息一会儿，陈云连声说道，不累，不累。他的目光，始终兴致勃勃地看着现场。

在料车栈桥的铁路边，副经理魏伯指着一号高炉旁的一片空地用手一画说，将来，一、二、三、四号高炉是这样排过去的，全部是自动化，比鞍钢的自动化程度要高。

陈云大笑着说，后来者居上嘛。大家都笑了，笑得那么开心。

笑着，他们来到一座高耸入云的烟囱前，副经理徐扬高举着手介绍道，这个120米高的烟囱，原计划120天完成，可是工人们干劲很大，只用45天就完成了。

陈云深情地对周围的武钢领导同志们说，工人同志这是在竭尽全力建设国家，确实不易啊！你们要关心工人的生活。

是啊，这些来自祖国四面八方、为共和国的诞生作出过巨大贡献、有翻江倒海般气魄和百折不挠精神的建设者们是伟大的，应该受到尊重。陈云一席话，使大家受到深深感染，一种对人民的敬爱之情油然而生。

在前往焦化厂的途中，李一清向陈云汇报了武钢发展规划。李经理讲道：在最近几年，我们准备让武钢的生产能力再翻上一番，设备材料可以自力更生，困难的是矿石资源还不算充足。

陈云对这一发展远景兴趣很大，连连表示支持。他说，矿石也没有问题，只要把交通问题解决就行了。

这时一号焦炉已展现在大家的眼前，魏伯同志介绍道，一号焦炉的建设工期一而再、再而三地提前，炉体砌筑由原计划的90天提前到59天完成，安装60吨翻车机。工人们打破常规，整体吊装成功，工期提前25天完成……就这样，焦炉工期多次突破预定指标，而且经苏联专家鉴定，被评为全优工程。目前焦炉正准备提前出焦。

陈云等一行拾级走向焦炉平台。

透过观察窗，炉中火正在熊熊燃烧，翻滚的烈火在巨大的炉膛里跳动、闪光，仿佛表现着钢铁工人们的火热心肠和赤胆忠心。陈云大步走过焦炉平台，紧紧握住他碰到的第一个工人的手，连声道，辛苦了，辛苦了！

质朴的工人还没认出来是哪一位，便憨厚地回答，不辛苦，真的不辛苦。不知是谁认出了陈云，顿时欢呼起来，霎时间引来了一双双粗壮的手、长着老茧的手、布满油渍的手……陈云微笑着同工人群众一一握过。

子在川上曰：逝者如斯夫。时间老人把不可阻挡的步伐，跨进了共和国社会主义新时期的1985年。

经过艰苦岁月的洗礼，经过几代武钢人的奋斗，武钢已是一颗闪烁在长江之滨的明珠。它不仅因其是共和国的第二大钢铁基地而显赫，更辉煌的是一米七轧机的引进，使它插上了金色的翅膀。一米七轧机引进的成功，使中国钢铁工业翻开了新的一页，是冶金产品从笨、重、粗走进薄、轻、优时代的转折。

当武钢人操纵着世界先进设备为国家做贡献的时候，当武钢接待无数慕名而来的中外来宾的时候，武钢人没有忘记过去，没有忘记老一辈无产阶级革命家。许多职工按捺不住自己的思念之情，纷纷打电话、写信给《武钢工人报》编辑部，建议请中央领导为报纸题写报头，表达了武钢职工对领袖们的爱戴和思念。

※ 陈云在武钢同苏联专家交谈。

这一来自群众的要求，引起武钢领导的高度重视。他们考虑，《武钢工人报》在每个职工心中都占有一定的位置，如果中央首长为报头题字，使大家常见不忘，是激励职工坚定社会主义信念、对老一辈无产阶级革命家表示深情厚谊的最好方式。

请哪位中央首长题字，武钢领导进行了认真思考、反复斟酌。武钢是国家的重点企业，在建设和发展中一直得到党和国家领导人的关怀，特别是长期主持国家经济建设的陈云，更是为之倾注了大量心血，至今令武钢人难以忘怀。

正好，1985年10月，曾任陈云办公室主任的中央书记处政研室顾问王玉清到武钢指导工作。武钢领导不失时机，请他将武钢职工的心愿转告给陈云同志。

1986年1月8日，武钢总值班室接到湖北省政府办公厅的电话通知，立即去取一封中央办公厅信函。武钢飞车派人，顶着呼呼的北风取回信函。

当武钢的领导慎重打开信函时，只见两张宣纸条幅上大书着“武钢工人报”五个遒劲有力的大字。郑云飞、黄墨滨等同志不由得惊喜而欣慰。他们虽然每天都在盼望，但还是没有想到陈云的题字竟这么快地出现在眼前。

1986年3月1日，时值《武钢工人报》创刊三十周年纪念日，这三十年，是武钢大展宏图的三十年，也是实现陈云同志初衷的三十年。这天，《武钢工人报》正式启用陈云题写的报头，为武钢发展史留下了重重的一笔。

（武宣）

“百年大计，质量第一”

杭钢合金钢车间厂房倒塌事故使中央震惊。为扭转只要速度不讲质量的偏向，陈云来到杭钢发表重要讲话。中央批转了陈云的讲话，强调指出：“提高工程质量，这是一件必须引起全党严重注意的大事。”

1957年4月2日，杭钢破土动工，从而揭开了杭钢建设的序幕。

1958年5月，党的八大二次会议通过了“鼓足干劲，力争上游，多快好省地建设社会主义”的总路线，迅速掀起了“大跃进”的热潮。接着，在北戴河举行的中央政治局扩大会议上，确定1958年钢产量要比1957年翻一番，达到1070万吨的高指标，在全国很快形成

※ 陈云在中国共产党全国代表会议上作关于发展国民经济第一个五年计划的报告。

了全民大办钢铁运动，并提出了“反对保守，破除迷信，解放思想”和“一天等于二十年”的口号。在这样的形势下，刚刚建成一号高炉和一号转炉的杭钢突破了原来建设的规模，大搞基本建设，生产和建设规模迅速扩大。与此同时，上级要求杭钢采取土法上马的办法，立即建造100座小高炉、100座小转炉和100座小平炉。高指标、瞎指挥和浮夸风泛滥，一系列工程项目一拥而上，全面铺开，齐头并进，使正常的生产建设受到了严重的冲击，出现了设计单纯图快、过分粗糙，施工急于求成、忽视质量和任意降低材料标准，以小代大、以次充好等违反基本建设程序的严重倾向，危险伴随着盲目在孕育、膨胀。

也许是偶然的巧合，1957年11月13日，《人民日报》社论提出“大跃进”的口号，一年后的这个日子，却成为杭钢历史上黑色的一天。

1958年11月13日上午，力争在11月20日前竣工的合金钢车间，正在集中力量“放卫星”，屋面上42名工人在紧张地粉刷，车间里39名土建工在起劲地挖坑，十多人在安装设备、化石灰，一派忙碌景象。人们怎么也想不到厄运竟会降临，怎么也想不到，这竟是一些人生命中最后一次劳作。9时40分左右，突然“轰隆”一声天塌般的巨响，八间屋架如同“多米诺”骨牌，从南到北，瞬间全部倒塌，造成死亡18人、伤19人的浙江省工业建设中前所未有的一次恶性事故。违背客观经济规律的做法，终于带来了破坏性的恶果。

工程质量事故的不断发生，已成为当时全国基本建设中最突出的问题。据有关资料，从1958年8月到11月，短短四个月时间里，仅钢铁工业的严重工程质量事故就发生多起。

云南安宁轧钢厂屋架倒塌；云南第二钢厂热风炉炉顶坍塌；阳泉苇泊铁厂热风炉拱顶坍塌；马鞍山当涂铁厂小高炉热风炉倒塌；邯郸钢铁厂机修车间倒塌；杭州无缝钢管厂屋架气楼倒塌；天津钢厂简易宿舍质量事故；上钢一、三厂新转炉质量事故……其中，尤以杭钢合金钢车间厂房倒塌事故最为严重。一系列的工程质量事故，给当时热火朝天的社会主义建设事业投下一大片阴影，同时也损害了人民群众的积极性。北京震惊了。中央震惊了。

为了扭转只要速度不讲质量的偏向，1958年12月23日至12月26日，在陈云亲自主持下，召开了全国基建工程质量杭州现场会议。各省（市）负责同志和有关单位领导100多人参加了会议。会议前夕，身为党中央副主席、国务院副总理兼国家基本建设委员会主任的陈云同志，率会议代表，风尘仆仆，亲临杭钢合金钢车间基建工地视察。

那天下午，雨后的半山，天色阴沉，工地的道路经车马行人的碾轧，泛着褐色的泥浆，一片泥泞。曾经繁忙一时的合金钢车间基建工地还没有从严重创伤中苏醒过来，瘫痪在那里，接受审视。陈云同志严肃地注视着眼前的这块工地。事故发生后，为了救人，搬动原先的构件，厂房倒塌的原状已不复存在，但杂乱地堆叠在一起的钢筋混凝土拱形屋架，被无形巨手折断的大型屋面板，锈迹斑斑的焊接钢板，崩掉钢箍的主钢筋，前后倾斜的气楼柱脚……无声地展示了这场灾难。陈云向陪同的浙江省副省长吴宪和杭钢党委的负责同志详细询问发生事故的有关情况，并不时关切地询问事故抢救和善后处理情况。在泥泞的工地前，陈云心情沉重，站立在那里，陷入了沉思。经济建设有它的规律性，生产力发展需要有积累的过程。只有正确地领导群众切实取得建设成果，才能真正保护人民群众的积极性。社会主义建设急于求成，盲目冒进，所遗留的许多有待长期解决的问题，群众运动中出现的许多混乱的偏差，在杭钢的这片废墟上又一次得到印证，使这位分管经济工作的党和国家领导人深感忧虑。初冬的寒风，不时撩起他那黑灰色呢大衣的下摆。

会议在杭州饭店小礼堂举行。在当时严厉批评“反冒进”，党内不同的意见难以提出，党内生活开始不正常的历史条件下，陈云以无产阶级革命家的气魄和胆略，两次作了重要讲话，讲话自始至终贯穿了党的实事求是的思想路线和陈云同志“不唯上、不唯书、只唯实”的一贯思想。陈云强调“不能把科学当成迷信去破”，要“按照正规的设计程序办事”，并谆谆告诫“我们的头脑必须清醒”，希望通过会议“能引起全国、全党的注意，采取措施，改变工程质量方面的这种严重情况”，并以此“成为一个重要的转折点，使基本建设工程质量和安全作业从此向好的方面发展”。

12月26日，陈云作了《保证基本建设工程质量的几个重要问题》的总结。针对当时全国基本建设中存在的突出问题和倾向，陈云从厂房建筑结构、设计、施工、建筑材料、安全作业、地方党委领导和发动群众等六个方面，提出明确具体的要求。陈云同志强调指出，目前在全国建筑工程中的主要倾向，“是在各种类型的厂房结构上降低了结构的质量”。他指出“设计是基本建设的关键”，“决定工厂建设的质量好坏、合理与否的命运”，要“恢复和建立保证工程质量的各种制度”，建筑材料“必须是合格的才能使用”，“在关键性的工程上，如果没有合格的材料，宁可停工待料，决不马虎”。

陈云的这些重要指示，讲的虽然都是朴素的道理，但在当时大家头脑发热的情况下，有着强烈的现实针对性。杭钢党委从合金钢车间倒塌的血的教训中更有深切的感受和体会。在该厂房建设过程中，厂房上建部分未组织人员进行会审，在施工中任意修改设计，仅监工技术员自己决定的修改竟达17次之多，未经厂领导及设计院同意修改的设计占全部设计修改的66.70%。这些深刻和惨痛的教训，使厂领导倍感陈云谆谆教诲的亲切，更深切地感到一定要按基建程序办事。

陈云在两次讲话中，都提到钢铁工业基本建设应注意和克服的倾向。他指出：“大的

※ 陈云视察钢铁厂。

钢铁厂，应该用钢结构的就要用钢结构，应该用钢筋混凝土结构就要用钢筋混凝土结构，这不是保守，也不是浪费，而是实事求是。”“凡是大中型钢铁厂的炼钢车间、水压机车间以及其他重型厂房，就应该用钢结构，而且要打好基础。”“现在有的地方在年产五万吨的炼钢车间也用了砖木结构，这是很危险的事情。”

陈云的重要讲话得到了中央的重视和肯定。1959年1月8日，中共中央以中发（1959）21号文件批转了陈云在全国基本建设工程质量杭州现场会议上的两个讲话纪要。中央文件指出：“提高工程质量，这是一件必须引起全党严重注意的大事。”陈云同志关于基本建设要注重质量的观点和主张，对于克服当时严重困难，扭转被动局面，对全国，包括钢铁工业基本建设的健康发展，起了众所周知的重大作用。

陈云亲临杭钢视察和全国基本建设工程质量杭州现场会议的召开，从根本上扭转了杭钢基建的混乱状况，杭钢工人又一次燃起了希望之光。全国基本建设工程质量杭州现场会议后，杭钢党委积极贯彻陈云的重要讲话精神，从设计、施工、建筑材料等方面进行了全面系统的总结，认真吸取这次事故的深刻教训，采取积极补救措施，化消极因素为积极因素。根据陈云“要求全国各省、市、自治区党委对新建厂房进行一次全面的检查”的重要指示和浙江省委的布置，于1959年初开展了一次以质量为中心的“查进度、查质量、查安全”的三查运动，以厂房和重要项目为重点，对1958年和1959年新建的厂房及民用建筑的各个项目进行了全面的检查，并采取加固和补救措施，消除了不少工程项目上存在的质量问题，防止了一些可能发生的事故。1959年1月5日，杭钢党委以陈云重要讲话为指导思想，以设计为关键，“按照正规的设计程序办事”，提出了6吨转炉车间重建方案，根据钢铁企业的特点，将钢筋混凝土拱形屋架改为钢屋架。同时，为减轻厂房屋顶荷载，原先的大型屋面板改为材质较轻的石棉瓦。在重建过程中，杭钢党委加强了对基本建设的管理，认真把设计、施工、现场管理等环节都抓起来，并指定专人负责，保证了合金钢车间重建的基建质量。1959年12月3日，在曾经发生震惊全国的厂房倒塌事故的工地上，重新建设的合金钢车间6吨转炉载着陈云的深切关怀，顺利投产出钢。熊熊的炉火和通红的钢水，辉映着这片陈云曾经亲临视察过的热土，驱散了曾经弥漫在杭钢工人心头的那块阴霾。

全国基本建设工程质量现场会的精神，陈云关于工程质量的谆谆教诲，在杭钢的发展史上产生了极其深远的影响。特别是陈云在这次会议上就施工问题提出的九个方面的要求，既明确又具体，不仅对纠正当时基建施工中忽视质量、不讲科学的倾向起了重要作用，也为后来的科学施工指明了方向。三十多年来，杭钢始终将“百年大计，质量第一”

※ 陈云（左二）同身边工作人员在杭州。

的方针作为基本建设所必须遵循的一条重要原则，一以贯之地加以坚持，并在实践中积累了经验，尝到了甜头。在几十年来的改扩建中，先后完成了转炉改造、高炉扩容、新建焦炉等一系列对杭钢发展具有重大作用的工程，并确保了工程质量。

杭钢人也没有忘记陈云在全国基本建设工程质量杭州现场会上，关于加强职工培训工作的指示。当时，陈云说：“特别是对于某些技术工种如电焊工、钢筋混凝土工、起重工、装吊工、安装工等，必须采用各种办法来训练。”多年来，杭钢遵循陈云同志这一指示精神，致力于本厂技术力量的培训和基建队伍的建设，形成了一支以修建部为主体的拉得出、打得响、过得硬的基本建设队伍，为杭钢的建设发展提供了施工技术力量方面的保证。

（孙永森）

真理往往在一个人手里

针对干部不敢讲真话的情况，毛泽东说他就赏识陈云，他这个人是很勇敢的，犯错误勇敢，坚持真理也勇敢……他这个同志还是经验比较多一点。真理往往在一个人手里。

1959年4月2日至5日，陈云出席中共中央在上海举行的八届七中全会。会议听取了薄一波关于第一季度生产情况和第二季度生产安排的报告，李先念关于财贸工作情况和意见的报告，邓小平关于经济工作和国家机构的人事配备的说明，李富春关于1959年国民经济计划主要指标的说明；讨论通过了《一九五九年国民经济计划草案》。

《草案》对八届六中全会拟定的计划指标进行了一些调整：钢产量确定为1800万吨，其中好钢为1650万吨；其他一些主要工业产品的指标也作了相应的变动；粮、棉指标仍维持不变，但其他一些主要农产品都比原计划指标有所降低；基本建设投资由原定360亿元减为260亿至280亿元，限额以上项目由原定的1500个减为1000个左右。

会议还检查了人民公社的整顿工作，通过了《关于人民公社的十八个问题》的会议纪要。毛泽东作了关于工作方法问题的讲话，提出要多谋善断，多听人家的不同意见，定计划要留有余地、波浪式前进、实事求是。针对当时干部不敢讲真话的情况，他号召学习海瑞精神，要“舍得一身剐，敢把皇帝拉下马”；为了坚持真理，要不怕警告、撤职、降级、开除党籍，不怕离婚、杀头。

他在讲话中特别说到：我在1月份找了中央几位同志谈经济和工业问题，其中有陈云、李富春、薄一波、李先念、彭德怀。陈云表示了非常正确的态度。他讲武昌会议定的今年的生产计划难于完成。他这个人是很勇敢的，犯错误勇敢，坚持真理也勇敢。

在武昌，对是否发表1959年粮、棉、钢、煤指标的问题，正确的就是他一个人。今年1月，也是他正确。他的话很有一些同志抵触，我就赏识。我看他这个同志还是经验比较多一点。真理往往在一个人手里。会后，毛泽东对压缩后的钢铁指标仍然不放心，委托陈云对此进行研究。

（朱佳木）

国难思良将，家贫思贤妻

毛泽东同王任重谈话，说道：国难思良将，家贫思贤妻。陈云同志对经济工作是比较有研究的，让陈云同志来主管计划工作、财经工作比较好。

1959年6月8日，陈云致信毛泽东，说前一段时间心脏病发作后，躺了两个星期；现在已能坐起来，但说话仍感吃力。医生说要使心脏功能恢复需要三个月，故拟离京休息一段时间。其间，中央财经小组组长由李富春代理，国家建委主任由宋劭文代理。走前，拟就市场安排和明年计划方法问题找中央财经小组成员再谈一次。同日，毛泽东批示："我认为首先应坚决易地完全休息三个月，然后看情况决定是否恢复工作，职务由李、宋代理是适当的。"还批示："放心休养，不要顾虑。""说话困难，不谈为宜。"

6月10日下午，陈云离北京赴江苏。动身前，周恩来曾到家中看望。陈云在苏州参观了当地的小高炉，并为苏州刺绣研究所题词："苏绣是一种很高级的工艺品，但是我们还希望它成为大量的出口品。只有大量出口，才能更大量地发展它。1957年冬，我曾经提议刺绣合作社专门派人到外国去了解东欧和其他外国人民所喜爱的图案，现在仍然希望组成研究小组专门研究各国人民所喜爱的图案，以便外销。苏绣出口这一件事，所费原料不多，等于是劳动力出口。这是完全适合我国国情的，既有利于国家，又有利于民生，我这个想法希望终能实现。"在这期间，毛泽东与其他领导人谈话时，多次谈到陈云。

毛泽东在去长沙的火车上同王任重谈话，说道：国难思良将，家贫思贤妻。陈云同志对经济工作是比较有研究的，让陈云同志来主管计划工作、财经工作比较好。我们有的同志思想方法比较固执，辛辛苦苦的事务主义，不大用脑子想问题。

毛泽东在庐山同各协作区主任谈话，说"大跃进"的重要教训之一就是没有搞好综合平衡。过去安排国民经济的次序是重、轻、农，今后恐怕要倒过来，是农、轻、重。"过去陈云同志提过：先市场，后基建，先安排好市场，再安排基地。黄敬同志不赞成。现在看来，陈云同志的意见是对的。要把衣、食、住、用、行五个字安排好，这是六亿五千万人民安定不安定的问题。"12月19日，陈云致信毛泽东，说病情正在好转，但进步程度还不快，尚不能工作，希望在他有空时，能去看望一次。当时，毛泽东正在杭州读苏联的《政治经济学教科书》。30日，毛泽东复信说："病有起色，十分高兴。我走时，约你一叙，时间再定。心情要愉快，准备持久战，一定会好的。"

（朱佳木）

视察抚顺

陈云在调查研究的基础上，提出了抚顺矿务局总体改造的基本指导思想：合理利用地下资源，发展地面重工业，搞好综合利用。

1959年6月，身为中共中央副主席、国务院副总理的陈云在因病休养期间，来抚顺考察工业生产和人民群众生活等实际问题。陈云此次来抚视察不单单是为了指导抚顺的工作，同时也为全国的经济建设摸索经验，纠正“大跃进”以来“左”的偏颇。

陈云一踏上抚顺的土地，就急如星火地忙着视察抚顺的工厂、矿山，所到之处都留下了陈云闪光的足迹。

陈云在抚顺视察期间，处处体现了“不唯书”、“不唯上”的唯实精神。

陈云来到了全国最大的露天煤矿——抚顺西露天矿。

“大跃进”以来，西露天矿为了多出煤，追求高产量，缺乏严谨的科学态度，造成采剥比例严重失调，生产处于一种无序的混乱状态。长此下去，将会给煤炭生产带来严重恶果。陈云了解到这一情况后，便严肃告诫有关领导，采剥比例失调问题一定要解决好，不然后果将不堪设想，一针见血地指出了煤炭生产的弊病和今后的方向。然而在那“大跃进”的年代里，不切实际的高指标、浮夸风不但在中央得不到纠正，就是在基层，陈云的正确指示也不能得到很好的贯彻执行。1961年，抚顺西露天矿大南帮的倒塌正说明陈云预言的正确性。

他在调查研究过程中，发现矿区存在着严重的交通堵塞状况，特别是地处西露天矿交通要道的大官屯附近的胖子山下，通道非常狭窄，上面的线路和下面的线路、公路与铁路纵横交错，出现了“天上地下乱打架”的现象。此处成了“三不管”地区，交通运输矛盾比较突出。陈云亲临现场实地考察，提出解决矛盾、缓冲矛盾的一些具体建议，并责成市委有关部门尽快解决。

陈云在亲自调查研究的基础上，提出了抚顺矿务局总体改造的基本指导思想：以抚顺地下的煤炭资源为主，发展抚顺的配套重工业，即水、电、铝、硫氨、石油、水泥等各条生产线，概括为：合理利用地下资源，发展地面重工业，搞好综合利用。

陈云来到三〇一厂（现抚顺铝厂），还十分注意关心协调苏联专家在抚顺的援建工作。

第一个五年计划期间，苏联援建中国重点建设项目156个，仅抚顺市就占了8项。苏联专家在抚顺的工作，对抚顺经济建设的恢复发展起了积极的作用，做出了重大贡献，同时也存在一些问题，产生不良影响。例如，苏联专家在援建三〇一厂过程中存在着分工不细，管上水不管下水，工程不配套、不配合和严重扯皮现象，在一定程度上影响了工程进度。当陈云了解到这些情况后，立即找到苏联援助中国专家，并向负责人说明来意，苏方遂派人到三〇一厂了解情况，并批评了苏方专家。在陈云的积极努力下，抚顺其他几个厂存在的类似问题都得到了解决。苏联专家与抚顺人民的关系得到了协调、友好发展。

陈云在对煤炭、石油、制铝等工业调查研究之后，对抚顺市委的工作作了部署，提出了指导性的意见：抚顺的城建工作要协调发展，防止单打一。

建国之初，我党还缺乏城市建设管理方面的经验，缺乏可供参考的依据。因此，只好在实践中总结经验教训，不断改进完善自己的工作。

※ 陈云在余秋里、李人俊等陪同下，参观石油产品展览。

在国民经济恢复时期和第一个五年计划时期，抚顺市委的工作出现了“单打一”的现象。由于抚顺的煤炭生产在全国处于非常重要的位置，从而导致市委把主要精力放在抓煤炭生产上，出现了“市委成了矿务局”的局面，而忽略了全市城市建设、城市管理、人民生活等各项事业的均衡发展。具体体现在城建设施跟不上，人民生活得不到改善等等。

对此现象，陈云严肃指出：应组织社会主义的协调发展，防止单打一。陈云的这一指示扭转了“单打一”的现象，使抚顺市委的工作步入了正轨。

这一点，在我们大力发展社会主义市场经济的今天，也有其指导意义。

陈云在抚顺视察期间，体现了他注重实践、亲自动手、踏实细致、多谋善断、联系群众、关心群众的领袖风范。

陈云来到抚顺，亲自跑工厂、下矿山。他不但亲自听取有关领导关于辽宁电厂厂址的选定及施工计划的汇报，而且亲自前往章党实地考察辽宁电厂厂址的周边环境；他还亲自到石油二厂察看该厂有关建厂、生产和计划落实情况；他在三〇一厂听取了铝厂领导的全面汇报，并同厂领导探讨了铝厂改造、新建铝厂所需投资经费等问题。

陈云在同三〇一厂厂长李波涛交谈中知道李厂长的名字时风趣地说：“你的名字很不错吗，波涛汹涌，好有气魄！”

陈云询问：“你们厂在改造、分期新建工程中共投资多少？”

李波涛厂长答道：“在原有基础上改造了一期工程，又新建扩建了二期工程，总共投资约2亿元。”

陈云又问：“搞一个新的系列铝厂需投资多少？”

厂长回答：“建一个新的系列铝厂需投资8000万元。”

从这场对话中可以看出，陈云对待工作是多么认真、细致。

陈云对待工作是积极认真的，对待同志又是那样谦虚谨慎，爱护干部，珍惜人才。

陈云在铝厂视察连续铝锭铸造机操作时，李波涛厂长向陈云介绍生产过程。当时，陈云注意到黄欧东省长在大家的后面，立即让黄欧东到前面来，一起听介绍。这种对干部、对下级的尊重和关怀的品格，使在场的人深感钦佩。

当陈云在三〇一厂视察时，得知在厂的两名苏联专家想见见自己，便马上满足了这两位专家的要求。陈云同他们一一握手，并向他们对中国援助表示谢意。这两位专家很高兴，事后逢人便说：“我见到陈云同志了！”

陈云在视察了抚顺的工矿区后，向市委提出了一系列建议并要求市委讨论，拿出具体的解决方案。

陈云离开了煤都抚顺，却把抚顺各界都调动起来了。在经过一个月的研讨、论证后，抚顺市委作出了具体规划，并组成了由陈安市长带队的汇报组专程赴京，向中央汇报。陈云责成薄一波负责接待，并调集专家组织人力研讨抚顺规划的可行性。中央有关各部如煤炭部、水利部、冶金部等抽调一批专家学者，听取了抚顺汇报组的四次汇报。经过论证，各部很快帮助拿出了详细的方案，并形成文件《抚顺“二五”规划概要》。

不久，中央又派以万里为首的工作组到抚顺，帮助指导抚顺“二五”规划的落实。

陈云视察抚顺的时间虽然短暂，但留给抚顺的精神财富却很多很多。

（刘品荣）

视察宣化

陈云视察了烟筒山矿、四方台矿、庞家堡矿后说：“你们这是大洋吃小洋啊！现在的基本矛盾是大洋钢厂建立在小洋铁厂的基础上，高度机械化的钢铁厂和手工业的矿山有矛盾。要提高质量、提高产量，不在冶炼那一头，而是在矿山那一头，搞机械化的矿山、选矿、洗煤、炼焦。”

深秋的塞外山城张家口，满城花香。巍巍群山环抱的山城，愈加显得雄伟、壮观。

1960年10月4日下午19时40分，中共中央副主席、国务院副总理陈云同志来到宣化视察。当时我任中共河北省委常委、张家口市委第一书记，我和市里主要领导亲自到车站迎接。在同车前往住地的路上，陈云同志不顾旅途劳累，关心地询问起张家口的情况。

到达住地宣化炮兵学院专家楼后，陈云同志详细地了解了这里的气候怎么样，无霜期多长，都种什么庄稼，亩产多少，山药顶不顶主粮……我都一一作了回答。

5日上午，陈云同志及随行的冶金部矿山司司长马叔乾在我和市委书记王云、龙烟钢铁公司党委书记董东、总经理贾亚夫和宣化炮兵学院院长高存信陪同下，视察了烟筒山和四方台铁矿。

在烟筒山，陈云与迎候在办公楼前的矿党委书记刘宝铮、矿长尚怀麟等同志一一握手后，即换上工作服，戴上安全帽，兴致勃勃地沿道轨向井下走去。陈云的警卫员见首长要下井，便向矿领导说：“首长的身体太弱，医生嘱咐散步不得超过100米。”陈云在井下兴致甚浓，可走了一会儿就累得走不动了，随行警卫员递过一个预备好的“马扎”，劝他坐下歇歇，再往下走。医生、矿领导几次劝阻他到此为止，可他硬是坚持走到了井下采矿面。

陈云边走边问这里的矿质和矿层，当他看到工人自造的206型钻机时，便很感兴趣地问：“有图纸没有？定型没有？”在返回的路上，原担任过龙钢总厂经理的马叔乾介绍说：“这个矿是黑色冶金矿山‘双革、四化’红旗单位，去年矿长还参加了北京召开的全国群英会。”陈云听了很高兴，走到坑口，他把大家召集在一起合影留念。

回到矿办公楼前，陈云已经步行了一里多地了，可他没有休息，紧接着又参观了楼前大席棚里该矿“双革、四化”成果展览。当他看到荆条支柱并听说这种支柱省钱，忧虑地说：“荆条也不多啊！”后来看到矿渣支柱时，高兴地说：“这很好，这是解决坑木的

※ 陈云视察河北龙烟铁矿。

主要出路，用这最合适了。”从展览棚出来，随同人员都劝他休息一会儿，可陈云又执意来到四方台铁矿视察，认真听取了该矿负责同志的汇报。当汇报谈到该矿机械化情况时，他指出：“矿山机械化，第一个问题是运输，第二个问题是采掘。坑外运输比坑内运输任务大得多。选矿应当在矿山选，选了再运不更好吗？这样可以减少运输，节省劳力，节省煤。煤的消耗不得了，四吨煤出一吨铁，不选矿不行啊！”汇报人谈到选矿的球磨机比较困难时，陈云笑着说：“这总比造飞机、大炮容易得多吧！”

这个矿有一个坑口实现了机械化，207个人日产矿石300吨，其他没有实现机械化的600人日产180—200吨。这一组鲜明对比的数字引起了陈云的注意，他让秘书把这情况记下来接着又说：“这可以减少劳力，若不然，农业就没饭吃了。”

两矿视察结束，在返回住地的汽车上，陈云的话题由矿山转到了农业，他问：“开明同志，在你们这里采取什么措施可以把粮食搞上去？”我扼要地讲了农业增收的设想与措施，陈云说：“这很好，应当多种。少种多收现在还不行。”

当谈到丰产方应该由包产单位去搞，不搞专业队时，陈云表示同意，并问：“你们省领导是不是同意了这个思想？”我说：“现在大体同意了。”

谈话中，我也谈到了奖励生产的政策执行不够，粮食价格比别的物价都低，生产队种庄稼，只要够自己消费了，就不想多种的问题。陈云对粮价问题也很注意。他说：“这个问题可以通盘考虑一下。”接着又问：“现在粮价和别的物价差多少？提到多少合适？”我说这个问题还没很好地研究过，陈云接着说：“有人怕提了粮价影响经济作物，柯庆施讲不会影响；有人怕提了粮价影响城市人民生活，那城市售价也可以不提。”接着他算了个账：“全国征购不到800亿，购不到700亿，销回农村300亿……”陈云对工作认真负责、注重调查研究的精神，使在场的每一位同志都深受感动。

5日下午，我陪陈云兴致勃勃到坝上视察参观。路上，我赋小诗一首，给陈云介绍坝上风光：

拔海一千三，地势多辽坦；
戴上千里镜，四望不见山。
拔海一千三，到处是草滩；
山鸡草底住，牛马不返栏。
坝上风光好，遍地是青草；
羊儿一群群，马儿漫野跑。

坝上好风光，莜面羊肉汤；
一年好收成，三年不怕荒。
人们未上坝，心里有些怕；
一旦上了坝，再也不想下。

到达张北县时，因高山反应陈云血压偏高，大家只好遗憾地返回宣化。在汽车上，又抓紧时间，就本地区农业方面存在的一些问题一一向陈云作了汇报。

6日上午，陈云到庞家堡矿视察。专列从宣化开出以后，陈云又认真听取了我和王云、董东、贾亚夫等关于矿山情况的汇报。

陈云边听汇报，边问："一般矿山离铁路多远？在矿上搞几个炼铁炉行不行？"又问："小矿山的露天矿要吃完了，明年是不是要转入坑下开采？"……

大约11点左右，陈云到达庞家堡矿，没顾上休息就戴上安全帽、围上白毛巾乘汽车向矿井的1080平峒北口驶去。路上，矿党委书记赵祝三、矿长许进发、副矿长胡汝昆向陈云汇报了矿石的储量、品位、职工人数和生产能力等情况。

汽车到1080平峒北口，陈云下车后，驻足观察了这座我国北方年产百万吨的最大地下铁矿山。"一五"期间，它以年产百万吨的规模，以大量优质矿石供应太原、石景山钢铁厂。龙钢矿石采量占当时全国矿山开采量的十分之一，为新中国早期的恢复和建设作出了巨大贡献。著名的马万水小组就是在1080平峒创造了快速掘进新方法，受到重工业部的通令嘉奖。

凝视片刻，陈云乘坐矿工上下坑的交能电车沿1080平峒驶向千米井下，到"三岔口"下车，陈云边走、边看、边谈。看得出，这大规模的地下矿山吸引了他，他兴致颇浓地说："昨天看的是小洋（指烟筒山和四方台矿），你们这里是大洋。你们条件好多了，若是地方的小矿都变成这样，那就好多了。"

陈云从东巷道返回"三岔口"，然后乘交通车回到地面，在井下步行全程近千米。返回矿办公室，在专家招待所门前，陈云高兴地与陪同的市委和公司、矿领导合影留念。

此时已是下午1时10分，陈云没有休息，就与市委和公司领导乘火车离开庞家堡返回宣化。在车上，陈云意味深长地对董东等同志说："你们这是大洋吃小洋啊！现在的基本矛盾是大洋钢厂建立在小洋铁厂的基础上，高度机械化的钢铁厂和手工业的矿山有矛盾。要提高质量、提高产量，不在冶炼那一头，而是在矿山那一头，搞机械化的矿山、选矿、洗煤、炼焦。"

陈云视察龙钢，留下了八张珍贵的照片。他头戴安全帽，围着白毛巾，那炯炯有神的目光，和蔼可亲的面容，不但留在了照片上，也留在广大工人、农民的心中。陈云来张视察，正值国民经济三年困难时期，他身体虚弱，矿上的干部想办法弄到一点糖块和水果招待他，都被他婉言谢绝了。甚至视察到下午1点多，也没有在矿上吃一顿饭，他走到哪里，总是关切询问人民的生活情况，他心中装的只有人民群众。

（胡开明）

两条好建议

困难时期，陈云有两点建议：一是给干部增加点保健营养品，以便保证工作；二是清仓，有些物品能拍卖可拍卖，将所得用于急需。

1960年秋的一天上午，邓大姐叫我到她的办公室，和蔼地对我说："你给我们管家，你看我们还有哪些东西能拿出来？包括送我们个人的礼品，交给公家使用或由公家拍卖。现在是困难时期，这也是为支援国家早日渡过困难尽点义务。"

当时我在思想上早有准备，因为此事数日前已有传说，说陈云同志有两点建议：一是给干部增加点保健营养品，以便保证工作；二是清仓，有些物品能拍卖的可拍卖，将所得用于急需。

我赶紧和邓大姐一起清理起西花厅的物件，我说一件，邓大姐记一件……

当天下午，周总理起床后，邓大姐向他作了汇报。饭后，总理又叫我到候客厅，他手拿着我们上午登记的清单，邓大姐也在场，问我还有东西没有，接着问有几个照相机。

我心想，我们已经兜出了家底子，哪里还有多余的东西？我如实回答了总理，他沉思片刻说："这次就交这些吧，以后找出还可上交。"最后，周总理对邓大姐说："陈云同志的两条建议很好，给干部一些补助，增加点热量，保证健康好工作；清仓既能节约国家开支，又能增加收入。"

这次西花厅清"仓"是比较彻底的，清出的物品有地毯、照相机、瓷器、衣物等。遵照周总理指示，我们将清出的物品分别送给了国务院机关事务管理局和外交部，使其在困难关头发挥了作用。

后来我们听说，陈云同志这两条建议还真的解决了中央机关的燃眉之急，为帮助机关顺利渡过难关起到了积极的作用。

周恩来、陈云都是党中央高层领导人，在举国上下最困难的时刻，他们想的不是自己，处处事事想的是党、国家和人民。我作为周总理身边的工作人员，亲眼目睹了这些感人的事情，至今每每想起，心里都会涌上深切的怀念和真挚的感动。

（成元功）

※ 陈云视察铁路运输。

要自力更生发展化肥工业

陈云说："真正增产粮食还要靠化肥和水，因此，中央一致意见是多搞、快搞化肥。"

陈云是我国社会主义经济建设的开创者和奠基人之一，也是新中国化学工业的开创者和奠基人。

一、农业提出的问题无敌于天下

陈云非常关心农业，特别是粮食生产，提醒大家要牢记"无农不稳"、"无粮则乱"这个历史经验。他一贯强调在国民经济中把农业摆在首位，而且有很高的预见性。1959年2月20日，陈云听取化工部的工作汇报。那时"大跃进"带来的弊端还不那么明显，粮食还没有那么紧张，陈云听完汇报，严肃地指出："提醒你们一下，农业提出的问题无敌于天下，因为它关系到六亿八千万人的吃穿问题"，嘱告化工部要重视化肥、农药等支农产品的生产，以满足农业的需要。

1961年4月，陈云同化工部、一机部、国家计委、上海市的领导同志研究如何加速建设大型化肥厂问题。这时我国正处在经济困难时期，粮食供应十分紧张，陈云说："农业增产关键是化肥、排灌和拖拉机，在地少人多的地区主要靠水和肥增产，地广人稀的地方要靠拖拉机，但增产最快的还是化肥。如广东珠江三角洲地少，没有化肥，农民的增产劲头就小。合成氨生产的发展关系到我国人民的吃穿，是大问题。同时，合成氨的生产还是关系到农业能否上去的关键。"接着，陈云又强调说："真正增产粮食还要靠化肥和水，因此，中央一致意见是多搞、快搞化肥。"从1960年至1962年三年期间，陈云听化工部汇报、研究大型化肥厂建设问题，视察大小化肥厂达十多次，为成批快速建设我国大型化肥厂，发展化肥工业，倾注了大量心血，做了大量的工作，取得了重大成效，充分显示出一位无产阶级革命家的远见卓识和杰出的领导才能。

二、自力更生多搞、快搞化肥

1960年至1962年，陈云在抓自力更生建设我国大型化肥厂、发展我国化肥工业的工作中，充分体现了他坚持实事求是的原则和严谨的科学态度，善于倾听不同意见，具有注重实践、亲自动手、踏实细致、多谋善断的工作作风。

60年代初，我国的化肥工业还处在大发展的前夜，还没有形成大中小型工厂相结合的生产体系，农业急需的化肥供应不上。在这样情况下怎么才能做到“多搞、快搞化肥”，适应农业需要呢？当时众说纷纭，有人主张建设年产5万吨合成氨的大型厂；有人主张调动地方积极性，多建年产800吨合成氨的小型厂。当时我国缺少粮食，每年要花大量外汇进口，无力进口化肥，自力更生“多搞、快搞化肥”，是迫在眉睫的大事。我国化肥工业究竟怎么发展成了问题。

陈云深入江南农村、上海制造化肥设备的厂家、南京化学工业公司化肥厂和上海、安徽、山东在建的和试车的小化肥厂，进行调查研究，同有关部门，主要是化工部门的领导、技术人员、工人进行座谈，在充分掌握第一手资料的基础上，提出了明确的意见。

1961年3月4日，陈云听取化工部关于化学肥料工业的汇报时说：“我看还是搞大型的，当然，小的要继续试验，不勇敢试验是保守。但另一方面，实际做，必须是稳妥可靠的。必须看到，这是全党的事业，必须谨慎从事。”又说：“目前看来，几年内还是搞大型的牢靠”，“一方面试验研究要敢想敢说敢做；另一方面，具体做必须从实际出发，要摸着石头过河，要把试验研究同推广分别开来，推广必须是成熟的东西”。经过几天的深思熟虑之后，3月7—8日，陈云再次听取化工部汇报时，明确地说：“我的意见，每年搞五个5万吨（年产合成氨）的好些。”还风趣地说：“搞多了‘叫花子吃三鲜汤’搞不起来。”按照陈云的指示，我国首先建成了衢州化工厂合成氨分厂、上海吴泾化工厂和广州氮肥厂，接着又建成了河南开封化肥厂、云南解放军化肥厂、河北石家庄化肥厂、安徽淮南化肥厂，本着“建好、开好、管好”的精神，这些厂都一次开车成功，很快达到设计能力，大量化肥源源不断地送往农村，有力地支援了农业生产，使陷入困境的我国国民经济以农业增产为先导，在短短的几年时间里，有效地得到恢复并重新出现欣欣向荣的景象，同时，我国的化肥工业建设也进入了自己设计、自己制造设备、自己施工建设的新阶段。现在我国这样规模的化肥厂已有50多家，占全国化肥总产量的三分之一左右。

三、亲自动手安排大型化肥厂建设

在60年代初，我国经济遇到困难的情况下，能够自力更生、成批快速建成大型化肥厂，没有陈云亲自动手、踏实细致的安排和多谋善断的决策，可以说是不可能的。陈云深

※ 陈云视察济南化肥厂。

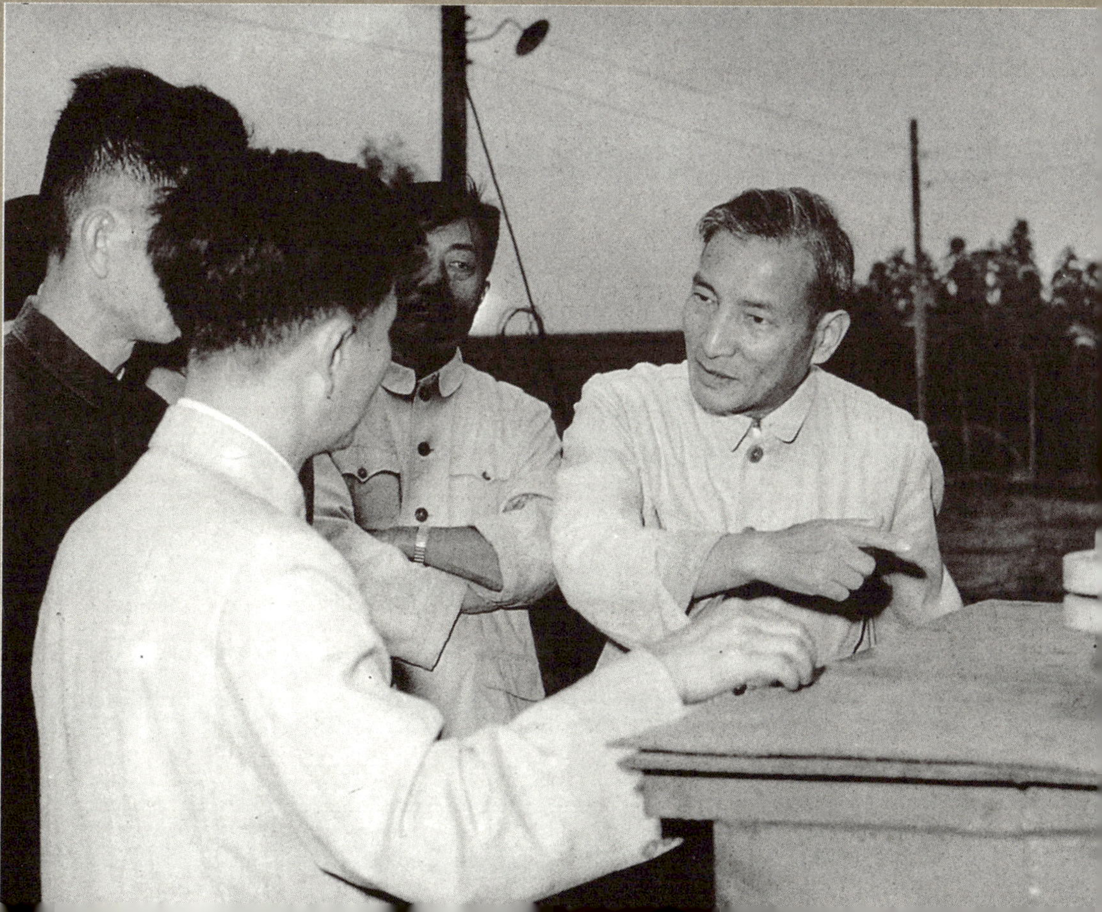

※ 1960年10月，陈云视察芜湖联盟化肥厂。

入现场调查研究，情况摸得透，决心大，有力地推动了我国大型化肥厂的建设，为化肥工业以后的大发展奠定了牢固的基础。

1961年，陈云先后视察了南化公司化肥厂，山东济南、安徽合肥和上海的小化肥厂。他认为，“化肥厂的配套比电站复杂得多”，“化工生产比别的生产复杂，要靠外面供应很多原料。开矿、交通、运输、包装容器都有问题，因此生产要预先估计到”。

基于上述认识，陈云在组织指挥我国大型化肥厂建设中，特别强调有关部门配合，相应建设与大型化肥厂的配套项目，关照国家综合部门，同时安排洗煤、炼焦、电站和交通的建设项目，一旦化肥厂投产，就能保证动力、原料供应和运输畅通，迅即将肥料供应到农村去。在大型化肥厂内部建设中，陈云提出必须解决好三个问题，一是材料，二是设备，三是成套供应。为了解决这三个问题，1961年4月4—10日，陈云在杭州亲自主持会议，同化工部、一机部、国家计委、上海市的领导同志一起，用六天时间，一一作了落实安排，责任到人。这次会议确定：

材料问题，为确保设备质量，大型化肥厂用不锈钢和仪表轴承用钻石等，专拨1600万美元外汇，进口相当于25万吨合成氨规模的用料。进口材料由化工部专管专用，不得挪用。合成塔热电偶用镍铬丝的镍由国库进口镍中拨给。当时由市场采购的三类物资，如阀门管道用石棉垫片等由物资部组织供应。

设备问题，由一机部和上海市定点生产。一机部确定由部直属104家企业定点制造化肥设备、仪表、阀门。上海市在市属300家机械厂中选出100家，定点制造大型化肥厂设备、仪表、阀门。

成套问题，机械部门生产的化肥机电设备由一机部成套公司组织成套供应，做到各类设备相互匹配并配带足够的备品配件。设备在现场安装后，出了毛病，要组织生产厂家包修包换。

对于陈云在组织指挥大型化肥厂建设工作中这样亲自动手、踏实细致的工作作风和多谋善断的决策水平，参加当年工作的同志至今记忆犹新，肃然起敬。

四、从实际出发，指导我国小氮肥工业发展

60年代初，我国自行设计的年产800吨合成氨小型厂试车还没有成功。陈云经过调查研究后，一方面认为还不成熟，还不能马上推广，在全国遍地开花；另一方面，他对于这一新生事物给予了热情的支持和亲切的关怀。1960年11月18日，陈云在视察上海化工研究院小型合成氨装置后说：“看来800吨是好的，将大化小”，“想出这个办法的人是绝顶聪明的，应当得勋章”。同年7月21日，陈云在北戴河曾说过：“小合成氨有两大革命，第一，不需要氨加工”，“第二，这些小设备各省市都可以制造”。陈云主张试成功了再推广。他嘱告化工部领导，每月向他作一次800吨小合成氨厂试车情况报告。同年10月30日，陈云详细听了化工部技术人员关于小合成氨厂试车经验交流会的汇报。对于进一步修改小合成氨厂的设计，陈云提出了明确的方针。陈云说：“在修改设计的时候要考虑到下面一些条件，一是大量的（指全国可能要建上千个厂）；二是建设在农村，技术人员少，使用机器的是农民；三是外部协作条件差。”陈云还比喻说，小化肥厂建成生产，要像北方的锅驼机那样牢靠，而不要像林黛玉、贾宝玉那样娇气。对于有毛病的压缩机，究竟采

※ 1960年10月，陈云视察合肥江淮化肥厂。

用立式的好，还是卧式的好，陈云用自己的话说，究竟是“站着好，还是躺着好”，要进一步研究解决好。按照陈云这些指导思想，技术人员多次改进了设计和设备。许多厂可以出合成氨了，陈云又嘱告化工部每天都要送一份小合成氨厂的生产日报给他看。在陈云的指导关怀下，经过广大职工努力，小合成氨厂逐步过了技术关、经济关和原料关，后来全国发展到1000多家，产量占化肥总产量的三分之一还多。有的小合成氨厂像陈云视察过的安徽合肥化肥厂，已经发展成为大型的综合化工企业。

在陈云的指导关怀下，我国从60年代开始，建设成功一大批年产5万吨合成氨的大型化肥厂（现在称中型化肥厂），试验成功并推广到全国，在各地建成了1000多个小型化肥厂，加上70年代我国引进的13套年产30万吨大型化肥厂（产量也占总产量的三分之一），我国化肥总产量已超过1亿吨，占世界第二位。

（原化工部办公厅）

主持召开煤炭工业座谈会

由陈云主持的煤炭工业座谈会于1961年10月14日在北京香山召开，共开了21天。陈云在听了六个矿务局及有关同志的汇报后，经过深思熟虑，提出了18个专题。

陈云同志在长期主持全国财政经济工作中，对煤炭工业的关怀是深厚、亲切的。

1961年的煤炭工业座谈会（在煤炭行业通称“香山会议”）召开于三年“大跃进”之后。当时，由于“大跃进”超越了客观的可能，违背了经济发展规律，造成工农业生产和整个国民经济的大滑坡，我国的经济陷入十分困难的境地。从1960年5月以后，煤炭产量不断下降。1960年下半年平均日产量为63万吨，1961年上半年下降为52万吨，到下半年又下降到44万吨。煤炭产量的下降已严重影响到工农业生产和城乡人民生活，成为整个国民经济的薄弱环节。1961年8月，党中央在庐山召开工作会议。会议期间，周恩来主持研究煤炭工业问题，要求煤炭工业部向中央写出报告。报告送出后，周恩来提议由陈云专门召开煤炭工作座谈会，进一步摸清情况，研究对策。

煤炭工业座谈会于1961年10月14日至11月3日在北京香山召开，共开了21天。参加座谈会的有薄一波、张霖之、薛暮桥、宋养初等同志，阳泉（阎武宏）、开滦（刘辉）、平顶山（杨展）、阜新（许在廉）、鸡西（王友山）、淄博（于福泉）六个矿务局的负责同志，以及煤炭部和有关部门的一些负责同志。

鼓励大家讲真话

针对“大跃进”期间，特别是1959年开展“反右倾”斗争以后，一些同志不敢坚持原则、不敢讲真话的情况，陈云在座谈会开始就首先说明：这是调查研究的座谈会，讨论可以得出共同的意见，也可以得出不同的意见，即使是共同的意见今天也不作决定。大家要无所顾忌，左思右想。在薄一波提出不扣帽子、不打棍子、不抓辫子以后，陈云又进一步指出：是不是要抓辫子呢？我看是要抓的。今天不抓，将来出了问题还是要抓的。我们必须准备抓辫子，但不怕抓辫子。革命总是有对有错，好事讲不坏，坏事讲不好。见了面只是哈哈哈，革命会大势已去。革命是讲道理的，真理不能说成错误，错误也不能说成真理。一看就对的人，世界上还没有。

在陈云的鼓励下，大家畅所欲言，对规章制度的破立、指标过高、工资奖励、职工生活困难、队伍不稳定、技术人员政策不落实等许多重要方针政策讲了自己的看法。陈云听后对大家说：工作中犯些错误是难免的，许多事情没经历过就容易出问题，关键要采取正确的态度，客观地看问题，否则，今后还会重犯错误。

陈云很注意引导大家正确认识错误的性质。他说：我们究竟是做的好事多还是坏事多？做坏事出于本心还是方法不对？我们在农村推广密植等都是好心，但方法不对。我们是好人有缺点。陈云的话使与会同志在认识上、思想方法上受到很大启发。在当时的困境中，大家不但没有垂头丧气，反而通过座谈提高了信心。

找出了问题的症结

在听了六个矿务局和张霖之的汇报以后，陈云经过深思熟虑，提出了18个专题。这18个专题是：三年来煤炭产量上升的原因、产量下降的原因、现有多大生产能力、要做到正规循环作业应具备什么条件、机械的内修和外修、安全、哪些规章是必要的、群众运动有哪些好处、党委领导下的厂长负责制的好处和缺点、计件工资到底好不好、粮食奖励如何搞法、粮食品种、蔬菜和一斤油的问题如何保证、住在农村的家属粮食定量不够的问题、技术人员问题、赔本问题如何解决、怎样理解大中小、煤炭能够搞多少的问题。经过准备，座谈会于10月23日开始讨论专题。

在专题讨论中，大家从各方面分析研究了煤炭生产在三年“大跃进”中迅速上升和以后又大幅度下降的原因。陈云在归纳了大家的意见后指出：三年来煤炭产量大幅度增长的原因是，老矿井挖掘了潜力，占增产部分的一半以上；新矿井投入生产的比较多，约占增产部分的三分之一；还开了一些“卫星井”，约占增产部分的十分之一。这三年煤矿的机械化水平有所提高，技术革新有一定成效，工人的干劲很大，这些都对煤炭的增产起了很大的作用。但是，也有相当数量的煤炭是用不适当的方法开采出来的，带来了许多“后遗症”。而煤炭产量后来又大幅度下降的根本原因是：生产指标过高和基本建设规模过大，结果造成采掘失调、设备失修、一部分设备带病运转、材料设备供应不足。同时，职工生活水平降低，影响体质和生产积极性，使生产工人的流动性增加。管理混乱、思想工作差、干部作风不好等等，也是煤炭产量下降的直接原因。座谈会全面地、中肯地找出了煤炭工业当时问题的症结所在，使整个行业的调整有了明确的方向和良好的开端。以后，随着“调整、巩固、充实、提高”八字方针的逐步深入贯彻执行，在党中央和国务院领导同志的关心、领导、支持下，调整了煤炭的生产指标，缩短了基本建设战线，精简了人员，对煤矿工人实行酒、肉、粮食的特殊供应，甚至采取“开仓保煤”的果断措施，从而使煤炭工业逐步走上了巩固、充实、提高的轨道。

※ 1961年1月，陈云在北京同毛泽东、刘少奇交谈。

“做事后诸葛亮”

总结“大跃进”的经验教训自始至终是座谈讨论的主要内容。陈云在座谈会上对大家说：要做事后诸葛亮，没有事后诸葛亮，就没有事前诸葛亮。事后诸葛亮就是总结经验教训。在听取汇报和讨论专题中，陈云作了不少插话。他说：“拟定计划指标，要看各方面的条件，有多少能力，就搞多少，不能凭主观愿望。”“计划指标和物资供应在煤炭部门各个环节之间、煤炭工业和其他部门之间，绝不能搞‘恶性循环’。如果有了缺口，指标再向上提，缺口愈来愈大；向下降，缺口愈来愈小。向下降到一定程度，就会停止下降，在按比例的条件下向前发展。过去几年，指标高，物资少，生产吃老本，基建不配套。现在的问题仍然是摊子太大，又不下决心下马。”在谈到关于企业管理问题时，他说：党委要集中精力处理重大问题，把党管好。要克服党委领导工作中的缺点，如包揽行政事务、规章制度破多立少、强调政治挂帅不讲物质鼓励、强调所谓算政治账不算经济账、不尊重技术人员等等。关于规章制度问题，陈云同志指出，搞生产没有规章制度不行，要把不应该废弛而废弛了的规章制度统统恢复起来。过去的规章制度，好的东西要保留，有缺点的要去掉。以后的事实充分证明，1961年煤炭工业座谈会总结的情况是符合实际的。陈云的精辟见解，不仅对煤炭工业的调整起着重要的指导作用，而且对整个国民经济的全局具有重大的意义。

（国家煤炭工业局）

“农民有了自留地，我就放心了”

陈云很带感情地说：农民有了自留地，我就放心了，不会饿死人了。农民没有粮食吃呀。中国的农民真好，饿死人也不想起来造反。中国历来农民造反，都是在粮食问题上造反。有自留地，农民就安定了。自留地要留足！

1961年6月下旬到7月上旬，陈云回到了老家上海青浦县。这是他解放后的第四次回乡。前三次分别是1955年1月、5月和1957年3月。陈云每次回乡，主要的不是为了叙旧，而是进行农村调查。

1958年开始的“大跃进”和人民公社化运动，使以高指标、瞎指挥、浮夸风和“共产风”为主要标志的“左”倾错误泛滥开来。祸不单行，严重的自然灾害同时在席卷中华大地；各种反华力量也乘机加紧对中国进行经济封锁。天灾人祸，极大地破坏了社会生产力，严重地挫伤了群众的生产积极性，造成了工农业生产和整个国民经济的大滑坡。至1960年底，共和国的经济已陷入极度困难的境地。为了走出困境，毛泽东号召全党大兴调查研究之风，使1961年成为调查研究年、实事求是年，并亲自指导三个调查组进行调查。1961年3月15日，广州会议通过了《关于认真进行调查研究工作给中央局、各省、市、自治区党委的一封信》，要求各级领导干部深入基层进行比较扎实的典型调查。陈云就是在这样的背景下又一次回到了青浦老家。

出发前，陈云请著名经济学家薛暮桥、中国农科院江苏分院院长顾复生、长期搞工会工作的领导人陆铨（后两人当年曾同他一起从事农民运动）三人，加上与他长期联系的两个青浦农民组成先遣队，先去青浦县小蒸乡、观音堂乡摸底。后来陈云曾说，之所以选择小蒸乡，是因为1927年他曾与顾复生和陆铨在这里搞过农民运动，解放后又常有联系，对这里情况比较熟悉，农民也知道他们，比较敢于讲真话。

先遣队于6月19日抵达小蒸。经过摸底后研究决定，这次主要调查种双季稻、公私养猪等农民最有意见的问题。

一星期后，陈云从北京出发，先到上海，同上海市委负责人交谈后，坐火车到青浦县石湖荡镇下车。随后陈云从这里坐上小船，前往小蒸。

小蒸地处江南水乡，原来树木葱茏，竹林茂密，现在却是一片荒凉。看到家乡景况，陈云心里很不好受。他说，原来这里都是茂密的竹林包着村庄，远处看都看不见房屋，公社化林都归公了，树木也归公了，结果都被砍光。农民的竹林作用是很大的，这里的生产用具、生活用具都离不了竹子，还可以制成竹器到市场上换钱用，农民从来不花钱到市场买竹扁担、竹筐用的，现在也只好花钱买了。

6月27日，陈云到小蒸后，他住在自己娘舅一族的亲属、农民廖开弟的家里，做了15天的调查。

当时正是困难时期，粮食、肉蛋供应非常紧张，日用品非常缺乏，商店的东西多是陈列品，有样无货。陈云临去前特地叮嘱工作人员，到小蒸后不许在当地买任何东西，我们如果在那里买，当地群众就没有供应了。要和百姓同甘共苦，坚决谢绝烟茶招待和请客送礼。

在小蒸，陈云用了几个下午听公社党委汇报，此外又开了10次专题座谈会。这些专题座谈会的内容是：一、公养猪；二、私养猪；三、农作物种植安排；四、自留地；五、平调退赔；六、农村商业；七、公社工业和手工业；八、粮食包产指标、征购任务、农民积极性；九、干部问题和群众监督；十、防止小偷小摸，保护生产。

每天上午，陈云都深入农民家里，跟农民谈话，观察他们养猪、种自留地、住房和吃饭等情况，并参观了公社的工厂、商店的仓库。

经过半个月调查，基本摸清了情况。农民对我们党既有赞扬，也有批评，陈云特别注意听批评的意见。

青浦县原来是生活比较好的鱼米之乡，过去农民习惯每天吃三餐，农忙时加一餐。“大跃进”时搞浮夸，搞高征购，农民种了地，收了粮食，却被国家拿走很多，只给农民留下不到400斤，搞得每天只能吃上一顿干饭、两顿稀饭。

※ 1961年6月27日至7月11日，陈云在上海市青浦县小蒸公社作农村调查。图为陈云同公社干部合影。二排左四为陈云，左五为薛暮桥。

调查组到那里的时候，由于组织人民公社，社员都到大队办的公共食堂吃饭。食堂缺少粮食，结果一天三顿饭，顿顿喝稀粥。他们到一个大队去参观时，大队正在开饭。看到一大锅粥，胆子大的农民愤愤地对调查组说："蒋介石手下受难，还吃干饭；毛主席手下享福，要吃粥。"这话很尖刻，但确是事实。农民吃不饱饭，把大队种的作为绿肥的红花草都吃光了。

走在小镇上，可看见许多农民门口晾着麦秆。据当地人说，这是生产队碾麦后分给农民的，可是家家户户都把麦秆重新晾晒后，放在簸箕里搓，结果还能搓下来许多麦子。

陈云觉得很有意思，他问一个老农妇：这么搓能搓下来多少麦子？老农妇看陈云比较和蔼，就说了实话：她这么搓下来的麦粒，攒起来竟然能有一斗！

陈云分析说，这是生产队故意在打麦场上不碾干净，借着给社员分草，就把麦子分给社员了，这些粮又可以不算在社员分的口粮之内。

联系到当时的高征购、反瞒产，陈云说，我们不能多拿农民的东西，你要拿，农民总是有办法应付的，还不如不拿。应该告诉各个地方，今后不能再搞反瞒产了。

当时为了渡过粮食危机，好多地方都在寻找代食品。这一带地方有人宣传说，芋艿能高产，一亩产好几万斤，可以立即解决吃饭问题。陈云听了以后有点不相信，就问一个熟识的老农。老农也摇头说不可能。为了用事实说话，陈云请老农用稍微好一点的田搞试验，保证种子、肥料、用水，管理做得细一点，看最后到底能产多少。为了两亩试验田，陈云逐个问题解决当时的田地所有权、工分、口粮等等一系列问题，有的费用还决定由自己承担。

那时，中央虽然已经决定农民可以种自留地，但各地方执行的时候都打折扣，青浦也是这样。在小蒸，合作化以后，还给社员留了700亩自留地，到了人民公社化的时候，一声令下，自留地统统归公。郑州会议后纠"左"，1959年春天又分给农民300亩自留地。可是春天刚分下去，庐山会议后风向变了，反"右倾"，于是当年秋天自留地又收归公有，自留地里农民精耕细作种的粮食，也折价归公。田边地头农民开的一些小块地，当地叫做"十边地"，搞公共食堂的时候，也收去当了菜地。就这么朝令夕改，收了放，放了收，拿农民当猴耍，把农民搞怕了。

陈云对自留地问题很关心。他说，自留地是农民的生产生活关系重大的问题。祖祖辈辈农民都得有点自己的地看着，自留地不仅是某家的自留地，也是社会生产生活中不可少的地，生产队只按计划生产的那几种作物是不能满足社会和社员的各种需要的。

陈云很带感情地说：农民有了自留地，我就放心了，不会饿死人了。农民没有粮食吃

呀。中国的农民真好，饿死人也不想起来造反，中国历来农民造反，都是在粮食问题上造反的。有自留地，农民就安定了。自留地要留足!

在开专题会讨论自留地问题的时候，来开会的社队干部虽然也认为有必要给农民多分一点自留地，另一方面又有顾虑，有人讲，集体耕地减少了，完不成征购任务怎么办？也有人担心，农民有了自留地，到时候只关心自留地，不积极参加集体劳动，会影响队上的生产。

在陈云主持下，经过讨论，干部逐渐统一了认识，消除了顾虑。农民种自留地，可以种得很好，单产比生产队高。增加一点自留地，可以使农民的口粮得到一些补充，生活有得改善。再加上包产落实、超产奖励、多劳多得等一系列的措施，农民对集体生产的积极性就容易提高。农民的积极性提高了，种这样一点自留地决不会妨碍集体生产，相反会促进集体生产的发展。生产发展了，国家规定的征购任务也就会更容易完成。

（萧心力、王春明）

※ 陈云出席中共八届九中全会。主席台左起：陈云、周恩来、刘少奇、毛泽东、朱德、邓小平。

“你是好人”

在小蒸乡，陈云风趣地问大家：“我是好人，还是坏人？”群众说：“你是好人。”他接着说：“我虽是好人，结果办了错事情。”陈云在座谈会讲话时，都先说这么几句：我是国务院副总理，现在把你们搞得没有饭吃，犯了错误，对不起老乡们。

在青浦县调查时，陈云听说当地人民公社的所谓优越性宣传中，有个“一条龙”的创造。所谓“一条龙”，实际上是在自给自足的小农意识支配下，无视人民选择生活方式的权利，强迫过集体生活的居民点。有一天，陈云亲自踏着泥泞小路去看这个“一条龙”。

陈云他们踩了一脚泥，走了好半天才到地方。在一块平地上，建起了几排新房，房与房之间有回廊相通，有食堂、商店、制衣点、医院、托儿所、养老院等等，干部能想到的生活设施，一应俱全。公社负责人还介绍起这样的社会主义村的长远规划。对这种做法，陈云很不赞成。他皱眉说，社员群众不会愿意这样生活，这商店里货架上也没有商品，以后不要搞了，已经修起来的房屋要注意管好，不要弄坏了。

农民对农村干部的一些做法，意见是很大的。有人对干部不参加劳动不满意，说干部“大衣捧了捧，不做三百工”，群众是“头发白松松，不做不成功，做了二百工，还说不劳动”。对干部说大话、缺少自我批评也很不满，说“干部吹牛皮，社员饿肚皮”，还说“干部出风头，社员吃苦头”。当时政策多变，基层干部也得跟着变，还要想办法把变来变去的理由讲足了，群众讽刺这是“嘴唇两张皮，翻来覆去都有理”。

“大跃进”中，小蒸的瞎指挥、浮夸风也很厉害，不顾实际情况乱折腾，对农业生产的影响很恶劣。

小蒸地势低洼，人均耕地少，无霜期不够长，农民向来是种一季水稻，种一季夏熟作物，如大豆、小麦。“大跃进”后非得让种双季稻，虽说粮食比单季稻每亩多收220斤粮食，但陈云找他所认识的老农算了笔细账，发现种双季稻各方面损失很大，实际上并不合算。因为算上种双季稻给寄秧田、秧田造成的减产，算上每亩多用的种子，算上不能种夏熟作物损失的收成，就少收了250斤到270斤粮食，还不算多耗的肥料、少收的稻草、豆麦与水稻差价带来的收入损失。

那时农民明明连饭也吃不饱，干活都没有力气，公社还要逼迫他们种双季稻，立秋前抢种早稻、抢种晚稻时，一昼夜要弯腰劳动16个小时以上，这样插秧进度很慢。后来公社决定包插到户，提高了农民的积极性，插秧勉强完成了。

陈云在田头看到，水稻田里的水稻有的碧绿，有的却是还没有转青的黄秧。有老农向陈云反映，秧是插下了，凑合了事，插得不好，要减产。陈云问怎样能不减产，老农说要联系产量，包产到户，以促进加强田间管理。这事引起陈云深思，回来时路过上海，听到安徽省包产到户的消息，他要薛暮桥同周太和认真研究这个问题。

通过调查，陈云得出结论，历史上长期形成的耕作习惯不宜轻易变更，作物安排必须因地制宜。像小蒸这样无霜期不够长、地势较低、人均耕地少的地方，不宜种双季稻。种夏熟作物，也要看土质情况，多种蚕豆，少种小麦。这样，也要相应改变口粮年度安排。

陈云对农民的意见不仅耐心听，而且作了解释，有些还主动承担责任。他在几次座谈会讲话时，都先说这么几句：我是国务院副总理，现在把你们搞得没有饭吃，犯了错误，对不起老乡们，请你们把我这个意思也给各位老乡讲一讲。他还风趣地问大家：“我是好人，还是坏人？”群众说：“你是好人。”他接着说：“我虽是好人，结果办了错事情。”为了让农民敢讲话，陈云注意把各种人分开，干部、农民、中农、富农分头开座谈会。参加座谈会的人，都付给误工补助，误工合多少粮食也同等付给，以免影响生产队的分配。

（萧心力、王春明）

“没收不对，发还才是对的”

陈云问老农：“把你们的猪没收对，还是发还对？”一个老农作了一个很有意思的回答：“上面说没收、发还都是对的。”陈云又问：“你们现在敢不敢养猪？”老农回答：“还不大敢，说不定哪一天又是没收对了。”陈云说：“没收不对，发还才是对的，以后再不会没收了。”

多少年来，对于农民来说，养猪等于是开了一个活的“家庭银行”，农民的大宗费用、年节开支，都指望靠养猪卖钱来解决。三年“大跃进”时期，“左”眼病大发作，农民私人养几头猪、几只鸡鸭也成了小资本主义的表现，不准农民养。等到市场缺少肉蛋，又勉强发还。对农民私养的猪和鸡鸭，曾经两次没收，两次发还。第一次没收是1958年秋人民公社化时期，到1959年春发还；第二次没收是1959年庐山会议以后，到1960年冬发还。这么两通胡闹，吓得农民心惊胆战，养家禽的积极性一落千丈。

陈云对农村养猪的事情是非常关心的。1960年，陈云曾专门召集有关部门开了两个星期的会议，座谈怎么样发展农村养猪事业的问题。陈云当时对养猪问题了解得很细致，小猪刚生下来，除了喂奶外，到什么时候该喂什么东西？长架子时该喂什么？架子长起来后育肥该喂什么东西？一头猪从出生到出售，共需要多少粮食，多少青饲料？在集体养猪时，精饲料只好用粮食，私养时每家每户有泔水，有剩饭剩菜，只是到架子长成要催肥时需要一些粮食。两相比较，国营养集体养要这么多精饲料需要有多少工，需要花多少钱？私养花多少？这么一算，私养显然要省得多。然后又算，喂一头猪要烧多少柴？私养只要大人小孩从地里捎带一点就够了，大规模集体养猪，就需要专门供应烧柴或烧煤。从用工来看，集体养猪要专门有人干，私养就是老太太、小孩，附带就干了。私人养猪可积肥料，卖给集体可以增加多少工分？陈云对这些问题都作了调查，最后说，看来我们的方针应该是私养为主、公养为辅。后来根据会议决定，用一两天时间就起草了一个文件。

※ 陈云在观看树林生长情况。

1961年初，中央规定了养猪的方针是“公私并举，私养为主”。但是，一到地方，大家都搞地方土政策，留个尾巴。当时上海市不准农民私养母猪，把农民养的母猪都作价（实际是无偿）收归集体饲养，还把这一条提到刹住农村资本主义发展的高度。由于母猪只准公养，不但产苗猪大大减少，而且公养母猪的饲养员远不如农民细心照顾，产苗猪少，苗猪死亡也较多。

在小蒸，陈云调查很仔细，开专题会，仅养猪一项就召集公家养猪的六七人和私人养猪的六七人各座谈两次。公社有十五个养猪场，调查组看了十个，陈云亲自去看了两个。陈云经过调查后讲，不准私养母猪，就解决不了苗猪的供应。

在集体养猪场，陈云看到，饲养员责任心不强，喂猪时就像食堂开“大锅饭”，干稀一律，哪头猪吃得多，哪头猪吃得少，根本没有人管。在大大的猪棚下，猪圈卫生极差，里面只薄薄地铺了稀稀落落的一点稻草，湿漉漉的，猪们滚得遍体泥浆。陈云生气地说："从来没有见过有这样养母猪的地方，这样的猪场能增产猪仔吗？"

公社干部汇报说，去年一年公养猪没赚到钱，反而亏了3.8万元，平均每个农户要负担16元。建猪场，搞基建还花了7万元。

公社化以前，私人养母猪的时候，平均一头母猪一年生十四五头苗猪，苗猪死亡率只有6%；实行公养以后，一头母猪全年平均只生四五头苗猪，苗猪死亡率达到89%。这么强烈的对比使陈云很吃惊。但饲养场的管理人员不承认自己有什么责任，而是强调客观原因。他们说，私养母猪，几个人管一头，当然管得好；公养母猪，一个饲养员平均要养10头，加上种饲料、搬饲料的人和管理人员，平均每个人要养4头，所以养不好。

参观了集体养猪场后，陈云得出的结论是："大而无当。"

陈云又向养母猪有经验的农民调查。他们告诉陈云，私养母猪的时候，养得好赚钱多，养不好要亏本，所以他们对母猪像对产妇一样关心，对苗猪像对婴儿一样关心。喂猪的时候很细心，也很有耐心，注意猪什么时候该吃什么、喜欢吃什么，有什么异常。母猪怀孕了注意保胎，母猪快生产时农民就睡在猪栏边守护，对比较瘦弱的奶猪特别照顾，把它放在奶水最多的第三个奶头上吃奶，这样奶猪都长得比较均匀。猪圈保持清洁，夏天割青草垫猪圈，冬天往里垫些干草，保持冬暖夏凉。这样农民私养猪养得好，又能赚钱，和公养猪形成鲜明对比。

陈云得出结论，要发展养猪业，必须把母猪也下放给农民私养，鼓励农民多养猪。

以前，即使粮食很紧张的时候，陈云也主张，为了保证肉食供应，粮食分配时要考虑猪的饲料粮。但毛泽东听说后不以为然，说：猪吃百样草，看你找不找，养猪可以不费粮。陈云这次下乡调查，也很想具体了解一下这个问题。调查以后，他得出结论，养猪还是要用粮的。只喂草，某一段时期可以，长久下来就不行，每头猪少不了100斤原粮。养猪不用粮。不能相信。

在一次老农座谈会上，陈云问老农："把你们的猪没收对，还是发还对？"农民们面面相觑，谁也不敢说话。一个老农作了一个很有意思的回答："上面说没收、发还都是对的。"

陈云又问："你们现在敢不敢养猪？"

那个老农回答："还不大敢，说不定哪一天又是没收对了。"

陈云就对大家说："没收不对，发还才是对的，以后再不会没收了。"

陈云的这个明确表态，开会的老农听了都喜出望外。当天这个消息就传遍了全公社。第二天是7月1日，党的生日，公社宣布放假一天。农民几乎家家都到别的公社去抢购苗猪，妇女们把所有的小船都开出来抢捞水浮莲（养猪的青饲料），掀起了一个养猪的高潮。

看到农民的积极性，陈云非常高兴，他对调查组说：你们看，现在猪归私养，妇女养猪的积极性就起来了。她要是不养猪，收工回家，除了做饭，劳力就闲起了。这样算下来，要闲下来多少劳力呵！他还深有感触地说，我们党犯了错误，必须向农民承认，不然就是改正了，农民还不相信我们的正确政策。

小蒸公社在两次养猪问题座谈会结束后的当天下午宣布：即日起，原由集体饲养的母猪统交原养户领回。

（萧心力、王春明）

为什么市场上看不到活鱼？

青浦县渔民的鱼不准在上海卖，必须卖给县水产公司，再由县水产公司运到上海去完成供应任务。多次来回运输，把活鱼运成死鱼。陈云叹息：现在商品流通是按行政区划来管理的，不合理，可是又改不过来。他说：“我一个党中央副主席，连这样一个小问题都解决不了，实在对不起人民。”

在小蒸，陈云参观了百货商店，本来看到商店里还有一点东西，但旁边马上有群众揭穿说，是为了应付他而摆设的。负责人汇报说，商店现在亏空很厉害，群众需要的东西短缺，没有小铁锅，只有食堂用的大铁锅，没有套鞋，没有农民常戴的毡帽，没有花格布、花条子布……陈云听了汇报后说，现在是上面拨给什么卖什么，不是群众需要什么卖什么，做生意不是这样子做的，这是官家生意。

那段时间里，每到傍晚，小镇上合作商店的店员就在街道上吆喝：棒冰，棒冰，两分一碗！开始大家还奇怪，棒冰应该论根卖呀，怎么这里的棒冰还是论碗卖的？出去一看，还真是用碗卖的。一问才知道，棒冰是上海做的，然后通过国营商业渠道运到县里，县里再用汽车、小船运到各乡镇，乡镇再往下面分。等到了基层商店，棒冰就成了棒冰水，想不拿碗卖都不行了。陈云知道后，摇着头叹息：现在商品流通是按行政区划来管理的，不合理，可是又改不过来。

小蒸公社靠近黄浦江，过去有许多渔民下午开船到黄浦江去捕鱼，黎明运到上海，就在上海出卖。解放后上海市为了保证水产品供应，规定青浦县每月要向上海供应一定数量的水产品。因此，青浦县规定渔民的鱼不准在上海出售，必须运回青浦，卖给县水产公司和下属收购点，再由县水产公司运到上海去完成供应任务。这样多次来回运输，耽误了渔民的时间，而且往往把活鱼运成死鱼，价格大落，渔民有时只好把鲜鱼做成咸鱼上交。而到市场上，光这些运输费用和手续费用一加，鱼价就很高了。

陈云了解到这个情况以后，又亲眼看到鱼行准备上交的死鱼，十分惊讶，觉得这样做太不合理。他亲自找来青浦县委和水产局的负责人来谈话，劝他们准许渔民在上海出卖。青浦县委很为难，他们说，如果这样做，必须由上海市委取消我们供应任务，上海市是不会同意的。陈云无奈，只得把这个问题搁置起来。

会后，陈云叹一口气对周太和等人说："我一个党中央副主席，连这样一个小问题都解决不了，实在对不起人民。"回到上海后，陈云把这个意见向上海市委反映，陈丕显亲自来才解决了这个问题。但是由于事情牵涉整个商业流通体制，这个问题始终没有从根本得到很好解决，水产品仍要经过几个批发环节才能进入市场，所以市场上看不到活鱼。这个问题直到十一届三中全会以后，才逐渐得以解决。

7月12日下午，陈云一行完成调查任务，离开小蒸。

为了论证在小蒸公社调查的问题，进行了比较反复的研究，陈云又到了与青浦情况相似的杭州、苏州找了几个县委书记和若干个大队支部书记，研究双季稻和种小麦的问题，也问了养猪和自留地情况，然后又到与青浦土地、人口、气候条件不同的浙江萧山、江苏无锡两县调查种植情况。

在杭州，陈云把调查结果向周恩来作了汇报，随后又向毛泽东作了汇报，他们都认为很好。此后，陈云又就养猪、农作物种植安排、自留地三个问题同上海市委、江苏省委、浙江省委交换了意见。

最后，陈云把这次调查发现的问题和几点建议整理出来，专门给中央总书记邓小平写了一封信。陈云在信中把这次了解到群众的几点意见概括为四点，一是粮食吃不饱；二是基层干部不顾实际，瞎吹高指标，参加劳动少，生活特殊化；三是干部在生产中瞎指挥，不向群众进行自我批评；四是没有把集体生产组织好，农民积极性差，相反，对自留地、副业生产积极性高。随信附了这次青浦农村调查的三个专题调查报告：《母猪也应该下放给农民私养》、《种双季稻不如种蚕豆和单季稻》、《按中央规定留足自留地》。

通过这次深入调查，大量的第一手材料引起了陈云的思考：为什么1961年到1962年三年调整时期快结束的时候，产量虽有回升，但还未恢复到历史最高水平？1958年我国粮食产量已达到4000亿斤，人均为606斤；1960年下跌到2870亿斤，到1962年才恢复到3200斤，人均只有475斤，要怎么才能迅速走出低谷呢？青浦调查后，陈云日益焦虑不安，不断探索出路。

（萧心力、王春明）

“我看陈云同志行”

毛泽东对陈云很器重，称陈云是理财能手，“比较公道”，“比较稳当”。

1956年9月13日，毛泽东在中共七届七中全会第三次会议上说：“至于陈云同志，他也无非是说不行、不顺。我看他这个人是个好人，他比较公道、能干，比较稳当，他看问题有眼光。我过去还有些不了解他，进北京以后这几年，我跟他共事，我更加了解他了。不要看他和平得很，但他看问题尖锐，能抓住要点。所以，我看陈云同志行。至于顺不顺，你们大家评论，他是工人阶级出身。不是说我们中央委员会里工人阶级成分少吗？我看不少，我们主席、副主席五个人里就有一个。”这说明，毛泽东对陈云是很器重、也是很了解的。

新中国成立前后，在经济上，中国共产党人面对的是一个经过长期战乱留下的烂摊子。通货膨胀，物价飞涨，严重地影响了人民的生产和生活以及正常社会经济秩序的建立，进而危及到新政权的建立与巩固。在这种情况下，中共中央于1949年5月决定建立中央财经委员会，任命陈云为主任，领导全国金融市场的整治、统一财经和稳定物价的斗争。

通过缜密的调查研究，陈云把上海作为统一全国财政金融、稳定物价的突破口。在领导稳定物价的斗争中，陈云灵活自如地变换运用政治和经济两种手段同不法资本家进行斗争。通过1949年6月的“银元之战”和10月的“米棉大战”，投机商人大败，失去了操纵市场和控制物价的能力。在此基础上，1949年8月，陈云在上海主持召开了财经会议，作出了统一各地秋粮征购任务、统一税率、统一货币的发行、精简节约和发行公债等重要决定。1950年3月，中央人民政府又根据陈云的建议作出了统一国家财经工作的决定，对全国财政收支、物资调度、现金使用实行统一管理，至此结束了在我国延续十多年之久的物价猛涨、市场混乱的局面，为促进国民经济的恢复与发展创造了条件，并积累了一些可贵

※ 陈云同毛泽东、周恩来在第六次最高国务会议上。

的经验教训。毛泽东曾给予这一胜利以高度的评价，认为它的意义“不下于淮海战役”。他还对薄一波说：陈云有这样的理财能力，我在延安时还没有看得出来，可称之为能。

1953年底，毛泽东曾提出中央要分成一线、二线的主张。同时为了适应大规模经济建设和全面开展社会主义改造的需要，中央考虑改行苏联的部长会议体制。在这种情况下，相继调入中央工作的高岗、饶漱石从争夺权力的立场出发，有意利用中央领导集体之间在具体工作中的意见分歧并加以无端夸大，妄图实现其攫取党和国家更高权力的野心。邓小平曾回忆说：“高岗也找陈云同志谈判，他说：搞几个副主席，你一个，我一个。这样一来，陈云同志和我才觉得问题严重，立即向毛泽东同志反映，引起他的注意。”高岗还要陈云向毛泽东转达他主张由林彪来担任部长会议主席的意见，遭到了陈云的拒绝。

在高饶反党事件的处理过程中，陈云除了主动向毛泽东检举揭发并多次断然拒绝他们的无理要求外，还积极进行反思，并深刻总结其中的经验教训，以防止类似错误再次发生。他指出：要防止出现野心人物，防止闹乱子，最为关键的是“高级干部要提高革命警惕，提高革命嗅觉”。此外，还要“严守党的制度和党规党法，发扬党的优良作风”，这样，党的团结才有了“可靠保证”。陈云的上述言行，给毛泽东留下了很深的印象，毛泽东赞扬说：陈云是个好人，“比较公道”，“比较稳当”。

在经济建设中，伴随着“农村社会主义高潮”到来的是冒进倾向的普遍发生，这很快引起周恩来和陈云等人的高度重视。从1956年初，陈云在周恩来的直接领导下，具体部署了“反冒进”工作，并且确立了国民经济在既反保守又反冒进即在综合平衡中稳步前进的方针。陈云还提出了建设规模要和国力水平相适应的观点。但是，由于受国内外种种因素的干扰，从八届三中全会起，毛泽东不仅轻率地改变了党的八大关于国内主要矛盾的判断，并且指责“反冒进”犯了“方向性的错误”，严厉地批评陈云等人，最终导致“大跃进”运动的发生。陈云等被迫多次作了违心的检讨。

在此期间，毛泽东对陈云的一些谨慎的建议常不予理解和支持。1958年8月，中共中央政治局在北戴河召开扩大会议，通过了《关于1959年计划和第二个五年计划的决定》，12月，八届六中全会通过的1959年计划生产指标又有了更大的调整。陈云认为这些指标过高，因此在12月26日毛泽东的生日聚餐上提醒说：明年钢产量1800万吨恐怕完不成。毛泽东不以为然地说：我提出的东西，对不对要由实践来检验。

但是，由于“大跃进”运动违背了客观经济规律，因而遭到了客观规律的无情惩罚。毛泽东在对失误的反思中认识到周恩来、陈云等在领导经济工作中的做法和思想是正确的，称赞陈云敢于提出不同意见，“真理有时掌握在少数人甚至一个人手里”。他还称赞陈云多谋善断，像三国时期的郭嘉一样。他不由自主地想起陈云来，说1958年的经济计划搞乱了，“家贫念贤妻，国乱思良将”。

党的八届七中全会后，陈云受毛泽东的委托，进行计划指标的调查研究，提出了缓和市场紧张状况和编制1960年计划方法的意见。他还提出了将1959年钢产量指标由188万吨降到133万吨的意见。5月15日，他给毛泽东写信指出：“说把生产数字定得少一点（实际是可靠数字）会泄气，我看也不见得。正如少奇同志在政治局讲的，定高了，做不到，反而会泄气。”6月13日，中央常委会同意陈云提出的意见，决定降低各项指标。

国民经济全面调整时期，在毛泽东的支持下，陈云再次就任中央财经小组组长，协助周恩来等具体领导国民经济的调整工作，取得了显著的成就。

1978年12月，陈云在一次会议的发言中回忆说：“1942年我养病的时候，仔细研究了毛主席的著作和文电，感到贯穿在里面有一个基本思想，就是实事求是。”他说，弄清“实事”并不容易。为了弄清“实事”，我把它概括为六个字，就是：全面、比较、反复。所谓全面，就是不仅要看到正面，还要看到反面；不仅要听正面的意见，也要听反面的意见。所谓比较，一是左右的比较，二是前后的比较。所谓反复，就见事情初步定了以后还要摆一摆、想一想，听一听不同意见。即使没有不同意见，还要自己设想出可能有的反对意见。我们反复进行研究，目的是弄清情况，把事情办好。他还说过，在延安的时候，听了毛泽东同志所作的整风报告，看到毛泽东同志给党校题了“实事求是”四个大字，他就反复考虑，怎样才能做到实事求是。除了“全面、比较、反复”六个字外，他还归纳了九个字：“不唯上，不唯书，只唯实。”他强调：“我们做工作，要用90%以上的时间研究情况，用不到10%的时间决定政策。”

陈云是这样说的，也是这样做的。《陈云文选》中的绝大部分文章都是在调查研究、反复比较后写出来的，这是人们所熟知的。如稳定物价的决策、统购统销政策的制定、钢产量指标的确定等等，都可视为典型。凭此，他在领导经济工作的各个时期都取得了十分明显的成就，也赢得了毛泽东的充分信任和高度评价，成为党内少有的集经济专家和经济工作领导人于一身的领袖人物。毛泽东曾由衷地赞誉道：陈云管财经工作不是教条主义的，是按照中国情况办事的，有创造性。

在七千人大会上，毛泽东请陈云发言，陈云说对问题摸得不清，没有讲。会后，陈云经过详细周密的调查研究，并与刘少奇等经过反复讨论，一致认为当时的形势“类似非常时期”，从而修改了七千人大会关于“最困难的时期已经渡过了”的论断。面对困难的形势，在1962年2月由刘少奇主持召开的中央政治局常委扩大会议（即“西楼会议”）上，陈云作了《目前财政经济的情况和克服困难的若干办法》的重要讲话，提出了当时财政经济上的五点困难和克服困难的六点意见。随后，他和中央财经小组的负责同志一道，协助周恩来对国民经济进行了“伤筋动骨”式的全面调整。

（王玉贵）

“有钱难买反对自己意见的人”

陈云说：“我们的干部，特别是高中级领导干部，能够交一点敢于反映真实情况的知心朋友，多听到些真话，是很有些好处的……用通信、谈话的形式，多向知心朋友了解情况，好处是‘真、快、广’。”

陈云爱听真话、爱听反对意见。他说，“有钱难买反对自己意见的人”。

为什么“反对意见”在陈云眼里会如此受青睐？他解释道，“对于一件事，我有了一

个意见之后，可以先放一放，再考虑考虑，听听有没有不同意见。如果有不同意见，就要认真听取，展开讨论，吸取正确的，驳倒错误的，使自己的意见更加完整。驳倒错误的过程，也就是使自己意见更加完整的过程……有了反对意见，可以引起自己思考问题。常常是有不同意见的人，他不讲出来，能够听到不同声音，绝不是坏事。”

因此，在陈云看来，“肯用脑筋想问题、发议论的同志，是很好的同志；不想问题，不发议论，天天搞五福布的，就要差一点。”“不怕人家讲错话，就怕人家不说话。讲错话不要紧，要是开起会来，大家都不说话，那就天下不妙。有同志提不同意见，党组织应该允许，这是党的事业兴旺发达的好现象。”

陈云说：“天天挨骂好不好？我看没有什么不好。我不是提倡天天犯错误，而是说，挨了骂，可以提高我们的警惕性，从而发现工作中的错误，并加以改正，这有什么不好呢？”他进一步指出，“一有错误就有人骂，容易改正；如果人家天天喊万岁，一出错就是大错。”

尽管这句话是陈云在一次商业工作会议上，针对商业系统中的一些不良现象而说的，但在当时振聋发聩，现在回头看，有着惊人的准确性和预见性。

※陈云出席中共中央在北京举行的扩大的中央工作会议。主席台前排右起：邓小平、陈云、周恩来、毛泽东、刘少奇、朱德、林彪。

因此每次在主持讨论工作的时候，陈云或者先不发表个人观点，而是启发大家讲，他认真倾听、仔细思考，汲取其中合理的成分；或者讲出自己已经形成的意见，然后鼓励同志们从多个方面进行反驳，反驳得越多、越全，甚至驳倒了，陈云越高兴。因为只有充分考虑到各种不同的、反对的意见之后，才能够作出比较科学、客观和正确的决策。他说，“就是事情定了以后还要摆一摆，想一想，听一听不同意见。即使没有不同意见，还要自己设想出可能有的反对意见。我们反复进行研究，目的是弄清情况，把事情办好。”

而要想听到反对意见、听到真心话，并不是一件轻而易举的事，特别是对领导干部尤其是高中级领导干部来说就更是如此。

陈云认为，这需要来自两方面的配合。首先是领导本身在这一问题上的态度和观念，在这件事情上领导的态度是关键。

“大智兴邦，不过集众思；大愚误国，只为好自用。”陈云指出，“我们的干部，特别是高中级领导干部，能够交一点敢于反映真实情况的知心朋友，多听到些真话，是很有些好处的……用通信、谈话的形式，多向知心朋友了解情况，好处是‘真、快、广’。”

而影响领导采取何种态度的因素比较多，主要有两个方面：面子思想和地位问题。陈云要求大家对此一定要有清醒的认识，采取虚怀若谷、兼听则明的科学态度。他说，只有领导干部虚心，人家才会说话。不要以为虚心请教、广纳众言会丢面子，似乎自己的权威性地位也下降了；不要以为只有上面的话好听，下面的话不好听，上面好，下面坏；上面的经是好经，就是小和尚念坏了，小和尚的嘴是歪的，歪嘴和尚念不出好经。这种说法是不对的。正相反，一名处事慎重、虚心听取四方意见、科学决策的领导，只会越来越得到上级的信任和下级的尊重，只有敢于放下“正确”的包袱，才会真正“正确”，才能将可能的失误控制在最小的范围内和最低的程度上，否则就要跌跟头。

针对面子思想，陈云直言不讳地说，“共产党员参加革命，丢了一切，准备牺牲性命干革命，还计较什么面子？把面子丢开，讲真理，怎样对于老百姓有利，怎样对于革命有利，就怎样办。”他指出，“其实光说好话的人都是拍马屁的，拍马屁绝不是件好事；不客气批评别人的人，才是好人，才够得上是革命同志。”

与此同时，陈云也指出，除了领导干部的认识之外，有能说真心话的同志也很重要。

“百官诺诺，不如一士谔谔。”

首先，要在党内形成敢讲真话、只讲真话的良好风气。

在“左”的错误泛滥的年代，党内正常的生活秩序遭到严重破坏。一些同志不敢实事求是地反映问题，对领导的意见常常随声附和，不敢独立提出自己不同的观点和想法，不敢汇报一些真实情况。更有甚者，由于担心打击报复、无限上纲而被扣上“右倾”、“反党”、“反社会主义”等种种沉甸甸、莫须有的帽子，而投领导所好，欺上瞒下，上面需要什么样的成绩，下面就有什么样的数字和报告，报喜不报忧，掩盖错误和问题，到处一片叫好声，致使上级领导往往难以准确、全面地了解实情，建立在浮夸统计之上的决策计划也就难免不切实际。如此循环往复，给经济发展带来巨大损害。陈云对这种现象感到非常痛心，他在1962年的一次工作会议上对此曾尖锐地指出：“这几年我们党内生活不正常。‘逢人只说三分话，未可全抛一片心’，这种现象是非常危险的。”“应该讲真话，有问题就提出，有意见就发表，认真地进行讨论。”

在1962年“七千人大会”陕西省干部会议上，陈云再次指出，见面打“官腔”，这种情况继续下去，革命是会失败的。我们干革命的，应该讲真话，有问题就提出，有意见就发表，认真地进行讨论……人是好人，心是好心，就是做错了事，讲清楚了的，改正了错误，把工作做好了，能够得到人民的原谅。

此外，领导干部还要善于“寻找”真话，“启发”反对意见，鼓励“讲错话”。

陈云总结出来的一个有效方法，就是向自己熟悉的人调查了解。他认为自己熟悉的人没有乌纱帽的问题，敢于讲真话，从他们那里最容易了解到真实情况。

1961年陈云在关于化肥工作的一次座谈会上，就如何搞好我国化肥工业建设时说：“你们不要怕讲话，有些人讲话不痛不痒，怕犯错误。讲话总是要有些机会主义或盲动主义的，讨论问题一边倒不行。不要怕左或右，如果有人说你们右了，我来承担；将来要开除党籍，就找我好了！”1955年1月、5月，1957年3月和1961年6月，陈云先后四次回故乡上海市青浦县的小蒸公社进行农村社会调查。他专门邀请了顾复生（时任中国农科院江苏分院院长）与陆铨（长期搞工会工作的领导人）两位老战友同行。当年陈云与他们一道在这里组织过农民暴动，陈云的日常吃住就在陆铨的家里，解放后也常有联系。陈云之所以这样做，就是因为彼此熟悉，相互间能直言不讳。同样，对要去的青浦县的情况也比较熟悉，农民也熟悉、认识他们，对工作组会感到很亲切、很信任，也就敢讲出心里话了，能调查到实际的情况。

在调查过程中，陈云深入到农民家里观察他们养猪、种自留地、住房和吃饭等。当他看到被废止的私养猪实际上比公养猪效益好，目前采取的生猪公养办法存在很多问题，出栏少、浪费严重、农民养猪积极性不高时，陈云诚恳地讲，我们党犯了错误，必须向农民承认，不然就是改正了，农民还不相信我们的正确政策。

他还了解到这样一个情况，由于农民吃不饱饭，无力插秧，导致插秧无法进行。为

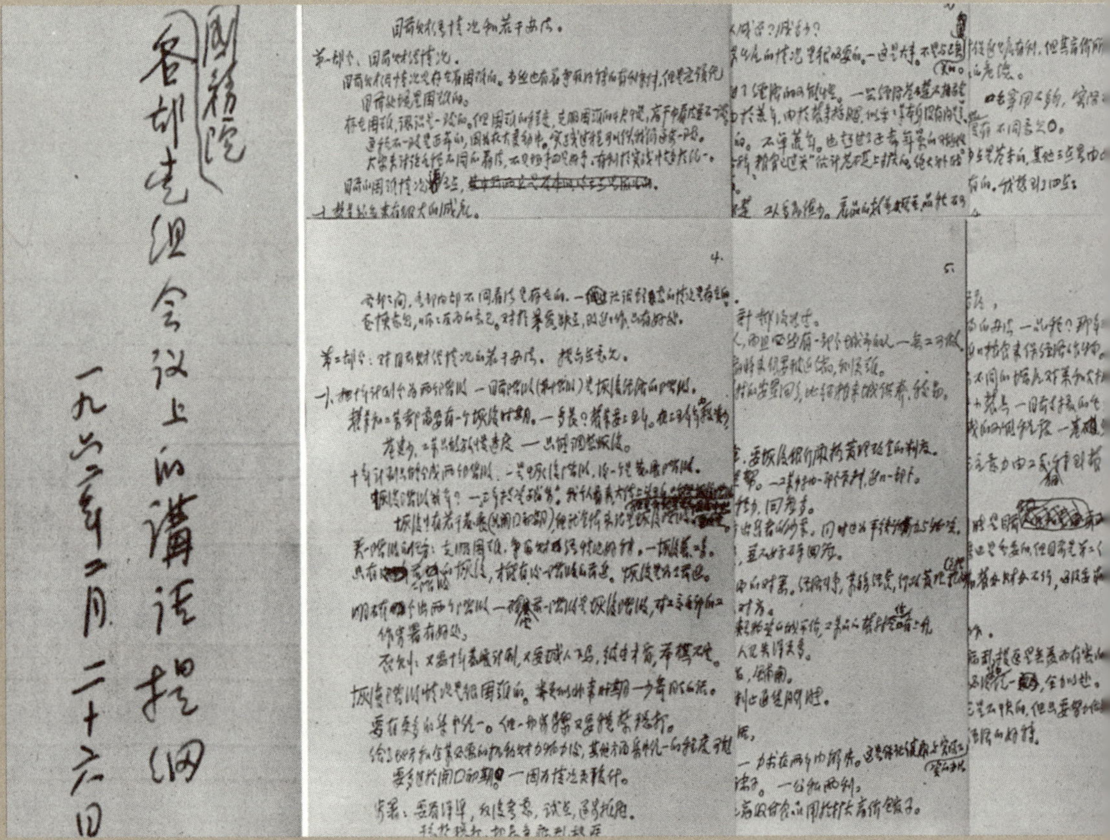
国务院各部党组会议上的讲话提纲
一九六二年二月二十六日

※ 陈云在国务院各部委党组会议上的讲话提纲手稿。这次讲话记录整理稿后来作为中共中央文件下发，题目是《目前财政经济的情况和克服困难的若干办法》。

此，公社只好决定，将插秧任务分解到各个户，对不完成者则给予相应处罚，这样才终于把秧插下去了。谁知，紧接着又出现了新的情况。任务看似完成，但实际上插的质量并不高，人们敷衍了事。陈云就此向一位老乡询问，看有什么更好的解决办法。老乡直言不讳地讲，只有联系产量，实行包产到户，这样大家才会专心农活；否则自己的秧插不好，到时产量不高，直接影响的将是自己的收入。这一反映后来经过深入思考，被吸收进了陈云郑重向中央提出实行“包产到户”的建议之中。

了解就是要了解到实情，调查就是要调查到真相。这就是陈云的风格。

（李梦汶）

“陈云同志真会过日子”

周恩来对邓颖超说：“陈云同志真会过日子，我们应该向他学习……”

1959年至1961年是建国以后最困难的三年。从中央到地方，从城市到农村，全国六亿多人口都处在缺粮少衣的困境中。在困难面前，党中央、毛主席和全国人民心连心，同甘苦共患难，充分体现了党的优良作风。

作为党中央副主席的陈云，为了减轻国家负担，严格要求自己，精简了身边的工作人员。按规定，他身边工作人员应配备厨师、服务员、司机和2至3名警卫干部，但他取消了小灶厨房、厨师和警卫员，只留了范金祥一名司机，包揽了司机、管理员、服务员、卫士的全部工作。另外自己出钱雇了一名女服务员兼做饭。这样一来，他身边的工作人员在中央领导人中间是最少的。

1961年11月上旬，一次大的寒流袭击了北京城。因为寒流来势大，气温陡降，有的机关便提前开始供暖。按国务院规定，应该是11月15日开始供暖。陈云没有住在中南海里，是一处独自供暖的小院，但他严格遵守制度，指示工作人员不到15日不准点火烧暖气。

没有几天，这事让周总理知道了。一天上午10点多钟，周总理一进办公室，桌上放着值班秘书写的汇报单，上写陈云感冒发烧了，主要是天气冷，他不准烧暖气……周总理一看汇报单就急了，按电铃叫我，说要车去看陈云。不等我叫好车，他就边说边往外走。我要车后叫上卫士张永池随同周恩来出发。

陈云住北长街71号，我们穿过中南海出东门，很快来到陈云住地。

我们随周总理上了陈云办公兼住房的二楼。总理此行是临时安排，事先没有打招呼，加上天气冷又感冒发烧，只见陈云正靠坐在床头，披着大衣，围着被子批阅文件。周总理见面第一句话就是：“陈云，天这么冷，你不准烧暖气，不行啊！”

陈云看是周总理来了，急忙下床穿上大衣，他们二人从卧室出来进了办公室。我们跟上楼的意图是想拿周总理脱下的大衣，以便他工作，但这次他没有脱大衣，因为陈云家里的温度实在太低了。我只好空手退到楼下等周总理出来。

我们在楼下值班室里等了两个多小时，才见他们二人穿着大衣又说又笑地下楼来了。陈云带着周总理察看了在楼梯旁的厨房，面积不大，只有七八平方米，里面有两个蜂窝煤炉子。陈云微笑地指着两个炉子说：“一个做饭，一个烧菜，我爱吃家乡饭，这不很好么？”看来陈云一直想说服周总理，但是没有成功。临走时，周总理当着陈云的面对身兼数职的范金祥说：“从今天起，你们一定要烧暖气，这件事你们要听我的。”

在回家的路上，周总理对我们说：“我们要向陈云同志学习，他工作那么忙，对家务安排得很细致。他吸烟只在办公室吸，在卧室不吸。他穿的大衣是两用的，春、秋天是夹大衣，到冬天把做好的厚绒衬里用几个扣子扣上就是厚大衣。”并微笑地责怪我说：“你就不会给我想这个办法做。”回到西花厅后，邓大姐正在客厅里，周总理向邓大姐第一句话就说：“陈云同志真会过日子，我们应该向他学习……”

（成元功）

对领导和群众都一视同仁

陈云说：中央、国务院文件的规定，对中央领导和普通群众都一视同仁，不能有任何特殊化，不能在执行中任意打折扣。

我于1957年至1968年在陈云办公室工作。陈云那伟大的无产阶级革命家的光辉风范，至今我仍记忆犹新，历历在目。现就我在陈云办公室工作期间感受最深的几件平凡事，写之二三，以表达我对陈云的缅怀之情。

大约在1959年春夏之交，为解决我国钢铁生产问题，陈云受党中央和毛主席的委托，进行调查研究。有一次，陈云给毛主席和党中央写了一份报告，由于报告的页数多，我怕遗失，就用大头针别起来，装入信封，准备发出。没一会儿陈云又把报告要回去，说要修改几句话。当他抽出信封里的报告一看，发现几页报告是用大头针别着，他立即把大头针取下来，换上曲别针别上，然后在报告上加了几句话，装入信封中，让我们用密封条封好发出。陈云很郑重地对我说，以后向外送报告、文件或材料时，不能用大头针别着，因为大头针容易把人的手扎伤的。陈云这一举动，使我肃然起敬，这充分体现了陈云关心革命同志的高尚品德。

1960年秋季的一个晚上，周恩来总理来陈云处谈工作。按过去的接待常规，工作人员要冲一杯热茶给客人送上。但中央刚发了一个文件，其主要精神是，接待客人不送茶、不敬烟；参加各种会议的人员自带茶、烟；到各地视察工作，不迎来送往，不请客，不送礼。周总理来了送不送茶呢？我们同陈云的卫士长商量了好大一会儿，最后商定还是给周总理送一杯茶上去，理由是总理来了不能与一般客人同等对待。当卫士将茶水放在周总理面前时，周总理看到送来的是茶水，立即严肃地批评卫士同志说，你们知道不知道中央刚发了文件，接待客人不准送茶吗？周总理拒绝喝茶。这场面，弄得卫士面红耳赤，手足无措，进退两难，不知是将茶水拿下去好呢，还是放着好。周总理谈完工作离开后，陈云将我们工作人员叫到他的办公室，严肃地问我们：党中央、国务院的文件你们学过没有？我们心情很紧张地回答：学过了。他加重口气说：既然学过了，为什么不按文件规定执行呢？这一问使我们哑口无言，只好如实地将当时给总理送茶的想法讲了一遍。他听后语重心长地对我们说：中央、国务院文件的规定，对中央领导和普通群众都一视同仁，不能有任何特殊化，不能在执行中任意打折扣。这次给总理送茶的错误行为，要永远牢记。从陈云同志办公室出来后，我们立即开了一次会，大家都作了自我检讨，并规定了一条制度，每周要进行一次集体学习，学习和讨论党中央和国务院的有关文件，以及按阅读范围可以

※ 陈云出席中共中央在上海举行的政治局扩大会议。正面一排左起：陈云、朱德、周恩来、毛泽东、刘少奇、李富春、林彪、陈毅。

学习的中央领导同志的重要讲话，以提高大家的思想觉悟和政治素质。

在经济困难期间，不少人得了浮肿病，陈云对此非常重视，曾多次召集有关营养专家座谈，提出解决办法。经过调查研究，他认为黄豆是当时解决浮肿的最佳营养品，100克黄豆中蛋白质有36.3克，脂肪18.4克，碳水化合物25.3克，含热量1725千卡，钙、磷、铁等元素都比较丰富。而且，我国东北又是盛产黄豆的地方，可以调拨给全国各省、市。后来，国务院发了文件，决定给全国干部每人每月增加三斤黄豆的供应，以增加人体必需的最低营养，维护健康，渡过难关。陈云在调查研究黄豆营养问题时，也曾询问过我们工作人员。我记得曾经向陈云同志说过，在抗战后期和解放战争时期，我在山西阳城县晋冀鲁豫边区太岳行署工作，当时机关干部和部队的主食是小米干饭，主菜是盐水煮黄豆，一日三餐，天天如此。虽然食品单调，生活艰苦，但从未发生过浮肿现象。机关干部身体健壮，精神饱满，工作安心。陈云决定用黄豆解决浮肿问题后，没有多长时间，干部中的浮肿病就大大减少了。

陈云注重锻炼身体，在工作条件、身体条件和气候环境允许的情况下，他总是拿出一定的时间到户外散步。陈云在散步时，利用这个时间向陪同的工作人员了解情况，议论时事。无论是社会上的动向，人们生活中的新鲜事情，或是群众对国家政策方针的议论，都可以无所顾忌地向他谈。他强调领导干部搞调查研究要有两种方法：一是直接去工厂、农村接触广大群众做调查；另一是向熟悉的、敢讲真话的老同志、老朋友和身边工作人员调查。陈云利用每日散步的时间向身边的工作人员了解情况，也是他工作中一种联系群众的方式。

（杨乃智）

“开门七件事——柴米油盐酱醋茶”

陈云常说两句话，一句是“民以食为天，食以粮为主”；另一句是“开门七件事——柴米油盐酱醋茶”。

五六十年代，陈云主持全国财经工作，我们这些在他身边的工作人员在随他散步休息时，常听到他说两句话，一句是“民以食为天，食以粮为主”；另一句是“开门七件事——柴米油盐酱醋茶”。他一面散步，一面还和我们说，过去中国许多老百姓可以说是食不果腹、衣不遮体，可是中国的历朝历代政府只想如何盘剥老百姓，哪会想到解决广大老百姓的吃穿问题。现在是共产党当政，共产党是全心全意为人民服务的，是不谋私利的，要解决老百姓的吃穿问题。但新中国刚刚建立，国家经济还不发达，人民生活还有许多困难，因此，首先要解决老百姓的吃饭问题。

为了解决这个问题，陈云同志非常重视抓农业，特别是抓粮食生产。他常说，只有粮食增产了，才有改善人民生活的可能。所以，他在许多会议上总是反复强调抓好农业、抓好粮食生产的重要性。到外地视察工作时，他总要和当地党政领导干部探讨粮食增产的措施，要求他们一定要把农业、粮食生产放在自己工作的首位。他不满足于听干部汇报，经常是自己下到乡间田头与干部或农民亲切交谈，了解农业生产和农民实际生活情况。

为了使农业有较大增产，陈云还抓了许多与农业有关的工作，如：水利、良种、肥料、农业机械、科技等。特别值得提到的是，陈云同志对我国化肥工业建设作出了巨大贡献。他多次说，从世界各国经验看，化肥对各种农作物的增产能起到巨大作用，当年美国就是靠大量增产化肥大大提高农作物产量的。1960年10月，由他提议，成立了中央化肥小组，专门负责我国化肥工业建设事宜。1961年4月，他在杭州主持召开了加速发展氮肥工业座谈会，建议今后三年每年建成20万吨到25万吨合成氨生产能力，同时每年建成一批小氮肥厂。在中央和中央化肥小组的领导下，一批大、中型化肥厂陆续建成投产，使我国化肥产量有了明显增加，为三年经济困难后迅速恢复农业生产发挥了重要作用。

我国水资源的分布具有南方水多北方水少的特点。50年代，毛主席提出南水北调的设想，当时国务院曾专门召集有关部门和专家研究过南水北调工程问题，陈云参加了关于南水北调工程的许多重大问题的讨论。但是由于国家财力的限制，南水北调工程未能全面实施。江苏扬州市江都抽水站，是南水北调工程规划的东线工程中建成的第一个抽水站。1979年秋，陈云因身体不好，到南方休养，特意到扬州的江都抽水站视察。在视察中，陈云向抽水站的陪同干部详细询问了抽水站的情况，如抽水量、抽水速度、农作物灌溉的效果、设备维修等。陈云说：南水北调工程是造福子孙后代的大工程，如果能够全面实施，使我国北方一部分干旱地区的农作物得到灌溉，粮食和农作物产量将会有较大增产，人民的生活将会有可观的改善。

三年经济困难时期，全国粮食严重减产，人们的粮食定量普遍不够吃，农村情况尤为严重，有不少人得了浮肿病，还饿死了一些人。城市里虽然还没有饿死人，但是，人们的身体状况也普遍下降。当时，陈云同志也带头不吃肉、蛋，由于工作繁重，他的身体很衰弱。对于全国的经济困难情况，陈云更是忧心忡忡，我们工作人员经常看到他坐在办公室的沙发里深思默想，很少有高兴的时候。当时有个别省，如安徽省农村开始试行“包产到户”和“责任田”的办法，用以提高农民的生产积极性。陈云根据自己对农村进行调查的结果，认为在经济落后的农村搞“分田到户”或“包产到户”有利于提高农民的生产积极性，迅速解决缺粮问题。为此，他准备向毛主席提出这个意见。当时有的领导同志劝他，提这个意见要慎重，因为毛主席是主张依靠人民公社来提高农民生产积极性、解决缺粮问题的。如向毛主席提出这个意见，可能带来政治上的很大风险。但陈云说：我负责全国经济的领导工作，要对党、对人民负责。既然找到了解决缺粮的办法，就应当尽快向毛主席提出。他很快由杭州回到北京，亲自向毛主席提出了自己的意见。毛主席当时未表态，但两天后，在一个小范围的会上严厉批评了陈云的这个意见是想在农村搞“单干”，是要解散集体经济，解散人民公社，是中国的修正主义。当陈云知道毛主席的批评后，坐在沙发上久久沉默不语。以后，中央在北戴河召开工作会议，毛主席发出了千万不要忘记阶级斗争的号召。从此，中央就不再要陈云主持全国经济工作了，直到“文化大革命”。“文化大革命”中，他受到冲击，被以战备名义疏散到江西“蹲点”。虽然后来的历史发展证明陈云的意见是正确的，是坚持了马克思主义实事求是的路线的，但由于他多年离开财经工作领导岗位，使我国财经工作遭受到很大的损失。

陈云对解决老百姓穿衣、穿袜问题也非常重视。他说，在旧社会，许多老百姓衣衫褴褛，甚至衣不蔽体。现在是新中国，是共产党当政，就要尽快解决老百姓的穿衣问题。要解决老百姓穿衣问题，首先要有棉花，有了棉花才能有布。50年代，全国棉花产量很低，为了鼓励农民增产棉花，在1952年3月由他签发的《关于1952年粮棉比价及棉田的公粮负担的指示》中规定，粮棉比价按地区差价分别为1∶8至1∶9。就是说，农民向国家交售1斤棉花，可顶交8斤到9斤粮食。这大大刺激了农民种棉花的积极性，使棉花有了较大的增产，为纺织工业提供了较充足的原料，改善了人民的穿衣状况。1954年，粮食实行计划供应后，为了保证人民的棉花供应，陈云提出棉花也要实行计划收购。棉花实行计划收购后，纺织工业需要的棉花就有了保证。

三年经济困难时期，棉花减产，棉布供应出现很大困难。1961年春天，陈云在杭州开会期间，亲自给当时的商业部长姚依林打长途电话，提出1961年发给全国人民的布票尽量不要比1960年少。姚依林在电话中表示，一定按陈云的指示办。打完电话后，陈云说，我们一定要尽快恢复农业生产。

60年代初，老百姓都是穿棉线袜子。由于棉线不够结实，老百姓买一双棉线袜子，穿不了两三周就磨破了，年轻人穿得就更费。当时一人一年只发几尺布票，袜子破了买布

※ 1959年4月，陈云在南京视察。

补袜子也得用去一部分布票。当陈云知道国际上已开始用尼龙丝织袜子，这种袜子比棉线袜子抗磨耐穿时，亲自给外贸部和纺织工业部的领导同志打电话，要他们共同研究，尽快解决生产尼龙袜子的原料问题。外贸部和纺织工业部研究认为，应当先从国外进口一些原料，然后我们自己再研制。陈云同意他们的意见。但外汇很少，只能少量进口原料，所以当时只限在袜尖、袜底用尼龙织。后来我们自己成功研制了尼龙原料，才改成生产全尼龙袜子，大批供应市场需要。

五六十年代，陈云主持全国经济领导工作时，十分关心日用小商品的生产和供应。所谓日用小商品，就是群众日常生活用的锅、碗、盆、勺、妇女发卡、婴儿奶嘴、针、线、钉，以及木瓦工用的工具等等。这些不起眼的小东西，一旦发生材料安排不足，生产品种不全，供应断档，人民在日常生活中就会感到非常不方便。陈云说，市场上的日用小商品全不全，是关系到群众日常生活的大问题。他告诫商业战线的同志，一定要把这件事抓好。他说，你们不要嫌它小，不赚多少钱，可是它关系到千家万户的日常生活，就是大事。他曾亲自给冶金部的领导同志打电话，请他们一定要调拨优质的钢材给轻工业部门，安排日用小商品的生产。

三年经济困难时期，国家工作人员因为吃不饱饭，身上软弱无力，在机关上班时连上楼梯都感到吃力。当陈云知道这一情况后说，国家工作人员任务很重，如果体质继续下降，将会影响工作的正常进行，我们应当想办法解决一下。他提出给国家工作人员每人每天发一两黄豆。他说，据计算，一个人一天起码需要70克蛋白质，一两黄豆含20克蛋白质，在缺少蛋的情况下，用大豆来补充营养也是一个比较好的办法。不过国家财力有限，不可能对老百姓都实行这个办法。当时国家工作人员每月可以领到3斤黄豆，有的煮着吃，有的发豆芽吃，有的换豆腐吃。由于增加了蛋白质的营养，体质有所增强。给国家工作人员的黄豆虽然数量不多，但是却体现了党对国家工作人员的关怀，增强了国家工作人员战胜困难的决心和信心。

陈云处处关心人民群众的疾苦，被人们称为“最大的衣食父母官”，但他自己却过着极其俭朴的生活。

先说穿的方面。陈云平时都是穿布衣、布鞋。当时他有两套毛料中山制服。一套是1952年他出国到苏联商谈第一个五年计划时，按出国规定，由公家做的，是深蓝色的；另一套是1954年他出国到越南时，也是按出国规定由公家做的，是深灰色。这两套中山服是他的礼服，只是在每年的五一、八一、十一、元旦、春节或接见外宾时才穿，过后就脱下，仍穿上他的布衣、布鞋。后来，这两套毛料中山服穿旧了，胳膊下面及膝盖等部位磨得很薄。他的夫人于若木和我们工作人员商量，认为应当给陈云重新做一套新的毛料中山服。我们把这个意见报告陈云同志，陈云说："补一补还可以穿，不要做新的。"我们都了解陈云的脾气，像这样的生活小事，他从来只说一次，不说第二次，只好和于若木商量织补问题。我们利用陈云出差到上海的机会，把毛料中山服和毛衣带去，请上海的洗染店和工厂的老师傅织补。当老师傅知道这是国家领导人陈云的衣服后，都不禁感叹地说："真没想到陈云在生活上是这样艰苦朴素！"

再说饮食方面。以前，陈云一直都是和家人同桌吃饭。早餐：大米稀粥、馒头、花卷、咸菜或两三种新鲜蔬菜做的小菜。另外，一周吃一次炸油条。中餐：米饭（一般质量的大米）、馒头、花卷、炒几盘蔬菜，黄瓜、茄子、白菜、萝卜、豆腐等换着吃。西红柿炒鸡蛋都很少吃，因为这在当时来讲就算是高级菜了。炒菜时油放得很少，即使是放肉的菜，肉也放得很少，因为吃不起。那时陈云同志和于若木两个人的工资加起来虽然比较多，但家里人口多、开支大，如买全家人的衣服和寄钱帮助亲友等。我们看到陈云工作太劳累，经常工作到深夜，身体日益消瘦，和医生商量，在中餐时单独给陈云炒一小盘肉菜。我们将想法报告陈云，陈云说："现在比在延安时吃得好多了，不要为我单独炒菜。"我们这个想法只好作罢。

1960年，陈云患严重肠胃病。因为肠胃消化功能极差，他吃的米饭要蒸得非常软，而且只能用油性很少的糙米；菜要炒得很烂，烂到几乎等于是煮了，而且油也不能多放。为此，他只好和家人分开吃饭。医生鉴于陈云身体情况，对陈云的一天三餐作了很大的调整。早餐：豆浆一杯，面包两片，面包上抹些苹果酱。煮熟的咸花生米10粒（一小盘）。中餐：大米饭二两，炒菜两盘，一荤一素。荤菜是一个猪肉丸子（肉里放四分之一的面包屑，共约一两重）或是两块红烧带鱼。蔬菜一盘，因为蔬菜品种较多，可以随便换着吃。晚餐：米饭1.5两，炒菜两盘，一盘是豆制品，一盘是蔬菜。陈云从不吃高级菜，从不吃山珍海味。出差到外地时，当地要请客或要给他做些好菜吃，他都婉言谢绝。所以，专给他做饭的厨师说："首长一年到头就吃那几样家常菜，我也提高不了技术！"

再说说住的方面。陈云从1949年进北京后，一直住在东城区北长街71号，后改为58号。北长街71号是一处老房子，是北平解放后我们所接收的国民党官僚的房产。由于房屋年久失修，经常漏雨。当时机关行政部门提出房子要大修，陈云不同意，说："房子大修要花许多钱，只要不漏雨就行了。"因此，未大修成。后来，机关行政部门考虑到房内墙皮脱落很多，有的走道和楼梯上铺得很窄的地毯已磨得很光，走在上面都感到有点滑，因此又提出要大修房子。陈云仍不同意，说："不影响我办公，不要修。"结果又未修成。

1976年7月唐山发生大地震，他的办公室南墙被震裂有一米多长、两厘米宽的裂缝。机关行政部门请北京市房管部门的技术人员对整个楼房进行了检查，发现经过这次地震后楼房在结构上已不坚固，存在较严重的安全问题。机关行政部门提出把楼拆掉，在原址上建新楼，陈云还是不同意，说："这虽然是老房子，也比老百姓住的房子好，这样好的房子都拆掉，建新房，老百姓会骂的，那样我们会脱离群众，影响不好。"因此，老楼没有拆，当然也没有建新楼。但是，房子需要大修，已不能再拖。经过再三动员，陈云于1979年冬搬到中南海居住。北长街71号的房子经过大修后，改作他用。

最后说说行的方面。1951年，中央警卫局从保证中央领导同志的安全考虑，从苏联进口了五辆高级防弹汽车，决定分配给"五大书记"一人一辆。当警卫局负责人给陈云送去轿车时，陈云却拒绝使用，坚持用原来的旧吉姆车。他说：我不能同毛主席、周总理、朱总司令和少奇他们一样，我不能和他们比。直到长春第一汽车制造厂生产出我国自己的"红旗"轿车时，他才换坐了国产的"红旗"轿车。但不管是苏联的吉姆车，还是国产的"红旗"轿车，他从不准家属使用。

（肖华光）

淡泊名利

陈云常写的一个条幅是："个人名利淡如水，党的事业重如山。"

陈云步入晚年后，每天坚持写大字，一方面锻炼身体，一方面陶冶性情。记得他经常写的一个条幅是："个人名利淡如水，党的事业重如山。"他是这样要求别人的，自己也是这样去做的，可以说几十年如一日，身体力行。

"不收礼，不吃请"，这是陈云同志立下的一条规矩，身边工作人员也不得违反。"不迎不送，不请不到"，这是陈云在去外地视察和休养时对地方领导同志提出的要求，意在不打扰他们，让他们集中精力抓工作。"不居功，不自恃"，这是陈云同志做人处事的准则。建国初期，陈云已是党中央的五大书记之一，但他始终要求有关部门在待遇上、宣传上不能把他和毛刘周朱并列。苏联政府赠送汽车，给五大书记一人一辆，他坚持把给自己的那辆车退回；实行工资制，有关部门给五大书记定为一级，他把自己改为二级。党的八大之后，丛书《红旗飘飘》要给每个政治局常委都登一个小传，他始终不同意登他的

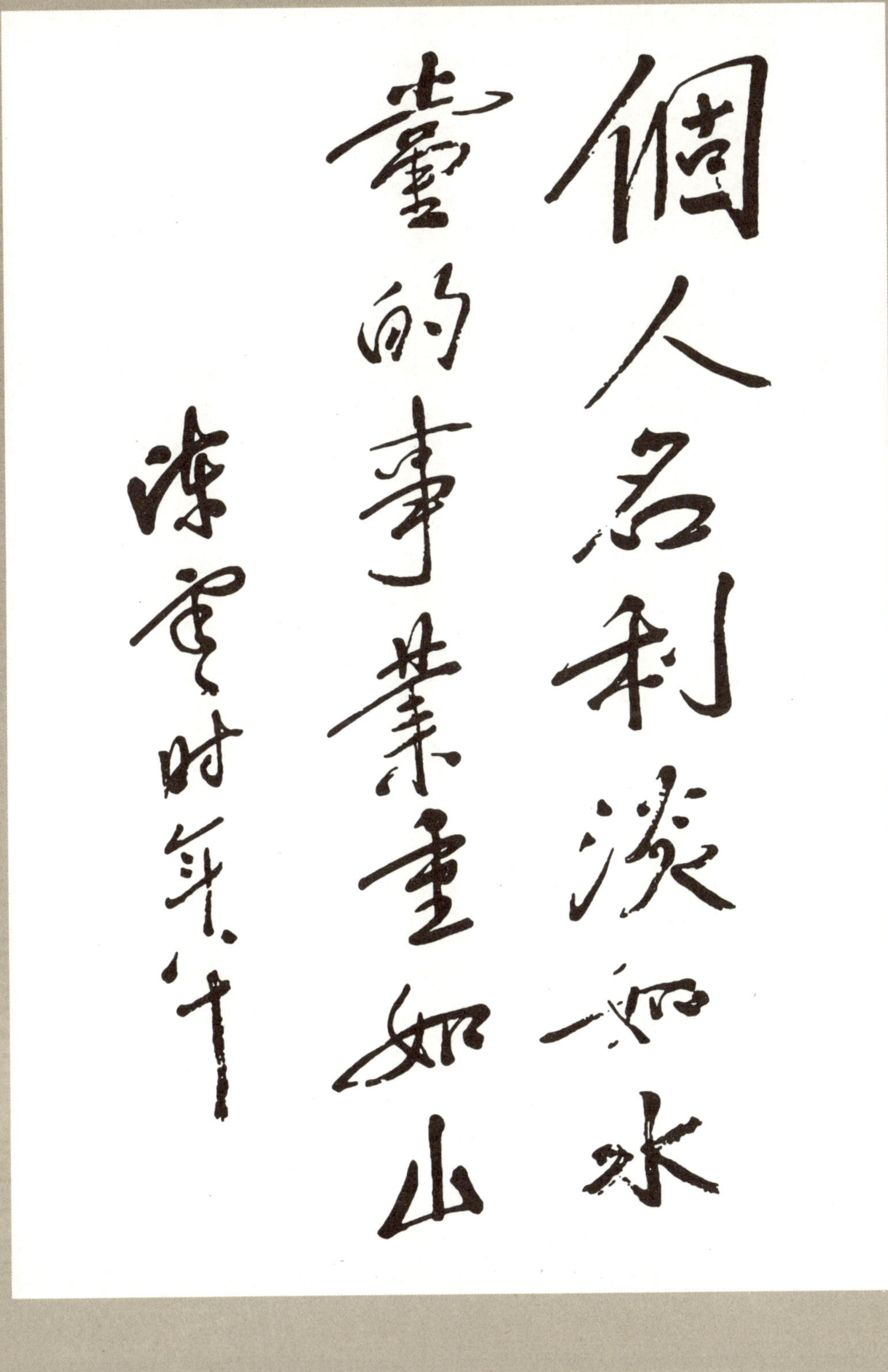
個人名利淡如水
黨的事業重如山
陈云 时年八十

传。解放战争时期，他领导南满根据地军民取得了四保临江战役的胜利，但当有人写回忆录提到他在四保临江战役中的作用时，他却把送审稿中这一段全部勾掉。

但是，当遇到关系党和人民利益的事情时，他却从不退缩，挺身而出。因此而遭受打击时，他又能遇变不惊，泰然处之。1962年夏天，他经过深入调查研究，认为只有分田到户或包产到户，才能较快改变农业连年大幅度减产的局面，并准备向毛主席提出这个意见。有的同志听说后，劝他要慎重，不要急于提出。他对秘书说，这事关系到党的声誉、人心的向背，我负责全国的经济工作，明明看到了解决问题的办法，怎么能延误时间？后来他的建议被否定，而且还被不点名地批判，从此遭到冷遇。但他不沮丧、不生气，只是对我说了一句：“不以成败论英雄”，以此表明自己的心境。我与他风雨同舟几十载，其间有革命征途上的急流险滩，也有革命队伍内的风云变幻，无论遇到哪种情况，我从来没见他慌张过。正如他自己常说的：“我是经过大风大浪的过来人。”如果不是把党和人民利益看得高于一切，做到这一点是不可能的。

（于若木）

“淡泊以明志，宁静以致远”

于若木说：在陈云身上，既集中了我们党的优良作风，又继承了我们民族的传统美德。“淡泊以明志，宁静以致远”，作为他一生的写照是恰当的。

陈云出身很苦，生下来后，母亲奶水不够，是靠喝米汤吃米粉长大的，可以说先天不足，后天失调，从小就体质弱。他之所以能在革命队伍中闯过那么多难关，长期担负党和国家的重要领导工作，而且活到90岁，与他有着坚忍不拔的意志是分不开的。

过去，陈云是抽烟的，而且抽得很凶，一天要抽两包，抽得手指头都被熏成了褐黄色。解放后，生活安定了，我向他宣传抽烟的害处，劝他少抽并逐渐戒烟。他听了我的话，逐渐减量，由一天抽两包改为一天抽两支。后来，他说一天抽两支没有意思，嘴里发苦，嗓子发干，不如干脆不抽。这以后，他一支也不抽了。戒烟后，他的体重增加了，不像以前那样怕冷了，身体也比过去好了。他晚年时曾说过，他能长寿，得益于戒烟。

陈云过去很容易感冒，常常第一场感冒刚好一点，新的感冒又来了。他形容自己是一辆“木炭汽车”，开着开着就要出毛病，要经常维修。针对自己的这个实际情况，他总是根据天气的变化随时加减衣服。解放后，他十分注意听广播电台的天气预报，每次要大风降温时，都提前加衣服，以防感冒。记得“文化大革命”进入高潮时，大约1966年底1967年初，有一天我对他发牢骚说，批斗会什么时候到头啊，怎么没完没了了！他听后回答说：“火还会烧得更旺的，你给我准备一下棉衣棉裤，要准备参加群众大会挨批斗。”于是，我给他翻拆了丝绵袄和丝绵裤，都加了厚。后来造反派虽然抄了我们的家，由于周总理的保护，陈云并没有被拉去批斗。

陈云还十分注意养精蓄锐，每当中央召开重要会议之前，他便把手头工作暂时放下，专门休息，吃好睡好，为参加会议做准备。他把这种方法叫做“先发制人”。到了晚年，他每年要去南方休息一个多月，每星期只安排少量会客，这些也是使他能长期坚持工作的重要措施。

陈云在主持全国财经工作时，提出了综合平衡的著名观点。我发现，他不仅在经济工作中强调平衡，在饮食起居中也很讲究平衡。过去，不少人认为陈云能长寿是由于我搞营养工作起了作用，其实，这是他自己按照食物的营养构成，结合自己身体实际，经过科学计算后，严格掌握、持之以恒的结果。50年代，他白天要去中财委上班，晚上8点要到周总理那里谈工作，夜里12点还要到毛主席那里开会，一天三班，作息时间和饮食都很难有规律。进入70年代后，他根据自己的体重、活动量、年龄和肠胃消化能力，再根据长期的经验，为自己制定出符合营养学的膳食结构：早餐两片面包，一杯豆浆，一碗稀饭，一个煮核桃仁；午餐：米饭100克（干重），一荤一素，动物蛋白70克；晚餐：米饭75克，豆腐约100克，蔬菜约150克（湿重）。一日三餐，定时定量，每到就餐时食欲都很好。每顿饭他都把所有的饭菜吃光，连汤都喝得干干净净。逢年过节，身边工作人员建议他加几个菜，他总是开玩笑说：我天天都过年，不用再加菜。正是他这种平衡的膳食，对他晚年的健康起了决定性的作用。他从不吃零食，也从不喝饮料，这保证了他的肠胃正常，从无积食或腹泻的情况发生。而要做到这一点，没有顽强的毅力是不可想象的。

陈云的高尚情操和完美人格还有许多。例如，他孜孜不倦，勤奋好学；他作风民主，乐于和善于倾听不同意见；他胸怀博大，宽于待人；他注重调查研究，肯体察民情，等等。我常常感到，在他身上，既集中了我们党的优良作风，又继承了我们民族的传统美德。“淡泊以明志，宁静以致远”，作为他一生的写照是恰当的。“高山仰止，景行行止，虽不能至，心向往之。”我要永远以陈云为楷模，像他那样学习、生活、工作，努力争取做一个高尚的人、一个纯粹的人。

（于若木）

从业余爱好者到专门家

吴宗锡说，陈云对评弹的整个历史和现状，对评弹的艺术规律，对从事评弹工作的干部、群众都有着深切的理解……陈云同志实际上已从一个业余爱好者变成一位专门家了。

评弹是陈云的业余爱好。1958年后，陈云在养病期间，以聆听评弹作为松弛神思、休养保健的文娱活动，并进而关注这一民族文化遗产，对其发展提高给予了正确有力的指导。我在建国初期即受党委派从事评弹工作，因此，有幸得亲謦欬，三十多年来，得到陈云耳提面命的教诲，受益匪浅。

我第一次受接见是在1959年5月。由于随车来接我的传话人没有讲清楚，也或许我没有听清，我只当是有关单位要我去商谈组织晚会的，及至进入宾馆会客室才知道是陈云接见。那时，我只在台下听过中央领导同志的报告，这样的单独交谈还从来没有经历过。当时，我内心怔忡，交织着紧张和兴奋。陈云进来，就坐在我对面的椅子上，开始询问我的年龄、籍贯、工作经历等，又问到评弹界的演员、书目、出场等情况。他口气随和而又亲切，谈话基本上是他问我答。我觉得在谈话之前，他对情况已有所了解，我的回答只是印证和补充了他掌握的情况。他带着微笑专注地倾听着我的答话，我很快消除了惴惴不安的心理，开始感到一种被理解的温暖。

1959年11月，他又把上海文化局副局长李太成和我们几个从事评弹工作的干部找到杭州，听了一次有关评弹的全面汇报。汇报了三个下午，每一次都主要由我汇报。陈云兴趣盎然地倾听着，中间有时提问，有时表述意见，有时放声大笑，使人感到一切都是那么融洽和舒畅。于是，我从开始时期期艾艾字斟句酌地讲述情况，到后来便无拘束地高声谈论自己对艺术对工作的各种见解、观点。陈云有着对事物敏锐的洞察力和分析力，他能一下子抓住事物的本质，掌握其发展规律。就在这次听汇报时，他提出了将评弹书目划分为一、二、三类，并就评弹的整旧和创新、长篇和中短篇、专业和业余、苏州话和普通话、组织领导和管理工作等问题发表了全面系统的意见。这些带有政策性的远见卓识指引和推动了50年代后期到60年代初的评弹工作的发展。我觉得陈云往往结合调查研究，慎思明辨，逐步形成自己的观点。在听取汇报时，又根据实际情况和干部的反映检验自己的看法，然后把自己的观点和意见提出来。这样，使他的意见更切合实际，更具有指导意义。通过听汇报和同干部交谈，他加深了对事物、对干部思想和工作情况的理解。

从那次汇报以后，陈云每来上海，必定要把我找去，殷殷垂询有关评弹的情况。我则毫无顾虑，有问必答，向他陈述自己的观点、建议，有时还陪他聆听评弹。他常常边听边提问，有时也发表意见。我则不断向他提供情况，坦陈自己的见解。每隔一段时间，他必会根据这一时期存在的主要问题提出正确的方针。比如，50年代评弹界受文艺界“左”的思想影响，认为笑料会破坏艺术的严肃性，摒弃了评弹“噱”和“穿插”的运用，并且过分强调了评弹的教育作用而忽略了其文娱作用。陈云便及时地提出：“评弹没有了噱会是很大的寂寞。”“穿插和噱头是要的……听众出了两角钱，不是来上政治课，作报告也要讲点笑话。”又说：“曲艺是一种群众性的文化娱乐。”“目前的曲艺创作和演出中，强调了政治内容的一面，忽略了文化娱乐的一面，这是偏向。”“思想教育的目的要通过艺术手段来达到。”在谈及整旧及编说新书的时候，我们因多次受“左”的过火批评而心存戒惧，缩手缩脚。陈云就指出：“有了缺点以至错误也不要随意指责。如果一有缺点、错误，就说是‘左’或右，过了一些就是‘左’，不足一些就是右；再说得严重些，就是‘左’倾、右倾，帽子很大。”在谈到“文艺作品中的劳动人民能不能有缺点、错误”的问题时，陈云指出：“说劳动人民没有落后面，这不真实。鲁迅反对不讲缺点。毛主席也讲，要给外国人看缺点。进步和落后的矛盾永远存在。”

※ 陈云在北京会见上海评弹演员。

到了1961年，戏曲曲艺界不辨精华糟粕，大“翻箱底”，陈云又及时向我们提出了“正确对待传统书目”和“衡量一个节目的好坏，要看对人民是否有利”的意见。并亲笔写了“目前关于噱头、轻松节目、传统书回处理的意见”，提出了“要有噱头，但要防止错误地滥放”、“要有轻松节目，但要防止下流”的要求。

就这样，在我们的工作中出现了这样那样的偏向的时候，陈云总是给我们以及时的提醒和指正。有时，我觉得他的一些意见和当时从主管部门传来的指示不尽相同，但他的意见却更切实际，更符合艺术的特点和规律，有利于艺术的发展和繁荣。今天才更认识到，这正是他“不唯上、不唯书、只唯实”的思想方法给我们指明的正确方向。

陈云除了找干部谈话之外，还广泛接触各地区各层次的评弹编演人员。凡受到过陈云接见、聆听过他谈话的，往往都有这样的体会：“‘老听客’太懂得我们的评弹了，许多话都说到了我们的心里。”（评弹工作者普遍称呼陈云同志为“老听客”，最初是为了保密，后来几乎成了一种尊敬的爱称了。）这说明他们都感受到陈云对评弹有着深

切的理解。

基于对事业和对从业人员的关切与理解，陈云对干部、群众也热忱爱护。他为了帮助评弹演员编说现代书目，曾亲自给说《青春之歌》的演员讲述救亡运动的历史背景，给说《林海雪原》的演员讲述当年东北战场的形势。为了增进演员的史地文化知识，陈云同志特把他用过的一册《简明中国通史》、一本《中国分省地图》和一部《辞源》亲笔签了名，送给上海市人民评弹团，还附了一封信。信上说：“送这几本书的意思，是想引起朋友们对于历史和地理进行考查核对的兴趣。当然，考查核对历史和地理需要大量书籍，需要借助于图书馆，靠这三本书是起不了大作用的，不过我希望因此而引起朋友们对这一方面的兴趣而已。”语词亲切感人。1961年，上海市人民评弹团的部分演员在北京演出，为了使演员增长见识，他要办公室的同志安排大家去青龙桥、周口店、八达岭等处参观。在登长城的前夜，他还特地要工作人员关照大家，登长城要爬山，最好穿布鞋，不要穿皮鞋。

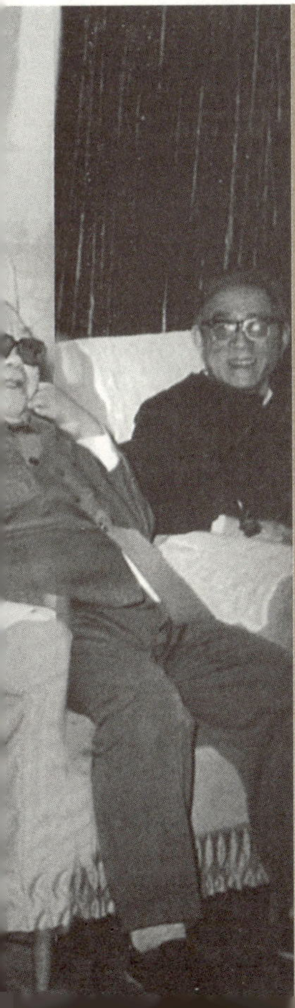

※ 陈云在杭州欣赏评弹节目。

也许是习惯于向陈云无顾忌地畅谈自己的意见，有时，我不免下意识地向他宣扬自己的一些观点，希冀获得他的支持，以增加这些观点的权威性。对传统弹词《玉蜻蜓》中的人物，我曾机械地运用阶级观点作了简单的肯定和否定，而忽视了对人物复杂性格的刻画。陈云发现了我思想上的偏激和片面性，1962年5月他来上海时，专门找我谈了《玉蜻蜓》的问题。他没有直接指出或批评我的错误认识，而是用了委婉而爱护的语气，并且还联系了他自己说："人的认识是发展的、会变化的，我们不要怕改变自己的认识。前两年，我曾认为金张氏可以全部否定。但如把金张氏全部否定了，全书，至少'金家书'就不能说了，艺人和群众很难接受。"由此，他更从理论的高度提出："传统书目的整理工作不能离开时代条件，要用历史唯物主义观点来看问题"，"对什么是'封建'要好好分析，不能过激；如果过激了，狭隘地运用阶级观点，就要脱离群众"。我想，他之所以提得这样委婉，既是他对待思想问题、文艺观点问题所采取的循循善诱的启发式领导方法，同时，也出于对像我这样的干部当时在极左思想泛滥的大环境中常会出现的那种过激偏差的谅解。使我感受更深的，是1963年初夏在苏州南园的一次接见。至今我还记得那高敞的窗明几净的古色古香的客厅。红木茶几上白瓷碟中，像菊花瓣似的放着一圈白兰花，散发着淡淡的清香。我向他汇报了评弹界的情况。我因受当时强调阶级斗争、抓阶级斗争的思想影响，向他提出了对评弹艺人如何划分阶级成分的问题。陈云没有正面回答我的提问，他只是谈到了评弹艺人的经济和社会地位对他们思想意识的影响。隔了一会儿，就对我说："吴团长啊，我替你想想，你这个团长不好当啊。"

当时，我这样的基层文艺演出团体的干部听惯了的是上级的批评和指责。在搞政治运动期间，上面不断施压，要我们去整治知识分子；而运动过后，纠偏的时候，又往往把粗暴的罪责转加在我们身上，很少听到上面这样体贴的话语。陈云的一句话，真如春风夏雨，给了我的心灵以温煦和润泽，只觉得他是那样的洞察下情，能理解人。所谓"不好当"，当时我想到的还只是多变的政令和错杂的人事纷争，直到"文革"之后，才想到了更难办的是阵阵袭来的极左风浪。

在我记忆中，陈云对我正言厉色的也有一次。那是在我认识他不久，我根据社会上对行政职务一般副职在称呼时不提"副"字的风气，随着一起受接见的同志称呼他"总理"，他听了立即严正地指出，说："我不是总理。总理是周恩来同志，我是副总理。"后来，我就跟着他身边工作的同志称呼他"首长"了。

1977年6月，陈云在杭州召开了评弹座谈会。那是十年浩劫之后评弹工作拨乱反正的一次重要会议。陈云在会前写了书面意见，并在会上作了多次讲话，为评弹的复兴提出了

※ 陈云在苏州。

※ 陈云（前排左四）在杭州会见上海、江苏、浙江评弹界著名人士。

纲领性的意见。那是“文革”以后我第一次见到陈云。我感到他当时的心情开朗而又振奋。他讲给我们听，他会前如何去杭州吴山书场等处进行调查，还告诉我们他在“文革”中的经历。他讲到，他利用空闲读马列原著，读《资本论》，“每读完一卷，就吃一杯酒”，不久就把《资本论》全部读完了。他还讲到他夫人于若木因揭露江青生活奢侈而受打击报复的事。他说，共产党人是崇尚节俭和朴素的。他给我们看他身上穿的一件羊毛背心，是全国解放初买的，已经补过了，还穿在身上。

评弹会议结束之后，他要我和苏州的周良留下来整理文件，并在杭州玩几天。在杭州的这几天盘桓中，我们利用空余时间，由省招待处安排，遍游了杭州的古迹名胜。联想到前几年在“文革”中受到的迫害，已宛同隔世。由此我感悟到，作这样的安排是陈云对干部的热情关爱，也是对我们在“文革”十年中所受磨难的抚慰。

正是由于陈云对干部、对群众的仁厚谦和、关心理解，所以加深了干部、群众对他的崇敬和爱戴，使我们在他面前基本能做到知无不言、言无不尽，有什么想法都能直抒胸臆，有什么请求也能大胆提出。每受到他一次接见，收到他一封信函，都感到振奋鼓舞。而陈云也很重视我们的意见和建议。在1961年，陈云和我们谈关于如何正确对待传统书目的问题时，就曾提出：“对的意见要听，不对的意见也要听，当然不是照办。如果没有反对意见，我们的思想就会闭塞。正确的东西总是在和错误的东西作斗争中逐步发展的。如果我们有缺点，错了，我们就改。经常有人提出些反对的意见，能使我们考虑问题更慎重、周到，可以减少错误。听反面意见是少犯错误的保证之一。”陈云就是以对党和人民事业的高度责任感，虚怀若谷地倾听着各方面的意见。记得1981年左右，有一次在接见时，我偶然谈到了要消除“大锅饭”、“铁饭碗”的弊病的意见，他就问我：“你有什么建议和办法？”这一问使我惶恐得嗫嚅起来。我怎么能在他老人家面前妄议经国大计呢？但他却鼓励我说：“你只管说，讲给我听，不要紧的。”我只好期期艾艾地把自己的意见申述了一通，自己觉得说得语无伦次、不中要领，但陈云还是专注地听我讲完了。

1990年4月，陈云在杭州找我们去谈评弹，结束前，他又提出：“希望你们定期来看看我，一起来也好，单独来也好。你们听到社会上有什么反映，群众有什么意见，也可以写信告诉我，使我能够多听到些真话，多了解些实际情况。我们的干部，特别是高中级领导干部，能够交一点敢于反映真实情况的知心朋友，多听到些真话，是很有好处的。用通信、谈话的形式，向知心朋友了解情况，好处是‘真、快、广’。有些问题如果了解及时，就可以在萌芽状态加以解决。”广泛联系群众，多了解实际情况，多听到真话，可说是陈云一贯的工作作风。正由于这样的优良工作作风，陈云能深入全面地了解下情、实情，他才对工作、对形势、对群众有着充分的理解。

陈云只是在工余顾问一下评弹，但他对评弹的整个历史和现状，对评弹的艺术规律，以及对从事评弹工作的干部、群众都有着深切的理解。他提出的如“出人、出书、走正路”的正确方针以及许多明哲的意见，将一直成为评弹事业振兴发展的指针。陈云同志实际上已从一个业余爱好者变成一位专门家了。我深深地感到，热爱评弹的高级领导人今后一定还会有，但是，要像陈云那样全面深入地了解评弹、精通评弹，那样知人善察地熟悉并理解评弹界的干部和创演人员的领导人，恐怕就很难遇到了。想到此，不由得对陈云充满了感激和缅怀之情。陈云的风范将永远铭记在我心中。

（吴宗锡）

“新书三分好就鼓掌”

陈云说：“对老书，有七分好才鼓掌；对新书，有三分好就鼓掌。”

陈云一贯鼓励评弹编演新书，他说：“演传统的书目（包括分回），也演新创作、改编的书目，这才是‘百花齐放’。只演传统书目，是不对的。”他对编演现代题材的新书目总是满腔热情地支持和扶植。他深知编演新书的困难，更理解现代书在书台上站住脚不容易，为此经常鼓励作者和演唱新书的演员。

1959年11月，他第一次找我谈话时就说：“对老书，有七分时鼓掌；对新书，有三分好就要鼓掌。”后来，他又多次在和评弹演员的谈话中反复强调“新书三分好就鼓掌”这句名言，几十年来，一直为评弹界所传颂，激励着评弹工作者努力编演新书。

60年代初，陈云说这句话时，正是评弹界、曲艺界经过“大跃进”年代，出现了新书质量不高、说新唱新热潮低落的时候；是评弹界编演的一些新长篇上座不佳，演员们对说新书信心不足的时候；也是口头上讲“两条腿走路”，实际上新书在书台上日趋减少的时候。陈云及时告诫我们曲艺干部，要对编演新书给予热情支持，为评弹的书目建设指明了方向。

陈云之所以要说这句话，首先要我们明白，编演新书是时代的需要、革命的需要，也是评弹艺术发展的需要和方向。同时，他又指出“新书有三分好就鼓掌”，并不是降低新书的艺术质量要求。老书是“长期流传，经过历代艺人加工，逐步提高的”；“新书还是

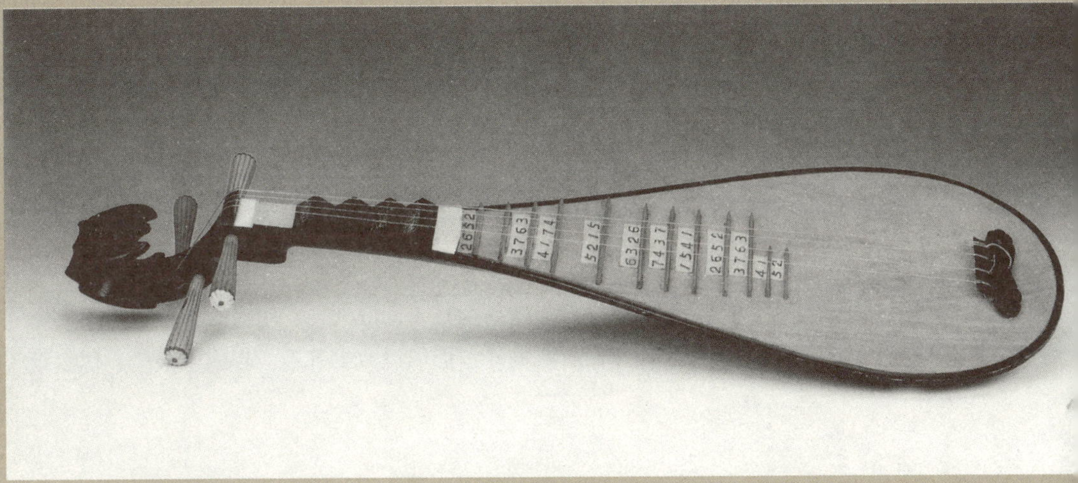

※ 陈云学唱评弹时用过的琵琶。

萌芽”，“还有个提高锤炼的过程”，所以有三分好就鼓掌。他一再鼓励大家努力提高新书的艺术水平。

陈云数十年来大力支持、扶植新书，身体力行，为我们做出了榜样。60年代初，他在杭州听了《青春之歌》、《林海雪原》、《苦菜花》三部新长篇和《过年》、《错进错出》、《闯海》等十多个短篇后，书面的、口头的，提出了不少有助于进一步加工提高的建议。1977年，他听了《李双双》、《老子、儿子、折子》、《一往情深》等中篇后，找作者和演员座谈，给予鼓励。是年6月24日，为了让改编者和演出者熟悉东北的时代背景和地理环境，更好地对长篇评话《林海雪原》进行再加工，他向我和汪雄飞、蒋希均详细地就抗日战争后东北的情况作了长达两个小时的介绍。1982年，上海评弹团编演的中篇弹词《真情假意》的录音，他连听二十遍，又多次谈话、写信称赞“这是一部适合青年、提高青年的好作品”。1984年，他听了现代长篇《九龙口》的录音后，给作者和演员写信鼓励，说“这是一部成功的创作”，“非常赞赏”。1986年，他听了新长篇《筱丹桂之死》的录音，又获悉社会上对此书评价不一的情况后，对我和上海、苏州的同志说：“这部书有缺点，但受听众欢迎，内容又不坏，算是成功的”，鼓励“以后慢慢提高”。1989年2月，他在杭州春节联欢会上，听了浙江省曲艺团演出的对白新开篇《说书先生办年货》后，高兴地点头赞许说：“编得还风趣。”

几十年来，陈云关于支持、扶植新书的论述颇多，指导及时具体。他帮助我们分析新书艺术质量不高的原因，提出一系列改进、提高新书艺术水平的意见。他反复强调“说新书，要熟悉时代的背景和环境”，“对工人、农民不熟悉，因此较难表现工人、农民”；“要组织、安排好‘关子’，不要平铺直叙地演述”，“要有噱头”，“作生动的描写，还要有抒情，不仅是形容，而且要夸张”；鼓励演员“说新书要大胆，不要怕歪曲人物、犯错误”。他指出评弹“提高新书艺术水平的决定因素，不在起角色，而在说表”；不断鼓励演员“说新书要坚持不懈地努力，要用较长时间去琢磨，开始时不要怕上座率低”等等。此外，他还就评弹工作的领导如何抓创作、提倡搞改编等等，提出了极为具体、至关重要和切实可行的办法。

（施振眉）

亲朋故旧的来信

陈云亲朋故旧的来信中，要求解决的问题有公事，也有私事。对于公事，根据党的政策、原则，该怎么办就怎么办；对于私事，陈云指示，不要因为是他的亲朋故旧就特殊照顾，应当按处理人民来信一样，一视同仁。

长期以来，陈云有不少亲朋故旧给他来信，要求解决各种各样的问题。在要求解决的问题中有公事，也有私事。对于这些来信，有的是陈云自己复信，有的是我们秘书根据陈云的交代以陈云办公室的名义复信。

对于公事，根据党的政策、原则，该怎么办就怎么办，比较简单；对于私事，陈云指示我们的处理原则是，不要因为是他的亲朋故旧就特殊照顾，应当按处理人民来信一样，一视同仁。

有一年，陈云家乡的一个亲戚给他来信说，他的儿子今年已三十多岁了，初中毕业后一直在家乡的供销社做采购工作，他们认为在地方工作没有什么发展前途，希望陈云副总理能在北京给他们的儿子安排一个工作，并说这点小事对陈云副总理来说一定是不成问题的。陈云看了这封信后说，这人的确是他家的亲戚。他要我们以他的办公室的名义复信，说明供销社是支援农业生产的一个重要的工作部门，不要看不起这个工作，只要把工作做好了，自己的前途也会有发展的，应当安心在地方工作；还要向他们说明，国家工作人员的工作调动，是根据工作需要和可能，由组织部门来决定的，这是党的组织原则。他虽是共产党的大干部，也不能违反这个原则，希望他们能理解。可是信发出后不久，大概是他们思想不通，也没有打个招呼，那位亲戚的儿子就到北京找上门了。陈云交代我们说，他这几天很忙，没有时间和他谈话，要我们先安排他在北京玩几天，等有时间再和他谈话。到第四天晚上，陈云把他叫去谈了一个多小时，第二天这位年轻人就说，昨天陈云副总理和他谈了。他想通了，应当安心在地方工作，在地方工作也是有前途的。他自己虽不是共产党员，但也是国家干部，应当首先考虑工作需要，不能光考虑个人的前途如何。还说，他决定明天就回老家了。于是由陈云个人出钱给他买了火车票，我们派人把他送到了火车站。他回到家乡后还多次给陈云来信，汇报家乡农业生产和他的工作情况。

还有一位是陈云20年代在上海商务印书馆时的同事的儿子，从东北富拉尔基某工厂给他来信说，他在大学时学的专业是工业机械，毕业后工厂没有分配他搞机械制造，而是分配他搞铸造。因为与他在大学时所学的专业不对口，不能发挥所长，他已多次向厂领导反映过，要求调换工作，但厂领导总是强调厂里工作需要，而不考虑他的要求。因此，他才给陈云副总理写信，希望能和他们厂的领导说一下，把他调到沈阳某机械厂工作。陈云看后要我们复信，说明我们国家工业现在还很落后，很多工业部门内部也不配套，由于缺乏经验，计划常有变动，也影响到少数大学生分配的工作不能完全对口。虽然我们在工作中应当注意尽量避免这种现象，但是要完全避免是不可能的。作为一个技术人员，应当服从国家的需要，学习和尽快熟悉新的工作，把工作做好，这才是对待国家应有的态度。至于说把他调到沈阳某机械厂工作，那样做是违反组织原则的，他不能那样做，希望他能理解。

一次，陈云过去在上海做地下工作时和他一起工作过的一个同志的儿子，从西安给他来信说，他大学毕业后分配到西安市某国营纺织厂工作，已在该厂工作数年，现在已结婚，还没有孩子，父母都在上海，年老多病，身边无亲人照顾，生活非常困难。父母多次给他们来信，希望他们能调回上海工作，他们自己已在上海联系好了工作单位，也给厂里正式写过请调报告，但是厂里总是强调工作需要，不放他们走，希望陈云副总理能和他们厂的领导说一下，放他们走。陈云要我们给他复信，说明像他这种情况在全国一定还有不少，由于我国边远地区更加缺少技术人才，他们厂从生产需要出发，不放他走是可以理解的。希望他们能从国家利益出发，自己克服困难，安心在厂里把工作做好，等以后有条件了，厂里也会考虑他们的要求的。陈云还交代，要向他说明，我是不能随便调动他的工作的，那样做是违反党的组织原则的，希望他们能理解。

（肖华光）

★ ★ ★ 第七编 ★ ★ ★

“文革”遭难　不忘忧国

第七编 07

"文革"遭难 不忘忧国

"黑帮这个词可不能随便用啊"

学生污蔑袁血卒是"反革命黑帮"，陈云说："黑帮这个词可不能随便用啊！"

1966年9月2日，陈云在人民大会堂接见天津工学院前来外调该院副院长、党委副书记袁血卒历史问题的学生。当学生们污蔑袁是"反革命黑帮"时，陈云指出："黑帮这个词可不能随便用啊！"当学生们说"袁讲您曾解决过他的历史问题"时，陈云回答："是。那是二十余年前的事啦，结论记不清了。

说袁血卒自首叛党、叛国谈不到，我不同意这种说法。他现在不是你们学院的党委副书记吗？中央怎么能让一个自首叛党、叛国分子去做副书记呢？"当学生们要求看袁的档案时，陈云又说："中组部有他的档案，你们是不是就别看了。关于他的历史问题，一直是中央解决的，可以到运动后期让袁血卒自己找中央解决。"

此前，陈云曾于8月31日就袁血卒历史问题给天津工学院的学生复信，说二十五六年前，在延安中共中央组织部工作时曾解决过他的问题，因时隔甚久，已记不清结论内容了。解放以后，听说中央组织部又解决过他的问题。在陈云耐心诱导下，这些原来要打倒

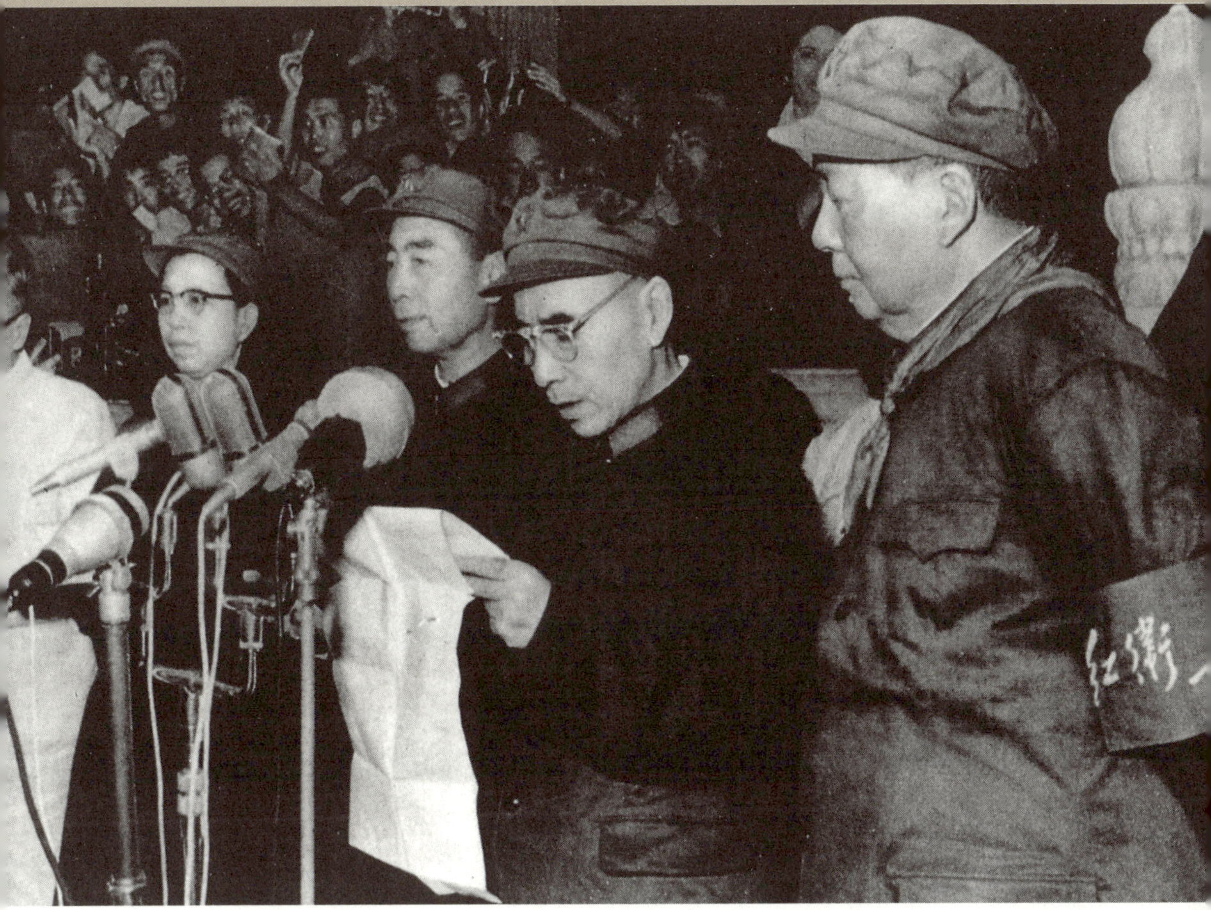

※ 1966年8月至11月，毛泽东先后八次接见红卫兵，将红卫兵运动推向高潮。图为（右起）毛泽东、林彪、周恩来、江青、康生8月31日在天安门城楼上第二次检阅红卫兵。

袁血卒的学生后来改变了态度，要求把袁树为革命领导干部。

后来，康生得知此事，便在1968年11月向毛泽东报送材料时攻击陈云说：“从附件中才晓得陈云同志又一次包庇了袁血卒，而且是在无产阶级文化大革命运动中。”

（朱佳木）

※ 1967年至1968年，武斗遍及全国。图为1968年武斗后的广西南宁市一角。

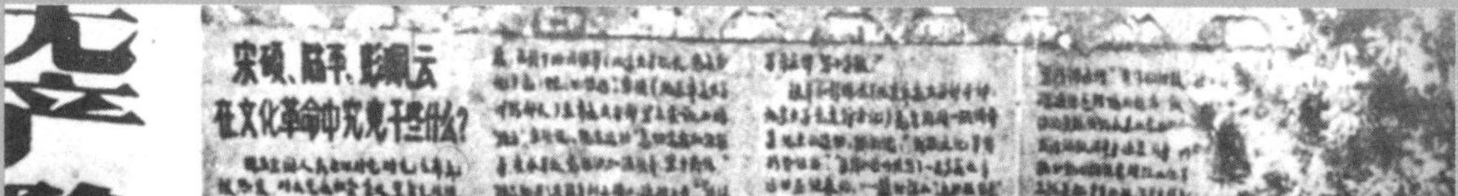

※ 1966年5月25日，北京大学哲学系聂元梓等七人贴出在康生授意下写的大字报，攻击中共北京市委和北京大学党委。图为贴在北京大学校园内的这张大字报。

“文革”中被抄家

陈云被抄家，周恩来派秘书赶到现场说：陈云是中央常委，他的档案不是一般的档案，是党和国家的机密，任何人不许动。至于评弹，是苏州一带的文化艺术，不能作“四旧”破。

“文化大革命”中，陈云也和其他一些老同志一样被抄了家。当时，陈云住在北长街，为了保护他，周恩来让他转移到了西郊。红卫兵在中央文革小组的挑动下到陈云家中抄家，中央警卫团的一位副团长闻讯急忙赶去劝阻，不起作用。红卫兵冲进大门到家中和办公室里乱翻，还要抬走保险柜，只是由于警卫的坚决反对，没有搬出大门。陈云很喜欢听苏州评弹，家中保存了一些评弹唱片和录音，红卫兵说这是“四旧”，也要查抄出去销毁。周恩来知道后，立即派秘书赶到现场说：陈云是中央常委，他的档案不是一般的档

※ 红卫兵任意抄家，查封私宅。

※ 在林彪、江青等人煽动下，红卫兵大破所谓“四旧”（即“旧思想、旧文化、旧风俗、旧习惯”）。图为红卫兵砸毁美术作品。

案，是党和国家的机密，任何人不许动。至于评弹，是苏州一带的文化艺术，不能作“四旧”破。你们冲进来是错误的，希望你们立即撤出去。但是，红卫兵依仗着有中央文革小组做后台，硬是不撤。双方僵持了几个小时。后来，总理的秘书打电话给戚本禹告诉他周总理的意见，戚本禹才让红卫兵撤了出去。

中共九大以后，陈云同叶剑英等人被安排到由中央警卫团“支左”的北京新华印刷厂“蹲点”。不久，他又被以战略疏散名义，同邓小平、王震等人一起被安置去江西。周恩来十分关心陈云的情况，事先给江西省委打了电话，要求他们在陈云住的地方安暖气，让他在条件好些的工厂蹲点。遵照周恩来的指示，有关部门安排陈云到南昌市郊区青云谱的福州军区干休所居住，在住处安了暖气，并安排他到附近的江西化工石油机械厂蹲点。

（孙业礼、熊亮华）

“钱由我出，就这样定了”

陈云下放，购置了一些生活用具，按制度规定是可以报销的，可陈云说：“不用到机关报销了，我看买这些东西也用不了多少钱，我还出得起，就由我来出吧。”

1969年9月，“文化大革命”正处在高潮，林彪借口中苏关系紧张，在毛主席不在北京的情况下，向全军发布了一号战备令，把许多有碍他进行阴谋夺权活动的老一辈无产阶级革命家，如刘少奇、朱德、陈云、邓小平、李先念、陈毅、叶剑英、王震等老同志疏散到外地，并且限定在三天至五天内离开北京。就这样，陈云被疏散到了江西。

陈云到江西后，先住在南昌，然后被安置到离南昌市约30华里远的青云谱福州军区干休所居住，决定让他到距青云谱干休所约2华里的江西化工石油机械厂蹲点。在陈云准备去青云谱干休所居住以前，我和警卫员李奇先到青云谱干休所去看了一下。我们看到干休所已作了一些准备，如陈云的住处和我们几个工作人员的住房内都准备了木板床、办公桌和木椅，另外，还给陈云的房间里准备了两个旧的单人沙发。厨房是一间约有六七平米的小屋，进门要低头。厨房里有一个泥做的灶台，灶台上有两个灶口。还有一张旧的小木桌和一条木板凳。我们回去后把看到的情况向陈云作了汇报，并向陈云说明，因为我们要在这里长期生活，所以需要购置一些生活用具，如锅、碗、盆、勺、刀、铲、菜板、筷、水壶、热水瓶、扫帚、铁簸箕、墩布、痰盂等。还说明要购置的这些生活用具，按制度规定是可以报销的。陈云听了回答说：“不用到机关报销了，我看买这些东西也用不了多少钱，我还出得起，就由我来出吧。”我们说要首长个人出这笔钱不合适，还是等以后我们回机关报销好了。陈云说：“现在情况不同了，我是被疏散到外地的，你们是跟随我来的，我们什么时候能回北京也很难说，钱由我出，就这样定了。”说罢起身拿来放在桌子上的提包，从提包里拿出100元钱交给我，又问我够不够，我说现在还不知道，等买了以后再说吧。陈云又说：“如果不够再向我要。”我们拿了钱后，又从省委机关借了一辆三轮车，到南昌市好几家商店买全了这些东西，一共花了80多元钱，还剩下十几元。我们回来后把买东西的情况向陈云作了汇报，并把剩下的十几元钱还给陈云。陈云说：“今后如果还要买什么东西，就到我这里来拿钱。”后来，我们回到了北京，这笔钱也按照陈云的指示，一直没有报销。

（肖华光）

“书是精神食粮，好东西”

陈云说：“书是精神食粮，好东西。我从北京到江西什么东西也没有带，只带了三箱书，读书就是我的工作。”

在江西下放的岁月里，陈云很少外出活动，甚至很少离室散步，他爱读书，看书阅报学马列著作和革命理论成为他每天主要的事情。

陈云的这个爱好，一直影响着身边的工作人员，我就是其中之一。

那是陈云到干休所不久的一天，我因事来到首长住处。正在看书的陈云放下手中的

※ 陈云在“文化大革命”期间阅读了大量马克思主义的经典著作，特别是列宁在十月革命后写的有关新经济政策方面的著作，并联系中国实际，研究和思考中国建设社会主义的若干问题。这是陈云学习阅读《列宁全集》时作的批注。

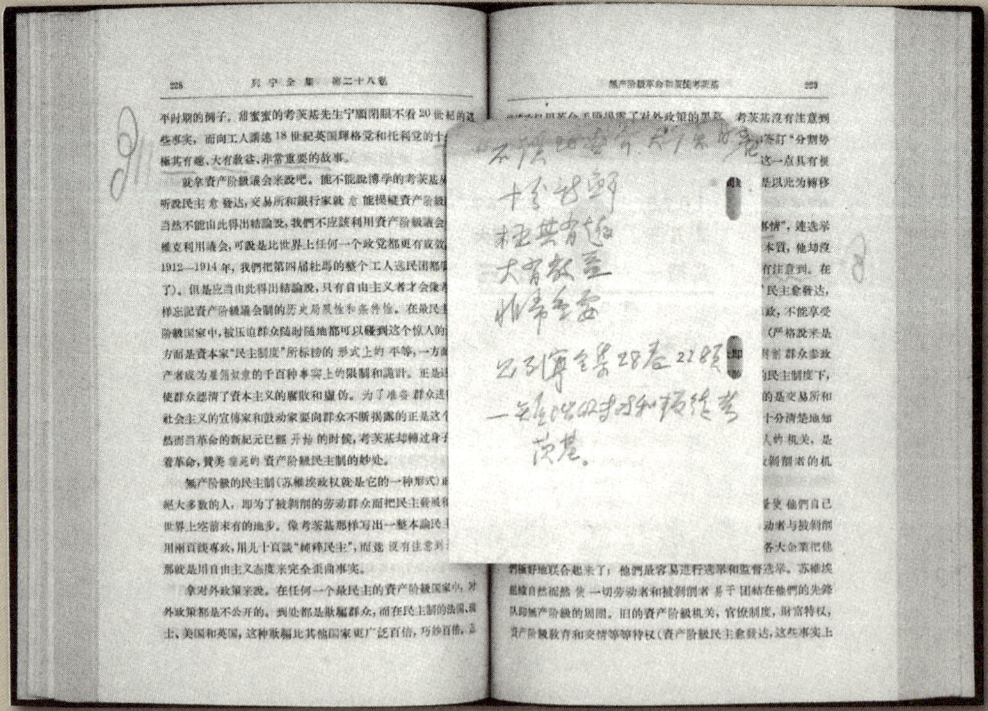

书，招手让我在他身边坐下。我十分高兴地在首长身边坐下，说：“首长您又在看书学习了？”

“书是精神食粮，好东西。我从北京到江西什么东西也没有带，只带了三箱书（装书的箱子大约长1米，宽高0.6米，三个箱子都一样大），读书就是我的工作。你的工作很多很忙，也一定要兼顾读书看报。现在的书和报纸有百种千种，在工作不忙的情况下，一定要学会读书看报。比如看报，《人民日报》一定得天天看，它是党的喉舌，国内外大事，党的路线、方针、政策，都在上面体现，不看怎么知道？怎么领导工作干好工作？你是军队干部，也要天天看《解放军报》，在江西工作还必须天天看《江西日报》……党中央的报纸看了，地方党政机关的报纸看了，所属团体的机关报纸也看了，天下大事，党的路线、方针、政策就一清二楚，干工作心里就有底，不会盲目干，不会迷失方向。其他一般报纸嘛，没有时间看个标题就够了。”

陈云副主席的一席谈话，对我既是十分严肃的批评，又是不知不觉的教导启迪，真叫我心服口服，又由衷地敬佩。

从这以后，我注意加强政治学习。不久，我要给全所干部战士上政治课，备课中为找到毛泽东论社会发展的一段论述出处犯难了。无奈，我只好硬着头皮请教陈云副主席。陈云看了毛泽东的那一段原话，随即说出这话出自于《马克思选集》多少卷、多少面、倒数第几行。接着，他从书柜中找出马克思著作翻给我看，果真不差。

（郑惠）

“我是来向江西人民学习的”

陈云谦虚地说：“江西是革命老区呀！我多次到过这里，这次是奉令来蹲点搞调查研究的，是来向江西人民学习的。”

1969年10月20日至1972年4月22日期间，陈云在江西蹲点搞调查。在这两年七个月的日子里，他老人家除了在江西化工石油机械厂蹲点调查研究外，还深入工厂、农村、学校，召开座谈会，广泛找基层干部、工农群众谈心，听取他们的心声。当时我在江西省革委办公室工作，曾多次陪同陈云去工厂下农村，对这段往事记忆犹新。他老人家当年那种不顾年老体弱，不辞辛苦，成年累月、风尘仆仆深入基层，调查研究，关心江西经济建设和人民生活改善的领导作风，给我留下了深刻的印象，也深受教育和鼓舞！

“我来是向江西人民学习的”

1969年10月3日上午，我在办公室值班，专线电话铃响了，是北京来电。出于职业本能，我预感这一定是重要的电话，果然电话里传来了周恩来总理的声音！他问我：“省里哪位领导在家？”“哪位领导离电话机最近？”我说：“省里领导都下乡去了，离省城最近的陈昌奉也在50公里外的安义县，无法转接电话。”（过去我在庐山曾陪同周总理游泳，他认识我。）总理便令我认真记录，总理亲自传达中央指示，“陈云带秘书、卫士来江西蹲点搞调查研究，要在市郊区选一座单独的房屋，要有暖气设备，房租要适当收一点；要派一部专车，选一个好司机；调研要妥当安全”等，指示扼要明确。当时我心想：总理对陈云是多么关心啊！接电话后，我立即向程惠远主任作了汇报，他于当天下午驱车向远在婺源县的省革委主要领导作了汇报。经研究确定，由省军区副司令员陈昌奉同志负责落实。遵照总理指示，选择了南昌市南郊青云谱的福州军区干部休养所8号房（原解放军四十五速成中学校长韩梅村的宿舍）为住房，选择江西化工石油机械厂（当时是福州军区江西生产建设兵团第28团）为蹲点调查研究的地方。

金秋十月，井冈竹翠。10月20日，陈云及三位工作人员（肖华光秘书、李奇卫士和厨师）从北京乘火车到达南昌。陈云头戴轻便帽，身穿草绿色军装，脚穿黑色皮鞋，第一个走出软卧车厢。我们迎了上去，向他敬礼、握手，安排他们四人在省革委滨江招待所一号楼下榻。第二天上午，省革委、省军区几位主要负责人到滨江招待所看望陈云，由陈昌奉向他老人家作了介绍。当介绍到郭光洲时，陈云拍拍额头说：“我们早就认识了，你还记得我么？在中央苏区时，我们就认识了。”他又说，“第一次见面是1934年在瑞金吧！？”郭光洲惊讶地说：“您的记性真好！全国解放后，我到北京开会，还多次听过您的报告呢！”这么一来，整个接待室气氛活跃起来了，笑声朗朗。接着，省革委、省军区主要领导汇报了江西的情况。陈云谦虚地说：“江西是革命老区呀！我多次到过这里，这次是奉令来蹲点搞调查研究的，是来向江西人民学习的。”

陈云在滨江招待所住了十多天，我随同陈昌奉多次去看望他老人家。陈昌奉是毛主席长征时期的警卫员，与陈云是老相识，他俩既谈工作又叙友情。陈云很关心江西的工农业生产和老区人民的生活状况，问得很细。

11月初，青云谱干休所8号房尚未修好，锅炉还在安装，陈云就住进去了，并于当月

12日赶到江西化工石油机械厂“蹲点”。当时，陈云住的8号房是一栋砖木结构的单门独院的平房，是解放初期修建的，设施简陋，普普通通的老式家具，冬天无取暖设备。好在这栋房子周围树木环抱，种了花草，环境比较清静。这样简陋的房子，陈云住了三个冬春。如今人们去瞻仰这座平房，要不是房门上挂着“陈云同志旧居”的牌子，谁能想象得出这里曾经居住过一位伟大的无产阶级革命家、政治家、经济学家、党和国家的重要领导人啊！

※陈云在江西化工石油机械厂『蹲点』期间的住处——南昌市青云谱福州军区离休干部管理所8号院。

“要狠抓技术改造”

1970年4月27日，陈云的秘书肖华光给我打电话说：“首长想去江西氨厂、南昌钢铁厂看看。”并说他要写材料，没有时间陪首长去，要我与卫士李奇陪同前往。我当即表示同意。心想：这是一次直接向陈云学习调查研究领导艺术的好机会。并立即电话通知这两个厂的领导，做好接待准备工作。

4月28日上午9时，我与卫士李奇陪同陈云乘坐一辆浅蓝色的伏尔加牌老式轿车，直驶南昌市东郊——江西氨厂。

这一天，春光明媚，公路两旁稻田里的黄油菜花、红花草吐芳斗艳，空气清新，令人心旷神怡。陈云不时眺望车外，显得轻松愉快。12公里的路程，半个小时就到了。江西氨厂领导凌林、副主任门忠臣等十多位同志站在厂门口迎接。陈云主动与他们一一握手，热情问好。在厂会议室里，凌林向陈云汇报了氨厂的历史和现状，生产组长王兆惠汇报了生产经营情况。陈云听得很认真，不时作记录。当问到该厂主要设备煤气发生炉时，陈云告诉在座的人说：“这种VGI型的炉子，是仿苏联30年代的产品设计的。这种炉子直径是2.745米，3米高，容积小，应进行技术改造，扩容增产，多出氨，出好氨！”并问身边的一位姓王的工程师：“你知道这座炉子的结构吗？有几块耐火砖呀？”这位工程师面带难色，无言以对。陈云见状，便马上告诉他：是××块砖构成的。在座的人听后都很惊讶，都向他老人家投以敬佩的目光。我心想：他是主管全国经济工作的党和国家的领导人，日理万机，还这么熟悉设备，连高炉多少砖都记得清清楚楚。当天，陈云兴致挺高，徒步参观了造气、合成、炭化等五个车间。他老人家边走边询问，走到合成车间时，见女工马桂英在液位计岗位上认真操作，便主动上前向她问好，同她亲切握手。见女工侍作仪坐在精炼岗位旁，挺着怀孕的身躯抓紧时间在吃盒饭时，便问她：“你吃什么菜呀？能吃饱吗？”侍笑眯眯地说：“我在吃鳝鱼，能吃得饱，谢谢领导的关怀！”陈云对厂里陪同的同志说：“一定要把生产一线的工人生活安排好，要保证能吃上可口的热饭菜，他们上班是很辛苦的呀！”在场的工人都报以热烈的掌声，以表谢意。几十年过去了，侍作仪早已退休了，我去采访她，问及当年见到陈云的情景时，她还是乐滋滋的，喜形于色。她说：“开始时，我不认识这位首长，只觉得面熟，好像在哪里见过。当他问话时，一口的江苏口音，我恍然大悟，我记起来了，前些年厂部会议室里，七位中央领导人的挂像中有他，这就是敬爱的陈云。当时心情非常激动，这是我有生以来第一次同中央首长面对面谈话啊。怪自己嘴笨，连问好的话都忘记说了。下班后同爱人童昌行讲，他也很高兴。”“当年我怀的第二个儿子，感谢党的政策好，早已大学毕业，赴上海工作了。”

“要多学点工农业知识才好”

1970年4月29日上午，工人忙着准备迎接“五一”劳动节，农民正忙着插秧，我和卫士李奇陪同陈云驱车到南昌县罗家集南昌钢铁厂参观。他老人家凝视着公路两旁的水稻田和正在插秧的农民，略有所思，便问我：“你会种田吗？知道红花草的作用吧？”我是农村长大的，稍懂一些，便一一作了回答，他满意地点了点头。接着他告诫我们说：“你俩都是军人，也要多学点工农业知识才好。”我俩异口同声表示：一定听首长的话，好好学习。

小车跑了约一半的路程时，遇上农民在公路上挖了一条过水沟，车辆难以通过。司机徐广勤为了确保首长的安全，只好停车。我迅速下车找石头准备填沟通过，陈云示意不要着急，并对我们说：“放水插秧要紧，不能误了季节啊！”农民见陈云下了车，便上前问话说：“您是一位首长吧？真吃价。”（南昌土语是好的意思）车子等了二十多分钟，秧田的水放满了，我们同农民一道铲土填沟，继续赶路到了南钢。厂革委会主任张万海、副主任唐占前等二十多位同志在厂门口等候迎接。在会议室坐下后，陈云首先讲话：“我到江西调查研究，早就想到南钢看看。”他问张万海、唐占前是哪里人。张说：“我是内蒙古人，老唐是安徽人。”陈云接着问张：“1962年在北京召开的七千人大会，你参加了没有？”张答：“参加了。”陈云说：“那很好。”尔后，唐占前汇报了南钢的生产经营情况。当时南钢有职工5268人，年总产值3500万元，年产钢铁11万吨，钢材3.5吨，销售收入2800万元，固定资产原值5900万元，在钢铁行业中属小企业。陈云边听边记，还不时插话问：“南钢有矿山吗？有没有焦炭？有自己的专用铁路线吗？”张万海回答说：“我厂有专用铁路线，是1958年由解放军义务劳动修的，取名八一路呢！”“矿山就没有，连焦炭都是从新余运来。”陈云说：“这样成本就会高些，应该想办法自己炼焦炭。”听完汇报后，陈云到炼铁分厂参观，他问张万海：“你们高炉的焦比是多少？”张答：“1∶1。”又问：“目前国内高炉生产最先进的是哪个钢铁厂？”张答：“是首钢，焦比是每吨600千克。”陈云同志接着说：“我到首钢、上钢看过，你们当领导的也应该去学习。”

这一天，他老人家兴趣很浓，紧接着又到了炼钢、轧钢分厂参观。唐占前向他介绍了一台小轧机，陈云风趣地说：“这台小轧机不小，大轧机也不大的。”这时，墙上挂钟已指向11时半了，张万海请首长用膳，陈云婉言谢绝，催我们驱车离厂返回住所。陈云有一个不成文的“规定”：凡是在市区或近市郊调查，他绝不在基层用餐，给他们增加负担。他在住处用膳也很简单，以素食为主，清清淡淡，生活简朴。

陈云很关心南钢。1971年8月底，南昌仍处高温季节，一天上午，他冒着酷暑再次去南钢参观。这次他没有让我们事先打招呼，搞了一次“微服私访”。车子进到厂部办公大楼，厂领导才被告知，没有一点准备。这次，陈云询问生产和防暑降温的情况后，便提出要到车间看看。张万海考虑到天气太热，炼钢车间温度又高，怕他老人家身体吃不消，便劝他到生活区走走。在张万海陪同下，陈云看了菜市场、南钢百货大楼，详细询问了商品价格、销售量、用户反映等。当走到二楼营业厅时，一位二十多岁的女售货员主动热情地搬来椅子请他老人家歇歇脚，陈云连声说：“谢谢！谢谢！”当时，这位姑娘可能已经认出这位平易近人的长者是谁了，她悄悄地站在旁边，以敬重的眼光，凝视着……直到有顾客叫买货时，她才恋恋不舍地离开。人民群众是多么敬重和爱戴这位深入基层、体察民情的党和国家领导人啊！

陈云参观南钢之后，到南昌县的胡家村、板溪村和红旗农场参观，了解农业生产和农民生活情况。当时，他老人家对“糖化饲料”很感兴趣，每到一处，都要看看养猪场和“糖化饲料”的发酵情况，进行研究、比较。他对江西省的领导讲：“这是解决猪饲料的好途径，要认真总结推广！”

每当我回忆起跟随陈云下工矿、去农村调查研究的情景时，心情格外兴奋。他老人家那种深入基层、了解实情、关心人民、求实创新的领导作风，给了我深刻的教育。

（赵子昌）

班组里的中央首长

陈云深入车间、班组，参加学习，现场看工人操作，了解生产情况，和工人促膝谈心。

江西化工石油机械厂位于南昌市青云谱区，背靠浙赣铁路及南莲公路，面向滔滔赣江及南高（南昌至向塘机场）一级公路，北有江南名楼滕王阁，南有闻名于世的八大山人纪念馆，一湖碧水点缀其侧，一脉青山隔江相望。水陆交通便利，自然环境幽雅秀美。

该厂的前身是南昌新生汽车修理厂，1953年由南昌市公安局创办，原厂址位于南昌市闹市区邮政路2号。初创时只有十几名职工，设备简陋，技术力量薄弱。1958年根据中央北戴河会议精神，经江西省经济计划委员会的批准，将该厂迁往青云谱区现址，扩建为年产3万吨炼油、化工机械设备的通用机械厂。1958年底，基本完成迁厂任务。1959年6月，改名为江西新生通用机械厂。同年12月，江西省计划委员会报国家计委批准，定名为江西化工石油机械厂。1968年，该厂实行军事管制。1969年编为江西生产建设兵团第二十八团，基本上实行的是半军事化管理。1971年春，江西生产建设兵团撤销，划归地方管理。

从建厂开始，风风雨雨，几经变迁，工人们压根就不曾想过，有一天会迎来一位伟人，一位共和国的开国元勋。

陈云来厂之前，上级部门交待，不许暴露他的真实身份和姓名，只冠以“北京来的客人”，以免群众知道。然而，当陈云从那辆米黄色的华沙牌轿车走出来的时候，陈云来厂的消息便不胫而走。“陈云来我们厂啦！”先见着的人急切地想把信息和感受传给别人，尚未见着的人则焦急地盼望能早一点一睹这位伟人的风采。

时令虽然已是冬季，但大自然却不时透出点点春的气息。容器车间一位青年工人蓦然发现，金工车间东北边的几株桃树枝头竟绽开了一朵朵鲜花。他惊喜地告诉同行的福建籍退伍军人老刘：“你看，桃花开了！莫不是大自然也有灵气，知道陈云来了？”老刘仔细看了一遍后含笑说：“也许是吧。不过你们江西地处亚热带，夏秋、冬春季节界限不分明。俗话说，‘十月小阳春’，农历十月，气温回升，桃花开放是有的，只是你过去没留心罢了。”

不管怎么说，一种不可言传的自豪感从工人们的心底油然升起，一股不可名状的暖流在工人们的心中涌动。是啊，过去工人们只是从照片上看到过陈云的神采，从报纸上读到过陈云的文章，从广播中听到过陈云的讲话。那时，陈云离得那么遥远；而今，陈云来到工人们中间，就在眼前，近在咫尺，怎么会不令工人们激动、联想呢?

陈云听取厂情汇报之后，便径直深入车间、班组，到最基层了解情况。他先后到铸工车间木模二班、造型班，金工车间中车组、划线班、钳工班，容器车间划线班、装配班，机修车间机电班，锻工车间锻工班等许多班组参加学习，现场看工人操作，了解生产情况，和工人促膝谈心。

1969年11月下旬至1970年2月，陈云大部分时间在铸工车间木模二班。陈云一到车间，首先看望工人，与每一位工人握手，亲切地询问他们的姓名、年龄、参加工作时间，并要求班、排安排工作。望着这位全国人民深深爱戴的党和国家领导人，工人们心里已是感慨万千，谁也不让他干体力活，于是陈云每天准时来木模二班参加学习。

※ 1969年10月至1972年4月，陈云被下放到江西化工石油机械厂“蹲点”。图为该厂外景。

陈云衣着朴素，冬天穿一件棉布军大衣，春秋着一身深灰色咔叽布中山装，脚上是一双黑布鞋。他对工人非常随和，平易近人，说话实在，语言幽默风趣。和他在一起，工人们如同过节一样，心情轻松愉快。他初到一个班组，总是要工人们随便些，不要把气氛弄得很紧张。一次，他问福建籍工人林久珍是哪里人，小林心情紧张，竟错答成“江西莆田人”。陈云听后，哈哈大笑，拍着小林的肩膀说：“如果你是江西莆田人，那这里就是福建南昌市了。”几次类似的情形之后，工人们不再拘谨了，他们和陈云亲密无间，无话不说。陈云到哪个班组，那个班组就笑声不断，气氛热烈。工人们和陈云多相处一天，就多长一分知识，视野放得更远。

对工人提出的问题，陈云都及时答复；有些不便直言的，则婉言回避，尽可能不使工人们失望。1970年他参加在庐山召开的党的九届二中全会会议回来，车间里有的工人同志向他打听会议有什么新精神，他马上说：“你们看报纸，报上都登了。”有的青年工人好奇地问他我国究竟有多少军队，他脱口而出：“七亿人民七亿兵嘛。”说完与工人们会心地同声哈哈大笑起来。

陈云在木模二班学习，正逢“斗私批修”的时候，每人从8岁讲起。他以班组普通一员的身份，先后讲了四次话。他讲了自己的出生地，讲了在商务印书馆的学徒生活，讲了在上海从事地下工作的经历，讲了三十五年前在江西中央苏区的工作，讲了红军长征，讲了张国焘危害革命，毛主席在关键时刻如何挽救革命，讲了对日作战，讲了解放战争，讲了新中国成立后的经济工作，讲了第一汽车厂筹建……他衷心拥护毛主席，把功绩都归于党、归于毛主席。

他有着惊人的记忆力，不论到哪个班，他先要班长写一份全班同志的名单，然后逐个对照着问哪里人、哪年参加工作。第二次见面，他就能一个个叫出名字。有一次，离开锻工班一个多月后，回到锻工班来看望工人们，他一个一个叫着工人的名字，最后说：“还有×××、×××两位怎么不在？”大家都非常惊讶，65岁的老人怎么会有这么好的记忆力？赶忙把这二位工人的去向告诉了陈云。

陈云平时与工人谈笑风生，爱和工人开玩笑，乃至根据工人的长相特征取个有趣的外号。但也有例外，这就是当时历史条件下特有的沉默。每次政治学习前，两个敬祝是必不可少的。当大家挥动语录本“敬祝××副统帅身体健康，永远健康”时，他保持沉默；开会呼喊“打倒×××”时，他一声不吭，眼神里流露出深深的忧虑。这沉默是无声的抗击、是启示，无声无息地感染、影响着工人。

工人们深深爱戴陈云。每次学习前，大家都把场地打扫得干干净净，陈云乘坐的小车一开到车间门口，无需任何人招呼、组织，工人们自动排成行迎接陈云。寒冬腊月，大雪纷飞，工人们铲去门口的积雪，清理通道，让小车直接开进车间。听说陈云要到农村了解情况，青年工人陈天赋悄悄地在家里精心做了个帆布小折椅，带进车间，送给陈云。陈云非常高兴地对人说：“我要把这只小折椅带到北京去，告诉毛主席，这是工人师傅给我做的。”锻工班学习的地方是集体宿舍，每逢学习，大家分坐在四张单人床上。工人们听说陈云要来参加学习，特地找来一把旧木沙发，修好后给陈云坐……陈云每到一个班组，这个班组的同志就为之自豪。在工人心目中，陈云既是一位德高望重的伟人，又是一位豁达、开朗、慈祥、知识渊博、思维敏捷、诲人不倦、胸襟开阔的长者。

（祝国仁）

宝贵财富

陈云和工人们的谈话，给人们留下了一份宝贵财富。他说："不研究生产不是马克思主义。马克思认为，一个民族不能一天停止生产。工厂就是要搞生产，如果只谈革命，不搞生产，那我们吃什么？"

陈云在江西化工石油机械厂的日子，给人们留下了一份宝贵财富，他的谆谆教诲，令工人们永志不忘。

当时空气中火药味很浓，人们的神经都绷得很紧，谈运动，谈革命，谈路线，谈政治，千篇一律、众口一声。谁要是试图标新立异，越雷池一步，便有可能被视为离经叛道，被当做批判的"靶子"。政治可以冲击一切，抓生产却要担心被扣上"唯生产力论"的帽子，学文化、钻技术要冒"走白专道路"的风险。然而，陈云每到一处，就要讲生产，就要大家研究生产。有一天他找两位同志谈话，疑惑地问："你们这里是否研究生产？我参加了73次会，没听你们讨论过生产问题。"他特别注意经济工作，经常提出有关生产方面的问题。在金工车间，他问中车组组长："你们什么时候开生产会？"组长知道陈云问话的含意，为了不令他失望，只好含糊地回答："我们一般晚上开会研究生产。"陈云马上认真地对组长说：你们哪天晚上开生产会，通知我一声，我一定来。

1970年5月24日，陈云参加容器车间划线班学习后说："你们班的会开得很好，大家既谈革命又谈生产，既谈成绩又讲缺点。这样的学习会，我不是百分之九十五、也不是百分之九十八赞成，而是百分之百赞成。"他每到一个车间，总要了解生产组织、工艺、材质、牌号、性能以及操作时要注意的问题。他常对工人说："不研究生产不是马克思主义。马克思认为，一个民族不能一天停止生产。工厂就是要搞生产，如果只谈革命，不搞生产，那我们吃什么？"他在金工车间说："职工学习结合业务太少。大破大立，要破也要立。立就是要搞生产，发展国民经济。"

陈云与工人坦诚相见，同时要求大家也要讲实话、真话，不要隐瞒自己的观点。有一次，陈云问一位青年工人如何看"文化大革命"，那位青年工人不假思索地回答："'文化大革命'成绩最大最大，损失最小最小。"陈云语重心长地说："你讲的不是你心里想的话，青年人要讲真话，不要说假话。"那位青年工人承认自己确实不知道如何评价"文化大革命"，这话是从报纸上学来的。

班里有的工人在陈云面前抱怨工资低，不知什么时候才能加工资。陈云开导大家说："加工资要根据国家财力，要看生产有没有发展，劳动生产率是否提高了。比如一只茶杯五角钱，如果加了工资在同样的时间里还是生产一只茶杯，那这只茶杯就要涨价了。所以加工资后只有在同样的时间生产出两只、三只、四只、五只同样的茶杯，钱才不会贬值。"1971年2月在机修车间的机电班学习时，应职工要求，他再一次讲了工资问题："战争年代，我们没有什么工资，大家都是吃大灶。1986年实行工资制度前，我带200名代表到苏联学习实行工资制的一些经验，了解工资制的具体做法。当时，我想通过工资实行'各尽所能，按劳取酬'的分配制度，改善人民的生活。现在看来增加工资一定要根据国家的财力，要看经济是否发展了。"

陈云对企业中大手大脚的浪费现象很重视。一次他到容器车间，看到地上撒了很多电焊条头，便对陪同的同志说："这太可惜了。能不能把这些电焊条头收集起来，加工成铁链条？"在机修车间机电班，他看到许多废弃的旧漆包铜线，很心疼。他问："能不能造一台机器，将报废的旧漆包铜线一根根接好，拉细拉长重用？"听到否定的回答之后，他仍不灰心，为此还专门到江西电机厂去了解过。他多次对工人说："小偷小摸、贪污，法律都可以管，铺张浪费几千几万法律管不了。要通过立法把浪费管起来。""我们国家大，底子薄，要处处注意节约。"

在金工车间划线班，有的青年工人问陈云："怎样才算革命到底？"陈云解释道："没有革命到底的时候。就是到了共产主义，各尽所能，按需分配，也不能算革命到底了。比如你有了一顶帽子，后来看到一顶新的，比自己原来的好，又拿了一顶，这就有一个思想问题，一个觉悟高低的问题。到了共产主义，也还有一个正确与错误、先进与落后的差别。"

（祝国仁）

车间里的笑声

陈云和一位工人老师傅互致"拱手礼"后，笑着说："现在年轻人虽然文化程度高，但他们不懂得这种旧时的拱手礼节啊！"大家听了，都笑了起来。

1969年初冬的一天上午，天阴沉沉的。一辆小轿车在寒风中悄悄地驶进了江西化工石油机械厂的大门，停在厂部办公大楼门口，从车上走下来一位60多岁的老者，这位老者就是党的副主席、国务院副总理陈云。

陈云身披军大衣，满头银发在寒风中一丝不乱，刚毅的脸上显得那么平静、自若。他用安详的目光环视着这个昨天还是陌生，今后却要令他长久地梦回魂绕的厂区，开始了他在这块热土上学习、调查的第一天。

陈云在厂部为他安排的办公室内待不住，听完厂领导的汇报后，就急着要去他蹲点的铸工车间。

走在宽敞整洁、绿树成荫的厂区大道上，陈云对陪同人员说："自从1955年我到大连为一家工厂制造的5吨行车剪过彩，以后一直在中央工作，很少有机会下工厂。这次到你们厂来，我要好好向工人师傅们学习。"

走进铸工车间内，一派热气腾腾的生产景象呈现在眼前。行车吊着笨重的砂箱在头顶上隆隆地横空驶过；碾砂机、筛砂机有节奏地轰鸣着；造型师傅们操着嗒嗒作响的冷泵枪，像急促的鼓点，震撼人心；高亢的锯木声、铿锵的砸铁声、嗡嗡的车床转动声，汇成了一首雄壮的迎宾曲，好像在欢迎陈云的到来。

在车间办公室，陈云向车间领导详细询问了车间生产的全过程，以及产量质量等情况，然后在车间领导的陪同下，到每个班组去看望工人们。

陈云首先来到木模班组，与在场的工人们一一握手，并愉快地和工人们亲切交谈。陈云对工人们说："我有一个亲戚在东北做木工，我也曾在东北的一家木工厂蹲过点。我对木工这个工作是有感情的。"

在熔化炉前，工人们正在抡着榔头砸生铁。小伙子们干得生龙活虎，一大块一大块的生铁在榔头的锤击下碎成了小块。陈云在一旁饶有兴趣地看着，也为工人饱满的生产热情感染着。过了一会儿，陈云转身问站在旁边的一位青年工人："你知道铸铁有哪几种牌号吗？"不等回答，陈云随口说出了铸铁的各种牌号、机械性能和化学成分。周围的工人们见陈云对生产方面的情况这么熟悉，眼睛里都流露出了敬佩的目光。

这时，一位50多岁的老师傅快步走到陈云的面前，双手作揖，十分恭敬地深深弯下腰，向陈云行了个奇特的礼。陈云见了，满面笑容地照那位老工人的样子还了一个礼。当两位老人头碰头后，陈云忙用双手将这位老工人扶起，然后笑着对周围的人说："现在年轻人虽然文化程度高，但他们不懂得这种旧时的'拱手'礼节啊！"大家听了，都笑了起来。

熔化炉对面的造型班那天正在配箱，二十多只刚从烘炉内拖出来的大型铸件砂箱烟灰

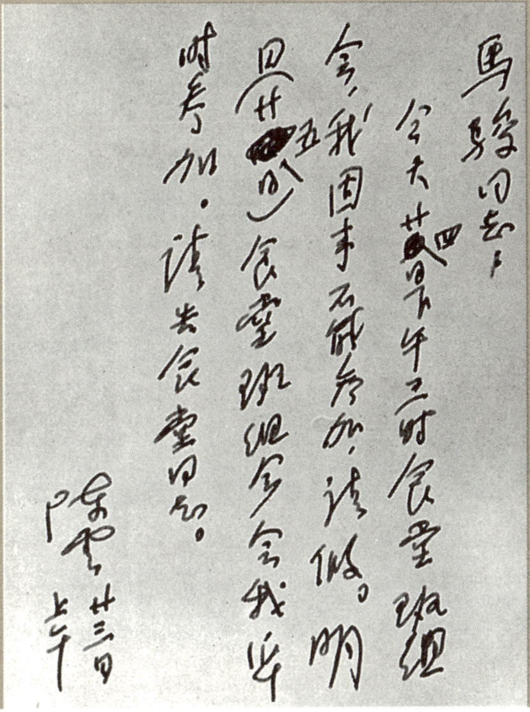
马骏同志：
今天廿四下午二时食堂班组
会，我因事不能参加，请假。明
日廿五食堂班组会我准
时参加。请告食堂同志。
陈云
廿三日上午

※ 陈云在江西化工石油机械厂『蹲点』期间写的一张请假条。马骏为当时该厂办公室干部。

滚滚，热气腾腾，造型工人们钻进里面配箱，热得像在蒸笼里一样，个个挥汗如雨，人人脸上被烟灰染得像黑面包公一样。

陈云时而弯着腰，时而蹲在地上仔细观看工人们操作，他见工人们劳动环境这样艰苦，禁不住上前紧握着工人们的双手，亲切地说："你们辛苦了！"当陈云得知当天晚上车间还要开炉浇铸铸件时，就对车间的领导说："工人同志工作很辛苦，我晚上一定来看他们。"

在车间机修班，一位青年女工正在全神贯注地开车床。她戴着工作帽，从帽子里露出两根乌黑的齐肩短辫。陈云悄悄地走到她的身后，伸出右手，在她的脑后做了个剪辫子的动作。青年女工察觉后，转过身，不好意思地冲陈云笑了笑，赶紧把两根小辫塞进了帽子里。

陈云又来到车间保管室门口。一位保管员见是陈云来了，忙迎到门口，请他到里面去坐坐。陈云赶紧摆摆手，笑着说："这里我可不能进去，你看门上不是挂了块牌子吗？"说着，陈云伸出手，指着那块小木牌，一字一顿地念着："仓库重地，闲人莫入。"大家都被陈云这种严于律己的态度所感动。

时间过得真快。下班铃响了，车间职工都来到车间门口，送陈云上车。陈云频频向人们招手致意，并大声说："同志们，晚上再见！"

从此以后，陈云就与铸工车间结下了不解之缘。陈云不顾年高体弱，每天除了参加班组的政治学习外，其他时间总是到各生产班组了解生产情况和质量情况，一有空就和工人们促膝谈心。车间的每个角落都留下了陈云的脚印，每个班组都闪动着陈云的身影。

一天下午，铸工车间正在开炉。熔化炉上的鼓风机雷鸣般地轰响着，通红的铁水不断注入铸件型腔中。车间到处铁花飞溅，烟雾弥漫。

陈云又来到车间，警卫员赶紧支好折叠椅，请陈云坐下。陈云兴致勃勃地观看浇铸的全过程。

工人们见陈云来了，都围了过来，有的站着，有的蹲着，还有的坐在地上，大家无拘无束地谈笑着。陈云兴致很高，不时发出一阵阵爽朗的笑声。

陈云见围在四周的工人中有一位女青年个子特别高，他笑着用手在自己的头顶上比画了一下，意思是说你的个子比我高得多。当陈云知道这位女青年来自上海，是厂女篮主力时，他高兴地伸出右手，做了一个投篮的动作。工人中顿时爆发出了一阵阵笑声，当时的气氛显得那么融洽、那么和谐。

陈云又看见通红的浇冒口上放着几只搪瓷茶杯，觉得很奇怪。工人们告诉他，因工人劳动强度大，汗出得多，口渴，用浇冒口的余热来烧开水喝。陈云听了，把右手握成杯状，送到嘴边，头一仰，眼一闭，做了个喝水的动作。

陈云幽默的动作在工人中引起了一阵欢笑声，有的人笑得前俯后仰。陈云也和工人们一起开怀地笑着，笑声在车间上空久久回荡。

（吴初生、刘正光）

"要理直气壮地抓生产"

陈云在江西化工石油机械厂"蹲点"期间，十分关心生产。他说："要理直气壮地抓生产，把生产抓上去。"并对抓好生产作了一系列重要指示。

1969年10月20日，陈云在"紧急战备疏散"的名义下，被下放到江西，同年11月12日来到南昌市青云谱江西化工石油机械厂“蹲点”。在两年多的艰苦岁月中，我有幸与陈云相识、共处，他对我的谆谆教诲，使我永生难忘。

北京来的“客人”

1970年1月初的一天上午，全厂连以上干部（当时我厂采用军事建制）在会议室开会，上级的一位“首长”到我厂宣布：“你们团来了一个大人物，在这里‘蹲点’，搞调查研究，也适当参加一些劳动，此人就是陈云。你们不要大惊小怪，不准暴露他的真实身份和姓名，在你们这里，就称呼他‘客人’好了。”

我很快就和“客人”见面了。一天，陈云来到生产指挥部。他个头不高，身材偏瘦，身上穿着棉布军大衣，脚上穿着一双黑布鞋。那略显苍白的脸，掩不住他刚毅、镇静而又忧虑的容貌。见到他，我不禁肃然起敬，抢步向前，立正举手敬了个军礼说：“首长，你好！”（以后我一直称他首长，厂里的同志们也都称他首长，因为“客人”这两个字实在令人难以启齿。）他随即握着我的手问了我的名字后，又问我是哪年参军的，多大岁数了，在部队干什么工作。我汇报说：1951年1月抗美援朝参军的，今年35岁了，在北京第二坦克学校当技术教员。陈云面带笑容很风趣地说：“那你是解放牌啦！”这平易近人的简短两句话使我放松多了。接着他又问我，你是怎么从北京到江西来的？我坦率地说了我这个知识分子家庭父亲被揪斗和全家被疏散的情况，他听了沉思片刻，说：“我们要相信党、相信群众，问题总会搞清楚的，历史自然会有公断。”听了这番话，一下子把我和陈云之间的距离和感情拉得更近了。

工厂的任务是搞好生产

陈云是党和国家长期主管财经工作的领导人，是通晓经济工作的专家。他虽身处逆境，仍始终关注化工厂的生产和建设，关心工厂青年一代的成长。他经常找我询问厂里的生产情况。一天，陈云要我陪他到金工车间、容器车间去看看。一边走，我一边向他汇报车间的主要设备名称、型号、加工能力和生产厂家以及当月车间的生产任务。他边听边问，十分认真。回到办公室后，他说：“你们这个厂设备是很不错的，有3.6米立车，6米龙门刨、镗床、铣床、磨床、插齿机、滚齿机、大大小小车床，总共有几百台，还有自动焊、半自动焊、氮弧焊机、卷板机、剪板机、X光探伤机，其中有的是西德、捷克、瑞士

※为了响应毛泽东关于党政机关干部要学农、学工的《五七指示》发表两周年，1968年5月7日，黑龙江省革命委员会在庆安县创办柳河农场，组织机关干部下放劳动锻炼，称『五七干校』。全国各地办起了各种形式的『干校』。

等国进口的……”他一口气几乎说全了金工、容器两个车间的主要设备。就在我对他如此熟悉车间情况感到十分惊讶的时候，他又接着说，“像你们这样规模的工厂，上海也不是很多。人民把这样好的厂子交给你们，就是要把生产搞上去，工厂的任务是搞好生产，毛主席不也说要抓革命促生产，要又红又专嘛！工厂只谈革命，不抓生产，那还要这个工厂干什么？”随后他询问生产指挥部下辖几个单位，我回答说：“生产技术组、材料供应组、人事劳动组、财务组，还有中心仓库、化验室和汽车队。”他听后说：“你们指挥部，顾名思义，是名副其实的全厂生产首脑指挥机关，你们的职责首要的是抓好生产、指挥好生产。要理直气壮地抓生产，把生产抓上去。”我时而点头，静心地听完了他老人家语重心长的一席话。在当时“以阶级斗争为纲”，政治可以冲击一切，把抓生产、钻技术扣上“唯生产力论”、“走白专道路”的“帽子”进行批判的年代里，他的这一番话就好像一股清新的暖风，拂去了长期压在我心头上的阴云。

抓生产要讲政治

陈云既反对政治冲击一切，又主张抓生产要讲政治。1970年初夏的一天，他参加完全厂生产会议后对我说："你们什么时候开生产调度会，你通知我参加好吗？"我说："这种会是扯皮会、吵架会，扯个没完没了，首长你最好不要参加。"但他却坚持一定要参加。于是，在以后的一段时间里，每逢厂里开生产调度会，我都提前通知他，在通常情况下，他几乎是每会必到。给我印象最深的是陈云在一个夜晚参加容器车间全厂生产调度会的情景。会议按着惯例检查当月生产进度、零部件交接日期，以及针对存在的问题研究解决措施。会上，几千个零件要对进度，找出未按进度交接的原因和定下最迟必须交付的时间，经常会出现有的车间调度员为零件加工的衔接问题互相推诿，争个不休。这样一来，会议从晚上7点一直开到深夜12点多。在时钟指到10点时，我对坐在旁边的陈云同志轻声说："会还要开很久，首长回去休息吧。"他摇摇头，仍然静心认真地听下去。到了11点，我又说："会一时还完不了，你老还是回去休息。"他还是不肯走。会议一直开到12点半，临结束前，我习惯地说请首长作指示。平时他参加全厂性的会议，是只听不讲话的，这次他破例地说："现在已是深夜很晚了，今天我要讲几句。曾参谋跟我说过，生产调度会是扯皮会、吵架会。我也主持过生产调度会，那是全国性的，也是扯皮会、吵架会。不过没有像你们这样，扯皮扯得这样厉害。你们这次调度会，本来有两个小时可以解决问题，为什么开这么长的时间？我看，就是缺少了点政治。抓生产要讲政治，要有政治头脑，要有全局观念。全局观念就是政治，你们这个会就是全局观念少了些，本位主义多了点，强调局部困难多了些。这样，全厂一盘棋的思想就淡薄了，讲全局、讲风格的气氛不浓了。我常讲，工厂的主要任务是抓好生产，但是，抓生产要讲政治，不能就生产抓生产，政治挂帅就是要体现在我们这些具体的生产实际活动中。不然的话，那就是口头革命派啦。我的这些话，供你们参考。"听了陈云的这些话，在座的人面带愧色，深感内疚，从此以后生产调度会开起来顺当多了。

指挥生产要抓关键

在生产调度会讲话后不久，一天下午，陈云又来到我的办公室谈生产问题。他说："我看工人同志们整天很辛苦，经常加班加点，干劲也很大，可是，厂里每月的生产任务不是完不成，就是要留个'尾巴'。你们研究过这个问题没有？"我听后笑着摸着后脑壳不知怎么回答好。接着陈云又说："搞生产光是苦干还不行，还要苦干加巧干。指挥生产不能眉毛胡子一把抓，要抓主要矛盾，抓关键，攻难关。你们这个厂的生产特点，是品种多，单台非标件多，不像汽车厂那样批量生产，要学会在生产中抓主要矛盾、抓关键。这就像打仗一样，集中力量攻难点、攻碉堡，只要主要矛盾抓住了，其他的就好办了。”这一席话，我一时还没领悟过来，只是低头沉思，哪些是当月生产的关键呢？从生产调度方面讲，应找出哪些关键零部件？陈云好像看透了我的心思，又接着说：“你可以找老工人、老技师和技术人员他们来商量商量，三个臭皮匠顶个诸葛亮！”首长简短的几句话，顿时使我心里亮堂多了。当天晚上，我遵照陈云的话，找来老技师和生产技术组的同志一起座谈讨论。经过研究大家一致认为：把加工复杂的零件、工序周期长的零件、需要设计夹具加工的零件以及需要外协加工的零部件，列为当月关键零部件。然后在这些零部件的工号上作好标记，在布置生产任务时，请各车间重点去抓，同时落实专人跟踪负责到底；平时我们去车间和开调度会也重点查问这些关键件的生产进度和存在的问题。这样一来，从机关到车间，大家心中明确了当月的重点和关键，齐心协力去抓，我们的工作就主动多了，而且也感到忙而比较有序了。

抓生产要抓质量、抓管理

当陈云了解到我们厂生产的小化肥成套设备出厂以后，化肥厂的同志来厂要求派人返修的情况时，便对我说：“工厂抓生产要讲质量，你们厂是生产化工、炼油设备的，质量第一。讲究质量需从每个零件加工抓起，不合格的零件不能转到下个工位，不合格的部件不能组装，不合格的产品不能出厂。”同时又说：“厂里生产任务这么紧张，老工人又不是很多，现在还要派人去返修设备，这样既耽误了生产，又影响了厂子的声誉，加上旅差费、材料费、工时费等等，损失可大了。如果平时生产重视了质量，对每个零件、每台产品把住了质量关，就不会产生这些问题。要经常教育大家，脑子里时时要有质量这根弦，在每道工序、每个环节都要严把质量关。这不能说是‘管、卡、压’，这是对人民负责、对工厂负责的表现。出了质量问题，要组织大家分析找原因，从中吸取教训，召开质量现场分析会，这是一种活生生的质量教育。还可以举办车间废品展览会，这也是一种教育方式，形式可以多种多样嘛！”

陈云还对我说：“搞生产没有制度不行，合理的规章制度不是‘管、卡、压’，不能破除。毛主席说要破除不合理的规章制度，并没有说要破除所有的规章制度！现在把厂里的规章都说成‘管、卡、压’，一概废除，那怎么搞生产？一个工厂没有章法，怎成方圆？我14岁进上海商务印书馆当学徒，那时馆里有个规定，裁纸要两手的手指弯曲，手背向前推纸，不能平伸着手去推纸（首长一边说，一边做手势比画着），否则机器就会将手指头截断。这可是老工人用血的教训总结出来的安全操作规程，像这样的制度能破除吗？你们厂现在一些安全生产制度、质量检验制度、工艺操作规程都破除了，这怎么能搞好生产呢！”

首长当时的这些话，在那个“史无前例”的年代虽然得不到有力贯彻，但在以后的工作中，我们对质量问题还是警钟长鸣，常抓不懈。我们还逐步恢复了各工种的安全操作规程，并经常在厂生产会上强调要求贯彻执行和重视安全生产。

搞生产要厉行节约反对浪费

陈云经常在车间里转，亲切和蔼地广泛接触干部工人。有一次，他对我说：“在容器车间我看见地上的废钢板太多太大，电焊条头也太多太长，真是心痛又可惜。你们厂子这样大，如果处处都注意节约，一年能省下多少钢材，省下多少电焊条？！”他稍停后又说：“我不是批评你们，是看能不能想个办法，下料的时候像裁缝师傅剪裁布料一样来套裁钢板，你看行不行？如果行的话，可以减少很多边角余料，避免大量浪费。”事后，我找技术员、老工人一起研究制作出一些下料套裁的样板、模具。对于不适用于此法的，则要求车间班组将大块的余料标明材质型号退回仓库，以备小件下料再用。

虚报浮夸要害死人，订计划要留有余地

有一次，陈云在一个车间看到有的工人在上月完工的产品上作业时，随口问我：“这些产品上月不是已完成了吗，怎么工人还在上面干？”我不好意思地解释说：“每月生产统计报表的截止日是当月30日（或31日）晚12点，如果超过了这个截止时间就该统计在下个月的报表。这几台产品只剩个尾巴，要不了半天就完工了，上个月不统计报上，月计划任务就没有完成。”陈云听后很严肃地说：“搞生产是硬任务、硬指标，统计数字要准确无误，不能带水分，一吨也不能虚假。我们国家1958年的浮夸风，教训十分惨重。不要以为下面基层虚报一点没关系，可到了上面加起来就是一大片，这会害死人的。”听了首长的批评，我内心久久不安，深感内疚点头不语。接着首长亲切地说：“订生产计划，工人们加班加点还完不成，这就要考虑计划订得是否合理！我们订计划一定要留有余地，就像一个人摘桃子，站着伸出手就摘到了，说明计划指标订低了；伸着手跳起来能摘到，说明这个计划是合理的；如果跳起来都摘不到，说明计划指标

※ “文化大革命”期间，毛泽东号召“知识青年到农村去，接受贫下中农的再教育，很有必要”。全国掀起知识青年上山下乡运动。全国上山下乡的知识青年共达1623万人。

过高。他费了很大力气还摘不到，他就不会去摘了。这样，就会挫伤干部、工人的积极性。我们订计划，一定要留有余地，比如一个月可以完成100吨任务，订计划时，指标定在90吨或95吨，留有5到10吨的余地，让下面有产可超。这样的计划是鼓劲的计划，是鼓舞士气的计划。”首长的这番话不仅对我当时的工作是及时的指点和教诲，而且也永远铭记在我心中，成为我以后行动的指南。

（曾文威）

情意浓浓拉家常

陈云平时言语不多，但他一有空就主动与身边人员拉家常。有一次，他与沈玉贵谈起了生活哲学。

陈云到干休所时，虽年近七旬，头发已有些斑白，人很清瘦，但仍神采照人，和蔼可亲。由于工作需要，我几乎是天天出入陈云副主席的住所。

一天，首长十分肯定地对我说："小沈，听你口音是苏北口音，你是江苏人？"

"首长，我是江苏人，祖籍射阳县。"听我这么一说，他很高兴。我心里更是吃了蜂蜜一样甜甜的，因为我已知道首长祖籍也是江苏，且随他而来的三名身边工作人员，除了李奇卫士是辽宁人外，秘书肖华光、厨师老江都是江苏人。很快，我就与首长身边工作人员相处得十分亲密、无拘无束了。

"首长，您问了我一个问题，我也想问您一个问题，不知行不行？"

"什么问题啊？"首长拖长语音示意我说下去。

"首长，您很像中央一位领导人——陈云副主席，您就是陈云吧？怎么又叫陈元方呢？"

看着我满脸不解的样子，首长略加思考了一下，严肃而又平静地说："你猜得对，我就是陈云。我有两个儿子，一个叫陈元，一个叫陈方，把两个儿子的名字合在一块就叫陈元方。我现在不叫陈云，应该叫陈元方。要保密，这是纪律！"

"好好，请首长放心。"对我既激动又认真的表态，首长表示满意。从这以后，我对陈云方方面面照顾格外细心谨慎，老人家很称心。随之，我还逐渐地弄清了一些内情：陈云实际上是受林彪反党集团和"四人帮"排挤及迫害而来江西的，这一来不知要多少年。

陈云平时言语不多，但对工作人员除外。他一有空闲就主动与身边人员拉家常。他常教育大家要稳重，为人处事要好，碰到困难要乐观豁达，特别是要爱护身体。因此，他身边的工作人员都受他的影响不沾烟酒。

我虽然不是首长的随身工作人员，但首长对我却关怀备至。我那时家中有一个儿子、一个女儿，岳母和妻子都没有工作，每月仅靠82元工资维持生活，日子过得紧巴巴的。首长了解这一情况后，利用一次拉家常的机会，同我谈起了生活哲学：小沈，我知道你的生活不很宽裕，这是暂时现象，将来我们的生活都会好起来的，一定会好的。生活越艰苦，越要劳逸结合，爱护好身体。身体是工作的本钱，你有再好的思想，若身体不好也没法工作，不能为党为人民多做好事。干革命需要好身体作保障。我也有点钱，但要考虑孩子读书上大学，舍不得吃。现在孩子大学毕业参加工作了，生活也好了些，但我身体又不如以前了，想吃东西却吃不了多少，一个苹果要分三次才吃完，一个面包切成片一次只能吃一片……爱护好身体很重要啊！当然，不能借钱吃，借了人家的钱总是要还的。要靠劳动所得，自己有就吃，没有不要吃，千万不要借钱去吃！

听着首长这段情意浓浓的家常话，我的眼眶立即湿润起来。他说："将来我们生活会好起来，一定会好起来。"我当时只是理解为等儿女长大参加工作了，负担减轻生活也就好了。其实，陈云副主席说的远远不是此意，他是站在更高的高度，远瞻我们的共和国一定会发生翻天覆地的巨变，人们的生活水平也会发生巨变……他对此坚信不疑，并为之奋斗不息，真不愧是一代伟人。

（沈玉贵）

惊人的记忆力

陈云见过一次的人，就能叫上名字。他说："我年轻时能一口气背出几百人的名字。"

陈云是我党杰出的领导人，老一辈无产阶级革命家、政治家，从我懂事的时候起就知道他。那时，在许多场合可以看到他的名字，看到他的形象。但是，却没有机会亲眼一睹他的风采，更不可能认识他、熟悉他。

特殊的年代，给了我与他老人家相逢相识的机会。那是1970年5月间，我们这些"文革"前最后一批考入大学的"幸运儿"，在结束了近两年江西生产建设兵团"接受再教育"的生活以后，陆续被分配到全省各条战线各个工作岗位上工作。我大概算其中的"住校者"，被留在兵团系统，直接分配到地处南昌市青云谱的江西生产建设兵团二十八团（即江西化工石油机械厂）政治处任宣传干事。而当时处于逆境的陈云，正在这个厂做长时间的"调查研究"。于是，我有幸从认识到熟悉这位我党著名的革命家陈云。

江西生产建设兵团二十八团又叫江西化工石油机械厂，原先隶属劳改部门，后来划归江西生产建设兵团，按军事编制定番号为二十八团。无论作为机械行业，还是作为劳改企业，这个厂当时在全省都是可以排得上名次的。厂区规划得很好，布局也很合理，高高的围墙，圈着几百亩的地盘，一条东西贯通的平坦柏油马路和一堵围墙把这块地盘分成南北两半，南面的一半是生活区，北面的一半是生产区。整个厂区房屋排列整齐，井井有条，树木葱茏，花团锦簇，厂容厂貌令人赏心悦目。

离厂区只有二三百米的地方，有一座古树蔽天、修竹摇曳、溪水潺潺的园林，这就是著名的青云谱“八大山人纪念馆”。清顺治十八年（公元1661年），著名画家、明宁献王后裔朱耷，号八大山人，隐居于此。当年这位画家不满朝政，远离宦海，赋闲乡野，创作了大量风格独特、颇富嘲讽意义的画。

与八大山人纪念馆毗邻的地方，有一片荒山野岭，这里绿树婆娑，风景秀美，林荫深处露出一栋栋低矮的房屋，那便是当时的福州军区青云谱干部休养所。

不知是出于就近搞“调查研究”方便一些、二十八团各方面条件又好的考虑，还是出于在生产建设兵团这样一个半军事单位更安全更易于保密的需要，还是出于其他的意图，陈云住下来之后，就被安排在离住所不远的江西生产建设兵团二十八团蹲点，以此作为他进行社会调查的基地。

我到二十八团不久，大约8月中旬，因为工作关系，很快接触到了陈云。那时，我还没有成家，就住在办公楼里。这是一栋只有二层的办公楼，一楼为团司令部、后勤处，二楼为团政治处。几位家住市内的政治处的干部，包括团政委等，平常就住在二楼。我当时与从省里下放在该团的干部马骏同住在二楼的一间房里。

马骏是组织上指定负责接待陈云的。每天陈云到厂里来，都是由他迎送，并由他具体安排在厂内的活动；厂里有什么事要与陈云联络，也是由马骏具体负责，有时还要到陈云的住所去商谈、汇报。

出于安全的考虑，厂里对陈云的活动一直是保密的。大家提到陈云时，都是习惯地称之为“客人”，说到“客人”也都知道是指陈云。“客人”几乎成为陈云的代号。其实这样的事情是很难保住秘密的，加上陈云几乎天天来厂里，又总是和工人群众在一起，因此，在这个几千干部工人的工厂里，几乎无人不知晓陈云的到来，而且都很敬重这位德高望重的开国元勋。

“客人马上就要来了！”

马骏抬手看了一下手表，轻轻淡淡地对我说。他这么一说，使我很是激动，巴不得马上就能见到这位令人景仰的“大人物”、“大首长”。我兴奋地跟马骏下了楼，恭候在办公楼前。

不一会儿，一部车头上装有银亮银亮金属鹿车牌标记的伏尔加轿车缓缓停在眼前。被

※ 陈云旧居位于南昌市青云谱区八大山人梅湖景区西南侧的江西省军区南昌第一干休所院内。“文革”期间的1969年11月4日至1972年4月22日，陈云同志在此“蹲点”劳动。

称之为“客人”的首长随即下了车，一张熟悉的面孔映入了我的眼帘。他，就是大名鼎鼎的陈云！

陈云穿一身草绿色的军装，戴一顶草绿色的军帽，脚上穿着一双黑色布鞋。他个子不高，身材也不壮实，两鬓银白色，脸庞红润，容光焕发，一副可亲可敬的慈祥长者仪表。一见面，就把我与他之间的距离拉近了。

我们与陈云打过招呼之后，即习惯地把他迎上了办公楼二楼会议室，参加这一天下午厂里的生产调度会。

据我所知，陈云在二十八团期间，参加的各种会议有百余次，其中有各种类型的座谈会，有工人、干部、生产组长和工段长（班、排长）、医务人员、食堂炊事员、学校老师等等类型人员的座谈会。总之，什么类型人员的座谈会他都要开，而且总是深入到各个车间、工段、班组、化验室、仓库，深入到厂食堂、医院、子弟学校等地去开。参加座谈会的人员无拘无束，一坐下来就你一言我一语地谈开了，畅所欲言。座谈会往往一开就是半天，陈云总是耐心而认真地听大家发言。

陈云最感兴趣的是厂里的生产计划和生产调度会，这种会他是逢会必到。他多次提醒马骏和司令部负责生产调度的参谋曾文威："你们开生产调度会，可不要忘了通知我参加啊！"这位我党经济战线的老前辈、经济工作的专家，真是痴心不改，即便在那个把"抓革命促生产"、"以阶级斗争为纲"的口号叫得震天响的年代，他对经济工作、对生产建设仍是那样执著、那样关注。

陈云也很重视政治理论学习。一天下午，他还参加过我们政治处的一次政治学习。在那次政治学习中，他作了关于学习毛泽东《实践论》的讲话，批判了经验主义，强调了实践第一、实践是检验真理的标准的观点。遗憾的是，那次学习会我因工作外出，未能面聆他老人家的生动讲话和谆谆教诲。

1970年秋，陈云参加了在庐山举行的党的九届二中全会。会议一结束，他下山后就首先驱车到了二十八团，人们从他的神情可以看出他当时的心境比以往要好。人们还不知道在党的九届二中全会上，毛主席对林彪、陈伯达一伙进行了严厉的批评。对这样一件令全党全国人民大快人心的好事，陈云当然是很高兴的。

以后接触多了，陈云认识了我。

一天下午，厂部机关干部已下了班，办公楼静悄悄。我拿着碗到食堂去吃饭，从楼上往下走。突然，一个穿一身绿军装的人急匆匆地上楼，脚步咚咚，轻快矫健，在楼道上我们正面相遇。没等我反应过来，他已经看清楚了我：

"小胡，你们团长、政委在吗？"

这时我才发现他就是陈云！身边既没有带秘书，也没有警卫员跟着。我一边慌忙上前搀扶他，一边回答说：

"好像还在……"

我陪陈云上了楼，朝团长、政委办公室走去。正好，团长、政委都还在办公室。我等陈云落座后，准备打个招呼便走，陈云却先开口了：

"小胡，你去忙吧！"

于是，我告退了。等我从食堂吃完饭回到办公楼，陈云已走了。我当时想，陈云在这下班的时候，独自一人急急忙忙地赶来找团长、政委，准是有什么重要的事情。

这次楼道上的相遇，使我对老一辈无产阶级革命家伟大而平凡的品貌有了最具体的切身体会。同时，也使我对陈云惊人的记忆力十分佩服，因为当时我单独与他接触并不多，可他却能叫我“小胡”。怪不得他在厂里有时问到某车间某同志，陪他的同志回答不上时，他嗔怪地说：“你真健忘，我年轻时能一口气背出几百人的名字！”听说，陈云见过一次的人，往往就能叫上名字。

以后，与陈云接触次数多了，我连他的秘书、警卫、司机也都搞熟了。秘书姓肖，是一位跟随首长多年的同志。他随陈云到南昌后，以一个普通工人的身份，长时间深入二十八团参加劳动，在车间生产线上与工人一样上班，与工人们打成一片，搞得挺熟。警卫李奇，东北人，既有一副仪表堂堂的军人气派，又有一介文质彬彬的书生模样。司机老徐是省里派的，开车技术十分娴熟。首长来厂参加会议去了，我们有时候便可以坐在一块聊天，从他们的口里还经常可以听到有关陈云工作和生活上的一些事情。

陈云和身边的工作人员对二十八团是很有感情的，厂里有宣传队演出、有球赛等等，他们总喜欢来观看。因为，当时二十八团是一个文艺、体育活动开展得非常出色的单位，兵团总部委托该团组建了文艺宣传队、篮球队、乒乓球队等等。无论是宣传队的演艺，还是篮球队、乒乓球队的竞技，都是名震省城的，代表着全兵团的水平。这个团的通讯报道组、美术组也是颇有名气的。

有一天，文艺宣传队演出，马骏已陪肖秘书到了礼堂，他向我交待：“你到厂门口去等一下，李奇要陪汪师傅来厂看演出。他们走路来，你见到之后，就把他们领到礼堂来！”我不知怎么把首长家的“汪师傅”听成“王震”了，心里很是高兴。因为我当时听说，“下放”在东乡的王震有时会专程来看望陈云。

我赶紧来到厂门口。等候了一会儿，李奇陪着一位身材魁梧的同志来到了大门口，我以为这位身材高大的同志就是赫赫有名的王震将军。直到把他们送到礼堂落座以后，我问马骏：

“他就是王震？”

马骏听了笑着说：

“哪里，他是客人家的大师傅，北京带来的……”

我禁不住笑了起来，因为自己差点儿闹了一场笑话。

1971年发生了“九一三”事件，林彪折戟沉沙，摔死在温都尔汗。这是当时中国政坛上一件轰动世界的大事，也引起了中国政局的急剧变化，陈云等许多老同志得到了解脱。因此，“九一三”事件之后，陈云也许是因为忙、因为开会多等缘故，渐渐来厂少了。到了1972年4月，他便离开了南昌，离开了江西化工石油机械厂。以后，就再也没有到这个

※ 林彪折戟沉沙，摔死在蒙古的温都尔汗。

厂了，我就再也没有机会见到他老人家了。尽管如此，我还是常常怀念这位老一辈革命家，总希望有那么一天还能见上他老人家一面。

（胡少春）

企业管理是一门科学

对工厂实行军事建制，陈云说，企业管理是一门科学，内容包括很多，简单地把军队那一套搬到工厂是行不通的。工厂的生产组织，要适应生产力的发展，各个工种要互相配合。

我虽然不曾在陈云的直接领导下工作过，但在建立东北革命根据地时期，我就多次见过陈云，也略知他为革命建树的显赫功勋。这里，我要记述的是20世纪70年代陈云在江西时与我的两次谈话。

陈云是受林彪“四人帮”的迫害下放江西的。省领导把他安排在江西化工石油机械厂“蹲点”。该厂是一个劳改企业，当时改为江西生产建设兵团第二十八团。陈云未到该厂之前，厂领导就宣布称陈云为“北京来的客人”。

这里我们可以看出，陈云当时的处境是很不好的，但他仍然处之泰然，保持着革命家的乐观态度。

我听说陈云下放到厂“蹲点”，很想找机会拜见他老人家，当面聆听他的教诲，但是我的处境也不很好。我原是管生产的副厂长，“文革”开始，就被打成“走资派”下放车间劳动，后在一个连里当副连长。因此，我的愿望也就只能深深地埋在心底，默默地为他老人家祝福。

1971年7月的一天，团部打来电话，要我马上赶到团部，并告知陈云要找我谈话。听到这个消息，我又惊又喜，心都快跳到嗓子口了。

来到团部，团部办公室主任马骏正在会议室门口等我。走进会议室，我一眼就瞅见面带笑容的陈云，荣幸之情，油然而生。

简单的介绍结束之后，陈云高兴地握着我的手，示意我在他身边坐下。

我向陈云问候后说：“首长找我来有什么事？”

陈云笑着说：“不急。”接着从手提包里拿出一把纸扇给我用。接过纸扇，一股暖流涌上我的心头。他老人家的关心，使我心里甜滋滋的，紧张的心情迅速缓解了。

稍顷，陈云问我是哪里人，什么时候参加革命，在工厂干了多少年，等等。我一一作了回答后又补充说：“我在东北就认识您。”“哦，你也到了东北？”“我原在新四军三师，在黄克诚同志身边任警卫员。抗战胜利后，我们部队开赴东北，成立西满分局，我又调李富春同志身边当警卫员。我随富春同志到哈尔滨东北局开会，见过你多次……”

陈云听后乐呵呵地笑了：“那我们是老相识了！”

接着，陈云话锋一转，问我：“你认为工厂实行军事建制行不行？好不好？”

我听后心里一怔，这是一个触及政治的大问题，生产建设兵团是林彪定的，讨论这样的问题需要胆识，还要有不怕被打成反革命的勇气。既然陈云提出来了，我觉得作为一名党员，应该说真话。于是，就直言不讳地说：“工厂搞军事建制不行，更谈不上好。”

陈云又说：“为什么不行？你详细说说你的理由。”

根据我在工厂工作十几年的体会，最大的坏处是在实行军事建制后，把完整的生产车间一改为营、连、排、班组织形式，把企业管理、规章制度、生产秩序都打乱了，生产指挥系统失灵，给生产造成严重的混乱状况。一个工厂企业的好坏，主要是靠科学管理、严格的规章制度、广大干部职工的积极性和创造性，而不是靠命令、压力和喊政治口号所能代替的。陈云突然“哦”了一声，“你讲得好。那你讲讲企业管理怎么搞？”我说了一通后，陈云深情地说：“你讲得不错，尤其是敢讲真话，你真是个搞生产的行家。”陈云接着讲，企业管理是一门科学，内容包括很多，简单地把军队那一套搬到工厂是行不通的。工厂的生产组织，要适应生产力的发展，各个工种要互相配合。工厂就是要把生产搞上去，才能改善职工的生活，既要强国，也要富民。陈云这种精辟的见解在当时是极为难得的。遗憾的是，他老人家的正确意见在那种环境下得不到采纳，以致生产秩序混乱无章，事故频繁不断，产品质量上不去，生产任务完不成，这不能不说是一个深刻的教训。

第一次谈话结束了，走出会议室，我的心情久久不能平静。陈云身处逆境，仍然忧国忧民。他坚持真理，探求真理，足见他胸怀何等博大，气度何等恢弘！他在谈话中体现的思想，我未完全理解，但今天想来，仍然闪烁着真理的光芒。即使在今天市场经济条件下组织管理生产，也仍然具有指导意义。

半个多月过去了，马骏又一次来电话通知：陈云还要找你谈话。我放下听筒，一路小跑到会议室。走到会议室门口，陈云正等候在那里。他亲切地和我握过手后，又将纸扇递给我，示意我坐下。我刚坐定，陈云就神情严肃地说：“那么大的电动机烧坏了，说报废就报废，这多可惜！”

原来，陈云得知厂里烧坏了一台电动机，正在思考弥补的措施。我听后未加思索地说：“电动机烧坏了，确实不能使用。”

陈云说：“烧坏了把线接起来不就行了吗？”

我说：“线圈烧焦了，绝缘漆脱落，造成电动机短路，就不能用了。”

陈云问：“那你说该怎么办？”

我回答：“要用漆包线重新绕过线圈，把它修好就可以继续使用了。”

陈云又问：“漆包线哪里生产的？”

我说：“上海。我们厂的漆包线都是上海来的。”

陈云又问：“中国没有这个上海怎么办？上海若被国民党占领了又怎么办？”

这下真把我给问住了。我想了一下，回答说：“首长，抗战时期缺医少药，没有子弹，我们从敌占区不都搞到了吗？”

陈云侧过脸笑了笑，未表示什么意思（事后我想，陈云对我的话不大满意，他的意思是要我们自己想办法解决）。

这次谈话很快就结束了。陈云身为中央领导，老一辈无产阶级革命家，为了国家和集体的利益，深入调查研究，不耻下问，寻找解决问题的最佳途径。他这种求实务实的作风，是永远值得我们学习的。

时隔不久，陈云的秘书肖华光到我家，专程送来了陈云的亲笔信。令人遗憾的是，这封珍贵的信却不慎遗失了，但信的内容至今仍记忆犹新——

李赤同志：

关于电动机烧坏修复的问题，经调查核实，你的意见是对的。

致

礼

陈云

1971.9

原来，陈云与我交谈后，进一步找有关人员进行了座谈，还专程到江西电机厂作了调查。从这平凡的事情中，我们可以看出，陈云作为一个无产阶级革命家，在受到不公正的对待时，对工作、对事业仍然一往情深，身体力行，“不唯上，不唯书，只唯实”，这是何等高尚、坚贞的品格！

（李赤）

“你们是工人阶级家庭”

陈云到龚火生家里去看望，跟他聊家常。陈云听说龚火生的爱人也是工人，而且同在一个车间工作，幽默地说：“好呀！你们是工人阶级家庭。”

1969年12月的一天上午，陈云参加我们金工车间车工班学习会。散会后，他亲切地问我：“火生，你家住在哪里呀？”

我急忙回答说：“住在厂里生活区第六栋。”

“离这里不远吗？”陈云又问。

我回答：“不远，很近。”

陈云听我说不远，以慈祥目光望望我，笑笑地说：“那我到你家里去看看，好吗？”

他老人家要去我家里，自己既感荣幸，又有些紧张，急忙回答说：“欢迎！欢迎！”

陈云听了哈哈大笑，高兴地说：“现在就去，可以吗？”

我应声回答说：“可以，可以！”

那天，因路不远，就没有坐车，我陪同他老人家慢慢地步行到我家里。陈云进房后，我端了条木凳子请他坐，然后忙去给他倒茶喝。他看见我去倒茶，便摆摆手，示意不要倒茶，“不用了，我不喝茶。你们厂的水，我喝不得，肠胃受不了，一喝就要泻肚子。”

我听到他老人家这么说，就没有去倒茶了。他老人家叫我坐下来，跟我聊家常，询问我的家庭情况。

※陈云在江西『蹲点』时期穿过的藏青色呢中山装。

陈云问我："你爱人在哪里工作？"

我回答说："她同我在一个车间当工人。"

陈云听说我爱人也是工人，而且同在一个车间里，他笑眯眯的，幽默地说："好呀！你们是工人阶级家庭。"

陈云一面跟我聊家常，一面看看我家里的陈旧、简陋的摆设。那时，我家除了一张吃饭的桌子，一张睡觉的架子床外，就没有其他像样的家具了。床上盖的被子和身上穿的衣服等，都是大众化的，显示出贫穷家庭的样子。陈云看到我家这个贫困状况，神情有些严肃，似乎在沉思。

过了片刻，陈云微微地笑了笑，以关心的口吻问我："你和你爱人一个月的工资收入多少？"

我回答说："两个人的工资收入加起来还不到100元，还要供养老人。"

"噢。"陈云同志又关心地问我，"你家有些什么困难呀？粮食定量够吃吗？"

陈云边说边从坐凳子上站起来，没有吱声，若有所思，迈步走到米缸前，用手掀开米缸的盖子，弯下腰去用手掏了把米看看，问我："你家的粮食如果不够吃，我送给你一些粮票。"他说他一个月定量26斤，吃不完，有粮票多余。

我听到他老人家这么说，深受感动，急忙回答："不用了，我家粮食够吃，谢谢首长的关心。"

陈云又走进我家厨房，打开油瓶和盐罐子看看，然后又用手拿起装猪油的杯子，用鼻子闻闻，对我说；"这东西太油了，我很少吃。"

陈云看完油盐后，又问我一个月的食油、猪肉定量多少？到什么地方买米、买菜？价格贵不贵？多少钱一斤的菜？等等。我一一作了回答，陈云边听边点头。

在我家厨房，陈云没有看到自来水龙头和水池子，似乎觉得有点奇怪，便关心地问我："厨房里没有自来水，烧饭、洗菜等用水，到什么地方去打呀？"

我回答说："楼下。"并用手指给他看。

当时，我们住的两栋宿舍共50余户职工，只有两个自来水龙头。用水高峰时，要排队轮流装水，很不方便，费时间。这时，正是烧午饭的时候，家家户户都到这两个水龙头打水，排队长长的。陈云透过玻璃窗往下看职工家属排队打水的情景，默不作声，沉思了一会儿，对我说："你们上班很辛苦，下班回到家里后又要忙着下楼去提水烧饭，够辛苦的啊！"

陈云的话虽不多，但说得很实在，句句都是关心体贴人的话，很是感人的，他是我们工人的贴心人。

我们正在聊家常，我爱人带着孩子从外面进房来了。我给他老人家介绍：“这是我爱人和孩子。”陈云的慈祥目光望着他们母子，风趣地说：“你也是工人，你们是工人阶级家庭啊！”

陈云看到两个孩子，便问道：“几个孩子呀？”

“就这两个。”我爱人回答说。

陈云略作思索，真诚地对我们说，“有两个孩子就可以了，不要再生了。”

我和我爱人都有点不好意思，回答说：“不再生了。”

陈云看到我们要烧午饭了，就说：“你们烧饭去，我走了。”我们留他吃饭，他婉言谢绝，说：“我回去吃。”

临别时，陈云握着我们夫妻俩的手，深情地说：“以后有机会到北京，就到我家来玩。”

送别陈云后，我们夫妻俩的心久久不能平静。尽管当时处于特殊年代，身处逆境的党和国家领导人陈云仍然关心普通工人，走访我的家庭，关心我们的生活，使我全家深受感动和鼓舞。

（龚火生）

两只折叠凳子

工人为陈云做了两只折叠凳子，他把一只送给了老表，把一只带回了北京。他说：“我要把这只凳子带到北京去，给毛主席看看，告诉他这是工人师傅为我做的……”

1970年春，在我厂“蹲点”的陈云从报纸上看到南昌市郊区农村在推广糖化饲料养猪的报道，很感兴趣。一天，陈云在我们班（铸工车间木模二班）参加“天天读”后，对班长邹承标说，过几天准备到农村搞点调查研究。

消息传出，我们大家都不由得为他老人家的身体担心。这一年，陈云已是65岁高龄了。望着他额头上稀疏的银发、清瘦慈祥的面容和瘦弱单薄的身体，班里的同志心中真是百感交集。

当时，我刚19岁，是班里的青工。记得他老人家第一次到班里来参加学习时，曾逐一地询问每一位同志的姓名。当他听说我叫陈天赋后，握着我的手风趣地说：“喔，是赋，不是斌，是天赋。”那情景，想起来我的心里就感到热乎乎的。我决意为他老人家下乡做点事，表达自己的一份心意。那么，自己能为他老人家做点什么呢？他老人家身体不太好，乡村的条件又比较差，若能随身携带一只小凳子，这样他老人家在田间地头，走累了，也可以坐下来歇歇脚。

拿定主意，我开始着手设计小凳子。我想，凳子应该小巧轻便，可以折叠，让陈云同志携带方便。凳子面最好是帆布的，这样他老人家坐着舒适。不过，凳子的木架子一定要结实，帆布面子一定要双层布料，让他老人家坐着放心。一只帆布面子、能折叠的小凳子制作蓝图，渐渐在我的心中定了稿。说实话，我真为自己的设计暗暗高兴呢！

凳子的木架子很快就做好了，可双层帆布料却怎么也找不着，问问周围的同事们，大伙儿也都十分遗憾地摇头。眼看陈云下乡的日子将到，时间不等人，我便向班长请了假，骑上自行车专程到南昌市内去买。“文革”期间，商店里物资很匮乏，我一家商店一家商店地询问，一家商店一家商店地寻找……功夫不负有心人，终于买到了称心的双层帆布。

※ 为方便陈云外出调查研究，化工石油机械厂的工人为他制作了这把折叠小凳子。

第二天上午，我把亲手制作的折叠帆布凳带进了车间，送给了陈云。听说这是我专门为他下乡制作的小凳子，陈云很高兴。他老人家打开凳子放在地上，然后试着坐了坐说："好，好，谢谢你，谢谢你……"

听到陈云的夸奖，我的心情也久久不能平静。凳子做得粗糙，我只不过为他老人家尽了一点心，可这么大的干部却爱不释手，想到这里，我不禁感动得热泪盈眶……

陈云带着小小的折叠凳子下乡调查研究去了，他仿佛不仅仅是带走了一只小凳子，还带走了我的惦记。那些日子里，我真是坐立不安，总挂记着小凳子在乡间是不是适用。怀着这样的心情，记不清是过了多少天，总盼着他老人家早日回来，我好问问他。

几天后，陈云回来了，大伙儿围着他询问下乡的情况。说起小凳子的事，他老人家爽直地告诉我，去农村后，他把凳子留在老表家了，让他们在日常生活中使用。

班里的同志都被陈云关心农民群众的精神所感动。时间一晃，到了夏季，我的师兄罗时伟自告奋勇，承担了为他老人家再做一只凳子的任务，为陈云做了只竹子面的小折叠凳子，为的是让他老人家坐着凉爽些。这回他老人家更感动了，说："我要把这只凳子带到北京去，给毛主席看看，告诉他这是工人师傅为我做的……"

两年后，陈云带着那只小凳子回北京去了，但他老人家却把他与我们职工的深情留了下来。

（陈天赋）

一顶草绿色军帽

陈云戴上草绿色军帽说："过去，在毛主席的领导下，我们戴着这个帽子，武装夺取政权成功了；现在，戴上这种帽子，心里觉得很舒服。"

1970年春节前夕，省军区政委张志勇受福州军区司令员韩先楚之托来到陈云住处看望。张志勇说："首长，我刚从福州开会回来，春节快到了，来看望首长，首长有什么事要我办的？"陈云说："我什么都很好，谢谢你们的关心。"这时，他边说边用右手食指指着自己的头说："这个还有没有（意指草绿色军帽）？"当时，张志勇一时不明白首长指的是什么意思，又问道："首长，你刚才说的是讲什么有没有？"陈云说："解放军军帽。"当张志勇明白首长意思后说："有，有，我帮您解决。"当天下午，张志勇就派人

※ 韩先楚（1913—1986年），中国人民解放军高级将领。

送来了一顶草绿色军帽。陈云十分高兴。一次，红军老战士罗维道上门去看望陈云，在交谈中，陈云说："罗维道哇，你看我这顶帽子好不好呀？在红军时期、抗战时期、解放战争时期，我都戴过这种帽子。解放战争后，我就没有戴这种帽子了。过去，在毛主席的领导下，我们戴着这个帽子，武装夺取政权成功了；现在，戴上这种帽子，心里觉得很舒服。我要把这顶帽子戴回到北京去。"

（马骏）

除夕会餐

陈云草草吃过饭，来到除夕会餐的大厅，双手抱拳连连摇动："大家请我没有来，对不起、对不起！新年来了，祝同志们春节好！身体好！"

尽管上级一再强调要保密，但福州军区干休所的老干部和工作人员心中渐渐都明白：陈元方就是陈云。这也难怪，知名度那么高的共和国重要领导人，人们怎么会认不出来呢？何况就生活在自己的身边眼前。

转眼间，1970年春节到来了。尽管那时乌云密罩华夏大地，但人们还是在以各种各样方式喜迎新春佳节到来，干休所也不例外。

临近春节前夕，我们所领导更忙碌，忙这忙那，最要紧的恐怕还是忙碌春节全所人员大会餐，这个传统从建所就开始了。

除夕会餐要搞好、要升格、要破例，所领导一商议就“定音”了，理由三条硬邦邦：一是，70年代第一个春节，这个节过好了年年好；二嘛，北京来了一位首长，应该请他同庆除夕，以表示对中央首长的敬爱之情；三呢，干休所农副业生产大丰收，仅花生就收了1万多斤，大家辛苦一年理应庆贺一下。

究竟怎么个升格怎么个破例呢？我和政委尤云儒想了好久总拿不出妙主意，杀猪网鱼那是当然的，喝点酒也不用说——有了，听说中央首长都喜欢喝国酒——茅台，那我们破例就破在茅台上，升格也升在茅台上吧。

当年的茅台酒并不像现在这么贵得吓人，一瓶酒才2.1元，于是干休所买来了11瓶茅台酒。所里全体人员参加除夕会餐，共开10桌，一桌一瓶茅台，陈云副主席与身边工作人员，另加我、尤云儒坐一桌，享受特殊待遇：多一瓶茅台。

傍晚约5时半许，除夕大会餐一切准备就绪，我急忙来到首长的住处请他参加会餐，当时首长正坐在书房沙发上聚精会神地看书。我轻声而又兴奋地说：“首长，请您会餐，我们准备了您……”

“不去，我不去。你回去招呼大家吃，天气寒冷，饭菜凉了不好吃。你赶快回去吧！”首长看到我还想磨缠下去，挪动了一下坐在沙发上的身子，放下手中一本厚厚的书，挥动右手直朝我摇动，其坚决的手势表明，要我快点回去招呼大家会餐，他不去。

我没完成任务，不情愿地返回。政委尤云儒不甘心，又去请首长会餐。尤政委的执著邀请使首长最后放松“政策”，要秘书、卫士随尤云儒去会餐。

就在大家为除旧岁、迎新春而举杯互庆的时候，陈云副主席突然出现在除夕会餐的大厅，只见他精神饱满，满面笑容，双手抱拳连连摇动：“大家请我没有来，对不起、对不起！新年来了，祝同志们春节好！身体好！”

陈云的突然出现，立即把除夕的喜庆气氛推向了高潮。

后来大家才知道，陈云副主席的年夜饭只是自家平时的粗茶淡饭，他是草草吃过后，又特意来给大家拜年的。此后在干休所生活的两年六个月时间里，每逢元旦、春节、八一和国庆等重大节日会餐，陈云副主席都一一婉言谢绝前来就餐。但是，陈云副主席却从来没有让大家失望过，他总是在会餐结束前高高兴兴地来到饭堂向大家表示真挚的祝贺。陈云廉洁自律的高贵品质由此可见一斑。

（沈玉贵）

考察南昌县农村

陈云考察南昌县农村，对大队干部说："农村主要靠发展生产来提高社员生活水平。要发展生产，关键是你们这些在座的人要带好头。"

"文化大革命"期间，陈云被"疏散"到江西，安排在江西化工石油机械厂"蹲点"。他不顾身处逆境和年老体弱，在深入工厂调查研究工业生产的同时，心系农村，时刻惦记着占全国人口总数80%的农民，关心农村经济发展和农民生活。1971年，他三次以一个普通干部的身份到南昌县农村调查研究，给南昌县人民留下了难忘的印象。

1971年5月16日上午10时许，陈云轻装简从，驱车直抵被省革委负责人定为"新农村"典型的罗家公社参观，公社革委会主任殷丑子等迎上前去表示欢迎。客主一见面，殷丑子向陈云敬上一支壮丽牌香烟，陈云拱手以示谢意，并津津乐道地谈起了他的"烟经"。他说："我抽了十八年烟，戒了十八年烟。大革命时期什么烟都抽，纸烟、黄烟，连茶叶都当烟抽。最困难时，没有点烟的火，就你我他大家接上抽，不熄火。"几句话使大家哄堂大笑，气氛顿时活跃起来。大家听后，倍感陈云平易近人，和蔼可亲，原来紧张、不自然的情绪一扫而光。小小的接待室充满着轻松愉快的气氛。

公社几位负责人向陈云汇报"抓革命，促生产"的情况，提到"文化大革命"的大好形势时，陈云只是听听而已，不作记录。当讲到农业生产和农民生活具体情况时，陈云津津有味地细听，边听还要边问，并用本子记录下来，听不懂的话，他就说："请再讲一遍。"陈云真正关心的是农业生产和农民生活问题。

殷丑子用试探的口吻问道："老领导，我以前听说你在中央是管尖端武器的。"

"我主要是管经济财贸的。过去，我在中央留了10个亿，以应付方方面面的急需。"陈云面带笑容地回答说。

当殷丑子谈到自己身为公社一把手，几年来手头没有一点机动钱时，陈云告诫说："你不能留小金库，层层留小金库，国家就要失控。"在场的人连连点头称是。

当殷丑子汇报公社利用氨水肥田很好时，陈云颇感兴趣，显得激动，用手拍拍桌子说："氨水还能肥田？新鲜事，以前我没听说过。"

第二天，陈云在殷丑子等陪同下，视察公社农科所两稻一麦"三熟"试验田和胡家大队"新农村"。

一路上，大家亲切地称呼陈云"老首长"、"老领导"，陈云幽默而风趣地说："你们不要称我老首长，我是老机、老右，老犯错误。”说完便哈哈大笑。没走多久，就到了“新农村”。陈云看到一排排新建房子，若有所思地说：“房子的窗子要开大些，窗小空气不流通，人的寿命受影响。”陈云不仅关心农民的生活，更关心农民的身体健康。

当殷丑子汇报养猪情况时，陈云问道：“社员上交毛猪任务怎么个交法？”

“交给食品公司收购站，每只猪还要扣除10至12斤潲。”殷丑子如实说。

“除潲就不合理嘛，哪有空着肚子卖猪的呢？”陈云一句简朴的话道出社员群众的心声！

临别时，陈云与在场的干部和群众一一握手告别，并说：“毛主席是领导，关键还要靠自己干，没有毛主席、共产党就没有新中国，现在生产要搞好，生产不搞好，群众生活就提不高，社会主义就是要提高人民群众生活水平。”他的话句句感人肺腑，催人奋进。

秋天的南昌，秋高气爽，月桂飘香。被誉为“鱼米之乡”的南昌县广大农村，稻浪滚滚，呈现一派丰收景象。广大农民正满怀喜悦之情，等待挥镰收割晚稻。同年9月28日上午8时半左右，陈云在秘书、警卫员陪同下，乘坐一辆老式伏尔加轿车，来到八一公社淡溪大队。那天，他身穿一套音色咔叽布中山装，脚穿一双黑布鞋，显得格外朴素大方，脸部显得有点消瘦，但精神矍铄，步履稳健。这是他老人家第二次视察南昌县八一公社淡溪大队。

大队党总支书记、革委会主任谢正棋等人热情接待，陈云一一询问在场干部姓名、职务、年龄、文化程度等基本情况。谢正棋详细汇报了社员生活和农业生产等情况。

当陈云了解到淡溪大队解放二十余年来，农业生产有较大发展，社员生活有较大提高时，他说：“农村主要靠发展生产来提高社员生活水平。要发展生产，关键是你们这些在座的人要带好头。”一席语重心长的话，对广大农村基层干部来说，既是指导和帮助，又是鼓舞与鞭策。

50年代末60年代初，南昌县农村和全国各地一样，以生产队为单位大办食堂。谢正棋汇报中提及这个问题时，陈云插话：“这个不必提倡，那还是十年前的事。大家都知道，建设社会主义、实现共产主义不是靠吃出来的，而是靠干出来的。”

当谈到普及农村教育，大队小学附设初中班时，陈云高兴地说：“这个事情很新鲜，是一个创举，我都只读过小学，现在条件好了，农村的小孩不但要读小学、中学，将来还要考取大学！”

大队干部反映农村用电紧张的情况，陈云颇有感触地说：“我一直是搞经济工作的，电也是我管，就全国来说，不仅农村用电紧张，而且工业用电也紧张。”谈话中，流露了陈云对我国电力事业落后的不安。

在座谈时，陈云还强调：“要控制人口增长，特别是农村人口发展不能那么快。中国是个大国，比较穷，人口发展过快，中国的事情就难办。”他老人家高瞻远瞩，早就把计划生育提到基本国策的高度了。

大队干部在汇报时，都一致认为，二十多年来，淡溪大队各项工作成绩的取得归功于共产党和毛主席的英明领导。陈云举双手说：“共产党伟大，毛主席伟大！”

座谈过程中，陈云非常诚恳、认真听取大队干部发言，并作记录。大队干部买来当地最好的茶叶，泡茶给陈云喝时，他婉言谢绝，并解释：“我有胃病，喝了井水肚子会不舒服。”并用激动的语调说：“我在萍乡搞社会调查时，老乡们很辛苦，从很远的地方挑河水泡茶给我喝。”这足以看出，陈云关心老百姓，老百姓更是爱戴和关心自己的领袖。杯水之情，体现了党和群众的血肉关系。

座谈会一直在充满亲切、热情的气氛中进行。时钟到了11时半，秘书说要走了。在场的大队干部恳切请求与陈云共进午餐，他拱手谢绝，挥手告别。他那艰苦朴素的作风、勤政廉政的崇高品德，至今仍留在南昌县人民的心中，成为今天加强廉政建设的光辉榜样。

正当举国上下喜庆1971年国庆之际，陈云第三次到南昌县农村视察。10月2日上午8时左右，他来到南昌县八一公社大昌大队进行社会调查。当时，大队办公室正在改建中，没

※ 1971年的国庆大游行。

有接待的地方，只好临时借用养路队的办公室。这间办公室只有十几平方米，非常简陋，四面墙均是用泥巴筑成的，里面只有一张破旧的八仙桌，几条长凳。附近的群众听说是中央一位老首长来了，纷纷从四面八方赶来看望。

10月的习习秋风，略带一丝凉意，但小屋里面笑语盈盈，热气腾腾，陈云一进屋便与大家一一亲切握手。坐下后，先后询问在场干部、群众的基本情况，当他得知大队党总支书记魏际福年纪轻又有文化，便站起来兴奋地说："你是跨世纪的干部，大有希望啊！要想得更远些，要胸怀世界。我们建设社会主义虽然有成绩，但不能说很大，如果说很大，就会骄傲自满，停滞不前。我们并不算富裕，革命的重担就落在你们青年一代身上，你们要勇挑重担，加倍努力工作啊！"魏际福等听后，深受教育，激动地说："这是首长对我们的关怀、鼓舞和鞭策，我们决不辜负老首长对我们的殷切期望，一定努力工作，坚定不移地执行党的路线，永远做一个朝气蓬勃的先锋战士。"

接着陈云说明来意：我这次来主要是作点社会调查，了解一下农村情况，一是解放前的粮食生产情况，二是合作社、人民公社时期农村的生产和农民的生活状况。他的秘书补充说："请你们不要受拘束，随便谈谈，知道多少讲多少。"魏际福等如实向陈云作了汇报。解放前每亩平均年收稻谷300余斤，解放初每亩平均年收稻谷500余斤。产量低的主要原因是尚未普遍推广双季稻，我们大队的双季稻仅占60%。解放前人民群众的生活很苦，贫雇农都是靠打长工维持生活。1958年兴建赣抚平原灌溉工程，解决农田用水问题，一季稻变双季稻。人民公社期间，亩产稻谷近千斤，跨了纲要（800斤）粮食产量的提高，主要原因：一是赣抚平原水利工程建成，解决了农田用水的问题；二是科学种田技术的推广，如优良品种的选择、农药的使用；三是精耕细作，加强田间管理。另外资金比较足。这时，陈云插话："你们有土地对比情况吗？早、晚稻各打多少？"魏际福等如实汇报："合作化时期，晚稻尚未超出早稻，早稻500斤，晚稻300斤；人民公社时期早稻600—700斤，晚稻300—400斤。社员人均口粮500斤左右。"陈云建议："现在粮食是提高了，但不算高，还要花力气解决水的问题，力争晚稻赶早稻，晚稻超早稻。"

当陈云了解到社员群众生活不仅解决了温饱，而且20%的人有自行车、缝纫机、手表等"三大件"时，非常兴奋地说："老百姓有现在的生活，都是毛主席、共产党领导的好啊！今后只要我们一心一意跟党走，生活定会像芝麻开花节节高啊！"

大昌大队对无子女的孤寡老人实行"五保"，即保住、保吃、保医、保穿、保葬。逢年过节进行慰问，使他们老有所养、老有所乐。陈云得知后非常高兴，他很幽默而风趣地说："我到你们村里来当'五保户'，欢迎不欢迎呀？"他一句话把大家都逗乐了。

魏际福等还向陈云汇报了大队历年收入、社员分配、政治运动、党团骨干、多种经营、文教卫生、粮食征购、工农互援等情况。谈到群众生活问题，陈云感慨万千地说："现在群众生活都提高了，战争年代我们在革命根据地的生活多苦啊，连盐都没有吃，只好从老土砖中熬出硝盐来吃。"临走时，陈云与大家一一握手告别，仍未吃饭就回南昌去了。

（熊才水、杨友根）

秧歌与教学

陈云说："教书应该像扭秧歌。秧歌舞向前走两步，然后退一步，扭起来很好看；教书要形象生动，你花了大量时间向学生讲课，也要给时间让学生消化所学的知识，这退一步，就是让学生自己复习，巩固课堂上所学的知识。"

1971年7月下旬，素有"火炉"之称的南昌格外炎热，气温高达三十八九摄氏度，使人难熬。

一天下午，陈云来到厂部会议室，同厂职工子弟学校黄云玖、曹玲玲、黄秋英和张美琪等几位老师座谈教学工作问题。

这时，窗外蝉鸣阵阵，没有一丝风儿，绿荫如盖的法国梧桐树的宽大叶片纹丝不动。室内，电风扇在嗡嗡地旋转着，陈云坐在远离风扇的沙发上，面带微笑，打着手势请参加座谈会的老师在风扇边就座。

"老首长，天气太热，您也坐过来吧。"老师们谦让着，空出一个位置请陈云坐。

陈云摆摆手，感谢大家的好意，向大家解释道："人老了，坐在电风扇旁会着凉的。"经他提醒，大家这才注意到：大热天里，陈云不仅穿着长袖衬衫，衬衫外还套了一件薄薄的丝绵背心呢！

话题主要是围绕着十年制教科书和教学工作展开的。陈云告诉大家，前些日子，他收集了一套从小学到中学的课本，用了几天几晚的时间看完了这些本本（教科书），大致熟悉了里面的一些内容。随后，他语重心长地对大家说："教材是个大问题，你们不要小看啊！"

老师们结合自己的教学体会谈了起来，有的反映：教材内容太浅，影响了学生学习；还有的老师认为：现在上课，老师讲，学生不愿意听，教学效果不好，长此下去怎么得了？黄云玖老师还谈了自己不安心教师工作的思想，十分动情地叙述着自己内心的痛苦："作为一名教师，我总想把书教好，为国家培养出有用的人才，从良心上对得住学生，对得起家长，可现在却天天在批判臭老九……"

听到这里，陈云放下了手中的记录本，关怀地问道："黄老师是哪年参加教育工作的？""1951年4月参加教师工作的。"黄老师回答。

陈云笑了，"我看了《毛泽东选集》，在所有四卷中没有哪篇文章说老师是臭老九呀。"他抬起手来指着黄老师风趣地说："你是解放牌，是在党的教育下健康成长起来的知识分子，新中国需要这样的知识分子。"话语中充满了赞许和鼓励，说得老师们都会心地笑了起来。

"教书应该像扭秧歌。"陈云情不自禁地从沙发上站立起来，摆起架势，哼着秧歌调，扭起了秧歌舞。老师们惊喜地鼓掌合拍，打心眼里崇敬这位关心教育事业、平易近人的老首长。陈云兴致勃勃地说："秧歌舞向前走两步，然后退一步，扭起来很好看；教书要形象生动，你花了大量时间向学生讲课，也要给时间让学生消化所学的知识，这退一步，就是让学生自己复习，巩固课堂上所学的知识。"

说完，陈云转身坐回沙发，意犹未尽地补充道："千万不可以像开汽车，一溜烟地跑哟。"

会议室里静悄悄的，老师们被陈云的关怀和理解深深地感动着。陈云的教诲像和风细雨，湿润了老师们久旱的心田，许久，大家又热烈地鼓起掌来……

座谈会结束了，参加座谈会的老师们依依不舍地与陈云握手告别。

（黄云玖、于向明）

钢城之行

陈云到新渝考察，用他自己的话说："没有什么事，下来走一走、看一看。"

在"文革"的特殊年代里，党和国家领导人陈云，以普通而特殊的身份到新渝（今新余市）参观考察，历时六天。陈云是建国后到新渝考察的最高级别的党和国家领导人，新渝人无不引以为豪。

“神秘”的领导

1971年9月8日上午，中共新渝县委书记张炎正在主持召开县委常委会议，办公室的电话铃突然响了，他没有理睬，无奈电话铃一直响个不停，看来是有急事，他径直走进办公室，拿起了听筒。

“喂，你是哪里？”

“我是江西省革委会办公室。”对方回答。

“哦，你好，有什么事？”张炎问。

“你是张炎主任吗？”

“我是。”

“有件事通知你。”

“好，你说。”

“明天有位领导到你们新渝来，请你们接待一下。”

“好的。他是谁？”

“这你就不要问了，见了面，你就知道了。”接着对方交待说，“这位领导来了以后，你们不要提问，他问什么你们回答什么，并作好记录。这次他来主要是了解一些有关经济方面的情况。他明天坐南昌至萍乡的火车来，请注意接站。来后要注意保密。”

接完电话后，张炎立即找来了办公室主任谭发瑞，研究落实接待的具体事项。

但他心里总感觉有些问题不好理解。这次来的领导连他都保密，要等见了面才知道。对接待和安全保卫工作，没有提出要求。要去接站，来的是何人都不知道，怎么个接法？他陷入了深深的思索之中。

第二天下午，天气晴朗。南昌开往萍乡的火车准时抵达新渝车站。陈云在女儿和随行人员陪同下走出车站。等候迎接的刘勤、谭发瑞等一眼就认出了这位领导是党中央副主席、国务院副总理陈云，急忙迎上前去与他亲切握手，但不知如何称呼，倒是在部队锻炼多年的刘勤反应快，他脱口而出地叫道：“首长，您好，一路辛苦了。”陈云微笑地向他们点了点头，表示谢意。当时，新渝县委还没有专门招待所，只是在县委机关院里有一栋砖木结构的两层楼房，人称“小客房”，供外来客人居住。一楼中间是客厅，两边是客房。县委书记张炎正在客厅里焦急等待迎接客人，在猜测来的领导是谁。这时，小汽车驶过来的声音，使坐在客厅等待的张炎等人触动了神经似的，不约而同地从各自座位上站了起来，向门外走去。当小车停稳以后，陈云在女儿的搀扶下走下车，张炎等人一眼就认出是陈云，便急忙上前表示欢迎。他说：“陈云同志，是您呀！欢迎！欢迎！”陈云谦虚地说：“我是犯了错误的人啰！”张炎当即撇开话题说：“领导同志，什么错误呀，难免。”张炎紧紧握住陈云的手，把他老人家迎进了客厅。

在客厅里，陈云神情严肃，静静坐着，有些疲倦似的，不大讲话，仅仅询问了在座的人的姓名等简况。张炎说：“什么时间给首长汇报合适？”陈云摆摆手，说：“不用了，我看看就行了。”

按照“小客房”的接待惯例，安排陈云住二楼，随行人员住一楼。因为二楼房内设备较好，也较安全。陈云女儿以商量的口吻说：“还是先看看房间再说吧！”县委通信员傅可新领着陈云女儿，从楼下到楼上边看边介绍。回到客厅后，陈云女儿与父亲耳语了一阵，然后对大家说：“我看这样，我与父亲住楼下靠西面的两间客房，其他几位同志住楼上好了。”她这样一说，张炎等感到意外，他们说：“这怎么行呢？还是请陈云同志住楼上吧，楼上更安静。”大家婉言相劝，但陈云女儿微笑着解释道：“我爸爸的身体不大好，还是住一楼方便。”张炎等就不好再坚持了。

简朴清廉的楷模

陈云生活简朴。他女儿告诉接待的同志说：“我父亲的膳食问题就不用麻烦你们了，他吃的饭菜由我来弄。只请你们每天帮助准备一点新鲜蔬菜、几两精肉即可。因为他的身体不太好，饮食习惯与年轻人不一样。本来他有厨师，了解他的饮食习惯，因厨师家人病故回家奔丧去了。临时找人代替，一时找不到了解我父亲饮食习惯的厨师，只好由我临时代替。做饭的油、盐、酱、醋、米、面和花生米等都自带了。不过，食用水要水质好一点的。其他几位同志的膳食，就请你们安排。”

陈云在新渝的膳食非常简单，早餐稀饭、几片面包、一小碟花生米和一小碟蔬菜；中晚餐是米饭、白菜、豆角、肉丝、花生米，有时吃面条，数量很少，每餐都吃完，从不浪费。

陈云轻车简从下厂考察，不要县领导陪同，县里只派了武装部副部长刘勤为他带路。到厂后，不进厂部和车间办公室，直接到生产第一线，观看工人操作生产，不要厂里介绍情况。

陈云穿着非常朴素。初秋的新渝秋高气爽。陈云身穿一套普通淡灰色的中山装，朴素大方，没有一点架子。在参观毛主席在新渝革命活动陈列馆时，讲解员还误以为他是陪同的炊事员。

陈云在新渝的日子里，既不要宴请，也没有抽公家一支烟和品尝为他们准备的点心、水果。离开新渝时，他要秘书把用膳的钱、粮等费用一一结清，如数付了款，真正是清正廉洁的楷模。

马不停蹄地参观

陈云是中国社会主义经济建设的开创者和奠基人之一，是杰出的经济学家。他尽管处境艰难，仍不顾年老体弱，不避寒暑，十分关注经济建设。

陈云到新渝考察，用他老人家的话来说："没有什么事，下来走一走、看一看。"到新渝看什么呢？70年代的新渝是个小县，远不如其他地市的知名度。文物古迹、风景名胜不多，但境内工矿企业比较多，经济实力比较雄厚，特别是钢铁工业比较发达。新渝钢铁厂、江西钢厂生产规模比较大，技术、设备比较先进，产品品种较多而独特。陈云很关注这两个厂的生产和职工生活状况。

9月10日，天气晴朗，秋日高照。

陈云在县武装部副部长刘勤的陪同下，驱车来到新钢焦化分厂，没有进厂部惊动单位

※如今的新钢焦化厂。

领导，直接到炼焦炉前观看出焦的情景。陈云站在离炼焦炉不远的茅棚下聚精会神地观看出焦，既高兴又陷入沉思。他回忆起1959年5月在中央政治局会议上的发言：炼一吨铁，需要一吨半焦炭；炼一吨焦炭，需要一吨半洗煤；一吨洗煤，需要两吨炼焦煤。因此，生产2000万吨生铁，就需要3000万吨焦炭，折合4500万吨洗煤，或者9000万至一亿吨炼焦煤。现在新渝钢铁厂有了年产60万吨焦的生产基地，对提高钢铁的产量和质量将起到推动作用。他看到炼焦工人在认真操作，生产出合格的焦炭，很是高兴。

陈云考察新钢焦化厂后，不顾劳累，11日又驱车前往江西钢厂考察。

江西钢厂是1965年兴建的，坐落在距新渝县城以南22公里处的周宇山区。厂区周围群山叠嶂、竹木茂密，所属各个分厂分布在几条山沟里。

陈云一行从新渝县城出发，汽车在崎岖不平的山路颠簸行驶，一个多小时才抵达钢厂。下车后，陪同的同志劝他老人家先休息一下再去车间参观。陈云摆摆手说："不休息了，抓紧时间去看。"汽车接着直驶薄板分厂。

陈云是冶金工业的行家。他走近加热炉旁，仔细地观察加热炉的操作和炉温。这时，一伙工人围过来，陈云向工人招招手，以示问好和谢意，并语重心长地说："你们现在烧的炉子很先进、很省力，烧的是煤气。过去上海的工厂的炉子是烧煤的，工人用铁铲一铲一铲地把煤往炉子里甩，很辛苦啰!"工人们听后都笑了。这时，陈云发现加热炉前后都冒出火来，便对操作工人说："煤气喷嘴风量没有调好。"炉前工小刘很不好意思地赶快去调整喷嘴的风量，炉尾不冒火了，恢复了正常燃烧。一位上海籍的炉前工用尊敬的眼神看看陈云，并用上海口音的普通话说："你老人家对工业炉这么熟悉，真是行家呀！"陈云听到这熟悉而亲切的家乡话，心里十分高兴，用上海话回答说："阿拉也是上海人。"并面带微笑地举起右手向车场的工人们招手致意，边走边说："再见！"工人们高兴地鼓掌送行。

陈云离开薄板分厂又到丝带分厂参观。该厂距薄板分厂约5公里，在另一条山沟里。这里环境安静，机器响声小。陈云参观了丝带生产过程，仔细地观看每道生产工序。当他看到能生产出系头发那样细的钢丝时，十分高兴地把它拿在手里看了又看，连声称赞说："很好！很好！"并叫女儿拿一点作纪念。

陈云从丝带厂出来，又到七分厂参观金工车间的两米滚齿机和大型龙门刨床。他老人家连续不停地参观几个分厂，有些疲倦。随行人员给陈云端来了一个小板凳，他坐定后，向陪同参观的钢厂办公室主任陶尚连问道："江西钢厂有多少职工？"陶尚连回答："有6900余名。"陈云又问道："从上海来的有多少？"陶回答说："80%是从上海来的，

20%是当地的。”听到这里，陈云关切地询问工人的生活情况。他用上海话问道：“你们在这里生活习惯不习惯？”工人回答说：“还可以。”他又问道：“上海人很喜欢吃大饼、油条、豆腐浆、便饭糕，你们食堂做吧？”大伙回答说：“我们食堂会做，能经常吃到油条、豆浆，但不是天天有。”陈云听了十分高兴，风趣地对陶尚连说：“好！给我留些大饼、油条，我下次来吃啰！”接着，老人家又问道：“上海的日常生活用品，你们这里能买到吗？”大家回答：“基本上可以买到。”陈云微笑地“哦”了一声，随后起身向大家告辞。

陈云告别七分厂，又风尘仆仆地来到一分厂参观电炉炼钢和浇钢场。陈云问陪同的陶尚连：“你们厂一年炼多少钢？”陶回答说：“去年生产了65800吨，今年计划生产72000吨。拉丝轧带钢是我们厂自己炼的。”陈云说：“我们去看看出钢。”陶尚连急忙跑到炉前问炉长，炉长说：“要再等10分钟左右。”陈云同志说：“好。”等了10分钟左右，还不见出钢，陶尚连非常着急，再次跑到炉前问炉长，炉长说：“还没有炼好，还需10分钟。”陈云听说还要等10分钟，他看看表，时间不早了，忙说：“到其他地方去看看吧！”

在陈云的提议下，陶尚连带着陈云到五分厂参观穿孔和冷拔生产工艺流程。分厂负责人和工人拿出生产的无缝钢管样品给陈云看，并讲解生产过程和钢管的性能。陈云边看边听，非常高兴，连连点头称赞，并语重心长地鼓励说：“还要增加一些新的优质产品，以后会非常有用的。”

陈云来到三分厂参观时，正巧车间停产检修，于是到车间里转了一圈，仔细地观看了生产设备。他看到先进的设备和高大的厂房，高兴地竖起大拇指说：“你们厂规模大，设备好，样样都有了。”是的，江西钢厂始建于1965年，通过几年的艰苦创业，已初具规模。

陈云参观了江钢的各个分厂，留下了较深的印象。当厂负责人提出向他老人家汇报全厂情况时，陈云说：“明天是星期天，你们要休息，我也要休息。我看了之后，心里明白了，不要汇报了。”

上午11点半，陈云一行告别江西钢厂，返回县城住地。

参观毛主席在新渝革命活动陈列馆

9月11日上午考察完江西钢厂后，下午，陈云连续参观两整天，对一位年近古稀的老人来说，这已够累的了，何况他老人家的身体本来就不太好，本应休息。但他以一个无产阶级革命家的坚强毅力，于12日上午又风尘仆仆步行前往坐落在县城里的毛主席在新渝革命活动陈列馆参观。他对当时参观者必须虔诚地朗诵：“敬祝伟大领袖毛主席万寿无疆！祝林×……”那一套，并不感兴趣，不声不响地一走了之，迅速步入第二展厅，兴致勃勃地听讲解员讲解毛主席领导湘赣边秋收起义失败后，带领工农革命军向罗霄山脉进军，创建井冈山革命根据地，尔后，向赣南、闽西进军，直至古田会议的情况，以及新渝人民革命斗争情况。他边听边看，尤其对毛主席在罗坊会议作出不打大城市、诱敌深入的决定以及在罗坊和兴国进行农村调查等内容以及相关文物看得特别仔细，听得非常认真。但对其中美化林彪的内容，不屑一顾。

慈父般的教诲

县委通讯员傅可新临时在“小客房”当服务员，负责照顾陈云的生活。陈云生活起居很有规律，每天早上起床后，洗漱完毕便到室外散步，回房后，不是听广播，就是看书报，或思考问题。每次小傅蹑手蹑脚地进入陈云住房送开水或其他东西时，他老人家无论是在沉思还是在看书报都会抬起头来面带笑容地看看小傅。如果开着收音机，他老人家就会把音量调小，亲切地招呼小傅坐下。陈云觉得这位小青年忠厚老实，办事认真负责，很可爱，于是主动与小傅交谈、聊天，并关心地问小傅：“小傅，你晚上睡几个小时觉？”小傅如实告诉他老人家说：“五六个小时。”陈云面带惊讶而责备的口吻说：“睡的时间太少了。”小傅笑眯眯地回答：“没事，习惯了。”一次，陈云笑笑地询问小傅的身世及家庭情况，小傅毫无顾忌地介绍说：“我今年19岁，六个兄妹，我是长子。父亲在县委机关工作，月薪45.5元，母亲没有工作。”陈云听后很同情说：“太苦了。”小傅又说：“因为家里生活困难，1965年小学毕业后，还不到13岁就到县政协当通讯员。”小傅又接着说：“记得1965年9月学校开学，家里没有钱，当时县水电局局长高景树爱人给我10元钱到学校报名上初中。因生活所迫，我父亲又去学校退回了学费。”小傅哽咽着继续说：“从此我就失去了读书的机会。”陈云听完，沉默了半天，伸出一只温暖的手抚摸着小傅，声音低沉地说：“太委屈你了，孩子，你不要责怪父母，要体谅父母的苦衷。”小傅点点头，感激地说：“感谢首长的关心。”陈云又鼓励小傅，说：“你是先天不足还可亡羊补牢嘛，在工作实践中好好学习，也一样可以成为有真才实学的人。”接着，陈云语重心长地说：“小傅，你在领导身边做通讯员工作，对领导同志的思想、工作、作风以及工作方式方法注意观察，好好学习，这是一个很好的学习机会，社会上的青年要学也没有

※ 江西钢厂原第一炼钢厂厂房。

这样的机会，他们没法跟你比。当然，观察问题、看事、做事，要有自己的主见，要培养自己的独立思考能力，遇事不要人云亦云。要全面准确地看待一切事物，要透过现象看本质，掌握事物的客观规律，不要被一种倾向掩盖着另一种倾向所迷惑。”这些哲理名言，慈父般的教诲，小傅一时吃不透，不太理解，但他铭记在心，深深感到这是一次最生动、最深刻的教育。

在亲切交谈中，陈云询问小傅的政治学习情况。小傅兴奋地向他老人家汇报道：“响应毛主席的号召，通读了《共产党宣言》、《法兰西内战》、《哥达纲领批判》、《反杜林论》、《唯物主义和经验批判主义》、《国家与革命》等六本书。”陈云边听边点头，表扬小傅说：“小学毕业，能读这六本书，不错。”并试探地问小傅，“你通过学习《共产党宣言》了解了一些什么东西？你谈谈看。”小傅就自己所知道的，向陈云汇报了《共产党宣言》产生的历史背景、大体内容及意义等。陈云问：“你知道《共产党宣言》是什么时候传到中国来的么？”小傅回答道：“大概是五四运动吧！”陈云再问：“你知道我是什么地方人么？”小傅说：“不知道。”“我是上海青浦人，印刷工人出身，《共产党宣言》传入时我参加了印刷。”接着，陈云意味深长地说：“读马列、毛主席著作要多读原著，读原著与看其他书就是不一样。读原著才能看准事物，才能帮助我们观察问题，分析问题，掌握主动权。”听了陈云一席话，小傅深感胜读十年书。

陈云关心小傅政治上的进步。小傅向陈云汇报说：“我早已向党组织递交了入党申请书，党支部多次找我谈过话，准备吸收我加入党的组织。由于去年8月党的九届二中全会在庐山召开之后，全国开展了批陈整风运动，我入党之事也被当时全国这件头等大事耽搁了。”陈云听后鼓励小傅说：“不要泄气，要经得起党组织的考验。时间的考验也是一种形式。要积极创造条件，从思想、政治、组织上成为一名真正的共产党员，而且思想上、政治上入党比组织上入党更重要。”

在陈云的教育鼓励下，小傅严格按照党员条件要求自己，终于在1972年5月19日光荣地加入了中国共产党。

在交谈中，陈云还向小傅了解新渝的一些基本情况。他问小傅：新渝县有多少面积和人口，多少个公社（场、镇），工农业生产、文化教育等基本情况。小傅就自己所知道的一一向陈云作了回答。但有一个问题把小傅给难倒了，陈云问道：“新渝的经纬度是多少？海拔高度是多少？”这使小傅傻了眼，答不出来。陈云看到小傅的窘态，不仅没有批评小傅，反而夸奖小傅：“不错，情况清楚，是个明白人。”接着耐心地给小傅解释了经纬度、海拔的绝对高度和相对高度几个概念的定义，并告诉小傅说：“新渝地处鄱阳湖平原区的西部边缘，整个地形与地势以丘陵为主，而县城及袁河两岸的海拔高度仅为50米左右。新渝的经度为东经114度44分至115度24分1秒，纬度为北纬27度35分21秒至28度5分5秒。”小傅听后感到非常惊奇，下意识地第一次违反不准向领导同志提问的规定，问道：“您怎么知道得这么清楚？”陈云乐呵呵地说：“来新渝之前，我已经看过你们县里的有关资料。”深入的谈话、聊天，使小傅感到面前的这位领导不仅是一位和蔼可亲、慈父般的领导，而且是一位知识渊博的领导。

在另一次闲谈中，陈云给小傅谈到他为何不住楼上时说：“你们县里领导要我住楼上，意思我清楚，好搞保卫工作，也安静。但我有心脏病，不适宜住得太高。我到庐山开会，也不在山上住。”小傅插话说：“您老还是年纪大了。”“年纪大什么，我现在不才67岁么？”听了这些话，使小傅深为陈云这种老骥伏枥、志在千里，强烈地期望为党、为国、为人民多做工作的精神所感动。

9月15日，陈云告别新渝，登上西行的列车前往萍乡。

（李俊贤）

视察萍乡、安源

陈云视察萍乡、安源，接待的人感慨万分地说："陈云同志生活俭朴，和普通老百姓一样，没有半点特殊，可以说是中国共产党最优秀的代表，是一尘不染、为政清廉的楷模。"

1971年9月15日，正值中秋前后。煤城的天气不冷不热，天特别的高、特别的蓝，云朵格外白柔娴静，风也显得格外轻曼幽香。这天，阳光明媚和煦，向萍水河洒下一片温和的光芒。

晌午过后，一辆伏尔加小轿车从南昌方向轻盈地驶向萍乡宾馆。江西的西大门——萍城，迎来了一位特别受人民爱戴崇敬的客人，他就是曾任中共中央副主席、政治局常委、国务院副总理的陈云。他这次视察老区萍乡，轻车简从，随同来访的只有他的女儿、警卫和司机。

小车停稳后，陈云和已在宾馆迎候多时的萍乡市委书记李开禄、市计委副主任孟昭玉等一一握手问好。这位多年身居高位的党和国家领导人没有半点架子，身着一套深灰色旧中山服，脚穿一双黑色布鞋，显得衣着整齐朴素。他待人随和，脸带微笑，语言不多，举止文雅严谨，给人以和善亲切之感。虽然没有热闹的欢迎队伍，也没有使用特别接待礼仪，但整个接待的气氛是热烈和融洽的。

这时陈云虽已年近七旬，又经历"文革"的摧残，患有严重的肠胃病，脸色显得有些苍白，但他精神矍铄，神态乐观，步履稳健。他住在萍乡宾馆二楼一间普通的客房里，室内陈设简单，水磨地板，木板床铺，既没摆烟，也没摆水果。虽说这是陈云本人的要求，不让对他有任何特殊的款待，但李书记心中总觉着有点过意不去。他带着歉疚的心情来到陈云的房间，十分抱歉地说："首长，我们萍乡条件不好，不到之处，还请多多包涵。您在这里还有几天的时间，生活怎么安排好呢？"陈云诚恳而认真地说："不用麻烦你们了，这样已经很好了，有些吃的东西，我自己都带了，生活安排应尽量简单，有豆腐、菠菜就行了。对了，萍乡有豆芽吗？有的话，可以买一点。"李书记即说："豆芽我们这里有，不过没有北方的好，芽子长得老长老长。"陈云听后，抿着嘴笑了，说："那太好了，豆芽、菠菜都有了，这样的生活我很满意了。"李书记试探着问："我们想请你吃顿便饭，什么时候好呢？"他马上严肃地说："请吃就不用了。""那么，我们自己掏钱请您吃行吗？"李书记补充说。陈云风趣地反问道："你们老要请吃饭，萍乡有什么好吃的？”李书记马上说：“包顿饺子给你吃嘛。”“水饺又不是萍乡的特产，是北方的呀，所以就不用吃啦。”陈云对多次的邀请都婉言谢绝了。

此外，陈云还反对市委主要领导陪同。本来市委书记已安排好，自己陪同两天，其余时间由另一副书记陪同。但陈云知道后，硬是不让，说：“我不用陪同。你陪着我还不自在。你们工作很忙，你们白天都干你们的工作吧，晚上你们有时间可以来聊聊天，就这么定了。”他“自带干粮来办公”，每天需定量进食的花生米还是自己从南昌带来的，视察工作所到之处，统统都只准清茶一杯。

他到萍乡后，市委有关领导安排先汇报工作，但他不同意这样做，马上说，不用忙于汇报，先找点有关的材料给我看看，然后我要到实地看看，至于汇报以后再说吧。16日，本来市委领导安排他休息，但他架着老花镜在居室内扎扎实实地看了一天的材料，以便从中了解萍乡生产发展情况和人民的生活状况，从中捕捉各种信息。这位杰出的经济学家，虽身处逆境，但心里装着的依然是国家和人民。

萍乡钢铁厂坐落在赣西门户的湘东区境内。20世纪50年代，萍钢就跃入了国家钢铁生产的先进行列，敬爱的周恩来总理曾授给萍钢一面红旗。萍钢人用自己的汗水和努力，让

※ 如今的萍乡钢铁厂。

这面红旗一直在湘东上空高高飘扬。所以，陈云执意要到萍钢去实地考察。

9月17日，秋阳高照，晴空万里。陈云欣然驱车早早向萍钢奔驰而去。远远看去，萍乡钢铁厂高高的烟囱、水塔、排排的厂房，镶嵌在碧蓝的天空里，像是一幅瑰丽的油画。

钢铁厂大门口，汽车装着铸铁、原材料穿梭般地进出着；厂区的西边尽头，一列列满载铁矿石的小火车在铁轨上像一条朱红色的长蛇向厂区蜿蜒伸展……厂内人声喧嚷，车间、道路，扩建厂房的建筑工地，到处呈现一片繁忙的景象。见此情此景，陈云脸上露出了满意的笑容。小轿车在钢厂办公楼前刚刚停稳，陈云忙下车，满脸堆笑，一边伸出手饱含热情地和厂长罗宗文等同志握手，一边十分亲切地说："你们辛苦了！"这亲切的问候，就像一股暖流注入了大家的心窝，顷刻间流遍了全身，大家激动得不知说什么好，只是一个劲地连连说："首长辛苦了！首长辛苦了！"到了厂部会客室里，刚刚坐下，陈云就急切地问道："你们厂里有多少工人？生产情况怎样？工人生活怎样？……"罗厂长连忙就陈云的提问一一作了详细的汇报。汇报了炼一吨焦煤需要多少吨原煤，炼一吨铁需要多少吨矿石和焦煤，炼一吨钢需要多少吨生铁，炼一吨铁、一吨钢的成本多少，一吨钢价值多少，然后除掉成本、损耗、管理费、利税等等，生产一吨铁、一吨钢获纯利多少。经过一问一算，陈云对该厂的生产现状与发展前景、工人的生活情况等等，已经心中有数了。

听完汇报后，陈云高兴地对罗长厂说："你们是基层领导，你们的工作很辛苦，已做出了很大的贡献。你们厂的工人是一支很好的队伍，你们当领导的应很好地关心他们，他们是主要骨干力量。"又说："萍钢这个厂，你们在汇报中讲是个小厂，其实你们现在已有三个100立方米的高炉，这就不是个小厂啰，有一定规模了。"接着，陈云对萍钢的领导说："我们可以回忆一下子，在抗日战争初期，我们没有多少枪，更没有多少炮，武器一部分是靠从敌人手中夺过来，一部分还要靠自己武装。这就需要我们自己造土枪土炮，造土手榴弹。这些从哪里来呀？我们当时在延安办了一个5立方米的小高炉。当时的厂长叫徐驰，后来是冶金部的副部长，现在到四川去了。你想想5立方米的高炉比现在你们100立方米的高炉，那相差多远啊！可是在战争年代给我们解决了多大的问题啊！你们厂现在已经利润达150多万元，贡献不小了……"

"钢铁是国家的重点企业，你们知道么？我们国家这么穷，受帝国主义欺负，就是因为经济发展需要钢铁，机器设备都需要钢材，所以你们的工作很重要。"

随后陈云又深入到高炉生产第一线去考察。他亲切和蔼地与工人谈生产、叙家常，亲热异常。本来他还想去工人家里看看，但因时间所限，未遂心愿。离厂前，他以满意加赞扬的口吻说，萍钢过去是红旗高炉，现在仍然保持了先进。希望你们继续努力，永远保持先进。此番贴心的鼓励，确实成了激励萍钢工人不断前进的动力。

晚上，陈云带着浓厚的兴趣，在住处与李开禄书记亲热地攀谈起来，了解掌握萍乡更多的情况。李书记首先关切地问："首长今天累了吧？""不，一点不累。"陈云高兴地回答道，他似乎还想往下说什么，李书记插话："首长，您今天看了萍钢，有什么指示吗？"陈云谦和而恳切地说："我没有什么指示，指示都听毛主席的。"接着他又关切地问到萍矿工人的生活情况、煤炭生产情况、萍乡的农业生产情况，李书记都一一作了简要的汇报。当汇报到萍乡矿务局领导将"文革"中形成的群众中的两派都引导到"抓革命、促生产"中去，因此萍矿的生产情况很好，年产量可达300万吨时，陈云欣喜而肯定地说："这样很好，以抓革命促生产为总体是对的，凡是对抓革命促生产有利的就是对的，凡是对抓革命促生产不利的就是错误的。"当汇报到两派都出现过打人的现象时，他严肃地指出："打人历代都是犯法的，打人就是不对。"最后，李书记汇报了萍乡的农业生产情况。萍乡的单产很高，亩产达1600斤，实现了亩产双跨纲要，但总的生产水平不高，吃饭还要交粮票，不过我们会继续努力，萍乡要争取达到年产粮8亿斤。陈云听后连连点头，表示赞赏。

陈云在萍乡考察期间，天天都是白天考察，晚上与地方领导交谈，尽量从多方面获取一手材料。

安源，这颗璀璨的明珠，在中国革命史上占有十分重要的地位。她书写了我国当代工运史上光辉的一页，她是中国共产党领导的中国工人运动的策源地和湘赣边界秋收起义的主要爆发地之一。毛泽东、刘少奇、李立三等老一辈无产阶级革命家曾在这里叱咤风云，许许多多革命先烈曾在这里流血牺牲。为了宣传和纪念这段辉煌的历史，筹建了安源路矿工人运动纪念馆。陈云此次萍乡之行，当然少不了要去安源纪念馆参观访问。

9月18日，安源路矿工人运动纪念馆的同志们听说陈云要来馆视察工作，非常高兴，早早就在馆门前等候。上午9时许，一黑一灰两辆伏尔加小轿车缓缓驶进了安源纪念馆广场，停在陈列馆门前。迎候的人群开始有点发愣，心想，这大概不是我们要迎接的陈云吧？因为他曾任党中央副主席，上面交待是一级保卫的接待规格，可现在，前面没有公安摩托开路，后面没有后卫车护驾。正疑惑间，黑色小轿车车门开了，陈云出现在大家面前。

陈云步履轻快地走进展览厅第一室——"安源工人的苦难和斗争"。他静静地听着解说，当讲到民族矛盾和阶级矛盾在安源表现很突出时，他点头表示赞同；当讲到旧安源煤矿简直像一座人间地狱，工人过着牛马不如的生活时，他深沉地叹着长气；当讲到工人在经济上怎样受剥削时，他紧锁双眉，似乎心里还在算着什么细账——原来他敏锐的目光早已发现了文字说明上一段引人注目的文字。他抬起头，凑近陈列板面，仔细地看了起来。他用手指着文字说明，回头询问他女儿：“你知道一吊钱是多少吗？”女儿听到问话后，忙上前一步，又认真地看了看父亲指着的文字说明，显出疑惑不解的神情。陈云瞅了女儿一眼，说：“一吊钱就是一百文钱，当时一吊钱能买一斗米。旧社会工人卖掉一个儿子才得到一吊钱，多惨啊！千万不要忘记过去。”陈云的话不仅是对他女儿的教诲，也是对年轻一代的谆谆教导。

陈云看完陈列馆以后，又兴致勃勃地参观了总平巷、工人夜校、工人俱乐部和秋收起义军事会议所在地张家湾等重要革命旧址。

80间房子旧址，既是当年安源地委办公的地点，又是1930年9月毛泽东、朱德率领红一方面军来安源住的地方。当他看到厅堂里陈列着当年红军用过的干粮袋、雨伞、文件、行李箱等文物时，饶有兴趣地指着那铁质的行李箱说，我们以前打仗行军时，到哪都是这样的一担。说完，走近文物，伸手将挂在墙上的干粮袋取下，利索地将其往脖子上一套，敏捷熟练地把干粮袋挎到了身上，然后把油纸雨伞夹在腋下，又挺挺身子，笑嘻嘻地对在场的同志们说：“我们当年行军就是这样。”他边说边示范着行军、扛枪、背行李的动作。经过他这么一表演，活生生地再现了当年红军艰苦行军的情景，引得大家开心地笑了。

9月19日，正当陈云准备再到其他地方去考察的时候，南昌来电催促他迅速返昌。

离开萍乡的头天晚上，本来他应作些准备，好好休息休息，以养精蓄锐，适应第二天的长途旅行。但陈云没有顾上这些，他忙里抽闲热忱主动地同为他服务过的孟昭玉主任等交谈叙情，嘘寒问暖拉家常。他感激地说：“谢谢你们了！”说完，从口袋里拿出了小本子，递给孟主任，请他将自己的姓名、单位写在小本子上。孟主任用颤抖的手写完后，激动得半天不知说什么好。陈云接过小本子，又把它好好地收起来，他已把普通干部与群众永远珍藏在自己的记忆中。

20日，陈云乘坐长沙至上海的108次列车离开萍乡回南昌，孟昭玉等前往火车站送行。一双双噙着泪水的眼睛望着远去的列车，希望它走得慢些、再慢些，不要在他们的眼中消失；他们又希望火车走得快些、更快些，以便首长能早点平安返昌。他们伫立在站台，直到火车从视线中消失，他们才挪动双脚，依依不舍地离开车站。

（杨桂乡）

给女儿发工资

陈云对女儿说："我们都是共产党员，没有去上班，没有工作，就不能白拿工资。"

陈云的厨师汪师傅，江苏镇江人，跟随首长多年。陈云南下江西，汪师傅也跟随着来了。有一段时间，汪师傅生病。为照顾他养病休息，陈云把在中国科学院工作后下放到干校的女儿伟力叫来帮助做饭。伟力那时一个月的工资是56块钱。陈云觉得孩子大了，参加了工作，成了党和国家的人了，她离开了干校，到这里替代汪师傅做饭，就不能再拿干校那份工资了。于是，陈云与女儿伟力商量："我们都是共产党员，没有去上班，没有工作，就不能白拿工资。"硬是把干校的那份工资退了，改由陈云每月给女儿伟力发工资。在国与家、公与私的问题上，陈云是何等的分明啊！

陈云居住生活在青云谱干休所期间，他的夫人于若木由于被关在北京植物园未能伴随同行，他的四散于全国各地的儿女、媳妇、女婿都先后来到青云谱看望陪伴过他。

（刘志文）

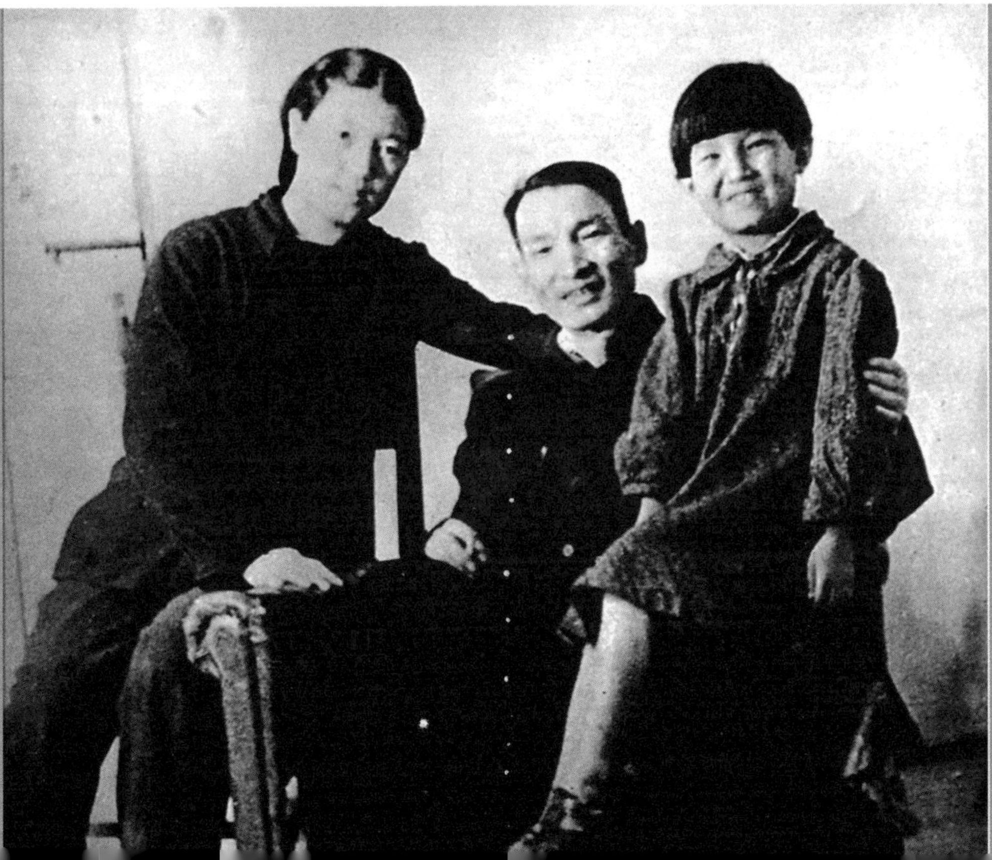

※ 陈云同于若木及女儿陈伟力在一起。

告　别

1972年4月22日，陈云与工人们一一握手："谢谢工人师傅们，我要回北京了，再见了。"

1972年4月19日中午，陈云的秘书肖华光骑自行车从东大门进厂，告诉该厂负责接待陈云的同志：首长要回北京了，已定好22日的火车。

第二天上午8时，陈云准时到厂，先找到厂领导张守信、李健、李彪，就如何办好这个厂谈了许多宝贵意见。随后，他到各个车间与工人告别。

工人们一听陈云要回北京，一下子都围了过来。陈云与工人们一一握手："谢谢工人师傅们，我要回北京了，再见了。"握着陈云的手，望着他那稀疏的银发、慈祥的面容，工人们的心头陡然产生一种若有所失的感觉，依依惜别之情越聚越浓。大家不知说什么好，百感交集，千言万语，都汇成同一句话："祝首长身体健康，一路平安。"

陈云走到哪里，哪里就掀起一股感情的波澜。有的工人跟着陈云，走过一个车间又一个车间。"再见、再见……"带着工人们深深的祝福、深深的情谊、深深的爱戴，陈云离开了江西化工石油机械厂。

（祝国仁）

"这是国民党的阴谋"

江青等人利用国民党伪造的"伍豪启事"攻击周恩来，陈云指出："这件事我完全记得，这是国民党的阴谋。"

1972年4月，陈云回北京后，参加了中央召开的批林整风汇报会，揭发林彪历史错误的材料。这期间，江青等人别有用心地利用国民党1932年伪造的"伍豪启事"攻击周恩来。为了回击江青一伙的诬陷，陈云在1972年6月13日的中央批林整风会上指出：我当时在上海临时中央，知道这件事的是康生同志和我。对这样历史上的重要问题，共产党员要负责任，需要向全党、全世界共产主义运动采取负责的态度，讲清楚。这件事完全是国民党的阴谋。

同日，他又写了书面发言，指出："我现再书面说明，这件事我完全记得，这是国民党的阴谋。"

（赵士刚）

父亲的两封信

陈云于1970年和1973年给女儿陈伟华写了两封信，谆谆教诲女儿说："哲学是马列主义根本中的根本"，"马克思、恩格斯、列宁的著作很多，但我看来，只要10本到15本就可以了。"

父亲生前写给我的信本来就不多，有的还在十年动乱中散失了，然而有两封信却一直被我珍藏着。这两封信都是他老人家在"文化大革命"身处逆境时写给我的。一封于1970年寄自南昌，另一封于1973寄自北京。和父亲相隔两地时，以及父亲逝世后，每当我想念他老人家时，都要小心翼翼地把这两封信取出来读几遍，至今不知读了多少遍。父亲离开我们已经四年了，但只要我看到这两封信，他那慈祥的面容便会浮现在我的眼前，仿佛仍然在谆谆教导着我。

要说这两封信，那还要从1966年6月说起。那时我刚刚高中毕业，对于来势凶猛的"文化大革命"一下子还摸不着头脑，搞不清它的"目的"和"意义"到底是什么，只觉得它的矛头似乎迅速指向了许许多多的老干部。我隐隐约约预感到，在这场"史无前例"的运动中，父亲很可能会受到冲击。果然，到了年底，社会上出现了攻击我父亲的大标语和小报。我清楚地记得，第二年年初的一个深夜，一群造反派闯进了我们在北长街的家，不由分说就动手又抄又抢。幸好此前父亲已在周总理的关照下住到了万寿路的一处地方，母亲和除我之外的其他孩子也都或在外地干校，或在学校住，家中只有我一人。造反派见没抓到我父亲，就把我揪住"审"了一通。面对这些人，我虽然很紧张，但到底没有告诉他们父亲的住地，只是泛泛地回答了他们的一些提问。随后，他们在地上和墙上到处涂写下了"打倒"父亲的大标语。我气愤极了，冲着他们大声说："父亲从来没有反对过毛主席！"这是我至今仍能记起的回击造反派的唯一一句话。

这次抄家后，我被接到了父亲住的地方。父亲听说了抄家的事后，不为所动，还是镇定如常。他从容地坐在沙发上，听着我仔细描述被"审"的情况，有时还大声笑起来。听着听着，他老人家站了起来，说："红卫兵抓住我，也没什么了不起，我和他们评理就是了。"他一边说，一边甩起双臂，做出走正步的样子，意思是，革命的路还要坚定地走下去。看着父亲那乐观的样子，我的心被深深地震撼了。从父亲那坚毅深邃的目光中，我看到了一位久经考验的共产党员早已把个人荣辱和生死置之度外的高尚情操。我懂得了，再大的风浪，父亲也能闯过去。

父亲在北京受冲击的同时，母亲独自去了湖南的"五七干校"，哥哥、姐姐、妹妹也先后被学校和单位分配到了外地，只有我和上初二的弟弟留在了北京。到了1968年，我也被分配到北京怀柔县，在那里当一名乡村小学的教师。当教师本是我从小的愿望，但没想到的是，这一切是在我毫无精神准备的情况下匆匆发生的。此时的父亲不仅承受着政治上的巨大压力，还要尽长辈之责，引导我们正确面对现实，接受各种考验。在帮助我收拾行装时，父亲谆谆嘱咐我要做好到长城以北边远山区学校工作的思想准备，要保持艰苦朴素的生活作风，和乡亲们、同事们应打成一片，绝不能搞特殊。

到怀柔后，我被安排到了位于长城脚下的辛营公社。那里山清水秀，果木繁盛，比长城以北的公社条件好一些，但我毕竟是第一次远离家庭，人生地不熟，常常产生想家的念头。有一天，不是休息日，我也没有向学校请假，擅自回了一趟家。父亲看到我突然回来，并没有显出高兴的样子，而且知道我没有请假后，还严厉地批评了我，让我立即回去。第二天一早，我满怀不解和委屈返回了学校。

时间长了，我逐渐适应了农村的生活，加上乡亲们和同事们的关照，我的心情也平静起来，越来越多地投身到教学之中。不久，我从小学调到了中学任教。由于公社离北京较远，我只能两个星期回一次家。每次回家，父亲都把我叫到身边，仔细询问我的工作和生活情况。他尤其关心农村的生产状况和老乡的生活，当听说乡亲们并未因为"文化大革命"而放松农业生产时，他非常高兴，连连说"好"。记得我曾跟父亲说过，乡下还很穷，老乡连手纸都用不起。父亲听了，十分认真地掰着手指头，给我算细账，告诉我农民所以还用不起手纸，是因为他们的生活水平还不高，和城市居民相比在各方面都有很大的差距。他叮嘱我，在乡村不要穿皮鞋，每月的工资都要省着花。以后，他知道我存下了一点钱，常常打趣地问我："你的存折上有多少钱了？是个'财主'了吧？"

随着时间的推移，我把自己完全融入了公社的大家庭里，也融入了学校的集体之中。我对辛营产生了感情，爱我的学生，也爱那些淳朴的乡亲。有一次，我从北京返回县城，正赶上下大雪，长途汽车停驶了。为了不耽误上课，我踏着雪，步行几十里赶回了学校。每次回到城里，我都要东奔西跑，为乡亲们代买东西。父亲知道后，高兴地和家里人说：

“南南每次回来，还要为老乡买东西，她也成了一个怀柔人了！”当我向父亲转达乡亲们和老师们对他老人家的问候时，他非常欣慰。

在怀柔工作的日子，学校领导和公社党组织从思想上、工作上给了我很大的关怀和帮助。他们没有因为父亲受到冲击而对我另眼相看，他们希望他老人家保重身体，更希望我能够保持和发扬老一辈革命家的优良传统和作风，做名副其实的革命后代。从乡亲们的祝愿中，从组织的关怀中，我看到了父亲在人民心中的崇高威望，尽管父亲此时已经受到了点名批判。

父亲一生历经艰难，但他从没有退缩过一步。因为他对自己为之献身的共产主义事业是坚贞不渝的，对党和人民是无限忠诚的。他在延安时期担任中央组织部部长时所写的《怎样做一个共产党员》一文中说：“每一党员应该深刻知道中国革命是一个长期的、艰苦的斗争过程，在弯曲险峻的革命道路上，革命者必须经历长期的艰苦和波折；在与敌人经常的斗争中，在每一事变的紧急关头，还有牺牲的可能。因此，每个共产党员不仅要坚信共产主义必然实现，而且必须对于工人阶级和中国人民、中华民族的解放事业，有不怕

※ 1979年5月，陈云夫妇和二女儿陈伟华夫妇在杭州。

牺牲、不怕困难和奋斗到底的决心。”父亲是这样教育别人的，同时，也是这样要求自己的。他的一生，都在实践着自己说过的话。

父亲坚定的共产主义信念，来源于他对祖国和人民的无比热爱，来自于他对马克思主义理论孜孜不倦的学习和深入的思考与理解。在延安时代，他利用相对安定的环境，系统学习了马克思、恩格斯、列宁、斯大林和毛主席的哲学著作。这为他最终全面掌握马克思主义真理打下了坚实的基础。建国以后，他在繁忙的工作同时仍然勤奋学习，只要稍有空闲，就翻阅马克思主义经典著作，而且注重调查研究，虚心向工人、农民和专家请教，把马克思主义理论与实践结合起来，用于指导实际工作。他在学习中从不生搬硬套，而是勤于思考，力求消化吸收，把马克思主义理论变成自己的东西。他通读了毛主席的著作，认为贯穿其中的基本指导思想就是实事求是。如何做到这四个字呢？通过进一步学习和思考，他又体会出十五个字，这就是“不唯上、不唯书、只唯实”和“交换、比较、反复”。可以说，他的三卷文选，从头至尾贯穿的正是这十五个字的原则。

父亲一生勤奋学习、刻苦读书的精神，也深深感染着我们每一个孩子。哥哥陈元在父亲的指导下，从初中开始看《参考消息》，阅读《马克思传》，高中和大学阶段自学哲学，通读《资本论》，并作了大量读书笔记。在学习马列主义理论方面，他是我们兄妹几人中的佼佼者。我在五个兄妹中相对比较单纯，从小性格内向，不太爱讲话，这在一定程度上限制了自己的主动学习和深入思考。“文化大革命”对父亲的冲击，使我受到很大的震动，头脑中出现了许多疑问，想弄明白。参加工作后，孤身来到最基层，生活环境的变化也使我想更多地了解社会。随着年龄的增长，特别是多年来父亲的言传身教和家庭环境的熏陶，使我从内心深处产生了强烈的读书欲望。那时，党的“九大”已经开过，父亲被排挤出中央政治局常委和中央政治局，只保留了中央委员的身份。1969年年底，他被以“战备疏散”之名，下放到江西南昌郊区的一家化工石油机械厂“蹲点”。第二年12月8日，我给远在南昌的父亲写了一封信，述说了自己的学习愿望。父亲接到信后，当天就怀着“万分欢喜”的心情给我写了回信。

父亲在信中要我首先学习马克思主义的哲学著作，说“哲学是马列主义根本中的根本”。同时，为了使我了解国内外形势，把学习理论与学习时事结合起来，他在信中还提出要我每天看《参考消息》、《人民日报》或《北京日报》。另外，为了使我能理解马列著作，他要求我看中国近代史和世界革命史方面的书，并且具体教我怎样才能找到这方面的书。他在信中还告诉我：“马克思、恩格斯、列宁的著作很多，但我看来，只要10本到15本就可以了。”然后，他又教给我，怎样从《马恩全集》中找到必须看的《共产党宣

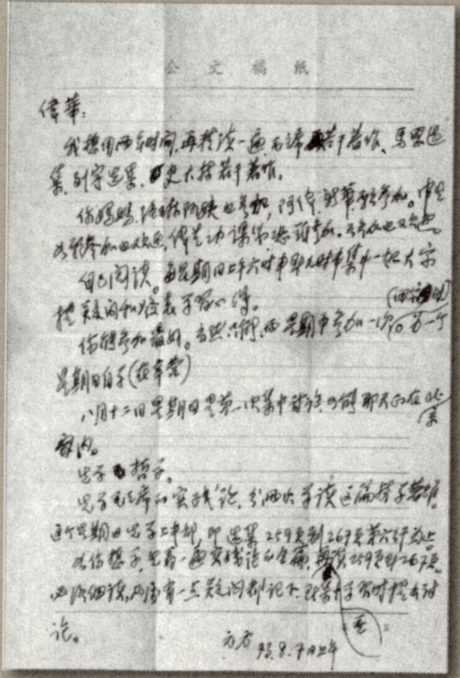

※ 1973年8月，陈云关于学习马列著作问题给女儿陈伟华的信。

言》和《社会主义从空想到科学的发展》。这封信使我明确了学习的方向，也明白了学习的方法。它是父亲对女儿的谆谆教诲，也是老一辈革命家对青年一代的殷切期望；是一位马克思主义者对真理的不懈追求，更是无产阶级革命家世界观、人生观的真实写照。这是一封父亲给女儿的普通家信，也是一本永远读不完的教科书！

按照父亲信中的教导，我马上订了一份《参考消息》，每天坚持看报，陆续读了《马克思传》和《恩格斯传》，还读了《共产党宣言》、《社会主义从空想到科学的发展》、《帝国主义是资本主义的最高阶段》等著作，自学了政治经济学的基本理论，以后又精读了艾思奇的《辩证唯物主义和历史唯物主义》。

一直到1971年4月，我才有机会到南昌去看望父亲。父亲在南昌的日子里，我们几个孩子都去看望过他。他虽然承受着巨大的政治压力，但丝毫没有悲观失望的情绪，相反，和我们谈得最多的是读书学习的问题。他告诉我，学好理论是政治上进步的基础，学好哲学尤其重要。掌握了唯物辩证法，就有了观察问题的立场、观点和解决问题的办法。一

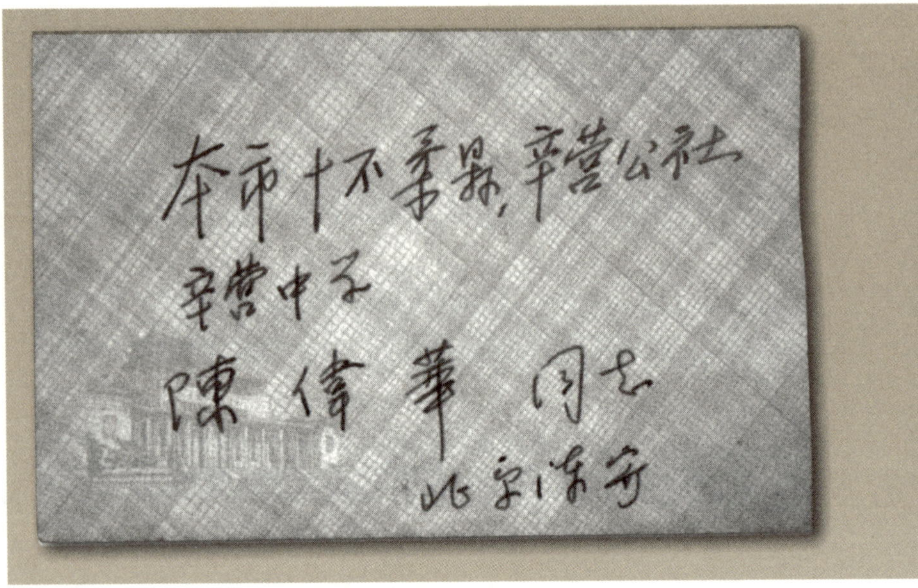

※ 1973年8月，陈云关于学习马列著作问题给女儿陈伟华的信。

天，吃过晚饭后，父亲把我叫到身边，说："你还要多了解世界的大事。爸爸送给你一本《世界知识年鉴》，这几天你把它通读下来，我要提出问题让你回答。"就这样，在南昌探亲的二十多天里，我和父亲在一起的大部分时间是在读书中度过的。南昌的生活条件比起北京来要差得很远，春天暖气停了后，有时刮起大风，温度降得很低，屋里还要生一盆炭火。我看到，父亲就在这样的环境下，每天都要读书到深夜11点以后。父亲在南昌郊区一共住了两年零七个月，除了每天上午去工厂参加班组会外，几乎都在读书。在那段时间里，他不仅读了两遍《毛泽东选集》，而且重读了《资本论》、《马恩选集》、《列宁选集》、《斯大林文选》，还读了不少鲁迅的著作。

1971年9月，林彪集团垮台。第二年4月，父亲离开南昌，回到了北京。不久后，中央决定让他参加国务院业务组的工作，协助周总理抓外贸。由于时间对他来说仍然比较宽松，他又给自己订了一个读书计划，打算用两年时间再精读一遍《马恩选集》、《列宁选集》、斯大林和毛主席的若干著作。1973年8月7日，他从北京的家中给我写了一封信，告诉我，他邀请在京的一些家庭成员如母亲和我的小姨、姐姐等也参加这个学习，并希望我也参加。首先学的著作是毛主席的《实践论》，学习方法是每人先分头自己阅读，然后每星期天用早上6点半到9点半的时间集中在一起讨论，提出疑问，交流学习心得。父亲在信中还交待了第一次要学的页码，并嘱咐我，先通篇看一遍，然后再看那几页。对哪几页必须细读，凡属有一点疑问都记下，到集中学习时提出讨论。接到信后，我非常高兴，并按父亲的要求认真阅读了《实践论》。

读着父亲的这封信，不由得使我又想起他老人家在延安时期的学习。过去曾听父亲说过，那时，他在中央组织部内成立过一个干部学习小组，前后坚持了五年时间，专门读马列和毛主席的著作，还聘请了哲学、经济学等理论专家做辅导，使参加学习的干部受益很大。令人惊奇的是，三十多年后，他已近古稀之年，而学习兴趣却丝毫不减当年，而且竟然要在家里组织学习小组。可见，学习确实成为了他生活中不可缺少的内容。对马克思主义的崇高信仰，使他追求真理的脚步永不停歇。

在父亲的教育和党组织以及周围同志的关怀帮助下，我在农村的广阔天地里成长起来。1974年10月，我加入了中国共产党，1975年还被怀柔县教育局评为优秀教师。父亲知道我入党后，语重心长地告诫我，要更严格地要求自己，在工作岗位上努力发挥模范作用，做名副其实的共产党员。

1978年，高考制度恢复后，我考入北京师范大学历史系。这使我有了系统掌握中国和世界历史知识的难得机会，眼界更开阔了。1982年大学毕业后，我被分配到中央国家机关。当时，教师的社会地位还比较低，师范学校招生困难。父亲了解这些情况后，专门为此向有关部门提出，要提高中小学教师的待遇，切实解决他们的住房等实际困难，“使教师成为最受人尊重最令人羡慕的职业之一”。为了给社会起带头作用，他有意让我“归队”，到学校当一名教员。恰巧我也难舍三尺讲台，留恋师生情谊，还想回到教学第一线。这样，我于1985年回到了自己的母校——北师大女附中（后改名为北师大实验中学），成为一名历史教师。父亲知道我又当上中学教师后，非常高兴，专门把我叫到身边，详细问我回到学校后的各种情况，鼓励我好好工作，当一名好教师。

如今，父亲已经离开了我们。每当我捧读他老人家写给我的这两封信，总是热泪盈眶，心潮难平。父亲作为马克思主义的职业革命家，战斗了一生，也学习了一生。他的生命已经融入了共产主义的伟大事业中；他的理想已经化作春风细雨，滋润着祖国的大地。站在父亲的遗像前，女儿既欣慰又惭愧。欣慰的是，女儿正按照您所希望的那样工作着、学习着；惭愧的是，女儿的工作和学习距离您的要求还相差得很远很远。女儿立志，要向您的精神学习，永远坚持马克思主义的真理，永远坚持理论和实际的结合，永远做真正的共产党人！您的事业，后继有人；您的教诲，永远铭刻在女儿心中！

（陈伟华）

※ 1973年5月1日，陈云在北京中山公园观看文艺节目。前排右起：朱德、李富春、陈云、徐向前、聂荣臻、傅作义。

对资本主义要很好地研究

陈云说：和资本主义打交道是大势已定了，我们对资本主义要很好地研究。列宁讲过：到共产主义时代，会用金子修一些公共厕所。现在离那个时候还远。不研究资本主义，我们就要吃亏；不研究资本主义，就不要想在世界市场中占有我们应占的地位。

“文革”后期，1973年到1974年，周总理让陈云协助抓外贸。当时，林彪集团的覆灭曾使国内出现了短暂的相对宽松的环境。这时国际形势也发生了较大的变化，随着尼克松访华，中美关系开始出现缓和，中国和整个资本主义世界的关系也进一步好转，从而为中国走向世界提供了极好的机遇。抓住这一有利时机，陈云针对我国外贸领域存在的一些问题进行了大量的调查研究，提出了许多富有远见的见解和对策，为我国的外贸领域注入了勃勃生机。尽管好景不长，不久，由于“四人帮”的阻挠，陈云在外贸领域的工作被迫停止，但陈云这一时期的一些探索，对当时我国的外贸工作起到了积极的影响，也为后来的对外开放积累了经验。

60年代末70年代初，国际政治、经济形势的发展出现了一些新的特点。首先，随着世界科技革命的突飞猛进，科学技术的迅速发展并转化为生产力，各国经济相互依存进一步加深。全世界已找不到哪一个国家能够生产出自己所需的一切产品，也不可能有哪一个国家拥有发展本国经济所需的全部资源和所有的先进技术。因此，世界范围内的平等互利的经济技术合作和贸易往来、互通有无、取长补短，成为发展经济的客观要求。

其次，二次大战后，资本主义经历了一系列的危机，但经过调整，各主要资本主义国家都渡过了危机，并随着科技革命的发展而有所发展。客观事实表明，在世界范围内，资本主义还有一定的发展潜力，还会长期存在下去，并且在一些方面占有优势。社会主义国家和资本主义国家将处于一种长期相对和平与竞赛的共存状态。

第三，发达国家（主要是资本主义国家）与发展中国家在经济上直接的剥削与被剥削的关系在逐步发生变化，发展中国家需要利用发达国家的资金和技术发展经济；而发达国家则希望凭借自己的经济实力，从发展中国家攫取尽可能多的利润。因此，双方的经济关系既存在着尖锐的矛盾和斗争，又有着一些共同的利益，相互利用的可能性进一步增加。

此外，这时中国的对外贸易也发生了重大变化。随着中苏关系的恶化，中国的对外贸易由原来主要面向苏联和东欧转而主要面向资本主义国家。

所有这些，都要求我们对资本主义有一个全面、深刻的认识和了解。但60年代中期以来发展起来的极左思潮，却在人们的思想上形成了巨大的障碍。“左”的思想一方面认为帝国主义是寄生的、腐朽的资本主义，是很快要灭亡的，现在正在做“垂死的挣扎”，没有利用的必要；另一方面，为了防止资本主义复辟，防止资本主义腐朽思想的侵蚀，又不敢接触资本主义。在这种思想的指导下，我们对资本主义的了解非常少，在与资本主义国家的交往中也常常处于被动的地位。

对此，陈云看在眼里，急在心里。因此，1973年他出来工作不久就首先提出要很好地研究资本主义。

1973年5月5日，他在听取外贸部周化民等同志汇报外贸计划和价格方面的情况时，即提醒他们要注意研究资本主义经济危机的规律。他说：我们对资本主义经济危机的规律中的各个因素，如次数、周期变化，要好好研究，这对我们外贸特别是对我们进口贸易很有关系。当时资本主义世界正在经历一场经济危机，因此，这里陈云首先提到要注意研究资本主义经济危机的规律。对于资本主义一般情况的研究陈云也特别重视，在这次谈话中，他还以价格为例，说明了研究资本主义的重要意义。他说：现在消息真快啊！美国的播种面积、各地的气候变化都会很快影响市场价格。资本主义市场价格和过去上海交易所一样很敏感。我们进出口今年如按80亿美元算，在价格上如果差百分之一，一年就要差8000万美金，这是一个很大的数字。

6月7日，他在听取银行工作汇报时又一次明确指出：和资本主义打交道是大势已定了，我们对资本主义要很好地研究。列宁讲过：到共产主义时代，会用金子修一些公共厕所。现在离那个时候还远。不研究资本主义，我们就要吃亏；不研究资本主义，就不要想在世界市场中占有我们应占的地位。

当银行的同志汇报说："文化大革命"前，银行有金融研究所，专门研究国际金融问题；"文化大革命"开始后，研究所被撤消了。陈云立即指出：研究机构还是要搞起来。过去我们的对外贸易是75%面向苏联和东欧国家，25%对资本主义国家；现在改变为75%对资本主义国家，25%对苏联他们。供求关系、货币关系的变化统统反映到外贸上来了，不搞研究机构怎么能行？

为了解除一些人的顾虑，放宽研究的范围，他还指出：机构搞起来以后，要研究包括像尼克松国情咨文那样的东西。像康纳利、舒尔茨、德斯坦的讲话材料都要看，都要研究。

8月4日，在外贸部价格小组会议上，陈云针对新闻单位不注意报道国外商情的情况也作了委婉的批评。他说：新华社关于商情的报道少，可同人民银行、外贸部合作。外电有关商情的报道要充分利用，例如最近20国财长会议的发言要全文译出来。

这一时期，陈云不但要求外贸部门的同志注意对资本主义的研究，他自己也身体力行，非常注意研究资本主义。在听取银行工作汇报时，他特地向银行的同志提出了10个问题，希望他们围绕这10个问题帮他搜集资料，供他研究。这10个问题是：

1. 美、日、英、西德、法各国从1969年至1973年的货币发行量多少？外汇储备多少？其中黄金储备多少？

2. 现在世界黄金年产量多少？其中主要产金国的年产量多少？

3. 800亿欧洲美元都分布在哪些国家和地区？

4. 作为经济繁荣、衰退、危机的标志，工业除了钢铁以外，还有哪些行业？美国是包括建筑业的。

从1969年至1973年，美、日、英、西德、法各国的钢铁、机械或其他基本建设投资多少？

5. 美、日、英、西德、法各国渡过危机的办法是什么？每次危机间隔时间多少？

6. 美国同英、日、西德、法各国的矛盾，除了政治上的以外，经济上的表现在哪些方面？主要矛盾是什么？

7. 美国和日、英、法、西德各国在贸易和货币方面存在的问题，估计采取什么办法来解决？

世界上货币总流通量和世界上黄金总持有量，是否可以算出一个大致的比例来？

8. 美国1973年对外赤字多少？包括转移、驻军、投资、旅游、贸易等方面。

9. 对世界经济和货币、金融情况的近期和远期的估计。

10. 对外国银行给我们的透支便利的利害估计。

从这些问题看，陈云对资本主义的研究是非常认真的。这10个问题到现在也仍然是研究资本主义经济所必须关注的一些重大问题。事后，根据银行提供的资料，陈云对当时的资本主义经济进行了深入的研究，写出了《目前经济危机与一九二九年危机的比较》、《对目前世界经济危机的看法》等提纲。

陈云关于要很好地研究资本主义的指示、要求和身体力行的表现，对冲破当时外贸领域里“左”的思想的束缚起到了重要的作用，解除了一些同志的顾虑，有力地推动了我国外贸领域对资本主义的研究，为十一届三中全会后的对外开放积累了经验、培养了人才。

（孙业礼、熊亮华）

对外贸易的新思路

陈云说：我看要定产品，在京广、陇海、浙赣、胶济等铁路沿线选好工厂，专门生产。这要作为一个方针提出来，从创造外汇的全局着眼来搞。外贸这样做，方向是对的。

自力更生是延安时期针对敌人的封锁造成的困难，我们党提出的一条生产自救的方

※ 1973年至1974年，陈云受周恩来委托，调查和研究外贸问题。图为1973年10月，陈云视察广州秋季中国出口商品交易会。

针。这一方针在当时对于鼓舞人民依靠自己的力量战胜困难起到了不可估量的作用。建国以后，自力更生被作为社会主义革命和建设的一条基本方针确立下来。自力更生的原意是鼓舞人民群众依靠本国力量发展经济，但它与利用资本主义并不矛盾。

建国初期，对于发展同资本主义国家的关系、利用资本主义并无疑义。50年代，在坚持自力更生和主要发展同苏联等社会主义国家的关系的同时，我们也曾积极开拓了同资本主义国家的关系。到1957年，中国已同世界上82个国家和地区建立了贸易关系，并同其中24个国家签订了政府间贸易协定或议定书。当时，我们同西方一些主要资本主义国家如英国、法国、联邦德国、意大利等都建立了贸易关系。到1957年，中国同西方资本主义国家的贸易额比1952年增长了六倍多。尽管当时美国等资本主义国家对中国实行经济封锁，但我们还是通过各种渠道从西方国家进口了许多经济建设急需的物资。

60年代初，随着中苏关系的破裂，中国利用资本主义国家的步伐进一步加快。当时，日本经济出现生产过剩危机，为了同西欧竞争，大企业集团打算采取比较灵活的做法扩大出口。中国有关部门抓住这一时机，于1963年6月同日本签订了第一个采用延期付款方式进口维尼纶成套设备合同，打开了西方国家从技术上封锁中国的缺口。随后，又从英国、法国、联邦德国、瑞典、意大利、瑞士、荷兰、比利时、奥地利等九个国家进口了石油、化工、冶金、矿山、电子和精密机械等成套设备和技术，共84项。这一时期为了缓解粮食供应的紧张状况，中国还通过法国转口，买进了美国的大量小麦。这些在当时都没有引起大的争论。

但是，60年代中期以后，特别是“文化大革命”中，林彪、江青反革命集团推行极左路线，严重歪曲了自力更生的方针。他们攻击引进技术是“崇洋媚外”、“爬行主义”，出口创汇是“出卖资源”、“外汇挂帅”；他们还把按照国际通用的原则做买卖诬蔑为“右倾迁就”、“丧权辱国”、“叫洋人牵着鼻子走”，并集中攻击对外贸易部为“卖国部”。在这种情况下，人们谈资色变，同资本主义国家的正常交往和利用资本主义国家的资金、技术等工作受到严重干扰。

1973年，尽管林彪集团已经覆灭，但这种极左路线并未得到纠正。这时，陈云出来抓外贸工作，其压力是可想而知的。然而，陈云并没有被这种“左”的势力所压倒，他以一个无产阶级革命家的胆略和气魄，本着实事求是的精神，明确提出了不要把自力更生与利用资本主义对立起来的原则，对“左”的思想进行了有力的反击。

当时，我国外贸领域面临的一个重大问题就是能否利用国外信贷资金的问题。60年代初，资本主义世界正在经历一场经济危机，许多国家的闲置资金找不到出路，因此，千方百计试图挤入发展中国家。这对我们来说是一个很好的机会。但由于“左”的思想的束缚，我们在这个问题上迈不开步伐。

1973年6月7日，银行的同志在向陈云汇报历年来的资金运用情况时，特地就这一情况进行了汇报，他们说：我们可以从外国银行得到10亿美元甚至更多一些的外汇信贷资金，但是在国内碰到了两个问题，一是方针问题，这样做是否符合自力更生方针和党的路线，以及既无外债又无内债的精神；二是方法问题，要把国内的一些规矩变动一下。这两个问题不解决，利用国外的信贷就行不通。陈云听后立刻明确指出：我看，首先要承认是不是好事。只要是好事，你们就可以找出一个办法——一个变通办法来让大家讨论。立一个新的办法，要把一些界线划清楚，如不要把实行自力更生的方针同利用资本主义信贷对立起来；要有条有理，不会和国内冲突的。总之，只要承认是好事，就可以找出理由来。

针对当时“左”的思想的束缚，他还特地指出：凡是存在的东西都有理由，是不是合法是另一回事。我们做工作不要被那些老东西束缚住。当然这可能会犯错误。但是谁不犯错误？过去没有75%对资本主义国家的问题，现在形势变了，有些同志没有看到，所以要向他们解释这些。

陈云还从理论上对利用国外资金的问题进行了探讨，他说：这和过去上海、天津那些银行、钱庄一样，看到哪家生意做好了，就找上门来了，无非是要些利润。这就是马克思讲的平均利润率。你信誉好的时候人家找上门，不好的时候就要逼债。

陈云的这些指示和论述对当时盛行的“左”的思想无疑是一个有力的反击。根据陈云的指示，中国银行在“文革”中后期开办了对国内企业的外汇贷款业务，尽管数量不大，但取得了很好的经济效益，并且摸索到了宝贵的经验。

70年代初，能否利用进口棉花加工棉布出口也是一个争论很大的问题。有人认为，进口棉花加工棉布出口是依靠外国，不是坚持自力更生。其实，利用国外资源，发展来料加工业，是所有发达国家和发展中国家都曾走过的道路，实践证明这种做法是合理的。当时，进口棉花加工棉布出口对我国也非常有利。70年代初，国际上的产棉大国是美国，但美国不会大搞棉布出口，因为它当时的工时工资是3.80美元，搞棉布加工不合算。英国是靠纺织工业起家的，但到70年代，英国的工时工资是1.60美元，搞棉布加工也不合算。日本50年代曾大量出口棉布，但当时日本的工时工资也达到了1.90美元。这些国家的工时工资水平都大大高于我国，我国当时的工时工资只有一角外汇人民币。因此，我国棉布的生产成本大大低于这些国家，价格在国际上很有竞争力。当时，印度、巴基斯坦等国也生产棉布，但纺织工业水平不及我国。因此，我国的棉布出口是很有前途的。

根据对上述情况的分析，1973年10月，陈云在听取外贸部负责人汇报广州交易会的情况时，对这个问题做了明确指示。他说：我们是要依靠自力更生的。但是，现在国内棉花不够……国内棉花要做到自给有余，完全用自己的棉花加工出口，可能要八年、十年时间。我们要利用这段时间，进口棉花，加工棉布出口，不利用就是傻瓜。有人怕用外国的棉花靠不住，但计划中打算用的国内棉花，有时也有靠不住的。买到棉花加工棉布出口，可以从中赚一笔钱；买不到棉花，赚不到这笔钱就是了。买外国棉花有时靠不住，这事先就要预料到。如果三年或五年中有一年买不到棉花，其他年份能买到，还搞不搞？我看还是要搞。要长期搞，这样搞是合理的。我们有劳动力，可以为国家创造外汇收入。这样做，归根到底是为了加快国家的工业建设。

陈云同志不仅主张进口棉花加工棉布，在这次讲话中，他还提出要进口钢材，加工小五金产品出口。他说：进口一吨好的钢材加工成小五金出口，可换回四五吨钢材。搞小五金出口，我们潜力很大。我看要定产品，在京广、陇海、浙赣、胶济等铁路沿线选好工厂，专门生产。这要作为一个方针提出来，从创造外汇的全局着眼来搞。外贸这样做，方向是对的。

在有些问题上，陈云同“左”的思想的斗争是针锋相对的。当时“左”的势力打着自力更生的幌子，反对从国外引进先进技术和设备。1973年，在周恩来等的主持下，国务院决定从国外进口一套三亿美元的轧钢设备，但“左”的势力从中进行阻挠，他们主张只进口主要设备，不进口附件和相应的原材料。在他们看来，连附件都要进口，破坏了自力更生的原则，是十足的“洋奴”表现。对此，陈云针锋相对地指出：我主张正在订货的那套三亿多美元的轧钢设备，要把有关的附件和原材料一起进口。这套设备投产后每年可以生产钢板300万吨，两年就是600万吨。如果缺了零配件国内解决不了，就要推迟投产，耽误一年就少产300万吨钢板，很不合算。如果有人批评这是“洋奴”，那就做一次“洋奴”。

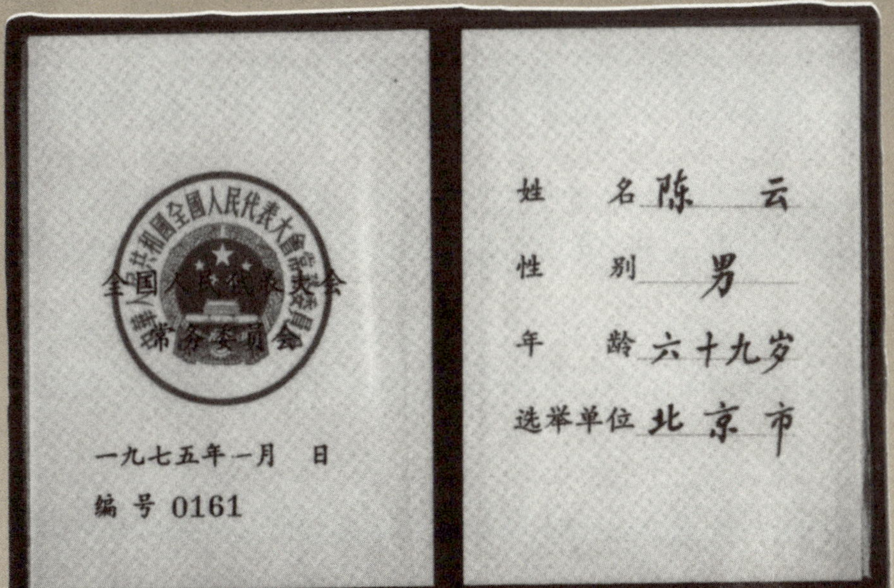

※陈云当选为第四届全国人民代表大会代表的当选证。

正是由于陈云等一批老一辈革命家的抗争，“文革”中后期，我国在引进国外先进生产技术等方面取得了较大的进展，1972年至1977年，中国从西方十几个国家进口技术和成套设备，谈成了包括化肥、化纤、石油、化工、轧钢、采煤、火电、机械制造等方面的222个进口项目。

商场如战场，国际市场上，情况瞬息万变，因此，要在对外贸易中掌握主动，就必须采取灵活的贸易方式。但“文革”中，由于“左”的思想的束缚，人们思想不解放，不敢采取灵活的贸易方式，从而丧失了许多好的贸易机会，造成了不可挽回的损失。1973年至

※ 1975年1月，陈云当选为第四届全国人民代表大会常务委员会副委员长。8月，他视察东北国有企业时提出要进行企业技术改造的主张。图为陈云视察齐齐哈尔第一重型机器厂。

1974年，陈云协助周总理抓外贸时在这个问题上也做了不少工作。

当时，对外贸易中一个非常重要的问题是能否利用资本主义交易所的问题。1973年4月，中国粮油食品进出口总公司布置香港华润公司所属五丰行，尽快购买年内到货的原糖47万吨。当时国际市场砂糖求过于供，货源紧张，价格趋涨。五丰行认为，如果我们立即大量购糖，必将刺激价格上涨，可能出了高价不一定能按时买到现货。为了完成购糖任务，五丰行采取委托香港商人出面，先在伦敦和纽约砂糖交易所购买期货26万吨，平均每吨82英镑左右，然后立即向巴西、澳洲、伦敦、泰国、多米尼加、阿根廷买现货41万多吨，平均价格89英镑左右。从5月20日开始，市场传说中国购入大量砂糖，纽约、伦敦砂糖市场大幅度涨价，然后，澳洲、巴西先后证实我向其购糖，市价又进一步上涨，至5月22日涨至每吨105英镑。我因购买砂糖现货任务已完成，从5月22日起至6月5日将期货售出。除中间商应得费用利润60万英镑外，我五丰行还多赚240万英镑。

五丰行当时为了完成任务，破例采取了这样的措施，但怕违反政策，事后主动向陈云请示。陈云听取汇报后，当即指出：我们可以利用交易所。交易所是有两重性的：一是投机性，二是大宗交易的场所。过去我们只看到它的投机性的一面，忽视了它是大宗交易场所的一面，因此，有片面性。我们不要怕接触交易所，要在大风大浪中学会游泳。

后来，陈云专门就此事向国务院写了报告，提出：对于商品交易所，我们应该研究它、利用它，而不能只是消极回避。陈云的指示和建议解除了外贸部门工作人员的思想顾虑，提高了他们的经营积极性。从此以后，在我国对外贸易历史上开始出现了期货贸易的方式。我们不但通过交易所买进商品，也通过交易所卖出商品，贱买贵卖，又买又卖，搞活了外贸。

对于对外贸易方式中的其他一些问题，陈云这一时期也有许多论述。例如：关于如何扩大市场的问题，他就指出：要巩固和扩大西欧市场，千方百计打开美洲和其他市场；保持发展高档货，重点发展中低档货；要以较低的售价进入新的市场，先进入市场，站稳之后，再按情况逐步提价；要充分利用香港德信行和其他商人，要充分利用香港等等。

后来，由于“四人帮”加快了篡党夺权的步伐，对外贸部门的攻击也进一步升级，加之周总理因病住进医院，陈云在外贸部门的工作不得不停止下来。

由于当时的特殊情况，要彻底纠正“左”的思想是不可能的，但陈云这一时期的这些活动，对于在一定范围内，特别是对于外贸领域冲破“左”的束缚，坚持正常工作，起到了积极的作用。

（孙业礼、熊亮华）

“金窝，银窝，不如草窝”

机关行政部门要给陈云拆掉旧房，另建新房。陈云说：“我一进北京就住在这里，到现在已有20多年了。俗话说：‘金窝，银窝，不如草窝’，我还舍不得离开这里呢！”

20世纪40年代末到80年代初，陈云一直住在北京北长街的一个独院里。院内有一幢二层小楼，陈云就在这楼里办公，他家里的人也住在这楼里，我们几个工作人员也在这楼里工作。

1957年下半年，我调到陈云处做机要秘书后，想了解一下工作环境，就请一位在这里工作的老同志领我到院内和楼里各处转转。据这位老同志说，陈云从1949年5月进北京后，一直住在这里。住进后的第一个夏天，发生房顶漏雨，机关行政部门把房顶的瓦全部换了，所以从外面看这幢楼还不算太旧，可是到楼里各处一看，由于年久失修，房间内显得很旧了。就说墙壁吧，原来石灰粉刷的白色部分，现在变成灰一块白一块了；原来油漆的豆绿色部分，现在已变成深灰色，有些地方的油漆已经剥落了。夜晚，不少老鼠从旧地板缝中随意出入，如入无人之境。我问这位老同志，怎么没有请人来给粉刷、油漆一下呢？他说已同首长谈过不止一次了，首长总是说：“这不影响我办公，不必要粉刷。”再说楼上走廊和楼梯上铺的宽约一米、长约二十多米的地毯吧，表面的毛都磨得差不多了，人在上下楼梯时脚下感到有点滑。我问这位老同志，怎么没有请机关行政部门给换一条新的地毯呢？他说这事也和首长说过不止一次了，首长总是说：“我上下楼梯时注意些就是了，不要换了。”后来陈云从楼上搬到楼下办公，楼下走廊比较滑，为了安全起见，机关行政部门给铺了一条约一米宽、十多米长，价钱比较便宜的胶皮地毯。

1976年夏，唐山大地震后的第二天早晨，我们检查院内各处房屋

※ 1979年2月，陈云在办公室。

被震的情况，发现陈云办公室的南墙被震出一条两米多长、两三厘米宽的裂缝。我们当即把这一情况向机关行政部门的领导同志作了报告。

机关行政部门一方面很快安排陈云转移到另外一处较安全的房屋暂时住下，另一方面请来了北京市房建部门的技术人员对这幢楼房进行了全面检查。经过认真检查后发现，房顶木支架由于年久又漏雨，木质已渐渐变朽，而且地震后发生了错位和松动；由于楼房离故宫的护城河太近，地下潮湿，砖砌的房基被侵蚀得很厉害，坚固程度大受影响；楼房的墙壁里外两面虽然都是整砖砌的，但中间却是用碎砖瓦片和泥土填的，经过几十年，坚固程度也不理想了。因此，房建部门认为如果再发生较强地震，楼房有可能倒塌。让一位中央领导同志住在这样一幢安全没有保障的房子里是很不妥的。

机关行政部门研究后，给陈云另找了一处住房，希望陈云能很快搬过去住。于是我们工作人员先去看了这新找的房子，并做了一些可能搬过去的准备工作。至于这幢老房子，大家一致认为，为了能从根本上解决问题，还是拆掉另建，等新楼建成后请陈云搬回来住。

我们将上述意见和新找的房子的情况向陈云作了汇报，陈云听完汇报后说："我一进北京就住在这里，到现在已有20多年了。俗话说'金窝，银窝，不如草窝'，我还舍不得离开这里呢！这幢楼房虽然老了旧了，我看总比北京一般市民住的房子要好得多吧？像这样的房子要拆掉，周围老百姓看了要说话的，影响不好，做事不能脱离群众，我不搬。"一次动员没有成功，过了几天我们又去动员。我们说，你不搬，如果以后再发生较强地震，首长的安全出了问题，我们可负不了这个责任。陈云说："这个责任不要你们负，是我决定不搬的，由我来负。"我们又说，你是国家领导人，总不能什么都和老百姓一样吧？这不是搞特殊化，这是为了保证安全。陈云还是说："拆了老楼盖新楼，群众影响不好，我们不能做，我不搬。"

于是机关行政部门只好对这幢楼房进行了必要的加固。此后，陈云又在这楼里住了几年。直到1980年经有关部门反复劝说，陈云才勉强同意搬了家。就这样，陈云在这座小楼里整整工作、生活了30多年。

再说陈云的衣着。我到陈云处工作后，看到陈云有两套毛料中山服，一套是1952年到苏联商谈我国第一个五年计划前做的，是藏青色；另一套是1954年他出访越南前做的，是灰色。这两套毛料中山服，他平时很少穿，只在他接见外宾、会见民主人士、参加一些会议和每年"五一"、"八一"、"十一"的庆祝活动时才穿，而且一回到家就脱下，仍穿布衣布鞋。但终因穿的时间长了，衣服领子、袖口和裤子的膝盖部位都快磨透了，他的夫人于若木才要我们送到街上洗染店里给织补一次。直到1983年我调动工作离开时，这两套已经很旧并且织补过的毛料中山服，陈云还在换着穿，算起来前后也有三十多年了。

我到陈云处工作的头几年，他是和全家人在一起吃饭的。由于孩子多，家里开支大，伙食比较差，早饭就是稀粥、馒头、花卷、咸菜。因为陈云是南方人，吃不惯馒头，早饭专门给他准备两片面包，除了这点特殊，其他和全家吃的完全一样。中、晚饭炒的菜里，肉放得很少，鸡蛋也很少吃。由于伙食太差，我们工作人员曾提出每天中、晚饭给陈云单独炒一小盘质量较好些的菜，可是陈云坚决不同意。他说："现在吃的不是比以前好多了吗？不必要。"直到1962年他的肠胃出了毛病，才和家里人分开吃饭。由于肠胃病长期不愈，使陈云的饮食受到很大的限制，只能以素食为主，吃少数几样容易消化的食物，而且常年吃糙米，非常单调。陈云几次在吃饭时和我们工作人员开玩笑说："过去革命战争年代想吃，没有东西吃，现在革命胜利了，有东西吃了，又不能吃，自己真是没有口福啊！"

（肖华光）

※ 陈云于家中为孩子们拍照。

★ ★ ★ 第八编 ★ ★ ★

改革开放　砥柱中流

第八编 08

改革开放 砥柱中流

拨乱反正

粉碎“四人帮”之后，陈云率先公开提出邓小平复出问题，积极争取平反冤假错案和解放老干部。同时，他还为在经济领域中冲破“左”的束缚献计献策。

1976年10月，以中共中央粉碎“四人帮”为标志，中国人终于从长达十年的“文化大革命”的噩梦中醒来。当我们睁开朦胧的眼睛看看外面的世界时，我们不能不震惊于世界变化之大，不能不痛心于我们被耽误的时间。在世界新的一轮科技和经济发展浪潮中，我们远远地落在了后面。

痛心和震惊之余，头脑又开始发热，搞起了一轮新的“跃进”。这次跃进，同五六十年代的“大跃进”的主要不同之处，在于求快之外，加上了求洋，企图从国际市场上买进一个现代化。其结果，使被“文革”严重破坏的国民经济雪上加霜，处于更加困难的境地。中国的经济建设，又一次面临关键时刻。

1977年3月，粉碎“四人帮”之后不到半年，中央召开了工作会议。这次会议除了在揭批“四人帮”方面有些积极作用外，总的说来，是继续推行“左”的指导方针的一次会议。

1977年2月7日，《人民日报》、《红旗》杂志、《解放军报》发表社论：《学好文件抓住纲》，公开提出：“凡是毛主席作出的决策，我们都坚决维护；凡是毛主席的指示，我们都始终不渝地遵循。”这就是“两个凡是”。华国锋推行“两个凡是”，先是要求“继续批邓”，以后又一再重申1976年清明纪念周总理的群众运动的天安门事件是“反革命事件”。

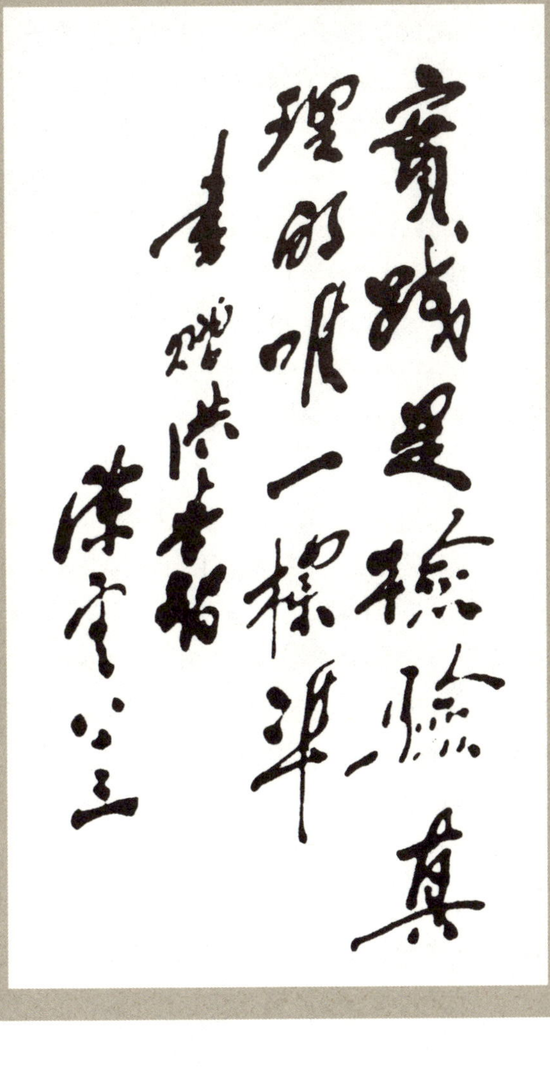

※ 陈云积极支持对『两个凡是』错误方针的批评，积极支持关于真理标准问题的讨论，非常赞赏『实践是检验真理的唯一标准』这个提法，经常书写赠送传播。

会上，华国锋宣扬“两个凡是”，极力阻挠邓小平出来工作，阻挠为天安门事件平反。

党内“左”的思潮仍然强大，党的新的领导人继续坚持“左”的一套，使国家政治生活和经济生活没有能尽快恢复正常。在这么重要的党的会议上，他不是总结过去的经验教训，领导开创新局面，却大搞“两个凡是”，如果不打破这种局面，国家前途堪虞。

这个时候，正需要一个人出来打破政治上的沉寂。但由于党的最高领导人已经公开表明了态度，对这一问题表示异议，其政治风险也是显而易见的。

在这种情况下，陈云站了出来。

1962年以后，陈云因病经中央批准长期治疗休养。在1962年的北戴河中共八届十中全会上，陈云因为主张包产到户和主张实事求是分析形势恢复经济等正确的经济主张，被毛泽东错误地认为是“右倾机会主义”而受到不点名的批评，在党内一直处于很不利的地位。在“文化大革命”中，陈云更是受到冲击，在党内只保留了一个中央委员的名义。1972年以后，陈云曾一度受周恩来委托研究国际经济形势和对外贸易问题。1975年被选为全国人大常委会副委员长。多年来，陈云一直被排斥在中央核心领导集体之外。这位党的老资格的领导人在政治上保持了沉默。

现在，国家处在能否促进形势进一步向好的方向发展的重要关头，陈云打破了沉默。

陈云以中央委员身份参加了这次会议。会上，陈云从全党、全国的利益出发，并同王震等商量，针锋相对地写了一篇书面发言，郑重地提出恢复邓小平工作和为天安门事件平反的意见。

陈云明确表示：天安门事件，当时绝大多数群众是为了悼念周总理，尤其是关心周恩来逝世以后党的接班人是谁，而混在群众中的坏人是极少数，并且需要查一查“四人帮”是否插手，是否有诡计。

这一点，是对华国锋“两个凡是”论调的公开挑战。因为天安门事件是毛泽东画了圈的，华国锋又一再重申天安门事件是“反革命事件”。这个问题可以提出，那么过去的其他事件，即使是毛泽东画过圈的，也可以重新认识。

另一件事，就是公开提出要让邓小平重新参加党中央的领导工作。

陈云与邓小平都是党的第一代领导集体的成员。邓小平对极“左”路线的抵制、实事求是的工作作风和工作能力是党内公认的，毛泽东说他“人才难得”。“文化大革命”开始时，他被诬蔑为“党内第二号走资本主义道路的当权派”而被打倒。

“文化大革命”后期，邓小平一度复出，领导了全面的整顿工作，开始系统纠正

※ 粉碎“四人帮”后，陈云多次郑重提出和坚决支持邓小平重新参加党中央领导工作。图为邓小平、陈云在一起。

“左”的错误，为国家政治经济生活带来了新气象。但他领导的整顿工作对“文化大革命”的一套做法实际上完全否定。当时毛泽东有意让他主持制定为“文化大革命”歌功颂德的评价性决议，他委婉地谢绝了，说自己是桃花源中人，“不知有汉，无论魏晋”，实际上表明了对“文化大革命”极左路线的异议，为毛泽东所不容。

毛泽东发起所谓“反击右倾翻案风”而中断整顿进程，1976年更错误地以邓小平与天安门事件有关而撤销了他党内外的一切职务。

这次陈云提出，为了中国革命和中国共产党的需要，让邓小平复出参加党中央领导工作。陈云提出让邓小平复出，继续领导纠正“左”的错误，反映了全党的心声。

陈云的这篇书面发言尽管受到华国锋、汪东兴的压制，未能在会议简报上刊登，但却突破了“两个凡是”的禁忌，为思想上、组织上的拨乱反正吹响了号角。

在党内广大干部群众的强烈要求下，华国锋被迫同意让邓小平复出。四个月后，1977年7月16日至24日召开的中共十届三中全会，通过了恢复邓小平的中共中央委员、中央政治局委员、常委，中共中央副主席、中共中央军委副主席、国务院副总理，中国人民解放军总参谋长职务的决议。

邓小平复出以后不负众望，领导了全面的拨乱反正工作，开创了新的局面。

鉴于陈云在党内的崇高威望，以及党内公认的领导经济工作的卓越才能，党的十一大前后，邓小平、李先念多次提出要补选陈云进政治局，但未如愿。当时极左思潮还有很大影响，对政治生活和社会生活全面正常化还有很大影响，使党的工作、国家建设和社会生活在徘徊中发展。显然，不解决思想路线、组织路线等关系安定团结的问题，党的工作局面还不能顺利发展。

1978年11月10日到12月15日，在十一届三中全会以前召开了中央工作会议。10日，这次会议一开始，华国锋在开幕会上宣布会议的议题是：讨论如何把农业生产搞上去的问题

※ 陈云出席中共十一届三中全会。右为邓小平，左为王震。

和《关于加快农业发展速度的决定》、《农村人民公社工作条例（草案）》两个文件；商定1979年、1980年两年国民经济计划的安排；讨论李先念在国务院务虚会上的讲话。中央政治局根据邓小平会前的提议，决定要讨论工作重点转移的战略决策。一些老干部提出，与此相适应，还应当解决历史上的一些大是大非问题。

在这次会议上，陈云作了两次重要发言。

11月12日，陈云在东北组作题为《坚持有错必纠的方针》的发言，指出：中央政治局常委、政治局主张从明年起把工作着重点转到社会主义建设上来，实现四个现代化是全党和全国人民的迫切愿望，他完全同意中央的意见。

接着，陈云话锋一转，提出了会议原定议题之外的一件重大事情。他说：安定团结也是全党和全国人民关心的事，干部和群众对是否能安定团结是有所顾虑的。对有些遗留问题、影响大或者涉及面广的问题，中央应该给以考虑和决定。

陈云公开提出了几个问题：

第一，薄一波等61人所谓叛徒集团一案。

陈云指出，他们出反省院是党组织和中央决定的，不是叛徒。

1936年，在全国抗日救亡运动高涨的形势下，中共中央北方局为了开展工作，解决缺乏干部的问题，报请中共中央批准，指示薄一波等一批被关押在北平军人反省院的党员，可以履行敌人规定的手续，即办所谓自首手续，或填写一般的反共自愿书，争取出狱。薄一波等人出狱后，对开展华北抗战起了很大的作用。

可是谁也没有料到，革命胜利十多年后，来了一场颠倒是非的“文化大革命”。1967年3月，这批忠贞的共产党人，竟会被诬为“叛徒集团”而横遭迫害。

陈云本着对党负责、对干部负责的态度，率先提出他们不是叛徒，要求中央予以考虑平反。

第二，进一步提出，中央应该承认“七七决定”和1941年决定是党的决定。

1937年12月，陈云从苏联回到延安后，就担任中央组织部长，对抗日战争时期的组织工作十分熟悉。

全面抗战开始以后，为了适应党的工作迅速发展的形势，当时迫切需要大批干部，中央组织部在1937年7月7日作出决定，对经过党组织允许，履行过敌人出狱手续的党员恢复组织关系；未经党组织允许而履行出狱手续的党员，经过工作考察以后，也可以恢复组织关系。

陈云当组织部长时，虽然还不知道有这个文件，但针对延安整风中审干遇到的问题，

※ 粉碎“四人帮”后，陈云率先提出平反冤假错案，妥善解决历史遗留问题。他在1978年11月至12月召开的中央工作会议上提出，应该平反薄一波等61人的所谓叛徒集团案件，彻底改正陶铸、王鹤寿等人的政治结论，承认彭德怀是对党的事业作出了很大贡献的共产党员。图为中央工作会议会场。

1941年也写过一个类似的决定，经过中央批准发布，对纠正延安审干工作的偏差起到了很好的作用。

“文化大革命”中，“叛徒”帽子满天飞，只要在过去复杂的革命战争年代被捕过，就摆脱不掉“历史问题”的阴影。一些在反动派监狱里坚贞不屈、横遭摧残的党员，在革命胜利后，竟被打成叛徒，重受牢狱之灾。

陈云对此十分痛心。他提出，被错误定为叛徒的同志应给以复查，如果并未发现有新的真凭实据的叛党行为，应该恢复他们的党籍。

陈云还提出，在抗日战争时期和解放战争时期，在敌我边际地带有一个所谓“两面政权”问题。当时党组织决定一些党员在敌伪政权中任职，掩护我军的工作。这些党员在“文革”中也大多数被定为叛徒，这是一个涉及数量更大的党员的政治生命问题，也应该由党组织复查，对并无背叛行为的同志应该恢复党籍，对他们作出实事求是的经得起历史检验的结论，这对党内党外都有极大的影响。不解决这些同志的问题，是很不得人心的。

第三，陶铸、王鹤寿等一批干部的问题。

陶铸、王鹤寿等一批党员，在南京陆军监狱坚持不进反省院，抗战后才由党向国民党要回来。这样坚定的党员，“文化大革命”中或者被定为叛徒，或者虽然恢复组织生活，但仍留着如“有严重政治错误”之类的尾巴。

※ 陈云在彭德怀、陶铸追悼会上致悼词。

※ 1980年5月17日，陈云在刘少奇追悼会上向王光美表示慰问。

陈云提出要解决他们的问题。

陈云对当时审查干部仍保留“文化大革命”中专案组的做法提出异议，他要求把中央专案组的材料属于党内部分的问题应移交给中央组织部，由组织部复查，把问题放到当时的历史情况中去考察，做出实事求是的结论，结束现在既有组织部又有专案组的不正常状态。

中央迅即采纳了这个意见，使平反冤假错案的工作大大加快。

第四，彭德怀的问题。

1959年在庐山会议上，彭德怀因为实事求是地指出“大跃进”的错误，要求采取措施改正，被打成反党集团之首。这件事与毛泽东关系很大，也是一个很敏感的问题。

陈云提出，彭德怀是担负过党和军队重要工作的共产党员，对党贡献很大。过去说他犯过错误，但没有开除出党，骨灰应放到八宝山革命公墓。

第五，天安门事件问题。

陈云在“文化大革命”后不久就提出要为1976年清明的天安门事件平反，但受到压制。这一次，陈云再次肯定天安门事件是几百万人民群众悼念周恩来、反对“四人帮”、不同意批邓小平的一次伟大的群众运动，要求中央肯定这次运动。

11月14日，经中共中央批准，北京市委宣布为天安门事件平反。各地也先后为与此有关人员平反。

第六，康生问题。

“文化大革命”时，康生是中央文革顾问。他那时候呼风唤雨，随便点领导干部的名，煽动红卫兵和造反组织去揪斗、打倒，对在中央各部和全国各地造成党政机关瘫痪状态负有重大责任。

陈云指出，康生的错误是严重的，中央应给以应有的批评。

陈云曾说过，康生是鬼不是人。他对康生这种见风使舵、不讲原则、出卖灵魂、陷害同志、牺牲革命利益以向上爬的小人表示了极大的愤慨。

在当时的环境下，不解决安定团结问题，就不可能顺利实现工作重点的转移，不能有效地调动全党和全国人民全心全意投身“四化”建设的热情。陈云的发言，实际上是涉及“文化大革命”及在此之前的“左”的错误的重大问题。这一系列影响大、涉及面广的政治问题的提出和解决，使拨乱反正工作大大推进一步，并为彻底纠正“文化大革命”及其以前的“左”倾错误作了准备，因而理所当然地得到与会者的热烈拥护和响应，使会议冲破规定的框框，在畅所欲言的气氛下活跃起来。

胡耀邦、万里、聂荣臻、康克清等在发言中一致表示，赞成把尚未解决的“文化大革命”中的一些大是大非问题搞清楚，完全同意陈云提出的六点意见。并建议，凡是林彪、“四人帮”强加于人的一切诬蔑不实之词都应予以推倒。根据会议的这种发展状况和历史发展的需要，中央政治局常委决定，放手让大家讲话，以总结工作，肯定成绩，批评错误，分清是非。这样大家敞开思想，畅所欲言。

11月25日，华国锋代表中央政治局向会议宣布了“文革”中和“文革”前遗留的一些重大政治事件，以及一些重要领导人的功过是非问题的平反决定，并决定今后不再采取成立专案组审查干部的办法，几个专案组全部案件移交中央组织部。康生、谢富治问题的揭发材料交中央组织部审理。与会者高度评价真理标准的讨论，对华国锋、汪东兴等工作中的失误问题和恢复党的优良传统问题等提出了中肯的批评和建议。

12月10日，陈云在东北组会议上再次发言，就经济问题发表了五点意见。

陈云指出，实现四个现代化，是我国史无前例的一次伟大进军，必须既积极又稳重。要坚持实事求是，根据现状，找出解决问题的办法。首先弄清事实，这是关键问题。方法是全面、比较、反复。

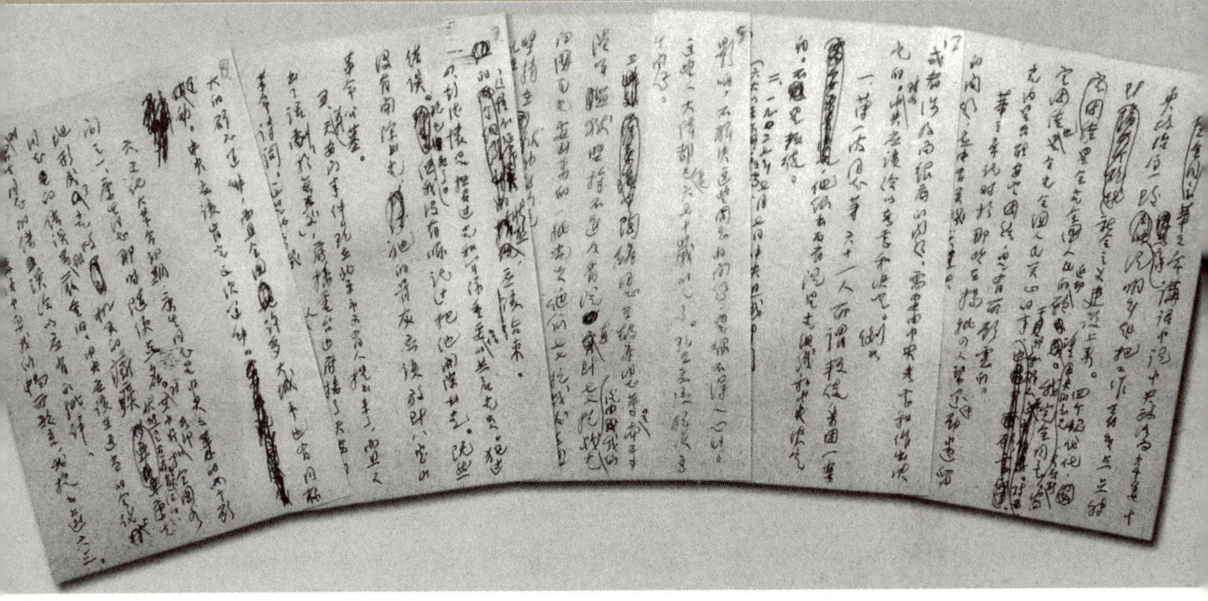

※ 1978年11月12日，陈云在中央工作会议东北组讨论中的书面发言。

※ 陈云在中共十一届三中全会上。

针对当时国民经济比例严重失调的情况，陈云提出：

第一，在三五年内每年进口2000万吨粮食，先把农民这一头安稳下来。

陈云指出，建国快三十年了，现在还有讨饭的，怎么行呢？要放松一头，不能让农民喘不过气来。如果老是不解决这个问题，恐怕农民就会造反，支部书记会带队进城要饭。我们不能到处紧张，要先把农民这一头安稳下来。农民有了粮食，棉花、副食品、油、糖和其他经济作物就都好解决了。摆稳这一头，就是摆稳了大多数，七亿多人口稳定了，天下就大定了。

那时候，有人还囿于极左思维，说什么“吃进口粮是修正主义”。陈云认为不能这么说。他举例说，1961年庐山会议时期，他就请示过毛主席，可否通过法国转口购买美国粮食。毛主席说可以。现在有了中美上海联合公报，可以直接向美国买粮食。

陈云说，粮食进口多一些不要紧，农民稳住了，事情就好办了。如果感到粮食进口多了，下一年少进一点就是了。进口粮食的时间不只是三五年，时间还可能长些，数量则可能少些。他认为，这是大计，是经济措施中最大的一条。

第二，工业引进项目，要循序而进，不能窝工。

这一条主要是针对当时的“洋跃进”。那时候，一些干部为了求快，只看外面时机有利，不看自己的情况，盲目进口，造成很大的积压和浪费。

陈云提醒大家，要清醒地看待内外条件。他说，我们的起点，是3000万吨钢。但是，不能光看钢铁这个指标。我们同日德英法不同，工业基础不如他们，技术力量不如他们，这两点是很重要的。我们的工业基础和技术力量比解放初期有很大进步，但同日德英法比还是落后的。我们也不能同朝鲜、台湾比，它们是美国有意扶植的，而且主要是搞加工工业，我们是要建设现代化的工业体系。

从正确看待内外条件出发，陈云主张引进项目要循序而进，不要一拥而上。他说，一拥而上，看起来好像快，实际上欲速则不达。项目排队，如有所失，容易补上；窝工，就难办了。

第三，要给各省市一定数量的真正机动财力。

从50年代以来，在中央的地方分权中曾经几收几放，结果是“一放就乱，一收就死”，一直处理不好。“文革”后，中央集权很厉害，地方没有多少机动性。

陈云提出，给各省真正的财力，不能有名无实。要信任各省市领导同志，他们都是共产党员，都是高级领导干部，我想他们不致把钱乱花掉。

第四，对于生产和基本建设都不能有材料缺口。

陈云向来主张建设规模要和国力相适应。“文革”后“洋跃进”，建设规模膨胀很厉害。陈云提出，各方面都要上，样样有缺口，表面上好看，挤来挤去，胖子挤了瘦子，实际上挤了农业、轻工业和城市建设。现在采购员东奔西跑，就是由此而来的。材料如有缺口，不论是中央项目或地方项目，都不能安排。

第五，要重视旅游事业的发展。

陈云对旅游业很早就感兴趣。1957年，陈云到上海，当时上海锦江饭店经理宣铎向陈云建议开放外轮船员和乘客来华旅游以赚取外汇，陈云当时很重视，把宣铎的建议书亲自转交给了当时的公安部长罗瑞卿和国务院秘书长齐燕铭。

在这次讲话中，陈云提出，国家旅游局计划1983年接待300万人次，可以收入30亿美元。这是一件很重要的事情。旅游项目必须统筹安排，要同引进重要项目一样对待。但是又不要看得太容易，有大量工作要做。现在的旅游事业是行政管理，还不是业务管理。

陈云说，旅游收入比外贸出口收入要来得快、来得多。英伦三岛每年收入54亿美元，我们中国这样大，可以收入更多。旅游收入实际是“风景出口”，而且可以年年有收入，一年比一年多。

陈云对当时一些人的顾忌作了分析，指出，反过来想一想，有无害处？有。例如，其一，外国会派特务来侦察。陈云认为那时候已经有特务来侦察我们，只是小开口、大开口的问题。其二，可以有意志薄弱的人被收买。陈云提出，这个问题只要我们注意就行了，没有什么了不起。其三，外国人看到了我们的落后情况。陈云认为不要紧，我们本来并不先进，而且外国人早就知道。

对于陈云这些意见，邓小平完全赞成。

陈云两次发言，从政治和经济这两个主要方面，对促使粉碎“四人帮”以后良好局面的巩固和发展，起了重大的作用。

在这次中央工作会议上，王震第一个提议，补选陈云为政治局委员、党中央副主席。

12月13日，邓小平在中共中央工作会议闭幕会上发表题为《解放思想，实事求是，团结一致向前看》的讲话。这个讲话，实际上是即将召开的十一届三中全会的主题报告。他指出，解放思想是当前一个重大政治问题，思想解放了，才能正确地以马列主义、毛泽东思想为指导，解决过去遗留问题和现在新出现的一系列问题，正确地改革同生产力发展不相适应的生产关系和上层建筑，并再次肯定了实践是检验真理唯一标准的讨论。他提出要发扬政治民主和经济民主，要贯彻有错必纠的原则处理遗留问题，这是为了向前看，是解放思想和安定团结的需要，是为了顺利实现全党工作重心的转变。他提出，要研究新情况，解决新问题，尤其要注意研究和解决管理方法、管理体制、经济政策这三方面的问题。会议闭幕两天后，各组又讨论了两天。

12月18日，具有重大历史意义的中共十一届三中全会正式开幕。全会坚决批判了“两个凡是”的错误方针，果断地停止使用“以阶级斗争为纲”这个不适用于社会主义社会的口号，否定了“无产阶级专政下继续革命”的错误理论，作出了把全党工作的着重点和全

※ 陈云出席中共十一届三中全会。

国人民的注意力转移到社会主义现代化建设上来的战略决策。这是党在政治路线上最根本的拨乱反正。在经济建设问题上，从纠正急于求成的错误倾向和全党要注意解决好国民经济重大比例严重失调等问题出发，必须采取一系列新的重大措施，对陷于失调的国民经济比例关系进行调整，并且对于过分集中的经济管理体制着手认真改革，在自力更生的基础上积极发展同世界各国平等互利的经济合作，努力采用世界先进的技术和设备，并大力加强实现现代化所必需的科学和教育工作。这些思想，是党确立对外开放、对内搞活经济的重要方针的开端。会议为天安门事件、所谓反击右倾翻案风以及彭德怀、陶铸、薄一波、杨尚昆等案件平反，确定粮食征购指标继续稳定在1971年至1975年一定五年的基础上不变，绝对不允许购过头粮。

在中共十一届三中全会上，陈云被增选为中共中央政治局委员、常委，中央委员会副主席，中央纪律检查委员会第一书记，重新进入了党的最高领导核心。

三中全会从根本上冲破了长期"左"倾错误的严重束缚，端正了党的指导思想，使广大干部和群众从过去盛行的个人崇拜和教条主义束缚中解放出来，在思想上、政治上和组织上全面恢复和确立了马克思主义正确路线，结束了粉碎"四人帮"以来党的工作在徘徊中前进的局面，解决了党从1957年以来未能解决好的工作重点转移问题，真正开始了全面的拨乱反正。十一届三中全会后，我国进入拨乱反正和全面改革开放的新时期。

（孙业礼、熊亮华）

再次出掌经济工作

陈云同李先念联名上书：国民经济比例失调严重，必须进行调整！邓小平和李先念请陈云再次出掌经济工作。

我国国民经济经过十年动乱，处于崩溃的边缘。粉碎"四人帮"后，许多同志急于早日恢复被破坏了的国民经济，尽快赶上世界发展水平，却忽视了现实的客观条件，纷纷要求"大干快上"。

1978年2月26日到3月5日，五届人大一次会议在北京举行。这次会议通过的《十年规划纲要》提出，从1978年到1985年，要新建和续建120个大项目，其中有十大钢铁基地，九大有色金属基地，八大煤炭基地，十大油气田，30个大电站，六条铁路新干线，五个重

※ 1978年2月26日至3月5日，陈云出席五届全国人大一次会议。图为陈云（中）在小组会上同宋庆龄、苏振华、袁雪芬交谈。

点港口，全国基建投资竟相当于过去28年的总和！当时省事的说法是要搞十个鞍钢、十个大庆。1978年同外国签订了22个大项目，初步估计，把这些项目全部建成，大约需要600亿人民币，其中光宝钢一项就200亿。

一个身染沉疴的病人，本来就虚弱得很，再给下上一贴虎狼药，其情可知。“洋跃进”就是如此，它大大加剧了国民经济的比例失调和财政困难的严重情况。

1979年2月17日，为了打击越南的侵略气焰，惩罚其对中国的挑衅，中国人民解放军发起了对越自卫反击战，这是完全正当的。但是，战争是很花钱的，这次作战时间虽不长，但其开销对财政仍然造成了很大的压力。

三中全会后，国务院讨论国民经济年度计划时，感到问题很多，难以确定下来。邓小平同当时主持财经工作的李先念商量，建议国务院成立一个财经委员会，请陈云出来当主任，主持全国财经工作。

李先念从50年代以来一直在财经部门担任领导工作，他对陈云是很佩服的，常常对人说："我一生有两个教师，一个是徐帅，教会我打仗；一个是陈云，教会我管经济。"他同意邓小平的意见，并且主动说，他给陈云当助手，任副主任。

中央政治局常委会议通过了这个提议。

1979年3月14日，中共中央决定在国务院设立财政经济委员会，作为研究制订财经工作的方针政策和决定财经工作大事的决策机关。财经委员会组成人员是：陈云、李先念、姚依林、余秋里、王震、谷牧、薄一波、王任重、陈国栋、康世恩、张劲夫、金明，共十二人，几乎都是建国后财经部门的领导人。陈云担任了财经委员会主任，李先念为副主任，姚依林任秘书长。这个决定7月1日交由五届人大常委会第九次会议通过。在五届人大二次会议上，陈云还当选为国务院副总理。

3月14日，陈云同李先念商讨了财经工作以后，两人联名给中共中央写了一封信，提出了对财经工作的几点意见：

第一，前进的步子要稳，不要再折腾，必须避免反复和出现大的"马鞍形"。

第二，从长期来看，国民经济能做到按比例发展就是最快速度。

第三，现在的国民经济是没有综合平衡的，比例失调的情况是相当严重的。

第四，要有两三年调整时期，才能把各方面的比例失调情况大体上调整过来。

第五，钢的指标必须可靠。钢的发展方向，不仅要重数量，而且更要重质量，要着重调整我国所需要的各种钢材之间的比例关系。钢的发展速度，要照顾到各行各业包括农业、轻工业、其他重工业、交通运输业、文教、卫生、城市住宅建设、环境保护等的发展的比例关系。由于钢的基建周期长，不仅要制订五至七年计划，而且要制订直到2000年的计划。

第六，借外债必须充分考虑还本付息的支付能力，考虑国内投资能力，做到基本上循序进行。

这封信根据按比例发展经济的要求，指出了当时经济形势不稳的根源在于比例失调，提出要用两三年的时间进行经济调整。这样，实际上是提出了国务院财经委员会的施政方针。

3月21日，中共中央政治局开会。陈云在会议上根据他和李先念商定的几点意见，更具体地提出，要用两三年的时间，最好三年，来对国民经济进行调整。

陈云提出调整，主要是根据他对于国情的了解，对马克思主义关于按比例发展经济的理解。

建国以后，经济工作的错误主要是“左”的错误，急躁冒进，不顾国家财力物力的情况。陈云在这个讲话中说，讲实事求是，先要把“实事”搞清楚，不搞清楚这一点，什么事情也搞不好。这个“实事”就是：九亿多人口，80%在农村，革命胜利三十年了还有要饭的，需要改善生活。

陈云提出，一方面我们还很穷，另一方面要搞现代化，这是一个矛盾。人口多，要提高生活水平不容易；搞现代化用人少，就业难。我们只能在这种矛盾中搞四化。这样的现实情况，就是我们制定建设蓝图的出发点。中国跟外国的情况在这一点是不同的，所以我们搞建设必须把农业考虑进去。所谓按比例，最主要的就是按这个比例，这是一个根本问题。

陈云不客气地批评说，许多办工业、办商业的同志不大考虑这个问题。

※ 陈云同邓小平、李先念在一起。

按比例发展是现代社会化大生产的要求，在马克思主义原理中，这种论述本来是很明白的。陈云结合中国的实际情况，深有感触。他明确地说，按比例发展是最快的速度。过去说指标上去是马克思主义，指标下来是修正主义，这个说法不对。踏步也可能是马克思主义。

过去的所谓快，大多数时候是钢铁单兵突进。陈云多次在这个问题上表示异议，也多次因此遭到不公正的批评。一些人甚至形成了一种错误印象，觉得陈云似乎专门主张少搞点钢。陈云说："共产党员谁不想多搞一点钢？过去似乎我是专门主张少搞钢的，而且似乎愈少愈好，哪有这样的事？我也希望多搞一点钢，问题是搞得到搞不到。"

他说，单纯突出钢这一点，我们犯过错误，证明不能持久。钢太突出，就挤了别的工业，挤了别的事业。

那时候，冶金部提出引进设想，想靠引进克服国内技术、设备、原材料的限制，发展钢铁工业，表现出一副典型的"洋跃进"架势。

陈云没有指责他们，只是说，这个设想他看了，冶金部也是好心，想要多搞，可以理解。冶金部一是把问题看简单了，二是看孤立了。

想靠借钱买一个现代化，陈云说，问题没有那么简单。他讲，旧社会，我在上海呆过，钱庄、银行贷款，要经过好多调查，确有偿还能力，才借给你。现在借外国人那么多钱，究竟靠得住靠不住？外国商人说借钱给你，有真有假，这件事也不要看得太简单。

他在别的场合也曾讲过，资本家贷款，总是你生意好的时候他找上门，你生意不好的时候人家就要逼债。这是"大晴天借伞"的买卖。

陈云还分析说，借外国人的钱，把钢铁的发展都包下来，把冶金机械制造也包下来，所有借款都要由人民银行担保，究竟需要多少钱？没有很好计算。那么大的引进，国内要多少投资？也没有计算。你一家把投资占了，别人怎么办？冶金部提出不拖别人的后腿，实际上不可能。搞那么大的建设规模，那么高的速度，别的工业配合不上。

陈云根据国情和按比例发展的要求，明确指出，国民经济比例失调的情况相当严重，要用两三年，最好是三年的时间，对国民经济进行调整。

对比例失调发生的原因，陈云主要讲了两条：

一是当时基本建设规模太大，光大的项目上了1700多个，小的几万个。

还有个原因就是还"文化大革命"的欠账。

"文化大革命"中的军管时期，将军们管经济，有些人经验少、胆子大，他们说搞什么就搞什么。结果只管上项目，不管配套不配套。"骨头"和"肉"，"骨头"搞起来了，“肉”欠了账。

陈云说，调整的目的，就是要达到按比例，能比较按比例地前进。重点企业、城镇工业、社办工业，各方面都大体安置下来。

陈云主张赶快下决心，搞不了的要丢掉一批；勉强搞起来，没有燃料、动力，没有原料、材料，还是白搞。

陈云同意当时余秋里等人的意见，要让先进企业“吃饱”，地方工业、社办工业如果同大工业争原料、争电力，也要下来，搞“三个人饭五个人吃”，不能持久。

另一方面，他考虑到国家的具体情况，不主张搞“一刀切”。他认为，我们国家，先进的企业、落后的企业并存的局面要在一个相当长时期内存在。否则，容纳不了那么多就业人员，有人就要闹事。

当时，根据陈云和李先念的意见，有关部门正在商讨2000年的钢产量指标。冶金部想通过大规模引进，搞快一点。

陈云主张要看实际，说那时能够达到8000万吨就不错了。他诙谐地说，我这个话大有“机会主义”的味道。问题是，1985年搞到6000万吨钢根本做不到。我说2000年搞到8000万吨钢，是冒叫一声，但也有点根据。因为平均每年增加200万吨，或者多一点，就不算少。如果将来超过8000万吨，或者超过很多，阿弥陀佛！如果达不到，稍微少一点我也满意。我不光看你那个数目字，钢要好钢，品种要全。

由于陈云建国后长期领导财经工作，他在这方面的才能是党内外公认的，在国际上都有影响。但陈云并没有因此而飘飘然，忘乎所以，他深知经济工作的复杂艰难。

在这次会上他提出，要他当国务院财政经济委员会主任是有问题的。他认为自己承担这样的工作，体力上完全不行。那时陈云虽然经过长期休养，身体状况有好转，但仍很虚弱，每周只能工作两个半天；另一方面，他自谦自己经验还很有限，说解放初期的经济规模比现在小多了，现在这么大的规模，这么复杂的情况，应付不了。

他还坦诚地为过去经济工作的一些决策承担了责任，说：不要把我说得这么好，也有很多反面教训。156项中，三门峡工程是经过我手的，就不能说是成功的，是一次失败的教训。我要有自知之明。要我做工作，我只能做我认为最必要的工作，只能量力而行。

陈云讲话后，邓小平发言，表示完全支持陈云有关经济工作的意见。他说，中心的任务是三年调整，这是一个大方针、大政策。这次调整，可以肯定地说，没有很大的决心是搞不成的。首先要有决心，东照顾、西照顾不行，决心很大才能够干成。这次提三年调整非常好。邓小平还说，陈云提出2000年搞到8000万吨钢有道理。过去提以粮为纲、以钢为纲，是到了该总结经验教训的时候了。钢多了就什么问题都解决了？一个国家的工业水平，不光决定于钢。精密的东西多，用的材料就少。钢铁工业的水平，也不光是由数量决定的，还要看质量、品种、规格。把钢的指标压下来，把包袱卸下来，就可以有力量去搞别的东西了。钢铁要抓质量、抓尖端的，搞得好，8000万吨钢并不一定比2亿吨质量差，品种、规格少的钢的作用小。

1979年3月25日，人民大会堂新疆厅。陈云走马上任，主持了国务院财政经济委员会成立的第一次会议。十二个委员，除了王震请假，都到了。

陈云在这次会上，对财经委员会的工作讲了几点意见：

※ 1979年6月，陈云在上海调研。

第一点，协力同心，相互合作。

陈云说，财经工作问题很多，工业、农业、交通、运输，老百姓的吃饭、穿衣等等，多种多样的问题，会产生各种各样的看法。怎么处理法，意见会有不同，但只不过是意见不同罢了。我看意见不同也是好事情，哪怕争得面红耳赤也是可以的。辩论总可以搞清楚一些问题，经过比较，就可以看出哪一种意见好，取得一致看法。没有比较，不好。

第二点，调整，搞四个现代化。

陈云说，调整，就是步伐调整调整，该踏步的踏步，该下的下，该快马加鞭的快马加鞭，目的是为了前进，为了搞四个现代化。

第三点，要参加4月5日召开的中央工作会议。

“文化大革命”后，问题一大堆。三年困难时期下乡的城镇人口要求回去，“文化大革命”期间上山下乡的知识青年也要求返城就业，一些城市还发生游行和冲击政府机关的事情，闹得很厉害。冤假错案平反的人要退赔、补发工资，城市人口要求改善多年积累下来的住房困难问题，两地分居的人要求团聚，这些问题每一个都关系到人民的切身利益，关系到政治局势的稳定。这次中央工作会议要讨论面临的经济问题。

陈云说，这次工作会议，我估计问题很多，一个星期开得完吗？各部有各部的意见，地方有地方的意见，要发扬经济民主，让大家讲，听就是了。我看有很多实际问题，这次会议至少要理出几个重要的问题来。比如，2000万人的就业问题。这回调整和60年代初期的调整不一样，那时可以下放人员，这次不能下放。在农场劳动的知识青年，有的地方一个月32元、44元，比农民高得多了。他们都要回城市，回到父母身边，大体上办不到，要说服教育。请愿，冲办公室，不行。要有民主，还要守法。民主是必须的，守法也是必须的。没有这两条，我们一事无成。这次中央工作会议主要讨论经济问题，要不要讨论民主和法制问题？恐怕要讨论一下。一个外国人说，中国的“民主墙”问题是次要的，真正的问题是农民问题。现在有些农民还吃不饱饭，再过一二十年，若还是这个样子，那时支部书记会带领农民进城要饭吃。延安时期就出现过这样的问题。你说不准要饭，他说共产党没讲过不准要饭，毛主席说过不准要饭吗？中央工作会议可能要争论一些问题。安排2000万人就业，增加城市人口居住面积，解决夫妻两地分居问题，等等，这些属于还欠账。城市建设经费过去是1.5%，后来不到1%。

第四点，找一些年轻的干部，到财经委员会工作。

财经委员会的成员都是建国以后在综合机关做财经工作的，虽然经济工作的经验很丰富，但他们此时最年轻的也有62岁了，大一点的已经70多岁。陈云感到，要领导全国的经济调整工作，这种状况是有问题的。

陈云说，我们这些人都快要“告老还乡”了。解放时，我48岁。那时可以三班倒、四班倒，上午、下午开会，晚上同周总理谈，午夜去找毛主席，安排得满满的。现在我一个星期只能工作两个半天，多了不行。如果还要那样干，无非是向“八宝山”开快车就是了。

陈云要求找来的年轻干部要有一点工作经验，人数也不多。这些人不是当秘书，而是在当“后排议员”参与讨论问题，参与决定大政方针的事。他还说，培养这样的人，我看很有必要。

第五点，要注意粮食。

始终关注粮食问题，这是陈云领导经济工作的一个特点。对于一个拥有近十亿人口的大国，粮食问题不是一般的经济问题，也是关系重大的政治问题。

陈云强调，粮食一定要有人管，这是周总理早已定了的。我看这个问题要注意。钢铁是硬的，我看粮食更硬。要进口一些粮食，一方面地方不要靠中央，一方面中央手里还要抓一点粮食。

经过一段时间紧锣密鼓的筹划、组织，明确了方针，组建了机构，陈云又一次领导了大规模的卓有成效的经济调整。

陈云担任中央财经小组组长以后，着手纠正1978年经济工作发生的冒进错误，决定全面调整比例失调相当严重的国民经济，把理顺各种比例关系作为经济健康发展的首要条件。这一次调整，是步伐的调整，压缩基建规模仍是突出问题。为此，只压缩一些小项目不能解决问题，必须涉及当时引进的一些重点大项目，如宝钢、四个石油化的30万吨乙烯工程等。

改革开放中出现的一个新情况，是外资大量涌入。能否处理好这个问题，对调整和对外开放都有重要意义。

由于外资大量涌入是建国以来所没有经历过的新情况，很多人被这股洋风吹得头脑有点不清醒。出国考察的人回来吹风，上面也往下吹风，要引进多少亿，要加快速度，无非一个是借款要多，一个是提出别的国家八年、十年能上去，我们可不可以再快一点。

1978年7月6日至9月9日，国务院召开务虚会，研究加快四化建设的问题。

7月31日，陈云看了会议重要发言，向主持经济工作的李先念和谷牧建议，务虚会多开几天，专门听听反对的意见，可能有些人有不同意见。可是当时很多人都一味想快，在当时气氛下，有不同意见的人不大好讲话，务虚会上很少有人提出反对意见。会议最后决定放手利用外国资金，大量引进国外先进技术设备。宝钢等一批项目就是在这种情况下匆忙决定上马的。

但是，由于没有考虑到国内资金、技术和设备的配套能力，使得这次大规模引进浪潮的效益很不理想。

受中央委托，陈云亲自抓了宝钢问题。

1977年11月，日本新日本钢铁公司董事长、日本现代钢铁业的创始人，有日本“钢铁帝王”之称的稻山嘉宽先生来华访问。

稻山先生很早就同新中国有着贸易往来。1958年2月，在中日邦交正常化以前，他就同中国方面签订了一个为期五年的钢铁贸易协定，双方出口总额各为一亿英镑。这个协议在当时是一宗大规模交易，对日本和国际上都有很大影响。为此稻山嘉宽曾来华访问，周恩来总理还曾亲自接见他。

这次他来华访问时，国务院副总理李先念同他探讨了由他协助在中国沿海地区建造大型钢厂的设想——这就是创建上海宝山钢铁厂的最初动议。双方几经协商，达成了近20亿美元的合同意向。国内有关部门概算的总投资是200亿元人民币。以当时全国人口计，平均每人要为宝钢分摊20元。这对中国来说，是一个超级引进项目。

1978年10月邓小平访问日本时，在稻山嘉宽陪同下，参观了新日本钢铁公司君津钢铁厂，进一步落实这一合作项目。

参观中，邓小平表示希望日本方面帮助搞的钢铁厂能比现代化的君津钢铁厂更好，稻山同意了。对邓小平关心的投资额问题，稻山主要从他在日本新厂的经验出发，估算为每吨10万日元。实际上稻山的估算对于中国来说偏低了。在日本，新建一个钢铁厂一般不需要再配套建设供电供水等基础设施，而中国的情况正好相反。后来在建设过程中，投资远远超出了稻山的估计，中方感到资金负担太重。1979年4月以后，中国开始调整经济，邓小平为此对稻山说：“宝钢由于调整会拖延一段的，我说过用现金支付欠款的，但现在看来做不到了。”稻山说：“就让宝钢采取日中长期贸易协定的那种延期付款方式吧。”对于这件事，稻山一直非常内疚，觉得自己作为该项目日方负责人，不应该轻率地作出这种估计，以致给中国造成了一系列困难。

1978年12月22日，中国技术进出口总公司和新日本钢铁公司在上海签订了关于订购上海宝山钢铁总厂成套设备的总协议书。12月23日，宝山钢铁总厂正式开工建设，预定分两期，用七年时间建成。

宝钢投资规模巨大，对国民经济全局影响甚巨。而且，很多当初没有全面考虑的问题，开工后都暴露出来。公路等基础设施严重不足，建钢铁厂需要新建配套；华东电力、用水本来就紧张，再加上一个宝钢就更困难；上海地质条件也是个问题，光打地基就要花不少钱，有人形容是用钞票一寸一寸垒起来的，等等。人们议论纷纷。

显然，宝钢问题是关系调整能否真正落实的关键。陈云对此非常重视，决心亲自处理这个问题。

陈云从1979年4月底5月初开始着手进行全面的调查研究。那时，宝钢建设已经上马，而国内又议论纷纷，处于“骑虎难下”状况。

宝钢建设，已经同外商订了合同，日本方面行动很迅速，按照协定准备了材料，组织生产，大批引进设备源源不断地运抵中国。由于风闻中国即将全面开始经济调整，外国厂商担心影响自己的利益，更是加速向中国抢运设备，货物已按协议交付，中国方面就不好说不收、不建了。已经订了合同，如果不履约，外商是要索赔的。那样的损失相当大，也严重影响中国的国际声望和信誉，对进一步的对外开放十分不利。

在国内，宝钢从1978年破土动工以来，建设工程已全面展开，高炉、焦炉、转炉和电站等主体工程基础桩都已打完，现场施工队伍已经集结了四五万人，一下子也难以停顿下来。

但是，如果宝钢照原计划建设，调整方针就会落空，进口设备要占用大量外汇，还需要有相应的国内配套设备和材料、资金，大体上是一美元需要一元人民币的物资和资金来配套。根据当时的财力物力，无论如何是配不起的。

当时意见很不一致。有的说要全部下马，有的说可以部分下马，还有说下马损失太多受不了。有的说已进口的设备先放起来，形势好转了再说；有的却说与其保存在仓库里，倒不如把它安装起来，哪怕不能开工也行。众说纷纭，谁都占理。这个决心不好下。

陈云在十一届三中全会上就讲，他不反对借外债建设新工厂，买外国新设备，但必须循序渐进。现在调整重担落在他的肩上，他就把这个意见具体贯彻到经济建设中。

1979年3月21日，在中共中央政治局会议上，陈云发表讲话，对当时冶金部提出的大规模引进设想提出异议，并说，共产党员谁不想多搞一点钢？过去似乎我是专门主张少搞钢的，而且似乎愈少愈好，哪有这样的事？我是共产党员，也希望多搞一点钢。问题是搞得到搞不到。可以向外国借款，中央下这个决心很对，但是一下子借那么多，办不到。有些同志只看到外国的情况，没有看到本国的实际。我们的工业基础不如他们，技术力量不如他们。有的国家和地区发展快，有美国的特殊照顾。只看到可以借款，只看到别的国家发展快，没有看到本国的情况，这是缺点。不按比例，靠多借外债，靠不住。

※ 陈云视察上海宝山钢铁公司。右二为陈国栋，右一为黎明。

陈云看了宝钢上马的一些材料，又把宝钢建设规划与鞍山钢铁公司的情况做了一些对比，有了一个初步的想法：宝钢工程的一、二期建设，可以适当拉开间距。

陈云认为，鞍钢1901年开始建设，日本人搞了40多年，建国后搞了30多年，前后70年，才搞到600万吨；宝钢同鞍钢规模相当，用七年时间建成，虽说有几十年建设经验，毕竟有些工作还有困难，这是大事，不能含糊。

他还担心，匆匆忙忙搞突击，一些问题来不及处理，积累下来，等完工了，出不来钢铁，那就不好办。对外国设备，陈云并不迷信，他认为，外国设备也是有问题的，要注意。

在一段时间里，建设周期问题还是陈云考虑的主要问题。

5月9日，国家计委、经委、建委、冶金部、外贸部、一机部和中国人民银行关于宝钢建设问题向国务院财经委员会和国务院提交报告，主张：主体设备引进，当然也买技术和专利，但为了增加国内自制设备的能力，将三套轧机改为同外商合作制造。二号高炉及三、四号焦炉等大大增加国内分交的比重，把原计划1981年底建成一号高炉系统、1983年底全部建成的进度予以调整、推迟，不要操之过急。

5月11日，陈云看了这个文件，对其中的建议作了认真的思考。

其后不久，陈云要薄一波代表国务院财经委员会，召集多年搞财经工作特别是冶金工作的七八个人开了两次会议，这些人是姚依林、薄一波、王鹤寿、吕东、沈鸿、柴树藩等。他们经过讨论，也赞成陈云的意见，认为可以把建设周期拉得长一些。另一方面，主张立足国内，多分交一些设备，锻炼自己的机械制造能力，只进口关键设备，以便发展国内机械工业。

陈云很重视这个意见，觉得有道理。

不久，中央经过讨论，下了决心，要把宝钢工程搞到底。如何把这项国内外瞩目的重大工程安排好，而又不影响到调整方针的贯彻，成了一个很棘手的问题。

※ 陈云在上海调查解决宝钢建设中的问题。

5月31日，陈云为了取得第一手的资料，亲自赴上海，进行调查研究。

到上海后，陈云对前一段考虑的结果进行了反复思考，又有了新的想法。

他觉得，立足国内，当然符合自力更生的建设方向，但是搞大型现代化钢铁企业，国内实在缺少必要的经验，冶金部、一机部的能力令人担心。国内机械制造能力集中力量搞一些项目，有过成功经验，但宝钢关系太大，不能拿来练兵，还是立足国外比较保险。技术资料也要全套买下来。

6月1日，陈云与上海和宝钢方面的负责人谈话时，提出了这个想法。他们也主张设备全部进口。

在上海，陈云多方征求对宝钢建设的意见，并摆出自己的想法，鼓励大家提出各自的见解。他在上海召集上海钢铁一厂、三厂、五厂和冶金局的人士座谈对宝钢建设的意见，他们表示对这些情况了解不多，陈云就要求有关部门多通气，多听取他们的意见，不要过于强调保密问题，不让别人接触。

6月6日，陈云结束在上海的调查，回到北京。从全盘考虑，他最终决定还是按有关部门的意见，设备要进口，也要有一部分在国内分交。技术资料要全部买下来。

一个半月之内，陈云集中考虑宝钢建设方针，三度反复，才最终拍板定案。

6月16日，陈云在中南海主持召开财经委员会会议，讨论宝钢问题。在会上，他根据一段时间来的调查研究和反复思考的结果，提出了八点意见：

一、干到底。这是先念同志也讲过的，举棋不定不好。

二、应该列的项目不要漏掉。是否还有没想到的，预先预料到比事后追加要好。外部协作条件，如煤、电、运输、码头、机电等等，都要考虑周到。

三、买设备，同时也要买技术、专利。

四、要提前练兵。宝钢技术先进，各方面都要求很高，一定要抓好技术练兵，以保证产品质量，并可以在国内推广先进技术。

五、由建委抓总。负责人第一是谷牧，第二是韩光，冶金部有叶志强，上海市是陈锦华。

六、对宝钢要有严格的要求，甚至有点苛求，只能搞好，不能搞坏。宝钢是四化建设中第一个大项目，一定要作出榜样来。

七、冶金部有带动其他各部的责任。冶金部是重工业各部中一个重要部门，特别是壮大一机部机械制造能力，是冶金部应有的责任，冶金部应有这样的全局观点。各有关部门像煤、电、铁路、水运、一机部等，都必须同心协力，把宝钢的事情办好。

八、冶金部要组织全体干部对宝钢问题开展一次讨论，采纳有益的意见。对不同意见也要听取，目的是为了把工作做得更好。要组织全国的冶金建设专家讨论宝钢，让他过问、接触、关心这件事情。宝钢是个新的现代化水平的工厂，外国专家要请，但最后还要靠我们的现有专家，把经验提高起来。

会议一致同意陈云的意见。会后，主要根据陈云和李先念的意见，形成了中财委关于宝钢建设问题向中央的报告。9月经陈云、李先念批准，上报中央，中央常委圈阅同意，宝钢建设在总体上即按照报告精神贯彻执行。

根据陈云的意见，宝钢一期工程继续干下去，二期工程延期，二期对外已签的合同按合同进行赔偿，已进口的设备得到妥善保管。宝钢一期工程于1985年9月建成投产，一年后各项指标就达到和超过了设计水平，工程质量全优，获国家金牌。一期工程建成后产生巨大效益，为二期工程提供了资金。整个宝钢的工程技术达到了70年代末、80年代初的国际水平，二期工程的连铸、热轧、冷轧系统主体设备技术已达到80年代中后期的国际水平。宝钢的一些关键性技术经济指标，如劳动生产率、产品质量、能耗、环保等等，在国内都居前列，在世界上也是比较先进的水平。另外，宝钢引进的技术、现代化管理方法，经消化、创新，已在全国冶金系统逐步推广。宝钢建设对机电、交通、煤炭等行业的现代化建设起到一定的促进作用。实践证明，建设宝钢的决策是正确的，党中央、国务院对宝钢建设的领导是强有力的。

1986年5月18日，陈云以八旬高龄亲自视察了宝钢，除听取宝钢负责人的汇报外，还视察了炼钢厂、原料码头、焦化厂、炼铁和初轧厂，亲自看了出焦和出钢。他对我国以较快速度建成一个现代化的大型钢铁企业，由衷地表示高兴。

宝钢问题定案以后，对1978年确定的120项大工程也就有了调整的具体蓝图，克服了一段时间内头绪众多、无处下手的毛病，为国民经济的全面调整打下了良好的基础。

陈云并未把宝钢问题局限于一时一事上，而是抓住典型进行深入分析，为纠正“洋跃进”的错误、贯彻调整方针提供指导。

1979年9月18日，陈云在国务院财经委员会召开的汇报会上，根据处理宝钢问题的经验，提出：我们建设像宝钢、平果铝矿、三峡水电站（是否能建成还需收集各方面意见）等那样大的工程，在第六个和第七个五年计划时期，每个五年计划期间，平均计算大体上只能建成一个。

陈云分析说，这些大建设项目每个投资都在200亿元人民币上下，五年平均，每年40亿元上下，我们的财力物力是能够胜任的，是能够建设好的。但是，如果五年不是建成一

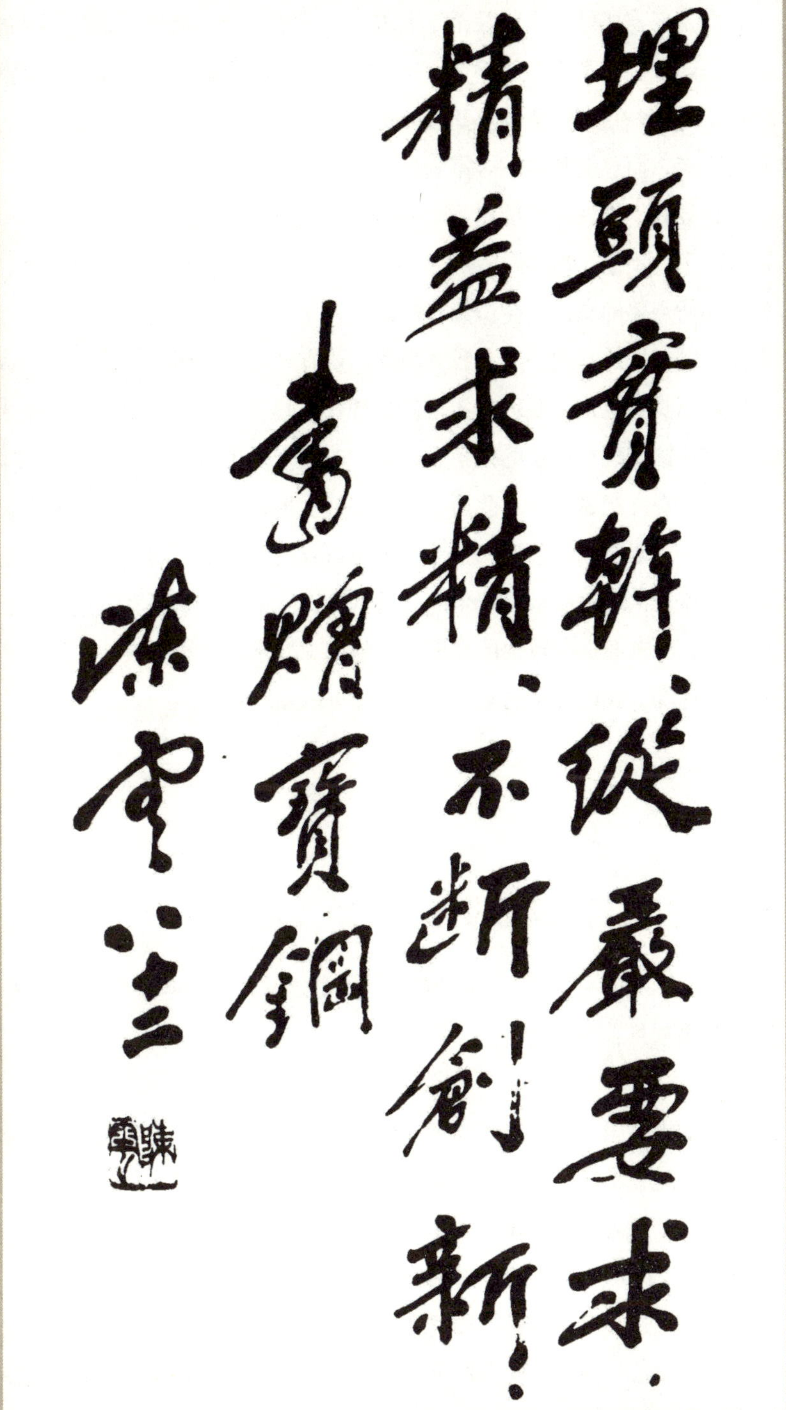

※ 1986年5月18日，陈云为宝钢题词。

个，而是要建成好几个，甚至于要求一年建成一个，这显然是办不到的。我们今年的全部财政基建拨款，照财政计算，只有170亿元。如果要一年建成一个宝钢这样的大项目，那就占了我们一年多的全部基建投资的金额；如果同时要建成两个三个，非但所要建的大项目建不成，而且把其他的必需资金全部都挤光了还不够。

他还说，即使我们能借到一些外国的买方信贷，但自己配套的那一部分投资也要占到接近一半。不错，每年财政收入都会增加，基建拨款也会按比例增加，但是非大项目的其他基建所需要的支出也会增加，例如：轻工、国防、交通、学校、城市建设等等，也会要求按比例增加的。这一点，我觉得我们要有必要的思想准备。大家应该斟酌这件大事。

陈云据此提出，我们在实现四个现代化建设中，除了要上若干个大项目以外，着重点应该放在国内现有企业的挖潜、革新、改造上。用这个办法来进行基本建设，充分利用现有企业并对它们进行技术改造，这是脚踏实地地前进。表面上看来像慢，但实际上是快。照顾到各方面协调地前进，这个前进是可靠的，若干年后，在工业交通内部和其他各方面都可以按比例地发展。要先生产，后基建；先挖潜、革新、改造，后新建。人民向往四个现代化，要求经济有较快的发展，但他们又要求不要再折腾，在不再折腾的条件下有较快的发展速度。我们应该探索在这种条件下的发展速度。

（孙业礼、熊亮华）

探索计划与市场的关系

陈云预言：今后经济调整和体制改革，计划经济和市场调节两种经济的比例调整将占重要地位。

党的十一届三中全会确立了改革开放的方针。陈云在领导经济调整的同时，对改革开放事业的健康发展，也予以了极大关注。

三中全会后，陈云担任了中纪委书记，但他仍然一直在思考，如何系统地从体制上和指导思想上改革过去经济发展中的问题。

陈云是建国后相当长一段时期经济工作的主要领导人，对社会主义经济体制的建立作出了巨大贡献。他也是党内较早认识到社会主义经济中市场作用的领导人之一。

1956年9月20日，陈云在中共八大会议发言时，谈了在农业和资本主义工商业社会主义改造后，我国迅速建立起来的社会主义经济体制存在着若干不可忽视的弊端，指出必须采取有力的措施，既坚持计划经济，又把经济搞活。

陈云提出了社会主义经济体制“三个主体，三个补充”的著名设想：在工商业经营方面，国家经营和集体经营是工商业的主体，但是附有一定数量的个体经营，这种个体经营是国家经营和集体经营的补充；生产计划方面，计划生产是工农业生产的主体，按照市场变化而在国家计划许可范围内的自由生产是计划生产的补充；国家市场是社会主义统一市场的主体，一定范围内的国家领导的自由市场是国家市场的补充。

陈云的这个设想，是根据当时中国的实际，突破苏联模式的一种新的构想。可惜，“左”的指导思想使这个正确构想在后来的实践过程中被忽视了。

多年来，经济工作中一再出现急躁冒进的“左”的错误，而且为害时间长、破坏性极大。这和我们的指导思想上和体制上的失误和弊端是分不开的。陈云总结建国以来工作的经验教训，结合马克思主义原理和各国社会主义建设的实践经验和教训，进行了深入的思考。

1979年3月8日，陈云把自己思考的一些结论写成了提纲。由于三中全会以后各方面工作头绪太多，陈云身体仍不太好，使他感到一时难有太多精力来把这份提纲形成完整的文章，后来就把这份提纲交给秘书保存起来。

但是，这份提纲实际上已经反映了他对当时经济工作面临的一些核心问题的思考。

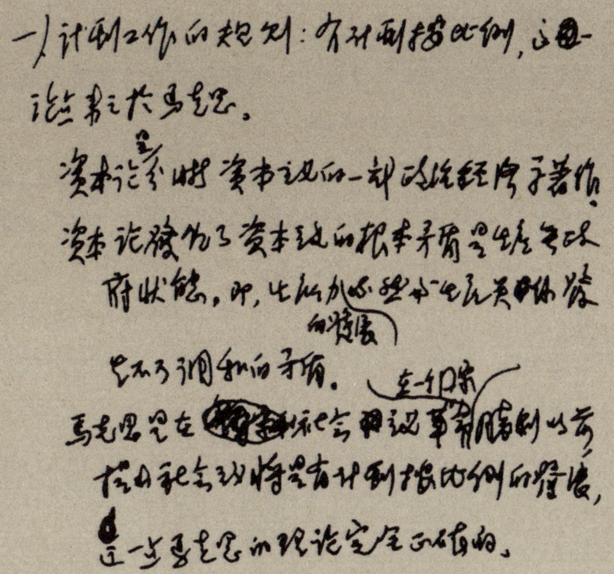

※ 陈云从中国国情出发，大胆探索计划与市场的关系。这是1979年3月8日陈云撰写的《计划与市场问题》提纲。

秘书看到这份提纲后，建议发表。这份提纲即是后来《陈云文选》上的《计划与市场问题》。

这份提纲提出，社会主义经济有计划按比例发展，是马克思分析资本主义后提出的设想，是完全正确的。六十年来，苏联和中国实行计划经济，都是按马克思这个理论来办事的。

陈云指出，在建立计划经济体制的过程中，由于没有根据已建立的社会主义经济制度的经验和本国生产力发展的实际情况对马克思的原理加以发展，导致了缺点：只有“有计划按比例”这一条，没有在社会主义制度下还必须有市场调节这一条。所谓市场调节，就是按价值规律调节，在经济生活的某些方面可以用“无政府”、“盲目”生产的办法来加以调节。

这样一来，由于计划管得太死，又缺少市场调节，就造成很大弊端。由于计划事务繁杂，常常是“五年计划，计划五年”。即使这样，计划还常常脱节，计划机构忙于调度。计划不可能面面俱到，而只能对大路货、主要品种作出计划数字，因此生产不能丰富多彩，日用品十分单调。

这个缺点，后来被概括为“统得过多、过死”。为克服这方面的缺点，陈云提出，整个社会主义时期必须有两种经济：计划经济部分，即有计划按比例部分；市场调节部分，即不作计划，只根据市场供求的变化进行生产，带有盲目性调节的部分。第一部分是基本的、主要的；第二部分是从属的、次要的，但又是必需的。无产阶级掌握了政权，已掌握了国民经济的计划经济部分，就能够建设社会主义。市场调节部分只能是有益的补充，当然必须基本上是无害的。

陈云分析说，国民经济中有市场盲目调节的成分存在，并不能说就不是社会主义。我国解放初期，国家只掌握了国民经济中有计划按比例的部分，私人资本主义经济还存在，但我们仍然是社会主义国家。

问题的关键是，直到现在我们还不是有意识地认识到这两种经济同时并存的必然性和必要性，还没有弄清这两种经济在不同部门应占的不同比例。

忽视市场调节的一个后果是，国民经济中必须按比例发展的，没有能够真正按比例发展，比如基本建设战线太长，电力、运输等先行部门没有先行反而落后，原料工业与加工工业失调，钢铁工业内部比例关系失调，各工业部门之间比例失调，最大的问题当然是农业和工业比例失调；另一方面，应该适当扩大市场调节的方面又管得太死，比如计划权力太集中，农业的非计划部分太紧太死，地方财力热心建设，真正机动的太少。

忽视市场调节部分的另一后果是，经济工作中忽视价值规律，思想上没有“利润”这个概念，是大少爷办经济，不是企业家办经济。

经济工作中对我国社会经济的特点要有深刻的认识，这个特点就是农村人口占80%，而且人口多，耕地少。现在这一点在认识上有盲目性，如果不纠正，必然碰壁。而农、轻、重的排列，就是马克思主义与中国革命实践相结合的计划比例关系原则。

陈云预计，在今后经济调整和体制改革中，实际上计划经济和市场调节这两种经济的比例的调整将占重要地位。不一定计划经济部分愈增加，市场调节部分所占绝对数额就愈缩小，可能是都相应地增加。

陈云的这个预计是很准确的。改革中，对计划和市场关系的探索占了很重要的地位。

后来，陈云把这一思想概括为计划经济为主，市场调节为辅。

1982年12月2日，陈云同出席五届人大五次会议的上海代表团部分代表谈话时，把计划和市场关系又比喻为“鸟”和“笼子”的关系。

※ 1982年12月2日，陈云同出席五届全国人大五次会议的上海代表团部分代表座谈，强调在20世纪末实现翻两番要分两步走，前十年为后十年打基础。图为陈云同上海代表团的部分代表在一起。握手者为沈鸿，右二为胡立教，右三为荣毅仁。

陈云对改革开放以来经济工作中扩大市场作用、尊重价值规律而取得的成就给予了高度评价。他说，党的十一届三中全会以来，实行搞活经济的政策效果显著。现在百货商店里的东西多得很，“卖方市场”正在变成“买方市场”，群众把票子拿在手里，好的就买，不好的就不买，这么好的形势，很久以来没有见过。今后还要继续实行搞活经济的政策，继续发挥市场调节的作用。经济工作中，要有时间观念，要有利润观念，否则，就是大少爷办企业，是不行的。

另一方面，他也提醒说，要防止在搞活经济中出现摆脱国家计划的倾向。搞活经济是计划指导下搞活，不是离开计划的指导搞活。这就像“鸟”和“笼子”的关系一样，鸟不能捏在手里，捏在手里会死，要让它飞，但是只能让它在笼子里飞。没有笼子，它就飞跑了。如果说鸟是搞活经济的话，那么，笼子就是国家计划。当然，“笼子”大小要适当，该多大就多大。经济活动不一定限于一个省、一个地区，在国家计划指导下，也可以跨省跨地区，甚至不一定限于国内，也可以跨国跨洲。另外，“笼子”本身也要经常调整，比如对五年计划的修改。但无论如何，总得有个“笼子”。就是说，搞活经济，市场调节，

※ 1979年9月，陈云在国务院财经委员会召开的1980年和1981年计划安排汇报会上讲话的提纲手稿。

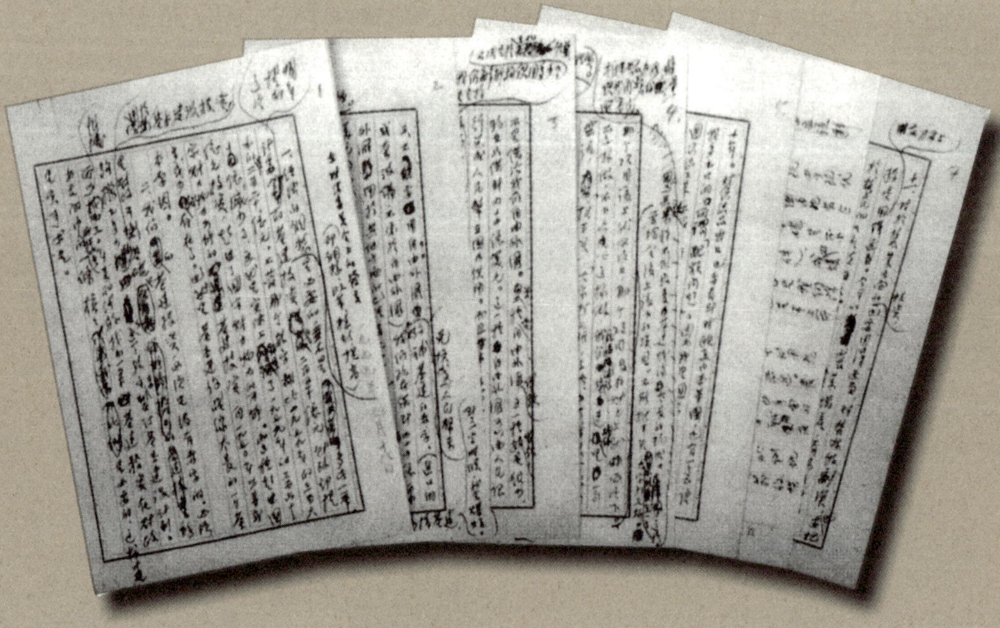

这些只能在计划许可的范围以内发挥作用，不能脱离开计划的指导。

1985年9月，陈云在全国党代表会议上发言说，计划是宏观控制的主要依据。计划包括指令性计划和指导性计划。两种计划方法不同，但都要运用各种经济调节手段。

陈云的这些观点，对在当时条件下解放思想，改革经济体制，重视市场调节，以冲破高度集中的计划经济体制的束缚，起了积极作用。我们的认识在实践中不断发展，到党的十四大，提出了社会主义市场经济体制的改革目标模式，在前人的探索基础上，迈出了新的一步。

1979年3月，担任国务院财政委员会主任以后，陈云这一思想也进一步落到了实处。他提出，体制改革势在必行，现在要进行研究，先改什么，后改什么，怎么改。

当时财委的分工，要张劲夫组织一些人员草拟经济体制改革的初步方案，财委于7月份决定成立经济体制改革研究小组，下设办公室，专职参加此项工作的有廖季立、柳随年、季孟飞、徐景安等。

1979年12月3日，国务院财经委员会体制改革研究小组提出了一份《关于经济体制改革总体设想的初步意见》。当时他们感到这个稿子还不成熟，没有提到财经委员会审议。邓小平听说有这么一个素材性的稿子，指示说：可以披头散发和大家见面征求意见嘛。这样，张劲夫就在国务院全国计划会议和国务院各部委体制调查小组人员会议上，于1979年12月15日，对这个意见作了说明。大家的意见是，基本思路对头，具体方案还不成熟，因此当时未定下来。在酝酿此事前后，有些省市即主动进行了扩大企业自主权的试点，为以后中央正式通过经济体制改革方案提供了有益的参考。

陈云在就任国务院财政经济委员会主任时已经表示过，自己身体不行，难以承担全盘领导经济工作的重任。大量繁重的工作，严重损害了陈云本来就虚弱的身体。宝钢调查后不久，他就大病了一场。虽然大家都希望他全面主持经济工作，但他从大局出发，主张让更年轻的人上来。

1979年10月，陈云在各省、市、区党委书记座谈会上讲话，主动提出，为了党的利益，建议中央调比较接触实际、比较年轻一些的干部，到中央来搞财经工作，这是国家的大计。如果不采取这样的组织措施，自己身体不行，工作搞不动。中央认真考虑了陈云的意见。

1980年3月17日，中央政治局常委会决定，成立中央财政经济领导小组，撤销国务院财政经济委员会，继续贯彻经济调整和改革开放的政策。

陈云积极支持和配合新的财经领导机构工作，并为调整和改革开放事业取得的成就感

※ 1981年6月，陈云在中共十一届六中全会上讲话。

到欣慰。1981年，陈云热情地赞扬说：党的十一届三中全会以来农业和工商业及财政计划等方面的改革，是要打破平均主义的“大锅饭”，将会大大调动广大工人、农民、知识分子和干部进行四化建设的积极性，使我国的生产力获得一次新的大解放，其意义不下于50年代消灭剥削的对资本主义工商业的社会主义改造。

（孙业礼、熊亮华）

“这是我的第一任秘书”

刘家栋去看望陈云，向陈云诉说满肚子的委屈。临别时，陈云说，有什么问题，或者遇到什么困难，可以来找我。

1978年，遭受了“文化大革命”前后许多痛苦磨难的我，当选为中共四川省委委员，从重庆调到了成都，担任中共四川省委宣传部第一副部长，主管文化工作。就在这一年的6月底，我来到了北京，参加中央宣传部召开的一次关于落实政策的座谈会。

会议期间，我想到了许多。想到了自己在这场噩梦中的经历，有着满肚子的委屈；想到了我的老首长陈云，很想去看看他。又是整整二十年没有见到他了，我真想他呀！想看看他，想听他说话，想为什么还不见他出来工作……我终于按捺不住对他的那份想念之情，就利用会议的一天休息时间去找陈云。

陈云在北京的住所，过去我是去过的。不过，那是50年代初期我还在鞍山工作时期的事了。在我的印象中，好像是南长街38号，就在路东的一个大门里。

这天早上，我就离开了会议住的国务院第一招待所，也就是今天的国谊宾馆，乘坐公共汽车前往南长街。到了38号一看，是个大杂院，不是我要找的地方。难道是号码记错了？我不甘心地又去了28号、18号、8号，都不是我要去的地方，我真有点不知所措了。

这时，我看到南长街路东一个大门口有卫兵站岗，就去找卫兵询问，请他帮助我找一下陈云同志。卫兵听完就进去了，不大一会儿，出来了一个年纪大一点的干部，看上去像个连级干部。他问我：你找陈云同志干什么？我一听这口气，有希望了，就连忙说：我叫刘家栋，过去在他那里工作过，我是他过去的秘书。很多年没见了，这次是来北京开会，想去看看他。我还说：他的爱人叫于若木，你问一下于若木就行，她就知道我。这个干部听完以后，让我等一等，他就进去了。大概有5分钟的时间，他又出来了，说：“你记错了，不是南长街，是北长街××号，就在北长街路东的大门里。我们已经问过于若木同志了，你可以去。”说完以后，他还给我指了指应该怎么走。我心里别提有多高兴了，连声表示谢谢，就赶紧去找陈云了。

到了那里，警卫为我开了门，并把我带到一间屋子里，让我等等。一会儿的工夫，陈云就出现了。他一看到我就说：“哎哟，是你来了。你怎么头发也白了？”我回答道：“你想想看，多少年了嘛，头发怎么能不白呢？”听到这话，他也笑了。然后，他对我说：“你等我一会儿，现在还有两个老同志在那里，我们正谈着呢。一会儿我再来找你，咱们好好吹一吹吧。”他走以后，我还没来得及好好看看这间屋子，于若木就进来了。“哎呀，多少年不见了？你还好吗？”她开始同我聊了起来，问我这些年的情况。就在我们说话的时候，陈云出来送客。是一对老年夫妇，看模样是南方人，听口音好像是上海一带的。

陈云把他们送走以后，就来找我，让我去他的办公室。我跟着他走进了他的办公室，定神一看，那屋子实在太简陋了。1977年闹地震时盖的防震棚还没有完全拆除，上面已经空了，但钢架还在屋内立着。架子下面有一对破旧的小沙发，沙发的白布罩已经变成暗灰色，上面尽是破洞，看上去已经用了一二十年了。一个不小的办公桌，桌面上只有一部旧电话机，一个台历，一份文件都没有。从这些摆设中可以看得出来，他虽然“解放”了，但还没有安排工作，没有事干，还在“待命”。

在这种情况下，我当然只能问问他的身体状况如何。他说：“还是以前那样，但比过去差了些。”我问他：“你这样的身体，在‘文化大革命’中是怎样挺过来的？”他依旧是过去那样的风格，只记得别人的情意。他告诉我：“我被‘疏散’到江西时，军区的同志见我来了，知道我身体不好，给我安排到军区招待所，找了间房子住下来。哎，你还不知道吧，还有暖气呢！”在那种情况下，对他来说，有暖气已经是最幸福的事情了，这已完全可以想像他的遭遇了。其实，在他去前周恩来总理已向江西打了招呼，要他们照顾陈云的身体，以免感冒犯病，要有间有暖气的房间。那里大军区司令员韩先楚是与陈云在南满一起工作过的，知道他去了，对他比较好，有一次陈云去福州，韩先楚还把自己的专车借给陈云用。他多次被抄家时，周总理虽不能阻止，但还是非常关心和保护，总理曾下令一个解放军战士看住一个学生，可以看材料，但一张纸也不能带走。我又问他：“医生允许你谈多长时间？”他的回答是一个半小时。接着，他就开始关心我的情况，开始询问我了。

面对我的老领导，我把我多年来的委屈都倒了出来。我告诉陈云，在鞍山给了我一个错误的结论来到重庆后，又因谈了我个人的、现在看来是正确的看法，就给了我一个严重右倾，撤销了我重庆市委常委、建交部部长之职，下放到了北碚钢铁厂。在北碚钢铁厂，我又被以右倾机会主义撤销了我厂长及厂常委委员的职务，派我去当一名起重工，搞一些担担抬抬的重体力劳动，我每月的口粮定量达到48斤。后来，我又被分配到水轮机厂任第八副厂长，协助管生活的副厂长管生活，半年以后担任了厂长。我很珍惜这个工作机会，每天半天工作，半天跟班劳动，早上6点半入厂，晚上11点多出来。还积极响应中央关于“最好学会一门生产技术”的号召，在厂线圈车间，拜一位八级电工师傅为师，开始学艺。每周一个整天五个半天，学习了线圈下线技术，学会了一些简单操作和电工知识，经过应知应会考试，还获得了一级技工证书。如果再迟半年调离水轮机厂的话，就可以考二级技工了。一直很认真地听我诉说的陈云，这时也笑了，他说：“噢，原来你还是一个技工！”

“文化大革命”一来，我又倒霉了，又是挨批斗，又是劳动改造，一度连家都没有了。一家人流浪在小学校教室课桌上睡觉，后来又被赶到学校的地下室，无处安身。还被戴上了许多顶帽子，说我是“二月逆流”中李富春在西南的总联络员，是死不悔改的走资派、右倾机会主义分子，甚至说我在东北时就是高岗反党集团的骨干，是里通外国的“死老虎”。这样，我一直被关押到1972年，才得到“解放”，准许工作。这时，陈云再次插话说，他说：“我当时就在东北，那一段的情况我清楚。”

当然，在党的十一届三中全会以后，党中央对鞍山给我的错误结论平了反，认为“与事实不符，是错误的，应予撤销”。但是，这毕竟是后来的事情。在当时，这些东西给我的思想上造成的压力确实太大了，以至于使我带着看望多年不见的老首长的本意去，一见到陈云却倾吐了二十多年来积压在自己心底的委屈。他很理解我的心情，知道只有让我把心中的苦、想说的话全部倒出来，我才会舒服。一个半小时就这样过去了，他很认真耐心地听我的诉说，只是插上有限的几句话。每每回想到当时的情景，都总会为陈云慈祥而又耐心地听我申诉感到温暖，深受教育，也总会为我在他身体不好、还没分配工作时去打扰他而深感内疚。

当我说该走了的时候，他说，不急，再谈谈吧，又延长了二十多分钟。这时，我的全部苦水倒完了，心里舒服了，整个身心也被他那宽广的胸怀、细心的体贴给暖和过来了。我站了起来，说：“不能再打扰你了，我确实该走了。”

他看我真要走了，就不再留我，但他又十分关心地问我：“你生活上还有什么困难？经济上钱够不够花？”我很明白，他在担心我，怕我挨了那些整以后生活上还有问题，经济上还有困难。我连忙说："够了，这些你不用操心。平反以后补发了工资，大部分交了党费，但还有一些。受整的日子已经过去了，现在更没有问题。"他仍不放心地说，如果有什么问题，或者遇到什么困难，可以来找我。但是，以后来之前，要先打个电话来，约个时间，不要跑到街上乱闯乱问。说着就从桌上的台历上撕下了当天的一页，在上面写下了桌上那部电话的号码，这才发现，原来今天是7月1日，是我们党的生日。

陈云送我走出了办公室，来到院子里面。这时，警卫班的战士们正围成一圈，蹲在那里择豆角。陈云就指着我，对他们说："这是我的第一任秘书，你们看，他的头发都白了。"我至今也不明白的是，为什么他对我头发白了有这么深刻的印象。

警卫战士为我打开了大门，我转过身来，告别了陈云。在党的生日的这一天，我向陈云吐了苦水倒了冤枉，一身轻松地走了出去，踏上了回招待所的路程。当天的情景，随着那张印着1978年7月1日星期六的红色台历，深深地印在了我的记忆之中。

（刘家栋）

"唯实是求，珠落还起"

浙江的一个刊物上，刊登了陈云打算盘的照片，还配发了赵朴初的诗。

陈云在上海商务印书馆当店员时，学会了打算盘。建国后，在他担任中财委主任、政务院副总理时，身边也准备了一个算盘，经常用来计算各种经济数据。他说算盘用起来方便、快捷，一直舍不得丢掉。

1978年秋，陈云在杭州休养。一天上午，他到玉泉公园散步，看到公园茶座的女会计正在打算盘算账，就走过去很和蔼地对女会计说，你的算盘让我打一下行吗？女会计一看是一位年长者，就说，好的，你打吧。陈云坐下来，很熟练地劈里啪啦地打起来。女会计用杭州话说，你算盘打得真好。陈云便用上海话回答说：谢谢你！

陈云打算盘这个镜头，被当天跟随陈云到公园散步的工作人员拍了下来。1981年8月，这张打算盘的照片刊登在浙江的一个刊物上，同时还配发了中国佛教协会会长赵朴初写的一首诗。这首诗写道："唯实是求，珠落还起。加减乘除，反复对比。运筹帷幄，决胜千里。老谋深算，国之所倚。"

（郑惠）

※ 陈云在杭州玉泉茶室打算盘。

“要充分重视陈云的意见”

在1979年4月召开的中央工作会议上，陈云和李先念有关经济调整的意见被概括为“调整、改革、整顿、提高”八字方针。邓小平对这些意见非常赞成，他强调：“要充分重视陈云的意见。”

我国国民经济经过十年动乱，受到极大的破坏。粉碎“四人帮”后，许多同志急于早日恢复被破坏了的国民经济，尽快赶上世界发展水平，却忽视了现实的客观条件，纷纷要求“大干快上”，提出要在工业方面新建和续建120个大项目，其中包括30个大电站、八大煤炭基地、十大油气田、十大钢铁基地、九大有色金属基地、十大化纤厂、十大化工厂等等。1978年7月6日至9月9日，国务院召开务虚会，强调要放手利用外资，大量引进国外先进技术设备，使实现四化的速度更快、更高。

这些决策，加剧了国民经济的比例失调和财政困难的严重情况。突出的表现是：工业与农业比例失调，农业发展缓慢，农村经济普遍落后，拖了国民经济发展的后腿。积累与消费比例失调情况也很严重。工业内部也存在比例失调情况。后来，人们把这种不顾国情国力盲目追求高速度、盲目引进外资的做法，与“大跃进”相提并论地称为“洋跃进”。

陈云对经济形势十分关注。1978年7月6日至9月9日，国务院召开务虚会，主题是研究加快经济发展速度问题，提出要用比原来更快的速度实现四个现代化。7月31日，陈云向当时主持经济领导工作的副总理李先念提出：务虚会是否多开几天，专门听听反面意见。

1978年12月中央工作会议上，在讨论1979年、1980年两年国民经济计划的安排时，陈云提出了调整的意见。为了便于人们接受他的意见，他先从方法论角度谈了一些个人的经验。然后，讲了他关于经济调整的具体意见。

第一，他指出，要改善农民生活紧张状况，在三五年内，每年进口粮食达到2000万吨。他说：“我们不能到处紧张，要先把农民这一头安稳下来。摆稳这一头，就是摆稳了大多数。这是经济措施中最大的一条。”

当时，人们头脑中还被许多“左”的框框束缚着，把吃进口粮当作“修正主义”看待。陈云说，60年代为克服困难而采取的进口粮食的措施，取得了好效果。1961年，在专门讨论国内经济形势的庐山会议上，连毛泽东都认为“可以吃进口粮”。而现在有了《中美上海联合公报》，可以直接向美国买粮食了，为什么不能买进口粮呢？不能说这是修正主义。

第二，他提出在引进外资项目时要慎重，不能窝工。他强调，项目排队，如有所失，容易补上；窝工，就难办了。

当时的情况是，出国考察的人回来吹风，上层领导也往下吹风，要引进多少亿，要加快速度。他们认为依靠多借款，我国就可以像别的国家那样，在八年、十年内把经济发展上去。也有一些从国外考察回来的人认为，日本、德国、英国、法国，还有亚洲后起的南朝鲜、台湾能有那么快的发展速度，我们为什么不能也发展得快一点？

对此，陈云回答说："我们同日、德、英、法不同，工业基础不如他们，技术力量不如他们，我们也不能同南朝鲜、台湾比，他们是美国有意扶植的，而且主要搞加工工业，我们是要建设现代化的工业体系。"

第三，他反对把建设规模搞得过大，超出国力许可的限度。他说：对于生产和基本建设都不能有材料的缺口。各方面都要上，样样有缺口，表面上好看，挤来挤去，胖子挤了瘦子，实际上挤了农业、轻工业和城市建设。

陈云关于经济问题的这个发言，是最早提出的关于经济调整的主张，这等于给当时的"洋跃进"开了一副镇静剂。

会后，陈云进一步对当时的经济形势做了深入的调查研究。1979年3月14日，他同李先念联名给中央写了一封信，正式提出经济调整的主张。信中说：前进的步子要稳，不要再折腾，必须避免反复和出现大的"马鞍形"。从长期来看，国民经济能做到按比例发

※ 1979年3月14日，陈云、李先念针对当时我国国民经济比例严重失调的情况，联名写信给中共中央，提出用两三年时间依照按比例发展原则调整国民经济的比例关系。

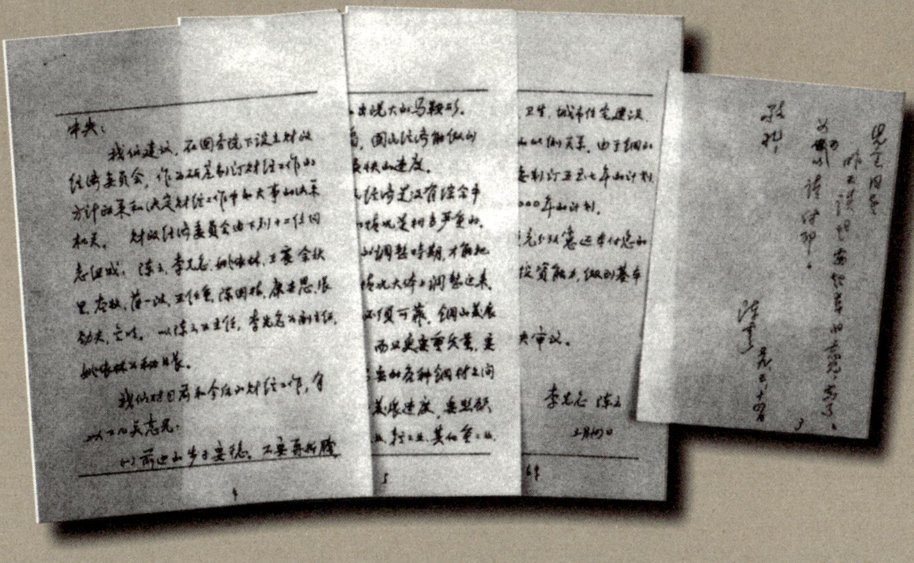

展，就是最快的速度。现在国民经济没有综合平衡，比例失调的情况相当严重。要有两三年的调整时期，才能把各方面的比例失调大体上调整过来。钢的指标必须可靠，借外债必须考虑还本付息的支付能力。

中央接受了他们的意见，决定成立国务院财政经济委员会，并且请陈云做主任，李先念为副主任，姚依林为秘书长，研究制定财经工作的方针政策和决定财经工作中的大事。

随后，中央政治局开会，专门讨论国民经济调整的问题。陈云在会上讲了四个问题：

一、我们是在什么样的情况下搞四个现代化建设，要把这个“实事”搞清楚。“我们是在九亿多人口，80%是农民的国家搞四化。一方面我们还很穷，解放三十年了，不少地方还有要饭的；一方面我们要在本世纪末实现四个现代化。这个现实的情况，是制定建设蓝图的出发点。别的国家没有这么多人，没有这么多农民。”

二、按比例发展是最快的速度。陈云看了国家计委拿出的钢指标的计划，认为较好。他反对那种指标上去是马克思主义，指标下来是修正主义的说法。他说，踏步也可能是马克思主义。他批评了某部关于借钱引进的设想，说他们一把问题看简单了，二把问题看孤立了。他说：“借外国人那么多钱靠得住靠不住？旧社会，我在上海呆过，钱庄、银行贷款，确知你有偿还能力，才借给你。借外国人的钱，把钢铁的发展包下来，把冶金机械制造也包下来，所有借款由人民银行担保。你一家把投资占了，别人怎么办？不按比例，靠多借款，靠不住。”

三、现在比例失调的情况相当严重，要有两三年调整时间，最好三年。调整的目的，就是达到按比例。重点企业、城镇工业、社办工业，各方面都大体安置下来。陈云对那种在管经济时经验少、胆子大的作风非常不满。他在这个会上讲了他在“文化大革命”时期，在江西“蹲点”时的一件事。当时江西省委第一书记对陈云说：“你搞经济不行，太保守。我们江西年产汽车要达到六七万辆；全国进口粮食的任务，我们江西全包下来。”对此，陈云评论说：“全国那时才年产汽车六七万辆，他说江西也要搞这么多，钢板从哪里来？全国进口粮食他都包下来，江西老百姓只剩90亿斤稻谷，还不造反！”

四、2000年的钢的产量定多少合适？陈云说：我冒叫一声，达到8000万吨就行了。这可能有点“机会主义”的味道。将来超过了，阿弥陀佛！如果超不过，稍微少一点我也满意。我不光看你那个数目字，钢要好钢，品种要全。

陈云和李先念的意见，在1979年4月召开的中央工作会议上，被概括为“调整、改革、整顿、提高”八字方针。

邓小平对陈云的这些意见非常赞成。他在发言中指明：三年经济调整工作，是党目

※ 陈云同（自左至右）宋任穷、杨尚昆、陆定一、姚依林在一起。

前的“中心任务”，是个“大方针、大政策”。他还多次发表讲话，充分肯定陈云在20世纪60年代我国经济调整时期发挥的巨大作用，多次称赞他提出的措施非常得力，办法“非常有效”。他还谦虚地表示，自己对经济工作不够懂，这方面还是由陈云、李先念来下决心。在制定经济发展的长期规划时，他几次嘱咐有关部门同志，对积累与消费比例、国民经济增长幅度等问题，“要充分重视陈云的意见”。

邓小平不但同意陈云关于经济调整的主张，在经济工作的大政方针上，以及在许多具体的调整措施上，他对陈云提出的思想也都是十分赞成的。

为了把调整工作开展起来，就要对新中国成立以来经济建设方面的经验教训进行科学的总结。陈云认为：“开国以来经济建设方面的主要错误是‘左’的错误。1957年以前一般情况比较好，1958年以后‘左’的错误就严重起来了。”对此，邓小平说：“我完全同意陈云同志的讲话。这个讲话在一系列问题上正确总结了我国三十年来经济工作的经验教训，是我们今后长期的指导方针。”

在调整的具体措施上，一个重要的新问题是如何看待借外债搞建设的问题。陈云在1979年9月听取国务院财委的汇报时，分析了这个问题。他说：“不要用自由外汇兑换成人民币来弥补基建投资的赤字。对所借外债要分析。一种是买方贷款，只卖给我们机器设备；一种是自由外汇贷款，数量很少，可以由人民银行兑换成人民币在国内使用。利用外资来进行建设，我们的经验还很少，需要认真加以研究。”

邓小平很同意陈云对外资的分析，他在1979年10月召开的省、市、自治区委员会第一书记座谈会上说：“我提议充分研究一下怎样利用外资的问题。我赞成陈云同志那个分析，外资有两种，一种叫自由外汇，一种叫设备贷款。不管哪一种，我们都要利用。关于引进项目，陈云同志的意见是一个项目一个项目地研究，我赞成这个意见，应该这样来研究。”

在调整的期限和性质上，陈云说：“我们的调整是清醒的、健康的调整。从鸦片战争以来，中国的经济建设已经耽误了一百多年。如不进行调整，才会造成大的耽误。”陈云这是针对当时这样一种议论而言的，这种议论认为调整会使经济建设耽误三四年。

陈云讲话之后，邓小平发表了重要讲话，他说：“我们这次调整，正如陈云所说，是健康的、清醒的调整，在某些方面要后退，而且要退够。”

由于全党统一了思想认识，调整方针得到贯彻落实，经过从中央到地方各级领导干部深入细致的工作，调整工作很快取得了较大的进展，国民经济重大比例失调的局面得到了显著改善。

※ 1980年12月16日，陈云在中央工作会议上所作的关于《经济形势与经验教训》的讲话提纲手稿。

潘汉年案件需要复查

陈云要做结肠癌手术。手术前，姚依林问陈云有什么事需要交代。陈云只谈了一件事：潘汉年案件需要复查。

潘汉年在隐蔽战线可谓功勋卓著。他曾经担任中央特科的负责人，在20世纪30年代大上海的险恶环境下保卫中共中央；抗日战争爆发前，他担任中共代表同国民党谈判停止内战、合作抗日事宜；抗战中，他在香港、上海、南京等地周旋于日、伪、顽之间，领导地下党多次取得重要战略情报；解放战争中，他参与组织大批民主人士从港英当局和国民党特务机构鼻子底下秘密北上解放区，参加新政治协商会议。

然而，在1955年，潘汉年一夜之间从功臣变成了十恶不赦的罪人。这年4月初，中共中央召开全国党代表会议期间，潘汉年主动向党交代他在抗日战争期间，一次去敌占区工作时，被人挟持到南京会见汪精卫的经过。这样一起发生在特殊斗争环境中的历史陈案，是潘汉年自己主动交代的，本来不应当成为“问题”。可党内肃反工作刚开始，潘汉年这位长期在复杂的隐蔽战线工作的高级干部，竟被怀疑为“内奸”遭到逮捕。1963年，最高人民法院列举潘汉年的罪行是：1936年在国共谈判中投降国民党；1940年前后投靠日本特务机关和秘密会见汪精卫；在上海解放后掩护大批反革命分子并向台湾供给情报，引起“二六轰炸”。根据这三条罪名，认定潘是“长期暗藏在中国共产党和国家机关内部的内奸分子”，判处有期徒刑15年，剥夺政治权利终身。随后假释。“文化大革命”初期，潘汉年又被收监，身心备受折磨。1970年专案组报经当时中央批准，决定将潘永远开除出党，改判无期徒刑。1975年3月，潘汉年被下放湖南米江农场安置，作为“特殊犯人”接受管制。

1976年10月粉碎“四人帮”以后，党内政治生活开始走向正常。然而，潘汉年未能等到自己沉冤昭雪的那一天，1977年他背负着“反革命”、“内奸”的沉重历史包袱，在湖南长沙凄然病逝。

陈云不仅是潘汉年的同乡（潘汉年是江苏宜兴人，陈云的故乡青浦过去隶属江苏省），更是隐蔽战线的战友。陈云在潘汉年之前担任过中央特科负责人，长征途中他们又一道被派赴上海恢复党的白区工作，随后又去苏联参加中共驻共产国际代表团的工作。在隐蔽战线的斗争中，在新中国稳定物价等工作中，陈云与潘汉年相知甚深。他对潘汉年蒙受的从天而降的罪名深表怀疑。

※ 1938年，陈云同潘汉年等在延安。右起：陈云、潘汉年、滕代远、李富春、项英。

潘汉年蒙冤的直接原因是所谓秘密会见汪精卫的“内奸嫌疑”，陈云对此表示怀疑。他认为潘汉年当时并未真心投敌，否则不能解释刘晓领导下的上海地下党组织为什么能在整个抗日战争时期和解放战争时期完整地保持下来。对潘汉年的另外两项罪名，陈云也表示怀疑。关于上海“二六轰炸”，陈云认为，说这是潘汉年利用国民党的秘密潜伏电台提供的情况，那是连起码的常识都不顾了。国民党在上海统治那么多年，连杨树浦发电厂在哪儿还不清楚，还用你给他指目标吗？关于1936年的国共谈判，陈云更是知情者。他说：当时中共驻共产国际代表团的代表和主管同国民党接触的有三个人：王明、康生和我。如今只剩我一个了，我再不说话，没有人知道了。

陈云还认为，潘汉年案件关系到的不仅仅是潘汉年个人，还关系到整个隐蔽战线的冤假错案平反问题。潘汉年蒙冤后，许多过去与他有工作关系的人，特别是隐蔽战线的干部，包括他的妻子董慧，也横遭牵连。潘汉年在地下工作中担负的特殊任务，使用的特殊手段，都成了他的罪状，以致整个隐蔽战线人人自危。对此，周恩来不得不亲自出面讲话，稳定大家的情绪：潘汉年的事情，你们紧张什么？我同潘汉年交往的历史最长，关系最深，我都不紧张，你们紧张什么？不幸的是，在十多年后的“文化大革命”中，潘汉年的悲剧又在整个隐蔽战线重演，许多在对敌斗争中出生入死的干部蒙受冤屈，被整得死去活来。陈云担任过隐蔽战线的领导人，大家都对他寄予了很大希望。

潘汉年沉冤未雪身死湖南，令陈云难以释怀。他对潘汉年案件复查有着强烈的紧迫感和使命感。

1978年12月，陈云在中共十一届三中全会上，重新担任了中共中央副主席，并担任了重新成立的中央纪律检查委员会的第一书记。他立即着手复查潘汉年案件。潘汉年的弟弟潘锡年、侄儿潘可西等，也先后上书中纪委，希望能对潘汉年一案重新调查、处理。

由于潘汉年长期活动在隐蔽战线这样一种特殊的环境，使他难以留下工作的书面材料，知道他活动情况的人也非常少，复查难度极大，少数知情人的证明就显得极其宝贵。陈云首先向刘晓了解情况。

抗战时期，潘汉年先后担任中共中央上海办事处主任和负责领导上海等地的对敌隐蔽斗争及统战工作。而刘晓于1937年受中共中央派遣，担任上海群众工作委员会书记和江苏省委书记，长达12年之久，对潘汉年的情况是了解的。

陈云找刘晓的时候，刘晓正在上海治病。得知陈云要找他，刘晓马上从上海赶回北京。“文革”中，刘晓被关押了七年零八个月，受到极为残酷的迫害，右半身瘫痪，还患了因脑血栓后遗症引起的精神病，病情时好时坏。他在夫人张毅陪同下去见陈云。陈云请他写材料时，他一声不吭。陈云理解地说：“你写字有困难，你讲，让张毅执笔，一个月后写好交给我。”

按照陈云要求，刘晓忍受身体的痛苦和精神上的折磨，认真回忆思考，提供线索，让张毅执笔把潘汉年的材料写了出来。

1979年10月17日，陈云做直肠镜检查，被确诊患结肠癌。面对癌魔，陈云首先想到的不是自己，而是潘汉年的冤案。他亲自给当时任中央秘书长的胡耀邦写了一封信，要求中央复查潘汉年案件。

24日，陈云做结肠癌手术。他向医生表示：需要做手术就做，你们要想办法保证我再活三年时间。他记挂的还是潘汉年的冤案。手术前，中央副秘书长姚依林问陈云有什么事需要交代，陈云只谈了一件事：潘汉年案件需要复查！

陈云提出要求以后，潘汉年案件未能立即得到复查。又过了一年，1980年11月3日，

※ 陈云同廖承志在杭州。

廖承志在讨论历史问题决议的一次会议上提出：我与刘晓商量过，我们认为潘汉年问题可以说是个冤案。我正式严肃地建议，中央对潘汉年一案要重新审查！

抗日战争时期，廖承志在香港从事统战工作，潘汉年负责情报工作，两个人来往密切。廖承志根据自己了解的情况说："我后来一直怀疑这桩公案。如果潘汉年亲自在上海搞对日伪情报，那么他不免同日伪人员有接触，否则情报哪里来？因此，说他是汉奸云云，我是不相信的。如果潘是汉奸，他在太平洋战争爆发前后，完全可以将上海、香港的组织出卖干净。但是，直到全国解放，我所了解的，潘所知道的香港电台、组织一概毫无损失。上海方面，我问过刘晓同志，也同样一无损失或破坏。""如果潘汉年当了'汉奸'，哪有不出卖自己部下来染红帽顶子的'汉奸'？"

廖承志与潘汉年非亲非故，但战友的蒙冤使他心潮难平："潘汉年已经死了多年，妻子也死了，没有孩子，没有顾虑，倒也来去空空。但是，我认为潘汉年同志一生是忠于党的，忠于马列主义的，忠于毛泽东同志的，他嫉恶王明如同蛇蝎，他是有革命贡献的！""我建议重审潘汉年一案，我不相信潘汉年同志会变成'汉奸'、'叛徒'的，建议查明之后，予以平反，并宣布此事。"

会后，廖承志把自己在会上的发言整理成文字，给陈云写了一封信。

陈云抓住时机，亲自安排复查工作。1980年12月23日上午，陈云让工作人员给公安部打电话，调阅潘汉年案件的材料，请公安部当天下午将潘案的最后定案的全部材料送去。过了十天，即1981年1月3日，陈云又让工作人员给公安部打电话，请公安部迅速整理一份有关潘案处理过程的梗概材料，如实反映了潘案处理过程，并将1945年刘少奇、康生给饶漱石的电报，以及1955年6月8日时任中国人民解放军副总参谋长的李克农就情报部档案审查潘汉年历史给中央政治局的报告，一并向中纪委作了报告。

正是这两份材料，为潘案的复查和平反提供了有力的线索和证据。刘少奇、康生的电报，说明潘汉年和李士群等汉奸接触，是根据中央的指示精神做的，潘汉年曾向中央社会部报告过。而李克农在报告中，则为潘汉年案提出五条反证：（一）“太平洋战争爆发前后，中央、中情部均有打入敌伪组织利用叛徒特务进行情报工作的指示”，这实际上说明潘汉年与敌伪特务系统接触是根据中央指示行事的，且都向中央报告了，不应成为罪行。（二）“潘利用某些人开展敌伪方面的情报工作是有正式报告的”，这实际说明接触汪伪特务头子李士群等事，不应成为罪行。（三）“太平洋战争前，敌对上海租界控制不严，有空隙可以利用，潘的面目有所暴露，但仍有存在条件”，这实际说明潘汉年在上海一直未被捕，不能成为他与敌特有勾结的罪证。（四）“太平洋战争前，潘向中央报告的关于日特、伪军及日美谈判和苏德战争等情况是有价值的”，这实际肯定潘汉年为党搜集情报活动有重大功绩，并不是“内奸”。（五）“潘汉年系统重要情报人员提供的情况很有价值”。

李克农7月29日第二次向中共中央写报告，继续为潘汉年提供反证材料。但是，由于多方面的原因，这两份反证材料当时都未被采纳。

这时，陈云又要求过去对潘汉年比较了解的老同志，如廖承志、夏衍等写材料，把他们对潘汉年的了解写出系统的、具体的材料交给中纪委。

收集了大量调查材料后，陈云更加确信对潘汉年案有复查的必要。1981年3月1日，陈云致信邓小平、李先念、胡耀邦：

“一九七九年十月确诊我患有结肠癌而决定动手术时，我曾写一条子给耀邦同志，我认为潘汉年的案件需要复查一下，我认为他当时并未真心投敌，否则不能解释刘晓同志领导下的上海党能完整地保持下来。潘汉年已于一九七七年死于劳改农场。所有与潘案有关的人都已作出结论加以平反。连潘汉年老婆董慧同志也已平反（也是七七年死的）。我收集了一些公安部的材料和与汉年同案人的材料，这些材料并无潘投敌的材料确证。而且对于刘晓、刘长胜同志等能在上海保存下来反面提供了潘并未投敌出卖组织或某一个同志。我提议中央对潘汉年一案正式予以复查。这件事如中央同意，可交由中央纪律检查委员会办理。”

2日上午信发出后，邓小平当天即批示：“赞成。”李先念也批示：“同意。”3月3日，胡耀邦指示中纪委对潘案进行复查。

此前，中纪委、中组部于1979年4月20日发出两个部门有关业务分工的通知中，规定凡对党员、干部政治历史问题的审查以及“文化大革命”中冤、假、错案的平反等落实干部政策方面的工作，由中央组织部办理。其中涉及党纪处分的，征求中纪委的意见。但陈云仍然要求将潘案交由中纪委办理，再次反映出他对潘案平反的高度关注和急迫心情。

中纪委接受复查潘汉年案件的任务后，成立了潘汉年案件复查组，正式开始复查工作。他们调阅和详细研究了公安部、最高人民检察院、最高人民法院以及原中央专案办公室关于潘案的全部材料，并查阅了中央档案馆和中央有关主管部门有关的历史档案，又向几十位过去与潘汉年一起工作过的人员作了调查。陈云密切关注着复查工作的进展。

中纪委复查结果表明，原来认定潘汉年是“内奸”的结论都不能成立，应予否定。1982年8月23日，中共中央根据潘案复查结果，发出《关于为潘汉年同志平反昭雪、恢复名誉的通知》，肯定潘汉年“在长期革命斗争中，他忠实执行并多次出色地完成党交给的任务，对党的文化工作、统一战线工作，特别是在开展对敌隐蔽斗争方面，曾经作出了重要贡献，是有很大功劳的”，“潘汉年同志是一贯忠实于革命的好同志，绝不是‘长期暗藏在中国共产党和政府机关内部的内奸分子’。”并向全党郑重宣布：撤销党内对潘汉年的原审查结论，并提请最高人民法院依法撤销原判，为潘汉年平反昭雪，恢复党籍，追认潘汉年的历史功绩，公开为他恢复名誉。凡因潘案而受牵连被错误处理的同志，由有关机关实事求是地进行复查，定性错了的应予平反，并切实处理好他们的政治待遇、工作安排和生活困难等善后问题。

潘汉年冤案不仅是潘汉年个人的，而是关系到隐蔽战线工作的全局。因此，《通知》还特别就冤案发生及其对隐蔽战线造成的严重破坏的沉痛教训进行了总结：潘汉年被错定为“内奸”，“最主要的原因是在他被逮捕当时的历史背景下，违反了不同质的矛盾只有用不同质的方法才能解决的原则，严重地忽视了对敌隐蔽斗争的特殊性，混淆了是非界限和敌我界限”，“其结果不仅使潘汉年同志长期蒙受冤屈，而且牵连许多过去同他有工作

※ 1938年春，茅盾与夏衍、潘汉年摄于广州黄花岗。

关系的同志，使他们也长期蒙受了冤屈。这个沉痛的历史教训，全党要永远引为鉴戒”。这个教训就是：“党内审查从事对敌隐蔽斗争的干部，最主要的方法应当是从他们的长期斗争历史、工作实际效果来说明他们是否对党忠实。”“党既然给了他们这种特殊任务，允许他们进行特殊的活动，那么审查时就不能以关系复杂、接近敌人、无人证明等理由作为怀疑的根据，不能脱离他们的特殊任务、特殊工作环境，而采取一般的、简单的审查方法。”

潘汉年案件曾在海内外造成广泛而深刻的影响，而给潘汉年平反的通知只发到县团级，传达到全党和担任相当省、市、自治区一级职务的党外人士。9月12日，《人民日报》发表中纪委向十二大的工作报告，提到中纪委为刘少奇、瞿秋白、潘汉年等人平反的工作，才向社会公开了潘汉年平反的消息。

为了扩大平反潘汉年冤案的社会影响，陈云亲自约请潘汉年生前好友，和潘汉年有二十多年交往的夏衍，撰写纪念潘汉年的文章，并指定在《人民日报》发表。1982年11月21日，《人民日报》发表夏衍写的《纪念潘汉年同志》一文，引起很大社会反响。随后，接连又有多篇纪念潘汉年的作品发表，使这位中国共产党隐蔽战线传奇战士惊心动魄的英雄事迹广为人们所称道。

1983年4月15日，经中央批准，潘汉年及与他同生死共患难的妻子、战友董慧的骨灰，从湖南移送北京八宝山革命公墓安放。被扭曲的历史恢复了真实面目，逝者亡灵有知，当含笑九泉！

（迟爱萍）

“出人、出书、走正路”

陈云提出了“出人、出书、走正路”这句振兴评弹事业的名言。他说：“出人，就是要热心积极培养年轻优秀的创作人员和演员，使他们尽快跟上甚至超过老的；出书，就是要一手整理传统的书目，一手编写反映新时代、新社会、新事物的书目，特别是要多写多编新书；走正路，就是要在书目和表演上，既讲娱乐性，又讲思想性，不搞低级趣味和歪门邪道。”

走在江南水乡的小桥流水间，常听到琵琶丁冬和着唱词古雅的吴语映着水音悠悠传来，那便是评弹了。江浙一带的小城镇上，人们或许不知道秦皇汉武、魏征宋濂，却绝不会不知方卿、唐寅或者孟丽君。他们就是从看戏听书中获得了零碎而又丰富的社会知识和历史知识。陈云就出生在这样的一个江南小镇。他十岁前就随舅舅去书场，并常笑称自己是听“英烈”出身。那倒不是《大明英烈传》的简称，因为书好听，天天去，有时大人不去，小孩便没有书钱，只好老远地站在书台对面墙角边上听，所以又叫“阴立”。这时便种下了陈云对评弹挚爱的种子。此后虽因戎马生涯搁下多年，1957年、1959年陈云同志两次到南方休养，又听到了评弹。从此，这弦琴一直陪伴着他直到弥留，甚至儿女心中这悠扬的吴侬软语与父亲的形象是密不可分的。三十多年来，他几乎听遍了评弹界所有主要艺人和主要书目的录音，广泛接触了评弹界的干部、艺人和编创人员，与他们一起研究评弹的发展，并提出了一系列精辟的见解，指导着评弹界乃至整个文艺界不断进步。

旧时代的评弹艺术受到统治阶级思想的影响，演出的传统书目中既有精华，也有封建糟粕。解放后，在党的领导下，评弹艺人组织程度和觉悟程度逐渐提高，在艺术和书目的提高、革新和发展上成绩斐然。然而，评弹艺术的发展也经过多次的曲折与反复，而点滴的进步都与陈云的指导和关心分不开。

1958年，陈云先在江苏的苏州、无锡一带听了几段书。上海曾派蒋月泉、朱慧珍去苏州演出《玉蜻蜓·庵堂认母》等片段，并由上海送去一些录音和资料。1959年上半年，陈云在上海逗留期间开始对上海地区的评弹情况进行了解。经过一段时间的调查研究，11月陈云邀请了上海文化局副局长李太成，上海人民评弹团团长吴宗锡、副团长李庆福和上海人民广播电台戏曲组的何占春四位同志，到杭州的西子湖畔谈谈上海评弹界的情况。整个汇报陈云都听得很仔细，名演员的艺术特色、书目创作和旧书整理的经验、评弹团的管理、书场和广播的情况、听众的反应都是他感兴趣的问题。由于事先对评弹工作的现状已有了解，许多问题也是深思熟虑，汇报后陈云谈了对评弹工作中几个主要问题的意见，从书目的整旧与创新、专业与业余队伍的设想，到艺人的组织与书场的管理，话虽不多，涉及面却广，且都是提纲挈领之语，被评弹界人士称作是一份针砭时弊的全面纲领。从此，陈云与上海的评弹事业结下了不解之缘。

评弹艺术有四技：说、噱、弹、唱。噱占第二位，实不可轻忽。堪与莎翁比肩的清代戏曲家、理论家李渔曾著文论道："插科打诨，填词之末技也。然欲雅俗同欢，智愚共赏，则当全在此留神……（此）乃看戏人参汤也。"评弹中的噱头便有此功效。然而1958年至1960年的中华大地，经过整风反右，处处弥漫着"左"的迷雾。艺人们怕犯"政治性"、"原则性"错误，不敢放噱头，书场台前一片严肃认真。对此，陈云曾颇为忧虑："曲艺是一种群众性的文化娱乐。人们在劳动之后，喜欢听一些轻松愉快的东西，这不是作报告受政治教育所能代替的，更何况作报告也要讲几句笑话。"

1961年6月，中宣部召开文艺工作座谈会，适当调整了对文艺工作的政策，以进一步贯彻百家争鸣、百花齐放的方针，于是戏曲界开始提倡挖掘传统，评弹也不甘人后，然而性急之下也出现了一些全盘肯定传统书目和滥放噱头的倾向。陈云针对这一矫枉过正

※ 陈云在杭州会见上海评弹演员。

的情况，又写了一份《目前关于噱头、轻松节目、传统书目处理的意见》，指出：“要有噱头，但要防止错误地滥放。”“对噱头、轻松节目、某些可疑传统书回的开放，应该采取谨慎态度。”陈云一贯主张评弹要有噱头，不然会破坏评弹艺术的完整性。他常引导评弹工作者，适当的噱头不仅能调节听众的情绪，活跃书场气氛，对书情的发展、人物的刻画也有裨益。他曾以《白蛇传》中“投书”一折为例，药店老板王永昌请许仙吃馄饨，怕点心店老板差他分量，便边吃边谈边数着馄饨数，以至许仙问他婶母高寿，他脱口答道：“十五。”寥寥数笔，活脱脱画出一个吝啬鬼面目。而在肯定噱头的同时，陈云也指出噱头不可滥放。噱之所以被称作“书中之宝”，是为书中的思想内容、故事情节与人物性格所用。满场的笑声若是冲淡了书中或悲壮或凄凉的气氛，便是喧宾夺主了。这个问题陈云在不同的场合多次提到，而这一辩证、全面的论述在不同的客观条件下，都有其现实意义。

当时上海评弹界也受社会思潮的影响，一度出现了肯定一切传统书目和否定整理、革新的思想。社会上演出书目较混乱，情况复杂，而怎样对待这种现象，舆论莫衷一是。其时，陈云正在上海。1961年9月，炎夏刚过，暑热未消，陈云邀了吴宗锡与何占春两位同志到他的住处。习习凉风中，三人坐在廊前的藤椅上畅谈评弹工作。针对有人认为只要是群众喜爱的书目就是好书这一观点，陈云非常鲜明地表示了他的意见：“衡量书目的好坏，要从能否教育人民，对大多数人是否有好处来考虑。”对于坏的东西“群众欢迎，也不能要。这一点绝对不能让步”。陈云以无产阶级革命家的洞察力和远见卓识，把评弹书目上演的社会效应同人民的利益联系起来，为评弹事业的发展指明了方向。而且是否能符合人民的长远利益，这不仅是衡量评弹书目优劣的标准，也应是衡量一切文艺作品的标准。如此振聋发聩的讲话，现在看来也没有因为时代的变迁而褪色，反在不同阶段的实践中更显出它的熠熠光彩。

陈云早在1959年的讲话中就提出：“要扩大新书演出阵地。如果有些反映工农题材的短篇节目，在城市大中型书场里不受欢迎，干脆送到工厂、农村去，他们会欢迎的。”1963年，根据陈云的指示，中宣部与曲协的两位同志到苏州地区的农村作了一次调查，了解评弹的创新和在农村演出的情况。下车伊始，浓郁的评弹艺术气氛就感染了他们，大街小巷随处可闻琵琶铮铮，三弦丁冬。更有上海评弹团的著名艺人严雪亭、刘韵若、陈希安等在昆山的集镇巡回演出。夜深人静，空巷无声，唯有书场茶馆却是满座欢腾。在这样的氛围下，才真正让人感受到评弹艺术在江南地区的影响。而陈云指出评弹要面向农村，要把农村说书作为一个发展方向，是多么正确和重要啊！这项工作由于随后的十年动乱搁下了，但这次调查为陈云在“文革”后召开座谈会、发表重要讲话打下了基础。

粉碎“四人帮”后的第一个春天，陈云来到了杭州。那时，他还没有正式恢复工作。他找了当时浙江省文化局负责评弹工作的施振眉和上海的青年评弹演员赵开生分别了解当时评弹界的情况。“文革”中，绝大部分评弹团、队被强令解散，演员的工资停发，靠补贴费度日，生活艰难；有些演员被迫下放劳动，有的改行转业；数以百计的书场被关，苏州评弹学校停办。上海评弹团虽未解散，却被张春桥、徐景贤强令搞“大改革”，非但把评弹改成了“评歌”、“评戏”，竟还要演员在台上翻跟头、豁虎跳，这还叫什么评弹？陈云为优秀的民族文化艺术被如此践踏深感痛心。6月初，他听了赵开生和苏州、杭州的几段折子，又到各处做了些调查。为了尽快恢复评弹工作，他主持召开了后来被评弹界称为“杭州会议”的座谈会。会前，陈云针对“四人帮”对评弹的摧残破坏，写了《对当前评弹工作的几点意见》，让与会者传阅后准备意见。

※ 1977年6月15日至17日，陈云在杭州召开评弹座谈会，研究评弹改革、发展问题。图为与会者合影。

1977年6月15日，在陈云杭州的住处谢家花园的大客厅里召开了这次对评弹事业颇有影响的会议。与会者有文化部的王正春，浙江有张毓品、施振眉，江苏有周良，上海是吴宗锡，还有正在杭州演出的弹词演员尤惠秋。与大家一别数年，今日重逢，陈云有满腹的话要说。“文革”的经历，对“四人帮”的批判，当然谈得最多的还是评弹工作的现在和未来。陈云把前一天所写的书面意见作了精辟而透彻的阐述，还特别强调评弹工作者要团结起来，为社会主义做贡献；要繁荣创作，多说新书，不断改革、发展，不能丢了自己的特色；更要多到农村演出，锻炼书艺。他还关心现在评弹中的戏剧化动作过多，乐器用钢丝弦会缩短演员的艺术生命；适当的噱头还是要，好的语言不要丢掉。这些意见都针对十年浩劫中评弹受到摧残的情况，是令评弹界拨云见日的纲领。当时党的十一届三中全会还没召开，实事求是的思想路线也未恢复，被砸烂的评弹队伍溃不成军，演员被下放，甚至被扣上“破坏样板戏”的罪名判了刑尚未平反，优秀的传统书目还未开禁。在这样的情况下，陈云提议召开了这次会议，不仅亲自主持，到会讲话，参加座谈，会后还发了《评弹座谈会纪要》。他的一系列意见对评弹界拨乱反正、解放思想、恢复实事求是的作风，对评弹的恢复和发展，有不可估量的作用。7月，陈云离杭到沪，接见了张鸿声、徐云志、朱介生等部分老艺人，并由市委领导陪同听了一场评弹晚会。阔别十年的上海评弹工作重新得到了陈云的关怀和支持。随后不久，江、浙、沪各地评弹团队先后恢复，演员陆续归队，书场开张，优秀书目上演，整个评弹事业春回大地，逐渐复苏。在陈云的带领下，评弹较其他文艺门类先行一步，踏上了复兴之路。同时，此举亦推动了整个文艺界拨乱反正的开展。

80年代初，随着改革开放的深入，商品经济的发展，文艺团体要进行体制改革，一些精神产品也要进入市场求生存。这时，评弹界一方面面临着十年动乱后书目落后于时代、演员与听众都出现断层的困难；另一方面有些艺人为迎合社会上的某些潮流，引进了香港的武侠书，以荒诞离奇吸引人，有些女演员甚至以服装打扮招徕观众。评弹艺术正渐渐步入歧途，一些真正欣赏评弹艺术的听客便逐渐疏远了它。

1980年初夏，陈云就在杭州听到了评弹上座率低的汇报，但他希望评弹界自身先“找一找原因”。同年夏，江浙沪评弹界的名家响档和评弹工作者在莫干山举行了苏州评弹研究会第一次年会，会上遵循陈云的意见，就如何振兴评弹艺术找了原因，并提出一些解决之道。陈云仔细看了年会的每份简报，了解了各种看法后，又亲自作了调查，广开言路。直至1981年4月5日与上海评弹团团长吴宗锡谈到评弹团体制度改革的时候，陈云言简意赅地提出了“出人、出书、走正路”这句振兴评弹事业的名言。同时他还指出：“保存和发

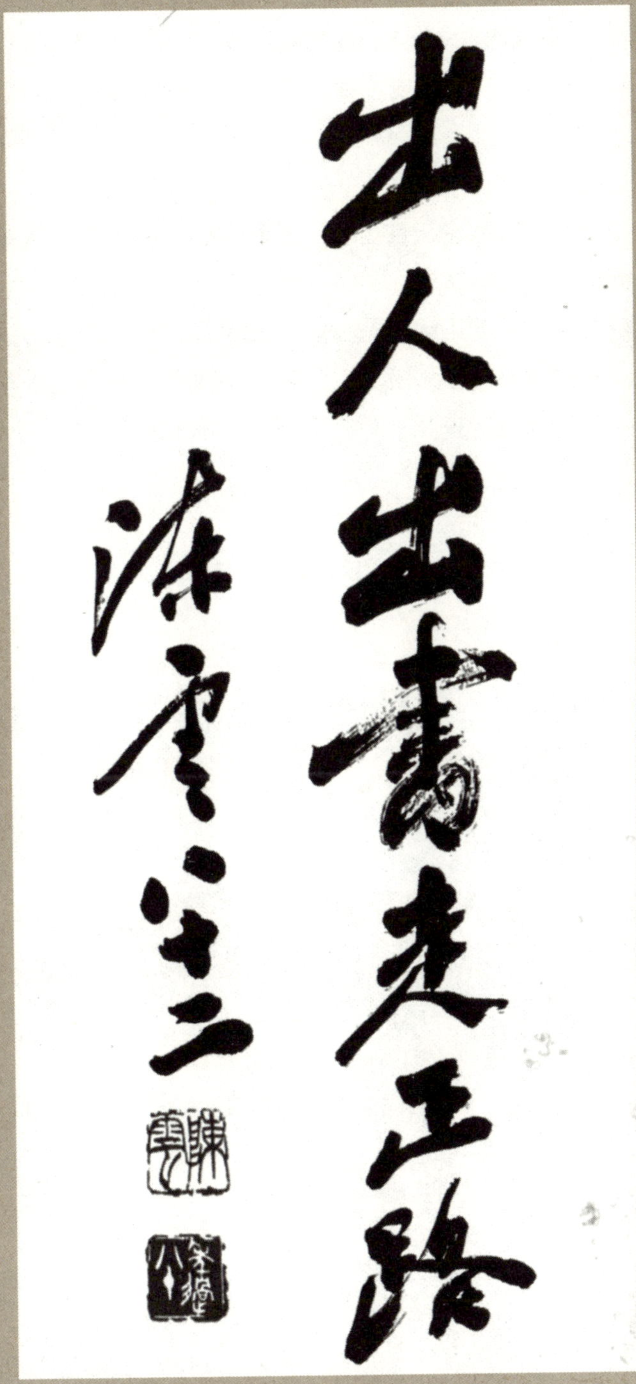

※ 陈云为评弹界题词。

展评弹艺术，这是第一位的，钱的问题是第二位的。”并针对十年动乱使得评弹观众老龄化这一问题说道：“不要让青年就评弹，而要让评弹就青年。就青年，不停顿于迁就，要逐步提高他们。”自此上海评弹团认真落实陈云的指示，编演了《春梦》、《真情假意》、《女排英豪》、《一往情深》等中篇弹词，赢得了青年听众，锻炼了青年演员，艺术前景豁然开朗。

1984年春节，陈云在接见曲艺界著名人士时，再一次对“出人、出书、走正路”作了诠释。“出人，就是要热心积极培养年轻优秀的创作人和演员，使他们尽快跟上甚至超过老的；出书，就是要一手整理传统的书目，一手编写反映新时代、新社会、新事物的书目，特别是要多写多编新书；走正路，就是要在书目和表演上，既讲娱乐性，又讲思想性，不搞低级趣味和歪门邪道。”确实，“出人、出书、走正路”，这三方面相辅相成，

※ 陈云在杭州会见苏州评弹学校师生代表。

相得益彰。出人先要出书，评弹艺术要靠优秀的书目使演员精彩的说表与演唱得以发挥，出书又要出人，书目要由优秀的创作者编写，名家响档演出，千锤百炼后方能常驻人心；出人、出书都是为社会主义建设服务，有正确的指导思想才能演好寓教于乐的节目；而出人、出书也是走正路的实质体现，不然“走正路”便只是一纸空文。这七个字不仅是发展和振兴评弹事业的一剂对症良药，对整个文艺界都有同样扶正祛邪的功效。

然而，陈云更清楚地意识到，在当时评弹界出现队伍、书目、书场、经济管理制度四混乱的情况下，评弹艺术要去芜存菁，“一方面要提高艺人的思想，加强对他们的教育，提高他们的责任感。”“一方面是加强管理，发现了不好的内容要采取措施。”十年树木，百年树人，提高艺人们思想觉悟的工作不可能一蹴而就，而加强书目和演出管理工作倒可以立竿见影。陈云在1959年便提出：对于茶楼书场，文化局要参与管理。1983年，针对评弹界出现的一些迎合低级趣味、单纯追求票房的倾向，陈云在8月16日给胡启立的信中又提出了一个管理方案：“现在设书场的单位很多，除了文化部门，还有一些工会、街道、茶馆、供销社、农村社队和个体户，而工商管理部门只负责向他们发营业执照，财政、商业等部门只负责向他们收税、利，对演出内容并不过问。”“单靠文化部门抓是不够的，必须由江、浙、沪的省委和市委出面来抓才行。可以先召集各方面开个会，制订书场管理的条例，规定什么样的书不准演，如果演了怎么办。然后派人抽查，发现违反的即照规定处理。”

为了全面地落实陈云的真知灼见，上海文化局于1984年1月在陈云的家乡青浦县召开了为期五天的评弹工作会议。出席会议的有区、县文化宣传部门与曲艺团体负责人、评弹演员、创作人员、书场管理人员、个体艺人以及市公安、供销、商业、园林、工会等有关部门和新闻单位的同志共580多人。中国曲协上海分会负责人、文化部艺术局的代表也参加了会议。解放以来，上海评弹界首次召开如此盛况空前的大会。会议根据陈云指示，认真总结了上海评弹界的工作。经过七年的恢复和发展，上海市已有八个专业团体，140多名专业工作者和几十名登记演出的个体艺人，书场已发展到213个，每年平均演出七万场次，听众达1100多万人次。会上市公安局和市供销社代表还介绍了加强书场、茶楼治安管理的经验。大会后期，遵照陈云历次指示，针对现存问题，经过民主讨论，制订通过了《上海市评弹演出管理条例》、《评弹演员公约》、《评弹、沪书民间艺人公约》、《书场公约》一系列规章，这使评弹各项管理工作都有章可循。从此，在陈云的推动下，评弹事业走上了“法治”的道路。

（中共上海市委党史研究室）

支持编新书、说新书

陈云对评弹演员汪雄飞说："《林海雪原》小说现在再版了。你的《林海雪原》为什么不说？可以拿出来再演呀！"

1977年的五一国际劳动节，陈云到了杭州。他把当时正在演出中篇评弹《李双双》的演员都约了去。在了解中长篇书目的创作和演出情况时，他问施振眉同志（浙江省曲协主席）："'三将军'怎么没有来？"（因为他多次听我说《三国》，认为我起张飞的角色较好，故戏称我为"三将军"。）第二天我去了。他见了我就说："《林海雪原》为什么不说？可以拿出来再演呀！"说实在的，经过这十年动乱，当时我确如惊弓之鸟。"文革"中我不敢说《林海雪原》是唯恐评话走了样，要被戴上破坏"革命样板戏"的帽子；粉碎"四人帮"后我又不敢说，是唯恐说《林海雪原》客观上起了宣传"革命样板戏"的作用。我正在犹豫，陈云鼓励我说："我听过你的《真假胡彪》，加工得很好，你现在回去准备准备，明天就说。"陈云的热情鼓励使我顾虑全消。回到团里，我花了整整一个晚上，把过去说过的书重温一遍，陈云听后很高兴，勉励我继续加工提高，到书场去演出。当年5月20日，我就到嘉善影剧院演出了两场，果然听众很欢迎。回到杭州以后，我向陈云作了汇报。他希望我不断加工，可以搞成长篇，通过书台实践，修改成为保留书目。有陈云对编新书、说新书的支持，我的胆子大了，信心足了，劲头也来了。我就和施振眉、蒋希均同志商量好，决定在6月份集中一个月的时间一起整理。陈云听到这个消息，立即把我们三人找去。他说：我是1945年首批进东北的，当时，那里剿匪的情况我比较清楚，今天与你们谈谈。于是，他兴致勃勃地指着放在他面前的一张东北宾县地区的军事大地图，风趣地对我们说："过去我一直听你们的书，今天我来说一回书给你们听听。"接着，他拿起了放大镜，指点着地图详详细细为我们讲述当时的剿匪情况和地理环境：哪里是奶头山，哪里是威虎山，并介绍了书中英雄人物的原型，说得绘声绘色、头头是道。我们正听得出神，他却突然刹车："暂时讲到此地，现在要'小落回'哉！（说书习惯，一回书说到二分之一或三分之二时要休息片刻，称之为'小落回'。）大家先休息休息。"这一天，他讲述了两个多小时，自始至终毫无倦意。临分别时，他还谆谆教导我们：应该到威虎山去体验生活。

经过一个多月的努力，长篇评话《林海雪原》终于在1977年"七一"以后整理了出来，并且还到杭嘉湖一带作公开演出，一直演到年底。每到一地，都受到工农群众的欢迎。不久，我又冒着零下三四十摄氏度的严寒前往牡丹江地区体验生活，我登上了威虎山，到了杨子荣生擒座山雕的实地，还走访了烈士生前的战友，这对我重新加工《林海雪原》非常有益。饮水思源，这些都离不开陈云对我的教导和鼓励。记得《林海雪原》作者曲波有一次给我来信说：1946年在东北，我作为一个团的参谋长，只能蹲在大殿外面听陈云作报告。现在你们能够直接面聆陈云首长的教导，真是太幸福了！

（汪雄飞）

谈毛泽东

陈云就起草《关于建国以来党的若干历史问题的决议》和邓力群谈话时说："从遵义会议到抗日战争胜利，毛泽东同志的一个无可比拟的功绩，是培养了一代人，包括我们在内的以及'三八式'的一大批干部。"

1981年3月，陈云就起草《关于建国以来党的若干历史问题的决议》和邓力群谈话时说："从遵义会议到抗日战争胜利，毛泽东同志的一个无可比拟的功绩，是培养了一代人，包括我们在内的以及'三八式'的一大批干部。现在这些人在全国各个岗位上都担负着重大的责任。这是一件极大的事情。这是第一点。"

"第二，毛泽东同志正确处理西安事变，并制定了抗日战争期间我们党的一系列方针政策，包括同国民党又联合、又斗争，坚持独立自主立场的抗日民族统一战线。这一时期毛泽东同志写了许多重要著作，例如《中国革命战争的战略问题》、《实践论》、《矛盾论》、《抗日游击战争的战略问题》、《论持久战》、《中国共产党在民族战争中的地位》、《战争和战略问题》、《新民主主义论》等等。我们党里头没有第二个人写出这样好的著作。这是了不起的功绩。"

"第三，延安整风时期，毛泽东同志提倡学马列著作，特别是学哲学，对于全党的思想提高、认识统一起了很大的作用。毛泽东同志亲自给我讲过三次要学哲学。在延安的时候，有一段我身体不大好，把毛泽东同志的主要著作和他起草的重要电报认真读了一遍，受益很大。我由此深刻地领会到，工作要做好，一定要实事求是。建国以后，我们一些工作发生失误，原因还是离开了实事求是的原则。在党内，在干部中、中青年中，提倡学哲学，有根本的意义。现在我们的干部中很多人不懂哲学，很需要从思想方法、工作方法上

※ 陈云同毛泽东在天安门城楼上交谈。

提高一步。只有掌握马克思主义哲学，思想上、工作上才能真正提高。要把《实践论》、《矛盾论》、《论持久战》、《战争和战略问题》等著作选编一下，还要选一些马恩列斯的著作，也要学点历史。青年人不知道我们的历史，特别是中国革命、中国共产党历史。这件事情现在要抓，以后也要抓，要一直抓下去。”

“第四，毛泽东同志的一整套理论和政策，是总结了陈独秀、李立三、王明的错误教训得出来的，对中国革命胜利起了决定性的作用。第五，毛泽东同志在党内的威望，是通过长期的革命斗争实践建立起来的。即使毛泽东同志犯错误的时候，许多老干部被整得那么厉害，可是大家仍然相信他，忘不了他的功绩，原因就在这里。老一代人拥护毛泽东同志是真心诚意的。”

（余飘）

关于整理古籍的指示

陈云说：“整理古籍是一件大事，得搞上百年。”陈云关于整理古籍的指示的确发挥着百年大计的作用，意义深远，功在千秋。一位教授由衷地说：“要向陈云同志行九叩之礼。”

1981年，陈云先后两次对古籍整理工作作了指示。当年9月，中共中央就古籍整理研究工作专门下达了《中共中央关于整理我国古籍的指示》。从此，中国古籍整理研究工作的历史揭开了新的一页，重新走上了有领导、有组织、出成果、出人才的发展道路。多年的事实充分说明了党中央和陈云指示的深远影响和重大的历史意义。作为一个专门研究中国古代文献的群众性学术团体，中国历史文献研究会几十年来的发展，从一个侧面显示出陈云关于古籍整理指示精神的重大影响和作用。今天深入研究和继续贯彻陈云的这一指示精神，是我们每一个古籍研究工作者义不容辞的责任。

陈云关于古籍整理指示的出发点，首先是为了教育。他说：“整理古籍，把祖国宝贵的文化遗产继承下来，是一项关系到子孙后代的重要工作。”这就是说，整理古籍的意义深远，它关系到我们子孙后代教育的千秋大业。当时提出这个问题，不是无的放矢，正如他所说：“我们的学校教育，注意理工比较多，这是发展国民经济的需要。但是，学理工的人也要有一定的中国文化传统的知识才行。”因此，陈云提出：“今后，在继续办好理工科的同时，应该加强大学的文科教育。”学校教育重理轻文的缺陷，不仅在大学中有，普通教育中也有，所以陈云又提出：“从小学开始，就要让学生读点古文。”在成人教育中，也有一个继承祖国宝贵文化遗产的问题。因此，陈云提出：“整理古籍，为了让更多的人看得懂，仅作标点、注释、校勘、训诂还不够，要有今译，争取做到能读报纸的人多数都能看得懂。有了今译，年轻人看得懂，觉得有意思，才会有兴趣去阅读。”由此可见，陈云指示的出发点是教育问题，是从小学到大学、从学校到社会、从文科到理科一切方面的教育问题。

陈云所谈教育的内容，在古籍整理指示中已经明确，就是“把祖国宝贵的文化遗产继承下来”。这也是这项重要任务的最终目的。普及中国文化传统知识，弘扬中华民族优秀的传统文化，从来就应该是我国教育的重要内容，当时，全国刚刚经过一场空前浩劫，及时提出这个问题，确是陈云的真知灼见。

然而，谈到继承，则非轻而易举的事。特别是“文化大革命”以后，保留下来的古籍备受摧残，原已薄弱的古籍研究队伍损失惨重，古籍整理任务十分艰巨。正如陈云所说：“我国的古籍，中华书局说有八万多种，北京大学图书馆反映约有十二万种。现已整理和出版的约两千多种，还差得很远。”因此，要继承，首先要保存和整理，将现在还存在的，尤其是那些濒于灭绝的古籍抢救下来，把为数不多的专家和古籍研究队伍及时组织起来，进行整理研究和培养人才是非常急迫的事。陈云说：“现在有些古籍的孤本、善本，要采取保护和抢救的措施。图书馆的安全措施要解决，散失在国外的古籍资料也要通过各种办法争取弄回来，或复制回来。同时，要有系统地翻印一批孤本、善本。”这就是说，保存和整理古籍的任务是非常艰巨的。

如何落实保存和整理古籍的任务？陈云作了非常具体细致的安排。他说：“整理古籍，需要有一个几十年连续不断的领导班子，保持稳定的核心力量。目前真正能够独立整理古籍的，一般来说得60岁左右的人才行。现在这个班子中60多岁的人，再干10年是70岁，不能坚持工作了，50岁的人到那时可以接上去；40岁的人，再干20年，也可以成为骨干力量和领导力量了。”这是从梯队来说的。从人员素质上，陈云明确指出：“从事整理古籍的人，不但要知识基础好，而且要有兴趣。”这样的人才，不易得到。因此，陈云说：“目前，整理古籍的专业人才有许多分配不对口，要尽可能收回来，安排到整理古籍的各专门机构，一些分散在各地的整理古籍的人才，有的可以调到中华书局或其他专业出版社，有的可以分配他们担任整理古籍的某些任务。”初步有了人才队伍，还要有一定权力的领导机构和可以依托的学术实体。陈云提出，要李一氓主持的国务院古籍整理出版规划小组“提出一个为期30年的古籍整理出版规划。第一个10年，先把基础打好，把愿意搞古籍整理的人组织起来，以后再逐步壮大队伍。古籍整理出版规划，可以像国民经济计划那样，搞滚动计划”，“古籍整理工作，可以依托于高等院校。有基础、有条件的某些大学，可以成立古籍研究所。有的大学文科中的古籍专业，如北京大学中文系的古典文献专业，要适当扩大规模。”这样一来，人才、机构、规划和可以依托的力量，包括整理古籍后继有人的问题，都得到了安排。

剩下一个关键性的问题，就是经费来源。陈云从国家和民族的长远利益着想，指示应不惜抽出国家一些宝贵资金，投入这项事业。他说：“为办好整理古籍这件事，尽管国家现在有困难，也要花点钱，并编制一个经费概算，以支持这项事业。这笔钱，用于整理古籍所需要的各种费用，主要是整理费用和印刷费用，也包括解决办公室、宿舍等费用。要为整理古籍的专门人才创造好的工作条件和生活条件。”他的指示，全面、具体而明确，为全国的古籍整理研究与人才培养提供了关键性的物质保证。

党中央就此作出的决定及其贯彻，体现了党和国家对古籍整理在社会主义现代化建设中的价值和重要性的极大注意。事实上，多年来，在建设有中国特色的社会主义，特别是建设社会主义精神文明中，弘扬祖国优秀的传统文化，已经发挥出并正在继续发挥越来越大的作用。

陈云说：“整理古籍是一件大事，得搞上百年。”的确，浩如烟海的纷繁古籍和有中国特色的社会主义建设事业，决定了中国历史文献研究应有百年大计，是长久的课题。

中国历史文献研究会是一个全国性的研究古籍的群众学术团体，它走过的多年历程，充分显示出中国古文献研究的强大生命力和陈云关于古籍整理指示的重大作用。研究会的宗旨是“以马克思列宁主义毛泽东思想为指导，认真整理祖国文献，批判地继承祖国优秀文化遗产，为实现四化多做贡献”。1979年研究会成立初期，正值粉碎“四人帮”不久，十一届三中全会刚刚开过，全国各项事业百废待兴。由于人们对古文献的观念认识不一，有的尚未完全从“扫四旧”中转变过来，古籍资源匮乏，研究人员缺少，各大学都在恢复之中，加之研究会本身无专职人员、没有固定的资金来源等原因，研究会举步维艰。但是，会员们白手起家，在困难的条件下，坚持办了起来。到了80年代初，中国历史文献研究会遇上了好时光。陈云的指示和党中央关于整理我国古籍的决定，适时地为研究会工作创造了良好的环境，使研究会从此逐步走上了健康发展的道路。特别是近五六年来，中国历史文献研究会在促进科学研究、提高学术水平等方面，成绩更为显著。

研究会每年开年会一次，自1982年起，每年出版学刊一辑。1990年开始正式出版《历

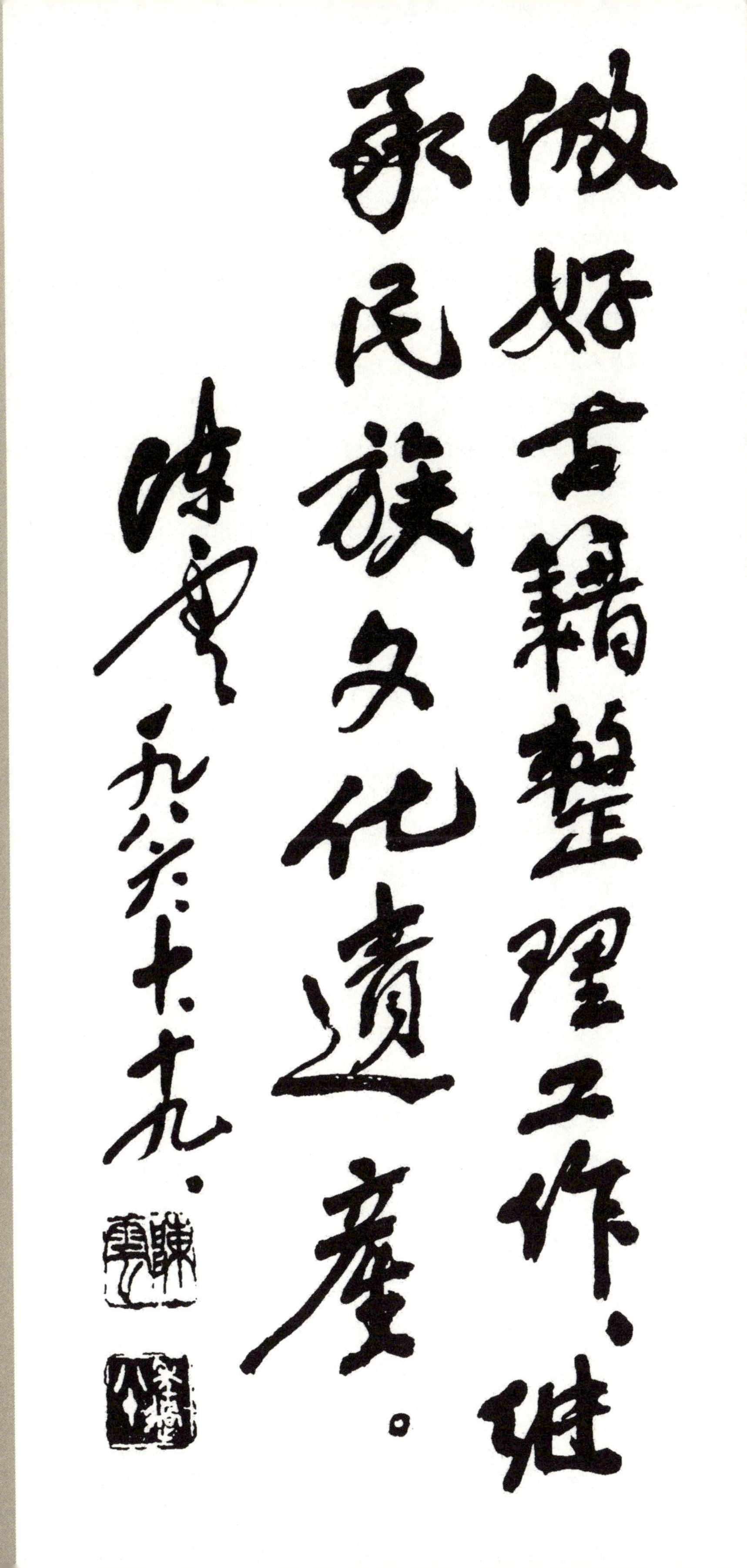

※ 陈云关于整理古籍工作的题词。

史文献研究》，在国内外学界引起强烈反响。研究会每年举办的年会多结合开会地区的地方特点，讨论有关学术专题。如1986年在山西夏县司马光家乡开会，纪念司马光逝世900周年，讨论司马光和《资治通鉴》。在昆明年会上，讨论郑和下西洋。在福建同安年会上，纪念北宋宰相、天文学家苏颂制造水运仪象台900周年，会后点校出版了《苏颂集》。在清代史学家钱大昕、王鸣盛的家乡嘉定年会上，讨论了钱、王二人的史学成就和乾嘉史学，以及嘉定人民的抗暴斗争。在汕头年会上，讨论了潮汕文化。在西安年会上，讨论了汉唐文化。在呼和浩特年会上，讨论了历史文献与民族文化。在陈寿故乡四川南充的年会上，讨论了三国文化。在河南驻马店年会上，讨论了中原文化与传统文化。

研究会的科研成果除了会刊《历史文献研究》上每年所发表的学术论文以外，还表现在论文集的出版和由本会组织编写的专题性研究论著的出版。15年来，曾列入研究会科研计划并已出版的集体著作有：

《〈册府元龟〉新探》（中州书画社）
《中国史学家传》（辽宁人民出版社）
《中国古代科学家传记选注》（岳麓书社）
《中国古代史学家传记选注》（岳麓书社）
《中国古代军事家传记选注》（岳麓书社）
《古籍整理论文集》（甘肃人民出版社）
《〈资治通鉴〉论丛》（河南人民出版社）
《古籍论丛》（福建人民出版社）
《司马光与〈资治通鉴〉》（吉林人民出版社）
《司马迁和〈史记〉》（北京人民出版社）
《三国人物评传》（三秦出版社）
《中国历史典故辞典》（三秦出版社）
《嘉定文化研究》（三秦出版社）
《汉唐史籍与传统文化》（三秦出版社）
《苏颂研究文集》（鹭江出版社）
《中国古代文学家传记选注》（黑龙江教育出版社）
《〈史记〉辞典》（山东教育出版社）
《〈三国志〉辞典》（山东教育出版社）

《〈汉书〉辞典》（山东教育出版社）

《〈后汉书〉辞典》（山东教育出版社）

此外，山东教育出版社委托研究会编写的“二十五史辞典丛书”，除上面已出版的几部外，其他各部也将陆继问世。“二十四史选注讲丛书”已出版两卷，后面八卷亦将出版。“中国人物评传丛书”除已出版《三国人物评传》外，其余即将出版。至于会员个人发表和出版的论著更不胜枚举。据不完全统计，仅就编、撰的专著看，80年代以来，已有近千部书出版。

研究会对文献学理论研究和古籍的整理、注释、翻译等研究，也作出了自己的贡献。特别在地方文献的整理开发上，以每年年会为契机，先后对嘉定、潮汕、陕西、内蒙古、四川、河南等地的地方文献和人文历史展开研究，促进了以上地区乡土文化和精神文明的建设。

中国历史文献研究会所以能够源源不断地吸收人才，学者们能够济济一堂研究古籍文献，每年能被各地接待举行年会，科学研究能够得到支持，科研成果能够得以发表，除了研究会领导团结、会员努力、办事心齐以外，也与中央和地方学术部门、行政部门的各级领导，以及社会上包括企业界在内的各界支持是分不开的。但归根结底，是由于党中央关于古籍整理问题的决定得到贯彻，陈云指示的精神逐渐深入人心的结果。

长期以来，我国整理研究古籍工作逐年冷落。“文革”初期，古籍文物被当作“四旧”毁弃，破坏的规模是全国性的。大批知识分子成了“革命对象”，许多造诣较深的古籍文献专家被诬为“反动学术权威”，遭到迫害。这一危机只是在粉碎“四人帮”以后，特别是党的十一届三中全会以后才得到改变。中国历史上有许多伟大的学者，对古籍整理作出过很大的贡献。从孔子删《诗》、《书》作《春秋》，司马迁博览“天下遗文古事”著《史记》，到清代《四库全书》的编纂，都是中国独有、世界仅见的功绩。当然历代学者受其历史和阶级的局限，各有功过。正因此，才应在今天社会主义社会条件下，真正用马列主义、毛泽东思想来指导，更好地展开对历代古籍的整理研究，予以批判继承。所以，陈云的指示和党中央的决定受到教育战线的广大学者由衷的热烈拥护。一位教授激动地说：“要向陈云同志行九叩之礼。”大家一致认识到，陈云的指示和党中央的决定，其伟大意义不仅在于存亡继绝，抢救了濒临损毁的大批文物古籍和延续了中断的历史文献研究队伍的发展，从“左”的路线干扰和文化浩劫中扭转了局面，使中国历代整理研究古籍的传统得以继续，更重要的是，在具有中国特色社会主义现代化建设中，发扬民族的优秀

※ 文革期间所焚烧的古籍。

文化确是一项重大的战略任务。

大批的中国古籍是中华民族的历史瑰宝，对总结历代政治、经济、军事、文化、外交和社会发展各个方面的经验，研究我们民族的历史，厘定我国的历史疆域，都具有重要的价值。毛泽东早就说过：“我们这个民族有数千年的历史，有它的特点，有它的许多珍贵品……从孔夫子到孙中山，我们应当给以总结，承继这一份珍贵的遗产。”今天，我们整理研究这份珍贵遗产，并在研究成果的基础上认真继承发扬优秀传统文化，将会影响到我国社会主义建设的一切领域。只有这样，才能逐渐形成符合我国历史传统，具有中国特色的社会主义精神文明。列宁曾经说过：“无产阶级文化并不是从天上掉下来的，也不是那些自命为无产阶级文化专家的人杜撰出来的。这完全是胡说。无产阶级文化应当是人类在资本主义社会、地主社会和官僚社会压迫下创造出来的全部知识发展的必然结果。所有这些大大小小的途径，无论过去、现在或将来，都通向无产阶级文化。”因此，历史绝不能割断，民族优秀文化传统必须发扬，这是社会主义精神文明建设的必由之路。

发扬民族优秀文化传统的战略意义，还在于对子孙后代的教育。著名历史学家白寿彝先生认为：“从一定的意义说，古籍研究整理工作是认识祖国的工作……因为古籍著作，其中优秀部分，是我们民族的重要结晶。我们民族为什么能这样悠久？为什么能有这样连绵不断的历史？而且为什么能跟别的民族和国家不同？这都需要在我们古代典籍里找答案，这才能对祖国有比较正确的认识。”著名历史学家邓广铭先生也说过：“李约瑟说，中国文明对世界的贡献，不论东方人、西方人现在一谈就是四大发明，其实何止是四大发明，发明够一百项之多……现在根据李约瑟的说法，中国文化至少是占一半的力量，跟希腊、罗马平分秋色。而这些事情由一个外国人发掘出来，我们中国人到今天没有发掘出来……因此，我们必须对古典文献、中国古代优秀文化传统加以发掘。”为了培养青年一代的民族自尊心、自豪感，进行爱国主义教育，必须使我们的大学生、中学生、小学生和社会青年，了解中国的历史、地理、文学艺术、哲学科学等，使他们时时刻刻记住自己是中国人，要为中国奋斗。正如列宁所说：“爱国主义就是千百年来巩固起来的对自己的祖国的一种最深厚的感情。”而我们的敌人历来是企图从否定我们的历史开始来灭亡我们国家的。中国历史文献研究会会长刘乃和教授说：“清代著名思想家龚自珍说过：‘灭人之国，必先去其史’，‘绝人之材，湮塞人之教，必先去其史’。历史的教训值得记取，我们要时刻教育青年知道自己祖国的辉煌历史。”无数事实证明，没有爱国主义的精神，共产主义世界观也不能真正确立。

总之，陈云关于整理古籍指示的精神，在宏观方面，着眼于古今中外、国家未来，明确历史不能割断，历代文明信息是靠古籍载体传递、延伸；在微观方面，着手为整理古籍出成果、出人才所需要的一切条件周到部署。中国历史文献研究会正是在陈云指示精神的指引下健康发展，完成着这项具有战略意义的历史任务，在建设有中国特色的社会主义事业中，在培养劳动者素质这个关系到提高生产力第一要素的关键问题上，陈云关于整理古籍的指示的确发挥着百年大计的作用，意义深远，功在千秋。

（王西梅）

心中有群众

陈云看到反映中年知识分子生活、工作负担重，工资收入低，很多人健康水平下降的报告后，当即致信中央常委，指出：“这是国家的一个大问题，确实要下大决心，在今明两年内解决，不能再按部就班地搞。”

20世纪80年代初，有三件事情突出反映了陈云时刻把群众放在心上，为群众办实事的作风。

第一件是，1982年5月下旬的一天，陈云在《人民日报》第八版的一角，看到有一篇题为《首都少年儿童看戏难》的文章，反映北京儿童剧场颓危停用，首都百万儿童无处看戏。他对秘书说：这篇文章是写给中央领导同志看的，是搞教育的同志通过报纸在向我们呼吁。他们的意见是好的，应该支持一下。他随即给中央和国务院领导写了一封信，建议在“六一”儿童节这一天，全国城镇所有影剧院，机关企业的所有礼堂，免费向孩子们开放。由于时间已临近“六一”，他在信封上还亲笔批写了“特急件”三个字。

第二件是，这一年7月，北京航空学院一位教师给中央书记处研究室写的信和全国政协关于知识分子政策落实问题调查组写的报告，都反映中年知识分子生活、工作负担重，工资收入低，很多人健康水平下降。陈云看后十分重视，当即致信中央常委，指出：这是国家的一个大问题，确实要下大决心，在今明两年内解决，不能再按部就班地搞。我们基本建设每年要用500多亿元，为什么不可以用十几亿来解决他们的问题呢？改善他们的工作条件，应当看成是基本建设的一个项目，而且是基本的基本建设。我们把钱用在中年知识分子身上，是好钢用在了刀刃上。

第三件是，1984年9月，陈云得知报考师范院校的高中毕业生越来越少时，批示有关领导同志，一定要重视教师待遇问题，要想一些切实可行的办法帮助教师，尤其中小学教师，提高他们的社会地位，解决他们的实际困难，如住房问题等，以逐步使教师工作真正成为最受人尊敬、最值得羡慕的职业之一。不久，他又批示：要使中小学教师的工资标准“比同等学力从事其他行业的人略高一点”。他还以身作则，鼓励自己从师范院校毕业的女儿离开大机关，到中学担任教师。

（刘家栋、王玉清、余建宁、周太和、朱佳木、许永跃）

“鸟”与“笼子”的比喻

在听取宋平、柴树藩关于全国计划会议和当前经济情况的汇报时，陈云说：搞活经济是对的，但必须在计划的指导下搞活。这就像鸟一样，捏在手里会死，要让它飞。但只能让它在合适的笼子里飞，没有笼子，它就飞跑了。“笼子”大小要适当，但总要有个笼子。

1982年底，陈云针对在搞活经济中出现的摆脱国家计划的倾向，提出了鸟与笼子的著名比喻。这一比喻，是陈云关于计划与市场一贯思想的一个新的表述。消息披露后，引起了海内外的广泛关注。境外一些别有用心或望文生义的人借机鼓噪，说这是要走回头路，是反对改革，是保守，并给这一比喻起了个名字，叫“鸟笼经济”。但广大的财经干部和严肃的经济学家，包括一些海外的学者，则认为这一比喻生动而深刻地反映了计划与市场在经济发展中应有的关系，从中受到了很大启发。正如刘国光教授在一篇文章中所说：“党的十一届三中全会以后，陈云同志进一步阐发了计划经济与市场调节相结合的思想，把计划与市场的关系形象地比喻为笼子与鸟的关系，引起中外人士广泛的研究和兴趣。”高鸿业教授在一篇专门谈陈云同志“鸟与笼子”比喻的文章中也说：这一比喻“在世界上受到重视，外电曾多次加以报道，即使在报道他去世的消息时，有的外电也特别提到这一比喻”。

其实，鸟与笼子的比喻并不是由陈云所发明，而是黄克诚首先提出的。那是在党的十二大召开前夕，陈云请黄克诚来谈有关中纪委的工作问题。谈完工作后，黄克诚向陈云反映了走私、逃税以及乱上项目、乱涨价等经济犯罪猖獗和经济秩序混乱的情况，表达了自己的忧虑心情。他说：“要把经济搞活，不能再像过去那样搞死，但搞活不能没有秩序。这就好比一只鸟，不能捏在手里，捏在手里它就死了，要让它飞。但要让它在笼子里飞，否则它就飞跑了。”陈云当时没有说什么，但过了两个月，在听取宋平、柴树藩关于全国计划会议和当前经济情况的汇报时，用了这个比喻。他说：搞活经济是对的，但必须在计划的指导下搞活。这就像鸟一样，捏在手里会死，要让它飞。但只能让它在合适的笼子里飞，没有笼子，它就飞跑了。“笼子”大小要适当，但总要有个笼子。

又过了半个多月，陈云出席中央政治局会议，就搞活经济问题作了长篇发言。他首先回顾了五六十年代在公私合营和包产到户问题上的经验教训，充分肯定了改革开放以后在各方面实行的责任制，说打破“大锅饭”是一场革命，意义不下于公私合营，使各方面都搞活了。然后，他重复讲了在听取宋平、柴树藩汇报时提出的鸟与笼子的比喻，只是在讲到“笼子”大小要适当时，增加了“不一定一个省就是一个‘笼子’，‘笼子’也可以大到跨省跨地区”的话；还说：“我们的‘笼子’——五年计划和年度计划，也是要经常调整的。”

又过了一个月，也就是1982年12月，五届人大五次会议召开，上海代表团部分同志要与陈云座谈。事先，陈云要我为他起草一个谈话稿，我便根据他在此前几次内部谈话、批示、发言的精神，写成了一个初稿，其中包括鸟与笼子的比喻。审阅初稿时，陈云在“笼子”大小要适当，可以跨省跨地区这句话的后面，亲笔加上了：“甚至不一定限于国内，也可以跨国跨洲。”

从以上叙述可以看出，陈云对这一比喻是非常慎重的，在表述上也是力求准确和完善的。他所说的“笼子”，绝不像一些浅薄轻浮的评论家想像的那样，真的像鸟笼那样狭小而固定，相反，是有广阔天地的，是可以伸缩的。人们只要不带任何偏见，便不难发现，这一比喻实际是陈云对计划与市场关系问题思考的进一步深化，比“以计划经济为主、市场调节为辅”的提法又有发展，是更加积极的而不是消极的。这一比喻虽然侧重点在于计划的指导作用，但它的出发点和归宿都是要搞活经济。

搞活经济，可以说是陈云一直寻求的境界，是他主持财经工作以来所致力于的目标。1983年，当时的中央书记处研究室要把他于1956年6月在一届全国人大三次会议上提出对一部分商品由统购包销改为推销和选购的那篇讲话，收入一本即将出版的书中，让我征求一下他本人的意见。陈云表示同意，但要我转告编辑部门，要在这篇讲话前加一个按语，说明：“采取选购的办法，当时还只是个设想，实际上并没有做到，因为那时可供商品少，不像目前市场上许多商品供应富裕，出现了‘买方市场’。只有出现了‘买方市场’，才说得上真正的选购。”就在前面提到的与上海代表团的那次谈话中，陈云在高度评价了十一届三中全会以来所实行的搞活经济的政策后说：“现在百货商店里的东西多得很，‘卖方市场’正在变成‘买方市场’。群众把票子拿在手里，好的就买，不好的就不买。这么好的形势，很久以来没有见过。”在谈到外地一些轻纺企业学了上海的技术后，产品反过来进入上海市场、挤上海的产品一事时，陈云表示：“这是好事，不要用行政措施去阻挡，上海要接受这个挑战，迎上去和它们竞争。”他当时提出了两个竞争的办法，一是“加强技术改造，提高质量，降低成本”；二是“搞小批量生产，增加花色品种，使产品适应市场变化的需要”。在那次谈话中他还指出：“我们有些地方是大少爷办企业，没有时间概念，没有利润概念……搞经济工作，没有时间概念，没有利润概念，是不行的。”可见，陈云提出要有“笼子”，并不是不要搞活经济，相反，是要把计划与市场都作为实现搞活经济的手段。

关于陈云的这一思想，从他以往说过的话和写过的东西中也可以看得很清楚。例如，在1979年3月那份提纲中，陈云写道：“在今后经济的调整和体制的改革中，实际上计划与市场这两种经济的比例的调整将占很大的比重。不一定计划经济部分愈增加，市场经济部分所占绝对数额就愈缩小，可能是都相应地增加。”在那份提纲发表之后，有一天他叫我去，说他对计划与市场的关系问题又有了新的考虑，写出了一个提纲，并把稿子拿给我看。他说：“对这个问题，要站在历史唯物主义和辩证唯物主义的高度看。历史上的生产从来是盲目的、‘无政府’的，直到进入了社会主义社会之后才有了计划。现在计划经济和市场调节都要向广度和深度发展，广要广到国外，深要深到每个人的劳动。实行岗位责任制，多劳多得，少劳少得，就是计划经济与市场调节深入到每个人劳动的体现。”他说，对这个问题他还要再想想，然后找人来谈谈。后来，他虽然没有专门就这个问题再找人谈过，但却提出过各方面都要大搞劳务出口；对外开放不仅要吸引外国人来投资，也可以到国外投资办厂；应该奖勤罚懒，对工作表现不好的，扣奖金不解决问题，还可以除名留用、发给最低的生活费等等意见。特别是他在1982年12月那次谈话中，将“笼子”的范围扩大到“跨国跨洲”。我认为，这些都可以看作是他关于计划经济与市场调节向广度和深度发展这一思想的具体化。

既然陈云对于“笼子”的解释大到了“跨省跨地区”，甚至“跨国跨洲”，那他为什

※ 陈云一贯主张在国民收入分配中，积累和消费的比例要适当。图为1982年1月25日，陈云同国家计委主任姚依林（中）、副主任宋平（左）交谈。

么还非说是有个“笼子”不可呢？这个“笼子”指什么？起什么作用？我理解，所谓“笼子”，就是人们常说的宏观控制。鸟要在笼子里飞，就是说经济搞活不能没有宏观控制。比如，党的十二大报告根据邓小平的意见，提出在到20世纪末的二十年时间里，工农业总产值力争翻两番；又根据陈云的意见，提出为了实现二十年的奋斗目标，在战略部署上要分两步走，前十年主要是打好基础，后十年要进入新的经济振兴时期。但会议开过不久，一些地方和部门就纷纷制定提前翻番的计划，出现了乱铺摊子的苗头。如果任其发展，国民经济各种重大比例关系肯定又会失调，经济想活也活不起来。试想，各地把产值高、利润高的钢厂、化工厂、电视机厂、啤酒厂等等建得很多，但电跟不上，铁路、公路、通讯跟不上，大家势必会挤来挤去，相互掣肘，谁也跑不起来。而且，这些企业今后一旦形成规模生产，很可能会出现产品过剩的问题。另外，对科学、教育不投资，也难以保证经济发展的后劲。所以，陈云在与上海代表团的谈话中指出：“急于求成，把本来应该放在后十年办的事也勉强拿到前十年来办，在‘六五’和‘七五’期间乱上基本建设项目，那么，经济又可能出现混乱，翻两番的任务反而有可能完不成。”他说，由中央适当集中一笔资金，加强能源、交通、运输和科学、教育等薄弱环节，保证重点项目的建设，这是大革命、大建设。“地方上的小革命、小建设也要搞，但必须以大革命、大建设为主，这也就是局部服从全局。”无疑，这些要求都是对经济建设的宏观控制，也可以说是“笼子”，但要实现搞活经济，没有这样的“笼子”是不行的。

今天，计划在管理经济中的作用和过去不同了，但这不等于国家不要宏观调控了，放弃管理了。国家还有年度计划和长远计划，还有各种产业政策，重大项目还要拿到发展计划委员会经过综合平衡后审批，这些不都是“笼子”吗？没有“笼子”，不合理的重复建设问题就永远解决不了。另外，市场经济也是法制经济，法律、法规严格说起来也是“笼子”。没有任何制约，想怎么干就怎么干，偷税漏税、假冒伪劣、欺诈贿赂和走私贩私就会成风，就会有人把国有资产包括国有企业在海外的投资化为己有，席卷而逃。那样，“鸟”是飞起来了，但却飞跑了，不是同样达不到搞活经济的目的吗？

20世纪30年代初以来，西方资本主义国家开始对经济实行国家干预，运用财政和货币政策，从宏观上调控经济运行，以解决资本主义市场经济所带来的周期危机。从那以后，国家与市场在资源配置上的关系问题便成为西方经济学界的热门话题。总之，既要把经济搞活，又要在宏观上管住，这是现代经济管理上的一门大学问，而鸟与笼子的比喻恰恰抓住了这门学问中最本质的东西。

（朱佳木）

※ 1982年9月12日，陈云在党的十二届一中全会上投票选举新的中央领导机构。13日，在中共中央纪律检查委员会第一次全会上，陈云当选为中央纪委第一书记。

整顿党风

陈云说："执政党的党风问题是有关党的生死存亡的问题，因此，党风问题必须抓紧搞、永远搞。"

中纪委建立后，主持日常工作的负责同志向陈云请示工作方针问题，陈云当即回答："抓党风。中纪委的工作指导方针是维护党规党法，整顿党风问题。"以后，当中纪委负责人问他对一次会议有何指示时，他又说："执政党的党风问题是有关党的生死存亡的问题。因此，党风问题必须抓紧搞、永远搞。"起初，鉴于"文化大革命"的沉痛教训，陈云所说的整顿党风，主要指的是恢复党的民主集中制特别是党内民主的作风。有一次，他审阅一份报告稿，看到上面说"文化大革命"得以发生的重要原因之一是民主集中制被破

※ 在担任中央纪委书记的九年间，陈云把维护党规党纪、整顿党风作为中央纪委的基本任务。陈云在中共中央纪律检查委员会全体会议上讲话。右一为黄克诚，右三为王鹤寿。

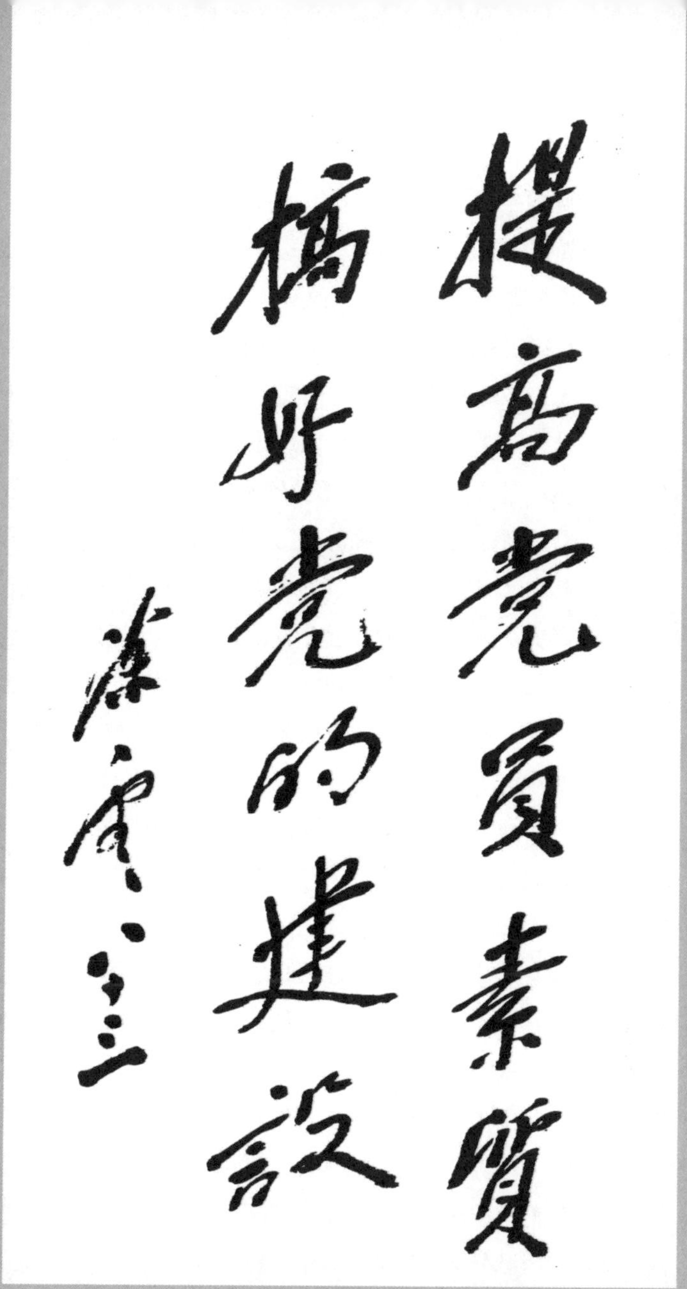

※ 陈云为整顿党风题词。

坏，民主生活很不够。他让秘书转告起草人：应该说党内民主集中制没有了，集体领导没有了，这是“文化大革命”发生的一个根本原因。在中纪委第一次全会上，他又讲：中纪委的基本任务就是维护党规党法，整顿党风，也就是要实现生动活泼的政治局面。为了从制度上保证这种局面得以巩固，陈云还指导中纪委草拟了《关于党内政治生活的若干准则》。

要使党内生活正常化，不仅要为过去的冤假错案平反，而且要妥善处理犯错误同志和制造过冤假错案的人的问题。在这方面，陈云的所作所为也为后人树立了榜样。例如，十一届五中全会上，有四位在“文化大革命”期间和粉碎“四人帮”头两年犯严重错误的政治局委员提出辞职。陈云在会上一方面表示赞成他们辞职，提醒他们不要觉得委屈了，应该想一想，是否可以不犯那样的错误；另一方面又提出，对犯错误同志要全面看，不仅看他犯了什么错误，也要看到他做过什么好事，还要看到他犯错误的历史背景，不要揪住不放。还有一件事是，中央为了处理林彪、江青两个反革命集团的案件，成立了有中纪委、中组部、高检院、高法院等部门人员组成的两案审理领导小组，他们在工作中碰到对一些跟着林彪、“四人帮”跑过的人如何处理的问题。对此，陈云指出：“文化大革命”是在特定历史条件下发生的政治斗争，因此，除了对若干阴谋野心家必须另行处理外，对其他有牵连的人，必须以政治斗争的办法来处理。这种处理办法应该是使今后若干代的共产党人从中取得教训，从而对党内斗争采取正确的办法。由于他的这个意见，解脱了一大批人。即使对这两个集团里的人，他也提出林彪集团中的人过去有战功，在处理上要同江青集团有所区别，对年老有病的要保外就医；对江青集团的主犯，他同意判重刑，但反对用极刑，说如果开了杀戒，对后代不好交待。这些意见，对恢复和发扬党的优良传统，产生了深远影响。

随着民主集中制的逐步恢复和以权谋私、权钱交易问题的日益突出，陈云抓党风的侧重点逐渐转移。1982年1月5日，他看到一份反映广东沿海地区走私猖獗、涉及一些党员干部的信访简报，引起他高度重视。他当即批转给其他中央常委，指出：“对严重的经济犯罪分子，我主张要严办几个、判刑几个，以至杀几个罪大恶极的，并且登报，否则党风无法整顿。”邓小平表示完全同意，并在他的批示旁加了几个字：“雷厉风行，抓住不放。”在他们的推动下，一场全国范围内的严厉打击经济犯罪的斗争开展起来，震慑了党内少数以权谋私分子，保证了改革开放的健康进行。为了解决好以权谋私的问题，他反复强调，要两个文明一起抓，要充分注意和防范改革开放带来的消极现象，要加强思想政治工作和维护思想工作部门的权威。他还针对相当一部分人错误汲取“文化大革命”教训，遇到问题绕着走，或“和稀泥”或做老好人的问题指出：“目前在我们的党风中，以至在整个社会风气中，有一个很大的问题，就是是非不分。”“对于这个问题，如果只从维护党纪提出来，我认为还不够，应该把它提高到全党思想建设和组织建设的高度。要提倡坚持原则，提倡是就是是、非就是非的精神。”

（朱佳木等）

成千上万地提拔中青年干部

陈云提出了要建立党的第三梯队的思想。他说，老同志要真心诚意地帮助、培养年轻干部，主动地给他们让位，“把他们扶上马，再送一程”。

党的政治路线从来都需要组织路线的保证，十一届三中全会解决了政治路线、思想路线问题，组织路线问题很自然地突出出来。一开始，陈云想到的还只是中央一级的干部，就是说，要找一些能够贯彻十一届三中全会路线而且年龄上具有一定优势的干部，来顶替那些推行“两个凡是”方针的人，同时准备接老一代革命家的班。为此，他先在三中全会上表示应当成立中央书记处，承担起中央日常工作。会后，他和邓小平、叶剑英、李先念等积极推动此事的进展，并认真酝酿人选。在国务院财经委员会上，他还提出要找几个四五十岁的干部来当“后排议员”的思想，让这些人参与讨论问题，参与决定大政方针。十一届五中全会决定成立书记处，他在会上又进一步提出，从中央到县委各级都要主动选择合格的年轻干部，这些人党性要强，要有干劲，要有一定的工作经验。他说：这个

※陈云十分关心新时期党的建设，参与制订了干部队伍革命化、年轻化、知识化、专业化的方针，提出要立即着手大力培养选拔成千上万的德才兼备的中青年干部。图为陈云在党的十一届五中全会上。

※ 1982年9月6日，陈云在中国共产党第十二次全国代表大会上发言。他指出：一方面要大胆提拔加快提拔中青年干部，一方面又要严格把好政治标准这一关。

事情非常紧迫，再等下去就没有时间了。后来，由于存在各种思想阻力，选拔中青年干部的工作进展迟缓。陈云越想越觉得这个问题大，便于1981年5月在杭州休养期间，亲笔写了一份意见书，指出：目前摆在我们面前的有两种选择，一种是继续不警惕干部青黄不接的状况，在老干部陆续病倒、病死时，被迫仓促提拔一些不很适当的中青年干部；另一种是从现在起就成千上万地提拔德才兼备的中青年干部，让他们在领导岗位上锻炼，同时由老干部传帮带。在这份意见书中，陈云还提出了有关提拔培养中青年干部的几个具体措施，一是中组部要成立青年干部局和技术干部局；二是各级组织都要设立辅助机构和辅助人员，如研究室、书记助理等；三是老干部退居二、三线后，在政治、物质待遇上要给予保证和优待。邓小平看过意见书说：老干部方面的问题还没处理好。为此，陈云回到北京后，又召集中组部和总政治部的负责人开会，形成了《关于老干部离休、退休问题座谈会纪要》。不久，他的这份意见书和座谈会纪要在十一届六中全会印发。会后，中央留下各省市自治区的党委书记开了三天会，专门讨论这两个文件。陈云对有关问题作了说明和阐述，邓小平则表示完全赞成，他说：我和陈云交过心的，就我们自己来说，现在退实在心里非常愉快。但现在还不能退，除了要过问国家的政策、党的方针以外，我们两个人的主要任务是要解决选拔中青年干部的问题，这是最大的事情。

在这次会上，陈云一方面提出提拔中青年干部必须成千上万，一两百人不够用；另一方面，提出对闹派性的骨干分子、打砸抢分子一个不能提。他说：对这些人不能只看现在一时表现好，他要爬上来，只能表现好；但到了气候适宜的时候，党内有什么风浪的时候，这些人就会变成能量很大的兴风作浪分子。他还着重指出：培养执笔的、写文章的中青年，选择的时候要特别注意。此后，他把自己有关这个问题的观点作了进一步概括，并在中共十二大大会发言中进行了集中阐述。他说：对提拔中青年干部进入领导班子的问题要讲两句话，一句是必须成千上万地提拔，一句是一个也不能提拔。所谓一个不能提拔，指的就是“三种人”，即在“文化大革命”期间造反起家的人、帮派思想严重的人和打砸抢分子。这“三种人”不仅不能提拔，而且对已经进入领导班子的必须坚决清除出去。就在这次大会上，陈云第七次当选为中央委员，并在十二届一中全会上再次当选为中央政治局委员和常委。

※ 1982年9月12日，陈云同叶剑英、邓小平、李先念、徐向前、聂荣臻在党的十二届一中全会上。

除了革命化、年轻化、制度化外，陈云对新时期干部工作的方针还提出了知识化和专业化的要求。在1980年2月的十一届五中全会上，他就提出要培养一批技术干部到各级领导机关里。在杭州写的那份意见书中，他写道："提拔培养中青年干部，必然涉及对知识分子的态度。十年内乱时期，把知识分子说成是'臭老九'，这种观点虽然已经受到批判，但是，党在知识分子中发展党员、提拔干部的政策远远没有实现。我们应该看到，没有老干部不能实现四化，没有大批知识分子参加到我们党的干部队伍中来，也决不能建成现代化的新中国。"在他的建议下，中组部向中央作出了加强在中年知识分子中发展党员的报告。

陈云不仅大声疾呼要对年轻干部大胆提拔，而且十分重视对他们的培养。他在1983年6月召开的工作会议上，提出了要建立党的第三梯队的思想，说老同志要真心诚意地帮助、培养年轻干部，主动地给他们让位，"把他们扶上马，再送一程"。每个同志在见马克思之前，都要努力把这件事办好，否则要负历史的责任。对年轻干部，他提出了许多殷切的希望，其中讲得最多的是两条：一是要加强学习，特别是学习哲学；二是要注意学会按照民主集中制的原则办事，充分发扬民主，倾听各种意见，特别要注意倾听不同意见。

（朱佳木等）

※ 1981年春，陈云提出建立第一、第二、第三梯队，使党保有一支老中青相结合的能够适应现代化建设的干部队伍，是决定党和国家前途的一项战略任务。图为1982年12月20日，邓小平、陈云出席共青团十一大开幕式。

与烈士子女一起过春节

陈云亲切地对大家说："中国有句老话：'每逢佳节倍思亲'。你们的父亲就是我们党的亲人，是我们民族的亲人。今天把你们请来，共度春节。"

1983年正月初一，北京城沉浸在新春佳节的欢乐气氛中。

上午9点多钟，一辆乳白色的中型轿车驶进了中南海，车上坐着九位革命烈士的子女，他们是应陈云的邀请，到陈云家里欢度春节的。这九位同志是：瞿秋白烈士的女儿瞿独伊，蔡和森烈士的女儿蔡妮、儿子蔡博，罗亦农烈士的儿子罗西北，赵世炎烈士的儿子赵施格，张太雷烈士的女儿张西蕾，郭亮烈士的儿子郭志成，刘伯坚烈士的儿子刘虎生。这些烈士的子女有的是编辑、讲师、副教授，有的是副总经理、研究所副所长、高级工程师。年龄最大的已经62岁，最小的也已54岁。他们想到党和政府对他们的关怀，展望祖国社会主义现代化建设的锦绣前程，心头犹如一江春水在激荡。

轿车在陈云的住所前停下来。他们走进一间陈设简朴的客厅，客厅中间放着一张张米黄色的沙发和几张小茶几，别无其他陈设。陈云笑着和大家打招呼，客厅里顿时热闹起来。九位革命烈士子女围上去向陈云祝贺春节："伯伯春节好！""祝伯伯身体健康！""谢谢伯伯对烈士子弟的关怀，我们很感激！"

陈云亲切地让大家坐下。他说："中国有句老话：'每逢佳节倍思亲'。你们的父亲就是我们党的人，是我们民族的亲人。今天把你们请来，共度春节。"

在座的这九位革命烈士子女的父亲都是我党建党初期的党员，他们有的是被敌人逮捕杀害的，有的是在同敌人作战时英勇牺牲的。烈士牺牲的时候都很年轻。陈云深情地对大家说："我们的新中国，是他们和千千万万个革命先烈用生命换来的。今天的每一个胜利，都有他们的一份功劳。我们这些活着的人没有忘记他们，也不会忘记他们。我相信，我们的后人以及后人的后人，也是不会忘记他们的。"

瞿秋白烈士的独生女儿独伊紧挨着陈云坐下。陈云同志望着她那清瘦的脸颊，说："你62岁了吧？"

"是的，伯伯还记得那么清楚。"

"你母亲是哪一年去世的？"

"1973年10月。她是受'四人帮'迫害死去的。"

"我知道。那时候我也没办法。"

“是的，伯伯那时候的处境也十分困难。”

瞿独伊清楚地记得，在解放前白色恐怖的日子里，陈云为了掩护瞿秋白和杨之华同志，曾冒着生命危险把他们送到鲁迅住所。他为了保护革命同志付出过多少心血呀，今天他又以父辈的慈爱心情疼爱着烈士子女，同他们在一起过节。

陈云看到坐在另一旁的刘伯坚烈士的儿子刘虎生，说：“你父亲是留在江西中央苏区后被敌人杀害的，他也是受王明‘左’倾机会主义路线迫害的。”

人们永远不会忘记刘伯坚烈士当年英勇就义的壮烈场面。1935年3月，刘伯坚烈士牺牲的前几天，戴着镣铐在狱中写下了气壮山河的英雄诗篇《带镣行》：

带镣长街行，蹒跚复蹒跚。
市人争瞩目，我心无愧怍。
带镣长街行，镣声何铿锵。
市人皆惊讶，我心自安详。
带镣长街行，志气愈轩昂。
拼作阶下囚，工农齐解放。

刘伯坚烈士临赴刑场前，在狱中给妻子写下最后的遗言：“你不要伤心，望你无论如何要为中国革命努力，不要脱离革命战线；并要用尽一切的力量教养幼儿成人，继续我的光荣革命的事业。”

今天，刘伯坚烈士的儿子刘虎生激动地对陈云说：“父亲牺牲后，党把我送到延安，我是在伯伯跟前长大的。记得伯伯常常给我讲革命的故事，教育我要好好学习，继承父志。”

陈云点点头。刘虎生又说：“我在哈尔滨上学的时候，伯伯曾经送给我一块怀表。您告诉我，这只表曾跟随您经历过长征，要我好好学习。这块表我一直很好地保存着。”

陈云一一询问了在座的每个烈士子弟的情况。

郭亮烈士的儿子郭志成告诉陈云同志，郭亮烈士当年任湘鄂赣边特委书记的时候，由于叛徒出卖，1928年3月被捕入狱，不久被杀害。他的头被挂在八角亭上。鲁迅在《铲共大观》一文中愤怒地写道：“革命被头挂退的事是很少有的！”

郭志成说：“当年敌人杀害我父亲后，叫嚣着要斩草除根，要把我母亲和我统统杀掉。当地人民把我偷偷藏在缸里，到处转移，我终于被救出来了。是人民救护了我，哺育我成长的。”

赵世炎烈士的儿子赵施格告诉陈云，他父亲1927年在上海被国民党反动派逮捕后英勇就义，年仅26岁。赵施格说：“父亲没有见到过我。他牺牲几个月后我才出生的。我是在革命队伍中长大的。”陈云对他说：“我很熟悉赵世炎烈士。他在工人中是很有威信的。”

陈云关心着烈士子弟的成长，关心着他们的工作和生活。他勉励大家说：“你们是革命的后代，是党的儿女。你们应当像自己的父辈那样，处处从党的利益出发，为了维护党的利益，不惜牺牲自己的一切。我看到你们健康成长，非常高兴。现在，我们党和国家的形势很好，你们要和周围的同志一道，爱护这个好形势，发展这个好形势，为把我们国家

※ 陈云在北京会见革命烈士子女。

建设得更富强，继续贡献自己的力量。”

在座的九位革命烈士子弟告诉陈云，他们没有辜负父辈的期望，都继承父志为革命事业继续奋斗着。尽管道路坎坷不平，在革命战争年代，他们遭受过国民党反动派的残酷迫害，在“文化大革命”期间，他们又遭受到“四人帮”的迫害，然而，他们怀着对革命事业的坚定信念，顽强地与恶势力搏斗，终于战胜了敌人，赢得了胜利。

罗亦农烈士的儿子罗西北告诉陈云，“文化大革命”期间，他被打成“特务”，关在单间牢房里。残酷的迫害使罗西北同志精神失常。粉碎“四人帮”后，他恢复了健康，顽强地去继续父辈们未竟的事业。现在他已经56岁了，是一位水电专家，在水电部水利电力建设总公司担任副总经理。他满怀着为党为人民工作的热忱，奋斗在水利电力战线上。为了发展祖国的水电建设，他向陈云同志提出了两条建议，一是把水电建设和能源挂起钩来，二是在能源紧张的东北大力发展水电建设。陈云听了连连点头，说：“好，好。”

蔡和森烈士的女儿蔡妮在北京外国语学院教学，她今年60岁，已经桃李满天下。蔡和森烈士的儿子蔡博，现在是冶金部钢铁研究总院炼铁室主任。他们姊弟俩向陈云讲述了他们目前的工作情况。陈云高兴地对蔡博说：“你已经是专家了。”

张太雷烈士的女儿张西蕾告诉陈云，她今年已经61岁了。父亲为革命牺牲的事迹始终鼓舞她排除万难，继续前进。现在，她是化工部科技局顾问。陈云看到革命烈士子弟健康成长，欣慰地笑了。

时针已过11点，陈云指着茶几上摆着的水果和糖果说：“今天是大年初一，我招待你们每人两个橘子、一个苹果、二两糖果，大家把它瓜分了吧。”客厅里又响起了一阵欢笑声。

（朱敏之、徐新华）

“夏令营是一种有益的活动”

陈云说：“夏令营是一种有益的活动，对于提高我们民族的素质很有好处，值得提倡。”

1983年8月4日，全国“快乐的小队活动”夏令营举行隆重开营式。陈云在中南海怀仁堂兴致勃勃地会见了夏令营全体营员，亲切勉励小朋友们为做合格的接班人做好准备。

上午10时，陈云在两名少先队员陪同下高兴地来到怀仁堂。在热烈的掌声中，孩子们给陈云系上了红领巾，戴上了夏令营徽和营帽。陈云愉快地接受了孩子们的邀请，当了夏令营的荣誉营员。营员代表向陈云汇报了“快乐的小队活动”情况。今春以来，中国少年报社举办了全国“快乐的小队活动”竞赛，上百万少先队员参加了这一活动。全国各地评选了40个“最佳小队活动”、1000个“优秀小队活动”。今天，来自29个省、市、自治区，十多个民族的166名优秀少先队代表和辅导员代表，包括一名刚刚从台湾回来的小朋

※ 1983年8月4日，陈云在北京会见参加夏令营活动的少先队员。

友，满怀激情地前来首都参加“快乐的小队活动”夏令营。

陈云高兴地发表了“长大后做一个合格的接班人”的重要讲话。

夏令营的少先队员和辅导员们：

你们好！

能和大家见面，非常高兴。

你们都是少先队活动中先进集体的代表，是少先队的积极分子。什么是少先队？少先队就是接班人，是社会主义建设事业的接班人，是共产主义事业的接班人。现在我们已经老了，今后你们的父母也会老的，到那时，你们就要接班，社会主义建设事业和共产主义事业就要靠你们继续进行下去。因此，你们积极开展少先队活动，助人为乐，发明创造，这个方向是正确的。希望大家能带动更多的小朋友来开展这个活动，为长大后做一个合格的接班人做好准备。

我们国家是一个多民族组成的大家庭，每个民族在这个大家庭中都是不可缺少的平等的一员。要把我们国家建设得更美好、更富强，必须靠各个民族的共同努力。你们夏令营的队员来自十多个民族，这充分说明你们是热爱民族团结的。希望大家在夏令营中能互助友爱，亲如手足，特别是汉族的小朋友要更加尊重、更加关心少数民族的小朋友，要使大家都感到像在自己家里一样。夏令营结束后，你们还要把这里的民族团结的精神带回各自的学校，使全国的小朋友都能从小树立起热爱民族团结的思想。

你们正在上小学、初中，这是一个人在知识上打基础的时期，也是在身体上打基础的时期，因此，在学校的时候就要紧张地学习，放假以后也要充分地休息。只有休息好，下一个学期才能有更充沛的精力学习。在这方面，夏令营是一种很好的形式。它既可以使孩子们在假期过得愉快，又可以锻炼孩子们独立生活的能力和对集体生活的适应性，增强他们的体魄，开阔他们的眼界，丰富他们的课外知识。总之，夏令营是一种有益的活动，对于提高我们民族的素质很有好处，值得提倡。

我还要对辅导员同志讲几句话。这些孩子能健康地成长，能在少先队活动中做出成绩，与你们的辛勤劳动是分不开的。现在，教师的地位，特别是中小学教师的地位比“文化大革命”时期是大大提高了，今后还要再提高。但是，我也希望教师同志们都能看重自己的工作，热爱自己的工作，并且不断提高自己的业务水平，使自己无愧于人民教师的荣誉。

最后，预祝你们的夏令营取得成功。

陈云讲完话，少先队代表纷纷走上前去向他老人家敬献礼物，陈云高兴得合不上嘴，忙站起来双手接过孩子们的礼物，连说："好！""谢谢！"在热烈的气氛中，他又和孩子们一起合影留念，最后为全国"快乐的小队活动"夏令营点燃火炬。营员代表接过火炬，传回夏令营营地。

（1983年8月5日《人民日报》）

※ 1983年8月4日，陈云为少先队夏令营活动点燃火炬。

※ 陈云高度重视社会主义精神文明建设，指出我们是社会主义国家，既有高度的物质文明，也要有高度的精神文明，这是我们永远要坚持的奋斗方向。图为1983年8月4日，陈云为少先队夏令营活动点燃火炬。前排左一为时任共青团中央第一书记的胡锦涛。

“你是全国有名的教授了”

陈云称赞侯宝林：“你是全国有名的教授了。”侯宝林笑着回答：“我是党培养出来的教授。”

1984年大年初一，被人们称为“语言大师”、“天才笑匠”的侯宝林，与曲艺界其他几位著名人士应邀到中南海陈云住所欢度春节。

这天，陈云身穿银灰色中山装，神采奕奕，笑声朗朗。他见到侯宝林就高兴地说：“你是全国都欢迎的人。你所有的相声段子我这里都有录音。”

※ 陈云邀请曲艺界著名人士侯宝林、骆玉笙等到中南海欢度春节。

侯宝林风趣地说："希望您多听相声，笑一笑，少一少，健康长寿！"

侯宝林对陈云说，自80年代起，他就开始着手总结从事相声艺术实践的经验，已写出有关曲艺艺术的四本书，还担任了北大中文系及其他院校的兼职教授。他感慨地说：相声听众这么多，但相声演员并不多。今年春节，从全国调来首都参加电视相声晚会演出的只有33对、66人。要发展相声艺术，遵循您指出的"出人、出书、走正路"很重要。我们应当办一些具有大专水平的曲艺学校，要不断总结相声艺术。

陈云称赞侯宝林的设想，并竖起大拇指对他说："你是全国有名的教授了。"

侯宝林笑着回答："我是党培养出来的教授。"

在这一年，侯宝林等举办了相声作品讨论会，并召开了评奖大会。侯宝林将这一情况写信告诉陈云，不久，就接到了陈云的回信。信中说："得知你们举办了相声作品讨论会，并召开了评奖大会，我很高兴。祝你们在发展相声艺术、丰富人民精神生活的事业中取得更大的成绩。"

（力砚）

关怀中国北方曲艺学校

陈云非常赞成中国北方曲艺学校的建立，他亲自为中国北方曲艺学校题写了校名，还把《陈云同志关于评弹的谈话和通信》一书的稿费全部捐赠给了曲校。

那是在1984年春节的正月初一，陈云邀请曲艺界的几位同志到他在中南海的住处去座谈，共度佳节。陈云拱手向大家表示节日祝贺，并与我们一一握手，非常亲切。当我握住他那温暖的手问他记不记得我时，他马上就说："你是小彩舞，那年演唱的是《大西厢》。"已过去多年的事情，他依然记得那么清晰，使我感动不已！

陈云同志不仅是评弹的"老听客"，对北方的许多曲种尤其是京韵大鼓，也非常喜爱。60年代初，他看了和听了大量的京韵大鼓节目的演唱和录音带，我就曾在天津和北京参加过两场为他组织的京韵名家专场演出，并受到他的接见。他对京韵大鼓的创作和演出作了细致的分析，提出不少具有重要指导意义的意见。80年代，他提出的"出人、出书、走正路"，对整个文艺界起了重要的指导作用。

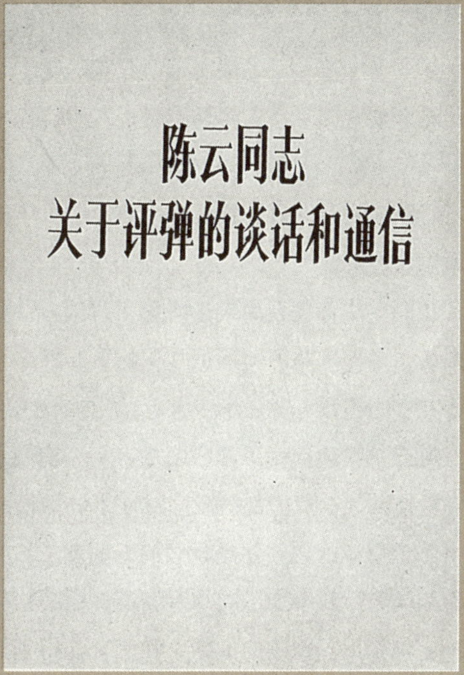

※ 中国曲艺出版社出版的《陈云同志关于评弹的谈话和通信》一书。

他还特别重视培养曲艺接班人的工作，并在他的倡导和关怀下，于60年代就在苏州建立了新中国第一所曲艺专门学校——苏州评弹学校。80年代，又是在他的关怀和支持下，在天津建立了中国北方曲艺学校。那天座谈时，我们几个人都向陈云汇报了各自的工作情况。我当时主要向他老人家说了建立北方曲校的事。我说，现在文化部虽然已决定在天津筹建曲校，但还存在一些问题，希望陈云予以支持。陈云当即表示说：“我赞成建立。”接着问邓力群；“你看怎么样？”邓力群马上说：“有你的‘令箭’，我就去告诉文化部尽快办起来。”这时，我高兴得不知说什么好了，因为建立曲校是我企盼多年的心愿，也是曲艺界的共同渴望。这次会面后，陈云不但亲自为中国北方曲艺学校题写了校名，还把《陈云同志关于评弹的谈话和通信》一书的稿费全部捐赠给了曲校。这对于曲校的师生，对于曲艺界，都是莫大的鼓舞和激励。

（骆玉笙）

“我们合作得很好”

陈云会见了苏联部长会议第一副主席阿尔希波夫，他感慨地说：“在我们制订和实施第一个五年计划的过程中，你作出了积极的贡献，我们合作得很好。”

1984年12月24日，陈云在中南海会见了应我国政府邀请来访的苏联部长会议第一副主席阿尔希波夫。

当时，中苏关系尚未正常化，两国在一些重大问题上还存在分歧。我国邀请阿尔希波夫来访，是促进两国关系正常化的重要外交步骤。阿尔希波夫是著名的冶金工程师，50年代曾在中国担任苏联在华专家总顾问，与陈云在工作上有过密切的交往。

陈云热情地接待了苏联朋友，一一询问了当年一些苏联专家的近况，并请阿尔希波夫代向他们问候。双方都沉浸在对往事的深情回忆之中。

陈云感慨地说：你是我们的老朋友了。我还记得你是1907年生的，比我小两岁。1958年你回国时，我参加了周总理宴请你们的招待会。在我们制订和实施第一个五年计划的过程中，你作出了积极的贡献，我们合作得很好。那时我们在一起谈话从不用稿子。对苏联政府和人民过去的援助，中国政府和人民都不会忘记的。

中苏两国完全应该也可以友好相处，中苏关系正常化有利于两国人民和世界人民的根本利益。现在不能正常化，主要因为存在三个障碍。如果不在排除障碍上有所前进，事情就不大好办。但是，两国可以在其他一些问题上改善和发展关系。这几年我们双方贸易有了很大发展，科技、文化方面也有了一些交流，这些今后还可以继续发展。对两国贸易和经济合作规模的扩大，世界上并不是人人都感到高兴的。有人手里拿着先进的东西，自己不肯卖给我们，又不让别人卖给我们。因此，在转让尖端技术这类问题上，希望苏联方面看得远一些。他在谈话中还向对方介绍了我国干部队伍建设的情况，指出，我们现在实行三个梯队的办法。叶剑英、邓小平、李先念和我，以及其他70岁以上的老同志是第一梯队，摆脱日常工作，一边休息，一边考虑些大事。60岁上下的同志是第二梯队，他们主持中央日常工作。从50岁左右、40岁左右的人中选拔优秀的人才组成第三梯队，放在各级领导岗位上锻炼，准备将来接班。

阿尔希波夫也动情地说：今天我讲话也没有稿子，因为我知道我要见的是陈云，不是别人。用我国的一句俗话说：我们在一起吃过的盐就有好几普特。

陈云和阿尔希波夫都认为，两国之间有障碍可以先放一放，先开展经济贸易和科技文

※ 1984年12月24日，陈云在北京会见苏联部长会议第一副主席阿尔希波夫。中为薄一波、钱其琛。

化交流。关系正常化是符合两国人民利益的，要向这个方向共同努力。

在分别时，陈云长时间地拉住老朋友的手，用俄语连声道“再见”。

（刘书楷）

云栖竹径杭州情

陈云曾多次讲，不到云栖就等于没到杭州。有一年，他一连去了云栖九次。陈云还亲笔题写了“云栖竹径”四个大字，并在云栖亲手栽下了三棵香樟树。

陈云生前非常喜欢杭州，多次来杭视察、休养。新中国成立后，一共来过23次，从1977年到1990年，每年都要到杭州住一段时间。他是上海青浦人，随着年事日高，江浙的气候水土更适宜于他的身体。记得在杭州最长的一次是从1989年10月8日到1990年4月28日，住了近七个月。他常说杭州的环境好、气候好、山水好，以致每逢回京，对我们总是说要“出发”去北京了，可见对杭州的深情。由于工作关系，我有幸多次接触陈云。特别是1985年以后，在中共浙江省委的领导下，我直接负责陈云在杭的警卫、接待工作，这是我一生中非常荣幸的一段经历。

陈云在杭州，到外面活动不多，尤其是最后几年，外出的次数更少，但每次来杭州，云栖是必去之处。他对那里的青山翠竹和幽静环境怀有一种特殊的感情，曾多次讲，不到云栖就等于没到杭州。有一年，他一连去了云栖九次。陈云还亲笔题写了“云栖竹径”四个大字，杭州市园林管理部门把这几个字刻勒成碑，立在云栖，成为那里的一个新景点。后来我每次去云栖，几乎都能看到游客在碑前拍照留念。1987年4月4日，陈云提出要到云栖植树，我马上报告省委和杭州市委主要领导，并作了具体安排。在省委副书记陈法文、省委常委兼杭州市委书记厉德馨、副省长许行贯、省军区司令员黎清等领导的陪同下，陈云在云栖亲手栽下了三棵香樟树。此后，我每年都要去看这几棵树。陈云去云栖，有时静坐小憩，欣赏那里的山岚竹影，沿林间石道缓步徐行数百米；有时在休息室与同去的警卫、接待人员谈笑风生，气氛和谐轻松。记得有一次，他突然问我们：“竹笋有没有营养？”我和周围的几个人未假思索，随口应道：“竹笋没有什么营养。”他幽默地反问：“那么熊猫吃的是竹枝，为什么长得胖胖的？”我们几个彼此相觑，无以为答。大家见状都开怀大笑，气氛顿时活跃了起来。

1993年1月4日，我护送小平同志到上海。当时陈云正在上海休息，我约中办警卫局两位同志一起去看望他。陈云见到我们很高兴，亲切地询问小平有没有去云栖，一再称赞“云栖是个好地方”。他还风趣地问我，他写的那几个字还在不在？有没有被刻上“某某到此一游”？我回答说，杭州市的有关部门把整块碑用玻璃罩住，保护得很好。说话间，

※ 1984年春，陈云在杭州同群众在一起。

※ 陈云在杭州同群众在一起。

提起了那三棵香樟树，我告诉他，树长得很高，也很粗壮，树干都已经碗口粗了。他听了这些情况，感到很兴奋。我们向他告辞时，再次请陈云来杭州。他笑道："谢谢，谢谢！"我想，陈云对云栖的关心，其实也正是他老人家对杭州人民、对浙江人民的关心。

陈云是党和国家的高级领导人，他艰苦朴素，克己奉公，事事处处都充分体现出老一辈无产阶级革命家、政治家那无比宽广的胸襟和崇高的品格。我在警卫接待过程中，真切地感受到了陈云严于律己、一丝不苟的精神。他每次来杭州或回北京，都选择星期天，以便陪同的子女当日随机往返而不影响工作。来去之时，他都再三关照不让省委领导迎送，一般情况下，往往就是我们这些负责警卫、接待工作的同志去接送。他在杭州期间，也与省里的领导约法三章——"不叫不到"。他说，地方上的同志都很忙，有许多事情要做，不能打扰他们的工作。只有逢年过节时，才同意省委领导和老同志上门看望，这时他总是非常热情地接见大家，亲切交谈。陈云在生活上要求很严，俭朴有规律。他一日三餐十分简单，中、晚餐都是四小碟菜和一个汤，多一份也不行，连春节都是如此，且不许他人作陪。

作为杰出的马克思主义者，陈云反复倡导领导干部要学好马克思主义哲学，大力提倡领导干部要亲自搞调查研究，强调理论联系实际，要把思想方法搞对头。1990年1月24日，正值新春佳节，省党政军负责同志和铁瑛、李丰平前去拜年。陈云高兴地与大家见面，并一起合了影。坐下后，他将事先写好的一幅题词"不唯上、不唯书、只唯实，交换、比较、反复"赠送给时任省委书记的李泽民，接着从这幅题词说起，和大家作了长时间的亲切交谈。陈云联系历史经验，在对十五字题词作了深入浅出的解释后说："这十五个字，前九个字是唯物论，后六个字是辩证法，总起来就是唯物辩证法。"陈云还对如何开展调查研究、如何掌握真实情况作了深刻阐述。

陈云与大家交谈时，我临时找了纸笔作记录，但因听得入迷，有时竟忘了下笔。交谈结束后一看，记得实在不像个样子。于是，我去找陈云的秘书帮忙，对照他的记录重新记了一遍。核对好后，记录稿送给省委办公厅作为陈云讲话要点印发。这篇重要的谈话要点中央顾问委员会也曾印发过，后来收录在《陈云文选》第三卷，是他留给党和人民的宝贵的精神财富之一，我反复捧读，感到格外亲切。

也许是接触较多的缘故，我先后三次获得了陈云题写的条幅。他在81岁时写给我的条幅是"有关家国书常读，无益身心事莫为"，教育我要读好书。他在82岁时写给我的条幅是"既扫自己门前雪，又管他人瓦上霜"，巧妙地将一句民间俗语反用，来教育、引导我。对这幅题词，我的理解是，一名国家工作人员，特别是做公安工作的，不但要兢兢业业做好本职工作，还必须有全局观念，要时刻心系社会稳定，时刻想到群众的冷暖安危。题词的内涵非常深刻，我所领悟到的，只是浅浅一层而已。这幅题词一直挂在我的家里，每当看到它，犹如又一次亲聆教诲。

陈云是我们党和国家的第一、第二代中央领导集体的核心成员，他在革命和建设中立下的不朽功勋和留下的宝贵的精神财富，将与世长存，泽被后人。他虽然离开了我们，但杭州的青山绿水在绵绵地思念他，云栖的竹径石磴在静静地等待他，我们这些参加过警卫、接待工作的同志在深切地怀念他。他将永远活在人民的心中！

（夏仲烈）

治理污染，保护环境

陈云致信李鹏、姚依林说："治理污染，保护环境，是我国的一项大的国策，要当作一件非常重要的事情来抓。"

一、尽早注意节水和工业污染问题

党的十一届三中全会以来，陈云在改革开放和社会主义现代化建设的新形势下，始终从战略高度上关注水的问题。

1979年6月17日，陈云致信李先念和姚依林，信中说：

有两个问题，我们必须尽早注意。

（一）全国各地的水资源情况。农业要用水，工业要用水，人民生活要用水，有些地区水资源已很紧张，如天津、北京等地。今后工厂的设立必须注意到用水量。有些工厂因为矿藏关系只能在当地开办，有些工厂可以而且应该在有水的地方办。即使有水资源的工厂，也应该有节约用水的办法。

（二）工业污染问题。现已办了的工厂，哪些还未处理污染问题的，我们应该心中有数，逐步加以改变。今后办厂必须把处理污染问题放在设计的首要位置，真正做到防害于先，这是重大问题。

陈云还请姚依林商请有关经济研究机构或有关单位收集上述两个问题的材料，在两三个月内各准备一份意见书，以便讨论。

50年代，陈云主管财政经济工作时已初步认识到工业用水问题。如1952年2月4日，他起草的哈尔滨铝合金加工厂初步设计议定书向中共中央的报告，就谈到工厂人员、用电、用水、厂址面积的设计等。其中，有一项是“生产用水全年三十二万三千一百吨”。然而，那时谈治水问题主要是从发展农业的角度上，设想如何防洪防旱、除涝灌溉；工业用水，在水利决策中尚未占据重要位置。50年代，陈云多次谈到中国的水根本就不够。60年代初，有些水利工作者还提出放淤稻改、引黄灌溉，把黄河引完喝尽的设想。但是对于缺水，那时还是一种预计、一种可能，还不是现实。70年代以来，北方许多城市多次发生用水告急的情况：1972年，黄河第一次出现断流。此后断流的形势越来越严重，水资源的紧张已摆在人们面前。陈云的这封信，已把工业用水、节约水资源摆在水利决策的重要位置，提出工业建设必须注意用水量、注意水资源的条件，并号召节约用水。这对人们正确认识这个问题并采取有效的措施无疑有着重要的指导意义。

70年代以来，我国随着人口的过度增长和工业的发展，在出现水资源紧张的同时，还出现了江河污染、大气污染等问题。1970年11月21日，周恩来说，上海炼油厂的废油、废渣、废水怎么办？统统回收，综合利用才好。不然，倒进黄浦江里把鱼都弄死了。这是一个新课题。周恩来还针对工业污染意味深长地说，搞工业不能给人民生活带来不利。陈云同周恩来一样高度重视保护水资源、保护生态环境问题，并进一步提出了治理工业污染的具体办法：对现有工厂处理污染问题要心中有数，逐步改变；今后新办工厂必须把处理污染问题放在首要位置，防害于先。真正按陈云的这两条具体办法去做，就会杜绝扩大工业污染，并使已有的工业污染一步一步地得到治理。

二、要集中财力物力保重点，三峡工程、环境污染的防治就是重点

改革、开放以来，陈云多次谈三峡工程和防治环境污染问题。

1979年9月18日，他在国务院财政经济委员会召开的汇报会上强调，经济建设要脚踏实地，不能指望一年建一个三峡工程，这是办不到的。他说：“我们建设像宝钢、平果铝矿、三峡水电站（是否能建成还需收集各方面意见）等那样大的工程，在第六个和第七个五年计划时期，每个五年计划中能建成几个（我这里说的是建成几个，不是说上马几个）？每个大项目的建设周期都需在十年左右。依我看来，每个五年计划期间，平均计算

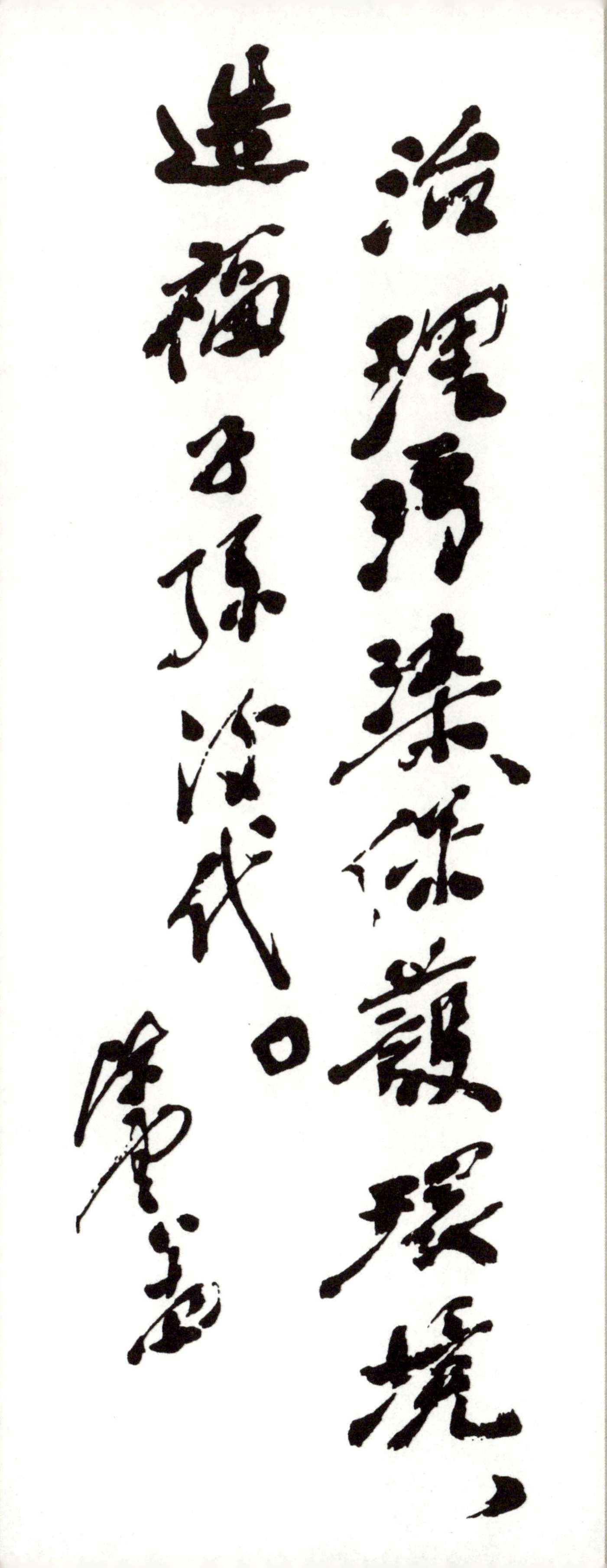

※ 1988年8月25日，陈云为国家环保局题词。

大体上只能建成一个。”他反对不讲比例、不顾国力地乱上大项目，他更反对不讲重点齐头并进。

1983年6月30日，在中央工作会议上，陈云说：“建设要有重点。财力物力只有那么多，不分轻重缓急，大家一齐上，你挤我、我挤你，势必因小失大，处处被动。”什么是重点？他提出：“现在看，农业、能源、交通是重点，一批骨干企业的建设和改造是重点，科技教育事业的发展、环境污染的防治以及知识分子生活待遇的提高等等也是重点。”陈云认为，“重点确定之后，就要动员全党全民集中财力物力保重点”。否则，“什么几个核电站，什么三峡工程，什么增加港口、铁路，通通办不成就是了”。

1988年8月，陈云看了新华社记者和《人民日报》记者写的《“卫星看不见的城市”——本溪市环境污染情况调查》、《四川排放污物总量约占全国十分之一》两篇文章，致信李鹏、姚依林。信中说：“治理污染，保护环境，是我国的一项大的国策，要当作一件非常重要的事情来抓。这件事，一是要经常宣传，大声疾呼，引起人们重视；二是要花点钱，增加投资比例；三是要反复督促检查，并层层落实责任。”这封短信，字里行

※ 陈云同李鹏交谈。

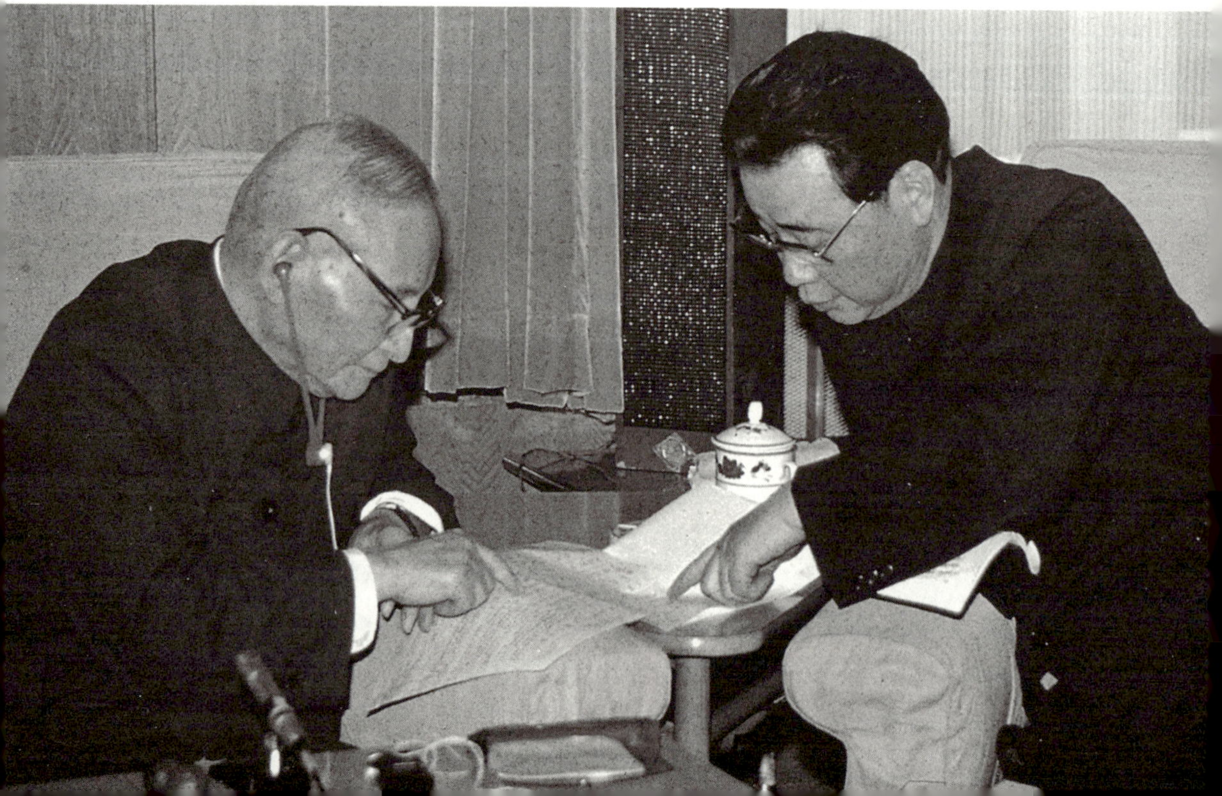

※陈云参加植树。

间洋溢着对防治环境污染的关切之情。他所建议的宣传、投资、督促三大措施言简意明，是深思熟虑后提出的切实可行的办法。

（曹应旺）

怎样才能做到实事求是

陈云把“不唯上、不唯书、只唯实，交换、比较、反复”的条幅赠送给李泽民。他说，这十五个字，前九个字是唯物论，后六个字是辩证法，总起来就是唯物辩证法。

1990年1月24日上午，浙江省委书记李泽民及省委常委，在杭中顾委委员铁瑛、李丰

※ 陈云在杭州同浙江省党政军领导同志在一起。

平，浙江省顾委、省纪委、省人大、省政协、省政府、省军区、杭州市委、市政府的负责同志，向陈云拜年。合影后，陈云与大家作了长时间的交谈。

谈话一开始，陈云便将事先题写的条幅“不唯上、不唯书、只唯实，交换、比较、反复”赠送给李泽民。接着，陈云对“不唯上、不唯书、只唯实，交换、比较、反复”这十五个字作了详细解释。

陈云说：在延安的时候，我曾经仔细研究过毛主席起草的文件、电报。当我全部读了毛主席起草的文件、电报之后，感到里面贯穿着一个基本指导思想，就是实事求是。那么，怎样才能做到实事求是？当时我的体会就是这十五个字。

李泽民说：陈云的这十五个字，不光是送给我的，也是送给我们省委全体常委的。这是陈云对我们的期望。

陈云说：不唯上，并不是上面的话不要听；不唯书，也不是说文件、书不要读；只唯实，就是只有从实际出发，实事求是地研究处理问题，这是最靠得住的。交换，就是互相交换意见。比方说看这个茶杯，你看这边有把没有花，他看那边有花没有把，两人各看到一面，都是片面的。如果互相交换一下意见，那么，对茶杯这个事物我们就会得到一个全面的符合实际的了解。过去我们犯过不少错误，究其原因，最重要的一点，就是看问题有片面性，把片面的实际当成了全面的实际。作为一个领导干部，经常注意同别人交换意见，尤其是多倾听反面的意见，只有好处，没有坏处。比较，就是上下、左右进行比较。抗日战争时期，毛主席《论持久战》就是采用这种方法。他把敌我之间互相矛盾着的强弱、大小、进步退步、多助寡助等几个基本特点作了比较研究，批驳了“抗战必亡”的亡国论和台儿庄一战胜利后滋长起来的速胜论。毛主席说，亡国论和速胜论看问题的方法都是主观的和片面的，抗日战争只能是持久战。历史的发展证明了这个结论是完全正确的。由此可见，所有正确的结论都是经过比较的。反复，就是决定问题不要太匆忙，要留一个反复考虑的时间。这也是毛主席的办法。他决定问题时，往往先放一放，比如放一个礼拜，再反复考虑一下，听一听不同的意见。如果没有不同的意见，也要假设一个对立面。吸收正确的，驳倒错误的，使自己的意见更加完整。因为人们对事物的认识，往往不是一次就能完成的。这里所说的反复，不是反复无常、朝令夕改的意思。

陈云说：这十五个字，前九个字是唯物论，后六个字是辩证法，总起来就是唯物辩证法。

陈云说：我还有一个意见，请你们考虑，就是搞调查研究有两种办法，一种是亲自率工作组或派工作组下乡下厂，这当然是十分必要的；另一种是每个高中级干部都有敢讲真话的知心朋友和身边工作人员，通过他们可以经常听到基层干部、群众的呼声。你李丰平同志是四川人，周围就有这种人。后一种调查研究，有“真、快、广”的特点。所谓真，就是他们敢于反映真实情况，敢讲心里话。因为他们信得过你，知道你不会整他们。我就有这样一些朋友。所谓快，就是当问题处于萌芽状态时，就能够及时发现。所谓广，就是全国各省市各行各业，都有许多高中级干部（包括离退休的）。在某种意义上讲，后一种调查研究比前一种调查研究更重要一些。两种调查研究都有必要，缺一不可。这是我第一次同地方的同志交换这个意见。

李丰平说：要下去蹲点，交知心朋友。现在有些人下去搞调查，走马观花，一天走好几个县。

陈云说：1961年六七月间我在青浦县小蒸公社搞调查，住了半个月。这里是我1927年搞过农民运动的地方，解放后也常有联系，当地的干部、群众能够同我讲真话。当时在养猪问题上已经确定实行“公私并举、私养为主”的方针，但对母猪是公养还是私养，并没有明确规定，而这关系到养猪事业能否迅速恢复和发展的一个重要问题。小蒸公社当时有十五个养猪场，我去看了十个，还看了农民私养的猪，并召开了几次座谈会之后，感到私养母猪比公养母猪养得好。私养母猪喂食喂得好，有的甚至喂泥鳅，猪圈也干净，产苗猪多，苗猪成活率高；公养母猪喂食不分大小、强弱，像开“大锅饭”，猪圈脏得很，母猪流产多，苗猪成活率低。通过这次调查，得出了一个结论，就是大部分母猪也应该下放给农民私养。

陈云说：总之，后一种调查研究，你们浙江可以试一试。你们要在各行各业广交知心朋友。

（1991年1月18日《人民日报》）

悼念李先念

李先念常常对人说：“我一生有两个教师，一个是徐帅，教会我打仗；一个是陈云，教会我管经济。”而陈云也对李先念非常敬佩。李先念逝世后，陈云发表悼念文章，表达自己对老战友的深情。

李先念从20世纪50年代起就在财经部门担任领导工作。他对陈云是很佩服的，常常对人说：“我一生有两个教师，一个是徐帅，教会我打仗；一个是陈云，教会我管理经济。”

陈云与李先念共事多年，他也非常佩服李先念，赏识他的才干。1992年6月，李先念不幸病逝，陈云十分悲痛，在《人民日报》上发表悼念文章，高度评价了李先念为党和人民做出的重要贡献，字里行间，渗透着对老战友的深情。文中写道：

先念同志的逝世，是党和国家的巨大损失。

我和先念同志相识，是在一九三七年四月。那时他率领西路军余部四百多人，浴血奋战，历尽艰辛，到达甘肃、新疆交界的星星峡，我以中央代表名义从苏联回到迪化（今乌鲁木齐），然后去星星峡接应他们。这在当时极为困难的条件下，为党和红军保存了一部分力量，尤其是保存了一批干部。

先念同志从红军时代起就是一位久经沙场、英勇善战的将军，在长期的武装斗争中，他为中国人民的解放事业建立了不可磨灭的功勋。

※ 陈云同李先念在天安门城楼上。

一九五四年先念同志从湖北调到中央，参与领导全国财经工作。他是将军管理经济，但他能很快精通当时的经济工作，这是十分难得的。

这里要特别提到“文化大革命”期间，先念同志在十分艰难的情况下，协助周总理主持全国财经工作，使一大批在建和新建项目得以建成或加快了建设进度，其中包括攀枝花钢铁厂、武钢一米七轧机、十三套大化肥、四套大化纤、焦枝铁路、襄渝铁路和胜利油田等，继续为我国社会主义现代化建设打基础。

在粉碎“四人帮”这场关系我们党和国家命运的斗争中，先念同志同叶帅一样起了重要作用。由于叶帅和先念同志在老干部中间很有威望，小平同志暗示他们找老干部谈话。我到叶帅那里，见到邓大姐谈完话出来，叶帅首先给我看了毛主席的一次谈话记录，其中有讲到党内有帮派的字样，然后问我怎么办。我说这场斗争不可避免。在叶帅和先念同志推动下，当时的中央下了决心，一举粉碎了“四人帮”，使我们的国家进入了新的历史发展时期。

先念同志和我虽然都没有到过特区，但我们一直很注意特区建设，认为特区要办，必须不断总结经验，力求使特区办好。这几年，深圳特区经济已经初步从进口型转变成出口型，高层建筑拔地而起，发展确实很快。现在我们国家的经济建设规模比过去要大得多、复杂得多，过去行之有效的一些做法，在当前改革开放的新形势下很多已经不再适用。这就需要我们努力学习新的东西，不断探索和解决新的问题。

先念同志为在中国实现社会主义和共产主义奋斗了一生。他的革命精神是永存的。我们要怀念他、学习他。

（陈云）

对警卫员的关怀

“峨眉山月半轮秋，影入平羌江水流，夜发清溪向三峡，思君不见下渝州。书赠赵天元，陈云八十八”。

我于1982年至1992年在陈云身边做警卫和生活服务工作。这十年，他老人家先后担任中央政治局常委、中央纪律检查委员会第一书记、中央顾问委员会主任等重要职务，为新时期党的建设和国家经济的发展日夜操劳，作出了卓越贡献。他的丰功伟绩已载入共和国的史册。然而，作为他的贴身警卫，我更多地感受到的是他风趣幽默、平易近人、可亲可敬的一面。他逝世后，那十年里的一幕幕往事又浮现在我眼前，依然那么清晰，就像发生在昨天一样……

一

那是十三年前的一天。那天，我被组织调到陈云身边工作，到他住所向他报到。以前，我在连队当战士，没有接触过大干部，因此，乍一见到陈云，心里不免有些紧张。他老人家像是看出了我的心情，便问我叫什么名字。我说叫赵天元。他听后马上风趣地说："赵钱孙李，天元（圆）地方。"然后，又问我的籍贯。我说是河南沁阳。他听后又说："你们老家可是产小米的地方啊，那小米过去是给皇帝进贡的，你知道吗？"我虽在那里生长了二十年，可这个事还是第一次听说。过了一会儿，老人家开始散步了，他一边走一边与工作人员谈笑风生。他指指我笑着对周围的人说："这位小同志是'第一'。赵钱孙李，赵是第一，天、元也都是第一。你有弟弟吗？你要是有个弟弟，就该让他叫'地方'了。"说得周围的人都笑了。这一笑，顿使我刚来时的那种紧张的心情放松了下来。

第二天，我开始跟班熟悉情况。当天值班的是警卫员小徐和护士小赵，老人家喊"小赵"时，我们两个小赵分不清在叫谁，就一齐答应。面对这滑稽的场面，我们都笑了，老人家也笑了。小徐开玩笑说，为了区别，以后就叫护士小赵"黄毛丫头"吧。老人家听后笑着说："不行，这个外号不行，我不批准。"大家问："那怎么分清两个小赵呢？"老人家指着我说："这是警卫员小赵。"大家说："这也不好叫呀。"晚饭后，老人家突然对我说："你们家乡不是产小米吗？那就叫你赵小米吧。可以吗？"我说："可以，这就分清了。"这时护士小赵为报小徐给她起外号之"仇"，赶紧说："首长，有'小米'了，小米加步枪嘛，就叫小徐'步枪'吧。"在一片笑声中，老人家高兴地说："好，小米加步枪打出了个新中国。就叫赵小米加徐步枪。"随后，老人家当着我们的面，乐呵呵地在一个本子上写道："赵小米＋徐步枪"。

就这样，在陈云身边，"小米"这个名字渐渐叫响了。以后有新同志来，不了解这个名字的原委，见老人家总叫我小米，还真以为我姓米呢。

二

调到陈云身边工作的第二年，有一天，老人家对我说："该找对象了。"那年探家回来，他问我："这次回家对上象了没有？"见我笑而未答，老人家又说："不要不好意思嘛，人生总要过这一关的。"我说："找了。"老人家听后笑着说："拿照片给我看看！"他指着放在一张长条茶几上的相册说："我和老太太（指他的夫人于若木）年轻时的照片就在那儿放着，你们随便看。"接着，他又详细询问了我对象的姓名、年龄、工作单位和家庭情况。

不久，我结婚了。当我爱人李梅来京时，陈云特意邀请她到家中做客，幽默地说："李梅现在也是嫂子了，天元嫂。"有一次，我休假期间携妻外出旅游，回来自然得给他老人家详细汇报一番。老人家听后风趣地说："天元嫂子下江南，花了钞票200元，大开眼界呀！"

我爱人怀孕后，陈云关心地问我："李梅是准备在老家生呢，还是在北京生？最好早来北京生，这里条件好些。要是在老家生的话，你就早点回去，可以在家乡住几天，照顾一下。"考虑到当时工作不便长时间离开，我决定把妻子接到北京。老人家知道后，不时地问："李梅自己做饭吗？累不累呀？劝她每天出去散散步，多活动活动对生产有好处。生孩子以后，就在北京过冬吧，这里有暖气，条件好一点，春天天气暖和了再回去。"老人家还多次交待，要我在孩子出生后，马上打电话告诉他。

后来，我爱人顺利地生了一个男孩。我立即从医院打电话，请人报告了老人家。有趣的是，自80年代以来，在陈云身边工作的同志接连生了九个女孩。为此，大家曾跟老人家开玩笑说："人家都说在您这里工作的都生女孩儿，想生男孩儿就别到这里来。"老人家风趣地说："我这里'名誉'不好呀。看谁给恢复'名誉'吧。"话虽这么说，实际上陈云并不是这么看的。他曾对我说："女孩儿比男孩儿好。"每当他身边工作人员添了千金，他总是乐得合不拢嘴。但由于我这个儿子毕竟是80年代出生的十个孩子中的第一个男孩，所以，陈云听到消息后说："李梅立了一功，给我这里恢复'名誉'了。"

当我重新回到工作岗位时，陈云一见我就问："孩子起名字了吗？"我回答说，我妈让叫"羊羊"。现在有三个yang字，除了这个山羊的羊，还有一个是太阳的阳，一个是左边一个"日"，右边一个"𠃓"的"旸"，意思是日出。我们想在这三个字里选一个，还没有定，想请首长给参谋参谋，批准一下呀。老人家略加思索说："就用太阳的阳吧。赵阳，谐音朝阳。儿童是祖国的花朵嘛，就像早上初升的太阳。"

※ 陈云同警卫战士在一起。

陈云很关心我爱人和孩子的健康。他要我转告她："要多喝点鲫鱼汤和鸡汤，鲫鱼汤是下奶的；要用母乳喂孩子，母乳营养最全面；小孩子哭是一种运动，是好事，不能一哭就喂，还是按时喂奶。"随后，老人家又托人买来一只老母鸡和几条鲫鱼送给我。于若木也托人带着红糖、大枣、鸡蛋、鸡、鱼看望了我爱人和孩子。

我爱人和孩子回老家后，陈云在休息时经常问我：家里来信了吗？你妈妈身体好吗？带孩子是很累的，她能吃得消吗？赵阳几斤重了？当我爱人带孩子来休假时，老人家还抽空见了母子俩。我每次探家回来，他老人家总要让我把我孩子的近照拿给他看。

三

光阴荏苒，在陈云身边工作转眼就十年了。在转业要离开老人家时，我哭了。是啊，十年的朝夕相处，我把最宝贵的青春年华献给了他老人家，老人家也把慈父般的爱给了我。临别前日，我去向他辞行。老人家拉着我的手，让我坐到他的身边。一番长谈之后，他好像想起了什么，放下手中正在转动的核桃，按了一下电铃。等值班的警卫到了办公室，他吩咐说："准备写字。"

老人家郑重地来到桌前，拿过镇尺，理好宣纸，提起毛笔，挥毫疾书："峨眉山月半轮秋，影入平羌江水流，夜发清溪向三峡，思君不见下渝州。（李白诗《峨眉山月歌》）书赠赵天元，陈云八十八"。他搁下笔，说："不写了，休息。小米给打个印。"我的双眼模糊了，拿起印章的手在微微颤抖。我盖上的不仅是老人家的印，更是老人家的一片深情啊。

第二天，我含泪告别了首长。八十三天后，我出差来北京，特意回到陈云的住所看望他老人家。当我走进他的办公室时，只见他头微左倾，仰靠在沙发上听评弹。他双腿平放在脚凳上，右手正有节奏地转动着两只磨得锃亮的核桃，那清脆悦耳的声音和着优美的评弹曲，在室内轻轻地回荡。这是陈云晚年身边所独有的一种氛围，也是永远留在我心中的情境。

我不忍打破这美妙的境界，静静地望着老人家，许久，我才伸手关掉了录音机。他从入神中醒来，抬起头，竟然怔了一下。他想不到我会突然出现在面前，只见他双臂撑着沙发扶手，挺起腰板坐直了身子，睁大眼睛注视着我，目光中露出诧异和喜悦，嘴微微地翕动着："小米呀！你走了好长时间了，也不给我来封信。"顿时，我的泪水溢满了眼眶。

叙一番家常之后，我拿出一张与老人家的合影照片来，请他签名。他端详着手中的照片说："这张就给我放在这儿，还签名吗？"我赶紧又拿出一张来请他签名。原来，陈云立有不收礼的规矩，十分严格。身边的工作人员也都自觉地遵守和维护着这一规矩，不敢越雷池一步。久而久之，我们形成了一种似乎不合常情的心理定势，谁也不给老人家礼物，哪怕是一张照片。老人家相册里存的我们这些年轻人的照片，多是我们办喜事时，他乐呵呵"讨"来的权代喜糖的结婚照。因此，这次来见老人家之前，我本准备了两张同样的照片，想着要送一张给他留个纪念，可一见面，那种多年来形成的心理定势又使我本能地只拿出了一张。

"好嘛。"老人家高兴地就着沙发扶手在我拿出的第二张照片上签了名，然后微笑着拿起那张留下的照片说："把这张保存在相册里。"我随手取出那本老人家珍爱的相册，将这张照片装了进去。"拿来看看。"他一页一页地翻看着，还不时拿起放大镜来看个仔细。当看到他与我同妻子的合影时，感慨地说："这是你和李梅结婚时，我们一块儿在这儿照的呀，现在赵阳都那么大了，时间过得可真快呀！怎么能不老呢？"

不觉一个多小时过去了，已近老人家开饭时间，但老人家谈兴正浓，我只好说："首长，该吃饭了，休息一会儿吧！"他又询问了我什么时间回去，什么时间再来，并让我转达他对家里人的问候。我感动地说："谢谢首长，祝您老人家健康长寿！""好吧，以后可要常来看我呀。"陈云说。

我一时语塞，唯有向老人家深深地鞠了一躬。待我走到门口再回头时，只见他还在目送着我，微笑着举起那正在转动核桃的右手为我送行。那核桃转动的"嚓嚓"声，仿佛是一声声深情的送行曲。这动人的瞬间，永远地烙在了我的脑海里。

（赵天元）

※ 陈云为身边警卫人员照相。

情系故乡

陈云接见家乡代表，一再嘱咐县镇领导，一定要重视农业的基础地位，把农业抓好。他说：“有粮吃与要粮吃味道不一样，有粮吃主动权在自己手里。”

青浦是陈云的出生地，他在这里度过了童年和少年时代，也在这里进行过艰苦卓绝的对敌地下斗争和农民运动。因此，陈云始终对故乡青浦有着一份难以释怀的特殊情感，故乡人民也对陈云有着一份特殊的情和爱。陈云多次讲过：在最艰难困苦的对敌地下斗争环境中，是故乡人民支持和保护了我，我的心始终和故乡人民连在一起。

陈云虽然离开故乡多年，但他一直关注着故乡的发展变化，为故乡的繁荣感到由衷的高兴。1993年5月25日，陈云同志接见家乡代表，关心询问故乡经济发展和人民生活的情景。88岁高龄的陈云，此时已无法亲临青浦看望家乡父老，一大早他就把家乡亲人请到了下榻处。他端坐在沙发上，仔细倾听着青浦县、练塘镇领导的汇报。当听到家乡青浦近年来经济发展一跃而上，已成为上海市郊的“新科状元”后，他脸上露出了宽慰的笑容。陈云还关切地询问县镇领导，家乡的农业发展情况怎么样，农民还养不养猪，乡亲们的主要交通工具是不是仍用“脚划船”，娃娃们是否都能入学受教育……家乡的点点滴滴他都一一细问。当他得知故乡人民都早已用上了自来水，大部分农家用上了煤炉、液化气、抽水马桶，孩子们在青浦、在练塘都能就近从小学直至上到高中时，陈云连声说：好、好，要扎扎实实地为民办实事。

陈云一再嘱咐县镇领导，一定要重视农业的基础地位，把农业抓好。他说：“有粮吃与要粮吃味道不一样，有粮吃主动权在自己手里。”第二天，陈云又让秘书打电话给练塘领导嘱咐：“一定要把教育抓好，今后社会发展要靠教育。”

陈云4岁时就父母双亡，在他童年和少年时代，乡亲们在生活上给了他很大的帮助、关心，所以陈云对故乡父老乡亲也倾注了一片关怀深情。得悉陈云逝世消息后，故乡练塘的乡亲邻居们纷纷自发聚集到陈云的旧居，现在的青浦县革命历史陈列馆内，倾诉对陈云的深厚情感和悲痛心情。陈云同志的老邻居、84岁高龄的沈福宝老太泣不成声地说：“‘大哥哥’（自小对陈云同志的称呼）时常惦记着我们这些老乡亲，每次回到故乡，他总把我们邀去叙谈见面，问长问短。这些年来，他还常让夫人、孩子来乡下探望我们，给我们捎来爱吃的点心、水果。他工作那么繁忙，却还记得我的眼睛有病，专程让人给我带来药片和眼药水。得知乡亲刘老汉一家因劳力不足，生活十分困难，陈云立即给刘老汉一家寄来了生活费，以后每月如数寄来，一直到刘家生活好转为止。”

陈云留给故乡人民最深刻的印象，是他深入实际、实事求是的工作作风。吴福林老人告诉记者，他曾跟随陈云同志在小蒸乡进行调查研究，陈云同志跑遍了小蒸乡的各个生产队，召开了十余次座谈会，还深入到饲养场、农民食堂和农民家中倾听实情。陈云反复强调，调查研究一定要深入全面，不仅要听好的，还要特别注意听反面的话，要到现场去看，掌握第一手资料，真正把基层的实情摸准。著名的《青浦农村调查》一文就是这样形成的。他还在1993年会见家乡代表时一再嘱咐练塘镇党委书记吕健康：“一定要讲实话、办实事，扎扎实实地把每一项工作做好。”

陈云对故乡人民向他表示的种种爱戴之情一再推却。为了更好地介绍陈云革命足迹和业绩，青浦县和练塘镇于1990年决定改建陈云旧居，建立“陈云革命历史陈列馆”。陈云得悉后，特地捎话给故乡人民，要求不要搞个人的革命业绩陈列馆。所以当陈列馆建成后，青浦县和练塘镇政府根据陈云的意见，改成了“青浦县革命历史陈列馆”，陈列展示青浦县各个时代的所有革命先驱的斗争历史和业绩。

（马晓青）

※ 陈云在上海会见青浦县及练塘镇党政领导同志。

为“剪刀博物馆”题写馆名

“剪刀博物馆”，展示了中国剪刀的发展史，反映张小泉剪刀厂的厂史。陈云应邀为杭州张小泉剪刀厂建立的“剪刀博物馆”题写馆名。

1993年9月我去浙江省做调查，了解轻工业、手工业的生产情况。上旬到了杭州后，我就到张小泉剪刀厂去参观。时隔多年，这次一看，真是“今非昔比”，剪刀的生产条件大为改善，产量比过去几十倍地增加，经济效益是很不错的，工人的生活也都有了明显改善。在与厂里的干部座谈中，周永兴厂长告诉我，厂里要自筹资金建一个“剪刀博物馆”，展示中国剪刀的发展史，反映张小泉剪刀厂的厂史。我听了很高兴，认为这是一件大好事，表示完全支持。接着，周厂长就提出要我请一位领导同志给题写馆名，我当即表明陈云是我党的一位德高望重的中央领导，长期领导全国的财经工作，一向重视支持手工业发展，经常提到张小泉剪刀，建议请陈云题写。永兴说，如果陈云给写，那是最好了，是求之不得的，就怕他老人家不肯写。我说：你亲自给陈云同志写封信，报告这件事，恳请他老人家题写馆名。还说：你的报告信写好了交给我，由我亲自给你转送。并说我想陈云可能答应你的请求。当天，周厂长就把写好了的给陈云的报告信交给了我，我当即也给陈云写了一封信，一方面简要报告了张小泉剪刀厂多年来的发展情况，报告了他们要利用自己的资金在厂区里建设一座剪刀博物馆；另一方面也恳请陈云能满足他们的要求，能挤点时间题写馆名。厂里的报告和我写的信，通过浙江省委办公厅机要处转送北京陈云办公室后，我就到台州、绍兴等地去了解情况，做调查去了。我9月下旬从浙江回到北京的第二天，即给陈云办公室打电话，询问是否收到了报告信，陈云是否同意题写馆名。我的话还没有说完，秘书同志即告我：陈云已经写了，两天前就寄出去了。我听到这一信息，那个高兴劲简直没法说，立即给浙江省二轻工业厅的负责同志和周永兴厂长打电话，报告他们最想知道的这一好消息，并请他们注意查收，千万不能出差错。不几天，他们就给我回了电话，说明陈云的墨宝已经收到了。不久，剪刀博物馆建成了，陈云题写的“剪刀博物馆”五个强劲有力、金光闪闪的大字，就高悬在博物馆门前。陈云亲自题写“剪刀博物馆”的馆名，这再次充分说明了陈云对手工业的关心和重视。

（杨波）

“睡眠第一，吃饭第二”

医生对陈云说：“您以前说‘睡眠第一，吃饭第二’是对的，不过，现在您患肺炎，为了您早日康复，能不能改一下说法？把它改成‘咳嗽排痰第一，睡眠第二’这样行不行？”

1988年春节前夕，领导上安排我到陈云处工作。那时，我正在协和医院进修。起初，我考虑到自己的年龄、健康、专业和未来，觉得难以胜任此项工作，有点想推辞。但转念间又想到，陈云是我们党的元老，他早就是中国共产党中央委员会政治局常务委员及党中央副主席。他在党内外有很高的威望，在历史上有卓著的功绩，在老一辈无产阶级革命家中有着很大的影响。特别是在改革开放初期，他老人家的一些思想和提法我非常赞赏与钦佩。经过一番自我思想斗争，我终于想通了。自己认识到个人的一点点得失算不了什么，是微不足道的，应该放弃。何况，我是一个医生，还是一个比较老的保健医生。在我年近花甲的时候，还能为老一代革命家服务，深感责无旁贷。于是，我向上级领导欣然地表示愿意去陈云处工作，待春节过后便去上班。

在农历正月初二近中午时分，陈云的秘书来电话，要我去见陈老。我急匆匆地骑自行车赶到中南海陈老住处，由他的秘书引我到陈老办公室。老人家正坐在沙发上听评弹，他见到我便含笑地跟我打招呼。我紧走几步到他身边，他主动伸出手来跟我握了一下手，并示意要我在他左侧沙发上坐下（他的右耳听力不好）。他说：“听说你是上海人，我也是南方人，你熟悉我，我了解你，所以我要你到我这里来工作。今天叫你来，是这儿——”他用手指指鼻孔，“长了一个小疖子，请你看看。”我检查了鼻孔处，看到一个小毛囊炎，虽然不大，却很疼，我给他上了一点药，向他解释道：“是长了一个毛囊炎，只要每天上两次药就可以了。若要好得快一些，可以作超短波治疗，但是太麻烦。”陈老说：“小毛病，死不了，就这样吧。”我便告退出来。从此，我算是他的保健医生，正式开始在陈老处上班了。

过去，我虽然认识陈云已有多年，毕竟没有在他身边工作，对他的健康状况是了解的，但对他的性格和脾气耳闻的较多，实际接触甚少。作为一个保健医生，不仅要掌握你服务对象的健康和病情，还要较快熟悉他，也让他进一步了解你，彼此建立信任，才有可能做好工作，使你的保健对象满意。当然，关键是你要细心和踏实地工作。在陈云身边工作人员的热情帮助和亲属的支持下，我开始了工作。

1988年3月，我随陈云去杭州疗养。那是人们称作“天堂”的地方，正值春暖花开、桃红柳绿的季节。我们住在西子湖畔风景秀丽的花园别墅。这儿的空气清新，湿度较高，只住了几天，便感到鼻子、嗓子和皮肤滋润、舒服。晚上看杭州的天空，湛蓝湛蓝的，觉得比北京的天空高，星星也比北京的多。不像北京，一到春天就刮风，有时满天黄，能见度很低，喉咙和皮肤都干燥不适。由于出差在外地，就没有上下班及回家的事，24小时在住地待召，每天同他见面的机会比较多。那年，他已是83岁的高龄老人了。他的体质比较弱，身患多种疾病，行动也有些不便；又因患较重的白内障，视力很差，不能看文件和阅读书刊。但是，他头脑清晰，思维敏捷，担负党中央顾问委员会主任的要职，一直关心着党和国家大事。每天必听早晚两次中央电台新闻联播节目，请人给他读文件和协助他处理一些重要的公务。

陈云是我们党的高级领导人，但他去外地疗养，一向轻车简从，不许前呼后拥地带一大群随员。他在每次离开北京和到达地方上时，一切免俗，不许党政领导人搞迎来送往或者宴请等繁文缛节。他常说，自己年事已高，身体又不好，不能为党做多少工作，他们（指省、市党政负责同志）都很忙，不必常来看我，有事我会找他们，少给他们添麻烦。那年，我们在杭州住到5月初，便返回北京。

二

陈云在杭州住了两个月，我注意到陈老的生活非常简朴，作息很有规律，一日三餐的食谱相当简单，顶多算是小康水平。早餐是豆浆、面包、果酱和稀饭；午餐有一个荤菜、一个素菜，没有汤菜；晚饭只有一个青菜和一个烧豆腐，主食永远是大米饭。一年到头，天天如此，没有任何变化。他的体重保持在60公斤左右。从保健的角度看，他的食谱中最好增加一点蛋白质，体重也稍微再增加一点，使身体内有些储备，以增强抵抗力。他的胃肠道对牛奶很敏感，喝过一两次觉得不舒服，只好放弃。因此，在我们跟他商量食谱时，有人建议他吃一点海味。他说海参、鱼翅和燕窝这些东西太名贵，他不肯吃。由于他的牙不好，又不爱吃牛羊肉，我们想给他增加营养，但他的食谱很单调，厨师也难配餐。有几次，在午餐时，试着在小碟子里盛几根红烧鱼翅给陈老端去品尝，他很快发下话来，不准再上，我们只好作罢。为此，厨师、主管生活的同志和保健医师确实伤了一番脑筋。

我们回京后，请有关专家为陈老进行反复会诊，确诊患有冠心病、心力衰竭等多种疾病，拟订了比较详细的治疗方案，向陈云作了汇报，建议他秋末去杭州，在那里休养和

※ 1988年5月，陈云在杭州。

进行治疗。陈老同意专家们的意见，他也感到北方的冬季太冷，不能到户外散步、呼吸新鲜空气和晒太阳，室内取暖使空气非常干燥，鼻子与嗓子发干，皮肤干燥瘙痒不适，晚上睡不好觉，容易患感冒，往往导致肺炎。那时，陈老已经有气急、脉搏快和下肢肿等症状，两只脚已肿得穿不上布鞋，一再买放大尺寸的鞋。1988年10月上旬，我们随陈云赴杭州疗养，并按计划进行治疗。在医护人员的精心治疗、密切观察和身边工作人员的悉心照料，以及陈老的主动配合下，他的病情有了明显的好转。1989年5月返回北京前，陈老的呼吸、脉搏正常，双下肢浮肿消退，走路步距显著增大，步履稳健。他曾高兴地说：“我现在两条腿轻松多了，走起路来就像穿上皮鞋踏在大马路上一样，咯噔咯噔地响。”就这样，从1988年起，陈云每年10月上旬去南方疗养，至第二年5月返回北京。

二

事情是这样的，在他的生活中，长期以来形成了一个重要的概念，那就是“睡眠第一，吃饭第二”。他曾多次跟我们说过，在那举世闻名的二万五千里长征途中，敌人是飞机加大炮，而我们却是小米加步枪，走路靠的是两条腿。且不说同敌军打仗，在遇到后有敌兵追击，前有敌人堵截时，往往需要急行军，必须绕道走很多路，才能避开敌人精锐部队，保存自己的有生力量。因此，吃不饱肚子是常有的事。当部队找到了宿营地，许多人的第一件事不是吃饭，而是设法找地方睡觉，这样方能恢复体力，才有胃口吃饭。即使吃不上饭，也会有体力再走路。全国解放后，陈云除了担任党中央的重要职务外，还任政务院副总理，并兼任中央财政经济委员会主任及重工业部部长。那时，国民党统治的旧中国留下了一个破烂摊子，百废待兴。加之建国初期，西方帝国主义对刚成立的新中国实行经济封锁，反动资本家搞投机倒把，扰乱社会市场。因此，当务之急是控制恶性通货膨胀，稳定市场物价，使老百姓的基本物质生活得以保障，方能安定民心，巩固政权。陈云肩负着解决紧迫的财政经济困难问题，所以他的工作十分繁忙。上午，他要出席周恩来召集的会议；下午，参加他自己主持的中财委会议；到了晚上，他要到毛主席那儿开会，常常搞到深更半夜，每天睡眠不足，生活很不规律。从此，开始了他几十年服安眠药的历史。

但是，如今的陈云毕竟是高龄老人了，健康状况一年不如一年，全身各器官系统的功能慢慢地衰退，特别是心脏病逐渐加重，需要不断地调整各种治疗药物的剂量与方法；加之肺部反复感染发炎，需用抗菌素治疗，住进医院去治病的次数增加了。有一次，他因患肺炎住在医院里，进行静脉输注抗菌素治疗。由于肺炎引起发高烧，全身不适，严重咳嗽，痰液黏稠不易咳出来，以及生活环境的改变，使得他晚上睡不好觉，感到很恼火。于是，他把医生叫到跟前，生气地说：“你们为什么给我吃假安眠药？”医生回答说：“我们给您服的都是真安眠药。”他说：“不对，你们就是弄虚作假，搞缺斤短两。”他又说：“我跟你们说过多次，长征时期大家的经验是睡觉第一，吃饭第二，你们为什么不听？”医生们感到老人家患肺炎，晚上没有睡好觉，心里不高兴而发脾气，是可以理解的。大家面面相觑，无言以对，场面有点尴尬。根据陈云身边工作人员以前介绍的经验，和我这几年为老人家服务的体会，我觉得只要把道理跟陈老讲清楚，他是听得进别人的意见的。想到这儿，我便鼓起勇气跟陈老说：“首长，您这一次的肺炎比较重，气管里的痰液又多又稠，不容易排出来。所以，晚上睡前不能吃太多的安眠药，不要睡得太深，睡得太沉会抑制咳嗽反射，痰液不容易排出来，肺部炎症的消退也慢。”我见到老人家听我说

※ 陈云在北京。

话时没有生气，又大着胆子说："您常跟我们说，实践是检验真理的唯一标准。您教导我们要'不唯上、不唯书、要为实'……"陈老没有等我说完，打断了我的话，他说："不对，你说错了，不是'要为实'，是'只唯实'。"这时，我看到他的情绪松弛了一点，脸上似乎有了一点笑容，我再次解释道："您以前说'睡眠第一，吃饭第二'是对的，不过，现在您患肺炎，为了您早日康复，能不能改一下说法？把它改成'咳嗽排痰第一，睡眠第二'这样行不行？"陈老听后没有表态，也没有不高兴，医护人员便告退，离开了他的房间。我们一连几天给他减少了安眠药剂量，睡眠稍微差了一些，而咳嗽就容易多了，这对他后来的康复是有好处的。从这一件小事情，足可以看出陈云同志的思维十分清晰，作风民主，很讲道理，只要你说得对，他能听得进不同的意见。他实事求是，尊重专家和医生的意见，正如他说的："不唯上、不唯书、只唯实。"他的身教和言教，令人信服。

（张佐良）

在上海华东医院

陈云对医务人员说："不管是什么人，哪一种疾病，你们的治疗计划不要做得太长。有长计划当然很好，但还要根据病情的不断变化做短安排，随时改进，稳步进行，才能收到良好的治疗效果。"

20世纪90年代，陈云四次在上海华东医院住院治疗帕金森氏综合症。90年代始，他时常在上海生活。每次到华东医院进行医疗保健，就像遇到家乡的亲人一样与医生、护士聊天，向他们问长问短，十分平易近人、乐观开朗。他问他们几岁啦，家里还有哪些人，生活有什么困难，医疗工作上碰到些什么难题，甚至个人婚姻、养儿育女等问题都关心。家人般的谈话，使他和医疗小组人员之间的距离一下子拉近了。陈云把护士们当作自己的外孙女，护士们把陈云当作自己的亲爷爷。有一次，陈云在华东医院医疗保健期间，正逢春节，他对护士们说，我这个爷爷不能给你们压岁钱，就给你们写几个字吧，与你们合个影吧。如今，这些护士们都把陈云爷爷的题词和合影珍藏在自己的家中，作为永恒的回忆和留念。

陈云患有老年慢性气管炎，需要做气管切开手术。陈云见多识广，知道气管切开的作用。当时卫生部部长陈敏章同志给陈云说明做气管切开手术的原因后，陈云毫不犹豫地同意了。他还风趣地说："是不是把我的鼻子还保留在原来的位置？"在场的医务人员都被陈云同志面对现实、乐观开朗的精神所感动。他那风趣幽默的说笑，并不是害怕气管切开影响到鼻子的伤害，而是让医生和病者气氛融洽，心情放松，有利于手术顺利地进行。

陈云对人生的自然规律了如指掌，对自己的病情有着清醒的估计。他对医务人员说："不管是什么人，哪一种疾病，你们的治疗计划不要做得太长。有长计划当然很好，但还要根据病情的不断变化做短安排，随时改进，稳步进行，才能收到良好的治疗效果。"大家听了后，觉得陈云同志的观点很科学，又很实事求是。他并不是针对自己的病情所说，而是对所有的病患者向医务工作者提出的更高要求。

※ 1991年5月，陈云在上海。

生活有节能听从医嘱

陈云是艰苦朴素的典范。在华东医院住院治疗的日子里，他的饮食非常简单，根据陈云的饮食习惯，蔬菜多、肉类少，豆制品多、精细食物少，配制少量的菜肴。他的要求是：只要够吃就行，不能浪费。他的饮食情况是：有粗有细，不甜不咸，三、四、五顿，七、八分饱，符合医学上的饮食要求。他的生活有节，准时睡眠，准时吃饭。

新中国成立后，陈云担任党和国家主要领导人，但他不吃山珍海味，因为这些食物比较昂贵。在华东医院住院治疗时期，医务人员担心按照他的饮食习惯会导致营养不良，建议他吃些营养比较丰富的食物，例如鱼翅、水果汁等。当医务人员将菜单推荐给陈云时，他看了一眼说："鱼翅这个东西很贵，我不吃；水果汁要用大量的水果制作而成，太浪费。"医务人员听了后，心里觉得很不是滋味。他们劝陈云说，过去这些东西很名贵，价格很高；现在多了，价格低了，普通百姓也能吃。依据您的病况，营养要及时调整，才能恢复身体。陈云认为医务人员讲的话有道理，这才肯接受。

陈云同志的衣着很朴素。在上海华东医院四次住院的日子里，护士们没有看见他穿过新衣，所见的衣服都很破旧，袖口起毛，补丁摞补丁，唯有一件是他儿子担心父亲半夜起身上卫生间着凉特意买的。即便如此，陈云也舍不得穿。

坚持锻炼增强体质

陈云的一生，根据年龄变化、身体状况及工作特点的不同，坚持不懈地锻炼身体、增强体质，这是人们所熟知的。在华东医院医疗保健的日子里，即使身体状况不佳，他还是起床散步、活动筋骨，并且还阅读报刊、收听广播，雷打不动地天天练字写条幅。他认为这是锻炼意志、强身壮体、战胜病魔最有效的途径。

陈云在上海华东医院住院治疗的日子里，医务人员对陈云的病情十分关心，注意观察，及时用药。在整个治疗的过程中，陈云与医务人员密切配合，一切听从医疗小组的安排，创造良好的医疗氛围。他的家属除了解病情外，从不干扰医生工作，对医务人员非常信任，经常对医生和护士的医治和护理表示感谢。在医生和护士的精心治疗和护理下，陈云的身体康复很快。

（曹自求）

“现在的字有飘逸感了”

陈云从80岁开始，一直到90岁，十年如一日练习书法。世上无难事，日久见功夫，陈云的书法日臻进步。他看着写出的字感觉比较满意，高兴地说：“现在的字有飘逸感了。”陈云的晚年是充实的。

年届高龄，陈云的体质开始变得比较虚弱。据陈云的保健医生回忆，到1988年陈云83岁时，已身患多种疾病，行动有些不便，并因青光眼和白内障的影响，双眼视力下降很快，以至于看文件和阅读书刊都十分困难，电视节目也已无法观看。

尽管如此，陈云在积极配合治疗的同时，仍然密切关心着党和国家的大事，关心着改革开放和社会主义现代化建设事业的进程。《人民日报》和《参考消息》两份报纸每天必看，眼睛不好就请身边的工作人员念。一边手搓着女儿为增强父亲的体质而专门挑选出的两颗光滑锃亮的核桃，一边收听一早一晚中央人民广播电台的新闻联播，更是陈云雷打不动的习惯。有时因工作或医疗上的事情把收听耽误了，事后陈云也要坚决补上。在医院住院期间，陈云每天起床后的第一件事就是请身边工作人员打开收音机听新闻。

陈云无论是收听新闻还是看报纸，他的特点是非常仔细、非常专心，连角角落落都不放过。这也是陈云多年养成的习惯。1969年11月他下放到江西青云谱干休所时，就曾对当时担任副所长的沈玉贵讲：“《人民日报》一定得天天看，它是党的喉舌，国内外大事，党的路线、方针、政策，都在上面体现，不看怎么知道？怎么领导工作干好工作？……党中央的报纸看了，地方党政机关的报纸看了，所属团体的机关报纸看了，天下大事，党的路线、方针、政策就一清二楚，干工作心里就有底，不会盲目干，不会迷失方向。”

晚年的陈云头脑清晰，思维敏捷，他不仅看，不仅听，还要想。

有一次，听到电台播出关于江苏省江阴市华西村的采访新闻，陈云就深有感慨地对身边同志讲：“从1978年党的十一届三中全会以来，全国经济发展很快，人民生活水平有了很大提高，这是有目共睹的事实。”

还有一次，报纸连续报道了某些地方滥占乱用耕地现象严重，部分地区农民闲置起大片良田不种，放下锄头摆上了地摊或跑到外面做起生意，说是“尽快脱贫”、“要快速致富”。陈云听后，非常激动。自从担任党和国家的领导人以来，农业问题、粮食问题就一直在他的心中占据着特殊重要的位置。现在，在某些人的观念中，“无工不富”大大超过了“无农不稳”、“无粮则乱”。特别是在农业生产实行土地承包责任制，国家粮食连续

※ 1984年8月，陈云练书法。

几年获得丰收之后，这种认识误区有愈演愈烈之势。面对这一情况，陈云怎能不激动！他说，“我早就说过，粮食种植面积不能再缩小了，再缩小不得了。”

对国企改革，他说：“政企职责分开很有必要。这样做，一方面可以给企业比过去大得多的自主权；另一方面可以使各级政府部门从许多日常工作中摆脱出来，议大事，看大局，把宏观方面管住管好。”

除了听新闻，陈云在家里的日程安排得比较满。

每天上午，人们总能看见陈云站立桌前，气定神闲、手腕悬空用毛笔练着大字，这也是他锻炼身体的一种方法。陈云小时候曾在私塾打下过毛笔字的基础，只是参加革命后一直在不停地奔波操劳之中，习练毛笔字也就断断续续，没有办法在日常生活中相对固定下来。离休后，陈云这才终于重新有了机会。尽管年事已高，但他练得特别认真、特别刻苦。

就这样从80岁开始，一直练到90岁，十年如一日。每次练习的时间，一开始是半小时左右，后来因为年纪大了，站立时间不宜太长，于是根据医生的建议，缩短为20分钟

※ 陈云即兴挥毫。

左右，最后减到了10分钟。不管时间长短，陈云只要拿起笔，就全身心地投入到了练字当中。他还非常谦虚，不时请来家人和身边工作人员加以评判，要大家指出不足之处来，以便继续改进提高。

世上无难事，日久见功夫。陈云的书法日臻进步。一次，他看着写出的字感觉比较满意，高兴地说："现在的字有飘逸感了。"

1992年陈云到上海考察时，曾经兴致盎然地挥毫写下两句古诗："桐花万里丹山路，雏凤清于老凤声。"赠送给当时担任上海市委书记的吴邦国和市长黄菊。

练字之余，陈云休息的最好办法就是坐下来品上那么一段苏州评弹。陈云被评弹界人士亲切地称呼为"老听客"，他对评弹的喜爱和欣赏水平在高级领导人中是十分少见的，评弹也给他带来了巨大的乐趣。而且，按照陈云自己的说法，"听听评弹，觉得对养病有好处。本来头脑发胀，听听书就好些。"

尽管陈云常常风趣地对大家讲，"金窝银窝不如自己的草窝"，但晚年的陈云也有离家远行的时候，他对南方情有独钟。

※ 陈云和吴邦国、黄菊在一起。

陈云是南方人，那里热情的乡亲、温暖湿润的气候和宜人的饮食风味都时刻吸引着陈云。医生也从医疗的角度鼓励陈云到南方省区过冬，那里较为湿润的气候对治疗陈云的气管炎和皮肤瘙痒症有益。因此，直至去世的前一年，陈云都是在南方过冬的。或流连于杭州，或小住在上海，陈云过得非常愉快。每到一处，他还与当地领导谈话，了解那里群众的工作、生活情况。有时他还兴致勃勃地去郊外观赏自然景观，特别是竹子。

陈云一生爱竹，在他居住的院子里就种有一片修竹。陈云的家乡青浦地处江南水乡，湖荡中一个个小村庄，树木葱茏，竹林茂密。五六十年代，他回到故乡搞农村社会调查时，曾回忆说，小时候这里都是茂密的竹林包着村庄，远处看都看不见房屋。那时候的生产用具、生活用具都离不开竹子，有的还可以制成竹器到市场上去卖以补贴家用。

※ 陈云漫步竹径。

在情有独钟的南方，陈云居住时间最长、前往次数最多的恐怕要算是上海。

上海，作为曾经为我国国民经济建设作出过巨大贡献的特大型城市，是我国长江流域经济发展的龙头城市，是中国新的改革开放大潮中的一只领头羊，也是建国初期陈云镇定自若指挥惊心动魄的经济领域三大战役的第一个战场，是陈云的家乡。

1992年，陈云在上海听取了上海负责同志的工作汇报。市委市政府领导首先汇报了上海近几年改革开放和经济发展方面的情况，特别就陈云关心的城市交通基础建设、居民住房建设、居住条件改善、生活环境改善、环境污染整治、菜篮子工程等方面作了重点介绍。陈云自始至终一直兴致勃勃。当听说最近上海发展速度加快时，他频频点头，情不自禁地说："好，好！上海大有希望！"

市领导还汇报说，为推动全方位建设，保持持续、快速、健康、高效益的经济发展速度，市委从上海实际出发，准备以浦东地区的开发为契机，将新的更加繁荣富强的上海带入到21世纪中。对这一战略性大思路，陈云当即连声表示，"我非常赞成开发浦东、开放浦东！"

十几年过去了，当年的蓝图正在变为现实。

（李梦汶）

对全党的嘱托

在以邓小平为核心的第二代中央领导集体向以江泽民为核心的第三代中央领导集体的过渡中，陈云发挥了重要作用。

1986年10月，陈云与邓小平、李先念共同商定，为了党的事业的需要，在召开中共十三大时一起退下来。1987年中共召开十三大，邓小平、陈云、李先念一起退出了中央委员会。邓小平只担任中央军委主席一职，陈云则担任了原来由邓小平担任的中央顾问委员会主任。他在以邓小平为核心的第二代中央领导集体向以江泽民为核心的第三代中央领导集体顺利过渡，保持党和国家稳定的重大决策中，发挥了十分重要的作用。

从1984年下半年开始，由于经济工作中急于求成的倾向未能得到有效的遏制，改革开放过程中对综合平衡和宏观调控有所忽视，造成一度经济过热和物价上涨。1985年和1988年，通货膨胀更呈明显加剧之势，并于1988年夏形成全国性的抢购风潮。同时，由于新旧

※ 党的十三大以后，陈云退出党中央的领导工作，担任中央顾问委员会主任，在以邓小平为核心的第二代中央领导集体向以江泽民为核心的第三代中央领导集体顺利过渡，保持党和国家稳定的重大决策中，他发挥了十分重要的作用。图为1986年10月30日，陈云同邓小平、李先念在一起。

体制交替过程中存在一些管理漏洞，也由于一度忽视思想政治教育，在物质文明建设和精神文明建设之间存在“一手硬、一手软”的现象，使腐败分子有空子可钻，严重败坏了党纪党风。这些，都引起人民的不满情绪，给极少数企图否定社会主义制度、推翻共产党领导的人以可乘之机。由于资产阶级自由化思潮泛滥，从1988年末到1989年初，极少数人利用群众的不满情绪，陆续在若干大城市举行意在根本改变国家制度的政治集会、上书等活动，国外敌对势力也通过各种渠道对国内施加影响，推行和平演变战略。国内小气候和国外大气候相呼应，一场大规模政治风波悄悄地酝酿，行将到来。

1989年4月15日，胡耀邦因心脏病突发不幸去世，群众自发地举行各种悼念活动，极少数人则借机制造谣言，并在“反腐败”的口号陪衬下，散布“社会主义不如资本主义”、“实行私有化”、“实行多党制”之类的言论，煽动不明真相的人特别是青年学生举行非法游行，聚众冲击中南海，占领天安门广场。全国一些地方还发生了打、砸、抢、烧等犯罪活动。在这种情况下，4月25日，邓小平发表重要讲话，指出这不是一般的学潮，而是一场打倒共产党、推翻社会主义制度的政治动乱。正在杭州休养的陈云也提前于5月7日返回北京，站在邓小平和中央常委多数同志一边，反对动乱。

5月19日晚，中共中央、国务院召开中央和北京市党政军干部大会，李鹏代表党和国家讲话，指出：广大学生们的心灵是善良的，主观愿望上是不想搞动乱的。他们有爱国热情，希望促进民主，整治腐败，这同党和政府的努力是一致的。同时宣布从外地调入部分解放军部队，从5月20日10时起，在首都部分地区实行戒严，以恢复首都正常秩序。

5月20日，陈云前往邓小平家中参加会议。这次会议，是中共第二代领导人在紧急关头为保持党和国家稳定而召开的一次重要会议。23日，陈云把李先念、彭真等老同志请到自己家中谈话。陈云同彭真和李先念谈话后，26日及次日，他亲自主持召开中顾委常委会议，彭真则邀请七届全国人大七位党外副委员长座谈，李先念也主持了七届全国政协第

※ 1989年5月26日，陈云主持中共中央顾问委员会常务委员会会议并发表重要讲话。

十八次会议，他们分别就制止动乱问题发表讲话。陈云在讲话中指出：第一，现在是关键时刻，不能后退。如果后退，2000万革命先烈用人头换来的社会主义的中华人民共和国，就会变成资本主义的共和国。第二，我们作为老同志，现在要坚决拥护以邓小平同志为核心的中国共产党，坚决拥护李鹏同志代表中共中央政治局常委会在首都党政军干部大会上的讲话。同时，要主动地多做干部和群众的工作。彭真和李先念在讲话中，都对学生的爱国热情给予充分肯定，希望不要采取罢课、游行一类的行动，这样会使事情发展到广大学生善良愿望的反面。邓小平同李鹏、姚依林谈话，指出：要继续贯彻执行十一届三中全会以来的路线、方针、政策，连语言都不变。这个，我征求了陈云同志和李先念同志的意见，他们赞成。动乱平息后，有些事情要向人民做出交待。第一，要改换领导层。第二，要扎扎实实做几件事情，体现出我们是真正反腐败的。从毛、刘、周、朱开始，共产党才形成一个稳定的成熟的领导集体。第二代是我们这一代，我算是个领班的，现在换第三代。

6月3日晚至4日晨，极少数非法组织的头头执迷不悟，掀起暴乱，其目标是推翻政府、夺取政权。戒严部队一举平息暴乱。其他大中城市的秩序也很快得到了恢复。

6月下旬，中共中央召开了十三届四中全会。会议分析了两个月来全国的政治形势，指出赵紫阳在关系党和国家生死存亡的问题上犯了支持动乱和分裂党的错误，对动乱的形成和发展负有不可推卸的责任，决定撤销他所担任的总书记等职务。全会选举江泽民为中央委员会总书记。同年11月，中共十三届五中全会通过决议，同意邓小平辞去中央军委主席职务，决定由江泽民担任中央军委主席。这样，以江泽民为核心的中共第三代领导集体开始形成，平稳地实现了中央领导集体的新老交替。这期间，陈云接连同江泽民等新的中央领导集体成员谈话，对他们寄予了无限的希望和信心。

这以后，陈云从多方面关心以江泽民为核心的党的第三代领导集体的工作，十分强调加强中央权威的重要性。

在政治上，为了进一步稳定安定团结的政治局面，陈云于1990年5月致信中顾委常委，指出：这场风波是建党以来没有发生过的非常复杂的政治事件，也是我们党内在特殊历史条件下的一场特殊的政治斗争。当时中央常委有两种不同声音，加上中央有些报纸进行了错误宣传，使得中央和地方不少领导同志都不了解真实情况。所以，对于这场政治斗争，应该采取正确的党内斗争方法来处理。当然，对那些触犯法律的，应当依法惩办。“中国现在是11亿人口的社会主义大国，动乱不得。”他在1990年11月24日同浙江省党政军负责人谈话时强调指出：“军队非常、非常、非常重要。对于党的指示，军队一定要坚决执行。”

※ 中国人民解放军戒严部队执行中共中央的决策，进驻天安门广场。图为戒严部队在清理广场。

※ 中共十三届四中全会决定撤销赵紫阳的中共中央总书记、政治局常委、政治局委员、中央委员和军委第一副主席职务，选举江泽民为中央委员会总书记。

在经济上，为了保持国民经济持续、健康和稳定发展，陈云批评“各路诸侯太多，议而不决，决而不行，各自为政”的现象，要求加强宏观经济的计划性。对此，邓小平在1989年9月初同几位中央负责同志谈话时表示赞成说：

前一段我提出党中央的权威必须加强。陈云同志讲，各路诸侯太多，议而不决，决而不行，各自为政。这个批评是正确的。中央的话不听，国务院的话不听，这不行。特别是有困难的时候，没有中央、国务院这个权威，不可能解决问题。有了这个权威，困难时也能做大事。不能否定权威，该集中的要集中……

陈云还致信江泽民和李鹏及有关方面负责人，提出各级领导部门尤其是经济、科技领导部门，应把计划用水、节约用水、治理污水和开发新水源放在不次于粮食、能源的重要位置上，并列入国家长远规划、五年计划和年度计划加以实施，以扭转目前水资源危机的严重状况。他还将新华社和《人民日报》记者写的《“卫星看不见的城市”——本溪市环境污染情况调查》、《四川排放污物总量约占全国十分之一》这两份材料批给李鹏、姚依林，并附信指出：治理污染，保护环境，是我国的一项大的国策，要当做一件非常重要的事来抓。这件事，一是要经常宣传，大声疾呼，引起人们重视；二是要花点钱，增加投资比例；三是要反复督促检查，并层层落实责任。

1990年6月，他还就取消财政补贴等问题同江泽民谈话，说在我国，国家财政补贴取消不了，暗补、明补都是补贴。即使是发达的资本主义国家，对某些产品也是实行补贴的。他还说，通过改善经营管理，提高经济效益，可以逐步减少一些不合理的补贴，比如某些企业亏损补贴，但要从根本上取消补贴是不可能的。

在思想意识形态上，当陈云看到几份有关利用宗教进行渗透，从事反革命活动的材料后，于1990年4月致信江泽民说：“利用宗教，同我们争夺群众尤其是青年，是国外阶级敌人的一个惯用伎俩，也是某些共产党领导的国家丢失政权的一个惨痛教训。”他认为，如果处理不好，有可能成为新的不安定的因素。因此，“中央应该切切实实地抓一抓这件大事”，现在是时候了。

1992年10月，中共召开了十四大。以陈云为主任的中顾委向大会提交了工作报告，认为党的干部离退休制度已全面建立，新老干部合作与交替已取得预期进展，中顾委历时两届，委员们年事已高，基本完成了一种过渡性组织的任务，为此建议不再设立中顾委。大会高度评价了中顾委所建立的历史性贡献，同意了这一建议。在党的十四大上，以江泽民为核心的党的第三代领导集体的权威得到进一步加强。

党的十四大以后，陈云虽然离休，但他仍然关心着党的第三代领导集体的工作，关心着国家的长治久安和发展前景。1994年春节，陈云在上海会见前来住所的吴邦国、黄菊等上海市党政领导人时，首先肯定从十一届三中全会以来，全国经济发展很快，人民生活水平有了很大提高，说这是有目共睹的事实。然后，他指出目前还存在不少困难和问题，并且说：

解决这些困难和问题，首先要维护和加强以江泽民同志为核心的党中央的权威。如果没有中央的权威，就办不成大事，社会也无法稳定。现在的中央领导班子是坚强的、有能力的，工作是做得不错的。全国上下都要同心同德，团结一致，不折不扣地贯彻落实党中央、国务院采取的一系列方针、政策和措施，把中国经济搞上去是大有希望的，社会主义中国是大有前途的！

（赵士刚）

※ 1989年10月1日晚，陈云同江泽民、李鹏、西哈努克等在天安门城楼上。

最后的日子

陈云于1994年5月25日因肺炎住进北京医院，到1995年4月10日去世，他在医院里度过了一生最后的321天。

陈云是1994年5月25日因肺炎住进北京医院的，到1995年4月10日去世，他在医院里度过了一生最后的321天。

1995年4月10日清晨5点多钟，北京医院220病房的值班医务人员给我们打来电话，说“首长有情况”。我们立即赶到医院。医生说，刚才首长的血压突然下降，现在已经采取措施，血压和心律开始趋于稳定，但还要密切观察。这时，我们高度紧张的心情稍微放松了一点。

上午12点左右，薄一波办公室打来电话，说薄老很想念陈云，准备马上到医院看望。12点45分，一波同志来到陈云病床的右侧。我们向陈云报告说，一波来看望您。陈云抬起头，眼光四处寻找，当见到一波后，就挥手示意，要一波到他的病床左侧来，以便说话。因为陈云好几年前右耳已经背了，左耳听力按他九十高龄来说还是不错的。一波说了一些问候的话，尤其说到大家都很想念陈云的时候，陈云微笑着表示谢谢大家，并目送一波离去。

一波离开后，陈云安静地休息了。不到下午两点钟，病情急剧恶化。监视器的荧光屏显示，血压、脉律急剧下降，随即出现自搏心律，血压曲线迅速地变成一条起伏不大的直线。这时，医务人员采取一切可能采取的措施进行抢救。江泽民总书记等得知陈云病危的消息，立即赶到医院。但是，陈云终因年事已高，又患多种疾病，各脏器功能已经衰竭，下午2时04分，这颗跳动了九十个春秋的心脏骤然停止了。

陈云是去年5月13日回到北京的。他在上海度过了他最后的一个冬天和春天。北京冬天比较干燥，南方气候比较湿润，按照医疗专家的建议，到南方过冬，对治疗他的气管炎和皮肤瘙痒有好处。况且，他是南方人，讲起话来有很浓厚的上海口音，饮食又喜欢南方口味，所以这几年冬天都在南方度过。在杭州度过了两个冬天，在上海度过了四个冬天。去年从上海回到北京以后，陈云的心情一直很好，他开玩笑说：“金窝银窝不如自己的草窝。”

在他像往年那样消除旅途疲劳的过程中，5月25日下午，医务人员观察到他左肺有轻度的炎症，建议住院治疗。陈云同医疗专家商量，说能不能在家里治疗。专家说，还是住院治疗好。他又问，住院期间每天新闻是否可以照常听。专家回答说可以。于是当天晚上9点多钟，他吃过晚饭后就住进了北京医院。当时我们想，陈云是能够很快恢复健康的，因为他高高兴兴地从上海回家才十二天呀。谁知，从此他再也没有能够回到自己的住地。在医院治疗过程中，当身体的恢复稍微好一点的时候，他曾几次向专家提出什么时候能够回家这类问题。专家总是回答说，等您的身体完全恢复以后可以回家，但现在不行，因为家里没有这样的医疗条件。他也总是欣然表示同意。

从住院到去世，陈云同志的病情经常是恶化——好转——恶化，反反复复，但总的趋势是呈波浪式的逐渐衰竭。医务人员在精心治疗过程中，可以说凡是能够采用的现代先进医疗技术都采用了。陈云同疾病斗争的精神是很顽强的。他的头脑一直是清楚的。他的脑血管硬化很轻，脑萎缩的程度也很小。陈云始终信赖医务人员，你只要把必须采取的医疗措施的道理同他讲清楚，他都会高兴地接受，并密切配合治疗。当病情严重的时候，医生问他觉得怎么样，他总是很乐观地说“还可以”。当病情稍有好转的时候，在病床这块小天地里，他请医务人员按摩他的四肢肌肉，自己也伸腿抬臂，手搓经常使用的那两颗光滑锃亮的核桃，以锻炼体质。

1952年，他戒掉了在革命战争年代养成的抽香烟的习惯，而且说戒就戒，一点也不含糊。他的生活非常朴素。晚年，他的食谱是，早餐：面包、果酱、黄油、豆浆；午餐：一荤一素；晚餐：豆制品、蔬菜。主食是机米。为了定量和不浪费粮食，每餐都称米做饭。每餐配的水果，经常是香蕉。他的这些食谱是常年不变的，即使逢年过节和过生日也不改变。他从来不请人吃饭，也从来不接受别人的宴请，总是自己吃自己的饭。他吃饭，不慌不忙，不与人谈话，细嚼慢咽。

陈云晚年的工作，正处在历史性的转折和现代化建设时期，党的事业需要他们这些德高望重的老一辈无产阶级革命家在关键时刻继续发挥关键作用。陈云从这个大局出发，根据自己的身体，坚持量力而行地工作，坚持做他认为最必要的工作。他有句名言：“少做多活就是多做，多做少活就是少做。”就是从这个意义上讲的，他认为这是合乎辩证法的。他还经常提醒比他年轻的中央领导同志，不要每天都是三班连续干，上午、下午、晚上都办事。他认为，必要的事情，必要的时候，要这样做；但是，三班经常都排得满满的，总不是个办法。他说，开会不要开死人。

陈云在工作之余，或者同疾病斗争之时，能够静下心来得到休息，就是得益于听评弹。评弹是流行于江南民间的一种说唱艺术。陈云从少年时代起就喜欢听评弹，先是跟他舅舅在当地镇上的茶馆里听书，后来听上瘾了，有时大人不去就自己去，靠在墙边

※陈云校阅中共中央文献编辑委员会即将出版的《陈云文选》。

站着听，他风趣地说，这叫听“隑壁书”。后来由于从事革命活动，听评弹就中断了。1959年，他患心脏病休养期间，开始重新听评弹。在这之后的许多年中，他听的评弹书目之多，在全国恐怕是独一无二的，评弹界尊称他为“老听客”。陈云还广泛接触过各种流派的评弹艺人，同他们一道研究发展评弹艺术的问题。他鼓励评弹界要“出人、出书、走正路”。

陈云无论到外地，还是有病住院，七百多盘评弹磁带，四台轮流使用的老式放音机，是必备的物品。这次在北京医院的三百多天里，当然也不例外。病房走廊两旁都存放着用木盒装的评弹磁带。这些磁带是上海人民广播电台录制的，四台老式放音机的维修，也是由上海人民广播电台的一位高级工程师承包。由于机器太老了，每年总要维修一两次才能正常运转。陈云去世后，我们特意请上海人民广播电台的两位同志到北京来参加悼念活动，他们的心情非常悲痛。他们万万没有想到陈云走得那样快，因为不久前陈云还要我们打电话问过，上海电台有没有《闯王进京》的评弹录音，如果有，他想听听。

每天上午站着、手腕悬空用毛笔练大字，这也是陈云锻炼身体的一种办法。他从80岁开始练大字，一直练到90岁，十年如一日。每次时间，开始半小时左右，后来因为年纪大了，按照医生的意见，减少为20分钟左右，最后到10分钟左右。写完大字之后，他还经常自我欣赏，寻找毛病，以便下次改进。因为过去他练大字不多，开始时笔甩不开，后来逐渐甩开了，书法日臻进步，他自得其乐地说："现在的字有飘逸感了。"

陈云锻炼身体还有一种办法就是散步。晚年由于病情发展，他的步子越来越小，距离越来越短，而耗费的精力却越来越大。直到住院前，他仍坚持不坐轮椅，让工作人员扶着在房间里活动。开始，他的书房兼会客室、卧室、饭厅是分开的。后来，书房、卧室、饭厅三者合而为一了。他坚持走路以活动筋骨的这种毅力是惊人的。在医院里，精神好一点的时候，他也提出过要下病床坐一坐或者下地走一走这样的要求，但终因身体太弱，而没有能够如愿。

陈云患有青光眼和白内障等眼疾，所以晚年他不看电视，但他每天早上和晚上都坚持收听各半个小时的新闻联播以及15分钟的国际新闻。不管工作多忙，或者身体不太舒服请医生来检查占去了时间，他也从不放过收听或者补听新闻联播。后来年纪大了，动作慢了，收听时间赶不上，我们就给他录了音，这样他就方便多了。他收听新闻是非常认真的，同看《人民日报》一样，从不放过任何细节，而且，他很用脑子记。他的记忆力之强也是十分惊人的。有时他听了重要新闻，就会及时告诉我们，要我们注意。有时没有听清楚某条新闻，他会反复听好几遍录音，直到听清楚为止。如果仍然没有听清楚，就会问我们，而我们往往答不上来，因为我们听过后并没有记住，只好回答说我们查一查。后来他的听力确实跟不上广播员播音的速度，于是他要我们每天把新闻稿借来讲给他听，但他在听讲以前，自己仍然坚持先听一遍新闻录音。在他住院的日子里，每天醒来的第一件事，就是提出要听新闻，并要秘书每天给他讲讲国内外大事。有时白天因发烧昏睡，但当晚上退烧清醒时，也会把秘书找去讲讲当天新闻。

1990年4月初，他在上海从新闻联播里听到中央机关为希望工程捐款的消息，他要我们立即从他的存款中取出5000元钱，捐助给革命老区、贫困地区的失学儿童。这笔钱落实到河南省卢氏县汤河乡和朱阳关乡的16名失学儿童身上。11月，中央办公厅信访局转来了这16名小学生写给他的信。他说，我们是社会主义国家，绝不能让儿童失学，应该动员全社会力量来解决这个问题。不久，他在病床上听到中央号召为贫困地区捐赠衣服、被子的消息，他要我们告诉于若木马上去办。全家除捐赠了几十件衣服外，还特意以陈云的名义捐赠了一条崭新的丝绵被子和床单。他听了很高兴。当我们向他报告，捐赠的被子和床单已经送给了贵州遵义地区的一位前志愿军战士的家里，这时，他专门把于若木叫到病床前，亲自告诉她这个消息。陈云常对我们说，过去有句谚语："各人自扫门前雪，莫管他家瓦上霜。”这是讽刺那种缺乏社会公德和同情心的自私自利的人的，我看应该把它改为“既扫自己门前雪，又管他家瓦上霜”，这是共产主义精神。他还特意把这句话用大字写成了条幅。

1994年11月，中央文献研究室的负责同志提出，明年6月13日是陈云九十寿辰，是否再请示一下陈云，毛泽东、周恩来、刘少奇和邓小平等的画册都已经出版了，他的那本画册也该出版了吧。陈云的画册已经编好七八年了，因为他不同意出版，就一直压在他的办公室里。我们向陈云报告了这件事，他还是犹豫，说不急嘛，等等再说。过了几天，我们再去请示，他才勉强同意，说这次权力下放了，请中央文献研究室定。这时我们很高兴，马上转达了他的意见，编辑工作很快重新开展起来。第二天，陈云同志又说，画册上的照片不要光有我一个人的，还要有毛主席、周总理、少奇同志、朱老总、小平同志他们，也要有群众。我们回答说都有，他才满意地点点头。画册封面的设计，准备采用陈云同志的签字，并衬以他喜欢的竹子图案。我们拿去请他看，他说好漂亮啊，又问他的签字是什么时候的。我们回答说：85岁写的。他高兴地躺在病床上，用手在空中比画练起签字来。第

※ 1994年春节，陈云在上海。

二天他又要秘书把画册封面图案带去，他还要再看看。

不久，中央文献研究室的负责同志又提出准备再版《陈云文选》。因为第一版本出版到现在已有十年时间，在这期间，陈云陆续有新的文稿问世，有关部门也陆续发现了一些没有收入文选的重要文稿。我们向他报告了这件事，他表示同意。

陈云是很看重他的三卷文选的。在他病重期间，要我们把他的文选带去，他想再看看。当然那时他已不可能再看书中的文字了，但他问一共有多少字，我们答复说有60多万字。他又问印了多少册，我们告诉他，十年来，三卷文选加上其他单行本，大约印了近5000万册。他嘱咐我们把文选留在病房里。在他答应文选再版后，编辑小组开始了增补和修订工作。

陈云在病床上用了近半个月的时间，每天听一点需要增补的33篇文稿的内容。当他听到1935年写的宣传红军长征的《随军西行见闻录》，准备保持文字原貌收入文选时，他说，当时为了便于在国民党统治区流传，他化名叫“廉臣”，并把红军写为“赤军”。当谈到准备把1994年春节他在上海的谈话《要维护和加强党中央的权威》作为文选最后一篇文章时，他马上表示同意，而且回忆起当时谈话的主要内容和情景。陈云在文选再版补充文稿送审本上用铅笔签下了自己的名字，时间是1995年1月19日，这是他的绝笔。当他签字之后，嘱咐我们一定要送请中央审阅。我们照办了。不久，我们向他报告，中央审阅了补充文稿，表示完全同意，并相信三卷文选再版之后，对于帮助各级领导干部提高思想、理论、政治水平将会起到重要作用。陈云认真地听完之后，欣慰地点点头，安静地休息了。正当人民出版社赶印再版的三卷文选时，陈云已经离开了我们，他再也看不到印刷精美的新的版本了。

陈云的三卷文选，是他的思想、观点和主张的集中反映，也是他留给全党和全国各族人民的宝贵的精神财富。陈云担任中央领导职务，从第一代到第二代，并且参与了向第三代的顺利交接，他的这种经历和地位在我们党内是不多见的。在他丰富而又曲折的经历中，他对自己的信念和观点始终是坚定不移的，并随着时代的前进而不断发展的。

陈云一生淡泊名利。他曾经书写过这样一个条幅：“个人名利淡如水，党的事业重如山。”陈云非常谦虚，历来不愿意宣传自己。陈云伟大光辉的业绩，特别是在历史的关键时刻，他所起到的重要作用，同他一起战斗过的同志和党内许多同志是十分清楚的，而且是深有体会的。每逢党和国家遇到困难的时候，他们都想念陈云，都希望知道他有什么意见。

早在1945年党的七大会议上，陈云发言说，对功劳要有正确的看法，第一是人民的力量，第二是党的领导，第三才轮到个人。他特别强调，这样的次序是不能颠倒的。这些话，不是光说给别人听的，他自己就是带头这样做的。1982年在编辑出版他的1949年至1956年文稿的时候，他特别嘱咐在后记中要说明，他在主持中央财政经济委员会工作期间，所有的重大决策，都是在调查研究包括他做的必要的调查研究基础上，经过集体讨论作出的，并报请党中央批准的。在具体工作中，薄一波同志（当时一波同志是中财委副主任）起了重要的作用。因此，他强调，大家在阅读这卷文稿的时候，如果觉得那一段工作还有成功之处，决不要把功劳记在他一个人的账上。

1949年5月，陈云同志从东北调到中央工作，住进北长街71号（现58号），一住就是三十年，房子从来没有大修过。1976年唐山地震后，房子出现裂缝，有关部门出于安全考虑，建议房子应该翻修了。但陈云同志坚决不同意。他说，我的房子比四周老百姓的房子要好得多，为什么要翻修？！把这样好的房子拆掉重建，老百姓会骂死你的。如果是为了防震，搞一点钢架支撑一下就可以了。1978年党的十一届三中全会以后，陈云同志重新出任中央领导工作，身边工作人员增加了，住房不够用了，经有关部门再三建议，他才搬进中南海。

陈云同志性格内向，平常说话不多，但勤于思考。他不喜欢客套，讲究实在。他更反对办事送礼、走后门。他对送礼办事的人，批评起来，是一点情面都不讲的。前几年有一回，他的家乡有人送来一份精美的文房四宝，同时请他为准备开办但还没有正式批准的一家公司题词。陈云同志听了很不高兴，说这个词不能题，我一题词，就等于强迫主管部门批准成立这家公司了。他要我们把送来的文房四宝如数退回，而且嘱咐我们要向上海市委通报这件事。

陈云同志到外地，从来不准当地领导干部到机场迎接或者送别。拿他自己的话说，就是要做到“不接不送”。“不请不到”是陈云同志会客的一条规定，即使春节老朋友来拜年也不例外。他说，电话拜年最好，既省时又省力。如果都来登门拜年，大家都受不了。

1995年春节，陈云同志是在医院度过的，当时他的病情还比较稳定，精神也比较好。他家里分两批到医院拜年，每批也就是几分钟，他就催大家回去了。江泽民和李鹏分别来看望他，他们很了解陈云同志的习惯，几句问候话后，就谈起形势与工作，他听得很认真，也很高兴。江泽民告别时，陈云同志双手伸出大拇指说，谢谢你们，表示他对以江泽民同志为核心的第三代中央领导集体的信赖和厚望。当其他中央领导同志和不少老同志得知陈云同志精神不错，都想来看望时，他就要我们转达说，大家工作都很忙，泽民同志、李鹏同志都来看过了，可以代表大家了，其他同志就不要来了，谢谢大家的关心。

关于陈云同志的后事，早在50年代他就交代过。1959年2月10日，他曾经专门给中央写了一封信。信中说："前几年有一次中央委员全体会议上自愿签名死后火葬，那一次我未出席会议，所以没有签字。我是赞成火葬的，特补此信，作为我的补签字。""同时我还赞成尸体解剖的，因为这无损于死者而有益于医学。因此，如果我死后医生觉得哪些器官需要解剖来证实一下当时诊断医疗是否正确，请让医生解剖。"

1991年，中央作出了关于丧事从简的决定以后，陈云同志非常拥护，多次交代，他死后一定要照此办理。

陈云同志与世长辞了，他没有留下什么财产，只有不到2万元的稿费。他临终前的月工资是1336.0元，各项目补贴约250元。每月上交所得税31.05元。按照国家规定，他从5月份起就不发工资和补贴了，但可以领到十个月工资的抚恤金，共计13360.0元。这就是陈云同志一生的全部积余。但是，他留下的精神财富，是中国共产党人的无价之宝。

陈云同志将永远活在人民中间。陈云同志作为优秀共产党人的崇高品德将永世相传。

（牟信之、陈群、顾宗宏、姜仕亮、周光生、陆士贤）

※ 1995年4月10日下午2时4分，陈云因病在北京逝世，享年90岁。4月17日，江泽民、李鹏、李瑞环、朱镕基、刘华清、胡锦涛、荣毅仁等党和国家领导人到医院沉痛送别陈云。

※ 按照陈云家属的愿望，陈云的骨灰埋撒在八宝山革命公墓一株茂盛的雪松下。

※ 1995年6月13日，中共中央举行《陈云文选》一至三卷、《陈云》画册出版发行暨纪念陈云同志诞辰90周年座谈会。

附　录

第一编　读书自强　投身革命

《一方水土养一方人》，孙业礼著，原载《陈云故居暨青浦革命历史纪念馆馆刊》2004年第1期 。

《多难的童年》选自孙业礼、熊亮华《陈云的非常之路》，人民出版社2001年7月版。

《舅舅廖文光》，朱习理等著，选自郑惠《中南海轶事》，中央文献出版社1998年10月版。

《寄情评弹与丝竹》、《读书自强》选自孙业礼、熊亮华《陈云的非常之路》。

《吃水不忘挖井人》选自李梦汶《生活中的陈云》，解放军出版社1999年9月版。

《商务印书馆的学徒》选自孙业礼、熊亮华《陈云的非常之路》。

《奋发有为的青年》选自郑惠《中南海轶事》。

《时代的召唤》、《从店员到工运领导人》选自孙业礼、熊亮华《陈云的非常之路》。

《“必须要改造社会，才能解放人类”》选自朱佳木《陈云年谱》。

《走上职业革命家之路》选自孙业礼、熊亮华《陈云的非常之路》。

第二编　血雨腥风　不辱使命

《相识岂在长久》选自李梦汶《生活中的陈云》。

《“到民间去”》、《播撒革命火种》、《领导农民暴动》、《中央特科负责人》、《巧妙地与敌人周旋》选自孙业礼、熊亮华《陈云的非常之路》。

《〈一个深晚〉》选自迟爱萍《伟人之初：陈云》，浙江人民出版社1996年10月版。

《批评“左”的经济政策》、《主持制定劳动合同》选自孙业礼、熊亮华《陈云的非常之路》。

《调查细致，奖惩分明》选自《陈云在江西》，中央文献出版社1996年6月版。

《“这顿饭非吃不可”》、《遵义会议传达提纲手稿》、《随军转战》、《特殊使命》、《是他！的确是他！》、《在莫斯科》、《〈随军西行见闻录〉》选自迟爱萍《伟人之初：陈云》。

《在朝夕相处的日子里》，段子俊著，选自《缅怀陈云》，中央文献出版社2000年6月版。

《迎接西路军》、《组建“新兵营”》、《号召“向文化进军”》、《“新兵营”学习军事技术》、《新疆八路军办事处》、《创建我军第一支航空队》选自迟爱萍《伟人之初：陈云》。

第三编　延安七年　呕心沥血

《中央组织部长的情怀》、《“写得可以，就照这样去讲”》，徐明清著，选自《缅怀陈云》，中央文献出版社2000年6月版。

《“他可以爱你，你也可以爱他”》选自李梦汶《生活中的陈云》。

《亲切的交谈》，刘培植著，《对陈云的六个印象》，袁宝华著。选自《缅怀陈云》。

《“看人一定要看他的主流”》选自李梦汶《生活中的陈云》。

《“首先是党员，其次才是作家”》，刘白羽著，《“组织部是党员之家”》，陈耕夫著。选自《缅怀陈云》。

《“老实人跟老实人在一起能够合得来”》选自李梦汶《生活中的陈云》。

《“新三年，旧三年”》选自郑惠《中南海轶事》，中央文献出版社1998年10月版。

《自觉遵守纪律的第一课》、《临别前夕的宝贵赠言》、《两封信》选自刘家栋《陈云在延安》，中央文献出版社1995年5月版。

《制定干部政策》，刘淇生著，选自《缅怀陈云》。

《“要有大的气量，善用各种人才”》、《在党内搞霸道主义不行》、《“道不同不可与谋”》、《“老老实实做小学生”》、《“学好哲学，终生受用”》选自李梦汶《生活中的陈云》。

《一贯不搞特殊》选自刘家栋《陈云在延安》。

《“吃饭要照镜子”》选自郑惠《中南海轶事》。

《热情关心他人》、《最讲实事求是》选自刘家栋《陈云在延安》。

《“没有知识分子，革命就不能胜利”》选自李梦汶《生活中的陈云》。

《主持西北财经办事处》，朱砌天著，选自朱佳木主编《陈云和他的事业》，中央文献出版社1996年4月版。

第四编 转战东北 功勋卓著

《挺进东北》选自余建亭《陈云与东北的解放》，中央文献出版社1998年6月版。

《与张闻天同在东北》，刘英著，选自郑惠《中南海轶事》。

《相识在东北战场》，洪学智著，原载1995年9月8日《人民日报》。

《对大连工作的指示》，韩光著，选自《缅怀陈云》。

《出任北满分局书记》、《提出〈对满洲工作的几点意见〉》、《视察三五九旅》、《“大官做小事”》选自余建亭《陈云与东北的解放》。

《给农民以看得见的利益》选自《缅怀陈云》。

《赴南满任职途中》选自余建亭《陈云与东北的解放》。

《关键时刻决定性的一板》选自李梦汶《生活中的陈云》。

《四保临江与三下江南》选自余建亭《陈云与东北的解放》。

《“我感谢你们这些‘榔头兵’”》，徐兴沛著，《“先小人后君子”》，吕东著。选自郑惠《中南海轶事》。

《怎样才能少犯错误》、《健全党内生活》、《辽东土地改革工作中的教训》选自余建亭《陈云与东北的解放》

《一个沙发垫子》，张季敏著，选自《缅怀陈云》。

《“沈阳经验”》选自李梦汶《生活中的陈云》。

《视察工厂》、《沈阳工人代表大会》、《把接管的房屋分配好》选自余建亭《陈云与东北的解放》。

《西柏坡之行》选自朱佳木《我所知道的十一届三中全会》，中央文献出版社1998年12月版。

《在东北的调查研究》选自余建亭《陈云与东北的解放》。

《“马火车”》选自李梦汶《生活中的陈云》。

第五编 建国伊始 经济主帅

《平息银元风波》选自孙业礼、熊亮华《陈云的非常之路》。

《上海财经会议》，周太和著，选自《缅怀陈云》。

《妙趣横生话形势》选自上海党史研究室编著《陈云在上海》。

《抓住“两白一黑”》选自孙业礼、熊亮华《陈云的非常之路》。

《与章乃器的交往》，章立凡著，选自《缅怀陈云》。

《“马寅初的问题，应该平反”》，杨建业著，选自郑惠《中南海轶事》。

《“三边”财经方针》，赵士刚著，选自《陈云与中共党史重大事件》。

《善于抓大事》，王桂五著，选自《缅怀陈云》。

《和薄一波共打“经济仗”》，张建德著，选自郑惠《中南海轶事》。

《特殊的春节礼物》选自李梦汶《生活中的陈云》。

《“你上飞机，我准备上马”》，段子俊著，选自《缅怀陈云》。

《与苏联专家打交道》选自李梦汶《生活中的陈云》。

《不要只想做官，忘记了革命》选自卢瑞莲等《共和国领袖的政治智慧》，湖南出版社1997年12月版。

《不拘一格，选用人才》，焦善民著，选自《缅怀陈云》。

《一担“炸药”，八种选择》、《“三定”、“四定”和统购统销的完善》选自孙业礼、熊亮华《陈云的非常之路》。

《编制“一五”计划》、《同高岗分裂党的阴谋的斗争》、《“要让私营工商业发展”》、《让有能力的资本家当经理》选自赵士刚《陈云与中共党史重大事件》。

《“财富”和“包袱”》选自卢瑞莲等《共和国领袖的政治智慧》，湖南出版社1997年12月版。

《关怀商务印书馆》选自《缅怀陈云》。

《三次视察鞍钢》，张同舟著，选自《巨大的关怀》，中国书籍出版社1993年10月版。

《关注三门峡工程》、《从政治上看待治淮》、《荆江分洪和江水北调》、《“泄水防涝，蓄水防旱”》、《关键问题是一个“水”》选自曹应旺《万水千山连着中南海》，中央文献出版社2003年9月版。

《“这是人民的大事”》，王磊、高修著，选自《陈云与新中国经济建设》，中央文献出版社1991年5月版。

《涮羊肉风波》选自李梦汶《生活中的陈云》。

《简朴的衣食》、《“约法三章”》、《克己奉公》选自刘以顺《勤政反腐的巍巍丰碑》，安徽人民出版社1998年5月版。

《不收礼》选自李梦汶《生活中的陈云》。

《运动和休息》选自郑惠《中南海轶事》。

《“多做就是少做，少做就是多做”》选自李梦汶《生活中的陈云》。

第六编 十年探索 艰难行进

《“三个主体，三个补充”》选自赵士刚《陈云与中共党史重大事件》。

《“反冒进”与“反反冒进”》选自李梦汶《生活中的陈云》。

《“全力支持你，支持到底”》选自文辉抗、叶健君《新中国第一代：主要领导人卷》，湖南出版社2000年6月版。

《救民于死亡线上》、《2000万城市人口下乡》、《调整建设规模要“伤筋动骨”》选自孙业礼、熊亮华《陈云的非常之路》。

《不忘自力更生》，沈鸿著，《为子孙后代做好事》选自《缅怀陈云》。

《除洪涝之害，兴灌溉之利》选自曹应旺《万水千山连着中南海》。

《关心重工业基地建设》选自《缅怀陈云》。

《视察武钢》，武宣著，《“百年大计，质量第一”》，孙永森著，选自《巨大的关怀》，中国书籍出版社1993年10月版。

《真理往往在一个人手里》、《国难思良将，家贫思贤妻》选自朱佳木主编《陈云年谱》，中央文献出版社2000年6月版。

《视察抚顺》，刘品荣著，《视察宣化》，胡开明著，选自郑惠《中南海轶事》。

《两条好建议》，成元功著，《要自力更生发展化肥工业》、《主持召开煤炭工业座谈会》选自《缅怀陈云》。

《“农民有了自留地，我就放心了”》、《“你是好人”》、《“没收不对，发还才是对的”》、《为什么市场上看不到活鱼？》选自萧心力、王春明《老一代革命家故园行》，中央文献出版社2000年9月版。

《“我看陈云同志行”》，王玉贵著，选自《毛泽东与中国当代杰出革命家》。

《“有钱难买反对自己意见的人”》选自李梦汶《生活中的陈云》。

《“陈云同志真会过日子”》，成元功著；《对领导和群众都一视同仁》，杨乃智著。

《“开门七件事——柴米油盐酱醋茶”》，肖华光著；《淡泊名利》，于若木著；《“淡泊以明志，宁静以致远”》，于若木著；《从业余爱好者到专门家》，吴宗锡著；

《“新书三分好就鼓掌”》，施振眉著。选自《缅怀陈云》。

《亲朋故旧的来信》，肖华光著，选自郑惠《中南海轶事》。

第七编 “文革”遭难 不忘忧国

《“黑帮这个词可不能随便用啊”》选自朱佳木主编《陈云年谱》。

《“文革”中被抄家》选自孙业礼、熊亮华《陈云的非常之路》。

《“钱由我出，就这样定了”》，肖华光著，《“书是精神食粮，好东西”》选自郑惠《中南海轶事》。

《“我是来向江西人民学习的”》，赵子昌著；《班组里的中央首长》，祝国仁著；《宝贵财富》，祝国仁著；《车间里的笑声》，吴初生、刘正光著。选自《陈云在江西》，中央文献出版社1996年6月版。

《“要理直气壮地抓生产”》，曾文威著，选自《缅怀陈云》。

《情意浓浓拉家常》，沈玉贵著，选自郑惠《中南海轶事》。

《惊人的记忆力》，胡少春著；《企业管理是一门科学》，李赤著；《“你们是工人阶级家庭”》，龚火生著；《两只折叠凳子》，陈天赋著。选自《陈云在江西》。

《一顶草绿色军帽》，马骏著；《除夕会餐》，沈玉贵著。选自郑惠《中南海轶事》。

《考察南昌县农村》，熊才水、杨友根著；《秧歌与教学》，黄云玖、于向明著；《钢城之行》，李俊贤著；《视察萍乡、安源》，杨桂乡著。选自《陈云在江西》。

《给女儿发工资》，刘志文著，选自郑惠《中南海轶事》。

《告别》，祝国仁著，选自《陈云在江西》。

《“这是国民党的阴谋”》选自赵士刚《陈云与中共党史重大事件》。

《父亲的两封信》，陈伟华著，选自《缅怀陈云》。

《对资本主义要很好地研究》、《对外贸易的新思路》，选自孙业礼、熊亮华《陈云的非常之路》。

《“金窝，银窝，不如草窝”》，肖华光著，选自郑惠《中南海轶事》。

第八编 改革开放 砥柱中流

《拨乱反正》、《再次出掌经济工作》、《探索计划与市场的关系》，选自孙业礼、熊亮华《共和国经济风云中的陈云》，中央文献出版社1996年6月版。

《“这是我的第一任秘书”》选自刘家栋《陈云在延安》。

《“唯实是求，珠落还起”》选自郑惠《中南海轶事》。

《“要充分重视陈云的意见”》

《潘汉年案件需要复查》，迟爱萍、熊亮华著，选自《潘汉年在上海》，上海人民出版社1995年12月版。

《“出人、出书、走正路”》选自上海市委党史研究室编著《陈云在上海》。

《支持编新书、说新书》，汪雄飞著，选自郑惠《中南海轶事》。
《谈毛泽东》选自余飘主编《中外著名人士谈毛泽东》，大众文艺出版社1999年10月版。
《关于整理古籍的指示》，王酉梅著，选自于俊道主编《老一代革命家的读书生活》，中央文献出版社2001年5月版。
《心中有群众》，刘家栋等著，选自郑惠《中南海轶事》。
《“鸟”与“笼子”的比喻》，朱佳木著，选自《缅怀陈云》。
《整顿党风》、《成千上万地提拔中青年干部》，选自朱佳木等《中华名人丛书：陈云》，中央文献出版社1999年9月版。
《与烈士子女一起过春节》，朱敏之、徐新华著，选自郑惠《中南海轶事》。
《“夏令营是一种有益的活动”》原载1983年8月8日《人民日报》。
《“你是全国有名的教授了”》，力砚著，选自郑惠《中南海轶事》。
《关怀中国北方曲艺学校》，骆玉笙著，选自《缅怀陈云》。
《“我们合作得很好”》，刘书楷著，选自郑惠《中南海轶事》。
《云栖竹径杭州情》，夏仲烈著，原载《党的文献》2002年第4期。
《治理污染，保护环境》选自曹应旺《万水千山连着中南海》。
《怎样才能做到实事求是》原载1991年1月18日《人民日报》。
《悼念李先念》选自1992年7月23日《人民日报》。
《对警卫员的关怀》，赵天元著；《情系故乡》，马晓青著。选自郑惠《中南海轶事》。
《为“剪刀博物馆”题写馆名》，杨波著，选自《缅怀陈云》。
《“睡眠第一，吃饭第二”》，张佐良著，选自郑惠《中南海轶事》。
《在上海华东医院》，曹自求著，原载《陈云故居暨青浦革命历史纪念馆馆刊》2004年第1期。
《“现在的字有飘逸感了”》选自李梦汶《生活中的陈云》。
《对全党的嘱托》选自赵士刚《陈云与中共党史重大事件》。
《最后的日子》，牟信之等著，选自郑惠《中南海轶事》。

風采

精美、珍贵、经典的历史照片再现了

无产阶级革命家——陈云

光辉的人生片断

※ 1951年5月23日，陈云同朱德、李济深等出席关于和平解放西藏协议的签字仪式。

※ 1954年9月26日，陈云同贺龙在北京。

※ 1954年6月16日，陈云在中央人民政府委员会第三十一次会议上作关于商业问题的发言。左起：毛泽东、李济深、陈云。

※ 1953年1月11日，陈云等在北京西郊机场迎接由刘少奇率领的出席苏共十九大的中共代表团回国。

※ 1954年7月，陈云同毛泽东在北戴河海滨。

※ 1954年夏，陈云同朱德、林伯渠、邓小平、罗瑞卿等视察官厅水库。

※ 1954年9月26日，陈云在北京西郊机场。左起：林伯渠、董必武、陈云、陈叔通。

※ 1954年9月，陈云同张闻天在中南海。

※ 1954年11月7日，陈云同宋庆龄、康克清在一起。

※ 1956年9月，陈云在北京同保加利亚部长会议主席于哥夫交谈。

※ 1956年1月25日，陈云同荣毅仁（左）、胡厥文（中）交谈。

※ 1956年11月26日，陈云同朱德、邓小平等会见全国轻工业、食品工业工会代表大会的代表。

※ 1956年11月，陈云在北京会见苏联电影界访华代表团。

※ 1956年9月，陈云同黄炎培交谈。

※ 1956年9月24日，陈云在北京会见以政治局委员厄曼（右二）为团长的瑞典共产党代表团。

※ 1956年10月6日，陈云在北京参观日本商品展览会后，同日本国际贸易促进协会会长村田省藏交谈。

※ 1957年5月25日，陈云陪同苏联最高苏维埃主席团主席伏罗希洛夫游览长城。

※ 1958年10月28日，陈云出席首都各界欢迎中国人民志愿军归国大会。前排左起：陈云、王平、朱德、杨勇、周恩来、彭真。

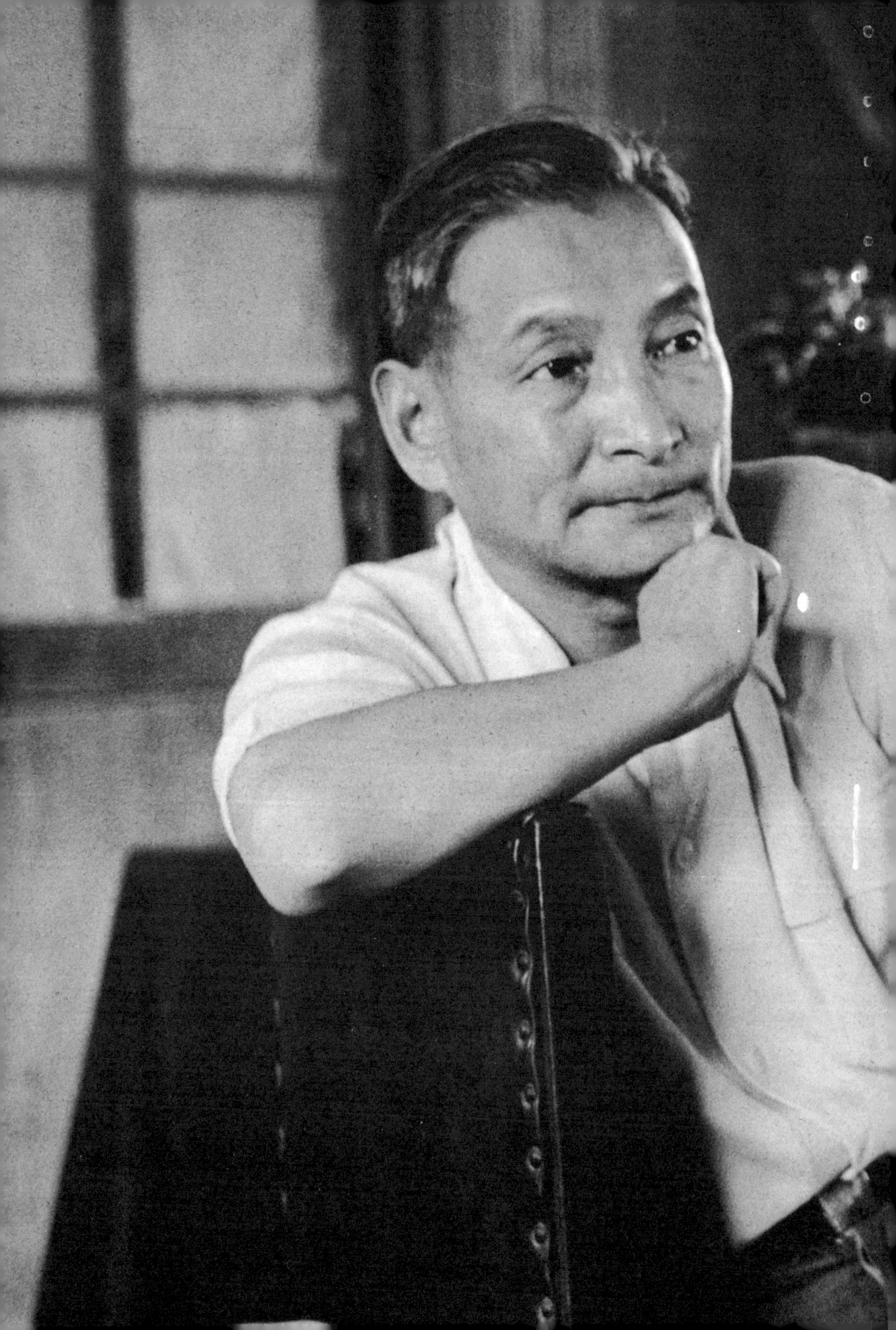

※ 1958年6月8日，陈云在北京听取关于石油工业发展情况的汇报。

※ 1959年3月，陈云在桂林榕湖观看古榕树。

※ 1959年4月，陈云在南京雨花台。

※ 1959年3月，陈云在桂林。

※ 1959年4月27日，陈云在二届全国人大一次会议上投票。

※ 1960年1月，陈云在上海。

※ 1960年6月，陈云出席中共中央政治局在上海举行的扩大会议。

※ 1961年5月1日，陈云在天坛公园同工人们在一起。

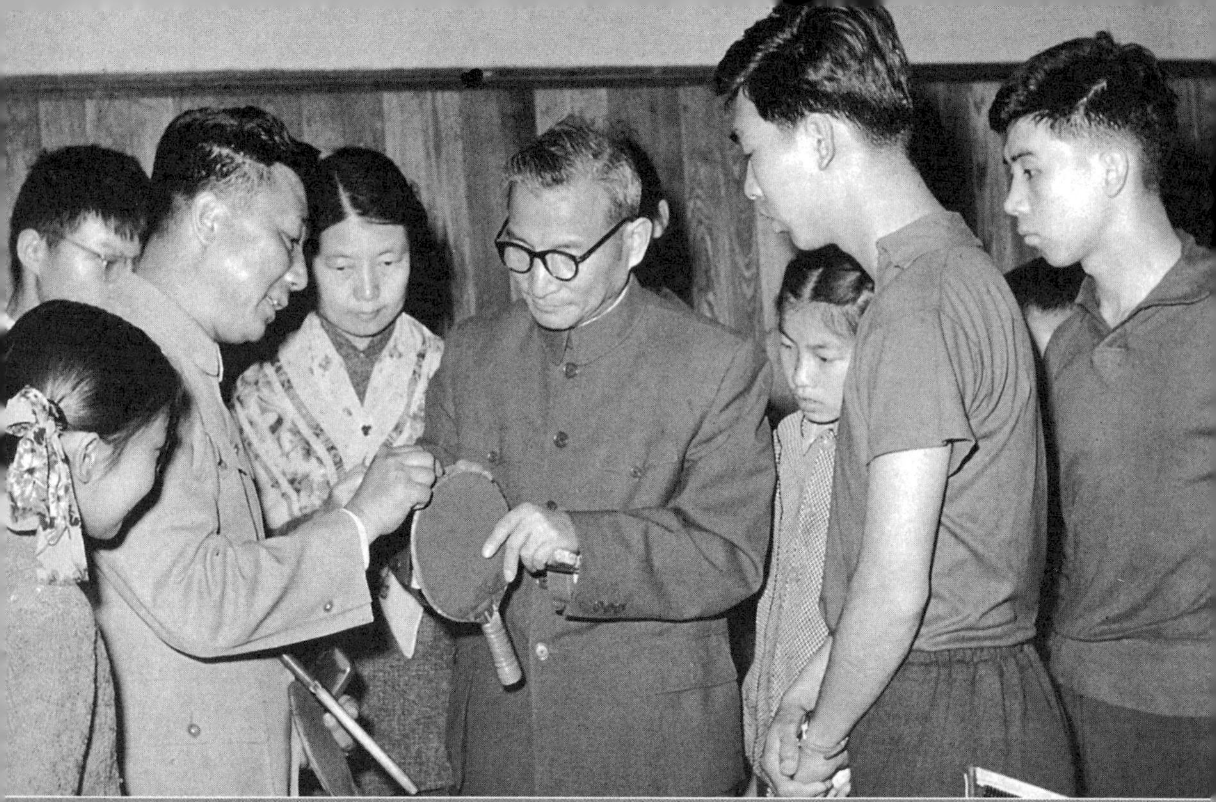

※ 1961年5月2日，陈云在北京工人体育馆同乒乓球运动员交谈。左二为荣高棠。

※ 1961年6月，陈云在北京会见小曲艺演员。

※ 1962年1月，陈云同刘少奇、邓小平出席中共中央召开的扩大的中央工作会议。

※ 1962年1月，陈云同周恩来、彭真、杨尚昆在一起。

※ 1962年2月，陈云同李先念交谈。

※ 1981年7月1日，陈云同许世友交谈。

※ 1981年7月1日，陈云同邓颖超交谈。

※ 1983年7月28日，陈云同李先念、徐向前在人民大会堂。

※ 1984年4月25日，陈云同谷牧在一起。

※ 1983年10月，陈云同邓小平交谈。

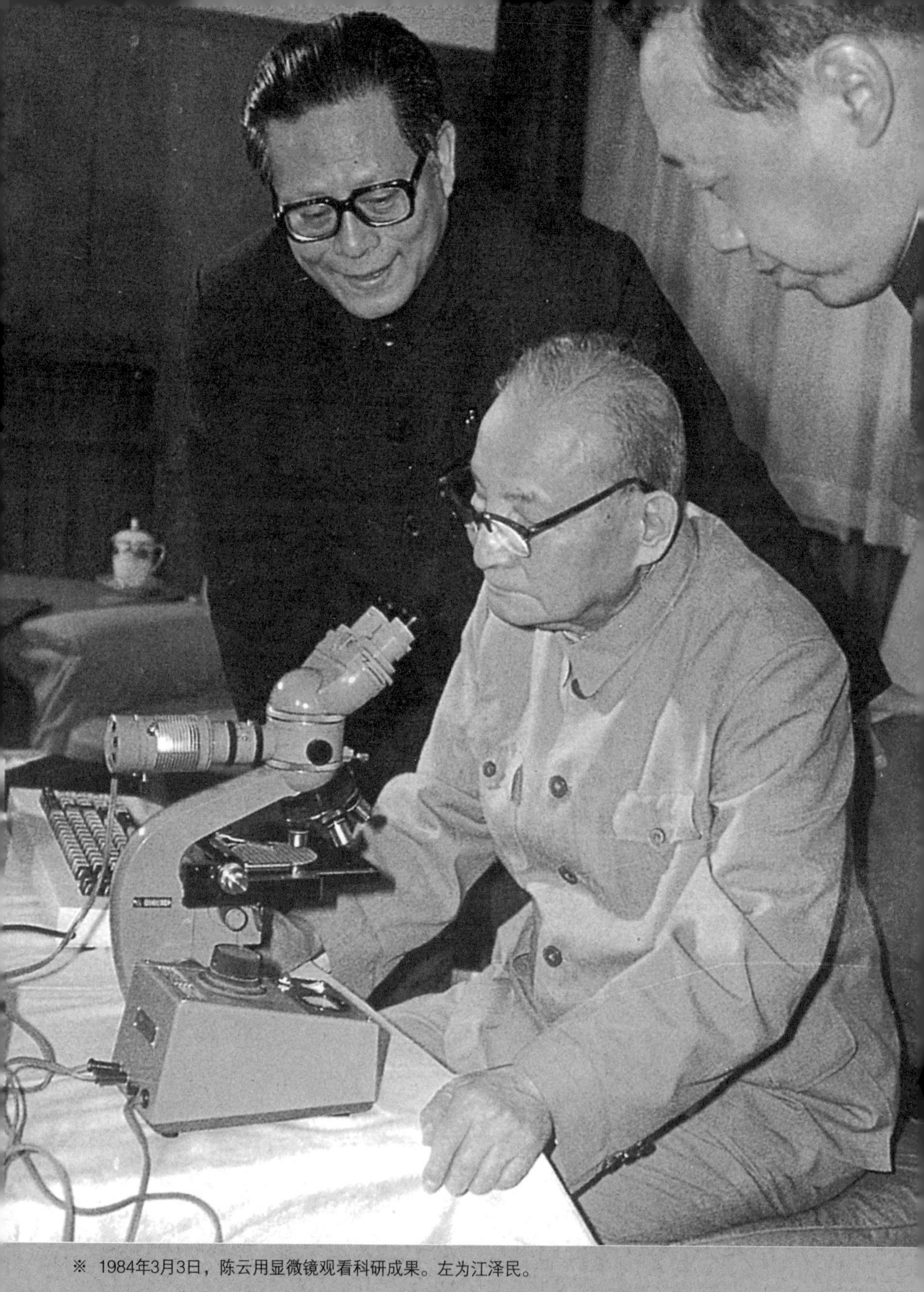

※ 1984年3月3日，陈云用显微镜观看科研成果。左为江泽民。

※ “闻鸡晨舞剑，借萤夜读书”。

※ 1983年10月12日，陈云在中共十二届二中全会上讲话。

※ 1984年2月2日，陈云于办公室看报纸。

※ 1984年10月1日，陈云同李先念在天安门城楼上。

※ 1984年12月24日，陈云同薄一波、姚依林交谈。

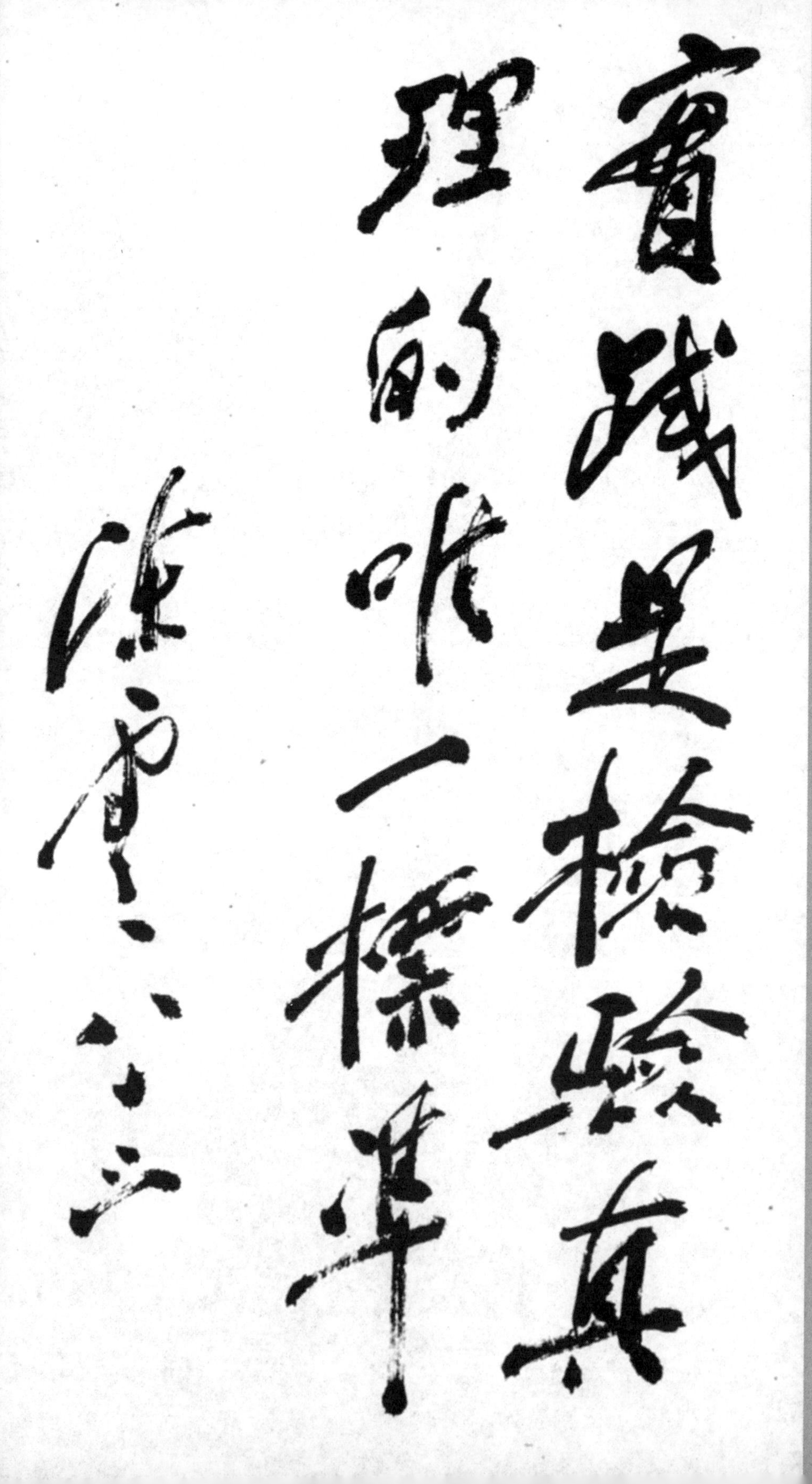

※ 陈云83岁时的手迹。

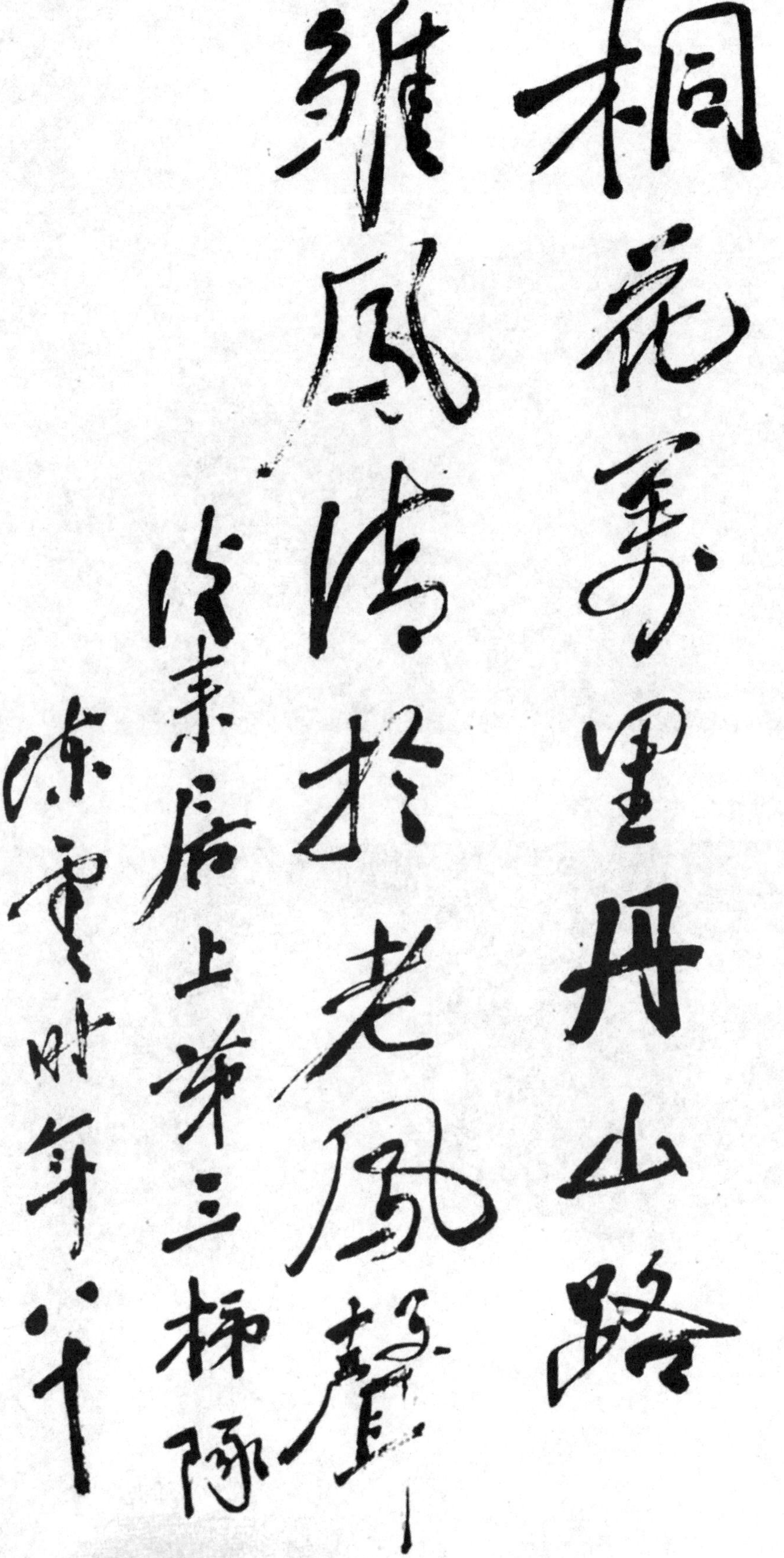

※ 陈云80岁时的手迹。

※ 1984年12月24日，陈云在北京。

※ 1985年9月23日，陈云在中国共产党全国代表会议上。

照片作者（以姓氏笔画为序）：

马　闯　马　肖　王传国　王昌浩　王敬德　王新庆　牛畏予
兰　芳　叶　华　卢　鸣　刘少山　刘文敏　刘东鳌　刘庆瑞
齐观山　齐铁砚　许永跃　吕相友　吕厚民　吕淑梅　朱　波
朱佳木　孙庆仁　牟信之　闵福全　李　平　李书良　李长捷
李生南　李润五　杜修贤　杨绍夫　杨绍明　杨溥涛　吴印咸
何宝生　佟德印　邹健东　张　彬　张桂玉　张铁林　张蔚飞
陈　哲　陈亚江　陈娟美　陆永桢　陆宪华　郑景康　武基国
周仁德　周浩荣　周鸿猷　罗小韻　孟庆彪　孟昭瑞　柳中央
钟志仁　侯　波　俞子平　姚法昌　高　风　高　粮　郭中天
郭占英　唐理奎　聂征夫　袁　苓　袁毅平　钱嗣杰　徐　邦
徐大刚　徐永辉　章石羽　章虎臣　黄禄奎　崔宝林　谢丰泉
葛力群　蒋齐生　程学武　虞　永　蔡志培

说　　明：部分图片因年代已久远，无法查实其摄影者，有关事宜请与作者联系。
部分图片未署名，因原资料未记载摄影者姓名。